"十二五"国家重点图书出版规划项目

轨道交通科技攻关学术著作系列

高速列车系统集成

黄 强 著

科学出版社

北 京

内 容 简 介

　　高速列车是高科技的复杂系统。对高速列车的研发需要采用系统集成的理念开展。本书对高速列车系统集成进行诠释，论述了高速列车系统整个生命周期各阶段所需要开展的研发工作以及如何开展，并提出了整个系统集成过程的研发路线图，内容涉及运输产品的比较、技术标准体系的建立、系统内外部关系的协调、技术性能的分析论证、高速列车系统的构成、项目的验证等，也涉及与高速列车系统有关的数学建模、系统辨识、载荷分析、性能改善、数据处理、故障诊断等多个方面。本书深入浅出，通过大量举例使复杂的理论问题简单明了。

　　本书适合高等院校与铁道车辆专业相关的研究生和高年级本科生阅读，也可供从事高速列车教学、研究、设计、制造、维修等工作的科研工作者和工程技术人员阅读参考。

图书在版编目（CIP）数据

高速列车系统集成 / 黄强著. -- 北京 ：科学出版社, 2025. 3. --（轨道交通科技攻关学术著作系列）. -- ISBN 978-7-03-081658-0

Ⅰ. U266

中国国家版本馆CIP数据核字第2025Q613M7号

责任编辑：刘宝莉　周　岩　陈　婕 / 责任校对：任苗苗
责任印制：肖　兴 / 封面设计：陈　敬

科 学 出 版 社 出版

北京东黄城根北街 16 号
邮政编码：100717
http://www.sciencep.com

三河市春园印刷有限公司印刷

科学出版社发行　各地新华书店经销

*

2025 年 3 月第 一 版　开本：720 × 1000 1/16
2025 年 3 月第一次印刷　印张：37 3/4
字数：750 000

定价：350.00 元

"轨道交通科技攻关学术著作系列" 编委会

"轨道交通科技攻关学术著作系列"序

"涓涓溪流，汇聚成河"，无数科技工作者不辍的耕耘，似在时刻诠释着这一亘古不变理念的真谛，成就着人类知识财富源远流长的传承与积累。

回溯新中国成立后中国铁路发展历程，特别是我国铁路高速、重载、既有线提速、高原铁路建设等一系列令世人瞩目的辉煌成就，无不映衬着"铁科人"励志跋涉的身影，凝聚了"铁科人"滴滴汗水与智慧结晶。历经六十多年的发展，中国铁道科学研究院（以下简称"我院"）充分发挥专家业务水平高、能力强，技术人才队伍集中，专业配套齐全，技术手段先进等综合资源优势，既历史性地开创了中国高速铁路联调联试、综合试验技术、无砟轨道技术，完成了重载运输、既有线提速和高原铁路等关键技术研究与试验，实现了互联网售票、运营调度、应急管理，以及高速动车组牵引、制动系统及网络控制系统等大批技术创新和成果转化，又在铁道行业重大技术决策信息支持、基础设施检测、产品认证、专业技术培训等技术服务领域发挥了重要作用，成为集科研、开发、生产、咨询、人才培养与培训等业务为一体的轨道交通高新技术企业，是全路当之无愧的科研、试验、信息、标准制（修）订的研发中心。业已完成的大量重大、关键技术攻关与试验研究，积淀了厚重的专业基础理论，取得了 2300 多项科研成果。其中，有170 多项获国家科技奖，600 多项获省、部级科技奖。

此时，由我院统筹组织科研人员，深入系统梳理总结优质科研成果，编著专业技术专著形成系列丛书，既是驱动我院科研人员自我深入总结，不断追求提高个人学术修养的发展动力，也是传承我院多年科研积累的知识结晶，有效夯实提升人才培养与培训内在品质的重要举措，更是打造我院核心竞争力，努力建设铁路科技创新研发中心并做大做强，彰显责任与担当的真实写照。

本套专业技术系列丛书作为"十二五"国家重点图书出版规划项目，充分反映了我院在推动轨道交通领域技术进步与学科发展中取得的基础理论研究和最新技术应用成果，内容囊括铁路运输组织、机车车辆及动车组技术、工务工程、材料应用、节能环保、检测与信息技术、标准化与计量，以及城轨交通等专业技术发展。丛书在院编委会的指导下，尊重个人学术观点，鼓励支持有为的"铁科人"

将科技才华呈现于行业科技之巅，并致力于为轨道交通现代化发展的追"梦"者们汇聚知识的涓流、铸就成长的阶梯。

中国铁道科学研究院常务副院长

丛书编委会主任

2013 年 12 月

前　言

自 20 世纪 60 年代高速铁路出现后，高速铁路的发展优势被世界各国相继看到，因此其在全世界范围内蓬勃发展起来，并进入一个崭新阶段。随着近十几年高新技术的发展，高速铁路大量采用高新技术，在世界范围内引发了一场交通运输革命。高速铁路是技术创新的硕果，也是铁路建设、列车制造、铁路经营管理等方面运用高新技术进行系统集成的结晶。高速列车的研发是一个复杂的系统集成过程，如何开展高速列车系统集成，需要认真研究和总结。

有关高速列车研发具体开展各专业技术工作所需要用到的理论知识，如结构力学、车辆动力学、机械工程学、电力电子学、空气动力学、工程控制学、振动噪声学等已有许多书籍介绍，本书重点介绍涉及高速列车系统集成的有关理论和方法，包括贯穿高速列车整个生命周期各阶段所需开展的研发工作。本书是我在长期从事提速、高速、高原机车车辆技术研究的基础上对参与高速列车系统集成过程中的一些理念想法、解决方案、实施措施等的回顾，是对二十几年来所从事的与高速列车研发相关工作的总结，是对高速列车应用基础理论和工程技术实践的系统介绍，希望通过本书与读者分享高速列车系统集成过程中一些成功经验和问题教训。希望读者在遇到与高速列车有关问题时可以从书中得到一些启迪，找出解决问题的切入点和方法。

在众多同行共同参与的高速列车系统集成的各个过程中，许多工作报告、标准规范、设计图纸、计算软件、研究论文以及论证材料等被提出，这些成果有些已经公开发表，有些则属过程文件，均在高速列车系统集成中发挥了作用。这些与本书内容相关的研究工作都是参与者对我国高速列车系统集成所做的重要贡献，也是对本书的贡献，在此衷心感谢他们。

章后列出的参考文献中的一些内容对高速列车系统集成有所帮助，我在撰写中将有关内容以简介方式编入本书相关章节，在此特别感谢参考文献的作者对高速列车系统集成所做的贡献。如有不妥，敬请谅解。

此外，借此机会向曾经教育指导过我的老师、曾请教过的专家学者，以及共同合作过的同事、同行、同学、朋友和领导表示感谢。

高速列车系统集成是一门新兴技术，由于本人水平有限，书中难免存在不妥之处，敬请各位读者批评指正，也希望与读者互动交流（电子邮箱 qhuang1110@163.com），补充完善本书，以期再版之时一并加以修改。

黄　强

2024 年 2 月

于中国铁道科学研究院

目　　录

第1章 绪 论

自 1964 年高速铁路出现之后，高速的定义一直是模糊的，一般理解为比当时传统铁路的运行速度要高，达到 200km/h 及以上。铁路的高速是针对既有传统铁路而言的。与传统铁路相比，高速铁路列车的运行速度大大提高，但因此遇到了特殊的问题，特别是列车运行速度提升至 140～160km/h 之后，列车受稠密空气的影响大大增加。随着列车运行速度的提高，列车受到的空气阻力飞速增长，车载空调和冷却设备等的进风量迅速下降，车窗的开启使旅客无法承受吹入车厢的风压，也无法承受由列车风带入的粉尘和其他污物，而关窗后的气压波动会产生压耳朵的难受感觉。特别是速度提升到 200km/h 以上后，人们不得不在设计高速铁路和高速列车时研究空气的动力特性，考虑空气动力学的问题。因此，列车运行速度 200km/h 就可以成为高速铁路与普速铁路之间的分水岭。

车辆是给人代步或替人载物的工具，铁道车辆是在铁道上行走的车辆。车辆分为无动力车辆和自行走车辆，其中无动力车辆需要有动力的车辆来拉和(或)推才能运动，有时候也称为拖车；自行走车辆自带动力装置，可以独立运动，也称为动车。根据一定的需求，将若干车辆编组连挂在一起使用的组合体称为车组，车组自带动力可以运行的称为动车组。因此，动车组就是自带动力的、固定编组的、可以不掉头在铁路线上穿梭运行的列车。动车组出现后，世界铁路特别是运行速度达到 200km/h 及以上的铁路几乎都摒弃了机车拉客车的方式。随着高科技的发展，铁路列车的科技含量越来越高，动车组显示出明显的优势；无论是低速的地铁、城轨还是高速铁路用的旅客列车，都采用动车组方式。目前，机车拉客车的方式正处在淘汰的过渡阶段。高速动车组是指运行速度在 200km/h 以上的、自带动力的、固定编组的、可在铁路线上穿梭运行的、智能化程度较高的旅客运输交通工具。高速列车就是高速动车组单独或组合在一起运行的列车。

1.1 高速铁路发展的概况

1.1.1 世界高速铁路的发展

1964 年 10 月 1 日，日本东海道新干线正式开通运行，可按 210km/h 速度运行的 0 系高速列车投入运营，开创了高速铁路的新纪元，使已经成为夕阳工业的铁路重新焕发了青春。之后，世界各国高速铁路以日新月异的态势飞速发展。随着经济发展和社会进步，城市化进程加快，居民生活水平提高，人们对铁路寄予着更大的希望。高速铁路运输能力大，安全舒适，快捷准时，能耗较低，又有比较好的环保效果，受到了社会各界的赞许，已建成的高速铁路吸引着大批旅客。以电力为能源的高速列车，更是在世界面临石油短缺、环境污染严重情况下的正确选择。1981 年 9 月，法国高速铁路东南线南段开通，TGV-PSE 高速列车投入商业运营。1991 年 6 月，德国的曼海姆至斯图加特和汉诺威至维尔茨堡两条高速铁路也相继开通，ICE1 高速列车投入商业运营。意大利、西班牙、瑞典、韩国等一些国家相继开通了高速铁路。我国台湾省也修建了高速铁路。随着近二十多年高新技术的发展，特别是智能技术、控制技术、信息技术、新型材料、新型工艺、高速列车系统技术、高速列车各子系统技术的发展，大量高新技术进入高速铁路。

目前，世界上拥有自主开发能力并已成功运用 300km/h 高速列车的国家有中国、日本、法国、德国和意大利等[1]。21 世纪初，国际高速列车的速度发展目标是最高运行速度 300～360km/h。

1.1.2　中国高速铁路的发展

1. 问题的提出

20 世纪 80 年代末，我国国民经济迅速发展，铁路运输不堪重负，不少线路上的运输能力已经饱和，京沪铁路线上更是特别繁忙。那时，无论是客运还是货运，满足率都极低，客运是人满为患，货运则仅有 30%的满足率(车皮申请量的 30%)，已经成为国民经济发展的瓶颈，因此铁路如何发展的问题就摆到了议事日程上，即需要选择能满足国民经济发展需求的运输方式、修建第二条铁路线的理由、第二条铁路线应修建成的形式等问题被提出来。

2. 选择应采用的运输方式

为了解决经济发展的需求，运输方式的选择是直接面临的问题。高速铁路、航空、公路、水运等多种成熟的运输方式均在比较的视野之中。首先根据通道上的距离和运量对这些运输方式的满足程度进行比较，淘汰一些适应性不良的运输方式；其次对进入候选的运输方式进行技术经济指标分析比较。

1)轨道交通在我国经济发展中的地位与作用

交通运输是社会经济运行的大动脉和国民经济发展必需的基础设施，我国国情决定了轨道交通在国家综合交通体系中的主干地位，其基础作用十分突出。轨道交通具有其他交通运输方式无法比拟的经济辐射和显著的技术经济优势，无论是在干线客运交通、货运交通还是在城市公共交通等各个领域，其他交通方式对于轨道交通均不具备替代性。长期以来，轨道交通在我国综合交通运输体系中的骨干作用和地位都是无可置疑的,尽管近年来随着高速公路和航空业的飞速发展,其主导地位一度受到一定的影响和削弱,但随着自身改革的不断完善和提速战略的不断实施,目前它在综合交通运输体系中的地位已经逐渐稳固。我国的国情决定了轨道交通的基础性和公益性作用,轨道交通依然是广大民众日常出行的首选交通工具;轨道交通行业的发展既要考虑市场性,又要兼顾公益性,实现经济社会发展、国家安全和可持续发展的有机结合。随着全面建成小康社会战略目标的不断深化,中国轨道交通还将更广、更高、更好地发展。

2) 轨道交通的接续

轨道交通包含干线轨道交通(干线铁路)、城际轨道交通(区域铁路)和城市轨道交通(城轨)三大类。干线轨道交通是我国轨道交通的主干,连接各大城市特别是省会城市,以及各大经济区域,相当于人体的大血管;城际轨道交通是各省内(或经济区域内)的铁路,从各大中型城市向各中小城镇延伸,相当于人体的分支血管;城市轨道交通主要是城市内部交通,延伸到各办公区域或居住小区,相当于人体的毛细血管。三种轨道交通在客运方面是相互兼容的,这样旅客远行就可通过乘坐城轨,经换乘区域铁路,再换乘干线铁路到达中心城市后再换乘区域铁路、城轨到达目的地,当然其中也可以换乘其他交通工具。

3) 轨道交通的基础性、公益性

由于我国人口多、地域广、人均收入低、经济发展不平衡等具体国情,轨道交通已经是人们出行的首选交通工具,是事关国计民生重点物资(石油、煤炭、粮食、棉花等)的运输主力,还承担了军事、抗洪、抢险、人力、物资等公益性运输任务,因此它的基础性和公益性作用十分突出。长期以来,铁路为中国交通运输业做出了巨大的贡献。随着我国经济市场化步伐的加快,铁路也正逐渐从计划经济体制向市场化转化,为今后更好的发展打下良好的基础。

4) 发展轨道交通

随着城市化进程的加快,污染严重、道路拥堵、事故倍增、能耗增多等诸多难题逐渐显现,解决交通的状况必须依靠大力发展轨道交通系统已成为世界范围内的共识。随着轨道交通的基础性和公益性地位日益突出,从可持续发展的角度来看,今后轨道交通的发展前景十分广阔。

为满足人们生活和出行的需要,现有轨道交通系统还必须有一个较大的发展,才能满足人们对旅行快捷、经济、舒适、方便、安全、大众化的更高要求。

但是,当时的干线铁路普遍存在客货混跑、运能饱和的问题,节假日即使停货增客,也无法满足人们出行的需求;轨道交通在总运量中所占的比重太小,难以发挥其应有的作用。为此,对于这种基础性和公益性的行业,必须给予大力发展,这也是能源、环保和可持续发展的需要。

5)轨道交通的优势

轨道交通尤其是电力牵引的轨道交通，具有运能大、能源安全、能耗低、占地少、污染小、全天候、安全正点等特征优势，是各种交通运输方式中最具备可持续发展条件的交通方式，被视为今后重点发展的目标。与其他交通运输工具相比，轨道交通具有以下主要优势：

(1)运能大。铁路货运列车每列能运送成千上万吨货物，干线旅客列车和城轨列车每列定员可达 1000 多人，远远超过汽车和飞机，特别适合大众化的运输需求。

(2)能源安全。轨道交通尤其是现代电力牵引的轨道交通，依靠的是二次能源电力，即来自火力、水力、风力、核能、地热、潮汐和太阳能等多样性的能源，比仅依靠一次能源石油的飞机和汽车更具有良好的能源安全性，符合能源可持续发展的战略。

(3)能耗低。从铁路、汽车、飞机的能耗对比来看，单位里程每人的能耗假定铁路为 1，则公共汽车为 1.5，私人轿车为 8.8，飞机为 9.8，可以看出轨道交通是能耗最低、最节能的运输工具。

(4)占地少。在相同运量下，双线高速铁路占用的国土面积仅相当于高速公路的 1/3 左右，对于我国这样一个人多地少的大国，大力发展轨道交通是在土地资源不足的情况下解决交通运输问题的有效途径。

(5)污染小。与汽车、飞机相比，轨道交通的有害气体排放量、有害酸性气体排放量、二氧化碳气体排放量都是最小，且噪声也是最小的，可以看出轨道交通是对环境污染最小的交通工具，也是符合国家可持续发展战略的最佳交通工具。

(6)全天候。轨道交通受气候和环境影响较小，可以全天候运行。除特殊恶劣天气(如狂风、暴雨、暴雪等)及地质灾害(如地震、泥石流等)外，均可投入运行，而汽车和飞机受气候和环境影响较大。

(7)正点率高。轨道交通的运行正点率一般都在 95%以上，高速铁路的运行正点率更高，而汽车和飞机的运行正点率较低，无法抗拒交通堵塞、航路管制等多种影响。

(8)安全性高。各种交通工具均需通过安全性验证方可上线使用，相比较而言，高速铁路的可操控性更强(以设备保安全)，受人为因素影响最小。

(9)投资省。高速铁路的修建成本远低于公路和机场。

(10)速度快。特别是高速铁路出现后，两地时空距离缩短，全国以大城市为中心均可实现"小时圈"、"半日圈"和"一日圈"。

到了 20 世纪 80 年代，我国铁路经过多年的发展，已经形成了覆盖全国的运输网络，但是由于我国经济的飞速发展，这张网已经远远不能满足国民经济的需要，交通运输已经成为我国国民经济发展的瓶颈，满足率已降到很低。全国主要干线上开行的列车对数已经接近极限，特别是京沪通道上已经完全饱和，必须解决这一发展瓶颈。我国铁路在 21 世纪初时还是路网规模小、密度低、分布不均匀、点线不配套、功能差、技术落后、整体运能不足；主要铁路干线长期处于超负荷状态，技术装备水平不高，与发达国家相比差距较大。我国国民经济连续多年快速发展，然而煤电油运仍然是当时经济发展的瓶颈。铁路多年来发展迟缓，运量的增加使它不堪重负，还是不能满足国民经济发展的需求，因此有必要加大对铁路的投入。

3. 高速铁路脱颖而出

1) 客运专线的选项

20 世纪 90 年代以后，社会和经济的发展要求铁路积极提高运输能力，同时随着改革开放的深入和人民生活水平的提高，人们对改善运输服务品质的愿望也日益增强。铁路承担了既要扩大运输能力又要提高服务品质的双重压力，客货互争的现象十分突出。由于客车与货车的速度有差别，在一条铁路线上运行势必相互影响，运能也得不到发挥。

当时我国铁路客货混跑的运输组织模式制约了包括客货运在内的运输能力的进一步发展。在主要铁路干线运力基本饱和的情况下，节假日期间每增加开行一对临时旅客列车，就要停开两对以上的货运列车，既有线扩能挖潜的空间极为有限。

京沪通道位于我国东部经济最发达的沿海地带，人口最稠密，是我国最重要、最繁忙的交通通道，沿线贯穿北京、天津、河北、山东、安徽、江苏以及上海四省三市，沿线人口数量约占全国总人口的 26%，名胜古迹、旅游资源驰名中外，交通运输需求巨大。但是铁路运输能力却跟不上国民经济的增长，制约了经济发展，同时较低的旅行速度也远远不能满足现代化信息社会的出行需求。

提高速度可以加大通道上的运量。货运由于拉得多又很难提高速度，客运则需要满足旅客出行的需求，既需要开行密度大些，又需要旅行时间短些。根据国外客货运输发展历程，只有将客运与货运分开才能解决这一矛盾，即客货分线。为此，在运输基本饱和的情况下，需要另外修建一条线路时就要考虑实现客货分线的问题。从上述客运又密又快的需求看，既有线不能通过改造来满足这一需求，因此新建的通道应该是能将既有线的运能释放出来为货运服务的，即新的通道将用来满足客运需求。

客运专线的输送能力远大于客货混跑的既有线，即单向可高达 5000 万人次/年，可以大大缓解和分流既有线客流。因此，我国急需采用客货分线的方式来解决长期困扰的运输能力不足的难题。

1993 年，中华人民共和国铁道部(简称铁道部)发布的技术政策明确提出有必要采用客货分线的方式发展铁路运输，其中客运专线采用高速技术，货运专线按既有线方式和重载方式发展。

21世纪初，我国建成全长404km的秦沈客运专线，该专线全程运行速度大于200km/h，其中试验段最高运行速度可超过300km/h，位于辽西走廊，西端与京山线、京秦线、大秦线相通，东端与哈大线、沈吉线、沈丹线、苏抚线相通，是东北地区又一条进出关的铁路大动脉，是关内连接关外铁路运输的主要通道。从这个意义上讲，秦沈客运专线是我国高速铁路的雏形。

2004年初，国家批准了采用客货分流方式的中长期铁路发展规划，勾画出一张新的蓝图。至此，铁路建设进入一个新的大发展时期，250～350km/h速度等级的客运专线出现在中国大地上。

2) 高速铁路是最佳选择

根据对国外客货运输发展历程的研究分析，一般而言，航空运输适合1000km以上的运距，铁路运输适合300～1000km的运距，而汽车运输适合300km以下的运距。

高速铁路在单位时间的人工价值这一指标上的贡献是显著的，该指标是指旅途上节省的时间折算成的人工价值。随着社会经济发展，人工费用在上升，人们会越来越看重花费在旅途上的时间，即希望缩短旅行时间，将其用于更有价值的地方。该运输技术经济指标也是随着经济发展水平在不断变化。

与此同时，技术的进步也使不同交通运输工具在这一价值观下发生改变。例如，铁路的提速使旅行时间缩短，高速铁路的出现又使已经成为夕阳工业的铁路焕发了青春。铁路又经过了蒸汽、内燃机直至电气化的动力革命，成为目前唯一的可以完全不用化石制品的交通运输工具，实现了绿色环保、节能减排。加上铁路客运提供的安全正点和舒适旅行环境，人们对此偏爱有加，其适应运距也在逐步加大。

随着铁路高速化的发展，列车旅行速度不断提高。目前世界上已经有十多个国家开通运营了高速铁路，列车最高运营速度已经达到甚至超过300km/h，高速铁路已成为200～1500km中长途旅行的最佳和首选交通工具。

21世纪初，我国多年来的高速经济发展，也要求旅客运量及周转量以超过10%的速率增长才能满足发展的要求，这对由铁路、公路、航空、水运等构成的综合客运交通体系提出了更高要求。发展绿色交通运输体系，提高旅客运输速度，改善交通运输服务品质，作为我国交通运输的大动脉、绿色交通运输体系骨干的铁路旅客运输应该实现高速化，需要修建大运量的高速客运通道，尤其是东部沿海经济发达地区期盼已久的京沪高速铁路。

我国地域辽阔、人口众多，需要大运量、全天候、高速快捷、安全舒适、少污染、少能耗、少占地、与既有线铁路及城市交通综合配套、换乘方便、具有综合交通运输能力的高速铁路。

高速铁路的建成促进了区域经济的发展，形成了以中心城市为圆心的1小时圈、2 小时圈等，在约 300km 范围内产生了同城效应。在这一区域内，高速铁路如同城市里的轨道交通一样。

高速铁路也将多个经济区域(如渤海湾经济区、长江三角洲经济区、珠江三角洲经济区等)连接在一起，促进了经济区域之间的联系和交流，互通有无、合作共赢，包括政治、经济、文体、科教、商务，也包括军事。

设想未来的交通运输体系中，铁路由干线铁路、城际铁路、城市轨道交通等层次组成，干线铁路将各省会城市连接起来，而城际铁路将由省会城市辐射到地区的各主要城镇，各主要城镇又用城市轨道交通通向周边，从而形成一个庞大的铁路运输网。它与航空、公路、水路网相配合成为整个国家的血脉，使整个社会产生活力。

4. 我国对高速铁路开展的前期研究

1989 年，铁道部组织开展我国交通运输业发展综合问题研究，对铁路在国民经济中的重要地位、任务，铁路在国家综合运输体系中的主力地位，铁路发展的依据等做了论证和阐述，为铁路大发展做出必要的理论准备。

1990 年，我国又立项开展"中国高速铁路发展模式和规划的研究"项目。其中发展模式部分由铁道部铁道科学研究院(即中国铁道科学研究院，简称铁科院)承担，规划部分由铁道部经济规划研究院承担。铁科院完成的发展模式研究报告《我国发展高速铁路的战略设想》中提出了"高速铁路具有全天候、运能大、速度快、能耗低、污染轻、安全好、占地少、运价低、投资省、效益高等技术经济优势。发展高速铁路是从中国国情出发最现实的选择；是发展交通运输，尤其是发展旅客运输的重大战略决策；它为中国铁路高层次、大幅度扩大运能开辟了新途径"的观点以及"修建高速铁路已刻不容缓"和"对高速客运专线与既有线进行合理分工"的建议，并提出了"输送能力近期按 2×3700 万人/年、远期按 2×5500 万人/年"的目标建议。发展规划部分中提出了修建京沪、津沈、哈大、京广、沪杭、杭(州)长(沙)、徐(州)宝(鸡)七条计 7000km 的高速铁路设想。

1992 年，铁科院机车车辆研究所在京沪高速铁路可行性研究课题中对高速机车车辆及牵引供电做了大量的论证工作后，研究了高速机车车辆及牵引供电方面的相关资料，集中对涉及高速机车车辆和牵引供电的有关问题做了阐述[2]，提出了一些初步的设想和建议。这是我国涉足高速列车和高速铁路牵引供电方面的早期探索，此时距德国高速铁路的开通(1991 年 6 月)仅差一年时间。之后为推进高速列车的研发，他们又收集了大量国外有关高速列车和牵引供电方面的资料。

1993 年，"京沪高速铁路重大技术经济问题前期研究"课题开展，参加单位有国务院发展研究中心、中国社会科学院、中国交通运输协会，以及有关部委与京沪沿线省市所属行政、科研、设计、高校等 47 个单位。经过约一年时间研究，高速铁路重大技术和经济方面的认识问题初步解决。

在确定采用客货分线方式之后，在新通道上采用什么样的运输方式，我国还对高速铁路用的载运工具的选择开展了论证，包括采用轮轨系还是磁悬浮方式、采用传统列车方式还是摆式列车方式等。

1.1.3　中国高速列车的研发历程

在我国高速列车研发历程中除上面已经提到的顶层研究涉及的问题外，先期还通过以技术标准规范为统领，以高速列车整车、零部件、整子系统、整车辆作为载体开展大量的研究和试制工作，也有以"车辆与车辆基地"为课题对车辆、车辆基地和运输的相关关系进行研究。

自 1992 年起，我国首先对零部件技术开始跟踪，在铝合金车体、无摇枕转向架、直通制动装置等方面立项开展研究。

1994 年底，广深准高速铁路开通后，我国又启动了高速列车模式、高速列车限界等标准体系和高速列车组成等方面的论证工作。

1995 年，我国正式对高速列车系统开展研究，设立了"九五"国家重点科技攻关计划项目。铁科院牵头主持了其中的"高速试验列车技术条件的研究"项目（95J01），为进行高速试验列车的研制开展了相关的技术标准研究和顶层设计。铁科院在认真搜集、调研国内外有关资料和情况的工作基础上对高速列车运行方式、组成形式、结构方案、关键技术、维修体制、运用检修工艺和设备以及基地建设等方面开展了研究和策划，对高速列车可能遇到的运用环境、载荷工况、与铁路其他子系统的关系、运输目标和应达到的性能特征等多方面开展了深入的研究，并提出了高速列车应执行的标准、规范以及技术要求，同时对我国拟研制的高速试验列车的组成方式、总体要求、技术规格和列车子系统的构成等顶层指标和相关内容做了详细而明确的规定；提出了我国高速试验列车的总体技术条件、各分项技术条件、高速试验列车的设计任务建议书、高速试验列车总体方案图、动车段初步设计及有关技术要求，以及高速列车维修体制的初步设想；对有关走行部检测、列车的清洗和排污等也提出了设计方案和技术要求；完成了概念设计、方案设计和部分技术设计的工作[3]。该项目的任务目标是客车跟踪世界上的动力集中式的高速列车中的传统式（一节车辆的车体由两个转向架支承的方式）和铰接式（两节车辆的车体共用一个转向架的方式）两种不同方式，动力车跟踪空心轴传动和万向轴传动两种动力传动形式，最高运行速度目标定位在 300km/h。

经研究确定，高速试验列车采用电力牵引，列车由分别编在头部和尾部的两辆动力车以前拉后推的推挽方式运行。两辆动力车均可操控列车，均可作为头车使用，受流和供电集中在动力车上。

这是我国第一次以高速试验列车为载体全面深入地开展高速列车的研究，这次研究初步建立起高速列车技术标准体系的架构，为之后的高速列车研制打下了基础。

与此同时，铁科院的专家在研究中发现动力分散方式将成为世界高速列车模式发展的趋势，也更适合作为我国发展高速列车的模式。1995 年秋，铁科院开展动力分散交流传动高速电动车组的论证工作，并在年底完成论证报告；为填补国内空白，铁科院向铁道部提出立项申请，根据当时的条件，建议铁道部设立研究课题开展运行速度 250km/h 的动力分散式高速电动车组的研究。1996 年，铁道部立项对动力分散式高速电动车组以及上面提到的高速试验列车的相关技术开展研究。

之后高速列车进入实物样机的研制，包括后来被称为"先锋号"和"中华之星"的两列动车组，后来还立项开展了 300km/h 动力分散交流传动高速动车组的初步设计、技术设计和细节设计。

从 2003 年夏开始，国家根据总体安排，对高速列车开展引进、消化、吸收、再创新工作。铁道部组织了概念设计、方案设计等，制订 200km/h 电动车组总体技术条件。该技术条件是利用上述 300km/h 高速动车组研制的成果完成的，并在此基础上编制了简本作为需求发布，公告于世，宣布拟采用招标的方式在技贸结合的基础上进行联合研制。

从 2003 年秋开始，铁道部组织开展与国际上主要高速列车供应商进行技术交流，参加的厂商有庞巴迪铁路运输设备有限公司、日本联合、阿尔斯通运输股份有限公司等。

之后，在前期研究确定总体技术主导下，开始引进先进技术，联合设计生产，打造中国品牌的进程，其中南车四方机车车辆股份有限公司和川崎重工业株式会社、长春轨道客车股份有限公司和阿尔斯通运输股份有限公司、青岛四方-庞巴迪-鲍尔铁路运输设备有限公司和庞巴迪运输瑞典有限公司、中国北车集团唐山机车车辆厂与德意志联邦共和国柏林和慕尼黑西门子股份公司分别组成联合体向中国铁路提供 CRH 系列高速动车组。

2013 年又进一步开始研制复兴号系列高速动车组。

1.2　高速列车遇到的科学问题

高速铁路上要有高速列车运营，高速运行的高速列车会遇到什么样的挑战呢？在研发高速列车前首先需要了解高速列车所遇到的科学问题，主要考虑以下问题。

1. 速度提升与轴重限制

由于要完成旅客输送任务，满足旅客在时间、舒适上的要求，需要进一步提高列车牵引功率、增加牵引重量、加大启动加速度、缩短跟踪时分、提高列车的持续运行速度。这些性能的提高需要通过加大轴重来实现，而加大轴重将使车辆对线路的打击加大。

随着运行速度的提高，过大的轴重将对轨道产生过大的打击，加剧线路基础的振动，产生很大的破坏力，成为影响安全的至关重要的因素，不利于高速铁路高效、安全运营。也就是说，线路不允许轴重过大，轴重必须减轻。

因此，对于低速时采用的传统的机车拉客车方式，随着速度的提高和旅行时间的缩短，需要加大功率，随之需要加大机车的轴重，但是轴重的加大带来了对线路的打击，破坏也加大，又不利于提高速度。这样出现了速度提升和轴重增加的循环死结，需要找出一条既能加大功率又能减轻轴重的方法。

2. 高速轮轨关系

对轮轨系的轨道交通工具而言，轮轨关系是永恒的主题，这是车轮在钢轨上运行造成的问题。

铁道车辆运行时需要直行，也需要拐弯，因此车辆的轮对在钢轨上运动时不仅需要在笔直的轨道上滚动，也需要在弯道上滚动，这些改变运行方向的运动是利用钢轨来导向的。车轮与钢轨的接触面采用带有锥度的踏面，以便车轮在弯道上运动时在曲线外侧轨道上滚动的车轮的滚动半径大于在曲线内侧轨道上滚动的车轮的滚动半径。但是，由于轮对上的车轮采用有锥度的踏面形状，其沿理想的平直线的轨道上滚动时会产生蛇行运动[4]，如图 1.2.1 所示。这是一种轮对特有的自激振动，这种振动可分解为两种形式运动的叠加，即一面做横向移动，一面又绕通过其重心的垂直轴转动。

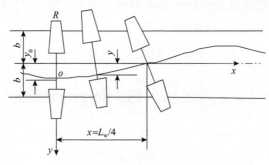

图 1.2.1　轮对蛇行运动示意图

轮对的蛇行运动也将使转向架甚至车体的振动加剧，车辆上各轮对的蛇行运动的不同组合还将使转向架和车体产生相应的蛇行运动。因此，蛇行运动分为轮对蛇行运动、转向架蛇行运动和车体蛇行运动。

轮对具有一定的定位刚度和阻尼等悬挂参数，这些参数匹配适当的情况下，在一定的速度范围内运行时，所产生的蛇行运动的振幅随着时间的推移而衰减，这种蛇行运动称为稳定的蛇行运动。而当车辆的运行速度超过某一临界数值时，蛇行运动的振幅不会衰减，而且随着时间的推移越来越大，甚至达到反复碰撞左右钢轨的程度，最终发散而失去原有的稳定状态，这种现象称为不稳定的蛇行运动或蛇行失稳。蛇行运动由稳定运动过渡到不稳定运动的速度称为临界速度。

自由轮对蛇行运动的波长 L_{w} 为

$$L_{\mathrm{w}} = 2\pi\sqrt{\frac{br_0}{\lambda}} \qquad (1.2.1)$$

式中，$2b$ 为轮轨接触点间的横向距离，即左右车轮滚动圆之间的距离；r_0 为车轮的名义滚动圆半径；λ 为踏面锥度(等效锥度)。

实际上，车辆沿直线轨道运行时，一直存在蛇行运动。在尚未达到临界状态时，系统还是稳定的，蛇行运动的幅值也会衰减。只有当车辆运行速度达到和超过临界速度时，才失去稳定。蛇行运动失稳后，车辆的运行性能恶化、乘坐舒适度下降、对钢轨的作用力剧增、车辆内部振动加剧，进一步发展将损坏车辆和线路，甚至造成脱轨事故，系统彻底崩溃。因此，蛇行运动是车辆实现高速运行的最大障碍。

在车辆运行速度超过 200km/h 之后，将会离临界速度越来越近。因此，首先需要确认高速列车运行在临界速度以下且是安全的。如何保证高速列车在整个生命周期中始终不会超过临界速度是高速列车要解决的首要问题。无论是新车出厂和维修出基地后，还是在运行一段时间踏面产生磨耗后，都需要保证不会让高速列车运行在临界速度以上。这是在整个高速列车系统集成过程的全程中需要从多方面加以解决的问题。

3. 高速运行的振动问题

随着运行速度的提高，高速列车的运行速度范围越来越大，在如此宽广的速度范围之内，如何避免振动的耦合是高速列车面临的问题。高速铁路的线路不平顺对高速列车所提供的激扰频率范围越来越宽，车辆上各零部件的自振频率将在什么速度上与激扰频率相遇，如何避开这些可能使振动异常的耦合速度区域等均需要开展深入的研究，并加以解决。

本书中涉及的不利速度区等一些内容将给解决这些问题提供帮助。

4. 高速载荷体系

高速列车会承受怎样的载荷，是在研制高速列车前必须明确的问题。因此，需要认真分析研究高速列车所受的载荷特性，包括高速列车的工作环境及载荷的成因、幅值、变化规律、相互关系、叠加方式等。载荷对高速列车的影响及影响的大小，载荷在速度提高以后会出现的变化及变化的大小，这些问题都将在本书中介绍，供读者参考。

5. 高速受流问题

高速列车在运行中为了克服空气阻力，需要加大牵引功率。由于受到轴重的制约，除电力牵引外，目前尚未发现可供使用的其他牵引动力方式。在采用电力牵引时，不可避免需要有受流装置从外部电源取流提供给列车动力设备使用。目前较为成熟的受流方式还是外设架空的接触线，外部电源向接触线送电，车上设受电弓，受电弓升起后受电弓滑板在接触线上滑动，通过滑板与接触线接触达到取流的目的。

受电弓滑板需要接触到接触线方能得电，因此受电弓滑板与接触线之间就有相互作用力，这是高速运动着的受电弓与相对静止的接触网之间的作用力；在此力作用下，受电弓和接触网两个系统及其组合就会产生特定形态的振动——上下波形振动，此振动会使受电弓滑板与接触线的接触状态变得不稳定，产生分开的可能，也就会使列车的受流品质恶化。高速列车运行的速度越高，则受电弓滑板与接触线的接触状态越容易被破坏，特别是在弓网参数不匹配的情况下更容易发生问题。

高速列车高速运行时，周边的空气也将受到扰动，而这一扰动又将引起接触线的飘动和受电弓的横向振动，也由此影响高速列车的受流品质。与此同时，滑板在接触线上的横向移动也是产生噪声的原因。

受流品质的恶化直接影响牵引功率的发挥，也就影响列车的运行速度以及相关零部件的寿命。因此，如何使高速列车在高速运行时具有优良的受流品质成为高速列车遇到的又一重大问题。

这一问题也归结为通常所说的弓网关系问题，需要对弓网参数的匹配性、弓网悬挂方式、悬挂参数、接触压力、离线率、接触导线抬升量、受电弓振幅、受电弓追随性、接触导线的硬点间距、接触线的张力、接触线波动的传播速度和双弓受流时两受电弓之间的间距等方面开展研究。这里同样存在前面提到的不利速度区问题，在高速列车系统集成中需要精心关注解决此类问题。

6. 空气对列车的作用

列车是在稠密空气中运行的，低速运行时一般不会感觉到空气的影响，但是运行速度提高以后,特别是在 160km/h 速度等级之后就会明显感觉到空气的影响,如运行阻力明显增加、周边气流明显改变、气动载荷明显加大、弓网关系明显改变、冷却能力明显不足、车内新风明显减少、粉尘明显增加、噪声明显加大、振动明显复杂、乘坐舒适性明显改变等。这里有空气动力学的问题,也有气动特性的问题、微气压波的问题等,都是列车的高速运行搅动了静止的空气,而由空气反作用到高速列车上所产生的问题,需要在高速列车系统集成中解决这些问题。

7. 我国的超大运量问题

我国地域广阔、人口众多、人员流动量大,那么高速列车如何适应超大运量带来的挑战;在一定的限制空间(限界)之内如何充分利用这一空间,载运更多的旅客,同时又要为旅客提供安全、舒适的环境;再者,客流的不均匀性又带来了繁忙时运能不足和旅客少时装备过多这样的矛盾。这是我国车辆工作者面临的严峻挑战。

8. 高速列车系统集成

高速铁路是技术创新的硕果。高速铁路的建设、高速列车的研制、高速铁路的经营管理无不体现了高新技术的集成,尤以高速列车最为突出,涉及机械工程学、铁道车辆学、电力电子学、空气动力学、工程控制学、振动噪声学等多个学科,是综合当今信息时代的高新技术的集中体现。高速列车的研发就是一个复杂的系统集成过程,因此如何开展高速列车系统集成,需要认真加以研究和总结。本书将就高速列车系统集成方面需要开展的工作进行梳理,总结二十多年来在这方面的工作,力求为后来者提供一个垫脚石。

1.3　本书内容的几点说明

作者长期从事提速、高速、高原机车车辆技术研究,多次主持国家、铁道部重大科技攻关项目;二十年多来主要开展高速列车系统集成、方案论证、方案设计、技术设计、施工设计、试验研究和安全评估等研究,构建了我国高速列车系统集成框架和初步设计技术基础。本书是对我国二十年来开展的高速列车系统集成工作理论与工程实践的总结,是对高速列车的应用基础理论和工程技术领域的系统介绍。

1. 本书的内容编排

本书针对高速列车系统集成的相关问题进行介绍,包括运输产品的设计、与铁路其他子系统的协调关系设计、技术经济分析论证、高速列车总体构成、确定总体技术条件、为满足动车组安全舒适运行要求研究制订相应的标准以及高速动车组的概念设计；还包括高速动车组的输入与输出分析、高速动车组系统方程的建立和分析方法、高速动车组子系统的原理与组成的确定、各子系统技术方案的确定和各子系统技术要求的制订；还包括各子系统的选型、各零部件的选型、初步结构设计、通过计算优化确定细节技术参数、开展技术条件的研究、确定技术参数的过程、制订技术规格书等。本书还对根据技术设计确定的结构、参数等细化局部结构的过程，工艺设计、试生产、加工制造和组装调试等，以及试验验证方面(部件试验、系统试验、车辆级试验和动车组级试验)、运用考核、修改定型、安全评估和停用等进行介绍。

第 1 章对高速铁路和高速列车的发展进行概要的介绍，并对高速列车与普速列车的区别做说明。

第 2 章对系统模型化分析方法做概要介绍，阐述对高速列车系统开展研究进而建立的数学模型。

第 3 章简单介绍系统输入的分析方法，并对高速列车系统的各种输入进行分析和介绍。

第 4 章简单介绍系统输出的分析方法，对高速列车系统的各种输出进行分析和介绍，并介绍利用输出开展高速列车的控制、安全监测、故障诊断和改善车辆性能等的实例，其中还通过实例介绍不利速度区的理念。

第 5 章介绍高速列车应具备的特性。

第 6 章介绍在系统集成过程中需要考虑的高速列车与高速铁路其他子系统的相互关系的协调问题。

第 7 章介绍高速列车系统集成各个流程，以及在集成过程的各阶段应开展的工作。

第 8 章对高速列车的构成及其部分子系统、部分零部件的相关技术进行介绍。

2. 部分名词和术语的特指定义

为了方便读者阅读，一些相关的名词在未做特殊介绍时按以下说明理解，以免引起误解。

高速列车是指组成整列运行的、运行速度超过 200km/h 的列车。

动车组的重联是指两组(及以上)动车组连挂在一起运行的方式。

车辆：本书中一般提到的车辆是指广义铁道车辆，包括有动力车辆(如机车、动车、动力车等)和无动力车辆(也称拖车)。

客车特指用于载客的车辆，无论是否有动力。

机车车辆是指传统意义上的分类概念，其中，机车车辆中的机车特指火车头，是推拉列车运动的；机车车辆中的车辆特指传统意义上的车辆，是指狭义的铁道车辆，是不带动力的，需要机车来推拉才能运动的车辆。只有在机车车辆连起来提到的车辆才是这个含义。

动力车是指带有动力装备可自行走的车辆，是指动力集中式动车组中的机车。

动车是指在动力分散动车组中具有输出牵引力能力的车辆。

拖车是指在动车组中没有输出牵引力能力的车辆。

动力单元是指由多个安装有动力设备的车辆连接在一起组成一个完整的可提供牵引力的车组。

动车组的组成是指动车组由一个或多个动力单元加若干拖车组成。

端车是指动车组两端的、带有司机室的车辆。

头车是指位于运行前方的端车。

尾车是指位于运行后方的端车。

中间车是指位于动车组中间的除动车组两端的两辆端车外的其他车辆。

质量是指与重量相对应的物理量，表示物体的一种属性。

品质是描述产品及服务等的优劣水平的一种指标，通常采用产品质量或服务质量来描述，但是为了与上述质量(与重量相对应的物理量)概念区分，在本书中对此统一采用品质一词。

3. 列车位侧的定义

有关列车位侧的定义应有标准规范。在尚无标准可循时，为了方便本书叙述，特将列车位侧定义如下：

动车组的车端定义为沿动车组纵向的前后两端，其中 1 号车端为 1 位端，另一端为 2 位端。

1 号车 1 位端即为动车组的 1 位端，其他车辆距离 1 号车较近的车端为该车的 1 位端。

动车组 1 位端在前的右侧为动车组的 1 位侧，即相应车辆的 1 位侧。

动车组或车辆上的 2 位侧为与 1 位侧相反的另一侧。

动车组及其车辆的 1 位角的定义为 1 位侧靠近 1 位端的一角。

动车组及其车辆的 2 位角的定义为 2 位侧靠近 1 位端的一角。

动车组及其车辆的 3 位角的定义为 1 位侧靠近 2 位端的一角。

动车组及其车辆的 4 位角的定义为 2 位侧靠近 2 位端的一角。

动车组中的车辆序号以动车组落成出厂时前位端车为 1 号车，往后依次为 2 号车、3 号车……

动车组中动车的序号按在动车组中的车辆序号前加字母 M 表示，如 M2 表示动车组中 2 号车为动车。

动车组中拖车的序号按在动车组中的车辆序号前加字母 T 表示，如 T3 表示动车组中 3 号车为拖车。

　　由于动车组可以换端，也可以掉头，为叙述方便，这里引入列车运行位侧的概念，即定义列车运行前方的右侧为列车的运行 1 位侧。同理，运行前方的头车为前端，而尾车为后端。当两列车重联时，无论动车组的 1 号车是在前还是在后，都按照运行位侧定义，即前向右侧为 1 位侧，前向左侧为 2 位侧（无论是前方动车组还是后方动车组），在前的称为前端，在后的称为后端。在本书的叙述中提到位侧概念时如没有特别说明，则其含义按运行位侧的概念理解。

　　4. 本书采用的坐标系

　　本书采用的坐标系是车辆工作者惯用的坐标系，具体如下：先将车体看成一个刚体，具有六个自由度。以车体的重心为坐标原点（O 点），建立如图 1.3.1 所示的 $OXYZ$ 坐标系，这是一个空间三维笛卡儿坐标系。

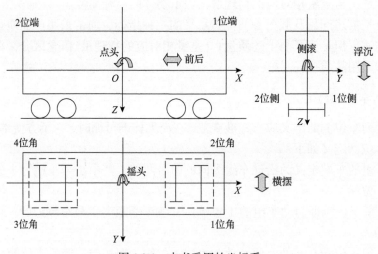

图 1.3.1　本书采用的坐标系

　　图 1.3.1 中，X 轴（沿车辆运动方向）称为纵向，标为前后；Z 轴（垂直向下方向）称为垂向，标为浮沉；Y 轴（与 XZ 平面相垂直的、在水平面内的左右方向）称为横向，标为横摆。绕 X 轴的转动方向称为侧滚，绕 Y 轴的转动方向称为点头，绕 Z 轴的转动方向称为摇头。

参 考 文 献

[1] 钱立新. 世界高速铁路技术. 北京: 中国铁道出版社, 2003.

[2] 苏民, 钱立新, 韩博怀, 等. 京沪高速铁路技术方案可行性研究报告附件三——机车车辆及供电. 北京: 铁道科学研究院, 1992.

[3] 吴新民, 黄强, 等. 高速试验列车技术条件(95J01). 北京: 铁道科学研究院, 1996.

[4] 王福天. 车辆动力学. 北京: 中国铁道出版社, 1981.

第2章 高速列车系统的模型化分析方法

高速列车系统集成离不开对系统的理解与分析，本章简单介绍系统的概念、系统的静动态特性、建模分析方法(包括系统辨识和参数识别)，以及高速列车的系统方程建立的情况[1]。

2.1 系 统 概 述

2.1.1 系统的概念

1. 系统的定义

系统是按一定的规律组合在一起的一些部件的集合。例如，由轮对、轴箱、构架、悬挂部件等部件按一定的要求组装在一起组成的转向架可以是一个系统；由转向架、车体、制动装置、车钩缓冲装置等组装在一起组成的铁道车辆也可以是一个系统；由多个铁道车辆组成的动车组也可构成一个系统；由车辆或列车、轨道、路基乃至桥梁也可以构成一个系统。系统的概念可以扩充到任意领域中的一些部件集合上，如用在人体上，这些部件就是心、肝、脾、肺、肾等；用在社会管理中，这些部件则变成社团组织、学校、医院、居民等。

2. 静态系统

在恒定的输入作用下会有恒定输出的系统称为静态系统。对于静态系统，若输入不改变，则系统的输出保持为常量，而且只有当输入改变时，输出才改变。一个稳定的系统，其输入输出的关系是确定的。

根据静态分析对系统做出判断和提出对策是必要的，这些静态系统的分析方法在设计研究中有不可忽视的作用。例如，车体承载结构需要用静强度的方法对其承载特性进行分析，以前用结构力学的方法进行分析，现在则采用有限元方法进行分析。通过结构分析，保证车体承载结构在规定的载荷下能够正常工作，不会发生破坏。

一般来说，纯粹的静态系统是没有的，因此铁道车辆的模型化必须静动态一起考虑。

3. 动态系统

当输入是一个随时间变化的函数时，其作用在系统上后，系统的输出将随时间改变，则该系统称为动态系统。

了解系统中缓慢演变的变化，以及系统在各种激扰下甚至包括启动和停机等短时间内因动态作用的变化都是很重要的，这对系统失效过程的分析和预防起关键性作用。因此，从某种意义上讲，对动态系统分析比静态系统分析更为重要。

例如，停放的车辆在装载后应保持系统的稳定可靠，这是静态分析需解决的问题，而该车辆在运行中如何保持系统的稳定、平稳是动态分析的任务。就完成运输任务而言，保证运输过程的安全显得更为重要。

4. 系统、输入、输出的关系

系统在输入的作用下存在输出，系统、输入、输出的相互关系如图 2.1.1 所示。可以看出，存在以下几种情况：

图 2.1.1　系统、输入、输出的相互关系

①系统已知、输入已知，输出未知。

②系统已知、输入未知、输出已知。

③系统已知、输入未知，输出未知。

④系统未知、输入已知、输出已知。

⑤系统未知、输入未知、输出已知。

⑥系统未知、输入已知、输出未知。

⑦系统已知、输入已知、输出已知。

⑧系统未知、输入未知，输出未知。

5. 系统的色相属性

当系统的结构、参数等均已知时，可以称该系统为白色系统。上述①、②、③、⑦就是白色系统。其中⑦系统已经一清二白，而且输入输出都非常明确，显然没有需要解决的难题。对于①、②、③三类问题已经研究得很多，在经典理论中往往是在系统已知的情况下分析系统的特性，并在输入已知时求解输出来预估系统的性能、预测系统的状态。但是系统完全已知的情况是极少的，因此以前的系统分析与性能预估存在很大的局限性。

当系统的结构、参数等均未知时，可以称该系统为黑色系统。上述④、⑤、⑥、⑧就是黑色系统。

当系统的结构、参数等仅已知一部分时，可以称该系统为灰色系统。研究对象的绝大部分应当说是灰色系统，也就是④、⑤、⑥中对系统有一定了解的情况下来分析系统以及输入输出。

2.1.2　系统动力学简介

为了了解系统的那一部分尚未知的事情，需采用一些分析方法。系统学正是研究上述这种系统及其输入、输出之间相互关系的一门学科。系统动力学则是研究上述这种系统及其输入、输出之间相互关系动态特性的一门学科。例如，仅根据已经观察到的系统的输出对系统进行评估分析，得出对系统的判断，这种方法也即唯象学说，可以说是通过现象看本质。又如，通过对系统施加一些已知的输入，测出系统的响应(输出)，根据这些输入、输出来获取系统的信息、推断系统的模型或特征。这种方法称为参数辨识或系统辨识。前者仅为参数未知，后者则是连系统模型都不详的情况。

通过调整输入和/或系统的结构参数来使系统的输出符合要求，就是对系统实施控制。长期以来，对于铁道车辆动力学的研究主要采用经典的、传统的分析方法，没有从系统论、信息论、控制论的角度来观察车辆。采用传统方法研究既费时又难以全面地揭示系统的内在特性。随着科学技术的发展，上述问题的严重性越来越明显，引入系统动力学的分析方法将提供另一种观察车辆动力特性的方法。

目前，高速、重载已经成为铁路运输的重要手段，系统越来越复杂。由于系统状态的急剧变化，伴随而来的冲击、振动、惯性等与动态有关的问题和故障日益复杂，因此对车辆的设计、制造工艺和设备、调试、试验都提出了更高的要求。

在需要考虑系统的非线性情况时(严格说，实际系统大多数属于非线性系统)，问题更为突出。非线性系统最重要的特性是不能应用叠加原理。若用传统的方法来分析这一系统是比较麻烦的，而且势必造成很大的误差。若改用现代的动态分析方法，引入状态变量的概念，则易于求解和分析，尤其适合用计算机进行数字仿真，不仅能获得较准确的参数值，还容易得到深刻表征系统动态特性的许多指标。

在需要实施控制的场合更显示出动态分析方法的优越性。随着计算机技术的迅速发展，在车辆上也越来越多地采用计算机进行自动控制，如摆式车体技术、径向转向架、牵引及黏着控制、制动控制等也需要动态分析方法的技术支持。

2.1.3　系统的分类

系统的分类方法有多种，前面已经提到的静态系统与动态系统，黑色系统、灰色系统与白色系统就是两种分类形式，下面介绍几种其他常见的分类。

1. 线性系统与非线性系统

如果系统的数学模型(方程)是线性的，这种系统称为线性系统。线性系统最重要的特性是可应用叠加原理，即系统在受到多个输入同时作用时，这些输入对系统输出响应产生的总影响等于每个输入单独作用所产生的影响的总和。

用非线性数学模型(方程)表示的系统,称为非线性系统,如存在间隙、干摩擦的系统就是非线性系统。图 2.1.2 为非线性系统特性示意图,图中展示了四种类型的部件参数特性(纵坐标 F)随时间、位置或速度(横坐标 t)而变化的非线性系统特性。

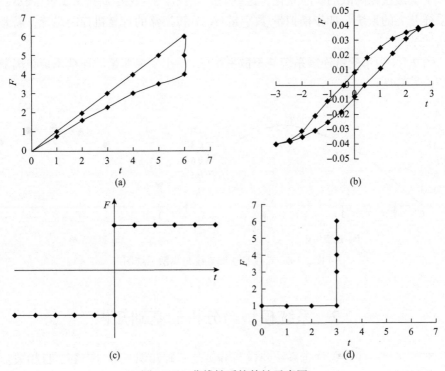

图 2.1.2　非线性系统特性示意图

2. 开环系统与闭环系统

若系统的输出量对系统没有控制作用,则这种系统称为开环系统。

若系统的输出量对系统有控制作用,则这种系统称为闭环系统(图 2.1.3),其中输出对系统的反作用称为反馈,常用的是负反馈。闭环系统的优点是系统响应对外界干扰和内部参数变化不敏感,因而有可能采用不太精密、成本较低的元件构成精确的系统,但它的稳定性是一个重要问题,在闭环系统中可能出现过调、等幅振荡或变幅振荡。

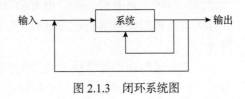

图 2.1.3　闭环系统图

3. 连续系统与离散系统

连续系统通常是指连续时间系统。在连续系统中，有一个或多个变量随时间连续变化，即它(它们)是时间的连续函数。用微分方程描述的系统是典型的连续系统。

离散系统通常指离散时间系统，又称采样数据系统。在离散系统中，有一个或多个变量仅在离散的瞬时变化，这些瞬时往往用 kT 或 $t_k(k=0, 1, 2, \cdots)$ 表示。具有采样开关的系统，如带模拟量/数字量(A/D)转换器的计算机控制系统，就是一种离散系统。

图 2.1.4 为单变量连续系统与离散系统图，给出了单变量的连续系统与离散系统的信号特点。

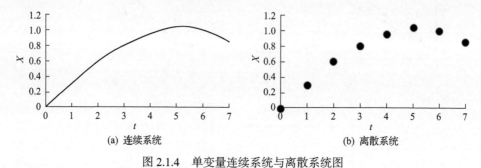

(a) 连续系统　　　　　　　　　　(b) 离散系统

图 2.1.4　单变量连续系统与离散系统图

2.2　系统模型与分析的基础知识

本节介绍一些有关动态系统建模与分析的基础知识，部分内容引自相关参考文献[2-6]。

2.2.1　系统数学模型的表达

在对车辆的动态性能进行研究的工作中，或者在对车辆系统实现运动过程的控制中，建立系统的数学模型有极其重要的作用。

系统的数学模型是描述系统输入、输出变量以及内部各参量之间关系的数学表达式。这种关系有静态的，也有动态的。描述诸变量之间动态关系的数学表达式称为动态模型。数学表达式具有广泛的含义，可以是公式，也可以是图形或表格等。

本节介绍的动态数学模型的常用表达方式主要有微分方程、差分方程、状态方程、传递函数、方框图及频率特性等几种。

1. 微分方程

描述动态系统的方程不仅包含变量本身，也包含这些变量的变化率或导数。这样的方程称为微分方程，它可以描述连续时间函数间的关系，是最基本、最常用的一种动态数学模型。

微分方程一般可分为常微分方程和偏微分方程，又可分为线性微分方程和非线性微分方程、常系数微分方程和变系数微分方程、齐次微分方程和非齐次微分方程等。

1) 常微分方程和偏微分方程

如果微分方程只包含一个自变量，其导数是常导数，则称该方程为常微分方程。在系统动态分析的研究中，主要涉及的是系统性能为时间的函数，因此系统的微分方程多半以时间为自变量。例如，车辆的浮沉自由振动运动方程为

$$m\frac{\mathrm{d}^2 z}{\mathrm{d}t^2} + c\frac{\mathrm{d}z}{\mathrm{d}t} + kz = 0 \tag{2.2.1}$$

式中，c 为减振器中阻尼油缸的黏性阻尼系数；k 为弹簧的刚度；m 为车体的质量；z 为车体的垂直位移。

式 (2.2.1) 是一个二阶一次常微分方程，其中 t 为自变量，z 为因变量。该方程表明 z 的瞬时值及其一阶导数和二阶导数的加权和必须恒等于零，或者说惯性力（方程中的第一项）、黏性阻尼力（方程中的第二项）与弹簧力（方程中的第三项）之和必须恒为零。上述系统中存在两个储能元件和一个耗能元件，所以系统因不同范畴的能量相互转换而呈现动态变化过程，因能量的耗散而使运动逐渐衰减。作为储存动能的质量相当于电路中的电感，而储存位能的弹簧相当于电路中的电容，耗能的阻尼油缸即相当于电路中的电阻。

若微分方程中包含的自变量多于一个（如包含时间和位置），其导数为偏导数，则称方程为偏微分方程。

2) 线性微分方程和非线性微分方程

当常系数微分方程中的各项均为一次项时，该微分方程为线性微分方程，显然，式 (2.2.1) 是线性微分方程。

如果方程中任一项的幂次不为 1 或存在非线性函数，则该微分方程为非线性微分方程，如式 (2.2.2) 所描述的系统：

$$m\frac{\mathrm{d}^2 z}{\mathrm{d}t^2} + b\frac{\mathrm{d}z}{\mathrm{d}t} + kz = Ap \tag{2.2.2}$$

式中，A 为空气弹簧的有效面积；b 为空气弹簧装置的阻尼系数（当阻尼与速度线

性相关时）；k 为空气弹簧的刚度；m 为车体的质量；p 为空气弹簧的内压力；z 为车体的垂直位移。其中空气弹簧的内压力随着空气弹簧的体积变小而增大。当车体上下运动时，空气弹簧的体积也相应改变，其内压力也随之改变，内压力与位移的关系可写成

$$p = f(z) \tag{2.2.3}$$

式中，$f(z)$ 为体积（压力）随位移变化的函数，一般为非线性函数。如果车体的上下运动呈正弦变化，则可写成

$$p = f(z) = \sin(\omega t) \tag{2.2.4}$$

这时，式（2.2.2）可写成

$$m\frac{\mathrm{d}^2 z}{\mathrm{d}t^2} + b\frac{\mathrm{d}z}{\mathrm{d}t} + kz = Af(z) \tag{2.2.5}$$

或者

$$m\frac{\mathrm{d}^2 z}{\mathrm{d}t^2} + b\frac{\mathrm{d}z}{\mathrm{d}t} + kz = A\sin(\omega t) \tag{2.2.6}$$

显然，它是一个非线性微分方程。

3）常系数微分方程和变系数微分方程

若方程中各项的系数均为常数，则该方程为常系数微分方程，其表征的系统称为时不变系统或定常系统。

若系数本身是自变量的函数，则该方程为变系数微分方程，其表征的系统称为时变系统。例如，减振系统油缸中的油，工作时油的黏性阻尼系数 c 随时间 t 而变化（见式（2.2.1）），则描述此系统的运动方程是变系数微分方程。又如，式（2.2.5）中的 b 为空气弹簧装置的阻尼系数，当空气弹簧采用节流孔来提供阻尼时，其提供的阻尼力与气流速度有关，即与车体的运动速度有关，而与其他因素无关，此时运动方程就是常系数微分方程。当采用与两侧压力有关的可变节流孔时，系数 b 就成为可变的，此时运动方程也就成为变系数微分方程。

4）齐次微分方程和非齐次微分方程

若方程中所含因变量及其导数的各项之和等于零，则该方程为齐次微分方程，显然，式（2.2.1）是齐次微分方程。

当上述各项之和等于常数或是自变量的函数时，该方程为非齐次微分方程。例如，在周期性扰力作用下车体的强迫振动运动方程为

$$m\frac{\mathrm{d}^2 x}{\mathrm{d}t^2} + c\frac{\mathrm{d}x}{\mathrm{d}t} + kx = A\sin(\omega t) \tag{2.2.7}$$

式中，A、ω 分别为扰力的幅值与圆频率。式 (2.2.7) 等号右边为自变量的函数，是非齐次微分方程。

齐次方程表明系统的性能与任何外部能源或外部激扰无关，它仅仅取决于组成该系统的元件的常数或参数。非齐次方程则包括了施加的驱动力或外部激扰。车辆在轨道不平顺作用下的运动方程就是非齐次微分方程。

用微分方程描述连续函数领域的动态数学模型时，其系数直接是系统的结构参数，具有物理概念清晰、直观等显著优点。但对于一些高阶和偏微分方程，不便用经典的数学方法求解，因此难以判断其动态特性。

2. 差分方程

差分方程是用于描述离散对象的动态数学模型。在一般情况下，n 阶线性常系数差分方程可表示为

$$y_{K+n} + a_1 y_{K+n-1} + \cdots + a_n y_K = b_0 x_{K+n} + b_1 x_{K+n-1} + \cdots + b_n x_K \tag{2.2.8}$$

式中，a_i、$b_i (i=0, 1, 2, \cdots, n)$ 为常系数；x、y 分别为输入、输出的采样值。

差分还分为向前差分、向后差分和中心差分等，任何有限阶的差分都可以用移动算子表示，移动算子的定义如下。

(1) 向前移动算子 z 表示为

$$z^m y_i = y_{i+m} \tag{2.2.9}$$

(2) 向后移动算子 z^{-1} 表示为

$$z^{-m} y_i = y_{i-m} \tag{2.2.10}$$

于是，一阶差分和二阶差分可记为

$$\Delta y_i = y_{i+1} - y_i = z y_i - y_i = (z-1) y_i \tag{2.2.11}$$

$$\Delta^2 y_i = \Delta y_{i+1} - \Delta y_i = y_{i+2} - 2y_{i+1} + y_i = z^2 y_i - 2z y_i + y_i = (z-1)^2 y_i \tag{2.2.12}$$

可见 Δ 与 z 有如下关系：

$$\Delta = z - 1 \tag{2.2.13}$$

因此有

$$\Delta^n y_i = (z-1)^n y_i \tag{2.2.14}$$

即差分Δ与移动算子z之间可以相互转换，如

$$y_{i+n} = z^n y_i = (1+\Delta)^n y_i = \left[1 + n\Delta + \frac{n(n-1)}{2!}\Delta^2 + \cdots + \frac{n!}{(n-1)!}\Delta^{n-1} + \Delta^n\right] y_i \tag{2.2.15}$$

$$\Delta^n y_i = (z-1)^n y_i = \left[z^n - nz^{n-1} + \frac{n(n-1)}{2!}z^{n-2} - \cdots + (-1)^n\right] y_i \tag{2.2.16}$$

z又称为z变换算子，z变换是表示离散对象传递函数的重要数学工具。

3. 微分方程的直接差分化

由微积分学可知，导数可用向前差分来近似，即

$$\left.\frac{\mathrm{d}y(t)}{\mathrm{d}t}\right|_{t=KT} \approx \frac{y_{K+1} - y_K}{T} \tag{2.2.17}$$

当采样周期T足够小时，上述近似是满意的。

高阶导数也有类似的差分化方法，一阶及二阶导数的差分近似如表 2.2.1 所示，利用此表可将微分方程直接变为差分方程。

表 2.2.1　导数的差分近似

函数的连续及差分类别	一阶导数	二阶导数
连续函数的导数	$\dfrac{\mathrm{d}y}{\mathrm{d}t}$	$\dfrac{\mathrm{d}^2 y}{\mathrm{d}t^2}$
向前差分近似式	$\dfrac{y_{K+1} - y_K}{T}$	$\dfrac{y_{K+2} - 2y_{K+1} + y_K}{T^2}$
向后差分近似式	$\dfrac{y_K - y_{K-1}}{T}$	$\dfrac{y_K - 2y_{K-1} + y_{K-2}}{T^2}$
中心差分近似式	$\dfrac{y_{K+1} - y_{K-1}}{2T}$	$\dfrac{y_{K+1} - 2y_K + y_{K-1}}{T^2}$

注：T为采样周期（或步长）。

4. 状态空间表达式及其与微分方程的关系

在现代动态分析中，常用状态空间表达式来表达系统的模型，即由状态变量构成的一阶微分方程组或差分方程组来描述。由于它无须解算高阶微分方程，因此求解方便，特别适合用计算机求解。此外，它能同时给出系统的全部独立变量的响应，所以可同时确定系统的全部运动状态。

1)状态空间表达式中所使用的名词

(1)状态，指系统的运动状况。

(2)状态变量，指完全能表征系统运动状态的数目最少的一组变量。同一系统所能选取的状态变量不是唯一的，但这些变量必须是相互独立的，且其个数应等于微分方程的阶数，而微分方程的阶数又唯一取决于系统中独立储能元件的个数，所以状态变量的个数应等于系统中独立储能元件的个数。

(3)状态向量。现有 n 个状态变量: $x_1(t)$, $x_2(t)$,…, $x_n(t)$，若将它们看成向量，则有

$$X = \begin{bmatrix} x_1(t) & x_2(t) & \cdots & x_n(t) \end{bmatrix}^{\mathrm{T}} \tag{2.2.18}$$

称 X 为状态向量。

(4)状态空间，指以状态变量(即状态向量的分量) $x_1(t)$, $x_2(t)$,…, $x_n(t)$ 为坐标轴所构成的 n 维空间。在特定时刻 t，状态向量 X 在状态空间中是一个点。已知初始时刻 t_0 的状态向量 $X(t_0)$，就得到状态空间中的一个初始点。随着时间的推移，$X(t)$ 将在状态空间中描绘出一条轨迹，称为状态轨迹。

(5)状态方程，指由系统状态变量构成的一阶微分方程组或差分方程组。

(6)输出方程，指在指定系统输出(往往是指状态变量中能直接或间接观测到的一部分量)的情况下，该输出与其所有状态变量间的函数关系式。

(7)状态空间表达式，是状态方程与输出方程的总称，构成对系统状态的完整描述。

2)多输入-多输出系统的状态空间表达式

由单输入-单输出系统的状态方程可以推广得到多输入-多输出系统的状态方程。

状态方程的一般形式为

$$\dot{X} = AX + Bu \tag{2.2.19}$$

输出方程的一般形式为

$$Y = CX + Du \tag{2.2.20}$$

式中，A、B、C、D 为系统的有关系数矩阵，当它们是时间 t 的函数时，状态方程表征的系数为时变系统；u 为输入向量(外部激扰)；X 为状态向量；Y 为输出向量。

例如，有一辆行驶在具有轨道高低不平顺线路上的车辆，其质量为 m，在质量和车轮间有减振弹簧和阻尼油缸，现从微分方程着手列出该系统的状态空间表达式。该系统的运动微分方程为

$$m\ddot{x} + b(\dot{x} - \dot{y}) + k(x - y) = 0 \tag{2.2.21}$$

转换后为

$$\ddot{x} + \frac{b}{m}\dot{x} + \frac{k}{m}x = \frac{b}{m}\dot{y} + \frac{k}{m}y \tag{2.2.22}$$

式中，x 为车辆的垂直位移；y 为由线路上高低不平引起的输入函数。

式 (2.2.22) 显示等式右侧存在 y 的导数项，这样直接使用 $x_1 = y$ 可能得不到唯一解，为此取状态变量为

$$\begin{cases} x_1 = x - \beta_0 y \\ x_2 = \dot{x} - \beta_0 \dot{y} - \beta_1 y = \dot{x}_1 - \beta_1 y \end{cases} \tag{2.2.23}$$

式中，

$$\beta_0 = b_0 = 0 \tag{2.2.24}$$

$$\beta_1 = b_1 - a_1\beta_0 = \frac{b}{m} \tag{2.2.25}$$

并设 β_2 为

$$\beta_2 = b_2 - a_1\beta_1 - a_2\beta_0 = \frac{k}{m} - \frac{b}{m}\frac{b}{m} = \frac{1}{m}\left(k - \frac{b^2}{m}\right) \tag{2.2.26}$$

则可得到状态方程为

$$\begin{bmatrix} \dot{x}_1 \\ \dot{x}_2 \end{bmatrix} = \begin{bmatrix} 0 & 1 \\ -\dfrac{k}{m} & -\dfrac{b}{m} \end{bmatrix}\begin{bmatrix} x_1 \\ x_2 \end{bmatrix} + \begin{bmatrix} \dfrac{b}{m} \\ \dfrac{1}{m}\left(k - \dfrac{b^2}{m}\right) \end{bmatrix} y \tag{2.2.27}$$

因为 $\beta_0 = b_0 = 0$，所以得到输出方程为

$$Y = \begin{bmatrix} 1 & 0 \end{bmatrix}\begin{bmatrix} x_1 \\ x_2 \end{bmatrix} \tag{2.2.28}$$

3) 非线性系统的状态空间表达式

非线性系统的状态空间的状态方程和输出方程分别为

$$\dot{x}_i = f_i(x_1, x_2, \cdots, x_n; u_1, u_2, \cdots, u_r; t), \quad i = 1, 2, \cdots, n \tag{2.2.29}$$

$$y_j = g_j(x_1, x_2, \cdots, x_n; u_1, u_2, \cdots, u_r; t), \quad j = 1, 2, \cdots, m \tag{2.2.30}$$

用向量矩阵表示为

$$\dot{X} = f(X, u, t) \tag{2.2.31}$$

$$Y = g(X, u, t) \tag{2.2.32}$$

若式 (2.2.31) 和式 (2.2.32) 中不显含时间 t，则为定常非线性系统，此时状态方程和输出方程为

$$\dot{X} = f(X, u) \tag{2.2.33}$$

$$Y = g(X, u) \tag{2.2.34}$$

式 (2.2.29) ～式 (2.2.34) 等号右边不是线性代数式的组合，而是非线性代数式的组合。

与差分方程类似，状态空间表达式也有离散状态空间表达式，它也可由连续状态空间表达式的解演变而来。

5. 传递函数

传递函数是描述线性定常系统的一种十分有用的表达式，是经典控制理论中最常用的一种数学模型。传递函数的概念是建立在拉普拉斯变换基础上的。本节先介绍连续对象的传递函数，然后介绍离散对象的传递函数。

1) 传递函数的定义与计算式推导

传递函数定义为在所有初始条件均为零时，系统输出量的拉普拉斯变换与输入量的拉普拉斯变换之比，即

$$G(s) = \frac{X_o(s)}{X_i(s)} \tag{2.2.35}$$

式中，$G(s)$ 称为传递函数；$X_i(s)$、$X_o(s)$ 分别为系统输入量和输出量的拉普拉斯变换，即复数 s 域的输入和输出。

设 n 阶线性定常系统的微分方程为

$$a_0 \frac{\mathrm{d}^n x_o(t)}{\mathrm{d}t^n} + a_1 \frac{\mathrm{d}^{n-1} x_o(t)}{\mathrm{d}t^{n-1}} + \cdots + a_{n-1} \frac{\mathrm{d}x_o(t)}{\mathrm{d}t} + a_n x_o(t)$$
$$= b_0 \frac{\mathrm{d}^m x_i(t)}{\mathrm{d}t^m} + b_1 \frac{\mathrm{d}^{m-1} x_i(t)}{\mathrm{d}t^{m-1}} + \cdots + b_m x_i(t), \quad m < n \tag{2.2.36}$$

式中，$a_0, a_1, \cdots, a_n$ 为方程输出侧的系数；$b_0, b_1, \cdots, b_m$ 为方程输入侧的系数；$x_o(t)$ 为系统的时域输出；$x_i(t)$ 为系统的时域输入。取拉普拉斯变换，得

$$(a_0 s^n + a_1 s^{n-1} + \cdots + a_{n-1} s + a_n) X_o(s) = (b_0 s^m + b_1 s^{m-1} + \cdots + b_m) X_i(s) \tag{2.2.37}$$

式中，s 为拉普拉斯算子。所以有

$$G(s) = \frac{X_o(s)}{X_i(s)} = \frac{b_0 s^m + b_1 s^{m-1} + \cdots + b_m}{a_0 s^n + a_1 s^{n-1} + \cdots + a_{n-1} s + a_n} \tag{2.2.38}$$

成立。由式(2.2.38)可见，只要将系统的微分方程(2.2.36)中的微分算符 $\dfrac{\mathrm{d}^{(i)}}{\mathrm{d}t^{(i)}}$（$i$ 为微分的阶次）用相应的拉普拉斯算子 $s^{(i)}$ 来代替，即可得到传递函数 $G(s)$。

对于传递函数，有以下几点值得注意：

(1)传递函数是经拉普拉斯变换导出的，而拉普拉斯变换是一种线性积分变换，因此传递函数的概念只适用于线性定常系统。

(2)传递函数中各项系数完全取决于系统的结构参数，并且和微分方程中各项系数对应相等，这表明传递函数可以作为系统的动态数学模型。由于它是简单的代数式，并且当系统由多个环节串、并联或反馈连接而成时，整个系统的传递函数就可根据各环节的传递函数经简单的代数运算得到。因此，传递函数易于表达复杂的线性定常系统，能方便地由组成环节的性能来评估系统的性能。

(3)传递函数是在零初始条件下定义的，即在零时刻之前，系统对所给定的平衡工作点是处于相对静止状态的。因此，传递函数原则上不能反映系统在非零初始条件下的全部运动规律。对于工程问题，系统的初始状态都为零，或者说当输入作用在系统之前时，系统是相对静止的。传递函数作为工程问题的系统的数学模型是合适的。

(4)传递函数分子多项式的阶次总是低于或等于分母多项式的阶次，即 $m \leq n$，这主要是由于系统中总是含有较多的惯性元件。

(5)一个传递函数只能表示一个输入对一个输出的关系，至于信息传递通道中的中间变量，无法用同一个传递函数来全面反映。如果是多输入-多输出系统，也不可能用一个传递函数来表征该系统各变量间的关系，而要用传递函数阵表示。

(6)系统的传递函数是以复变函数 s 作为自变量的函数。经因式分解后，可将式(2.2.38)写成如下形式：

$$G(s) = K \frac{(s - z_1)(s - z_2) \cdots (s - z_m)}{(s - p_1)(s - p_2) \cdots (s - p_n)} \tag{2.2.39}$$

式中，K 为常数；$p_1, p_2, \cdots, p_n$ 为传递函数分母多项式方程的 n 个根，称为传递函

数的极点；$z_1, z_2, \cdots, z_m$ 为传递函数分子多项式方程的 m 个根，称为传递函数的零点。

显然，零、极点的数值完全取决于系统的结构参数。一般 z_i、p_i 可为实数，也可为复数，若为复数，必共轭成对出现。

一定的传递函数的零点和极点是一定的，也因此可以用零、极点分布图来表征系统的动态特性。

2）典型环节的传递函数

每个系统实际上都是由一个个子系统组成的，这种子系统可称为环节（也可以是一些元件或零部件）。从物理结构来看，这种环节可能差别很大，但是就传递函数的形式来说，却又往往相同，而且仅有有限的几种典型类型。因此，掌握典型环节的传递函数有助于对复杂系统进行研究。下面分别介绍放大环节、惯性环节、微分环节、积分环节、振荡环节和延时环节的传递函数。

（1）放大环节（又称比例环节）。放大环节的输出量 $x_0(t)$ 以一定的比例 K 复现输入量 $x_i(t)$，而毫无失真和时间滞后。运动方程为

$$x_{\text{o}}(t) = Kx_{\text{i}}(t) \tag{2.2.40}$$

显然，放大环节的传递函数为

$$G(s) = \frac{X_{\text{o}}(s)}{X_{\text{i}}(s)} = K \tag{2.2.41}$$

式中，K 称为放大环节的增益。

例如，有一拉伸弹簧，当其从自由状态拉长 $x(t)$ 时，拉力为 $F(t)$，它们之间的关系为

$$F(t) = kx(t) \tag{2.2.42}$$

式中，k 为弹簧的刚度。这种元件属于放大环节，$x_i(t) = x(t)$，$x_0(t) = F(t)$，增益为弹簧刚度 k。

（2）惯性环节。凡运动方程为一阶微分方程的环节称为惯性环节，如运动方程为

$$T\frac{\text{d}x_{\text{o}}(t)}{\text{d}t} + x_{\text{o}}(t) = Kx_{\text{i}}(t) \tag{2.2.43}$$

式中，T 为惯性环节的时间常数。因此，惯性环节的传递函数为

$$G(s) = \frac{K}{Ts + 1} \tag{2.2.44}$$

例如，如图 2.2.1 所示一质量-阻尼-弹簧系统

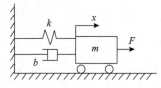

图 2.2.1　质量-阻尼-弹簧系统图

图，若质量 m 非常小，可以忽略不计，则有

$$b\frac{\mathrm{d}x}{\mathrm{d}t} + kx = F \qquad (2.2.45)$$

式中，b 为油缸的黏性阻尼系数；k 为弹簧的刚度；x 为质量块的位移；F 为外作用力。此式与式 (2.2.43) 类似，且 $x_i(t)=F$，$x_o(t)=x$，$T=\dfrac{b}{k}$，$K=\dfrac{1}{k}$。

(3) 微分环节。以微分方程

$$x_o(t) = T\frac{\mathrm{d}x_i(t)}{\mathrm{d}t} \qquad (2.2.46)$$

表示的环节称为微分环节，其输出正比于输入的微分，比例系数 T 称为微分环节的时间常数。因此，微分环节的传递函数为

$$G(s) = Ts \qquad (2.2.47)$$

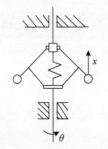

图 2.2.2 离心调速器图

如图 2.2.2 所示离心调速器图中，有

$$x = K\frac{\mathrm{d}\theta}{\mathrm{d}t} \qquad (2.2.48)$$

式中，K 为系数；x 为飞锤的位置；θ 为转角。式 (2.2.48) 与式 (2.2.46) 类似，且 $x_i(t)=\theta$，$x_o(t)=x$，$T=K$。

(4) 积分环节。以方程

$$x_o(t) = \frac{1}{T}\int_{t_1}^{t_2} x_i(t)\mathrm{d}t \qquad (2.2.49)$$

表示的环节称为积分环节，其输出正比于输入的积分，系数 T 称为积分环节的时间常数。因此，积分环节的传递函数为

$$G(s) = \frac{1}{Ts} \qquad (2.2.50)$$

在齿轮齿条传动中，有如下关系：

$$x = \pi D\int_{t_1}^{t_2} n\mathrm{d}t \qquad (2.2.51)$$

即

$$\frac{\mathrm{d}x}{\mathrm{d}t} = \pi Dn \qquad (2.2.52)$$

式中，D 为齿轮节圆直径；n 为齿轮转速；x 为齿条位移。式 (2.2.51) 与式 (2.2.49) 类似，且 $x_i(t)=n$，$x_o(t)=x$，$T^{-1}=\pi D$。

(5) 振荡环节。二阶运动微分方程为

$$a_2 \frac{\mathrm{d}^2 x_o(t)}{\mathrm{d}t^2} + a_1 \frac{\mathrm{d}x_o(t)}{\mathrm{d}t} + a_0 x_o(t) = f(t) \tag{2.2.53}$$

式中，a_2、a_1、a_0 为系数；$f(t)$ 为输入函数。令无阻尼固有频率 ω_n、阻尼比 ξ、系数 K 分别如下所示：

$$\omega_n = \sqrt{\frac{a_0}{a_2}} \tag{2.2.54}$$

$$\xi = \frac{1}{2}\frac{a_1}{\sqrt{a_2 a_0}} \tag{2.2.55}$$

$$Kx_i(t) = \frac{1}{a_0} f(t) \tag{2.2.56}$$

则式 (2.2.53) 可写成

$$\frac{1}{\omega_n^2}\frac{\mathrm{d}^2 x_o(t)}{\mathrm{d}t^2} + \frac{2\xi}{\omega_n}\frac{\mathrm{d}x_o(t)}{\mathrm{d}t} + x_o(t) = Kx_i(t) \tag{2.2.57}$$

因此，式 (2.2.57) 所示环节的传递函数为

$$G(s) = \frac{K}{\dfrac{1}{\omega_n^2}s^2 + \dfrac{2\xi}{\omega_n}s + 1} \tag{2.2.58}$$

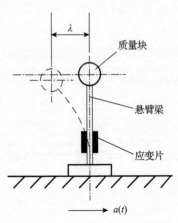

图 2.2.3　应变片式加速度传感器图

当 $0 \leqslant \xi \leqslant 1$ 时，此环节称为振荡环节。若设 T 为振荡环节的时间常数，再取 $\omega_n = 1/T$，则式 (2.2.58) 可写成

$$G(s) = \frac{K}{T^2 s^2 + 2\xi T s + 1} \tag{2.2.59}$$

如图 2.2.3 所示应变片式加速度传感器图中，悬臂梁为弹性元件，在其端部有一质量块。当被测物体以加速度 $a(t)$ 运动时，悬臂梁受惯性力作用而产生弹性变形，其运动方程为

$$m\frac{\mathrm{d}^2\lambda}{\mathrm{d}t^2} + \beta\frac{\mathrm{d}\lambda}{\mathrm{d}t} + k\lambda = ma(t) \tag{2.2.60}$$

式中，k 为悬臂梁的弹性刚度；m 为质量块与悬臂梁折算其上的总质量；λ 为质量块的相对变形；β 为阻尼系数。式 (2.2.60) 与式 (2.2.57) 类似，令

$$\omega_n = \frac{1}{T} = \sqrt{\frac{k}{m}} \tag{2.2.61}$$

$$K = \frac{m}{k} \tag{2.2.62}$$

$$\frac{2\xi}{\omega_n} = \frac{\beta}{k} \tag{2.2.63}$$

则有

$$\xi = \frac{1}{2}\frac{\beta}{k}\omega_n = \frac{1}{2}\frac{\beta}{k}\sqrt{\frac{k}{m}} = \frac{1}{2}\frac{\beta}{\sqrt{km}} \tag{2.2.64}$$

(6) 延时环节（又称滞后环节）。延时环节是输出滞后输入时间 τ 后不失真地反映输入的环节。它在输入开始之初并无输出，但当有了输出之后，输出就完全等于在延迟时间 τ 前的输入，其表达式为

$$x_o(t) = x_i(t - \tau) \tag{2.2.65}$$

此式表示，当 $t < \tau$ 时，$x_o(t) = 0$，当 $t \geqslant \tau$ 时，$x_o(t) = x_i(t-\tau)$。对式 (2.2.65) 两边取拉普拉斯变换后，得

$$X_o(s) = \mathrm{e}^{-\tau s}X_i(s) \tag{2.2.66}$$

因此，延时环节的传递函数为

$$G(s) = \frac{X_o(s)}{X_i(s)} = \mathrm{e}^{-\tau s} \tag{2.2.67}$$

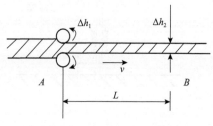

图 2.2.4　带钢厚度的检测图

如图 2.2.4 所示带钢厚度的检测图，轧钢时带钢在 A 点轧制时，产生厚度偏差 Δh_1，但这一偏差在到达 B 点时才被测厚仪检测到，其测得的厚度偏差为 Δh_2，延迟时间 $\tau = L/v$（L 为轧辊与测压仪之间的距离，v 为轧制速度）。Δh_1 与 Δh_2 之间的关系为

$$\Delta h_2 = \Delta h_1(t - \tau) \tag{2.2.68}$$

此式与式 (2.2.65) 类似，且 $x_\mathrm{i}(t) = \Delta h_1$，$x_\mathrm{o}(t) = \Delta h_2$。

3) 脉冲传递函数

离散对象的传递函数称为脉冲传递函数 (又称 z 传递函数)，它是对象输出脉冲序列的 z 变换与输入脉冲序列的 z 变换之比。

(1) z 变换。表 2.2.2 给出了部分常用函数的拉普拉斯变换与 z 变换。

(2) 脉冲传递函数的计算。根据定义，脉冲传递函数为

$$G(z) = \frac{Y(z)}{X(z)} \tag{2.2.69}$$

式中，$X(z)$ 为在初始条件为零时对象输入脉冲序列的 z 变换；$Y(z)$ 为在初始条件为零时对象输出脉冲序列的 z 变换。

表 2.2.2　部分常用函数的拉普拉斯变换与 z 变换

函数的连续及离散表达式	拉普拉斯变换	z 变换
单位脉冲函数 $\delta(t), \delta(KT)$	1	1
单位阶跃函数 $1(t), 1(KT)$	$\dfrac{1}{s}$	$\dfrac{z}{z-1}$
单位斜坡函数 $r(t) = t, r(KT) = KT$	$\dfrac{1}{s^2}$	$\dfrac{zT}{(z-1)^2}$
单位抛物线函数 $\dfrac{t^2}{2}, \dfrac{(KT)^2}{2}$	$\dfrac{1}{s^3}$	$\dfrac{z(z+1)T^2}{2(z-1)^3}$
指数衰减函数 $\mathrm{e}^{-at}, \mathrm{e}^{-aKT}$	$\dfrac{1}{s+a}$	$\dfrac{z}{z - \mathrm{e}^{-aT}}$
指数衰减函数 $t\mathrm{e}^{-at}, KT\mathrm{e}^{-aKT}$	$\dfrac{1}{(s+a)^2}$	$\dfrac{zT\mathrm{e}^{-aT}}{(z - \mathrm{e}^{-aT})^2}$
指数衰减函数 $a^{\frac{t}{T}}, a^K$	$\dfrac{1}{s - \dfrac{\ln a}{T}}$	$\dfrac{z}{z-a}$ $(a>c)$
正弦函数 $\sin(\omega T), \sin(K\omega T)$	$\dfrac{\omega}{s^2 + \omega^2}$	$\dfrac{z\sin(\omega T)}{z^2 - 2z\cos(\omega T) + 1}$
余弦函数 $\cos(\omega T), \cos(K\omega T)$	$\dfrac{s}{s^2 + \omega^2}$	$\dfrac{z^2 - z\cos(\omega T)}{z^2 - 2z\cos(\omega T) + 1}$

有时脉冲传递函数也可写成

$$H(z^{-1}) = \frac{Y(z^{-1})}{X(z^{-1})} \tag{2.2.70}$$

式中，z^{-1} 为向右移动算子。考虑一个由线性常系数差分方程描述的离散系统：

$$\begin{aligned} & y_{K+n} + a_1 y_{K+n-1} + \cdots + a_{n-1} y_{K+1} + a_n y_K \\ & = b_0 x_{K+n} + b_1 x_{K+n-1} + \cdots + b_{n-1} x_{K+1} + b_n x_K \end{aligned} \tag{2.2.71}$$

根据 z 变换的位移定理，有

$$Z[f_{k+n}] = z^n F(z) - z^n f_0 - z^{n-1} f_1 - \cdots - z f_{n-1} \tag{2.2.72}$$

式中，$f_0, f_1, \cdots, f_{n-1}$ 为初始条件。当初始条件为零时，对式(2.2.71)进行 z 变换可得到

$$\left(z^n + a_1 z^{n-1} + \cdots + a_{n-1} z + a_n \right) Y(z) = \left(b_0 z^n + b_1 z^{n-1} + \cdots + b_{n-1} z + b_n \right) X(z) \tag{2.2.73}$$

所以有

$$G(z) = \frac{Y(z)}{X(z)} = \frac{b_0 z^n + b_1 z^{n-1} + \cdots + b_{n-1} z + b_n}{z^n + a_1 z^{n-1} + \cdots + a_{n-1} z + a_n} \tag{2.2.74}$$

(3)传递函数与脉冲传递函数之间的转换。z 域与 s 域之间的关系为

$$z = e^{Ts} \tag{2.2.75}$$

或者反过来，有

$$s = \frac{1}{T} \ln z \tag{2.2.76}$$

可以将此式中的对数表达式展成级数形式，即

$$\ln z = 2 \frac{z-1}{z+1} + \frac{1}{3} \left(\frac{z-1}{z+1} \right)^3 + \cdots \tag{2.2.77}$$

若只取级数的第一项来近似，则有

$$s \approx \frac{2}{T} \frac{z-1}{z+1} \tag{2.2.78}$$

或

$$z \approx \frac{2+Ts}{2-Ts} \qquad (2.2.79)$$

或

$$z^{-1} \approx \frac{2-Ts}{2+Ts} \qquad (2.2.80)$$

利用式(2.2.78)～式(2.2.80)所示的线性变换关系，可以进行传递函数与脉冲传递函数之间的直接转换。

(4) 典型环节的差分方程与脉冲传递函数。利用微分方程的直接差分化方法，可以较方便地得出典型环节的差分方程，对该方程求 z 变换，得到该典型环节的脉冲传递函数；也可以由典型环节的传递函数，根据近似式(2.2.78)求得相应的脉冲传递函数。

例如，积分环节为

$$y(t) = C\int_{t_1}^{t_2} x(t)\mathrm{d}t \qquad (2.2.81)$$

式中，C 为常数，可将此式改写成

$$\frac{\mathrm{d}y(t)}{\mathrm{d}t} = Cx(t) \qquad (2.2.82)$$

根据表 2.2.1，取向前差分近似式代入上述微分方程，可得

$$\frac{y_{K+1} - y_K}{T} = Cx_K \qquad (2.2.83)$$

或

$$y_{K+1} - y_K = CTx_K \qquad (2.2.84)$$

此式即积分环节的差分方程，对式(2.2.84)取 z 变换得

$$(z-1)Y(z) = CTX(z) \qquad (2.2.85)$$

所以积分环节的脉冲传递函数为

$$G(z) = \frac{Y(z)}{X(z)} = \frac{CT}{z-1} = \frac{CTz^{-1}}{1-z^{-1}} \qquad (2.2.86)$$

显然，对于本例所示积分环节，其传递函数为

$$G(s) = \frac{C}{s} \tag{2.2.87}$$

将式(2.2.78)代入式(2.2.87)，可得到积分环节的脉冲传递函数的另一表达式，即

$$G(z) = \frac{C}{\dfrac{2}{T}\dfrac{z-1}{z+1}} = \frac{CT(z+1)}{2(z-1)} = \frac{CT(1+z^{-1})}{2(1-z^{-1})} \tag{2.2.88}$$

6. 传递函数与状态空间表达式之间的转换

对于连续系统，可以由传递函数求得状态空间表达式。对于不同表达形式的传递函数，可以采用如下方法将其转换成状态空间表达式。

(1)以 s 的幂级数分式表示的传递函数。

(2)以 s 部分分式和表示的传递函数。

(3)以 s 部分分式积表示的传递函数，并且无零点。

(4)以 s 部分分式积表示的传递函数，并且有 m 个零点($m<n$)。

对于离散系统，也可将脉冲传递函数转换成离散状态空间表达式，同样也可由状态空间表达式求传递函数，这里不一一讨论。

2.2.2　系统的方框图描述

方框图又称动态结构图，可用于求解传递函数，同时能形象直观地表明输入函数在对象中的传递过程。因此，方框图也是一种很有用的数学模型。

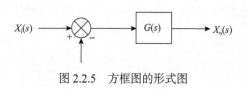

图 2.2.5　方框图的形式图

图 2.2.5 为方框图的形式图。方框图是由一些符号组成的：有表示输入和输出的通路及箭头；有表示信号进行加减的综合点；还有一些方框，方框两侧为输入量和输出量，方框内写入该输入和输出之间的传递函数(传递函数或脉冲传递函数)。

一个系统可能由若干个环节组成，画出各环节的方框图，然后将这些方框图联系起来，就构成系统的方框图。因此，方框图是数学模型传递函数的图解化。

图 2.2.6 为一种倾摆机构的方框图。图中，$G_1(s)$ 为驱动单元(电路)的传递函数，$G_2(s)$ 为驱动伺服电机的传递函数，$G_3(s)$ 为中间传动装置的传递函数，$G_4(s)$ 为传动装置的传递函数，$G_5(s)$ 为测量摆角的位置传感器的传递函数，K 为位置传感器的放大器的增益，$X_i(s)$ 为输入信号的拉普拉斯变换，$X_o(s)$ 为摆角输出的拉普拉斯变换，$F(s)$ 为其他作用力(干扰输入)的拉普拉斯变换。

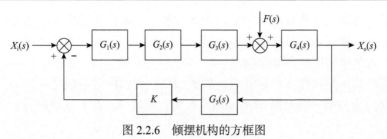

图 2.2.6　倾摆机构的方框图

1. 方框图的等效变换法则

一个最初画出的系统方框图，可能包括大量的方块和信号通道。采用下述等效变换法则，可将该方框图简化为只有少数几个方块的形式，以便能更好地了解系统中各环节的相互关系，并易于求得整个系统的传递函数。

等效即对方框图的任一部分进行变换时，变换前后输入、输出总的数学关系应保持不变。

1) 串联方框的等效变换

图 2.2.7 为串联方框的等效变换示意图。图 2.2.7(a) 为串联方框图。串联方框由两个方框的首尾相连而成，这种结构可等效变换为图 2.2.7(b) 所示的一个方框。这是因为图 2.2.7(a) 所示方框图中存在如下关系：

$$X_2(s) = G_1(s)X_1(s), \quad X_3(s) = G_2(s)X_2(s) \tag{2.2.89}$$

所以组合后成为

$$X_3(s) = G_2(s)G_1(s)X_1(s) \tag{2.2.90}$$

即

$$G(s) = \frac{X_3(s)}{X_1(s)} = G_1(s)G_2(s) \tag{2.2.91}$$

式 (2.2.91) 表明，两个传递函数串联的等效传递函数等于这两个传递函数的乘积。

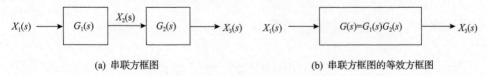

(a) 串联方框图　　　　　　　　　　　(b) 串联方框图的等效方框图

图 2.2.7　串联方框的等效变换示意图

以上结论可以推广到任意个传递函数的串联，即 n 个传递函数依次串联的等效传递函数等于这 n 个传递函数的乘积。但需注意的是，上述等效变换法则只适用于串联元件间无负载效应，即第二个元件的输入阻抗为无穷大的情况，也就是第一个元件的输出端没有能量输出的情况。因此，第一个元件的输出量不会因第二个元件与其串联连接而受影响。

如果串联元件间存在负载效应，如图 2.2.8 所示两级串联电路，第二级电路（R_2C_2 部分）会对第一级电路（R_1C_1 部分）产生负载效应，此时系统的方程为

$$\frac{1}{C_1}\int_{t_1}^{t_2}(i_1 - i_2)\mathrm{d}t + R_1 i_1 = e_i \tag{2.2.92}$$

和

$$\frac{1}{C_1}\int_{t_1}^{t_2}(i_2 - i_1)\mathrm{d}t + R_2 i_2 = -\frac{1}{C_2}\int_{t_1}^{t_2}i_2\mathrm{d}t = -e_o \tag{2.2.93}$$

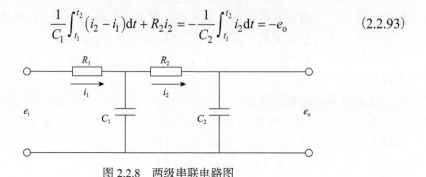

图 2.2.8　两级串联电路图

对上述两式进行拉普拉斯变换，并假设初始条件为零，可得

$$\frac{1}{C_1 s} = [I_1(s) - I_2(s)] + R_1 I_1(s) = E_i(s) \tag{2.2.94}$$

$$\frac{1}{C_1 s} = [I_2(s) - I_1(s)] + R_2 I_2(s) = -\frac{1}{C_2 s}I_2(s) = -E_o(s) \tag{2.2.95}$$

据此可求得整个系统的传递函数为

$$G(s) = \frac{E_o(s)}{E_i(s)} = \frac{1}{(R_1 C_1 s + 1)(R_2 C_2 s + 1) + R_1 C_2 s} \tag{2.2.96}$$

传递函数分母中的 $R_1 C_2 s$ 项表示两级 RC 电路的相互影响，显然有

$$G(s) \neq G_1(s)G_2(s) = \frac{1}{R_1 C_1 s + 1} + \frac{1}{R_2 C_2 s + 1} \tag{2.2.97}$$

式中，$G_1(s)$ 为第一级 RC 电路的传递函数；$G_2(s)$ 为第二级 RC 电路的传递函数。

这说明两级电路之间有负载效应，不能采用式（2.2.91）所示的变换法则。然而，

如果两级电路之间插入一个隔离放大器，则可得到无负载效应。

2）并联方框的等效变换

并联方框的等效变换示意图如图 2.2.9 所示。两个或多个方框具有同一个输入，而以各方框输出的代数和作为总输出，见图 2.2.9(a)，这种结构称为并联方框（其中符号 $\otimes$ 称为加减点或综合点），它可以等效为如图 2.2.9(b) 所示的一个方框。这是因为存在如下关系：

$$X_2(s) = G_1(s)X_1(s) \tag{2.2.98}$$

$$X_3(s) = G_2(s)X_1(s) \tag{2.2.99}$$

$$X_4(s) = X_2(s) \pm X_3(s) \tag{2.2.100}$$

所以有

$$X_4(s) = G_1(s)X_1(s) \pm G_2(s)X_1(s) = X_1(s)\left[G_1(s) \pm G_2(s)\right] \tag{2.2.101}$$

即

$$G(s) = \frac{X_4(s)}{X_1(s)} = G_1(s) \pm G_2(s) \tag{2.2.102}$$

式(2.2.102)表明，两个传递函数并联的等效传递函数等于这两个传递函数的代数和。

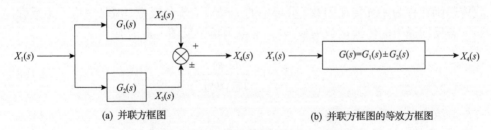

(a) 并联方框图　　　　　　　　　　　(b) 并联方框图的等效方框图

图 2.2.9　并联方框的等效变换示意图

以上结论也可推广到任意个传递函数的并联，即 n 个传递函数的等效传递函数等于这 n 个传递函数的代数和。

3）反馈连接的等效变换

反馈连接的等效变换示意图如图 2.2.10 所示。将一个方框的输出输入到另一个方框，所得到的输出再返回作用于前一方框的输入端，这种结构称为反馈连接，如图 2.2.10(a)所示，它可等效为图 2.2.10(b)所示的一个方框。这是因为存在如下关系：

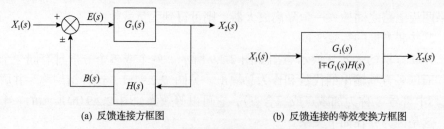

(a) 反馈连接方框图　　　　　　　　(b) 反馈连接的等效变换方框图

图 2.2.10　反馈连接的等效变换示意图

$$X_2(s) = G_1(s)E(s) \tag{2.2.103}$$

$$E(s) = X_1(s) \pm B(s) = X_1(s) \pm H(s)X_2(s) \tag{2.2.104}$$

式中，$G_1(s)$ 为前向通道的传递函数；$H(s)$ 为反馈通道的传递函数。所以有

$$X_2(s) = G_1(s)[X_1(s) \pm H(s)X_2(s)] \tag{2.2.105}$$

或

$$[1 \mp G_1(s)H(s)]X_2(s) = G_1(s)X_1(s) \tag{2.2.106}$$

即

$$G_c(s) = \frac{X_2(s)}{X_1(s)} = \frac{G_1(s)}{1 \mp G_1(s)H(s)} \tag{2.2.107}$$

此传递函数称为闭环传递函数，分母中的加号对应于负反馈，减号对应于正反馈。

若反馈通道的传递函数 $H(s)=1$，常称为单位反馈，此时有

$$G_c(s) = \frac{G(s)}{1 \mp G(s)} \tag{2.2.108}$$

4)综合点与引出点的移动

（1）综合点前移。综合点前移的等效变换示意图如图 2.2.11 所示。若将图 2.2.11(a) 所示综合点向前移至 $G(s)$ 的输入端，则其等效方框图如图 2.2.11(b) 所示。这是因为移动前的输出为

$$X_3(s) = G(s)X_1(s) \pm X_2(s) \tag{2.2.109}$$

移动后的输出为

$$X_3(s) = G(s)\left[X_1(s) \pm \frac{1}{G(s)}X_2(s)\right] = G(s)X_1(s) \pm X_2(s) \tag{2.2.110}$$

比较式(2.2.109)和式(2.2.110)可知，移动前后是等效的。

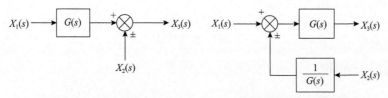

(a) 综合点前移的方框图　　　　　　(b) 综合点前移的等效变换方框图

图 2.2.11　综合点前移的等效变换示意图

(2)综合点后移。综合点后移的等效变换示意图如图 2.2.12 所示。若将图 2.2.12(a)所示综合点向后移至 $G(s)$ 的输出端，则其等效方框图如图 2.2.12(b)所示。这是因为移动前的输出为

$$X_3(s) = \left[X_1(s) \pm X_2(s)\right]G(s) \tag{2.2.111}$$

移动后的输出为

$$X_3(s) = X_1(s)G(s) \pm X_2(s)G(s) = \left[X_1(s) \pm X_2(s)\right]G(s) \tag{2.2.112}$$

比较式(2.2.111)和式(2.2.112)可知，移动前后是等效的。

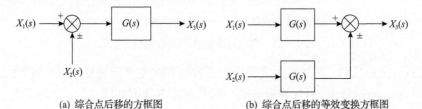

(a) 综合点后移的方框图　　　　　　(b) 综合点后移的等效变换方框图

图 2.2.12　综合点后移的等效变换示意图

(3)综合点之间的移动。图 2.2.13 为相邻两个综合点前后移动的等效变换示意图。移动前的输出为

$$X_4(s) = X_1(s) \pm X_2(s) \pm X_3(s) \tag{2.2.113}$$

移动后的输出为

$$X_4(s) = X_1(s) \pm X_3(s) \pm X_2(s) = X_1(s) \pm X_2(s) \pm X_3(s) \tag{2.2.114}$$

以上两个关系式完全相同，因此相邻综合点之间可以随意调换位置。这个结论对多个相邻综合点也是适用的。

(4)引出点前移。图 2.2.14 为引出点前移的等效变换示意图。若将图 2.2.14(a)

中信号引出点 A 向前移至 $G(s)$ 的输入端，则其等效方框图如图 2.2.14(b)所示。这是因为移动后的输出为

$$X_3(s) = G(s)X_1(s) \tag{2.2.115}$$

与移动前完全相同。

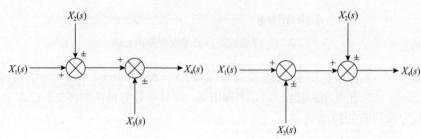

(a) 相邻综合点移动的方框图　　(b) 相邻综合点移动的等效变换方框图

图 2.2.13　相邻两个综合点前后移动的等效变换示意图

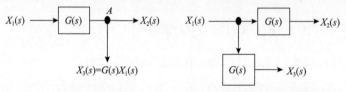

(a) 引出点前移的方框图　　(b) 引出点前移的等效变换方框图

图 2.2.14　引出点前移的等效变换示意图

(5)引出点后移。图 2.2.15 为引出点后移的等效变换示意图。若将图 2.2.15(a)中引出点 A 向后移至 $G(s)$ 的输出端，则其等效方框图如图 2.2.15(b)所示。这是因为移动后的输出为

$$X_3(s) = G(s)X_1(s)\frac{1}{G(s)} = X_1(s) \tag{2.2.116}$$

与移动前完全相同。

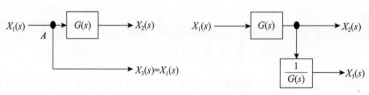

(a) 引出点后移的方框图　　(b) 引出点后移的等效变换方框图

图 2.2.15　引出点后移的等效变换示意图

2. 借助方框图求取典型线性系统的传递函数

图 2.2.16 为典型线性系统方框图，图中，V 为加给系统的外部信号；R 为参考输入，由 V 转化而来；G_V 为参考输入元件(如各种转换器)的传递函数；G_1 为控制元件的传递函数；G_2 为对象本身的传递函数；H 为反馈元件(如各种传感器)的传递函数；N 为干扰信号输入；C 为输出信号；B 为反馈信号；E 为偏差(或启动)信号，$E=R-B$；M 为控制元件加给对象的信号。由于该系统为线性系统，可以采用叠加原理，因此分别考虑输入 R 与 N，并求其传递函数。

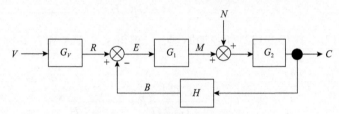

图 2.2.16　典型线性系统方框图

1)在输入 R 作用下系统的传递函数

此时 $N=0$，系统的闭环传递函数为

$$G_{CR} = \frac{C_R}{R} = \frac{G_1 G_2}{1 + G_1 G_2 H} = \frac{G}{1 + GH} \tag{2.2.117}$$

式中，C_R 为只有 R 作用时的系统输出；G 为系统前向通道的增益，$G=G_1 G_2$。当 $H=1$(即单位反馈系统)时，有

$$G_{CR} = \frac{G}{1 + G} \tag{2.2.118}$$

如果在图 2.2.16 中将信号线 E 与 B 切断，则系统工作在开环状态(并非指原系统为开环系统)，如图 2.2.17 所示。此时系统的传递函数称为开环传递函数，即有

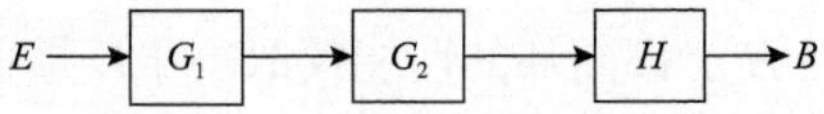

$E \longrightarrow \boxed{G_1} \longrightarrow \boxed{G_2} \longrightarrow \boxed{H} \longrightarrow B$

图 2.2.17　系统工作在开环状态图

$$G_0 = \frac{B}{E} = G_1 G_2 H = GH \tag{2.2.119}$$

当 $H=1$ 时，有

$$G_0 = G \tag{2.2.120}$$

比较式(2.2.117)和式(2.2.119)，存在

$$G_{CR} = \frac{G}{1 + G_0} \tag{2.2.121}$$

式(2.2.121)表明了开环传递函数、前向通道增益与闭环传递函数的关系。

2)在输入 N 作用下系统的传递函数

此时 $R=0$，系统成为如图 2.2.18 所示的只有干扰输入作用的系统，其闭环传递函数为

$$G_{CN} = \frac{C_N}{N} = \frac{G_2}{1 + G_2 G_1 H} \tag{2.2.122}$$

根据式(2.2.117)、式(2.2.122)和叠加原理，可求得系统在 R 和 N 共同作用下的总输出为

$$C = C_R + C_N = \frac{G_1 G_2}{1 + G_1 G_2 H} R + \frac{G_2}{1 + G_1 G_2 H} N \tag{2.2.123}$$

即

$$C = \frac{G_2}{1 + G_1 G_2 H} (G_1 R + N) \tag{2.2.124}$$

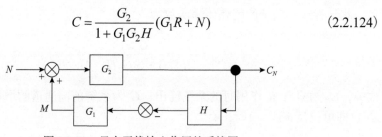

图 2.2.18　只有干扰输入作用的系统图

由以上分析可以得知，闭环系统有如下优点：

(1)对于式(2.2.117)，当前向通道的增益 G 大到足以使 $|GH| \gg 1$ 时，$G_{CR} \approx 1/H$，即闭环的性能仅取决于反馈通道的性能，与包括对象本身的 G 性能无关。若 G 有某种变化(如性能不稳定等)，反馈将排除此变化对系统输出的影响。因此，只需校准并保持反馈元件的性能，就能保证系统的性能。

(2)从式(2.2.122)可知，当 $|G_1 G_2 H| \gg 1$ 和 $|G_1 H|=1$ 时，$G_{CN} \rightarrow 0$，所以 $C_N \approx 0$，即干扰的影响被抑制掉了。

正因为有上述优点，许多系统都采用闭环系统。

3. 离散系统的方框图及其等效变换法则

对于离散系统，其方框图及等效变换法则与连续系统相似，可用类似的方法求取系统的脉冲传递函数。

已知系统的方框图，可求出系统的传递函数，并由此得到系统的状态空间表达式。由系统方框图也可直接建立状态空间表达式，而不必先求出系统的传递函数。

以下各例为典型闭环离散系统的方框图及相应的输出量 $C(z)$ 的计算式。

例 1 方框图如图 2.2.19 所示。输出量 $C(z)$ 的计算式为

$$C(z) = \frac{G_1(z)R(z)}{1 + G_1H(z)} \tag{2.2.125}$$

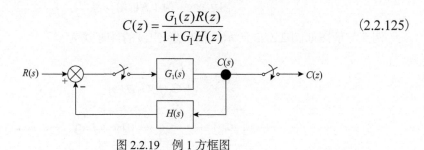

图 2.2.19　例 1 方框图

例 2 方框图如图 2.2.20 所示。输出量 $C(z)$ 的计算式为

$$C(z) = \frac{G_1(z)R(z)}{1 + G_1(z)H(z)} \tag{2.2.126}$$

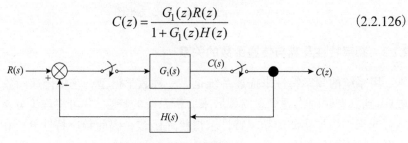

图 2.2.20　例 2 方框图

例 3 方框图如图 2.2.21 所示。输出量 $C(z)$ 的计算式为

$$C(z) = \frac{RG_1(z)}{1 + HG_1(z)} \tag{2.2.127}$$

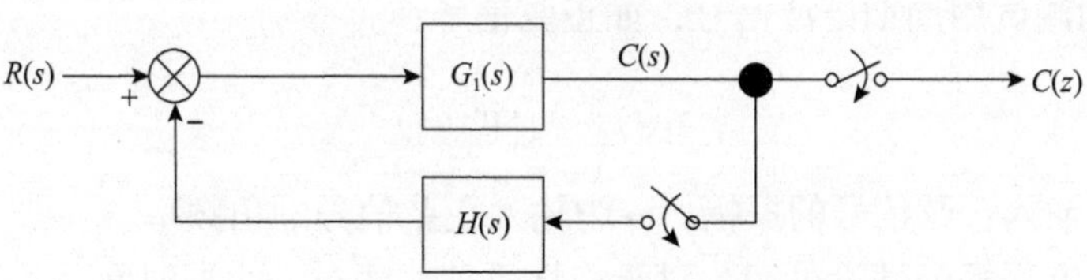

图 2.2.21　例 3 方框图

例 4 方框图如图 2.2.22 所示。输出量 $C(z)$ 的计算式为

$$C(z) = \frac{G_2(z)RG_1(z)}{1 + G_1G_2H(z)} \tag{2.2.128}$$

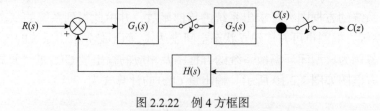

图 2.2.22　例 4 方框图

例 5 方框图如图 2.2.23 所示。输出量 $C(z)$ 的计算式为

$$C(z) = \frac{G_1(z)G_2(z)R(z)}{1 + G_1(z)G_2H(z)} \tag{2.2.129}$$

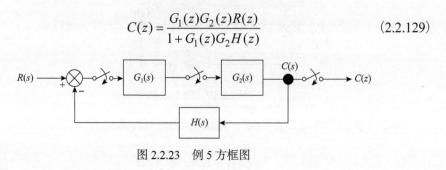

图 2.2.23　例 5 方框图

2.2.3　频率特性及其与传递函数的关系

用系统的频率特性来描述系统是另一种数学模型，它将传递函数从复域（或 z 域）引到具有明确物理概念的频域来分析系统的特性，并可将理论分析与实验分析结合起来，根据实测的频率特性求得传递函数，因此频率特性分析在动态分析中占有很重要的地位。

1. 频率特性的定义

以上介绍的几种数学模型是在时域或复域内对系统进行描述，为了充分而方便地揭示系统的性能，有必要在频率域内考虑问题。为此，对系统人为地输入角频率为 ω 的测试用周期谐波信号，如正弦信号：

$$x_i(t) = X_i \sin(\omega t) \tag{2.2.130}$$

式中，X_i 为输入正弦信号的振幅；ω 为输入正弦信号的角频率。

由微分方程解的理论可知，对于线性系统，经过一小段时间后，其稳态输出也是正弦函数，但振幅与相位发生了变化。图 2.2.24 为正弦输入信号激扰下的输出信号图。输出信号为

$$x_o(t) = A(\omega)X_i \sin[\omega t + \varphi(\omega)] \tag{2.2.131}$$

式中，$A(\omega)$ 为输出量与输入量的振幅比，是 ω 的函数；$\varphi(\omega)$ 为输出量与输入量

的相位差，也是 ω 的函数。

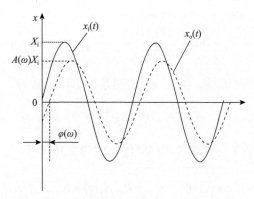

图 2.2.24　正弦输入信号激扰下的输出信号图

系统的频率响应特性为

$$G(\mathrm{j}\omega) = u(\omega) + \mathrm{j}v(\omega) = A(\omega)\big[\cos\varphi(\omega) + \mathrm{j}\sin\varphi(\omega)\big] = A(\omega)\mathrm{e}^{\mathrm{j}\varphi(\omega)} \qquad (2.2.132)$$

若将 $A(\omega)$ 和 $\varphi(\omega)$ 分别看成复变函数的模和幅角，则可在复平面内绘制复变函数图，如图 2.2.25 所示。图 2.2.25 中频率响应特性反映了在系统输入周期信号时稳态输出量和输入量之间的关系，等于稳态输出量与输入量的复数比（即振幅比与相位差）。显然，分别有

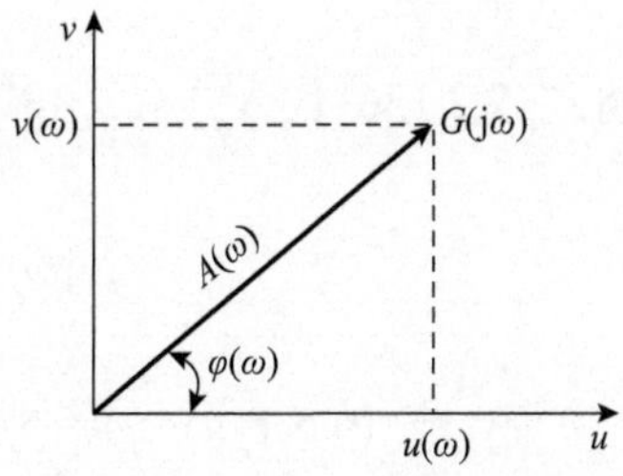

$$A(\omega) = \big|G(\mathrm{j}\omega)\big| = \sqrt{u^2(\omega) + v^2(\omega)} \qquad (2.2.133)$$

图 2.2.25　复变函数 $G(\mathrm{j}\omega)$ 图

$$\varphi(\omega) = \angle G(\mathrm{j}\omega) = \arctan\frac{v(\omega)}{u(\omega)} \qquad (2.2.134)$$

式中，$A(\omega)$ 称为幅频特性；$G(\mathrm{j}\omega)$ 称为系统的频率响应特性；$u(\omega)$ 称为实频特性；$v(\omega)$ 称为虚频特性；$\varphi(\omega)$ 称为相频特性。

在进行频率特性分析时，之所以输入谐波信号，是因为任何实际输入信号均可分解为叠加的谐波信号，同时，谐波信号易于获得，有完善的测试、分析仪器，所以可用系统对不同频率谐波信号响应特性的研究取代系统对任何实际信号响应特性的研究。

2. 频率特性的计算式

若有 n 阶线性定常系统，其微分方程同式 (2.2.36)，即

$$a_0 \frac{\mathrm{d}^n x_\mathrm{o}(t)}{\mathrm{d}t^n} + a_1 \frac{\mathrm{d}^{n-1} x_\mathrm{o}(t)}{\mathrm{d}t^{n-1}} + \cdots + a_{n-1} \frac{\mathrm{d}x_\mathrm{o}(t)}{\mathrm{d}t} + a_n x_\mathrm{o}(t)$$

$$= b_0 \frac{\mathrm{d}^m x_\mathrm{i}(t)}{\mathrm{d}t^m} + b_1 \frac{\mathrm{d}^{m-1} x_\mathrm{i}(t)}{\mathrm{d}t^{m-1}} + \cdots + b_m x_\mathrm{i}(t), \quad m < n$$

现对其输入一周期信号 $x_\mathrm{i}(t) = X_\mathrm{i} \mathrm{e}^{\mathrm{j}\omega t}$，则其稳态输出必为

$$x_\mathrm{o}(t) = X_\mathrm{o}(\omega) \mathrm{e}^{\mathrm{j}[\omega t + \varphi(\omega)]} \tag{2.2.135}$$

式中，$X_\mathrm{o}(\omega) = X_\mathrm{i} A(\omega)$。将式（2.2.135）代入式（2.2.36），可得

$$\left[a_0 (\mathrm{j}\omega)^n + a_1 (\mathrm{j}\omega)^{n-1} + \cdots + a_{n-1} (\mathrm{j}\omega) + a_n \right] X_\mathrm{o}(\omega) \mathrm{e}^{\mathrm{j}[\omega t + \varphi(\omega)]}$$

$$= \left[b_0 (\mathrm{j}\omega)^m + b_1 (\mathrm{j}\omega)^{m-1} + \cdots + b_m \right] X_\mathrm{i} \mathrm{e}^{\mathrm{j}\omega t} \tag{2.2.136}$$

根据频率特性的定义，有

$$G(\mathrm{j}\omega) = \frac{X_\mathrm{o}(\omega) \mathrm{e}^{\mathrm{j}[\omega t + \varphi(\omega)]}}{X_\mathrm{i} \mathrm{e}^{\mathrm{j}\omega t}} = \frac{X_\mathrm{o}(\omega)}{X_\mathrm{i}} \mathrm{e}^{\mathrm{j}\varphi(\omega)} \tag{2.2.137}$$

将式（2.2.136）代入式（2.2.137），可得

$$G(\mathrm{j}\omega) = \frac{b_0 (\mathrm{j}\omega)^m + b_1 (\mathrm{j}\omega)^{m-1} + \cdots + b_m}{a_0 (\mathrm{j}\omega)^n + a_1 (\mathrm{j}\omega)^{n-1} + \cdots + a_n} \tag{2.2.138}$$

比较式（2.2.138）与式（2.2.38）可知，只需要将传递函数计算式中的 s 换成 $\mathrm{j}\omega$，便得到频率特性的计算式，即 $G(\mathrm{j}\omega)$ 是 $G(s)$ 在复变量 $s = \sigma + \mathrm{j}\omega = 0 + \mathrm{j}\omega = \mathrm{j}\omega$ 的特殊情况。

3. 频率特性的图示法

频率特性常用奈奎斯特图和伯德图来表示，这样更直观、更易于计算、分析和处理。

1）奈奎斯特图

既然频率特性是把传递函数 $G(s)$ 中的 s 改为 $\mathrm{j}\omega$（即 $G(\mathrm{j}\omega)$），那么可在复数平面上用矢量来表示 $G(\mathrm{j}\omega)$。该矢量末端在频率从 0 变到 ω 时的轨迹称为奈奎斯特图（或极坐标图），它表示幅频、相频及实频、虚频特性，如图 2.2.26 所示。

2）伯德图

伯德图由以下两个直角坐标图构成。

（1）对数幅频特性图。它的纵坐标表示 $L(\omega) = 20\lg|G(\mathrm{j}\omega)|$，单位是分贝（dB），

并采用线性分划；横坐标表示 ω，单位是弧度/秒（rad/s），并采用对数分划，但标注时一般只标 ω 的真值。

（2）对数相频特性图。它的纵坐标表示 $\varphi(\omega)$，单位是度，并采用线性分划；横坐标也表示 ω，与幅频特性图的横坐标相同。

在伯德图上横坐标采用对数分划、纵坐标标注幅值的对数的优点是便于同等地看待一切频率，不致出现顾此失彼的问题，同时，也便于绘制多环节构成的复杂系统的伯德图。

图 2.2.27 是传递函数 $G(s) = \dfrac{200}{s(1 + 0.01s)}$ 所代表系统的伯德图。

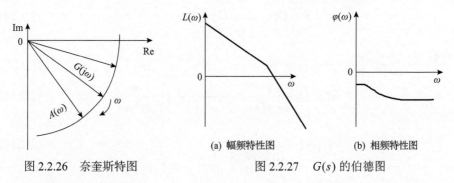

图 2.2.26　奈奎斯特图　　　　　　图 2.2.27　$G(s)$ 的伯德图

4. 典型环节的频率特性

1）放大环节

图 2.2.28 为放大环节的频率特性图。

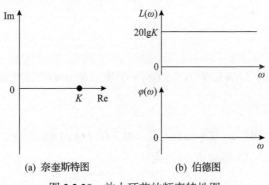

图 2.2.28　放大环节的频率特性图

因为放大环节的传递函数为

$$G(s) = K \tag{2.2.139}$$

所以有

$$G(j\omega) = K = Ke^{j \cdot 0} \tag{2.2.140}$$

当 ω 从 $0 \to \infty$ 时，$G(j\omega)$ 的幅值 $|G(j\omega)|$ 总是 K，相位 $\varphi(\omega)$ 总是 0，其奈奎斯特图如图 2.2.28(a)所示。又因为 $L(\omega) = 20\lg|G(j\omega)| = 20\lg K$，所以放大环节的伯德图如图 2.2.28(b)所示。

2)惯性环节

因为惯性环节的传递函数为

$$G(s) = \frac{1}{Ts+1}, \quad K = 1 \tag{2.2.141}$$

所以有

$$G(j\omega) = \frac{1}{1+jT\omega} = \frac{1}{T^2\omega^2+1} - j\frac{T\omega}{T^2\omega^2+1} \tag{2.2.142}$$

$$|G(j\omega)| = \frac{1}{\sqrt{1+T^2\omega^2}} \tag{2.2.143}$$

$$L(\omega) = 20\lg|G(j\omega)| = -20\lg\sqrt{1+T^2\omega^2} \tag{2.2.144}$$

$$\varphi(j\omega) = \arctan\frac{-\dfrac{T\omega}{T^2\omega^2+1}}{\dfrac{1}{T^2\omega^2+1}} = -\arctan(T\omega) \tag{2.2.145}$$

由以上计算式可知：

(1)当 $\omega \ll \dfrac{1}{T}$ 时，$|G(j\omega)| \approx 1$，$L(\omega) \approx 0\text{dB}$，$\varphi(\omega) \approx 0°$；当 $\omega=0$ 时，$|G(j\omega)|=1$，$L(\omega)=0\text{dB}$，$\varphi(\omega)=0°$。

(2)当 $\omega = \dfrac{1}{T}$ 时，$|G(j\omega)| = \dfrac{1}{\sqrt{2}} = 0.707$，$L(j\omega) = -20\lg\sqrt{2} \approx -3\text{dB}$，$\varphi(\omega) = -\arctan1 = -45°$。

(3)当 $\omega \gg \dfrac{1}{T}$ 时，$|G(j\omega)| = \dfrac{1}{T\omega}$，$L(j\omega) \approx -20\lg(T\omega) = (-20\lg T - 20\lg\omega)\text{dB}$；在这一段，幅频特性图的斜率为 $\dfrac{\text{d}[L(\omega)]}{\text{d}[\lg\omega]} \approx -20$，$\varphi(\omega) = -\arctan(T\omega)$；当 $\omega=\infty$ 时，$|G(j\omega)| = 0$，$\varphi(\omega) = -90°$。

根据上述数据绘出的奈奎斯特图和伯德图分别如图 2.2.29 和图 2.2.30 所示。

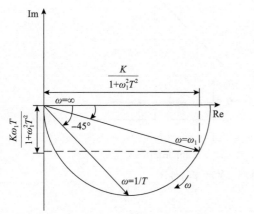

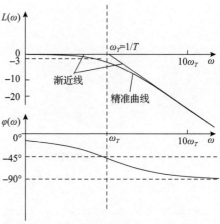

图 2.2.29　$G(s) = \dfrac{K}{Ts+1}$ 的奈奎斯特图　　图 2.2.30　惯性环节的频率特性图(伯德图)

从图 2.2.30 可以看出：

(1)幅频特性在高频段的渐近线为直线。它始于$(1/T, 0)$点，斜率为–20dB/dec（dec 为 10 倍频程），即 ω 每上升 10 倍，$L(\omega)$ 下降 20dB。$\omega_T = 1/T$ 是低频、高频渐近线交点处的频率，称为转角频率(或转折频率)。

(2)惯性环节具有低通滤波的特性。当输入频率 $\omega > \omega_T$ 时，其输出很快衰减，即滤掉输入信号的高频部分；当 $\omega < \omega_T$ 时，输出能较准确地反映输入，即它只能精确地复现恒值或缓慢变化的现象。

3) 微分环节

因为微分环节的传递函数为

$$G(s) = s, \quad T = 1 \tag{2.2.146}$$

所以有

$$G(\mathrm{j}\omega) = \mathrm{j}\omega, \quad |G(\mathrm{j}\omega)| = \omega \tag{2.2.147}$$

$$L(\omega) = 20\lg|G(\mathrm{j}\omega)| = 20\lg\omega \tag{2.2.148}$$

$$\frac{\mathrm{d}[L(\omega)]}{\mathrm{d}[\lg\omega]} = 20 \tag{2.2.149}$$

$$\varphi = 90° \tag{2.2.150}$$

据此可绘出微分环节的频率特性图，如图 2.2.31 所示。

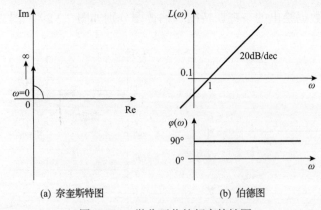

(a) 奈奎斯特图   (b) 伯德图

图 2.2.31　微分环节的频率特性图

4) 积分环节

因为积分环节的传递函数为

$$G(s) = \frac{1}{s}, \quad T=1 \tag{2.2.151}$$

所以有

$$G(j\omega) = \frac{1}{j\omega} = -j\frac{1}{\omega} \tag{2.2.152}$$

$$|G(j\omega)| = \frac{1}{\omega} \tag{2.2.153}$$

$$\varphi = 90°$$

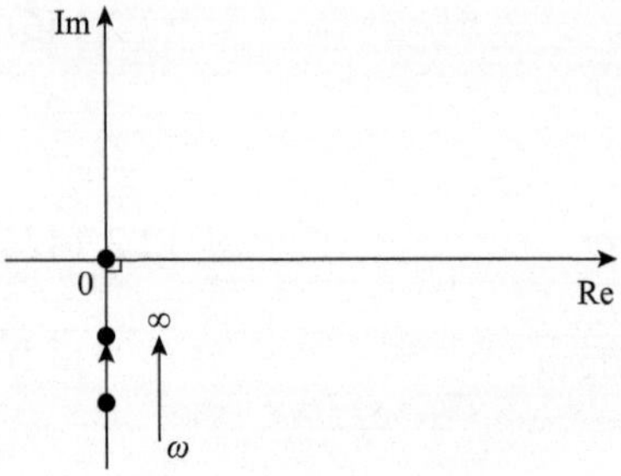

据此可绘出积分环节的奈奎斯特图，如图 2.2.32 所示。

不难证明，由于积分环节与微分环节的频率特性 $G(j\omega)$ 互为倒数，伯德图也互为倒数，即只需作图 2.2.31(b) 中曲线相对 ω 轴的对称曲线(互为镜像)，便可得积分环节的伯德图。

5) 振荡环节

振荡环节的频率特性图如图 2.2.33 所示。从图中可以看出：

图 2.2.32　积分环节的奈奎斯特图

(1) 当阻尼比 ξ 较小时出现谐振峰值。

(2) 其转角频率 $\omega_T = \dfrac{1}{T} = \omega_n$ (无阻尼固有频率)。

（3）高频段渐近线的斜率为–40dB/dec，所以振荡环节也具有高频衰减性能，而且比惯性环节衰减得更快。

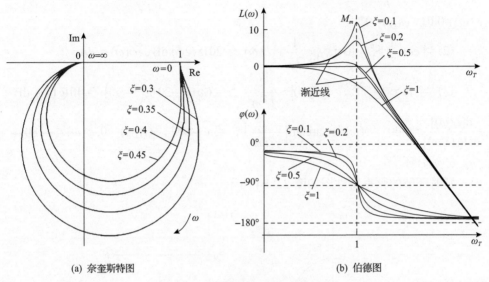

(a) 奈奎斯特图　　　　　　　　(b) 伯德图

图 2.2.33　振荡环节的频率特性图

因为振荡环节的传递函数为

$$G(s) = \frac{1}{T^2 s^2 + 2\xi T s + 1}, \quad K = 1 \tag{2.2.154}$$

所以有

$$G(j\omega) = \frac{1}{T^2(j\omega)^2 + 2\xi T(j\omega) + 1}$$

$$= \frac{1 - T^2\omega^2}{\left(1 - T^2\omega^2\right)^2 + (2\xi T\omega)^2} - j\frac{2\xi T\omega}{\left(1 - T^2\omega^2\right)^2 + (2\xi T\omega)^2} \tag{2.2.155}$$

$$|G(j\omega)| = \frac{1}{\sqrt{\left(1 - T^2\omega^2\right)^2 + (2\xi T\omega)^2}} \tag{2.2.156}$$

$$L(\omega) = 20\lg|G(j\omega)| = -20\lg\sqrt{\left(1 - T^2\omega^2\right)^2 + (2\xi T\omega)^2} \tag{2.2.157}$$

$$\varphi(\omega) = -\arctan\frac{2\xi T\omega}{1 - T^2\omega^2} \tag{2.2.158}$$

由以上计算式可知：

（1）当 $\omega \ll \dfrac{1}{T}$ 时，$|G(\mathrm{j}\omega)| \approx 1$，$L(\omega) \approx 0\mathrm{dB}$，$\varphi(\omega) \approx 0°$；当 $\omega=0$ 时，$|G(\mathrm{j}\omega)|=1$，$L(\omega)=0\mathrm{dB}$，$\varphi(\omega)=0°$。

（2）当 $\omega = \dfrac{1}{T}$ 时，$|G(\mathrm{j}\omega)| = \dfrac{1}{2\xi}$，$L(\omega) = -20\lg(2\xi)\,\mathrm{dB}$，$\varphi(\omega) = -90°$。

（3）当 $\omega \gg \dfrac{1}{T}$ 时，$|G(\mathrm{j}\omega)| \approx \dfrac{1}{T^2\omega^2}$，$L(\omega) \approx -20\lg(T^2\omega^2) = -40\lg(T\omega)\mathrm{dB}$，$\dfrac{\mathrm{d}[L(\omega)]}{\mathrm{d}[\lg(T\omega)]} \approx -40$，$\varphi(\omega) \approx -\arctan\left(-\dfrac{2\xi}{T\omega}\right)$；当 $\omega=\infty$时，$G(\mathrm{j}\omega)=0$，$\varphi(\omega)=-180°$。

6）延时环节

延时环节的频率特性图如图 2.2.34 所示。

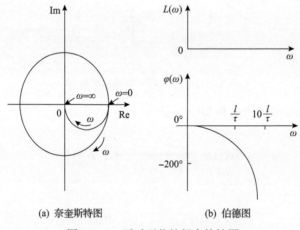

(a) 奈奎斯特图　　　　　　　　(b) 伯德图

图 2.2.34　延时环节的频率特性图

因为延时环节的传递函数为

$$G(s) = \mathrm{e}^{-\tau s} \tag{2.2.159}$$

所以有

$$G(\mathrm{j}\omega) = \mathrm{e}^{-\mathrm{j}\tau\omega}, \quad |G(\mathrm{j}\omega)| = 1 \tag{2.2.160}$$

$$L(\omega) = 20\lg|G(\mathrm{j}\omega)| = 0\mathrm{dB} \tag{2.2.161}$$

$$\varphi(\omega) = -\tau\omega \tag{2.2.162}$$

7) 一阶和二阶微分环节

传递函数为 $G(s)=Ts+1$ 的环节称为一阶微分环节，由于该环节的传递函数与惯性环节的传递函数互为倒数，其伯德图与惯性环节的伯德图(图 2.2.30)互为镜像。

传递函数 $G(s)=T^2s^2+2\xi Ts+1$ 的环节称为二阶微分环节，显然其伯德图与振荡环节的伯德图互为镜像。

2.2.4　系统频率特性的求取

若已知环节的频率特性，可采用以下方法方便地求出系统的频率特性。

1. 多个环节串联系统的频率特性

设有一由 n 个环节串联而成的系统，其传递函数为

$$G(s) = G_1(s)G_2(s)\cdots G_n(s) \tag{2.2.163}$$

式中，$G_1(s), G_2(s),\cdots, G_n(s)$ 为各个组成环节的传递函数。因此，有

$$
\begin{aligned}
G(\mathrm{j}\omega) &= G_1(\mathrm{j}\omega)G_2(\mathrm{j}\omega)\cdots G_n(\mathrm{j}\omega) \\
&= \left[A_1(\omega)A_2(\omega)\cdots A_n(\omega)\right]\mathrm{e}^{\mathrm{j}\left[\varphi_1(\omega)+\varphi_2(\omega)+\cdots+\varphi_n(\omega)\right]}
\end{aligned}
\tag{2.2.164}
$$

$$
\begin{aligned}
20\lg|G(\mathrm{j}\omega)| &= 20\lg\left[A_1(\omega)A_2(\omega)\cdots A_n(\omega)\right] \\
&= 20\left[\lg A_1(\omega)+\lg A_2(\omega)+\cdots+\lg A_n(\omega)\right] \\
&= 20\lg|G_1(\mathrm{j}\omega)|+20\lg|G_2(\mathrm{j}\omega)|+\cdots+20\lg|G_n(\mathrm{j}\omega)|
\end{aligned}
\tag{2.2.165}
$$

即

$$L(\omega) = L_1(\omega)+L_2(\omega)+\cdots+L_n(\omega) = \sum_{i=1}^{n}L_i(\omega) \tag{2.2.166}$$

式中，$A_1(\omega), A_2(\omega),\cdots, A_n(\omega)$ 为各环节的幅频特性；$\varphi_1(\omega), \varphi_2(\omega),\cdots, \varphi_n(\omega)$ 为各环节的相频特性，并且

$$\varphi(\omega) = \angle G(\mathrm{j}\omega) = \varphi_1(\omega)+\varphi_2(\omega)+\cdots+\varphi_n(\omega) \tag{2.2.167}$$

即

$$\varphi(\omega) = \sum_{i=1}^{n}\varphi_i(\omega) \tag{2.2.168}$$

式(2.2.166)与式(2.2.168)表明，环节串联而成的系统的伯德图等于各组成环节伯德图的叠加(代数和)。

2. 闭环系统的频率特性

若已知闭环系统的开环频率特性 $G_0(j\omega)$，可用下述方法求闭环频率特性 $G_c(j\omega)$。

1)单位反馈系统

单位反馈系统图如图 2.2.35 所示。

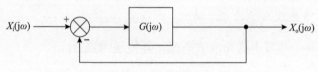

图 2.2.35　单位反馈系统图

由式(2.2.107)知

$$G_c(s) = \frac{G(s)}{1 + G(s)H(s)} \tag{2.2.169}$$

所以有

$$G_c(j\omega) = \frac{G(j\omega)}{1 + G(j\omega)H(j\omega)} \tag{2.2.170}$$

因为在单位反馈系统中，$H(s)=1$，即 $H(j\omega)=1$，所以式(2.2.170)又可写成

$$G_{c1}(j\omega) = \frac{G(j\omega)H(j\omega)}{1 + G(j\omega)H(j\omega)} = \frac{G_0(j\omega)}{1 + G_0(j\omega)} \tag{2.2.171}$$

因此有

$$\left| G_{c1}(j\omega) \right| = \frac{\left| G_0(j\omega) \right|}{\left| 1 + G_0(j\omega) \right|} \tag{2.2.172}$$

$$\varphi_{c1}(\omega) = \angle G_{c1}(j\omega) = \angle G_0(j\omega) - \angle[1 + G_0(j\omega)] \tag{2.2.173}$$

根据叠加法能较容易地求得开环频率特性 $G_0(j\omega)$，再通过式(2.2.172)与式(2.2.173)的计算，便能求出闭环频率特性 $G_c(j\omega)$。

2)非单位反馈系统

对于 $H(j\omega) \neq 1$ 的情况，有

$$G_c(j\omega) = \frac{G(j\omega)}{1 + G(j\omega)H(j\omega)} = \frac{1}{H(j\omega)} \frac{G(j\omega)H(j\omega)}{1 + G(j\omega)H(j\omega)}$$

$$= \frac{1}{H(j\omega)} \frac{G_0(j\omega)}{1 + G_0(j\omega)} \qquad (2.2.174)$$

即

$$G_c(j\omega) = \frac{1}{H(j\omega)} G_{c1}(j\omega) \qquad (2.2.175)$$

式 (2.2.175) 表明，据开环频率特性 $G_0(j\omega)$ 求得单位反馈系统的闭环频率特性 $G_{c1}(j\omega)$ 后，将其乘以 $\dfrac{1}{H(j\omega)}$ 即得非单位反馈系统的闭环频率特性 $G_c(j\omega)$。它的实质是先将非单位反馈系统变换为单位反馈系统 (图 2.2.36)，再求系统的频率特性。由此也可以看出，研究单位反馈系统具有普遍的重要性。

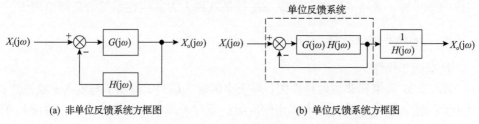

(a) 非单位反馈系统方框图　　　　　　　(b) 单位反馈系统方框图

图 2.2.36　将非单位反馈系统变换为单位反馈系统图

2.2.5　离散系统的频率特性

与上述连续系统相似，离散系统也可用频率特性来进行描述。从式 (2.2.138) 可知，对于连续系统，只需要将其传递函数计算式中的 s 换成 $j\omega$，便得到连续系统频率特性的计算式。而对于离散系统，由于 z 域与 s 域之间存在 $z = e^{Ts}$ 的关系，可以推断，只需将离散系统的脉冲传递函数计算式中的 z 置换成 $e^{j\omega T}$，就得到离散系统的频率特性。同样，幅频特性和相频特性也可用类似于伯德图的图形表达。

总结前面论述的内容可见，针对不同的研究对象——连续或离散对象，能从不同的观察角度——时域、复域或频域，采用不同形式的数学模型来描述对象的特性。其中用特定解析表达式中参数值表示的模型统称为参数模型，如微分方程、差分方程、状态方程、传递函数与方框图，以及频率特性的解析式；用曲线图形或数据表格表示的模型统称为非参数模型，如奈奎斯特图和伯德图。这些模型的基础是微分方程，并且各种形式的模型之间可以互相转换，每种模型都有其优点，也存在一定的局限性，运用时应根据研究对象的特点灵活选择。

2.2.6　非线性系统的分析方法

1. 非线性系统的种类

工程系统中不可避免存在非线性环节，各物理量之间的许多关系并不完全是线性的。为了数学解析上的简化，往往设法用线性方程来描述非线性环节，即用线性化的方式来逼近它们。只要由此得到的解与试验结果相符合，这种简化就是满意的。在非线性系统中，会出现许多在线性系统中见不到的现象，例如，非线性系统的响应取决于输入的幅值和形式就是其主要特性之一。

在实际系统中有许多不同类型的非线性，根据它们是系统中固有的还是人为引入的，可以将其分成两类。固有的非线性在系统中常常是不可避免的，如饱和、摩擦、死区、间隙（滞环）、继电器等非线性，这些非线性一般对系统性能产生不利的影响。人为非线性是为了改善系统的性能或简化系统的结构，在系统中有意引进的非线性，普通的继电器操纵系统就是这种人为非线性系统的最简单例子。

2. 常见的非线性特性

1）饱和非线性

图 2.2.37 为饱和非线性特性图，对于小的输入信号，输出 y 与输入 x 成正比；对于大的输入信号，输出将不成比例增加；而对于非常大的输入信号，输出趋于常数。许多放大器都具有饱和非线性特性，液压减振器也呈现饱和非线性特性。

2）摩擦非线性

除与速度成正比的线性摩擦-黏性摩擦外，还有几种非线性摩擦，如静摩擦与动摩擦。摩擦非线性特性图如图 2.2.38 所示。

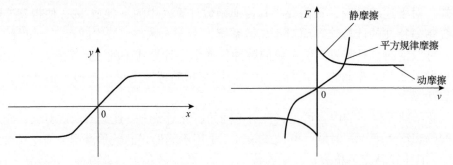

图 2.2.37　饱和非线性特性图　　　　　图 2.2.38　摩擦非线性特性图

在两物体接触且无润滑的情况下，其表面间的滑动即将发生时，静摩擦力达到最大值；在运动开始时，摩擦力的大小立即略微减小；当物体运动之后，作用在物体上的摩擦称为动摩擦(又称库仑摩擦),它的数值与相对速度相关,符号取决于相对速度的方向。当固体在流体介质中运动时,还可能发生平方规律摩擦。这种摩擦也呈非线性特性,在低速时摩擦力基本上正比于速度,而在高速时摩擦力正比于速度的平方。

3) 死区非线性

图 2.2.39 为死区非线性特性图。死区也称不灵敏区,它的特点是,当输入信号的绝对值小于 x_0 时,输出信号为零(无输出);当输入信号的绝对值大于 x_0 时,输出与输入之间呈现线性特性。直流伺服电机就是其中一例,当控制电压小于电动机的死区电压 u_0 时,电动机产生的转矩不足以克服电动机轴上的负载,电动机无法转动;当控制电压大于 u_0 时,转速和电压

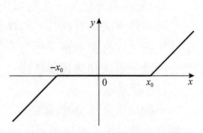

图 2.2.39　死区非线性特性图

之间呈线性关系。液压阀、气压阀之类的部件也常常表现出死区非线性,空气弹簧的高度阀也存在死区非线性,在其阀芯位移较小时,气阀还没打开,呈死区特征,而过了死区后还不是线性特性。

4) 间隙非线性(滞环特性)

经常出现在机械传动中的另一种非线性是间隙非线性(图 2.2.40)。由于主动件与从动件之间存在间隙,主动件必须移动 x_0 距离后,从动件才发生运动;反向运动时,主动件必须移动 $H=2x_0$ 的距离后,输出轴才开始运动。

5) 继电器非线性

继电器是一种能够提供大功率增益的廉价非线性放大器,它又称为双位非线性,继电器非线性特性图如图 2.2.41 所示,即其输出或是一个正常数,或是一个负常数。

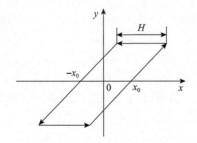

图 2.2.40　间隙非线性特性图

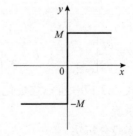

图 2.2.41　继电器非线性特性图

在系统中,以上几种非线性特性还可能同时存在,从而构成复杂的组合非线性特性。

3. 非线性系统的求解方法

当系统的非线性不可忽略时，其求解方法主要有以下三种：

(1)设法直接解出系统的数学模型。

(2)用计算机求系统的数值解。

(3)先将系统化为一个近似线性系统，再求解。

第一种方法只有在某些特殊情况下才能实现，因而不可取。第二种方法在数字计算方法的有关书籍中也有介绍。下面重点讨论第三种方法，分别介绍小扰动法、逐段分析法和描述函数法。

1)小扰动法

小扰动法又称微小偏差法、切线法、小信号分析法。对于非线性特性不太严重的非线性系统，可以采用这种近似方法，其原理如下。

若非线性关系式为 $z=f(x,y)$，则可在工作点 $(\overline{x},\overline{y},\overline{z})$ 附近，按泰勒级数将其展开成

$$z = f(x,y) + \left[\frac{\partial f}{\partial x}(x-\overline{x}) + \frac{\partial f}{\partial y}(y-\overline{y})\right]$$
$$+ \frac{1}{2!}\left[\frac{\partial^2 f}{\partial x^2}(x-\overline{x})^2 + z\frac{\partial^2 f}{\partial x \partial y}(x-\overline{x})(y-\overline{y}) + \frac{\partial^2 f}{\partial y^2}(y-\overline{y})^2\right] + \cdots \tag{2.2.176}$$

其中，偏导数在工作点计算求得，在此点附近的高阶项可以忽略，因此得到工作点附近的线性化模型：

$$z - \overline{z} = a(x-\overline{x}) + b(y-\overline{y}) \tag{2.2.177}$$

或

$$\hat{z} = a\hat{x} + b\hat{y} \tag{2.2.178}$$

式中，$a = \left.\dfrac{\partial f}{\partial x}\right|_{x=\overline{x}; y=\overline{y}}$；$b = \left.\dfrac{\partial f}{\partial y}\right|_{x=\overline{x}; y=\overline{y}}$；$\hat{x} = x - \overline{x}$；$\hat{y} = y - \overline{y}$；$\hat{z} = z - \overline{z}$。

在式(2.2.178)所示线性化模型基础上，利用解析线性系统的各种方法来解析非线性系统。

2)逐段分析法

有些非线性系统的工作范围较大，在此范围内无法用一个线性方程来近似代表系统原来的非线性方程，可采用分段线性化分析法。如图 2.2.42(a)所示非线性系统，可按区域Ⅰ和Ⅱ，用小扰动法分别求得两条近似直线(图 2.2.42(b))，即得到

两个线性方程，并将前一区域的终端条件作为后一区域的初始条件，从而可以解决系统的非线性问题。

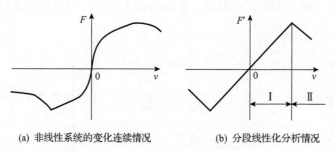

(a) 非线性系统的变化连续情况　　　　　(b) 分段线性化分析情况

图 2.2.42　分段线性化方法

　　在对制动缸的工作过程进行分析时，就可以看到制动缸工作时存在多种非线性特性。整个运行过程又分为充风(空走及压力上升段)、工作(加压)和缓解(回程)等阶段，其中的阶段转变借助阀的切换来实现，因此在其特性曲线上有许多拐点(不连续)，难以用一个线性方程来描述系统运行的全过程，必须分成若干段，逐段用小扰动法进行线性化与分析。

　　制动过程中制动缸压力变化曲线非线性特性图如图 2.2.43 所示。显然，需将此曲线分成许多段，分别用不同的线性模型来近似描述。

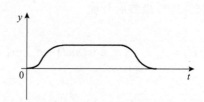

图 2.2.43　制动缸压力变化曲线非线性特性图

　　3)描述函数法

　　描述函数法可用来处理连续和不连续的非线性问题，比前两种方法有独到之处，其原理简述如下：

　　(1)谐波线性化。

　　对于常见的非线性元件，当其输入为正弦函数 $x(t)=X\sin(\omega t)$ 时，输出 $y(t)$ 为同周期的非正弦函数。理想继电器非线性及输入输出波形如图 2.2.44 所示，其中理想继电器非线性(图 2.2.44(a))，在输入为正弦信号时(图 2.2.44(b))，输出是与输入同周期的方波(图 2.2.44(c))。

　　将此方波按傅里叶级数展开，得

$$y(t) = \frac{4M}{\pi}\left[\sin(\omega t) + \frac{1}{3}\sin(3\omega t) + \frac{1}{5}\sin(5\omega t) + \cdots\right]$$

$$= \frac{4M}{\pi}\sum_{n=0}^{\infty}\frac{\sin[(2n+1)\omega t]}{2n+1} \tag{2.2.179}$$

式(2.2.179)表明，方波函数 $y(t)$ 由无数个正弦分量叠加而成，其中第一项 $\sin(\omega t)$

是与输入信号频率相同的分量，称为基波分量，其他分量 $\dfrac{\sin(3\omega t)}{3}$、$\dfrac{\sin(5\omega t)}{5}$、…
的频率均为输入信号频率的奇数倍，统称为高次谐波，而且频率越高的分量，其
振幅越小。

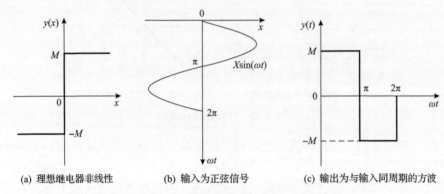

　(a) 理想继电器非线性　　　　　(b) 输入为正弦信号　　　　(c) 输出为与输入同周期的方波

图 2.2.44　理想继电器非线性及输入输出波形

同理，对于任意非线性元件，当输入信号为 $x(t) = X\sin(\omega t)$ 时，其输出 $y(t)$
可按傅里叶级数展开成

$$y(t) = A_0 + \sum_{n=1}^{\infty}\left[A_n\cos(n\omega t) + B_n\sin(n\omega t)\right] = A_0 + \sum_{n=1}^{\infty}\left[Y_n\sin(n\omega t + \varphi_n)\right] \quad (2.2.180)$$

式中，$A_0 = \dfrac{1}{2\pi}\displaystyle\int_0^{2\pi} y(t)\mathrm{d}(\omega t)$，是 $y(t)$ 的恒定分量，若非线性呈奇函数状对称，则有
$A_0 = 0$；$A_n = \dfrac{1}{\pi}\displaystyle\int_0^{2\pi} y(t)\cos(n\omega t)\mathrm{d}(\omega t)$；$B_n = \dfrac{1}{\pi}\displaystyle\int_0^{2\pi} y(t)\sin(n\omega t)\mathrm{d}(\omega t)$；$Y_n = \sqrt{A_n^2 + B_n^2}$，
是输出分量的幅值；$\varphi_n = \arctan\dfrac{A_n}{B_n}$，是输出分量的相位。

将式 (2.2.180) 线性化，即略去输出的高次谐波，用其基波分量近似地代替整
个输出，则有

$$y(t) = A_1\cos(\omega t) + B_1\sin(\omega t) = Y_1\sin(\omega t + \varphi_1) \quad (2.2.181)$$

式中，Y_1 和 φ_1 分别为基波的振幅和相位，它们可由式 (2.2.182) 求得

$$\begin{cases} Y = \sqrt{A_1^2 + B_1^2} \\ \varphi_1 = \arctan\dfrac{A_1}{B_1} \end{cases} \quad (2.2.182)$$

从式(2.2.181)可以看出，非线性元件在正弦输入作用下，其输出也近似为一个同频率的正弦函数，但振幅和相位发生了变化。这与线性元件在正弦信号作用下的输出具有形式上的相似性，所以上述近似处理称为谐波线性化。

(2)非线性的描述函数。

谐波线性化之后，可仿照线性系统的幅相频率特性，建立非线性特性的等效幅相特性，即描述函数。描述函数定义为输出的基波分量与输入正弦量的复数比（振幅与相位比），其数学表达式为

$$N(X) = \frac{Y_1}{X} \angle \varphi_1 = \frac{\sqrt{A_1^2 + B_1^2}}{X} \angle \arctan \frac{A_1}{B_1} \tag{2.2.183}$$

式中，A_1、B_1 为傅里叶级数中基波项的系数；X 为正弦输入的振幅；φ_1 为输出的基波分量的相位。

由式(2.2.183)可见，描述函数 $N(X)$ 在形式上类似于线性系统的幅相频率特性 $G(\mathrm{j}\omega)$，但 $N(X)$ 是输入信号振幅 X 的函数，$G(\mathrm{j}\omega)$ 不是 X 的函数。

(3)常见非线性的描述函数。

从式(2.2.183)可以求得各种常见非线性的描述函数，例如，对于理想继电器非线性(如图 2.2.45 所示描述函数图)，将式(2.2.179)与式(2.2.181)对比，可知 $A_0 = 0$，$A_1 = 0$，$B_1 = \dfrac{4M}{\pi}$。

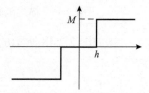

图 2.2.45　描述函数图 1

由式(2.2.183)可知

$$Y_1 = \sqrt{A_1^2 + B_1^2} = B_1 = \frac{4M}{\pi} \tag{2.2.184}$$

$$\varphi_1 = \arctan \frac{A_1}{B_1} = \arctan \frac{0}{B_1} = 0° \tag{2.2.185}$$

所以描述函数为

$$N(X) = \frac{Y_1}{X_1} \angle \varphi_1 = \frac{4M}{\pi X} \angle 0° = \frac{4M}{\pi X} \tag{2.2.186}$$

下面列出了一些常见非线性的描述函数例子。

①如图 2.2.45 所示的描述函数为

$$F = \frac{4M}{\pi X} \sqrt{1 - \left(\frac{h}{X}\right)^2}, \quad X \geqslant h \tag{2.2.187}$$

②如图 2.2.46 所示的描述函数为

$$F = \frac{4M}{\pi X}\sqrt{1 - \left(\frac{h}{X}\right)^2} - j\frac{4Mh}{\pi X^2}, \quad X \geqslant h \tag{2.2.188}$$

③如图 2.2.47 所示的描述函数为

$$F = \frac{2M}{\pi X}\left[\sqrt{1 - \left(\frac{mh}{X}\right)^2} + \sqrt{1 - \left(\frac{h}{X}\right)^2}\right] + j\frac{2Mh}{\pi X^2}(m-1), \quad X \geqslant h \tag{2.2.189}$$

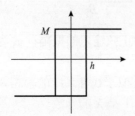

图 2.2.46　描述函数图 2

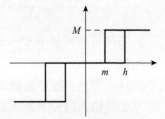

图 2.2.47　描述函数图 3

④如图 2.2.48 所示的描述函数为

$$F = \frac{2K}{\pi}\left[\arcsin\frac{S}{X} + \frac{S}{X}\sqrt{1 - \left(\frac{S}{X}\right)^2}\right], \quad X \geqslant S \tag{2.2.190}$$

⑤如图 2.2.49 所示的描述函数为

$$F = \frac{2K}{\pi}\left[\arcsin\frac{b}{X} - \arcsin\frac{\Delta}{X} + \frac{S}{X}\sqrt{1 - \left(\frac{b}{X}\right)^2} - \frac{\Delta}{X}\sqrt{1 - \left(\frac{\Delta}{X}\right)^2}\right], \quad X \geqslant b$$

$$\tag{2.2.191}$$

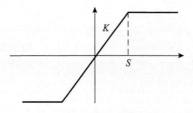

图 2.2.48　描述函数图 4

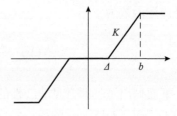

图 2.2.49　描述函数图 5

⑥如图 2.2.50 所示的描述函数为

$$F = \frac{2K}{\pi}\left[\frac{\pi}{2} - \arcsin\frac{\Delta}{X} - \frac{\Delta}{X}\sqrt{1 - \left(\frac{\Delta}{X}\right)^2}\right], \quad X \geqslant \Delta \tag{2.2.192}$$

⑦如图 2.2.51 所示的描述函数为

$$F = \frac{K}{\pi}\left[\frac{\pi}{2} + \arcsin\left(1 - \frac{2b}{X}\right) + 2\left(1 - \frac{2b}{X}\right)\sqrt{\frac{b}{X}\left(1 - \frac{b}{X}\right)}\right] + j\frac{4Kb}{\pi X}\left(\frac{b}{X} - 1\right), \quad X \geqslant b \tag{2.2.193}$$

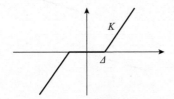

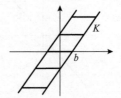

图 2.2.50　描述函数图 6　　　　　图 2.2.51　描述函数图 7

⑧如图 2.2.52 所示的描述函数为

$$F = \frac{K}{\pi}\left[\arcsin\left(\frac{C + Kb}{KX}\right) + \arcsin\left(\frac{C - Kb}{KX}\right) + \frac{C + Kb}{KX}\sqrt{1 - \left(\frac{C + Kb}{KX}\right)^2}\right.$$
$$\left. + \frac{C - Kb}{KX}\sqrt{1 - \left(\frac{C - Kb}{KX}\right)^2}\right] - j\frac{4bC}{\pi X^2}, \quad X \geqslant \frac{C + Kb}{K} \tag{2.2.194}$$

⑨如图 2.2.53 所示的描述函数为

$$F = K_2 + \frac{2(K_1 - K_2)}{\pi}\left[\arcsin\frac{S}{X} + \frac{S}{X}\sqrt{1 - \left(\frac{S}{X}\right)^2}\right], \quad X \geqslant S \tag{2.2.195}$$

⑩如图 2.2.54 所示的描述函数为

$$F = K - \frac{2K}{\pi}\arcsin\frac{\Delta}{X} + \frac{(4 - 2K)\Delta}{\pi X}\sqrt{1 - \left(\frac{\Delta}{X}\right)^2}, \quad X > \Delta \tag{2.2.196}$$

⑪如图 2.2.55 所示的描述函数为

$$F = K + \frac{4M}{\pi X} \tag{2.2.197}$$

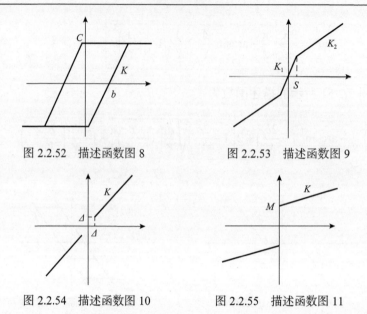

图 2.2.52　描述函数图 8　　　　　　　图 2.2.53　描述函数图 9

图 2.2.54　描述函数图 10　　　　　　图 2.2.55　描述函数图 11

（4）非线性系统的描述函数分析法。

图 2.2.56 展示了借助描述函数转化非线性系统的过程。非线性系统经过变换和简约化，可表示为线性部分 G 与非线性部分 N 串联的典型结构，如图 2.2.56（a）所示，此系统能借助描述函数转化为图 2.2.56（b）所示系统。这是因为引入描述函数之后，意味着系统的非线性部分和线性部分的输入、输出均为同频率的正弦信号。在这种条件下，非线性部分的特性可用描述函数 $N(x)$ 表示，线性部分的特性可用频率特性 $G(\mathrm{j}\omega)$ 表示，从而建立起非线性系统的模型。

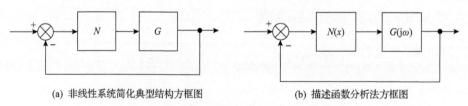

（a）非线性系统简化典型结构方框图　　　　　　（b）描述函数分析法方框图

图 2.2.56　借助描述函数转化非线性系统图

上述方法可以看成把系统的非线性部分等效为一个放大倍数为复数的放大器。

采用描述函数来近似表达系统非线性部分的特性，是符合实际的。这是由于一般非线性特性中高次谐波的振幅比基波振幅小，而且在经过系统的线性部分之后，由于线性部分的低通滤波效应，高次谐波分量将进一步衰减，以致系统的输出完全可以认为只是基波正弦的响应。显然，在图 2.2.56（b）的基础上，就可借用线性系统品质指标的评估方法来分析非线性系统的品质。

2.3　高速列车系统分析方程

1. 研究各子系统之间相互关系的模型化方法

高速列车是一个集成高科技的复杂系统，由多个子系统组成。各子系统均有各自的模型描述方法，如有限元模型、车辆动力学模型、牵引制动计算模型、温度场计算模型、流体场计算模型等。尽管其中某些模型方法还需要进一步改进和发展，但是它们对于解决子系统各自的问题已经是有效的手段了。在各子系统相对独立、互不影响的系统中，还没有必要研究它们之间的关系、接口以及影响因素，但是对于高速列车那样的复杂系统，各子系统之间存在着密不可分的相互关系，仅依靠设计者的经验来处理是不够的，需要找出一条用模型化方法研究复杂系统中各子系统之间相互关系的途径，用一种模型化的方法来帮助发现问题和解决问题。下面介绍对高速列车这样的复杂系统进行建模的问题，通过建立高速列车的系统分析方程来研究各子系统之间的相互关系[1]。

2. 高速列车系统方程的一般形式

高速列车系统为由多个子系统组成的大系统，系统的分析方程可以用如下表达式描述。

设在所研究的系统中抽取 N 个相互有关联的子系统进行研究分析，n 为系统的阶数，$n=1, 2, \cdots, N$，建立如下系统方程：

$$\dot{X} - AX = B \tag{2.3.1}$$

当仅研究静态问题时，式(2.3.1)可以写成

$$AX = B \tag{2.3.2}$$

式中，A 为系统特征系数矩阵；B 为各子系统相互影响的约束条件；X 为各子系统状态变量。

系统特征系数矩阵 A 为

$$A = \begin{bmatrix} A_{11} & \cdots & A_{1n} & \cdots & A_{1N} \\ \vdots & & \vdots & & \vdots \\ A_{n1} & \cdots & A_{nn} & \cdots & A_{nN} \\ \vdots & & \vdots & & \vdots \\ A_{N1} & \cdots & A_{Nn} & \cdots & A_{NN} \end{bmatrix} \tag{2.3.3}$$

式中，A_{11} 为 A_1 子系统自身的特性；A_{1n} 为 A_n 子系统对 A_1 子系统的影响；A_{1N} 为 A_N 子系统对 A_1 子系统的影响；A_{n1} 为 A_1 子系统对 A_n 子系统的影响；A_{nn} 为 A_n 子系统自身的特性；A_{nN} 为 A_N 子系统对 A_n 子系统的影响；A_{N1} 为 A_1 子系统对 A_N 子系统的影响；A_{Nn} 为 A_n 子系统对 A_N 子系统的影响；A_{NN} 为 A_N 子系统自身特性。

各子系统相互影响的约束条件 B 为

$$B = \begin{bmatrix} B_1 \\ B_2 \\ \vdots \\ B_N \end{bmatrix} \tag{2.3.4}$$

输出方程一般形式为

$$Y = CX + Du \tag{2.3.5}$$

式中，Y 为输出向量；C、D 为系统的输出系数矩阵；u 为输入向量(外部激扰)。

3. 高速列车系统分析方程的建立

组成高速列车的子系统包括车体结构与内部布置，司机室，转向架，旅客信息系统，牵引系统，制动系统，压缩空气供给系统，动车组供电系统，辅助冷却系统，动车组控制与诊断系统，安全监测系统，车端连接组成，车内环境控制系统，给排水、排污及卫生系统，列车运行控制系统车载设备，通信车载设备 16 个。旅客、行李及司乘人员等(以下统称为乘员)作为高速列车的载荷，可以成为高速列车的另一个子系统。这样高速列车的系统分析方程可以用上述式(2.3.1)～式(2.3.5)描述。

事实上，在研究不同问题时，会出现某些子系统与其他系统关联度较高，而另一些子系统与其他系统关联度较低，此时可以取对研究问题关联度较高的子系统建立系统方程进行研究。文献[1]给出了一个例子对建立模型加以说明。

取高速列车的轴重、牵引功率、定员作为状态变量进行系统研究。由方程可以设定目标指标求动车组的状态向量值，也可以设定状态向量值，由此辨识系统的特性，然后对系统特性进行分配。

2.4　系统辨识知识

本节介绍一些有关系统辨识和参数辨识的相关知识，相关知识部分引自文献[2]～[6]。

2.4.1　系统辨识的基本概念

系统分为白色系统、灰色系统和黑色系统。

白色系统是一种极端情况，其模型及参数是完全已知和确定的。这种情况下，采用前面所述的方法就可以建立系统的数学模型，该方法称为白箱建模，其优点是使用了系统的先验信息，这种情况下模型结构一般是明确的，如物理领域中模型结构完全由系统的物理关系定义，如能量守恒定律和牛顿定律等。

黑色系统是另一种极端(与白色系统相反的极端)情况，需要采用黑箱建模方法。该方法将系统看成一个黑箱，建模的目标只是描述系统输入输出数据之间的关系。由于模型结构的先验知识未知，模型及其参数通常没有物理含义。线性模型结构具有良好的数学特性，在黑箱建模中得到广泛使用，标准的线性模型结构(如 ARX 和 ARMAX)都可以用来拟合数据，非线性模型结构如神经网络也能够用于黑箱建模。此类模型的应用很广，由于模型只是作为一个对数据近似的工具，选择阶数足够高的模型常常能拟合数据。模型的参数由统计的方法估计，统计方法也用于选择模型结构和验证模型。

对灰色系统的建模就是这两种极端之间的第三种建模问题，也称灰箱建模。当系统是白色时，系统的先验知识已经提供了系统的数学模型及其中的各个参数；当系统是黑色时，只能研究系统的输入输出关系，系统的模型无论是结构形态还是系统阶数都不得而知。但是，周围的系统，特别是工程问题中，往往不是白色的，也不是黑色的，而是灰色的，即在设计和建设过程中已经设定了系统、设计确定了一些参数，然而还缺少一些信息，这样的系统就是灰色的。在系统是灰色时，存在两种情况：一种情况是系统模型未知，包括系统的阶数未知、线性非线性未知等，此时需要采用一些其他的方法来判断系统的类型以建立一个近似的、能够用来描述该系统的模型，这种情况下，如何建立系统的数学模型就是系统辨识问题；另一种情况是即使知道此系统的数学模型，其中的一些参数也不清楚，解决系统模型中参数未知的问题则属于参数辨识问题。

灰箱建模也就是灰箱辨识问题。该系统的模型结构和参数是不完全已知的，因此与白箱方法不同，同时又有一些系统的先验知识，又与黑箱方法有差异，可以应用这些先验知识来简化问题。

灰箱辨识方法相对于白箱建模方法的主要优势是可以有一个模型集合，可以用统计的方法、优化的方法，通过模型验证和模型结构的修改，从中选择最优的模型。

灰箱辨识方法相对于黑箱建模方法的优势是确定模型结构时使用了系统的先验信息，由于系统的关系是确定的，可以认为模型在测量数据之外的情况下也是有效的，因而一般认为灰箱模型能比黑箱模型进行更长期的预测。

　　系统参数的辨识也是系统辨识的一种，无论灰箱模型还是黑箱模型，其所辨识的参数不一定具有物理含义，这时把所得到的参数理解为是模态的，即称这些参数为模态参数。只有系统是线性的或系统模型易解时，所辨识的参数才可能是系统实际的物理参数。

　　通过系统辨识得出的对系统建立的数学模型还需要进行验证，验证过程中可能还需要修改模型，或者根据获得的新信息重新设计试验，重新辨识。此过程也属于系统辨识研究的问题。

　　辨识的方法主要是采用试验的方法。无论系统辨识还是参数辨识，目前主要是通过对系统施加已知的输入，并观察系统或过程中的输出响应，在对输入输出之间的关系进行数据分析后，建立该系统的数学模型，或者确定模型中的一些参数。

　　早在 20 世纪 30～50 年代就有经典的系统辨识方法。采用此方法时，对研究对象施加阶跃信号或频率不同的正弦信号作为输入，然后测定其阶跃响应或频率响应等动态特性曲线，从而得到非参数模型，或据此拟合出参数模型。这种建模方法往往适合在被测对象脱离正常运行的条件(即离线方式)下进行，因此给生产带来不便。另外，在输入、输出测量数据的处理中，一般未采用统计法来克服测量仪表或传感器的随机误差(即观察噪声的影响)，因而所得模型的精度势必受到限制。

　　从 20 世纪 50 年代后期开始，系统辨识工作中逐步引入相关分析技术，并形成为控制学科中的一项新分支。特别是 20 世纪 60 年代以来，系统辨识技术有了突飞猛进的发展，现在已能对多种对象(单输入、单输出的或多输入、多输出的，连续型或离散型的，参数定常的或慢时变的)以在线方式进行测试，并且能从受到较严重噪声干扰的测量结果中准确捕获对象数学模型的信息。

　　从上述说明可以得出系统辨识的定义：在输入和输出的基础上，从一类系统中确定一个与所测系统等价的系统，即在特定的一类模型中选出一个与所测系统输入、输出实测数据拟合得最好的模型。

　　描述一个特定系统数学模型不是唯一的，可以有多个不同形式的模型。根据建模的目的和先验知识定义模型的框架，即模型集合。系统辨识就是按照一定的准则，在模型集合中选择一个与数据拟合得最好的模型。

2.4.2　系统辨识的分类

　　按照上述黑箱、灰箱的概念可以将系统辨识问题分为以下两类：完全辨识问题和不完全辨识问题。

　　(1)完全辨识问题即上述黑箱辨识的问题，对被辨识的系统缺乏先验知识，其基本特性完全未知，包括系统的阶数、是否线性、是否时变等一无所知。此时需要根据所关心的问题提出一些假设，然后针对性地开展一些研究工作、设计一些试验手段，力求取得一些可供参考的数据，以得到一些对所关心的问题有意义的解答。此类问题的辨识当然是很困难的，目前还在探索之中。

(2) 不完全辨识问题即上述灰箱辨识问题，对此类系统已经有一些先验知识，了解系统的某些基本特性，如对系统的阶数、线性度、频带等的某些内容有一点先验知识，此类问题属于不完全辨识问题。例如，对于铁道车辆，其结构组成无非是质量、弹簧、阻尼系统或者是电感、电容、电阻系统，系统阶数一般为 2 阶，并且结构尺寸、运行速度范围等都是了解得比较清楚的，可以大体知道或推导出系统的数学模型，但是质心位置、转动惯量、谐波组成等一些参数是否存在何种非线性等尚不能确定，需要通过系统辨识对这些参数进行辨识(估计)。或者车辆运用一段时间后，系统是否发生变化，包括数学模型是否改变、参数是否改变等，都可以运用系统辨识的方法进行辨识(或者称为故障诊断)，来判断出故障所在的位置，以帮助进行检修，将系统恢复到原来状态。

对于大多数的工程问题，特别是铁道车辆，辨识的问题都属于第二类。更确切地说，绝大多数是参数估计的问题。

2.4.3　系统辨识的过程

一般而言，系统辨识的工作大体可按以下步骤进行。

1. 建模与模型扩展

根据所关心的问题确定系统数学模型的具体表达形式，确定采用参数模型还是非参数模型，即采用微分方程、差分方程、状态方程还是传递函数、脉冲响应函数。

系统的模型种类繁多，为了减少辨识的工作量，必须尽量缩小模型的选择范围。另外，模型的表达形式还应便于应用，如经典控制中多用非参数模型，计算机仿真中宜用状态方程、差分方程。

模型扩展的意思是用获得的先验知识和其他可用的资源改进模型。

2. 试验设计

选择所采用的试验信号；输入、输出的实测数据是辨识工作的基础。如果是在线辨识，则应了解在正常运行中是否存在可以激起系统对辨识有效的输出。当正常运行条件下的输入不包含有足以持久激发被测系统动态特性的自然扰动因素时，必须另作试验设计，进行离线辨识，即对系统施加恰当的人工激扰输入。

3. 试验及数据预处理

在试验中记录所需测得的输入输出数据，接着对数据进行预处理，剔除异常数据。在工业生产现场通过传感器、测量仪表获取的输入、输出数据中，不可避免地会带有观察噪声，所以除设计测试方案外，应当尽量设法减少观察噪声对模型辨识结果造成的不良影响。

4. 辨识

选择估计方法，利用已作预处理的输入输出数据进行设定数学模型的参数估计。

由于观察噪声的存在和系统本身存在公差或非线性因素，一般不可能找到一个与这些数据完全拟合的模型，只能找到一个拟合得最好的模型。在数据处理时，还应选取能够恰当反映拟合误差大小的损失函数(或指标函数)J，以J取极小值作为拟合最好的判别准则。例如，常采用输出误差平方和最小(最小二乘)准则，即取模型输出$y_m(t)$与实测输出$y(t)$之间的误差$e(t)$在整个观察区间中所有均匀采样值$e(t_k)$(k=1, 2,$\cdots$, N)的平方和作为损失函数J，对J取极小值：

$$J = \sum_{k=1}^{N} e^2\left(t_k\right) = \min \tag{2.4.1}$$

于是，要求取的模型便可用最优化方法解出。如果有两个模型对同一批观测数据得到的拟合误差损失函数值相等，则称这两个模型是等价的。

5. 模型分析与评估

用估计所得参数组成数学模型，通过模型评估可以判断模型是否能满足建模的目的，并对其进行验证试验，检查该模型是否表示了被辨识的系统。

6. 模型验证与更新

以上辨识出来的模型及参数必须进行验证，在模型验证时常用交叉检验方法。通常模型对于拟合自己的数据执行得很好，如果模型能真实描述系统，应当对其他的数据也是这样。交叉检验的意思就是先从一组数据中辨识出模型，然后将相同条件下同一系统产生的数据应用于此模型，比较结果。实际工作中，可以将应用于辨识的数据分成两部分，一部分用于参数估计，另一部分用于辨识模型的检验。

如果验证通过，则系统辨识的工作就完成了。如果验证不通过，当模型不能满足要求时，应通过模型分析提供对模型进行改进的信息，修改模型的表达方式，或者采用不同的输入序列和试验环境重新试验。重复上述步骤，直至获得一个满意的数学模型。

2.4.4　系统辨识的方法

1. 利用脉冲激扰进行辨识

线性系统相关辨识的基础是维纳-霍普夫方程，即

$$R_{uy}(\tau) = \int_0^\infty \hat{g}(t)R_{uu}(\tau - t)\mathrm{d}t \tag{2.4.2}$$

式中，$R_{uy}(\tau)$ 为输入激扰信号 u 和输出信号 y 的互相关函数；$R_{uu}(\tau-t)$ 为输入信号 u 的自相关函数；$\hat{g}(t)$ 为系统的脉冲响应的估计值。

利用傅里叶变换、相关函数和单位脉冲响应函数的相关知识，分析式 (2.4.2) 可知，若能根据系统的输入、输出值求得互相关函数 $R_{uy}(\tau)$ 与自相关函数 $R_{uu}(\tau-t)$，则可由式 (2.4.2) 确定系统的脉冲响应估计值 $\hat{g}(t)$，进而求得系统的传递函数，或求得系统的频率特性。这就是相关辨识的基本原理。

2. 利用随机激扰进行辨识

为了使辨识更简便、更准确，常常采用伪随机二进制序列作为系统的输入激扰信号，它包括 M 序列及逆重复 M 序列两种。

M 序列的全称是最大长度二进制序列。图 2.4.1 为 M 序列图。

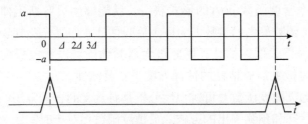

图 2.4.1　M 序列图

逆重复 M 序列是一种比 M 序列更理想的伪随机二进制序列，它由 M 序列与方波信号按模 2 相加法则得到，其周期为 M 序列的 2 倍，且两种序列彼此不相关。

采用 M 序列 (或逆重复 M 序列) 作输入激扰信号，因为 $R_{uu}(\tau-t) \approx C\delta(\tau-t)$ (式中 C 为常数)，所以式 (2.4.2) 变为

$$R_{uy}(\tau) \approx \int_0^\infty \hat{g}(t)C\delta(\tau-t)\mathrm{d}t = \int_{-\infty}^\infty \hat{g}(t)C\delta(\tau-t)\mathrm{d}t \approx C\hat{g}(t)\int_{-\infty}^\infty \delta(\tau-t)\mathrm{d}t = C\hat{g}(t)$$

$$\tag{2.4.3}$$

只要知道互相关函数 $R_{uy}(\tau)$，便可据此求得系统的脉冲响应估计值 $\hat{g}(t)$，然后取快速傅里叶变换，就能得到系统的频率特性，由此简便地辨识出系统的数学模型。同时，由于所加信号的幅值 a 较小，不会影响系统的正常运行，因此可以进行在线辨识。

3. 利用灰箱理论进行辨识

灰箱系统的估计方法是在随机的框架内进行的[7]。灰箱模型是由随机微分方程和离散测量方程描述的。

测量数据是系统的响应，一般是随机的。通常用统计的方法（如贝叶斯法）表示信息，认为未知参数 θ 的估计 $\hat{\theta}$ 是一个随机变量。贝叶斯统计的基础是贝叶斯定理，辨识的过程就是找到使损失函数 L 最小的 θ 的估计值 $\hat{\theta}$。在实际工程问题中，参数 θ 是具有物理含义的，其先验信息在灰箱辨识过程中的体现就是对待估计参数 $\hat{\theta}$ 的约束。因此，首先需要给参数赋初值，如果估计是有约束的，参数估计会很快收敛，而且估计值应当在定义域内。

由线性二次型高斯系统的理论可知，从卡尔曼滤波得到的信息过程是白噪声高斯过程。因此，当计算损失似然函数时，卡尔曼滤波能用来预测系统输出，而且卡尔曼滤波还能用来计算信息过程的协方差矩阵。当模型结构是非线性时，必须用更加复杂的非线性滤波来预测系统输出，最直接的方法是用扩展卡尔曼滤波。

确定灰箱模型结构后，可对未知参数进行极大似然估计。如果参数的先验信息能以先验概率密度函数 $p(\theta)$ 的形式获得，就能够用贝叶斯定律求得改进的估计，找到使这个函数最大的参数即为极大后验估计。如果先验知识未知，极大后验估计就简化为极大似然估计，因此极大后验估计可以看成极大似然估计的一般化形式，只是极大后验估计的估计方案更具灵活性。

估计参数的灵敏度函数对可辨识性分析是有意义的，最常用的灵敏度是参数改变对被估计状态和预测输出的影响。灵敏度函数相对于时间的图形能提供参数对模型依赖性的信息。

2.5　系统辨识在车辆系统故障诊断中的应用

2.5.1　铁道车辆采用系统辨识的必要性

铁道车辆是在一定的轮轨约束条件下以一定速度移动的载运工具，是在不同输入激扰下的动态系统。不同的速度意味着不同的输入频率与输入能量的激扰，车辆系统的动力学响应也不一样，因而速度的提高也就意味着车辆系统需要承受的动力学激扰发生了改变；各个单元的力学环境有较大的变化；车辆系统若保持良好的输出特性——车辆的平稳性与安全性，车辆的各个单元如轮对单元、构架单元及其附件、弹簧与减振单元等要有良好的动力学特性适应性。

铁道车辆在运行过程中，随着运行里程的延长和运用时间的增加，不可避免地产生磨耗、锈蚀、漏油、部件失灵甚至损坏，影响车辆的正常运用。随着列车运行速度的提高，更要尽快找出故障，以便及时维修，避免因走行部运行状态发生变化引发故障而造成晚点甚至停运。较常遇到的故障就有轮对故障、制动系统故障、空气弹簧系统故障、转向架二系悬挂装置故障等，这些故障均会影响到车辆的状态。而车辆状态的恶化危及列车运行安全，并会产生一系列的后果，配件磨损加快了，也会严重影响车上各种设备的使用寿命，影响旅客乘坐的舒适性，因而损害铁路运输的声誉。

为了保障列车运行的安全和乘坐的舒适，有必要建立一个监控系统来监视车辆系统的运行状态，不断监测系统的变化和故障信息，及时对车辆运行状态进行辨识和评估，诊断车辆故障，以便采取相应的处理措施，从根本上防止动力学问题及相关问题产生，实现车辆的无病态或微病态运行，即从防止故障出现的源头做起。

铁道车辆系统的安全监测在理论和实际中都已经得到了越来越多的关注，对铁道车辆系统不断增长的降低能耗、提高效率、可靠性和安全性的要求也促进了监测诊断技术的发展。目前国内外的铁路行业都开始认识到高速车辆运行状态一定要有一个监测与评估系统。

因此，找出一种能监视车辆的运行状态，判断其是否正常，并且对车辆可能发生的故障做出预测、预报和诊断，以指导车辆管理和维修的智能化方法是非常必要的。

系统辨识的理论用于认识系统、对系统的参数进行估计。当系统出现故障时将发生重大改变，从而可以从对系统的辨识结果中看出来，其中可能是系统的模型发生了迁移，也可能是系统的参数发生了较大的变化。因此，可以将系统辨识技术应用到对铁道车辆系统的故障诊断中。

针对车辆走行装置对车辆安全运行的重要程度，20 世纪 90 年代，铁科院机车车辆研究所提出了一套基于灰箱辨识的车辆系统故障诊断方案，用于所研制的客车故障诊断系统中的转向架监测诊断子系统[7,8]。

2.5.2　车辆系统故障诊断的任务

车辆系统故障诊断的任务是监视车辆的运行状态，判断其是否正常，预测、预报和诊断车辆的故障，以及利用诊断结果指导车辆的管理和维修。

1. 状态监测

状态监测是为了了解和掌握车辆的运行状态，包括采用各种检测、测量、监视、分析和判别方法，结合系统的历史和现状，考虑环境因素，对车辆的运行状态进行评估，判断其状态是否正常，并对状态进行显示和记录，对异常状态做出报警，以便司乘人员及时加以处理，并为车辆的故障分析、性能评估和安全工作提供信息和准备基础数据。

通常车辆的状态分为正常状态、异常状态和故障状态三种情况。

正常状态指车辆系统的整体或其局部没有缺陷，或虽出现一些缺陷但其性能仍在允许的限度内。

异常状态指缺陷已有一定程度的扩展，使车辆状态发生一定程度的变化，车辆系统性能已劣化，但仍能维持工作，此时应注意车辆性能的下降趋势，即车辆应在监护下运行。

故障状态则是指车辆性能指标已经大大下降，车辆即将或已不能维持正常运行。根据车辆的故障状态严重程度可分为：故障已经萌生并有进一步发展趋势的早期故障；故障程度较轻，尚可勉强带病运行的一般功能性故障；故障较为严重，需要退出运行，或由于某种原因瞬间发生的需要停车处理的突发性紧急故障等。

对应不同的故障，应有相应的报警信号，一般用指示灯光的颜色表示：绿灯表示正常、黄灯表示预警、红灯表示报警。对车辆状态演变的过程均应有记录，包括对灾难性破坏事故的状态信号的存储、记忆功能，俗称黑匣子记录，以利于事后分析事故原因。

2. 故障诊断

故障诊断是根据状态监测所获得的信息，结合已知的结构特性和参数以及环境条件，结合车辆的运行历史(包括运行记录和曾发生过的故障及维修记录等)，对车辆可能要发生的或已发生的故障进行分析、判断和预报，确定故障的部位、类别、程度、原因和性质，指出故障发生和发展的趋势及其后果，提出控制故障继续发展和消除故障的调整、维修、治理的对策措施。在实施这些对策措施后，车辆复原到正常状态。

车辆上不同部位、不同类型的故障，导致车辆整体及个别部位状态和运行参数发生不同的变化。故障诊断的任务就是当车辆上出现某种故障时，要从它的状态及其参数的变化中推断出导致这些变化的故障及其所在部位。由于状态参数的数量浩大，必须找出其中的特征信息，提取特征量，才便于对故障进行诊断。由某一故障引起的车辆状态的变化称为故障的征兆。故障诊断的过程就是从已知征兆来判定车辆上存在的故障类型及其所在部位的过程。因此，故障诊断的方法实质上是一种状态识别的方法。

3. 指导车辆的管理和维修

车辆的管理和维修方式的发展经历了三个阶段，即早期的事后维修方式，发展到定期预防维修方式，现在正向视情维修发展。定期维修制度可以预防事故的发生，但可能出现过剩维修或不足维修的弊病，视情维修是一种更科学、更合理的维修方式，但其有赖于完善的状态监测和故障诊断技术的实施。利用监测诊断系统提出的消除故障的调整、维修、治理的对策措施实施对症下药式的检修后，车辆恢复到可以投入运用的状态。

2.5.3　车辆转向架监测诊断子系统的构成

1. 系统组成

将加速度传感器安装在车体和构架上的指定位置，用信号调制器对采集到的铁道车辆系统的动力学响应——加速度信号进行滤波与放大；通过 A/D 转换器将采集的模拟信号转换为数字信号并送到基于微处理器(如 DSP 芯片)的监测仪中；经过对信号的预处理，在微处理器内完成信号的时域分析、频域分析、各种特征抽取以及各种模式识别的工作，并对车辆系统进行初步评估；将从采集的信号中提取的这些特征量即初步诊断结果通过网络送达监测系统的列车级管理器(计算机)；在列车级管理器上通过特定的辨识系统对车辆状态及车辆状态变化进行进一步的判断。

这样任何一节车辆上都可以通过车厢级管理器观察到有关车辆诊断的信息，再通过列车级管理器监测整个列车系统各车辆的运动动力学状态。列车级管理器可以对各车辆进行比较以取得更多的先验知识，便于判断和给出辨识结论。

转向架状态监测流程图如图 2.5.1 所示。

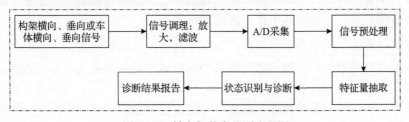

图 2.5.1　转向架状态监测流程图

2. 系统功能

系统的功能分为两个方面。

(1)车厢功能级实时监测与状态评估：监测车辆构架及车体横向、垂向振动加速度，报告本车前转向架/后转向架、一系/二系、横向/垂向振动情况；转向架失稳情况；判断轮轴系统是否工作正常，车轮踏面异常(擦伤/剥离)；一系悬挂故障；空气弹簧系统故障诊断与报警等。

(2)列车级及地面专家系统：列车级诊断完成全列不同转向架的相关分析及聚类分析，对超出常规状态的车辆进行识别及诊断，同时列车级可以完成车载特征数据的存储、下载。通过将特定段的下载数据导入维修建议系统，系统会报告此时间段车辆的状态，并对维修部位给出建议。

2.5.4 故障诊断的灰箱辨识方法

通过车辆系统的振动信号来评判车辆状态是一个非常复杂的问题。由于铁道车辆在运行过程中受到许多不确定因素的影响(如线路的随机激扰，弹簧、阻尼的非线性以及车体质量随乘客数量的改变而变化等)，不可能对该系统进行精确的描述，也不可能建立精确模型。对车辆的状态进行辨识时需将车辆系统看成一个非线性的不确定性动态系统。灰箱理论正是基于这种不确定性思想考虑的，利用灰箱理论建立车辆系统的不确定性模型，即灰箱模型，通过估计模型中的未知参数来辨识车辆系统中具有故障诊断意义的物理参数，以识别车辆的运行状态，进而诊断车辆的故障[7]。

灰箱辨识方法不仅能把握系统的本质特征，而且模型中包含的随机成分考虑了过程噪声和测量噪声的影响，充分体现了不确定性的思想，因此在车辆系统状态监测和诊断领域具有很好的应用前景。

基于模型的故障诊断技术的核心思想是通过构造观测器估计出系统的输出值，随后将它与输出的测量值进行比较，并从中获取故障信息。

基于先验的信息和经验，可以建立系统的三种模型：正常过程的模型、可观测过程的模型和故障过程的模型。基于模型的方法依赖于与正常状态比较所产生的改变。正常过程的模型指故障报警之前的模型。故障过程的模型则显示故障对被分析量的影响，这些影响也称为故障征兆。

将可观测模型的状态 $\hat{x}$ 和参数 $\hat{\theta}$ 与正常过程模型的相应量相比，会产生差异 $\Delta\hat{x}$、$\Delta\hat{\theta}$ 或者残差信号，这些差异或残差与故障征兆一起成为故障判断的基础。故障征兆显示故障对这些状态或者参数的影响，如定义方向上的改变、相反方向上的改变和特定方向上的改变。因此，可以根据可能的故障显示检查这些变化。

故障诊断的最终任务是确定故障的位置、故障的大小和产生故障的原因。

基于模型故障诊断的第一步是建立适当的描述铁道车辆系统动力学行为的模型。必须建立适当简化的模型，这些模型能把握与所考虑问题相关的本质动力学特征。基于灰箱模型的故障诊断方法能充分利用铁道车辆动力学的一些先验知识和信息。灰箱方法同时利用过程测量数据，相对于其他建模方法能更充分地把握系统的本质特征。

车辆运行时，行车安全监测诊断系统实时测量车辆的响应信号，这些信号既可以下载到地面专家系统，也可以在现场进行实时分析。基于灰箱辨识方法对车辆进行监测诊断时，要先将离线的车辆正常运行的数据根据车辆状态分类，如根据空气弹簧的状态可分为充气和半充气状态，将离线的异常车辆数据按故障类型分类，如空气弹簧损坏或者减振器漏油。然后应用分类的数据和车辆系统的先验知识分类建立车辆的灰箱模型，并辨识得到每类车辆状态下灰箱模型的参数。这些参数可以是明确的物理量，如空气弹簧的刚度、减振器的阻尼等。车辆的实时数据用来进行在线的参数估计，在线估计的参数和对应状态下正常模型的参数相比较会产生残差信号，在线参数估计过程中也会产生残差信号，基于这些残差信号可对车辆进行故障检测和故障诊断。对残差信号进行分析时可运用残差平方和法和广义似然率法等故障检测方法。如果诊断车辆出现了故障，将在线估计的参数与离线辨识的异常模型参数比较，确定故障的类型。故障诊断的结果反馈给行车安全监测诊断系统后，监测系统根据诊断的结果对列车进行处置。

铁道车辆系统产生故障可能是多个因素综合影响的结果，因此基于灰箱模型的故障诊断是多参数的诊断问题，综合考虑各个参数残差的影响，需要经验积累，要安排自学习的过程来进一步完成故障诊断。基于灰箱辨识的车辆系统监测诊断方案流程图可如图 2.5.2 所示。

对运行中的车辆进行安全监测要求实时地识别车辆的运行状态，这就要求基于模型的方法能在线识别车辆系统中与故障相关的参数和状态，这常常是一个非线性的滤波问题，可利用扩展的卡尔曼滤波。基于模型的故障检测方法的思想是从测量信号的突变来发现故障。故障监测的简单方法就是通过检查测量信号的幅值大小和瞬态限制值相比较，故障能很容易被检测出来，另外一种简单方法是做出残差的均值和方差图。

故障诊断的目的是确定故障的位置、类型和大小。故障诊断常常在故障检测过程之后进行，仅仅使用某种检测方法是不够的，因为不同的方法有各自的优势和劣势。例如，当在线估计模型参数时有故障发生，故障会使参数估计产生错误的结果，这将会误导对系统的操作甚至对维修产生错误的指导。在这种情况下，在线估计参数时需要同时使用故障检测方法，如加权平方和残差法和广义似然率法。

在实际过程中，有许多容易出现磨损的过程是非线性的，用在线估计对这些过程的磨损进行监控时很难获得鲁棒的结果，可以用卡尔曼滤波器组扩展估计系统来检测故障，故障分析的方法可用回溯法。

回溯法是针对所关注的存在有许多个树权的故障树问题，需要找出它的解集或者要求回答什么解是满足某些约束条件的最佳解时所采用的方法。通过剪枝过

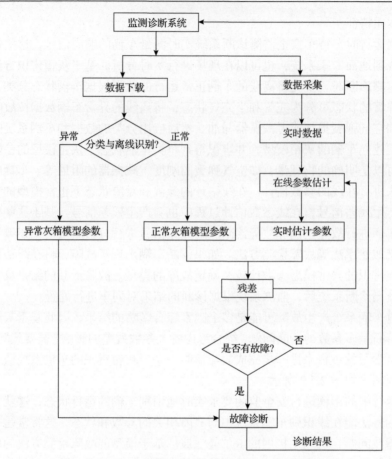

图 2.5.2　基于灰箱辨识的车辆系统监测诊断方案流程图

程逐层向其祖先节点回溯，若确认包含问题的解，则进入该子树，继续按深度优先策略搜索。

　　基于灰箱辨识方法对车辆进行监测诊断的步骤简述如下：先将车辆正常运行的数据根据车辆状态分类(先验知识)，并将异常车辆数据按故障类型分类；然后利用上述灰箱理论建立车辆的灰箱模型，并辨识得出灰箱模型的参数，进行在线参数估计，再与对应状态下正常模型的参数相比较获得残差信号；监测系统根据诊断的结果提出诊断报告。

2.5.5　用模态理论辨识车辆参数

　　本节以辨识铁道车辆参数为例，介绍一种辨识车辆参数的方法[9]。

　　铁道车辆是按一定的设计完成制作的，因此已经知道了车辆上的大量信息，其中系统的模型是一清二楚的，大部分的参数也是已知的，有一些参数也可以通

过计算获得，但是也有许多参数是未知的，如车辆的载客和载货特性使许多参数
成为未知，又如车辆的重心、转动惯量和回转半径等；与此同时，制造的差异性
使得许多参数存在很大的不确定性。通过系统辨识得到那些重要参数对分析、研
究、控制车辆特性是非常必要的。

　　参数辨识可以用前面讲到的方法进行，下面介绍一个利用模态分析方法进行
车辆参数辨识的实例。

1. 基本原理

　　为了叙述方便，不失一般性，将车辆作为仅有一系悬挂的对象进行介绍，并
省略阻尼。考虑仅对转动惯量有关的部分列出车辆运动微分方程，即

$$m\ddot{X} + KX = 0 \tag{2.5.1}$$

其中，质量矩阵 m 为

$$m = \begin{bmatrix} M & & & \\ & I_\theta & & \\ & & I_\varphi & \\ & & & I_\psi \end{bmatrix} \tag{2.5.2}$$

式中，I_θ 为车体绕 x 轴的转动惯量；I_φ 为车体绕 y 轴的转动惯量；I_ψ 为车体绕 z 轴
的转动惯量；M 为车体质量。刚度矩阵 K 为

$$K = \begin{bmatrix} 4K_y & -4K_y h_c & 0 & 0 \\ -4K_y h_c & 4K_z b_y^2 + 4K_y h_c^2 - Mgh_c & 0 & 0 \\ 0 & 0 & 4K_z l_x^2 & 0 \\ 0 & 0 & 0 & 4K_y l_x^2 \end{bmatrix} \tag{2.5.3}$$

式中，b_y 为转向架两侧弹簧横向距离的一半；h_c 为车体重心距弹簧承台面的高度；
g 为重力加速度；K_y 为每台转向架一侧弹簧的横向刚度；K_z 为每台转向架一侧弹
簧的垂向刚度；l_x 为车辆定距的一半。位移向量 X 为

$$X = \begin{bmatrix} y & \theta & \varphi & \psi \end{bmatrix}^{\mathrm{T}} \tag{2.5.4}$$

式中，y 为横向位移；θ 为车体绕 x 轴的转角；φ 为车体绕 y 轴的转角；ψ 为车体
绕 z 轴的转角。

　　从式(2.5.3)的第一行和第二行可以看出，车体的垂向和横向是有耦合的，需
要通过坐标变换来解耦。

　　模态分析的实质就是一种坐标变换，即将原在物理坐标系中描述的向量放到模态坐标系中来描述。在模态坐标系中，振动方程是一组互不耦合的方程，这样每一个方程就可以单独求解了。

　　定义式(2.5.1)中的刚度矩阵 K 的逆为柔度矩阵 a，即

$$a = K^{-1} \tag{2.5.5}$$

则有动力矩阵

$$d = am \tag{2.5.6}$$

　　由特征方程

$$\det(d - \lambda I) = |d - \lambda I| = 0 \tag{2.5.7}$$

求得特征值 $\lambda_i (i=1, 2, 3, 4)$ 后，可再求对应的特征向量 $u_i (i=1,2,3,4)$，形成如下振型矩阵：

$$u = \begin{bmatrix} u_1 & u_2 & u_3 & u_4 \end{bmatrix} \tag{2.5.8}$$

于是，有

$$M = u^{\mathrm{T}} m u = M^{\mathrm{T}} \tag{2.5.9}$$

$$K = u^{\mathrm{T}} k u = K^{\mathrm{T}} \tag{2.5.10}$$

这里 M 与 K 就变成了对角矩阵。方程(2.5.1)就变换成解耦形式的方程，即

$$M_j \ddot{q}_j + K_j q_j = 0, \quad j = 1,2,3,4 \tag{2.5.11}$$

这些解耦的方程可以单独求解。

　　坐标变换式为

$$X = uq \tag{2.5.12}$$

上述坐标变换的过程就是模态分析法的实质。M 称为模态质量矩阵，K 称为模态刚度矩阵，u 称为振型矩阵，λ_i 对应模态频率，即该阶固有频率为

$$\omega_i^2 = \lambda_i^{-1} \tag{2.5.13}$$

于是，各振型的频率可以用如下各式求得(推导过程从略)。

　　点头振动固有频率为

$$f_\varphi = \frac{1}{\pi}\sqrt{\frac{K_z l_x^2}{I_\varphi}} \qquad (2.5.14)$$

摇头振动固有频率为

$$f_\psi = \frac{1}{\pi}\sqrt{\frac{K_y l_x^2}{I_\psi}} \qquad (2.5.15)$$

下心滚摆固有频率为

$$f_\theta = \frac{1}{2\sqrt{2}\pi}\sqrt{\alpha + \frac{\beta}{I_\theta} - \sqrt{\left(\alpha - \frac{\beta}{I_\theta}\right)^2 + \left(\frac{64K_y^2 h_c^2}{MI_\theta}\right)}} \qquad (2.5.16)$$

式中，$\alpha = \dfrac{4K_y}{M}$；$\beta = 4K_z b_y^2 + 4K_y h_c^2 - Mgh_c$。式 (2.5.14)～式 (2.5.16) 中，车体质量 M 可以通过称重获得，刚度 K_y、K_z 可以采用设计参数或生产制造实测参数或测量的实际值，定距 l_x、b_y 可以采用设计值或测量测出，重心 h_c 则可以采用有限元方法计算获得或通过测量获得[9]，因此只要知道固有频率即可求出各转动惯量。

2. 利用模态试验技术辨识转动惯量的试验流程

辨识固有频率的方法可在运营情况下在线实施，也可离线实施。下面介绍离线情况下采用模态试验技术测出固有频率进而辨识转动惯量的方法。

1) 模态试验方法

模态分析法是一种线性系统的参数辨识方法，因此试验时需要将车辆系统营造成线性系统：要把产生非线性的因素去掉，即把类似减振器、摩擦副等一些非线性部件摘除；把橡胶件之类的部件也去掉；对存在间隙的要分接触状态和非接触状态两种工况区别对待，分别实施。

试验中为了保证系统的线性特性，应使产生的位移属于小位移，也因此信号的输出值较小，需要使用高灵敏度的传感器，或者选用刚度较小的弹簧代替原车上的弹簧 (当然不能发生大位移的非线性)。同时必须减小噪声，减小周围环境 (如风) 的影响，保证采集信号的真实性。

被试车辆必须处于实际支承状态，包括支承点的位置和支承点的方向，避免支承方式的改变影响试验结果的真实性，从而得不到被试系统的固有特性。

试验中可以采用单点激振多点拾振，也可以采用多点激振单点拾振。

2) 拾振点和激振点的布置

试验中需要通过测试得到车体的振型及对应的频率。以单点激振多点拾振为例，拾振传感器测点需分别垂向布置和横向布置，并分别实施垂向激振和横向激振。

在测试点头和侧滚振型时，在车体的 1 位、2 位、3 位和 4 位四个支承点垂线上下（共 8 点）各设置一个垂向拾振器。激振时可在车体的某一位置处进行垂直激振，激振位置应选择能激出需要关注的振型，如这里是车体的侧滚振型和点头振型；为了激出这些振型，需要在不同位置试激，以获得较为清晰的两种振型为准。当获得理想的振型后，应在该处验证重复性。

在测试摇头振型和侧滚振型时，可在上述相同位置处设置水平拾振器。激振时同样可在车体的某一位置处水平激振，激振点同样需要按上述方法试激后确定。

当垂直和水平两个方向激振完成后，应检查两个方向测得的侧滚振型（包括频率）是否一致，如果不一致，则试验存在问题，在消除问题后重新进行激振和信号采集，直到获得满意的结果。

激振点的位置不应在振型节点附近，否则测不到有效信号，得不到结果。

上述方法通过实际辨识多种车辆的车体、转向架等获取得到了相应的转动惯量，并提出了试验报告[9]。

参 考 文 献

[1] 黄强. 高速动车组系统分析方程的初探//中国铁道科学研究院. 中国铁道科学研究院 60 周年学术论文集. 北京: 中国铁道出版社, 2010: 56-59.

[2] 韩曾晋. 自适应控制系统. 北京: 机械工业出版社, 1983.

[3] 杨叔子, 杨克冲. 机械工程控制基础. 武汉: 华中工学院出版社, 1984.

[4] 邓聚龙. 灰色控制系统. 武汉: 华中工学院出版社, 1985.

[5] 王运赣, 王紫薇. 系统动力学. 武汉: 华中理工大学出版社, 1991.

[6] 冯淑华, 林国重, 唐承统. 机械控制工程基础. 北京: 北京理工大学出版社, 1991.

[7] 张瑞芳, 刘峰, 黄强. 灰箱辨识在二系悬挂参数估计中的应用. 铁道机车车辆, 2006, 26(4): 26-28.

[8] 刘峰, 黄强, 王悦明, 等. 运行旅客列车动力学性能研究. 铁道机车车辆, 2003, 23(2): 1-3.

[9] 李金森, 黄强, 徐小平, 等. 主型客货车主要技术参数测定研究报告. 北京: 铁道科学研究院, 1994.

第3章 高速列车系统输入

本章所述的高速列车系统输入是指高速列车整体在运用中承受的输入条件，包括环境条件、线路条件、载荷条件、电力条件和运营要求等。

高速列车应保证在正常输入条件下在寿命期内能够正常工作，功能完整，可以发挥出优良的性能，同时还应保证在极端输入条件下不会被破坏，不会失效，并在此极端输入条件撤除后仍能投入正常运用。因此，这些输入对高速列车而言需要考虑以下两种工况：一种是在正常运用情况下的输入水平，这种工况称为运用工况；另一种是指高速列车可能遇到的最恶劣状况的极端输入水平，这种工况称为超常工况。对于超出极端输入的情况，则作为不可预料的情况或事故状态[1-3]。

3.1 环　　境

3.1.1 海拔

1. 海平面的高度

在地球上要说明某处的高度需要一个基点作为零高程，这个基点就是海拔的起点，或叫海拔零点或水准零点。海拔的起点定为海平面的高度，即以海平面作为原点来衡量各处的高度。

海平面的高度是波动的，也受潮汐的影响，因此需要取其平均值作为计量依据。因此，海平面的高度定义如下：海平面的高度是以海平面的平均高度作为标准的零点高度。

不同地点不同海域的海平面高度也是不一样的，因此不同地点不同海域的零点高度也是不同的，需要根据某地的某一滨海地点的海平面的平均高度来确定海拔的起点。实际确定时根据当地测潮站在不同季节中的多年测量记录，将测量数据进行统计平均，即把测量到的海平面高度位置的数据加以平均后得出该处的海拔起点，以此作为该地区标准的零点高度。

我国国内采用由青岛港验潮站的长期观测资料推算出的黄海平均海面作为基准面(零高程面)。

2. 海拔的定义

海拔是表示地面某个地点高出海平面的垂直距离，也称绝对高度。

铁路对不同海拔的分类没有具体规定，大体可以分为以下几类：

(1)0～1500m 为常规铁路。

(2)1500～4000m 为过渡海拔铁路。

(3)4000m 以上为高原铁路。

在常规铁路中一般不太关注海拔的影响，而在过渡海拔铁路中需要根据运用区段的情况考虑海拔的影响，在高原铁路中则必须考虑海拔对乘员和装备的影响。

3. 海拔与大气压的关系

海拔与大气压有直接关系：海拔越高，大气压越低，如表 3.1.1 所示。

表 3.1.1　海拔与大气压的关系

海拔/m	大气压/10^5Pa
0	1.013
300	0.978
600	0.943
900	0.910
1200	0.877
1500	0.845
1800	0.815
2100	0.785
2400	0.756
2700	0.728
3000	0.702
3300	0.675
3600	0.650
3900	0.626
4200	0.601
4500	0.578

4. 海拔对铁路运输的影响

海拔对铁路运输存在以下影响：

(1)海拔越高，大气压越低，空气也越稀薄。对于各种冷却设备，以空气作为冷却介质时，所带出的热量就减少，需要在设计时充分关注，以保证设备能正常工作，需要保温的设备则要提高其保温性能。

(2)大气压降低后，水的沸点不再是 100℃，随着大气压的减小，水的沸点降低，需使用高压炊具(如高压锅)，使沸点升高。对于冷却设备，如果使用液态的冷却介质，其温度就可能达到沸点以上，此时需要考虑冷却效果，还应考虑介质汽化带来的影响。

(3)大气压降低后，还需要关注电气线路的绝缘距离。有关电器标准中都有相关的规定，规定了不同海拔的绝缘距离和其他注意事项。

(4)海拔越高，气温越低。需要根据具体气温情况关注铁路装备御寒的能力，也要关注铁路路基的热熔冻胀对路基特性和线路不平顺的影响。

(5)海拔越高，空气中的含氧量越低。通常情况下，大部分人到达海拔 2000m 没有问题，超过海拔 2000m 就会有人感觉难受，而超过海拔 2400m 就有可能患上高山病。与此同时，机车车辆上需要用氧的装备也要考虑氧含量对其应用的影响，典型的受影响的装备是内燃机。

(6)海拔越高，日光照射就越强烈，特别是紫外线照射。因此，应关注乘员眼睛的防护，此外，需要提高一些非金属材料的抗日照性能、抗老化性能、抗紫外线性能，或者采取必要的防护措施。

3.1.2　气温

1. 气温区域的划分

高速列车需要适应所运行的区间的气温条件。

我国地域辽阔，气温差异较大，高速列车的运用范围广，机动性大。根据我国历来铁路适应的气温条件，不考虑青藏高原的特殊地理条件，运用区域大体按两个温度区域划分：长城以南区域和东北高寒区域。其中，长城以南区域的气温范围是-25～40℃；东北高寒区域的气温范围是-40～40℃。

高速列车适应气温范围也按上述区域划分。由于高寒区域使用条件较为恶劣，适用于高寒区域的高速列车需要特殊设计，包括金属非金属材料的低温性能、客室的保温及采暖能力、设备的防冻防雪措施、各电气设备的低温特性、污水的排放、在有热熔冻胀现象的地段运行的安全性等，甚至还需要在停车库内采取融雪化冰的技术措施，并关注这些措施对高速列车的影响。

长城以北到东北高寒区域之间的区域需要根据实际运用的季节气温情况适当调整。例如，对于需要到最低气温在-25℃以下地区运行的高速列车，晚上不宜在室外停留，需要到具有供热条件的室内停车库停放和作业；当然，也可以根据气温变化情况，通过交路的安排，使高速列车夜间返回最低气温高于-25℃的区域，避免列车设备损坏。如果需要在气温低于-25℃的情况下载客运行，则建议采用能适应-40℃气温或更低气温的高寒高速列车，以保证旅客的旅行舒适性和设备的可用性。

2. 气温的含义

气温是表征空气冷热程度的物理量，我国采用摄氏度(℃)作为气温的单位。气温在各个地点都是不同的，这里提到的气温的含义是指气象领域定义的气温。气象部门为了避免气温的概念出现歧义，对气象意义上的气温做了规定，气象部门所指的地面气温是指离地面高约 1.5m 处通风良好的百叶箱中的温度。

为了避免温度计在测量的位置上受到太阳的照射、地面热量的辐射，气象台站把温度表放在离地面高约 1.5m 处四面通风的百叶箱里。百叶箱内阳光不直接照射，能防止日晒雨淋对测量的影响；百叶箱又有良好的通风条件，使其内的气温波动比箱外小；百叶箱还要架设在草地上以减少地面反射的热量；百叶箱离草坪的高度一般是 1.5m，这一高度的气温变化比较稳定，同时也是人类一般活动的范围，可以真实反映空气的温度；取 1.5m 高度可以减少地面的辐射；在北半球测量的百叶箱的门是朝北开的，以防止太阳光的直接照射；百叶箱的外部涂着白色，以减少吸热。在这样的条件下测得的气温成为天气预报中所提到的气温，因而具有较好的代表性。

在烈日炎炎的夏日午后，暴晒的小环境中的气温要比百叶箱中的气温高得多。气温通常随高度的升高而降低，一般每升高 1000m，气温降低 6.5℃。

3. 高速列车上的气温输入

高速列车上有许多与气温输入有关的零部件，如各种电气设备(变压器、变流器、电机、电气控制柜，空调机组等)，在使用中会发热，需要用外部空气冷却，外部气温的高低直接影响散热的效果；又如一些存在摩擦的零部件(轴承、齿轮箱、制动盘片等)，由于摩擦而生热，也需要散热，也与外部空气的温度有关；再如一些材料的特性在不同温度下存在差异的情况需要加以考虑等。以下仅列出几个关注点。

1)高速列车运用的空气温度与气温的关系

高速列车运用的环境温度是指上面提到的气温，实际使用时应该根据具体情况提出具体参数。由于受到太阳光直接照射的影响和地面或建筑物反射热量的影响，实际气温会与上述气象温度存在很大的差异；而且车辆运行中直接暴露在太阳光照射之下和不在太阳光直接照射之下也存在很大的差异，气温也会因列车风的影响产生较大的变化，因此在设计时需要考虑到高速列车与气温的相互关系，还需要考虑铁道线路对此问题的影响，碎石道砟的线路与整体道床的线路的反射情况是不同的，高架桥上与地面上也是不同的。气温作为载荷对高速列车实际输入时需要针对实际设备具体分析。

如空调系统，空气既作为输入的新鲜空气，又作为冷却的介质，其气温参数选择直接影响到最终的室温调节效果。对于空调系统的制冷工况，如果简单地直接使用最高气候温度作为进出口的空气温度进行设计，实际使用中必然带来问题，甚至会发生空调机组不能起动的现象。因此，应该考虑在极端工况下的空调机组正常工作的情况。设计前需要对实际空调机组的进风口和排风口的位置以及空调机组本身安装位置周围的气温加以调查，了解实际运用中这些位置的气温变化，推断极端气温的工况，再来确定空调机组的各项参数。在没有调查的情况下，需要根据规定的气候温度推断一个可能的最高温度作为极端工况。如果气候最高温度规定为 40℃，则实际气温可以根据应用点在高速列车上的位置暂定为 55℃，甚至 70℃；同样，如果气候最低温度规定为–25℃，则实际使用的空气温度可以暂定为–50℃，甚至–70℃。

2) 高速列车散热设备的布置

高速列车上布置有许多散热(冷却)设备，特别是动力分散的动车组，几乎每一节车厢上都布置有各种散热(冷却)设备，这些设备相互之间的影响不容忽视。空气温度的影响是其中之一，在进行设备布置的设计时，需要关注这些散热设备的空气进出口的位置，应避免一个散热设备出风口的空气成为另一个散热设备进风口的空气输入，这样会大大降低散热设备的工作效率，散热效果会很差，也要避免进出风口位置的距离太近，影响散热效果。因此，在设计中需要注意高速列车周边空气流场的分布情况，既要关注温度场的静动态特性，又要关注压力场的分布规律。有关压力场的影响将在高速列车的气动特性中介绍。

3) 材料的温度特性

(1) 金属材料的低温脆性。

一般的金属结构物大都工作在常温状态下，其机械性能在常用的材料特性表中都能查到，这里要讲的是金属材料在低温状况下发生脆断的特性。

金属低温脆性是指当温度降低到某一程度时，金属材料的冲击吸收能量明显下降并引起脆性破坏的现象。这一现象也称为金属的低温冷脆特性或低温脆性断裂，是结构最危险的破坏形式之一。

金属的低温脆性断裂具有断裂瞬间发生、断裂时无明显塑性变形的特点。

世界各国对金属材料的低温脆性问题做了大量的研究工作，有多种理论流派。一般认为，冷脆现象是由以下诸多因素组合引起的：一是与晶体结构、成分、纯度和晶粒大小有关；二是与载荷工况下的结构状态有关，如应力过高(大应力区)、应力梯度的大小(应力集中)、变形率较大断面的大小；三是与周围温度降低的程度等有关。

低温脆性评定指标和试验方法研究也有许多，包括低温拉伸试验、低温冲击试验、韧脆转变温度(能量准则法、断口形貌准则法、侧膨胀值法)等。

在冷脆材料中，材料的抗拉强度保持不变，甚至稍有增加；屈服点则显著上升，甚至可能达到抗拉强度。因此，冷脆现象集中发生在屈服点随温度下降而急剧上升的情况下。一般认为存在一个临界脆化温度，将材料随温度下降而出现其屈服点与抗拉强度相等（或者接近）的温度定义为临界脆化温度，在此温度下，韧性大大降低、塑性突然减小，变形所需的功也突然减小，断口处纤维状的宏观结构变成晶体状，并且在很多情况下沿结晶边界断裂。

临界脆化温度 T_K，通常用一系列带缺口的试样在不同温度下进行冲击试验来确定。临界脆化温度越高，低温工作下的材料越容易脆性断裂。如果变成脆性状态的临界温度难以确定，则可以从冲击强度（冲击功）的突变来确定临界脆化温度。可将临界温度规定为冲击强度降至某一值（如 $2kg·m/cm^2$）时的温度，或者冲击功低于某一值时的温度，即此材料可以在高于临界脆化温度的环境下使用。

(2) 油品使用温度范围。

高速列车上有许多使用油品作润滑、冷却用的地方，如轴承、齿轮箱、各类机构、减振器、变压器、变流器等。

一般油品的工作寿命与其工作温度密切相关。当工作油温升高时，油的使用寿命就会下降，一般 90℃ 的油的使用寿命是 60℃ 的油的使用寿命的 10% 左右，原因是油被氧化。氧气和油中的碳氢化合物进行反应，使油慢慢氧化、颜色变黑、黏度上升，最后可能严重到氧化物不能溶解于油中，而是以棕色黏液层沉积在系统某处，极易堵塞油道，使轴承、阀芯、液压泵的活塞等磨损加剧，影响系统正常运行。氧化还会产生腐蚀酸液，刚开始氧化过程进行较慢，随着温度的升高，有些抗氧化抗腐蚀添加剂开始被破坏（分解），当达到某种阶段后，氧化速度会突然加快，黏度会跟着突然上升，结果导致工作油温升高，氧化过程更快，累积的沉淀物和酸液会更多，最后使油液无法再用。

温度偏低时油品的黏度增高，流动性变差，润滑作用下降，冷却性能降低。

油品一般根据使用温度下限值分类，给出牌号，因此必须针对油品的使用温度选择相应牌号的油品。油品期望的正常使用温度一般在 20~60℃，尽量控制在 80℃ 以下。对于齿轮箱类的零部件，既需使用油品的润滑作用，又需使用油品的冷却作用，其使用温度应尽量控制在 90℃ 以内。经常工作在 120℃ 甚至 130℃ 温度下时，需要经常更换油品，使该零部件保持良好的工作状态。

(3) 橡胶及其他有机材料的制品在不同温度下使用的特性变化。

高速列车上有许多地方使用金属橡胶减振元件，利用橡胶的弹塑性起到减振作用，吸收振动能量，将振动能量转化成热能散发出去，然而其本身的温度也随之上升。

橡胶及其他有机材料的制品在温度较低时会变硬变脆，温度较高时会变软甚至液化。这两种情况对使用性能影响较大，应该提高相关材料的高低温性能或者创造适当的工作环境，以防出现这两种情况。

4) 高速列车及其零部件的存放温度

设计和生产过程中既要关注高速列车在运行环境温度下的工作情况，也要关注高速列车在生产、运用过程中的存放条件。高速列车上的绝大部分零部件都应在没有特殊的专门的存放条件下存放，如果存放的环境超出高速列车的运行环境温度，则这些零部件必须要满足存放条件。极少数需要特殊的专门的存放条件的零部件应单独做出规定，对这些零部件的存放加以规范。

5) 灰水的排放

高速列车上厕所的污水是用集便器收集后在指定地点集中抽吸排放的。灰水是指除厕所污水以外的废水，主要是车上盥洗设施排放的水。设计列车时，为了控制整车重量和减小灰水收集罐占用的空间，许多列车的盥洗设施上排放的水不收集而排放到轨道上，这对高速列车是不可取的。由于高速列车气动特性的影响，直接排放的液体要四处飞溅，影响列车的外观；也使一些通风设施的滤尘器受到污染，使用效率降低，维护成本增加；更有甚者则是散播细菌，不利于卫生；对整体道床也有破坏作用。因此，即使是灰水，高速列车上也有必要采用收集后集中排放的方式处理。特别是气温较低区域运行的高速列车，直接排放的灰水会在转向架等处结成冰块，影响高速列车的走行性能。

6) 高速列车及其零部件制造与维修时的周边气温

一些生产、维修的工艺过程 (如焊接) 需要关注操作时的周边环境温度。需要创造工艺所需要的温度环境，以保证工艺品质。

低温地区使用的高速列车还要考虑除冰雪作业对车上零部件的影响。

7) 温度的交变性

对于具有较长运行交路的高速列车，需要考虑温差的影响，其中包括南北不同温度的差异、昼夜温度的差异、东西运行列车的日晒侧和非日晒侧温度的差异。这是在其他国家和地区所不具备的运用条件。

温度的交变性可能让高速列车在一日之内承受相当于春夏秋冬四季的温差，这是对高速列车及其零部件高低温可靠性的严峻考验，也是对其发挥性能和功能的频繁操控可靠性的考验。如果在安排交路时关注这一问题，减少这种温度变化，对减少高速列车故障、提高高速列车使用寿命将极其有利。

3.1.3　湿度

1. 湿度的定义

空气是混合气体，其中含有氧气、氮气、二氧化碳、一氧化碳、氢气、水蒸气和其他微量气体等。

在一定的温度下，一定体积的空气里含有的水汽越少，则空气越干燥；一定体积的空气里含有的水汽越多，则空气越潮湿。将衡量空气干湿程度的参数称为湿度，湿度就是表示大气干燥程度的物理量。

湿度常用绝对湿度、相对湿度、比较湿度、混合比、饱和差以及露点等物理量来表示。

干空气一般可以看成一种理想气体，但随着其中水汽成分的增高，它的理想性越来越低。

当温度降低到露点以下时，如果在空气中有凝结核（在自然界一般总有凝结核存在），空气中的水就会凝结。云、窗户玻璃和其他温度低的表面上的凝结水、露和雾、人在冷空气中哈出的水汽等许多现象就是这样形成的。

2. 湿度的表达形式

空气湿度是表示空气中水汽含量和湿润程度的气象要素。地面空气湿度是指地面气象观测规定高度（即 1.25～2.00m，我国为 1.5m）上的空气湿度，是由安装在百叶箱中的干湿球温度表和湿度计等仪器测定的。

湿度有三种基本形式，即水汽压、相对湿度、露点温度。

水汽压（曾称为绝对湿度）表示空气中水汽部分的压力，以百帕（hPa）为单位，取一位小数。

相对湿度（RH）用空气中实际水汽压（水蒸气密度）与当时气温下的饱和水汽压（水蒸气密度）之比的百分数表示，取整数。

露点温度是表示空气中水汽含量在气压不变的条件下冷却达到饱和时的温度，单位用摄氏度（℃）表示，取一位小数。

相对湿度为 100% 的空气是饱和的空气，相对湿度为 50% 的空气含有达到同温度空气的饱和点的一半的水蒸气，相对湿度超过 100% 的空气中的水蒸气就凝结出来。随着温度的增高，空气中可以含的水就越多，也就是说，在同样多的水蒸气情况下，温度升高，相对湿度就会降低。因此，在提供相对湿度的同时也必须提供温度的数据，通过相对湿度和温度也可以计算出露点。

3. 湿度对高速列车的影响

1）高速列车运用的湿度范围

高速列车需要适应所运行区间的湿度条件。我国地域辽阔，高速列车的运用范围广，机动性大，湿度差异较大。根据我国历来铁路适应的湿度条件，最低按 10%、最高按 95%（该月平均最低温度为 25℃）考虑。

2）客室空气的调节

相对湿度通常与气温、气压共同作用于人体。在任何气温条件下，潮湿的空气对人体都是不利的。当气温和湿度高达某一极限时，人体的热量散发不出去，体温就要升高，以致超过人体的耐热极限，人即会死亡。当空气相对湿度高于

65%或低于 38%时，病菌繁殖滋生最快，当相对湿度在 45%～55%时，病菌死亡较快。

现代医疗气象对人体比较适宜的相对湿度为：夏季室温 25℃时，相对湿度控制在 40%～50%比较舒适；冬季室温 18℃时，相对湿度控制在 60%～70%。在列车的客室中，即使温度不高，但是相对湿度较高也会让人感到更热，因为这妨碍了汗水的挥发。

因此，需要对客室的空气湿度进行调节。人体在室内感觉舒适的最佳相对湿度是 49%～51%，相对湿度过低或过高，对人体都不适甚至有害。我国地域辽阔，高速列车的运用区段较宽，不同地区不同季节的相对湿度也不相同，因此希望客室的空调系统应能适应在较为宽泛的湿度环境中对客室的空气(包括湿度)进行调节，以提供一个舒适的旅行环境。

3)车上设备特别是电气设备的湿热环境

相对湿度过低，则表面积累电荷的性能增强，易产生静电。在相对湿度 10%(很干燥的空气)条件下，在地毯上行走时就能产生 35kV 的电荷，而在相对湿度 55%时将锐减至 7.5kV。静电现象对人体有刺激，甚至诱发火灾。

相对湿度过低，还会导致木材水分散失，引起家具或木质地板变形、开裂和损坏。相对湿度过高，空气的电导率增加，易使室内家具、衣物、地毯等织物生霉、滋生细菌，金属生锈腐蚀，电子器件短路。

工作环境的相对湿度最佳范围为 25%～50%。在客室提供空气调节的环境下可以满足要求。但是大多数设备安装在车下，暴露在外部环境之中，因此需要关注这些设备在湿热环境下是否能正常持久工作。特别是使用对腐蚀和湿度影响较敏感器件的设备，更应关注其湿热性能。一般在我国的应用环境下，各种电器均应通过湿热型式试验。

4)露点的影响

潮湿的空气从高温部分流入低温部分时，空气中的水就可能凝结出来，这个凝结出水的温度就是露点。当湿度较大时，在客室空调系统中冷却介质流通的管路外壁上就会出现凝结水，设计时需要注意让凝结水有出路，避免这些凝结水到处乱淌，造成破坏或影响旅客旅行环境。

车窗一般采用中空夹层玻璃，其中空之处应是密封的，如果密封不良，也会有空气进出此中空层，在湿度条件和温度、气压条件出现时，中空层中就会出现结露的现象。出现这一现象就说明此玻璃的中空层密封不好，不仅会影响旅客的视野，也会使车体的隔热性能有较大的恶化。玻璃的检测试验单位也利用这一现象来检测送检玻璃的密封性。

3.1.4 风

1. 风的含义

本节所指的风是指气象意义上的风，不包括由于列车运动所带来的风——列车风。有关列车风的概念在微气压一节中说明。

风是空气分子的运动，是气压变化过程中出现的一种现象。风是气压在水平方向分布不均匀的情况下从高气压向低气压流动所形成的气候现象，即风是相对地表面的空气水平运动分量。它受到太阳照射、地球自转、大气环流、海洋、地形、水域、季节、气温等不同因素的综合影响，表现形式多种多样，如阵风、季风、台风、龙卷风等。

2. 风的表达形式

风作为输入，以风向、风速或风力表示。

风向指气流的来向，对于高速列车，以列车的纵向中心线定义风向。顺着列车运动方向的为纵向顺风，逆着列车运动方向的为纵向逆风(对停放的列车就不分顺和逆了)，垂直于列车纵向中心线的为横风，在纵向和横向之间的为顺向侧风或逆向侧风。

风速是空气在单位时间内移动的水平距离，以米每秒(m/s)为单位。

在气象服务中，常用风力等级来表示风速的大小。目前采用的风力等级的划分是蒲福风级，它将风力分为 13 个等级(0~12 级)，后来风力等级又增加到 18 个(0~17 级)。蒲福风级表如表 3.1.2 所示。

表 3.1.2　蒲福风级表

风级	概况	陆地	相当风速/(m/s)	相当风速/(km/h)
0	无风	静，烟直上	0~0.2	<1
1	软风	烟能表示方向，但风向标不能转动	0.3~1.5	1~5
2	轻风	人面有感，树叶微响，风向标转动	1.6~3.3	6~11
3	微风	树叶及微枝摇动不息，旌旗展开	3.4~5.4	12~19
4	和风	能吹起地面灰尘及纸张，小树枝摇动	5.5~7.9	20~28
5	清风	小树摇摆	8.0~10.7	29~38
6	强风	大树枝摇动，电线呼呼有声，举伞难	10.8~13.8	39~49
7	疾风	大树摇动，迎风步行感觉不便	13.9~17.1	50~61
8	大风	树枝折断，迎风行走感觉阻力很大	17.2~20.7	62~74
9	烈风	烟囱及平房屋顶受到损坏	20.8~24.4	75~88

续表

风级	概况	陆地	相当风速/(m/s)	相当风速/(km/h)
10	狂风	陆上少见，可拔树毁屋	24.5～28.4	89～102
11	暴风	陆上很少见，有则必受重大损毁	28.5～32.6	103～117
12	飓风	陆上绝少，其摧毁力极大	32.7～36.9	118～133
13	飓风		37.0～41.4	134～149
14	飓风		41.5～46.1	150～166
15	飓风		46.2～50.9	167～183
16	飓风		51.0～56.0	184～201
17	飓风		56.1～61.2	202～220

3. 风对高速列车的影响

1) 常值风与阵风

高速列车运动所受到的风可分为常值风和阵风，其中常值风是指风在较长时间内以一恒定的风速和风向吹到列车上；而阵风是指风时不时地刮到列车上，一阵一阵的，可能刮一阵就停了，过一会儿又刮一阵。对高速列车的这两种不同形式的输入需分别加以考虑。

2) 侧风稳定性

高速列车侧向受风时可否稳定在钢轨上的状态，称为侧风稳定性。侧风稳定性分为静态和动态两种形式。静态的侧风稳定性可以以倾覆系数考核，以一节车厢纵向两侧的车轮压在钢轨上的各自的载荷总和的差加以评定。动态的侧风稳定性除考虑静态的侧风稳定性外，还应考虑斜向侧风对高架桥上高速列车高速运行的影响。

3) 横向偏移量

高速列车受到侧风会产生横向偏移量，此横向偏移量除影响动力学性能外，特别需要关注高速列车与限界的关系。

4) 运行阻力和推力

高速列车运行时所受的纵向逆风成为列车的运行阻力，而纵向顺风则成为列车的推力，这些需要在设计列车的牵引能力和制动能力时加以考虑。

5) 冷却

高速列车上有许多设备需要冷却，所有的冷却最终都需要由空气将热量带出。当风向对着冷却设备的出风口时，将会降低冷却设备的冷却效果，设计时需要加大冷却风扇的吹风压头以抵消外部风力的影响，或是采用其他方式避免出风口与风向相对。

6) 噪声

无论哪个方向的风，吹到高速列车上均会由于空气流动而产生紊流和湍流，均将产生噪声。需要从列车的外部形状上进行优化，或采取其他措施减小噪声。

3.1.5　粉尘

1. 粉尘的含义

粉尘即能够较长时间悬浮于空气中的固体颗粒。

2. 粉尘的表达形式

环境空气品质监测中经常使用的三个概念为总悬浮颗粒物 (PM100)、可吸入颗粒物 (PM10) 和细颗粒物 (PM2.5)。总悬浮颗粒物也称为 PM100，即直径小于等于 100μm 的颗粒物。PM10 指直径小于等于 10μm 的颗粒物，也称为飘尘。PM2.5 是指环境空气中空气动力学当量直径小于等于 2.5μm 的颗粒物，也称为细颗粒物。

粉尘的来源主要包括三个方面：

(1) 自然中产生的粉尘，包括土壤扬尘 (含有氧化物矿物和其他成分)、海盐 (颗粒物的第二大来源，其组成与海水的成分类似)、植物花粉、孢子、细菌等；也包括自然界灾害事件中产生的粉尘，如火山爆发向大气中排放了大量的火山灰，森林大火或裸露的原煤大火及尘暴事件都会将大量细颗粒物输送到大气层中。

(2) 人类行为过程中产生的粉尘，包括各种燃料燃烧产生的烟尘，如发电、冶金、石油、化学、纺织印染等各种工业过程，供热、烹调过程中燃煤与燃气或燃油排放的烟尘，也包括各类交通工具在运行过程中使用燃料时向大气中排放的尾气。

(3) 在太阳光的照射下，上述各种悬浮物以及空气中的一些气体成分相互发生光化学反应而产生的物质，细颗粒物 (PM2.5) 中主要是此类悬浮物。

3. 粉尘对高速列车的影响

粉尘对高速列车的影响主要有对冷却的影响、对旅客的影响和对电气设备绝缘性能的影响几个方面。

1) 对冷却的影响

依靠空气作为冷却介质的冷却设备，利用动力进行鼓风吹出的风或者行车中的列车风通过热交换器时将设备产生的热量带走。此时流过冷却风道的空气如果带着粉尘，则冷却效率将大受影响，而且这些粉尘在随空气流过热交换器时会发生沉淀，并积累在热交换器的散热片上，从而降低了热交换器的交换能力。因此，需要采用一些措施加以完善。

措施之一是经常清洗热交换器的散热片，显然这项工作是有难度的，不宜在小修程中进行安排，只能根据动车组的修程安排在较大的修程中进行。

　　另一措施是在空气入口处增加滤尘器，将空气中的大部分粉尘通过过滤隔离在风道之外，这样可以明显降低粉尘的浓度，而缺点是滤膜需要经常清洗或更换。这种清洗也不宜在日常维护中频繁进行，一般应考虑安排在 2 级修中进行。这就要求冷却风道有足够的余量，即在滤尘网被粉尘污染而堵塞到一定程度时仍能保证冷却效果。并且滤膜的清洗应可采取水冲洗方式以吸收亲水性的粉尘，也可采取吸尘方式以去除憎水性的粉尘。纳米防粘材料应在考虑之列。对于季节性短时暴发的类似柳絮之类的粉尘应有相应的对策，也可作为特殊的例子临时缩短清洗周期加以解决。

　　冷却风向的正反向可选的设计对延长清洗周期有益。冷却风向的正反向可选的设计指将风道设计成双向有效的方式；利用电机方便的正反转控制原理，根据需要让风流换向流动；滤尘器设计成正向滤尘、反向清洗的模式，这样在列车运行中可以根据外部气压状况控制风的流向，形成一侧滤尘器过滤而另一侧滤尘器在清洗的工作状态，也可以在正常工作时为滤尘模式，需要清洗时换成清洗模式。

　　2）对旅客的影响

　　粉尘对乘坐在列车上的旅客的影响来自空调通风系统。空调通风系统风道上的滤尘器清洗问题与上述冷却设备的滤尘器相同，不同的是过滤的粉尘的品质要求需要提高，特别是 PM2.5 的粉尘要成为过滤的重点。除采用过滤器外，还可以增加具有水吸附功能的设施和超声波清洗方式的设施。

　　由于高速列车的周边压力场不时变化，还需要关注废排口处于高压区时的倒灌污染问题，保证废排口两侧内压高于外压时排气阀门才能打开。

　　3）对绝缘的影响

　　粉尘浓度较高的空气的绝缘性能大大下降，在绝缘子上由于污染产生污闪的现象时有发生，特别是在有雾同时出现的季节中较易发生，一方面需要加大绝缘距离，另一方面可以通过经常清洗加以解决，特别是雾霾天气发生的日子中，出车前的清洗是必要的，应列为维护检修的一项内容。

　　在粉尘较大的区域运行的列车，还要关注其他电气设备的清洗维护问题，以免因绝缘破坏而出现故障。

3.1.6　雨和雷

雨和雷电也作为高速列车的一种输入加以考虑。

1. 雨的含义

雨是一种气候现象。当空气容纳的水汽达到最大限度时，就达到了饱和。而气温越高，空气中所能容纳的水汽也越多。

地面附近的空气被加热后上升，由于高空的温度较低，上升的过程中温度也在下降；当带着水汽的空气上升到一定的高度后，空气中的一部分水汽就会凝结出来，变成很多小水滴，悬浮在空气层里，于是就形成了云。随着空气中的水汽继续饱和，云中的小水滴逐渐长大，凝结成小水珠；小水珠的重量也越来越大，在浮力不能支撑时就向地面掉下来，大量的小水珠掉下来就形成了雨。

2. 雨的表达形式

雨的大小以日降雨总量(简称日降雨量)，即 24h 内所降的雨水总量为划分依据。计算雨量的单位是毫米(mm)，共分五个等级：

(1)小雨：日降雨量在 15mm 以下。它的特点是雨点不大，但能看得清楚；可淋湿衣服；土质的地面可全湿并有少量积水。小雨如果连续不断地下 1h，雨量可达 1mm。

(2)中雨：日降雨量在 15～39.9mm。落下来的雨点能连成一串串的雨线；雨点落地时会向四面溅起。中雨连下 1h，雨量可达 4mm。

(3)大雨：日降雨量在 40～79.9mm。雨声激烈，落在屋顶声如击鼓；雨点大，雨中有弥漫性水雾；雨点落地时水溅得特别高并伴有水泡；平地积水，坡度较大的斜面汇雨成流。大雨连下 1h，雨量即达 15mm。

(4)暴雨：日降雨量在 80～149.9mm。可谓倾盆大雨，雨声猛烈；市区内下水道不畅的话，地表积水特别快，甚至会造成短时交通受阻。

(5)大暴雨：日降雨量在 150mm 以上。可谓瓢泼大雨，雨中难以行进。若雨量超过 200mm，则为特大暴雨。特大暴雨来势汹涌且水流湍急，地面顷刻变成泽国，局部地段将出现洪流，短时间内甚至可以陆地行舟。

3. 雷的含义

雷电是伴有闪电和雷鸣的一种气候现象，是发生在积雨云中、云与云、云与地、云与空气之间的击穿放电现象，常伴有强烈的闪光和隆隆的雷声。带有电荷的雷云与地面的突起物接近时，它们之间就发生激烈的放电。在雷电放电地点会出现强烈的闪光和爆炸的轰鸣声，即电闪雷鸣现象。

高速列车车顶最高的设施是受电弓，是雷击概率较大的位置。雷电的静电感应和电磁感应还会产生感应雷或二次雷，而避雷器是不能防止感应雷的，只有把大型金属物良好接地才能起到防护作用。

4. 雨(雷)对高速列车的影响

1)车体防漏雨

客车必须有很好的水密性，以防止出现漏雨现象。制造时车体落成后必须通过漏雨试验。为了保证车体落成后的水密性顺利通过,其承载结构(特别是车顶结构)落成时也有必要实施漏雨试验,发现可能存在的问题,以避免在安装内装和组装车内设备后漏雨点不易找出、不易处理,并注意存在积水。

2)设备防雨

各种电气设备、车轴轴承、齿轮箱、减振器等许多安装在车下的零部件均应考虑防雨措施。

对于电子设备,需要根据其工作位置的淋雨的环境条件,规定其机壳的防护等级(即 IP 等级)。由于其工作位置可能在设备舱中,外部可有带通风孔的裙板,设备的防护等级要结合裙板通风口的防护一起加以考虑,做出规定。

对于车轴轴箱、轴承、齿轮箱和减振器等暴露在雨中的零部件,应分别做水密性的设计和检验。

3)连接器的防雨

车辆间的、车下的和车顶的各种连接器应设有防雨措施。对于这些连接器,还应考虑在接头分解后是否需要有保护措施。

4)设置刮雨器

司机室前窗应设刮雨器,至少在上述暴雨级的雨中不影响司机瞭望,可以正常运用。

5)积水的运用限制

线路上存在积水后对高速列车的运行是有影响的,包括水落在轨面后会影响轨面的黏着系数、运行中车轮旋转造成水的飞溅对电气设备和机械零部件的影响,以及积水进入牵引电机及其他电器部件后对其的影响等,需要在设计中确认积水对运用的限制。

一般而言,积水不超过轨面时,运行不应受限制。细节设计时应考虑积水超过轨面高度后对运行的影响,并提出积水超过轨面高度时的高速列车运用限制值,即不同水面高度下列车运行的限制速度(直至速度限制为零)。

6)避雷器

为了避免高速列车受到雷电的打击,列车上需安装避雷器。

7)可靠接地

为了避免高速列车受到雷电的破坏,车体及各电气设备均应可靠接地。每根车轴均必须设有接地装置,以保证就近接地。

8)抗电动力作用

两条载流导体相互间有作用力存在,把这种作用力称为电动力。雷击的电流较大,电动力的作用有可能使导线折断。一条导线或金属构件的弯曲部分有电流通过时拐弯部分将受到电动力作用,它们之间的夹角越小,受到的电动力越大。因此,接地线不应出现锐角拐弯,尽可能采用钝角拐弯,在不得已采用直角拐弯时应加强构件强度，尽可能采用弧形拐弯。

9）抗冻雨

气温在 0℃附近时会出现冻雨，冻雨可能使绝缘子上生成薄薄的冻冰；在绝缘子本身受污染的情况下，绝缘就会被破坏，从而出现污闪现象。需要根据使用环境条件，选择适当的绝缘子材料、加大绝缘距离，以防污闪出现。该时间段内还要注意绝缘子的清洁保养工作。

3.1.7 雪

1. 雪的含义

雪是雨的一种变种，可以说是固态的雨。

2. 雪的分级

雪的大小以日降雪总量（简称日降雪量），即 24h 内的降雪总量为划分依据，共分四个等级，如表 3.1.3 所示。

表 3.1.3 雪分级表

雪量等级	日降雪量/mm
小雪	0.1～2.4
中雪	2.5～4.9
大雪	5.0～9.9
暴雪	≥10

3. 雪对高速列车的影响

1）车体抗积雪

客车必须有承受暴雪量级的雪堆积在车顶的能力，并防止出现漏电污闪等现象。

为避免积雪融化过程中水浸入车体内以及车体承载结构内部，实施漏雨试验的要求应与防雨水侵入相同。

2）设备防雪

各种电气设备、车轴轴箱、轴承、齿轮箱、减振器等许多安装在车下的零部件除考虑前述防雨措施外，还应考虑防雪措施。

对于电子设备，考虑机壳的防护等级（即 IP 等级）时应注意融雪的流量和流向。对于安装在设备舱中的设备，外部裙板的通风孔应能防雪；同样设备的防护等级要结合裙板通风口的防护一起加以考虑。

对于车轴轴箱、轴承、齿轮箱和减振器等暴露的零部件，除防雨措施外，还应做防止可能将雪吸入而影响工作的设计和检验。特别是减振器和弹簧之类有相对运动的零部件，应防止吸入积雪影响相对运动而失去作用。

3）连接器的防雪

对车辆间的、车下的和车顶的各种连接器除设置防雨保护措施外，还应设有防雪保护措施，同样，还应考虑在连接器接头分解状态下需有防雪保护措施。

4）挡风玻璃

挡风玻璃，即司机室前窗，应考虑融雪措施，至少在上述暴雪级的雪中，可将落下的雪融化，不影响司机瞭望，以使高速列车可以正常运用。

5）刮雨器的防雪要求

司机室前窗所设的刮雨器需将堆积的雪及融化成的水刮开，避免影响司机瞭望，至少在上述暴雪级的雪中可以正常运用。

6）积雪的运用限制

线路上存在积雪对高速列车的运行是有影响的，包括雪落在轨面上会对轨面的黏着系数产生影响、运行中车轮旋转造成雪的飞溅对电气设备和机械零部件的影响，以及积雪较高时进入牵引电机及其他电气设备后对其的影响等，需要在设计中确认积雪对运用的限制。

一般而言，积雪不超过轨面时，运行不应受限制。细节设计时应考虑积雪超过轨面高度后对运行的影响，并提出积雪超过轨面高度时高速列车运用的限制值，即不同雪面高度下列车运行的限制速度（直至速度限制为零）。

7）挡雪

局部区域为了防止雪侵入，需要考虑架设挡雪板。

8）融雪除冰

多雪地区的车库内需要考虑融雪除冰措施，以便在车库内对高速列车检修维护保养。受电弓等车顶设施需要考虑加装融雪除冰设施，使高速列车能正常运行。高速铁路上还需要对接触网上的积留冰雪采取措施，避免受电弓撞坏。受电弓上也需要有自我保护能力，如具有自动降弓功能。

3.1.8　雾

1. 雾的含义

雾是气候现象的雾，是大气中因悬浮的水汽凝结的一种天气现象。

当空气容纳的水汽达到最大限度时，就达到了饱和。而气温越高，空气中所能容纳的水汽也越多。如果地面热量散失，温度下降，空气又相当潮湿，那么当它冷却到一定的程度时，空气中的一部分水汽就会凝结出来，变成很多小水滴，悬浮在近地面的空气层里，就形成了雾。它和云都是由温度下降造成的，雾实际上也可以说是靠近地面的云。特别在秋冬季节，由于夜长，而且出现无云风小的机会较多，地面散热比夏季更迅速，致使地面温度急剧下降，这样就使得近地面空气中的水汽容易在后半夜到早晨达到饱和而凝结成小水珠，形成雾。秋冬季的清晨气温最低，便是雾最浓的时刻。

2. 雾的等级

雾的等级按水平能见度距离划分，表 3.1.4 列出了雾的分级情况。

表 3.1.4　雾分级表

雾的等级	水平能见度距离
轻雾	1～10km
雾	<1km
大雾	200～500m
浓雾	50～200m
强浓雾	不足 50m

3. 雾对高速列车的影响

1）湿度的影响

如前所述，雾的生成是空气中水汽含量饱和的状态，其湿度也就很大，有关湿度对高速列车的影响在前面已有叙述。

2）视线的影响

雾的产生使能见度下降，无论对于司机还是旅客，瞭望距离将受到影响。对于乘车的旅客，雾的影响可以不考虑；而对于司机，他们需要操纵列车，其作业将受到影响。

对于在高速铁路上运行的高速列车，由于信号已经上车，并且车上信号已经作为主体信号，可以不必瞭望地面上的行车信号。问题在于列车进出站时的起动和停车，此时还需要由司机向外瞭望，因此出站前和进站后需要根据头灯照射的能力和列车的制动能力来规定高速列车此时的行进速度，以免瞭望不到而发生事故。

对于需要下到既有线上运行的高速列车，由于车上信号不是主体信号，还需要司机通过瞭望看地面的信号灯来操纵列车，因此列车的行进速度也需要采取类似上述在高速铁路上进出站那样按规定的速度运行甚至停运。

3）盐雾的影响

在空气中含有较高浓度盐分的环境中产生的雾就称为盐雾，特别是沿海铁路上空产生的雾一般是盐雾。盐雾对高速列车上的设备，特别是电气设备有很大影响。

首先要考虑有盐雾的空气的导电性能。这将影响依靠空气绝缘的电器产品的绝缘性能，需要加大绝缘能力、拉开导体之间的距离。各种电器均应做好抗盐雾设计、通过盐雾试验。

　　再者是腐蚀，盐雾对各种金属物的腐蚀是非常严重的，影响到设备的寿命。例如，采用双表面的中空铝型材制作的车体承载结构，腐蚀后的承载能力将大大降低，必须考虑其中空腔内的空间如何避免产生盐雾、如何预防盐雾腐蚀，同时也要考虑油漆的抗盐雾能力。

3.1.9　日照

　　我国高速铁路大部分是明线，少数是隧道，而且大部分还是高架桥，即高速列车大部分是在日照下面运行，因此需要考虑高速列车的抗日照能力，包括日照能量、紫外线照射、暴晒问题等。

　　1. 日照能量

　　由于高速列车运行区域较广，各处日照条件各不相同。日照不同，其提供的太阳能的能力也不同。需要根据列车的运用区段考虑最严酷的情况作为输入条件，使列车能够正常运行。

　　表 3.1.5 列出了我国各地区的日照能量分布。

表 3.1.5　我国各地区日照能量分布

类别	地区	太阳能/[MJ/(m^2·年)]	辐射量/[kWh/(m^2·年)]	年日照时数/h	标准光照下年平均日照时间/h
一	宁夏北部、甘肃北部、新疆南部、青海西部、西藏西部	6680～8400	1855～2333	3200～3300	5.08～6.3
二	河北西北部、山西北部、内蒙古南部、宁夏南部、甘肃中部、青海东部、西藏东南部、新疆南部	5852～6680	1625～1855	3000～3200	4.45～5.08
三	山东、河南、河北东南部、山西南部、新疆北部、吉林、辽宁、云南、陕西北部、甘肃东南部、广东南部、福建南部江苏北部、安徽北部、台湾西南部	5016～5852	1393～1625	2200～3000	3.8～4.45
四	湖南、湖北、广西、江西、浙江、福建北部、广东北部陕西南部、江苏南部安徽南部黑龙江、台湾东北部	4190～5016	1163～1393	1400～2200	3.1～3.8
五	四川、贵州	3344～4190	928～1163	1000～1400	2.5～3.1

　　对于地处温带区域的我国铁路在车辆设计时太阳辐射强度一般可取如下值：车顶为 1000W/m^2，侧墙为 150W/m^2。

2. 紫外线照射

紫外线的照射对于坐在高速列车上的旅客和司乘人员有影响，对于暴露在外面的各类非金属制品，特别是橡胶制品有影响。车窗应具有防紫外线透射的能力。各类橡胶制品应在紫外线照射下维持正常寿命。

3. 暴晒

对于暴露在外面的各类非金属制品，特别是橡胶制品应具有抗暴晒能力，需通过抗暴晒试验。

3.1.10 污染与腐蚀

这里主要是指臭氧、油、化学制品和锈蚀的问题。

1. 臭氧

臭氧存在于大气中，在特殊的情况下(如紫外线强烈照射下、化学制品使用过程中)会有一些聚集现象，对部件产生一些破坏作用。这种现象需要防止，需要自我防护。

2. 油

这里指的油包括石油制品。部件不应受偶尔的喷油而损坏。在经常接触油品的环境中工作的部件应具有耐油性，否则应采取防护措施。

3. 化学制品

为了保证高速列车有清洁亮丽的外貌，维修时需要实施清洗作业，清洗作业不可避免会使用洗涤剂之类的化学制品。

高速列车各部件特别是暴露在外的部件应能抵抗化学制品的侵蚀，否则需采取防护措施。

4. 锈蚀

锈蚀是部件与其周围工作环境中的介质产生化学物理反应造成改变的现象。

例如，金属与潮湿大气之间，特别是与含有盐雾的大气接触会产生相互作用，使部件的表面产生锈蚀；又如，不同材料的金属表面长时密贴会产生电化学腐蚀。

因此，应考虑材料的抗锈蚀能力，能避免的要采取措施减小锈蚀作用，不能避免的也要考虑采取必要的防护措施。

3.1.11　热负荷

高速列车所承受的热负荷应考虑大气外温负荷、日照负荷、换气负荷、人体负荷、设备负荷、漏泄负荷、传热负荷和瞬间负荷等。

换气负荷指通过换气、通风输入的热负荷。将外部空气从外部输入车内，使其由外部状态变化为内部状态而形成的热负荷。这部分热负荷与换气量(新风量、排风量)有关，与内外温差有关，与内外焓差有关，与空气的比热有关，与换气设备的发热量有关，也与使用多少回风量有关。

人体负荷指由人体发出的热量。人体产生的热量随着人体的运动状态、饮食状态，以及人所在的周边温度等不同而存在较大差别，一般按相关标准取值。

设备负荷指由设备特别是电气设备发出的热量，也包括室内需要通过灯光照明所产生的热量。设备负荷可以按照设备本身的热损失作为显热进行计算，应考虑这些热源所在位置的影响。

漏泄负荷指各通风设备的风道壁处内外热量交换产生的热负荷。

传热负荷指由于不可能绝热而从外部透过隔断层进行的热量交换。对于车体，传热负荷是通过车厢壁(包括车窗、门等)进行交换作用到高速列车上的热负荷。车厢壁的隔热性能不同，则交换的热量就不同，作用的热负荷也就不同。车厢壁的隔热性能以隔热系数描述，也称传热率，即 K 值，单位为 $W/(m^2 \cdot K)$。有关车体隔热性能请见第 5 章有关内容。

瞬间负荷指由于各门开闭造成的短时内外热量交换。

3.2　线　　路

作为运行在铁道线路上的车辆，其运动特性与线路的状况密切相关。线路的设置参数、运营后的变化、维护的等级设置等都应作为车辆的一种输入加以关注。关于高速铁路的基本参数在相关标准或规范上都会有明确的规定，高速列车设计时要关注这些参数，将其作为高速列车的输入。

3.2.1　线路等级

1. 线路的速度等级

线路的速度等级是线路发挥作用的目标值，也是线路各种参数确定的依据。线路作为高速列车的限制条件，其速度等级也是与高速列车速度等级选择密不可分的，建线之前需要根据运输目标加以确定。

高速铁路不可避免会有不同速度的列车在线路上运行，即高速列车与低速列车共线运行。例如，在速度 350km/h 等级的线路上既有最高运行速度 350km/h 的列车运行，又有最高运行速度 250km/h 的列车运行。因此，线路速度等级确定后需对线路上运行的列车的速度等级分类，确定在此线路上运行的列车的速度，特别是高速列车的最高运行速度和低速列车的正常运行速度。

我国高速铁路速度等级大致分为 200km/h、250km/h、300km/h、350km/h 及 350km/h 以上。每一速度等级的线路都有对应的高速列车最高运行速度和低速列车正常运行速度。

2. 线路的荷重等级

线路的荷重等级是线路承载能力的衡量值，也是线路各种参数确定的依据。线路作为高速列车的限制条件，其荷重等级也是与高速列车轴重等级的选择密不可分的，建线之初需要根据运输目标加以确定。

轴重对线路的影响问题在本书第 6 章有关轴重问题中加以讨论。

目前我国高速铁路的荷重等级没有明文规定，为了减小对线路的破坏、降低维修工作量，车辆的轴重应尽可能减小。结合运输目标，我国要求高速列车最大轴重不超过 17t。车辆工作者应以 15t 轴重为目标，并尽可能降低。

3.2.2　区间平面最小曲线半径

1. 曲线限速

列车通过曲线时，车辆和旅客都要承受离心力和离心加速度，该离心加速度 (m/s^2) 为

$$a_c = \frac{V^2}{R} \tag{3.2.1a}$$

式中，R 为曲线半径，m；V 为列车通过曲线时的速度，m/s。

为了方便，离心加速度的量纲也有用重力加速度的多少倍来表示，这时离心加速度 g_c 可写成

$$g_c = \frac{V^2}{gR} \tag{3.2.1b}$$

式中，g 为重力加速度，$g=9.81\text{m/s}^2$。

当质量为 M 的车辆以速度 V 通过半径为 R 的曲线时，它受到的离心力 (kN) 为

$$C' = \frac{MV^2}{R} = \frac{GV^2}{127R} \tag{3.2.2}$$

式中，G 为车辆重量，kN；M 为车辆质量，kg；R 为曲线半径，m；V 为运行速度，km/h。

车辆在曲线上的速度是有限制的，限制因素包括未平衡离心加速度、导向力、轨枕力、车轮爬轨、轮缘磨耗等方面。

(1)曲线上的运行速度过高，车辆将受到过大的未平衡离心加速度。过大的未平衡离心加速度会使车辆侧倾而造成翻车，这种超速运行造成翻车的事例时有发生。即使未造成事故，也会影响乘客的舒适度。

(2)曲线上的运行速度过高，车辆需要钢轨提供过大的导向力，由此可能造成钢轨横向应力过高，并产生永久变形，或者使轨距展宽，或者钢轨被推翻造成脱轨事故。

(3)曲线上的运行速度过高，车辆需要轨枕提供过大的导向力，会引起轨枕的永久横移，加大线路的不平顺，影响行车安全。

(4)曲线上的运行速度过高，车辆将有过大的离心力作用在钢轨上，使车轮爬上钢轨的可能性加大，造成脱轨事故。

(5)曲线上的运行速度过高，车辆将有过大的离心力作用在钢轨上，会加剧车轮和钢轨之间的磨耗，提高运输成本，也隐形地影响了行车安全。

要提高列车在曲线上的限速，必须加大曲线半径、增高线路超高、增大容许欠超高量。但加大曲线半径往往受地形地貌的限制，要改变地形地貌需要大量工程费用，不能轻易改变。关于曲线上的限速与超高欠超高设置的关系将在后面叙述。

2. 区间最小曲线半径

从式(3.2.1)和式(3.2.2)可以看出，在线路承载能力和线路上运行的高速列车的最高运行速度 V_g 确定后，存在一个最小曲线半径 R_{min}。最小曲线半径是线路的主要参数之一，是直接影响列车的因素，它与铁路运输模式、速度目标值、旅客乘坐舒适度和列车基本几何参数密切相关。

根据上述曲线的限速条件，区间上的最小曲线半径首先要满足列车通过的最高速度要求。当线路上需要运行的列车速度目标确定后，区间线路上的最小曲线半径上就可以根据未平衡离心加速度、导向力、轨枕力、车轮抗爬轨性能基本确定了，进一步将运行中轮轨磨耗带来的维修工作量和高速通过带来的运输效益的经济性比较可以最终确定最小曲线半径。比较中还应包括存在欠超高和过超高的不同速度列车通过的轮轨磨耗和线路平面条件带来的建设成本问题。

反之，在线路最小曲线半径确定后，高速列车上所承受的未平衡离心加速度、导向力、轨枕力、车轮抗爬轨性能等也就被规范，即高速列车必须能承受这些载荷，并确保安全和舒适。

　　各国高速铁路干线上的最小曲线半径在各国的高速铁路规范中都有明确规定。高速铁路规范一般对区间最小曲线半径的选择给出一定的范围,分为推荐、一般最小和个别最小三种情况。由于高速列车需要在所有区间运行,除非对某型号列车的运行区间有特别限定,其他高速列车都需要把个别最小作为极端输入条件加以考虑,而将一般最小作为正常输入条件考虑,推荐则是优于一般最小的情况,在这种情况下运行时高速列车承受的载荷相对会小些。

　　在区间最小曲线半径确定之后,对高速列车而言,就是如何适应在此曲线半径上运行的问题。

3.2.3　列车可通过最小曲线半径

　　列车可通过最小曲线半径是指列车无论何种速度都可以通过的曲线半径。

　　在车辆与车辆之间存在各种连接,如车钩的转角、钩门的间隙、风管的连接、电器电缆的连接、车辆之间阻尼减振器的连接、风挡的连接等,车体与转向架之间也要有转角和位移,车体与转向架之间也有连接件,构架与轮对之间也存在相对运动等,这些连接和运动使车辆在曲线上运行时受到一些限制。这些问题就是车辆的曲线几何通过问题。显然,当通过曲线半径较大的曲线时,车辆与车辆之间、车体与转向架之间、构架与轮对之间的相对运动就小些,不会出现问题;而曲线半径变小后,连挂的车组通过曲线时,这些变位和运动就会变大,直至这些变位或运动达到极限;曲线半径再小就会出现问题,包括产生干涉、相互碰撞、扯断电缆、风管脱离等。这个使变位和运动达到极限的曲线半径就称为高速列车或高速动车组可通过最小曲线半径。高速列车或高速动车组设计时需要针对规定的通过最小曲线半径进行校核,保证高速列车或高速动车组可以顺利通过。

　　一般机车车体长度比普通客车短,其可通过最小曲线半径也小些。线路上的道岔还存在导曲线半径需要考虑。

　　高速运行的高速列车承受着高速气动载荷,而车辆之间的间距较大,其承受的空气阻力就越大。为了减小空气阻力,就要将高速列车两车辆之间的距离尽量缩短,距离缩短就意味着可通过曲线半径就要增大。

　　再者,为了减小高速列车的车辆与车辆之间的相互影响(这涉及列车动力学的问题),在车辆与车辆之间有加装减振器的需要,因此车辆与车辆之间的运动又增加了制约,使可通过最小曲线半径增大。

　　需要高速列车通过的小曲线都分布在动车段(所、场)等车辆基地以及回送时需要通过的既有线线路上,因此高速列车采用的可通过最小曲线半径至少应等于已经规定在动车段(所、场)内线路的最小曲线半径。对于回送时需要通过的既有线上曲线,还存在有半径小于上述数据的情况,此时要么考虑对线路进行改造,要么对高速列车加以限制。如果不采用改造线路而采用限制的措施,有两种限制方法。一种限制方法是将高速列车的通过曲线半径规定减小，这样高速列车可以满足回送要求(我国既有线线路上一般能通过 9 号道岔就可以了)，但是需要高速列车加大牵引能耗和采用其他途径提高列车动力学性能等，这需从大系统上协调两者的利弊。另一种限制方法是在回送时摘除一些连接、拆除一些可能干涉的部件，甚至将高速列车解编后逐节车辆回送，显然部分连接摘开、部分部件拆除是可取的，但是要解编后逐节车辆回送的措施只能在特殊情况下才能采取。

因此，可通过最小曲线半径按高速铁路的规定取值是合理的，而采用既有线原定的可通过最小曲线半径则需要做好综合分析和比较，即分析需要到既有线的可能性，不用为好。

此外，还有一个单车可通过最小曲线半径的概念。对于以动车组形式存在的高速列车，一般是不解编的，只有在高级修程中才解编。高级修程中解编作业在修车库内进行，一般解编后也不必再通过小曲线，因此对高速列车而言，不应存在单车可通过最小曲线半径。如果有此需要，则应成为车辆的一个输入条件。为满足此条件，应考虑上述列车中车辆上的其他限制内容，即需校核车体与转向架之间、构架与轮对之间的相对运动关系，以及这些存在相对运动的车辆部件之间(如风管的连接、电器电缆的连接等)的位移量。

3.2.4 曲线超高的设置

1. 超高的设置

为了减小列车通过曲线时所承受的离心加速度和轮轨间的相互作用力，铁路都采用在曲线上设置超高的办法，即把外轨抬高，而内轨保持原来高度不变。这样轨道平面曲线上存在超高时，车辆及所载旅客本身重量有一个指向曲线内侧的横向分量。图 3.2.1 为超高设置示意图。

超高值可由式(3.2.3)计算得出：

$$H = G \tan \alpha \approx G \frac{h}{2S} \tag{3.2.3}$$

式中，G 为车辆重量，kN；H 为重力的横向分量，kN；h 为外轨超高，mm；$2S$ 为左右轮滚动圆之间的距离，mm；α 为超高角，rad。

这样，当车辆在具有外轨超高的曲线以一定速度运行时，此横向分量 H 就为车辆通过曲线提供了部分向心力，从而使车辆通过曲线时的离心力获得了一定的补偿，减小了钢轨上所受的横向力，有利于车辆的动力曲线通过。

2. 超高允许值

由于曲线上设置了超高，如果超高过大，则列车停在曲线上时，旅客会站立

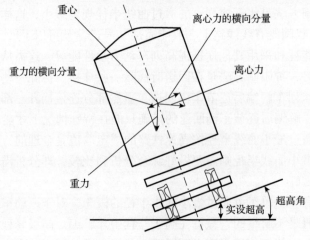

图 3.2.1　超高设置示意图

不稳、行走困难，甚至会有头晕等不适感觉，因此超高设置不应过大。国际上一般实设超高的最大值取为180mm，我国在设计既有线上运行的车辆时，考虑超高最大值为 150mm，而设计高速列车时超高允许值[h]需要根据使用高速列车的高速铁路的实际规定取值，不确定时超高最大值可考虑采用 180mm。

对高速列车的影响需考虑动力学性能、轮轨关系、横向载荷、不同速度的混跑等。

3. 平衡速度

当车辆通过曲线时所受离心力正好等于由超高所产生的重力的横向分量 H 时，车辆所受的向心力 H 和离心力 C' 完全平衡，不需要由钢轨提供横向力来参与平衡，即 $H=C'$，此时的运行速度称为平衡速度或均衡速度。

由

$$G\frac{h}{2S}=\frac{GV^2}{127R} \tag{3.2.4}$$

可得

$$h_b=\frac{2SV_b^2}{127R}\approx11.8\frac{V_b^2}{R} \tag{3.2.5}$$

此超高 h_b 就对应着平衡速度 V_b。

但实际上根据运输的需要，不同列车会以不同的速度通过曲线，而超高 h 则是预先设定的，不能随时变化，所以存在超高不足（欠超高）或超高过剩（过超高）两种情况。

4. 欠超高允许值

当列车运行速度高于平衡速度通过曲线时，车辆和旅客受到的离心加速度就大于重力加速度横向分量，即存在一个未被平衡的离心加速度，其值为

$$g_q = \frac{V^2}{gR} - \frac{h}{S'} \tag{3.2.6}$$

式中，h 为外轨超高，mm；S' 为左右钢轨轨顶之间的距离，即轮对上两车轮的滚动圆之间的距离，mm；V 为列车通过曲线的速度，m/s。

式(3.2.6)也可写成

$$g_q S' = h_d = \frac{S'V^2}{gR} - h \tag{3.2.7}$$

可见，$h_d=0$ 的状态就是平衡速度下的状态，在平衡速度下运行时轮轨间的相互作用力最小。若 $h_d>0$，则存在离心加速度大于重力加速度横向分量，此时 h_d 就成为欠超高 h_q。因此，欠超高就是指为补偿未被平衡的离心加速度所需增加的超高值。存在欠超高时，轨道(主要是外轨)将承受指向曲线外侧的横向作用力，欠得越多，轮轨之间的作用力就越大。

列车在半径为 R 的曲线上行驶时，由于实设超高已定，列车在该曲线上的最大速度限制为

$$V_h = \sqrt{\frac{(h + h_q)R}{11.8}} \tag{3.2.8}$$

式中，h 为实设超高，mm；h_q 为欠超高，mm；R 为圆曲线半径，m。

因此，为保证安全，实际使用的欠超高 h_q 必须不超过与列车通过曲线的最高速度相匹配的欠超高允许值 $[h_q]$。

即使在确保安全的前提下，未平衡的离心加速度(或称欠超高)过大，也会使旅客感到不适，尤其是在曲线较多的山区铁路，会造成旅客晕车。因此，考虑到旅客的舒适性，上述欠超高允许值还应该适当减小一些。

如果直接采用上述欠超高允许值 $[h_q]$，车辆通过曲线时，可在确保安全的前提下适当降低乘坐舒适性，使列车较快通过曲线。

国际上一般用未被平衡的离心加速度 g_q 作为限制列车运行最高速度的指标，我国采用欠超高 h_q 作为限制指标来保证列车通过曲线时的旅客舒适度。

未被平衡的离心加速度与欠超高的关系如表 3.2.1 所示。

表 3.2.1　未被平衡的离心加速度与欠超高的关系

未被平衡的离心加速度 g_q/g	欠超高 h_q/mm
0.0267	40
0.0533	80
0.0733	110
0.1	150

读者可根据表 3.2.1 将我国采用的欠超高规定与国外采用的未被平衡的离心加速度标准进行比较。

在保证安全的前提下，旅客的乘坐舒适度以及轮轨磨耗带来的维修工作量的大小是确定欠超高的依据，其值可按表 3.2.2 选取。

表 3.2.2　欠超高允许值与乘坐舒适度的关系

舒适度分级	欠超高允许值[h_q]/mm
良好	40
一般	80
较差	110

对高速列车的影响需考虑舒适性、动力学性能、轮轨关系、横向载荷和不同速度的混跑等。

5. 过超高允许值

若 $h_d<0$，即离心加速度小于重力加速度横向分量，h_d 就成为过超高 h_g(取 h_d 的正值)。存在过超高时，轨道(主要是内轨)要承受指向曲线内侧的横向作用力。过得越多，轮轨之间的作用力也越大。这就意味着过超高过大，内轨的磨耗就大。

对于同一曲线，一般考虑过超高与欠超高一致就可以了。

6. 欠超高与过超高之和允许值

在铁道线路上，由于行车速度存在差异，在同一曲线上存在各种不同运行速度的列车。运行速度较高的列车往往是在欠超高下运行，而运行速度较低的列车往往是在过超高下运行。如果超高设置不合理，则会出现速度较高(或较低)的列车过多而导致一侧钢轨(或一侧车轮)磨耗过快的现象。因此设置线路超高时，要兼顾各种不同运行速度的列车、要协调所要运行的列车的速度范围，并在保证列车通过曲线时的安全性同时兼顾旅客舒适和轮轨磨耗问题，磨耗问题还与曲线上运行的高速列车和低速列车的对数、重量以及速度比有关。

我国高速铁路建线时考虑两种情况：一种是一般情况，另一种是困难地段情况。对高速列车的影响需考虑动力学性能、轮轨关系、横向载荷和磨耗等。

7. 实设超高与欠超高之和允许值

同样，根据上述欠超高与过超高之和设置的说明，要兼顾不同列车运行速度的差别，超高的限制和欠超高的限制不能同时用足了，否则低速车辆的过超高就会太大，从而产生速差效应。因此欠超高与过超高之和允许值 $[h_g+h_q]$ 应小于等于欠超高允许值与过超高允许值之和 $[h_g]+[h_q]$；同理，实设超高与欠超高之和允许值 $[h+h_q]$ 应小于等于实设超高允许值与欠超高允许值之和 $[h]+[h_q]$，即

$$[h+h_q] \leqslant [h]+[h_q] \tag{3.2.9}$$

我国高速铁路建线时考虑两种情况：一种是一般情况，此时实设超高与欠超高之和最大值为 220mm；另一种是困难地段情况，此时实设超高与欠超高之和的限值取为 260mm。

实设超高与欠超高之和允许值对高速列车的影响需考虑动力学性能、轮轨关系、横向载荷和磨耗等。

3.2.5　缓和曲线的设置

1. 缓和曲线的作用

由于超高的存在，由直线过渡到圆曲线时，外轨需要逐步抬高，同时曲率也要从无穷大过渡到曲线的曲率上。

这样，车辆通过缓和曲线时，外轨上的车轮逐渐上升而内轨上的车轮保持高度不变。

由于缓和曲线的存在，有以下两点效果：

(1)列车进、出曲线时所受的离心加速度不至于产生突然变化，以免使人感到不适。

(2)使外轨相对于内轨的高度由 0 逐步缓升至超高值。

如果不考虑弹簧的动态变形，则在缓和曲线上向曲线方向前进时，车体的侧滚角逐渐增大，车体侧滚角变化速度就影响着旅客的舒适度，尤其是车辆通过 S 形反向曲线时，车体左右滚动对旅客舒适度的影响最大。

2. 顺坡率的概念

上述车轮上升的速度是影响旅客舒适度的重要概念，但是它只能在仿真计算中获得，实际工程中很难使用，因此就出现了顺坡率的概念。

顺坡率全称为超高顺坡率，或称为超高时变率，是指缓和曲线上的超高增长的速率。考虑车辆通过的速度时，它对应于车辆外侧车轮的上升速率，显然不同

速度的车辆通过时的超高增长的速率是不同的。因此，为保证车辆运行安全，必须限定缓和曲线超高顺坡率的最大值，即以可以通过的最高速度的超高增长率规定顺坡率的限值，此限值需要根据车辆定距、转向架轴距和轮缘高度确定。缓和曲线超高顺坡率根据本节下面有关缓和曲线长度叙述的有关内容取值，一般在 $\dfrac{1}{10V_{\max}} \sim \dfrac{1}{8V_{\max}}$。

3. 缓和曲线线形

缓和曲线的线形可考虑三次抛物线、三次抛物线余弦改善形、三次抛物线圆改善形、七次四项式、半波正弦形和一波正弦形六种线形，这些线形都能保证高速行车安全和旅客舒适性，而且差别不大，即缓和曲线线形不是制约列车运行速度的决定因素。就简单、方便、使用广泛而言，首选的缓和曲线线形为三次抛物线线形。

4. 缓和曲线的长度

缓和曲线的长度是影响行车速度的关键参数，以下是缓和曲线长度确定的原则。

(1)由脱轨安全性决定的缓和曲线长度 L_1(m) 为

$$L_1 \geqslant \frac{h}{i_{\max}} = 0.5h_0 \tag{3.2.10}$$

式中，h_0 为曲线外轨计算超高，mm；$i_{\max}$ 为允许的最大超高顺坡率。

(2)由未被平衡的横向加速度时变率允许值 $[\beta]$ 决定的缓和曲线长度 L_2(m) 为

$$L_2 \geqslant \frac{V_{\max}}{3.6}\frac{h_q}{[\beta]} \tag{3.2.11}$$

式中，h_q 为圆曲线上的计算欠超高，mm；$V_{\max}$ 为该曲线通过的限制最高速度，km/h。其中未被平衡的横向加速度时变率允许值 $[\beta]$ 的取值影响旅客乘坐舒适度，当该值为 $0.025\mathrm{g/s}$(即 $\dfrac{\mathrm{d}h_q}{\mathrm{d}t} \approx 38\mathrm{mm/s}$)时旅客舒适度较差，可作为控制的极限；而当该值为 $0.015\mathrm{g/s}$(即 $\dfrac{\mathrm{d}h_q}{\mathrm{d}t} \approx 23\mathrm{mm/s}$)时，旅客舒适度可以接受。根据式(3.2.11)，缓和曲线长度可由式(3.2.12)和式(3.2.13)计算。一般条件下，

$$L_2 \geqslant 12.4 \times 10^{-3} V_{\max} h_q \tag{3.2.12}$$

困难条件下，

$$L_2 \geqslant 7.4 \times 10^{-3} V_{\max} h_q \tag{3.2.13}$$

(3)由车体倾斜角速度限制决定的缓和曲线长度 $L_3(\mathrm{m})$。列车通过缓和曲线时，由于超高的变化，车体发生倾斜。由超高时变率过大引起的车体倾斜角速度过大，将导致旅客乘坐舒适度较差，因此需要限制缓和曲线的超高时变率，即用车体倾斜角速度允许值 $[\omega]$ 或缓和曲线超高时变率允许值 $[f]$ 来界定缓和曲线的长度 L_3，即

$$L_3 \geqslant \frac{V_{\max}}{3.6} \frac{h_0}{[f]} \tag{3.2.14}$$

式中，$[f]$ 为超高时变率允许值，$\mathrm{mm/s}$；h_0 为圆曲线上的设计超高，mm；$V_{\max}$ 为该曲线通过的限制最高速度，$\mathrm{km/h}$。当车体倾斜角速度为 0.021rad/s（对应超高时变率约为 31mm/s）时，旅客乘坐舒适度较差；当车体倾斜角速度为 0.0168rad/s（对应超高时变率约为 25mm/s）时，旅客乘坐舒适度可以接受。根据式(3.2.14)，缓和曲线长度 L_3 可由式(3.2.15)和式(3.2.16)计算。一般条件下，

$$L_3 \geqslant 11 \times 10^{-3} V_{\max} h_0 \tag{3.2.15}$$

困难条件下，

$$L_3 \geqslant 9 \times 10^{-3} V_{\max} h_0 \tag{3.2.16}$$

式中，h_0 为圆曲线上的设计超高，mm；$V_{\max}$ 为该曲线通过的限制最高速度，$\mathrm{km/h}$。

(4)根据 L_1、L_2、L_3 确定缓和曲线的长度。实际使用时缓和曲线的最小长度就可以按上述 L_1、L_2、L_3 中的最大值取值（按 10m 进位取整），而在分析车辆动力学性能特别是旅客乘坐舒适度时应考虑困难条件下的取值，即式(3.2.10)、式(3.2.13)和式(3.2.16)。

此外，对于新建或改建地段夹直线及圆曲线最小长度需有特别的规定，也需要对车辆动力学性能进行校核。对高速列车的影响需考虑动力学性能、结构扭曲强度等。

3.2.6 隧道与线间距

1. 活塞效应

当高速列车进入隧道时，就类似一个活塞推进了管腔里，将隧道里的空气进行压缩，从而使列车前部的压力急剧上升，在列车周边形成一个具有较大梯度的压力场。列车前部气压的上升使列车受到巨大的阻止前进的力；与此同时，由于

空气受到压缩所生成的微气压波的传播，会在隧道的另一端产生爆破声，从而影响周边的环境；再者，当该微气压波传播到客室内时，就会由于压力的瞬变而使旅客的耳朵感觉不适(俗称压耳朵)，甚至有疼痛的感觉，严重时还会将耳膜压破。

而当列车运行至隧道另一端出去时，就会出现类似拔一个空瓶子的瓶塞一样发出"嘭"的响声，这也是压力波在作祟。

2. 列车风

由于空气与列车周壁的附着效应，列车运行时会带动周围的空气一起运动，形成列车风。列车风会使车辆周边空气有压力差，有的地方是正压(大于大气压)，有的地方是负压(小于大气压)。

3. 会车压力波

当两列高速列车相向而行在某处交会时，两列列车之间的空气被挤压，造成空气压力瞬间增大，并随两列车继续各自前进至分开时压力突然释放。这个过程中形成的压力波就称为会车压力波。

会车时的列车相对运行速度越高，会车压力波的波动量就越大。会车压力波也会影响车内的压力造成压耳朵的感觉，严重时压力波会压碎车窗玻璃，甚至造成人身伤害。

如果是双线隧道，则两列车在隧道内交会产生的会车压力波将更大。

4. 影响压力波的主要因素

影响上述压力波量值的因素主要有以下几方面：

(1)列车运行的速度或交会时的相对速度。列车运行速度越高，形成的列车风就越大；交会时的相对速度越大，会车压力波就越大。

(2)阻塞比。阻塞比是指高速列车的横断面面积 A_E 与隧道净空面积 A_t 之比，即

$$\beta = \frac{A_E}{A_t} \tag{3.2.17}$$

阻塞比越大，高速列车通过隧道所产生的压力波就越大，当然会车时产生的列车表面压力波也会越大。反之，阻塞比越小，高速列车通过隧道所产生的压力波也就越小，随之会车时产生的列车表面压力波也就越小。

对于横断面面积 A_E 的取值，在讨论实际问题时可用实际高速列车的横断面面积，而在讨论一般问题时应考虑高速列车横断面可利用的最大尺寸，此时可以直接使用车辆限界的横断面面积作为高速列车的横断面面积，这是因为车辆限界的轮廓也就是高速列车可利用的最大尺寸，而且应该加以充分利用。同样，此原则

也适用于讨论非隧道区段的问题。

加大线间距和/或增大隧道横断面面积就会减缓高速列车运行的空气动力学效应。

5. 隧道和线间距对高速列车的影响

隧道和线间距对高速列车的影响主要是空气动力学效应，包括空气动力学性能、气动载荷、空调、冷却和压力保护等。

(1)上述活塞效应、列车风和会车压力波将扰乱列车周边的空气，从而使车辆必须承受这种空气压力载荷，同时它是高速列车运行发出噪声的缘由。

(2)为减小压力波对车内的影响，车辆需要采取密封措施，将外部压力变化传播至车内的途径切断。

(3)需要根据列车运行时车辆周边压力场的分布情况，布置各种通风冷却设备和确定通风能力。

(4)需要根据给定的隧道面积和行车速度，对车辆的承载能力、噪声水平、密封性能和通风能力进行检算校核，确认安全性、舒适性和可用性。各国高速铁路的线间距和隧道面积由各自根据各铁路的实际情况在标准或规范中规定相应的数值，表 3.2.3 和表 3.2.4 为规定的一般形式。

表 3.2.3　线间距

线路	线间距/m
高速线	5
既有线	4.2
高速线与新建普速铁路、既有线	5.3

表 3.2.4　隧道面积

隧道形式	隧道断面有效面积/m^2
单洞双线隧道	100
单线隧道	70

3.2.7　坡道与最小纵断面曲线半径

1. 坡道

单纯坡道直接影响高速列车的牵引制动能力，而频繁起伏的坡道会影响列车的运行舒适度，甚至会在某一速度区中出现谐振现象而造成零部件损坏，甚者会影响行车安全。目前高速铁路的区间正线规定最大坡度按一般不大于 12‰，困难条件下不大于20‰掌握；而段（所）与车站间走行线的最大坡度按30‰掌握，个别最大也有33‰的。高速列车设计时，需要根据设计目标线路的规定值确定牵引制动能力。

连续短坡道将影响车辆的动力学性能，特别是当几个坡道的长度大体相当时将成为列车运行中一个重复性的振动激扰源，当此激扰频率在列车的某一速度时将使车辆产生激烈的谐振，严重时会激起共振，影响列车安全运行。因此，建线规则中应有不得采用连续（三个以上）短坡道的规定。实际线路上运行时，如果在某一运行速度下发生激烈的谐振现象，需要考虑到这方面的问题，进行检查。

坡道对高速列车的影响主要需考虑牵引制动能力，包括坡停坡起、救援、回送、限速要求等。

2. 区间最小竖曲线半径

列车通过变坡点时会产生竖向离心加速度，它与列车最高运行速度和竖曲线半径有关。竖曲线是指为了缓和坡度的变化而在变坡点处采用的连接相邻两侧线路坡度的在纵向垂直平面上的曲线。如果相邻坡度差别过大，则需采用圆曲线形竖曲线作为过渡。

列车运行在凸形竖曲线上时，受到向上的竖向离心力作用，会使车辆有减载现象，此时列车进行制动，则会使减载加大，可能影响行车安全。同时此竖向离心加速度会使旅客有所感觉，此时线路不平顺引起的车辆振动会加剧这种感觉，甚至会感觉不适。因此对竖曲线半径加以限制是高速铁路必需的做法，如规定坡度差大于1‰时需要设竖曲线。竖曲线半径参数的一般形式如表3.2.5所示。

表 3.2.5　竖曲线半径的参考值

速度等级	最小竖曲线半径/m
300km/h 及以上	25000
300km/h 以下 250km/h 及以上	20000
250km/h 以下 160km/h 及以上	15000
160km/h 以下	10000

在高速列车试验中发现列车通过线路的纵坡变坡点时旅客会感觉不适，主要体现在人体有时会有失重或者超重的感觉[4,5]。

通过对试验数据进行分析发现，车辆的各项舒适性、平稳性指标均在合格甚至优良的范围内。无论对试验数据进行平稳性指标分析还是舒适度指标分析，均不能得出任何不同的结果，也就是说，上述两种评定方法不能反映出旅客在通过纵坡变坡点处不舒适感觉的问题。这是由于无论平稳性指标分析还是舒适度指标分析(见第 5 章相关内容),均是针对长时舒适度的。数据处理时,进行分析计算的时间较长,反映的是旅客乘坐的疲劳感,而不能反映瞬时的不舒服感觉。

为了找出旅客存在不适感觉的原因,对高速列车动力学性能试验中的数据进行分析研究,发现在变坡点处高速列车垂向振动性能出现变化,从而对人体乘坐舒适度产生影响。这种出现在线路纵坡的坡顶或者坡底的变坡点处,即对应线路纵断面中凸形竖曲线或者凹形竖曲线上的不舒适感觉应属于瞬时舒适度问题,也是目前高速列车评估体系中没有反映出来的问题。

为了将此问题用数据反映出来,可以采用调整数据处理的方法,即缩短数据的时长。具体而言,可以继续使用斯佩林公式(见第 4 章)进行平稳性指标计算,此时时长应根据需要反映的问题特性界定,不应大于 6s,一般可取 2~3s。斯佩林公式中相关的系数和加权数仍按动力学性能的相关标准执行,这样就可以将瞬时舒适度的问题反映出来。

为改善这种旅客瞬时乘坐舒适性的问题,有必要从改进车辆性能和/或加大线路竖曲线半径两方面着手。由于此时的轴箱与构架的加速度属于正常合格范围,车体产生振动较大而影响舒适度的问题可以从调整二系垂向阻尼着手,利用加大垂向阻尼,吸收较多振动能量改善车辆通过变坡点处的乘坐舒适度。如果有可能,采用加大竖曲线半径的办法更经济些。

竖曲线对高速列车的影响需考虑动力学性能、垂向载荷、轮轨关系等。

3.2.8　道岔

道岔是路网中不可或缺的一个部件,是列车转线时必须经过的线路设施,高速列车通过道岔时对车辆动力学性能会产生很大影响。

道岔设在线路的直线上,车辆正线通过的速度一般与线路直线的最大速度一致,线路上设置的道岔的辙叉号数限制了车辆的侧线通过速度。每一个辙叉号还对应一个导曲线的半径。为了提高道岔的通过速度,也有将一个辙叉号的道岔改造后使用较大导曲线半径的。既有线上使用的道岔是固定辙叉单开道岔,它的缺点是存在有害空间,如图 3.2.2 所示,车辆通过时就会产生很大的冲击力以及冲击噪声,不仅伤害道岔,也伤害车辆,因此不利于高速铁路使用。

高速铁路上使用可动心轨辙叉单开道岔。在可动心轨辙叉单开道岔上已经不存在有害空间,列车通过道岔时冲击力大大减小,确保了安全,还保持了较好的平稳性,降低了维修费用。需要在既有线上运行的高速列车还要关注车辆的可通过性,即对轮对内侧距的限制要求。

线路规范上一般都要求道岔与竖曲线和变坡点不能重叠设置,并要求道岔与竖曲线和变坡点离开一定的距离。车辆验算和运行试验中需要关注这里的车辆动

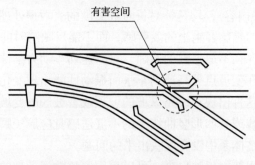

图 3.2.2　道岔有害空间示意图

力学性能，避免留下安全隐患。车辆通过道岔地段的线路刚度变化过渡段时的动力学性能也是必须关注的问题之一。

目前我国高速铁路上使用的道岔有：区间渡线为 43 号道岔，侧向通过限速 160km/h；进出站为 18 号道岔，侧向通过限速 80km/h；转线为 58 号道岔，侧向通过限速 220km/h。

道岔对高速列车的影响需考虑动力学性能、横向载荷、轮轨关系等。

3.2.9　桥梁

由于预应力混凝土结构的桥梁具有刚度大、噪声低、由温度变化引起的结构位移对线路结构的影响小、运营期间的养护工作量少、造价较为经济等适合高速铁路要求的特性，我国高速铁路优先采用预应力混凝土结构作为桥梁上部结构。

我国高速铁路还大量采用以桥代路的方式建线，高架线路上采用多孔等跨距简支梁形式。

高速列车通过桥梁时，由于桥梁的刚度变化，除对桥梁本身就具有活载效应（包括不出现共振、动力系数不应过大等）外，还将影响列车的运行安全性和旅客的乘坐舒适性，因此桥梁设计应按规范规定的在一定载荷作用下梁体的竖向刚度（挠跨比）的限值（即桥梁结构的竖向自振频率不应过低，以免产生车桥耦合振动，甚至共振）、水平挠跨比限值和桥梁梁体允许最大扭转角设计和建设。为此，需要对高速列车进行车桥关系的动力学仿真分析，通过进行车桥耦合动力响应分析评判行车安全性和乘坐舒适性。这种动力学仿真计算的速度应覆盖整个可能的运行速度段，仿真计算的最高速度至少应取为 1.2 倍的设计速度。这种计算还应反映出多孔等跨距简支梁，以找出可能产生振动耦合的速度区。

高速铁路建成后或高速列车上线时还应进行实车运行试验，确保安全性和舒适性。

桥梁对高速列车的影响需考虑共振、动力学性能、振动加速度、车桥关系等。

3.2.10　钢轨

我国高速铁路使用的钢轨是 60kg/m 的钢轨，与国外高速铁路基本上是相同的，并采用 100m 定尺的焊接长钢轨铺设的区间无缝线路。这样取消了原先铁路存在的钢轨之间的缝隙，减小了车轮对钢轨的冲击。但是，由于钢轨之间的接头焊接处与两边仍然存在差别，车辆运行中仍会受到激扰，此激扰包括焊接造成的局部刚度变化的影响，也包括焊接后修磨的平整度不到位的影响。其中平整度不到位的影响又分为垂向和横向两个方面。对高速列车还需校核在所铺设的定尺等长度的焊接长钢轨上运行时是否会在常用速度区中产生耦合振动的问题。

钢轨剖面采用相应铁路规定的形状，车辆使用的车轮踏面形状和车轮轮缘形状需与之相匹配。

钢轨对高速列车的影响需考虑动力学性能、踏面形状、轮轨关系、轮轨噪声、振动加速度等。

3.2.11　轨底坡

我国铁路一直使用 1:40 的轨底坡，为了与既有铁路技术相衔接，高速铁路仍然继续采用 1:40 的轨底坡。车辆的车轮踏面形状及轮缘形状也应与 1:40 的轨底坡相匹配，不能直接采用与 1:20 的轨底坡相匹配的车辆的车轮踏面形状及轮缘形状。

轨底坡对高速列车的影响需考虑动力学性能、踏面形状、轮轨关系、轮轨噪声、振动加速度等。

3.2.12　车站

1. 站台

高速铁路对车站站台规定的参考参数如表 3.2.6 所示。

表 3.2.6　车站站台规定的参考参数

站台上平面距轨面高度/mm	站台边缘距轨道中心线距离/mm	有效长度/m
1250	1750	450

车站站台对高速列车的影响需考虑列车编组长度、动态包络线、车辆出入门口地板面与站台上平面的高度差、车辆与站台边缘的间隙等。

2. 车站到发线有效长度

高速铁路对车站站台规定的到发线有效长度参数如表 3.2.7 所示。

表 3.2.7　车站站台规定的到发线有效长度参数

线路	一般条件/m	困难条件/m
300km/h 及以上高速线	700	575
200km/h 高速线	650	520

对高速列车的影响需考虑列车长度、过岔速度、起动加速度、制动距离精度等。

3.2.13　线路不平顺

有关线路不平顺的知识请参见文献[1]、[2]和其他有关书籍，这里仅进行简单介绍。

1. 轨道不平顺的定义

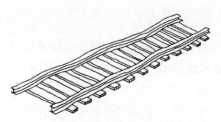

图 3.2.3　轨道不平顺状态示意图

即使是在线路的平直道区段，钢轨也并不是呈理想的平直状态。两根钢轨在高低和左右方向相对于理想的平直轨道呈某种波状变化，从而产生偏差。这种几何参数的偏差称为线路不平顺(图 3.2.3)。

线路不平顺综合了线下和线上各部分的偏差，最终反映在钢轨上的位置偏差而成为作用在车辆上的位移输入，所以它也称为轨道不平顺。

轨道不平顺是轨道车辆特别是高速列车极为重要的一种输入(激扰)，是产生车辆各种振动响应(输出)甚至破坏的主要根源。

了解轨道几何状态和参数变化的特征及其描述可以研究轮轨间的相互作用，并预测和分析车辆的动态响应。

轨道上在没有车轮载荷作用时所呈现的不平顺称为静态不平顺。车辆沿轨道运行时，轨道随着车轮的到达在车轮载荷作用下离开其原来所在位置而出现的轨道不平顺称为动态不平顺，或称动力不平顺。通常将静态不平顺和动态不平顺统称为轨道不平顺。车辆到达时出现的轨道动态不平顺在车轮离开后仍能恢复到原来位置的属于轨道的弹性变形，仅表现为动态不平顺；而不能完全恢复到原来位置的不平顺将继续留下，并逐步发展成更为严重的静态不平顺。

轨道不平顺有高低不平顺、水平不平顺、方向不平顺、轨距不平顺四种类型，如图 3.2.4 所示。

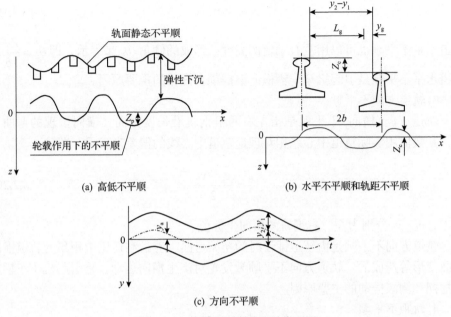

(a) 高低不平顺　　　　　　　　　　　(b) 水平不平顺和轨距不平顺

(c) 方向不平顺

图 3.2.4　轨道不平顺的四种类型图

1)轨道高低不平顺

轨道高低不平顺就是轨道在垂直方向上的高低变化，即轨道垂向不平顺。轨道垂向不平顺是指钢轨表面在同一轮载作用下所形成的沿长度方向的高低不平。在图 3.2.4(a)所示的坐标系中，轨道垂向(高低)不平顺的数值用左右钢轨的垂向坐标值的平均值来表示，即

$$Z_p = \frac{Z_1 + Z_2}{2} \tag{3.2.18}$$

式中，Z_1、Z_2 分别为左、右钢轨的轨顶面偏离原定坐标位置的垂向距离，即左、右钢轨各自的高低不平顺的数值。

轨道垂向不平顺是由轨面不均匀的磨耗、低接头、弹性垫层和轨枕、道床、路基的弹性不均、各扣件和部件间的扣紧程度和间隙不等、轨枕底部的暗坑、道床和路基的永久变形等造成的。轨道垂向不平顺激起车辆的垂向振动，并能使轮轨间产生很大的垂向动作用力。

2)轨道水平不平顺

直线上的轨道水平不平顺是指左右钢轨对应点的高差形成的沿轨长方向的不平顺，它是由轨道高低不平顺派生的。轨道水平不平顺的数值可以用左右轨的垂向坐标值的差来表示，即

$$Z_c = Z_1 - Z_2 \tag{3.2.19}$$

轨道水平不平顺也可以用左右钢轨的高度差形成的倾角 θ_c 来表示，即 $\theta_c = \dfrac{Z_c}{2b}$。轨道水平不平顺是引起机车车辆横向滚摆耦合振动的重要原因。

3）轨道方向不平顺

轨道方向（横向）不平顺是指左右两根钢轨沿长度方向在横向呈现的弯曲不直，其数值用实际轨道中心线相对理论轨道中心线的偏差来表示，即

$$y_a = \frac{y_1 + y_2}{2} \tag{3.2.20}$$

式中，y_1、y_2 分别为左、右钢轨的横向坐标值。

轨道方向不平顺是由轨道铺设时的初始弯曲、养护和运用中积累的轨道横向弯曲变形等造成的。轨道方向不平顺激发轮对产生横向运动、是引起机车车辆左右摇摆和侧滚振动的主要原因。

4）轨距不平顺

轨距不平顺是指左右钢轨的轨距沿轨道长度方向上的偏差，其数值可以用实际轨距与名义轨距的差来表示，即

$$y_g = y_2 - y_1 - L_g \tag{3.2.21}$$

式中，L_g 为名义轨距。

轨距不平顺是由左右两轨的方向不平顺所派生的，轨距大小对轮轨磨耗和车辆运行稳定性及安全性有一定影响。

2. 轨道不平顺的描述方法

轨道不平顺的数学描述一般可采用以下两种方法：时域描述法和频域描述法。

1）时域描述法

时域描述法是描述不平顺偏差沿轨长方向的分布规律。

时域描述法是以轨长方向位置为自变量、轨道几何偏差为因变量的函数来描述轨道不平顺的方法，也可以以离散数据的偏差空间序列方式来描述轨道不平顺。

以前的时域描述法是以一定弦长为基础的偏差数据来描述轨道不平顺，在轨道检测车上测得的数据也是在一定弦长上测得的数据。测试方法得到改进后，在轨道检测车上可以测得钢轨被测点的绝对数据。

当轨道检测车的测量是采用离散数据采集时，就可以直接用轨长方向的偏差

空间序列来描述轨道不平顺。此时，采集的数据就有一定的间隔时间，两个采样点上所测的数据在轨道上的表现就是存在一定的距离间隔。

轨道检测车上的采样时间间隔与所需关注的轨道不平顺的波长有关。从幅值上讲，如果要求所测量的轨道不平顺幅值数据具有 95%的精度，则所需关注的轨道不平顺的波长的一个周期上至少不能少于 10 个数据，即不能少于 10 个距离间隔。

时域描述法特别是其中的空间序列法非常直接地描述不平顺的偏差数值，直接给车辆提供位移输入；在进行车辆动力学仿真时域计算时可以直接作为输入应用，方便对车辆进行时域响应研究分析。

表 3.2.8 为轨道不平顺实测数据表，就是时域描述法中使用空间序列的一种表述方式。

铁道线路轨道不平顺限值的描述如表 3.2.9 轨道动态管理测量限值表所示。表中的 Ⅰ 级为经常保养状态下的限值，Ⅱ 级为满足舒适度状态下的限值，Ⅲ 级为必须做紧急补修的限值，Ⅳ 级为必须限速的限值。表中一般还有一个作业验收的限值，即新建线应达到的指标，也是经过养护作业后验收的指标，此限值未在表中列出。

表 3.2.10 中的波长是指不平顺的波长，一般将波长分为短波不平顺、中波不平顺和长波不平顺三种。其中，波长小于 3m 的不平顺定义为短波不平顺；波长 3～42m 的不平顺定义为中波不平顺；波长大于 42m 的不平顺定义为长波不平顺。

根据采样定理，在轨道检测车按 0.25m 采样的情况下，无法反映波长小于 0.5m 的不平顺；要在 95%的精度下反映幅值数据，也只能满足波长大于等于 2.5m 的不平顺监测要求。

波浪形磨耗造成的轨道不平顺属于短波不平顺，其成因尚未确定。对车辆而言，这是一种高频激扰源，当车辆上存在高频振动时，需要对此种轨道不平顺加以关注。

表 3.2.10 还简单地列出了轨道不平顺的波长特性及其对车辆的影响。

2) 频域描述法

将轨道不平顺看成是由不同波长的空间波组合而成的，将空间波的不同波长的倒数作为自变量(横坐标)，以该空间波的幅值作为因变量(纵坐标)，以此所构成的函数关系来描述轨道不平顺的方法称为频域描述法。其中空间波的波长的倒数也称为空间频率，它的单位是周/米(1/m)(可参照称为赫兹的时间域频率单位为周/秒)。因此，频域描述法也就是描述不平顺偏差值在空间频率域中的分布规律，其描述函数可用不平顺功率谱。

表 3.2.8　轨道不平顺实测数据表

公里标/km	测点标/m	轨距/mm	超高/mm	曲率/(°)	左长轨向/mm	右长轨向/mm	左轨向/mm	右轨向/mm	左长高低/mm	右长高低/mm	左高低/mm	右高低/mm	水平/mm	三角坑/mm	垂向加速度/g	横向加速度/g	轨检车速度/(km/h)
50	0.25	-0.403	147.781	0.2	0.019	0.65	0.087	0.243	-0.512	-0.395	-0.806	-0.419	-0.094	-0.531	0.003	-0.057	234
50	0.5	-0.403	147.281	0.2	0.117	0.748	0.184	0.34	-0.411	-0.419	-0.705	-0.442	-0.594	-0.438	0.006	-0.056	235
50	0.75	-0.496	147.469	0.2	-0.175	0.544	-0.087	0.146	-0.473	-0.488	-0.775	-0.527	-0.406	-0.313	0.007	-0.056	235
50	1	-0.403	147.594	0.2	-0.087	0.534	0	0.136	-0.465	-0.388	-0.767	-0.426	-0.281	-0.344	0.011	-0.057	235
50	1.25	-0.302	147.344	0.2	0.029	0.553	0.126	0.155	-0.504	-0.481	-0.806	-0.519	-0.531	0.094	0.013	-0.06	234
50	1.5	-0.202	147.563	0.2	0.087	0.505	0.194	0.126	-0.55	-0.473	-0.86	-0.519	-0.281	0.219	0.009	-0.058	234
50	1.75	-0.101	147.469	0.2	0.155	0.466	0.262	0.087	-0.488	-0.527	-0.798	-0.574	-0.375	-0.094	0.005	-0.058	235
50	2	0	147.25	0.2	0.262	0.476	0.379	-0.049	-0.558	-0.395	-0.876	-0.45	-0.594	0.563	0.005	-0.059	235
50	2.25	0.093	147.5	0.2	0.194	0.311	0.32	-0.049	-0.457	-0.426	-0.775	-0.488	-0.344	0.313	0.005	-0.056	235
…	…	…	…	…	…	…	…	…	…	…	…	…	…	…	…	…	…

注：(1)表中的数据是用轨道检测车在线路上一边行一边对线路进行测量求得的数据中的一段，这些数据是用测试采集得到的数据经过特殊处理后得到的，采样距离间隔为0.25m。

(2)表中的高低、轨向不平顺数据是在单根钢轨上测得的偏差数据，轨距和水平则是两根钢轨的相对偏差。

(3)表中的垂向加速度和横向加速度是指在轨道检测车的车体上测得的加速度值。

表 3.2.9　轨道动态管理测量限值表

项目	200km/h ≤ V ≤ 250km/h				300km/h ≤ V ≤ 350km/h			
	Ⅰ级	Ⅱ级	Ⅲ级	Ⅳ级	Ⅰ级	Ⅱ级	Ⅲ级	Ⅳ级
轨距/mm	+4	+6	+8	+12	+4	+6	+7	+8
水平/mm	5	8	10	13	5	6	7	8
三角坑(基长 2.5m)/mm	4	6	8	10	4	6	7	8
高低/mm　波长 1.5～42m	5	8	11	14	5	8	10	11
轨向/mm　波长 1.5～42m	5	7	8	10	4	5	6	7
高低/mm　波长 1.5～70m($V \leqslant 250$km/h)	6	10	15	—	7	9	12	15
轨向/mm　波长 1.5～120m($V \geqslant 300$km/h)	6	8	10	12	6	8	10	12
车体垂向加速度/(m/s²)	1.0	1.5	2.0	2.5	1.0	1.5	2.0	2.5
车体横向加速度/(m/s²)	0.6	0.9	1.5	2.0	0.6	0.9	1.5	2.0
轨距变化率(基长 2.5m)/‰	1.0	1.2	—	—				
横向加速度变化率(基长 18m)/(m/s³)	1.0	3.0	—	—				

注：(1)高低和轨向偏差为计算零线到波峰的幅值。

(2)水平限值不包含曲线按规定设置的超高值及超高顺坡量。

(3)三角坑限值包含缓和曲线超高顺坡造成的扭曲量。

(4)车体垂向加速度采用 20Hz 低通滤波，车体横向加速度采用 10Hz 低通滤波；加速度等速检测速度应在 $V_{max} \pm$ 10%范围内。

(5)避免出现连续多波不平顺和轨向、水平逆向复合不平顺。

表 3.2.10　轨道不平顺的波长特性及其对车辆的影响

种类	波长范围	特征	影响
短波	数毫米至数十毫米	轨面擦伤、剥离掉块、波纹磨耗、焊缝	产生轮轨滚动噪声，轮轨冲击力
	数百毫米	波浪形磨耗	
	2～3.5m 周期性	钢轨生产过程中形成的周期性不平顺	引起车辆剧烈共振
中波	12.5m 和 25m 周期性	钢轨接头、焊缝处道床沉降	引起轮轨冲击和车辆剧烈振动和破坏
	3～42m 非周期性	高低、轨向、扭曲、水平、轨距不平顺	引起车辆随机振动，影响列车运行安全
长波	42m 以上非周期性	路基、道床不均匀沉降，桥、隧端头刚度差异，单跨、多跨不等距桥梁挠曲变形	影响旅客舒适性
	42m 以上周期性	多跨、等跨距桥梁的挠曲变形，路基因素形成的长波不平顺，桥梁挠度形成的周期性不平顺	

采用频域描述法可以用于检算不平顺的频域特征与车辆的频域特征是否存在耦合的现象，分析车辆对不同频率的输入的响应，并进一步提出对策以改进设计或用于故障诊断或用于制定控制对策等。

3) 时域描述法与频域描述法的转换关系

时域描述法和频域描述法各有自己的作用，对预估车辆动力响应都有需要，它们之间也可以相互转换。

使用傅里叶变换可以将时域描述法的轨道不平顺函数或者空间序列变换为频域描述法中的不平顺功率谱。这种变换对不平顺幅值来讲具有唯一性，即时域描述法的轨道不平顺函数或者空间序列的每一个波长的幅值和频域描述法中的不平顺功率谱上的描述是一一对应的，但是在不平顺功率谱上已经丢弃了原来的相位信息，即不平顺功率谱上没有反映不平顺各空间波长相互之间的组合关系。

利用逆傅里叶变换也可以将频域描述法中的不平顺功率谱变换为时域描述法使用的函数或者空间序列，但是这种变化不具有唯一性。这是因为在不平顺功率谱中丢弃了相位信息，逆傅里叶变换时无法将各种波长的不平顺波组合关系还原，因此在逆傅里叶变换中只能取一组典型组合。

通过逆傅里叶变换将不平顺功率谱还原为原不平顺空间序列的概率为零。为了帮助对车辆进行性能预估和分析，需要增加一些条件，以尽可能取得具有可比性的空间序列数据来代替原不平顺空间序列。表 3.2.9 所列的各限值可以用来作为条件，在进行转换时作为限制加在计算中。用转换得到的符合这些条件的一组线路轨道不平顺数据就可以分析预估不同线路养护状态下的车辆运行性能。对没有附加条件而转换得到的线路轨道不平顺数据进行分析，分析结果是不可信的，不是偏小，就是偏大。

3. 轨道不平顺的空间特性

轨道不平顺存在局部不平顺和连续性不平顺两种。

1) 局部不平顺

轨道局部不平顺是指在线路某局部位置处 (含线路的局部病害处) 存在的轨道几何参数的偏差。这些不平顺常存在于钢轨接头、道岔及其过渡段、桥梁及其过渡段、路基坚硬松软过渡段、路基局部沉降地点、变坡点、直缓交接点、缓直交接点等处，呈离散状分布在线路各处。

各种形式的局部不平顺可以单独出现，也可以彼此组合在一起出现，而且可以同时出现于不止一种类型的轨道几何参数偏差中。单个局部不平顺对车辆系统的作用是一个瞬态输入，将引起车辆系统的瞬态响应。如果同一形式的局部不平顺连续出现，尽管这些不平顺的幅值会有差异，但只要其波长在几周中近乎不变，就可形成周期性的车辆激扰；而且当其频率和车辆的某一自振频率或其倍频相近时，还会引起轮轨间严重的相互动力作用，使车辆的响应急剧增大，产生大振幅的动态响应；并且当两频率或倍频相等时将出现共振，这种情况发生将严重影响乘坐舒适性，甚至危及行车安全。

经典的有缝轨接头就是在既有线上存在的一种局部不平顺的例子。事实上，在高速铁路上虽然不存在有缝轨接头，但是也会有类似的局部不平顺，可以根据经典教科书的介绍进行分析预判。

2）连续性不平顺

连续性不平顺是沿轨长方向上连续分布的轨道不平顺，按其表现形式可分为周期性轨道不平顺和随机性轨道不平顺。

（1）周期性轨道不平顺。

在不平顺的波形中存在几个波长相等或接近的连续波，这样的不平顺就是周期性轨道不平顺。

在存在这种周期性轨道不平顺的线路上，当车辆以一定的速度运行时，也会使车辆受到周期性激扰，同样也会出现两频率或倍频相等时所产生大振幅的共振现象，从而导致运行平稳性下降，同时产生大的轮重增减载变化和轮轨作用力，甚至危及行车安全。这种短时间（通常几秒钟）的车体以某一自振频率进行大振幅的共振现象曾在试验波形中观察到，需要引起关注。

这种现象主要出现在等跨度连续梁的桥梁区、定尺轨长的无缝线路区，以及有缝线路上的等轨长区、钢轨的轧制缺陷等。在上述这些线路区域中由于轨道的刚度呈周期性变化或工艺过程带来的不足，车辆经过时会对车轮产生大于钢轨其他部位的激扰，这种激扰形成了以等跨距、定尺长、定轨长等为波长的周期性不平顺，当车辆在某一对应速度运行时将是非常不安全的。

图 3.2.5 为线路周期性高低不平顺示意图。这种轨道的周期性不平顺可近似用下列函数描述：

$$Z_p = A \left| \cos\left(X \frac{\Omega}{2} \right) \right| \tag{3.2.22}$$

式中，A 为不平顺波形的振幅；Ω 为单位长度的波数，表达式为

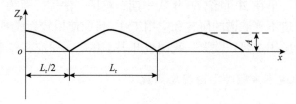

图 3.2.5　线路周期性高低不平顺示意图

$$\Omega = \frac{2\pi}{L} \tag{3.2.22a}$$

式中，L 为上述缺陷的长度。

为了求得式(3.2.22)的分析解，可将该式展开成傅里叶级数，即

$$Z_{\mathrm{p}} = \frac{2A}{\pi}\left[1 + \frac{2}{1\times 3}\cos(2u) - \frac{2}{3\times 5}\cos(4u) + \frac{2}{5\times 7}\cos(6u) - \cdots\right] \tag{3.2.23}$$

将坐标平移 $\dfrac{2A}{\pi}$，消去常数项并加以置换后得到

$$Z_{\mathrm{p}}' = Z_{\mathrm{p}} - \frac{2A}{\pi} = \frac{4A}{\pi}\left[\frac{1}{3}\cos(\Omega x) - \frac{1}{15}\cos(2\Omega x) + \frac{1}{35}\cos(3\Omega x) - \cdots\right] \tag{3.2.24}$$

由式(3.2.24)可见，简谐分量的振幅随频率的增长而迅速减小，具有实际意义的是式(3.2.24)的前面2～3项，高次谐波分量可略去不计。Z_{p}' 值即作为计算车辆垂向周期性强迫振动时的输入函数。

根据振幅 A 的大小可将线路分成不同的等级，振幅 A 越小，线路越好，线路的级别也就越高。

(2)随机性轨道不平顺。

实际轨道存在的不平顺不只是由一项(或几项)简谐函数或其他确定性函数所能描述的。不平顺的产生具有随机性，因此还存在随机性不平顺。在大多数线路上，随机性不平顺是不平顺的主要形式。随机性轨道不平顺是里程的随机函数，其波幅和波长都是随机变量。轨道的随机性不平顺使车辆系统产生随机振动。

可以将随机性轨道不平顺理解为由不同波长的不平顺组合而成的，其波幅值在几毫米到十几毫米甚至更大数值之间变化，波长可在毫米级到百米级之间变化。通常长波的幅值大，短波的幅值小。随机性轨道不平顺的偏差值大小反映了线路的状态和等级，变化范围很广。为了描述随机性轨道不平顺，采用随机理论中的功率谱密度函数，简称轨道不平顺谱。

轨道不平顺谱是铁道车辆和线桥隧设计计算中在频域进行运行性能预测和评估的重要输入源。早在20世纪60年代中期，英国、法国、西德、捷克等国的铁路已经开始了轨道不平顺谱的研究和应用工作。目前使用较为成熟的是美国铁路，在高速线路上的应用主要在欧洲，我国也开展了相应的研究，并逐步投入运用。

4. 随机性轨道不平顺功率谱密度函数

1)轨道谱密度概念

轨道不平顺谱是描述铁道线路轨道不平顺状态的频域表达形式，它反映了轨

道不平顺的幅频特性。功率谱密度函数是描述平稳随机过程最重要和最常用的统计函数，描述轨道随机不平顺就利用此功率谱密度函数。

　　轨道谱密度就是单位频宽内不平顺的均方值。为了便于理解，还将轨道谱密度函数做成功率谱图来描述谱密度与空间频率的函数关系，即轨道不平顺的功率谱图是以谱密度为纵坐标、空间频率(或波长)为横坐标的连续变化曲线，如图 3.2.6 所示，它可以清楚地表明轨道不平顺的偏差值随空间频率的变化规律。

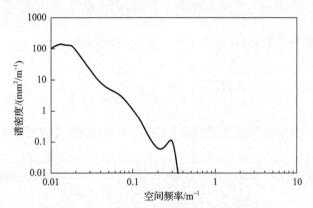

图 3.2.6　轨道不平顺的功率谱密度样式

　　一般谱密度的频率变化范围很宽，为了能表示出在全部频率范围内的谱密度分布状况，工程中的功率谱图常用对数坐标表示，以覆盖宽广的范围。按定义可知，轨道功率谱图曲线与横坐标所围的面积即为其不平顺在所有频带宽度内的均方值。

　　无论是从工务方面来评估线路的品质、计算轨道不平顺的量级，还是从机车车辆方面来预测和分析机车车辆动态响应的水平、评估运行平稳性和安全性，以及计算轮轨间的动作用力，轨道的谱密度图都是非常重要的。谱密度的大小及谱图形状与线路的等级、结构及其状态有关。

　　轨道随机性不平顺的谱密度是在对轨道实际状况进行检测获得大量数据后再进行统计分析归纳获得的。

　　从各国实测的轨道谱和拟合曲线来看，其变化趋势大体相同，但数值范围有明显差别，这是因为各国铁路轨道结构、养护能力及管理状态不同。各国需要在大量实测轨道不平顺的基础上分别按线路等级制定出相应的轨道谱。

　　国内有关部门用轨道检测车对轨道不平顺做了大量的检测，并对这些数据的处理、统计方法等进行了深入的研究，提出了我国不同线路上的一些轨道谱密度表达式。目前正在试用阶段，有望建立起统一标准的谱密度函数的表达式。

　　2)随机性轨道不平顺谱密度函数的表达形式

　　为了完整地描述轨道不平顺，对轨道整体随机性不平顺的描述需要高低不平顺、水平不平顺、方向不平顺和轨距不平顺四个谱密度表达式来表述。对于不同养护等级的不同线路，则采用不同加权系数的方式给予区分。

高速铁路轨道谱密度函数可用式(3.2.25)～式(3.2.27)描述。

轨道位置的方向偏差(方向不平顺，单位为 m^3/rad)

$$S_a(\Omega) = \frac{A_A \Omega_c^2}{\left(\Omega^2 + \Omega_r^2\right)\left(\Omega^2 + \Omega_c^2\right)} \tag{3.2.25}$$

轨道位置的高度偏差(高低不平顺，单位为 m^3/rad)

$$S_v(\Omega) = \frac{A_v \Omega_c^2}{\left(\Omega^2 + \Omega_r^2\right)\left(\Omega^2 + \Omega_c^2\right)} \tag{3.2.26}$$

左右钢轨位置的高低偏差(弧度)(水平不平顺和轨距不平顺，单位为 m/rad)

$$S_c(\Omega) = \frac{1}{b^2} \frac{A_v \Omega^2 \Omega_c^2}{\left(\Omega^2 + \Omega_r^2\right)\left(\Omega^2 + \Omega_c^2\right)\left(\Omega^2 + \Omega_s^2\right)} \quad \text{(m/rad)} \tag{3.2.27}$$

式中，A_A、A_v 分别为影响方向和高低的干扰水平系数；b 为两侧轮轨接触点之半宽；Ω 为角频率；Ω_c、Ω_r、Ω_s 为轨道谱密度函数中的系数。

A_A、A_v 的取值分别对应不同的轨道不平顺等级，显然高干扰水平的线路较差。由于参数值不同，不同等级线路的同一名称的谱密度图线也是不同的。各铁路公司需根据各自的养护水平定出式中系数的数值，并根据安全标准制订的不同等级线路所允许的车辆最高运行速度。

由于水平不平顺和轨距不平顺两种测量值之间仅有微小的差别，在对离散数据进行曲线拟合时差异也极小，所以对这两种轨道不平顺采用相同的谱密度表达式和相同的 A_A、A_v 值。

由于车辆运行时同时受到上述四种轨道不平顺的激扰而产生响应，因此有必要了解车辆的响应与这些不平顺之间的关系。从偏于安全出发，在计算车辆响应时计算取值要大于实测值。

从上述图例中也可以看出，在谱密度图上存在以轨长为波长的周期性因素。从理论上讲，随机不平顺中是不包括周期性不平顺的，但是所采取的分析手段是通过实测获得的数据进行傅里叶变换得到的，因此轨道上实际存在的周期性不平顺也会同时反映在谱密度图上。由此，也可以利用这一特性，分析车辆可能存在的不利速度区。

计算中应注意几种不平顺之间的相关性。如果相关性较小，可将它们视为统计独立的。于是，在计算车辆的动态响应时可分别以一种轨道不平顺作为输入计算得到在这种不平顺输入下的车辆响应，这样可以分别分析不同的轨道不平顺对车辆运行的影响。需要分析车辆的总响应时也可以将不同的轨道不平顺输入下的各个响应叠加起来作为车辆的总响应，这就为计算分析带来了很大方便。但是当遇到几种轨道随机不平顺相关性较大时，不能采取这种方法。例如，对于需要在具有钢轨接头区的线路上运行的车辆，由于这种呈现明显低陷的有缝线路，轨距不平顺与垂向不平顺之间以及方向不平顺和垂向不平顺之间呈现一定的相关性，因此对各种不平顺输入进行独立计算再将响应叠加的方法就不能得出可供应用的结果，需要将几种不平顺的输入一起加上进行计算才能得出有用的结果。这种情况下区分哪种轨道不平顺对车辆的影响就需要具体问题具体分析。

对高速列车的影响需考虑动力学性能、轮轨关系、轮轨噪声、振动加速度、寿命等。

3.2.14　典型的线路输入

1. 动力学性能评估典型线路

为对高速列车的动力学性能进行评估，需要让目标高速列车或车辆在一些典型线路上进行仿真计算或运行试验。由于车辆的直线性能与曲线性能是一对矛盾体，需要分别考核，考核工况应包括直线工况、曲线工况、侧向通过道岔工况和纵坡工况。需对不同速度级逐级考核，以找出不利速度区。

1) 直线工况

典型线路的直线工况应具有广谱的线路随机性不平顺，也应有能反映所使用轨道特征的典型周期性不平顺（如连续等跨距高架桥、定尺长钢轨等），以及一些道岔接头、钢轨接头、桥梁过渡段等轨道特征。

线路的长度应不少于所需关注的激扰频率对应的线路不平顺波长 6 个波。例如，对应需关注的 150m 不平顺波长，稳定运行的线路至少应超过 900m；如果考虑列车长度（如 200m），则线路至少应超过 1300m。

2) 曲线工况

典型线路的曲线工况应包括圆曲线、两端的直线和缓和曲线等。

曲线需分最小可通过曲线和区间最小曲线。

评估应包括高速列车或车辆通过直缓点、缓圆点、圆缓点和缓直点等处的响应情况。

圆曲线的半径、超高和缓和曲线的长度及其组合应考虑困难情况下的可能取值。

线路长度的取值和不平顺的选取比照上述直线工况。

3) 侧向通过道岔工况

典型线路的侧向通过道岔工况可用站区中的连续岔区形式。

　　道岔应包括低速通过的道岔和高速通过的道岔。对高速列车而言，低速通过的道岔至少应为 12 号道岔；若需进入既有线运行，则还应考虑 9 号道岔使用的情况。对于可高速通过的道岔，需根据不同的限速等级分别考核。

　　仿真计算用的道岔应构造岔尖位置的不平顺和道岔两端过渡段的刚度变化。

　　对需要进入既有线的车辆考核时，所用道岔还需评估道岔有害空间的作用。

　　4) 纵坡工况

　　对于高速列车，还需要考核其在纵向坡道上运行的工况，考核时线路应包括凸形和凹形变坡点处的运行性能。有关纵坡工况，请参见 3.2.7 节。

　　2. 牵引性能评估典型线路

　　牵引性能的评估要采用对牵引性能有较大影响的典型线路进行考核，在前期做仿真计算时需要构造对牵引性能有严重影响的线路来考核。

　　线路工况需要包括长大坡道(持续能力)、短站距(反复启停)，并结合低网压、高温、高湿、超常载荷等恶劣工况进行考核，需对不同速度级逐级考核，以找出不利速度区。

3.3　机　械　载　荷

　　本节所指机械载荷泛指作用力(力矩)。车辆承受着各种载荷，除自重的作用外，车辆在线路上运行时还要承受各种复杂且不断变化的作用载荷，有周期性载荷，也有随机性载荷。由质量产生重力或质量具有加速度时产生的各种惯性力以及相应的反力属于本节所说的载荷。无论考虑强度问题还是牵引、制动问题，都需要关注质量带来的问题。

　　以下叙述的内容是针对我国目前使用最为广泛的采用两个两轴独立转向架支承方式的车辆形式，其他支承方式的车辆载荷计算可按实际结构形式分配确定。

3.3.1　高速列车的载荷工况

　　高速列车承受的载荷工况一般需要考虑额定运用载荷和超常载荷两种。

　　额定运用载荷工况是考虑额定的、常态的工况，属于经常性作用在车辆上的载荷，要考虑导致材质疲劳之类的问题。

　　超常载荷工况是考虑最大可能承受的工况，属于极少发生的，甚至可能是某一具体车辆在其整个生命周期中也不见得能遇上的工况，但是存在这种可能性。为了安全就必须考虑，要求在这种载荷作用下结构不能破坏，系统不能失效，旅客不被伤害，车上设备无损坏，并且在这种载荷撤除后系统能恢复正常，不存在残余变形。超出超常载荷工况的载荷则作为事故工况看待。

3.3.2　基本作用载荷

车辆在停放时或运动中所受的载荷是极其复杂的。基本作用载荷是指从车辆可能承受的载荷中选择出来的一些典型的载荷，将这些载荷及其载荷组合作用在车辆上，以考核车辆承受这些载荷的能力，如果车辆能够承受，就认为该车符合运用条件，满足性能和功能的要求，具有足够的可靠性和安全性，将该车投入运用是可行的。

这些典型的载荷将在设计中通过仿真计算作用在车辆的数学模型上，在试制落成后以试验载荷施加到车辆上进行验证。车辆承受这些典型载荷时将载荷传递给车辆上安装的部件和车辆上的旅客，也会传递给所装载的行李与货物。车辆上的零部件、旅客以及装载的行李与货物也要根据车辆所承受的基本作用载荷和各自的独立工况确定各自应能承受的基本作用载荷。

在一般情况下，车辆应考虑以下各种基本载荷，其中一些在高速列车上可不作为基本作用载荷。

(1)由实物质量产生的重力，包括：结构(容器)自身的重力和货物的重力；整备物品的重力；旅客和服务人员的重力；装载货物的重力。

(2)由实物质量相对运动引起的载荷，包括：车辆振动时由各质量(包括吊挂设备)的加速度引起的惯性力；吊挂设备振动产生的力；与制动和起动有关的惯性力；车辆通过曲线和道岔时的离心力和导向力；在列车各种运行工况下以及进行调车作业时列车与列车、车辆与车辆、车辆与机车、机车与列车、车体与乘员、车体与货物、车辆与轨道之间的相互作用力；受电弓(集电靴)运动中受到的力；车体、转向架、轮对、车钩缓冲装置和制动装置等车辆上各部件之间的相互作用力；旅客和服务人员的质量对车辆构件的作用力；安装于车辆上的动力设备及机械在工作时所产生的力。

(3)环境风及列车高速运行时产生的空气动力，包括：空气动力(如微气压、列车风力、升力等)；气动载荷(如气压差、风力、空气阻力等)。

(4)由车上的气压或液压及其变化产生的载荷，包括：制动系统动作时所产生的力；空气弹簧系统、制动缸、风缸和管路等的内部空气压力；罐体内液体(气体)的压力、水锤作用或真空产生的负压。

(5)由制造检修作业产生的载荷，包括：制造或维修时施加于车辆的外力；制造或维修时由于工艺因素产生的内力；运输车辆中所承受的作用力。

(6)除以上所述的各种车辆所共有的载荷外，还应当考虑因车辆用途和结构不同所存在的以下各种载荷：散粒货物和堆装货物的侧压力；机械化装车和卸车时产生的力；运送成件货物和垛装货物时作用于捆绑设备的力。

3.3.3　车辆基本作用载荷的使用概要

上述各载荷一般均可假定为互相独立起作用。

计算力的规范值一般由标准或规范规定，值得注意的是，普通车辆和高速列车的标准或规范是不同的，在没有规定时也可以用推定法或概率法加以确定。例如，在曲线上运行时的高速离心力可按欠超高的有关规定推算准静态横向力的一个估计值。

车辆结构和零部件按同时作用的各种规范力可能发生的最不利组合或按当量力的合理组合进行计算(疲劳计算、寿命计算、磨损计算等)。

3.3.4　车辆所承受的载荷种类

1. 载荷按作用方向分类

载荷按作用方向可分为垂直载荷、横向载荷、纵向载荷和斜对称载荷(扭转载荷)四种。

2. 载荷按静动态特性分类

载荷按静动态特性可分为静态载荷、准静态载荷和动态载荷三种，其中动态载荷又分为振动载荷和冲击载荷两种。

3. 载荷按作用特性分类

车辆所受动载荷有周期性载荷、随机性载荷和冲击载荷等多种形式。其中周期性载荷可用正余弦方式描述，一般振动理论中均有讲解；随机性载荷可用载荷谱方式描述，在随机振动理论中均有介绍；冲击载荷可用 δ 函数或脉冲函数描述。

4. 载荷按输入方式分类

车辆所受的载荷按输入方式可分为作用力方式和位移方式。

作用力方式的载荷在下面的基本作用载荷一节中加以叙述。

位移方式的载荷主要是线路不平顺、车轮的轮缘和踏面形状以及轨头的形状等引起的。

3.3.5　与质量有关的几个定义

上述载荷大多都与质量有关，特别是重力，有车辆的自重、运行整备重量、载重等。这些重量方面的载荷是由质量受地球引力引起的，为此首先对有关质量概念加以定义。

1. 空车质量

空车质量就是车辆自身的质量，包括车辆上所有固定配置的各种设备在内的质量。空车质量可以按新造出厂时包括必须配置的物品在内的车辆自身的质量考虑。

车辆自身质量包括车体结构和转向架等结构物质量、车体内装和座椅等车内设施，也包括固定安装在车辆上的各种设备以及装入其中的冷却液、润滑油等。

配置的物品包括灭火器、接地杆、铁鞋（如果有）、垃圾桶、送餐车、应急锤、应急梯、应急护栏等。

空车质量又分为空车车体质量 m_t 和转向架质量 m_3 两部分，即

$$m_k = m_t + 2m_3 \tag{3.3.1}$$

式(3.3.1)中等号右侧第 2 项指的是该车辆的转向架质量的总和，定义为车体支承面以下所有设备的质量，描述了运用最广泛的具有两个独立转向架形式的车辆的质量计算方法，2 表示两个转向架，m_3 表示一个转向架或走行装置的质量。对于其他支撑形式的车辆(如铰接式车辆)，其质量计算方法需按实际分配情况确定。

车体悬挂部件即车体和转向架之间连接元件的质量可按结构形式特点分配到 m_t 和 m_3 中，注意根据情况加权计入。同理，转向架上一系悬挂的质量也需根据结构形式特点加权追加计入相关的结构件上。

2. 整备质量

整备质量 m_z 就是车辆运用时必须配置齐全的全部整备物资和消耗品的质量以及司乘人员的质量。运用时必须配置的物资和消耗品包括油品、玻璃水、沙、水、餐饮服务食品、椅套卧具、清洁工具、必要的容器和备品等。

司乘人员是根据运行规定必须配备的司机、机械师、服务员及其随身行李、工具等的全部质量。

3. 整备状态下的车辆质量

整备状态下的车辆质量 m_0 就是车辆准备接待旅客状态时的质量，等于空车质量 m_k 加上整备质量 m_z，即

$$m_0 = m_k + m_z \tag{3.3.2}$$

4. 整备状态下的车体质量

由于转向架上可能需要的整备质量极小，仅将整备质量计在车体上。整备状

态下的车体质量包括带有所有安装部件的完全组装的车体质量，还包括全部运营准备的水、沙、燃料、食品等，以及司乘人员等的总质量。

整备状态下的车体质量 m_1 等于空车车体质量 m_t 加上整备质量 m_z，即

$$m_1 = m_t + m_z \qquad (3.3.3)$$

5. 额定服务质量

额定服务质量包括额定数量的旅客质量，也包括额定装载的货物(行李)质量。具有额定服务质量的工况也称为运用工况，这是对应用来考核可能导致材质疲劳的工况(详见第 5 章)。

1)旅客计算质量

额定数量的旅客质量以每一旅客的计算质量作为基数计算。每位旅客的计算质量为列车运用地区的旅客平均质量和其随身手提行李的平均质量之和。由于不同行程的旅客所带随身手提行李的质量是不同的，随身手提行李的平均质量需依据车辆所运行的铁路的种类不同而取不同的值，这个值需要通过对不同线路的运营情况进行调查统计后做出规定，目前仅是参考国内外标准规定的数据和旅客实际出行规律推断规定此数据，并以符号 m_p 表示。

表 3.3.1 为不同线路上的旅客计算质量。

表 3.3.1　不同线路上的旅客计算质量

车辆所运行的线路	旅客计算质量/(kg/人)
干线	80
城际	70
城市轨道交通及地铁	65

2)额定旅客数量

旅客的额定数量应包括座席区旅客数量和站立区旅客数量两部分。其中站立区旅客数量是除座席数外所运用的铁路规定的允许日常售出的站票数量，即日常允许站立的旅客数量。如果运营中大部分情况下座位基本满足需求而不需要售出站票，可直接只按座席数计。如果经常需要出售站票，可根据出售站票统计得出站立旅客平均数；还要考虑到铁路对旅客的吸引作用，推断未来的客流情况，提出额定站立旅客数，此时的定员应是额定站立旅客数再加上座席数作为额定载客数。将上述额定站立旅客数折算成单位站立面积上的旅客数量，以此作为站立区旅客数量的额定计算基数。单位站立面积上的旅客数量可根据车辆所运行的铁路不同做出不同的规定，并以符号 p 表示旅客数量。

表 3.3.2 为站立区旅客数量的额定计算基数表,表给出了不同线路上 p 的取值的样式。

表 3.3.2　站立区旅客数量的额定计算基数表

动车组所运行的线路	单位面积额定可站立人数/人
干线	0~2
城际	2~4
城市轨道交通及地铁	4~6

3) 额定座席区旅客质量 m_a

额定座席区旅客质量 m_a 按式 (3.3.4) 计算:

$$m_a = nm_p \tag{3.3.4}$$

式中, m_p 为每一旅客的计算质量(包括随身手提行李), kg; n 为座席数。

4) 额定站立区旅客质量 m_b^e

额定旅客基数乘以车辆上的可站立面积(包括通道及通过台的可站立面积)即可得出站立旅客额定计算数量。

可站立面积即通道及通过台等的面积之和,可根据车体平面布置得出,其中应除掉沿着座位前沿 100mm 宽度计算车厢地板面积。这样,额定站立区旅客质量 m_b^e 可用式 (3.3.5) 计算得出:

$$m_b^e = Sbm_p \tag{3.3.5}$$

式中, b 为单位面积旅客计算基数, 按表 3.3.2 所示站立区旅客数量的额定计算基数取值; m_p 为每一旅客的计算质量(包括随身手提行李), kg; S 为可站立面积, m^2。

5) 额定装载的货物质量 m_c

额定装载的货物主要是指行李区空间存放的行李或货物,一般可以按单位面积可装载的货物质量乘以可装载面积得出,如果是多层则应累计。对于可能利用高速列车运送货物的,也可按单位面积质量和层数乘以装载所占用面积确定其额定装载值。因此,额定装载的货物质量 m_c 按式 (3.3.6) 计算:

$$m_c = S_1 C \tag{3.3.6}$$

式中, C 为每平方米可装载的货物质量, 一般取为 300kg/m^2; S_1 为行李区面积, m^2, 一般按车体平面布置确定, 对装载货物的按实际占用区面积计算。

6) 额定服务质量计算式

额定服务质量 m_2^e 就是上述三部分质量的总和, 即

$$m_2^e = m_a + m_b^e + m_c \tag{3.3.7}$$

6. 最大服务质量

最大服务质量包括最大数量的旅客及随身手提行李的质量，也包括额定装载的货物质量。具有最大服务质量的工况属于超常工况，这是对应用来考核可能导致材质破坏(包括应力超限和/或永久变形)的工况(详见第 5 章)。

最大旅客数量除上述额定数量旅客外，还要加上车辆上站立区域最大可能站立的人员数量，这部分站立人员的数量除运输繁忙时的超售站立票外，还要考虑前后车辆可能疏散过来的人员数。全部最大旅客数量可以按座位数量和可站立区域每平方米最大可站立的人员数确定。可站立区域每平方米最大可站立的人员数随旅程长短的不同而不同，也要根据运营的情况进行统计分析后才能得出较合适的推断值，目前也仅是参考国内外标准采用的数据进行推断获得数据。表 3.3.3 为站立区旅客数量的最大计算基数表，为某种线路上的取值。

表 3.3.3　站立区旅客数量的最大计算基数表

动车组所运行的线路	单位面积最大可站立人数/人
干线	2～4
城际	6～8
城市轨道交通及地铁	8～10

最大服务质量中额定装载的货物质量的面积统计方法同上，单位面积的行李或货物的质量仍按 300kg/m² 计。最大服务质量的计算式与式(3.3.7)相同，即

$$m_2^m = m_a + m_b^m + m_c \tag{3.3.8}$$

式中，m_b^m 的计算式与式(3.3.5)相同，其中 b 值需按表 3.3.3 取值。

7. 车辆额定质量

车辆额定质量就是整备状态下车辆质量 m_0 加上额定服务质量 m_2^e，即

$$m_e = m_0 + m_2^e = m_1 + m_2^e + 2m_3 \tag{3.3.9}$$

式中，m_2^e 中的单位面积额定可站立人数需按表 3.3.2 取值。

车体的额定质量就是整备状态下车体质量加上额定服务质量，即车辆额定质量减去两个转向架的质量。

本计算方法也仅针对运用最为广泛的具有两个独立转向架的车辆，其他形式

的车辆需要根据实际情况分配。

8. 车辆最大质量

车辆最大质量 m_{max} 就等于整备状态下的车辆质量 m_0 加上最大服务质量 m_2^m，即

$$m_{max} = m_0 + m_2^m = m_1 + m_2^m + 2m_3 \qquad (3.3.10)$$

式中，m_2^m 中的单位面积最大可站立人数需按表 3.3.3 取值。

本计算方法也仅针对运用最为广泛的具有两个独立转向架的车辆，其他形式的车辆需要根据实际情况分配。

9. 列车总质量

列车总质量就是列车编组中所有动力车辆(含机车)和非动力车辆的质量之和。同样，列车总质量也有列车额定质量和列车最大质量之分。

10. 牵引制动的计算质量

1)整备质量问题

目前业内在作牵引制动的计算时还存在另一个质量定义。在整备质量中仅考虑部分整备质量，如沙箱仅考虑最大设计数量的三分之二、水仅考虑二分之一、餐饮食品仅考虑二分之一、玻璃清洁水仅考虑最高液位的三分之二等。

牵引制动计算也可按相关规程或标准执行。因此，如果有必要，也可将此定义为计算整备质量，即仅整备运用所必需的部分整备物资和消耗品以及司乘人员的质量。

2)最大质量与额定质量问题

牵引制动计算时所采用的高速动车组的质量应该考虑动车组的最大质量和额定质量两种工况。其中额定质量工况下的考核计算应按照有关牵引制动标准体系中的相关规定进行，以确认牵引制动能力的可用性；而最大质量工况下的计算可作为检算，以确认牵引制动能力的可靠性和安全性。

试验验证时一般仅按额定质量工况进行考核。

3.3.6　轮重与轴重

1. 种类

轮重 P_w 定义为车辆上的车轮压在钢轨上的载荷。轴重 P_a 定义为车辆上的轮对压在钢轨上的载荷。

以上定义是指静载状态下的，不包括动载荷。

轴重的定义又分为以下几个层次：

(1)空车轴重 P_{ak}，即空车轴重对应空车质量。

(2)装备轴重 P_{az}，即装备轴重对应整备状态下的车辆质量。

(3)额定轴重 P_{ae}，即额定轴重对应车辆额定质量。

(4)最大轴重 P_{amax}，即最大轴重对应车辆最大质量。

2. 轴重计算

对于具有两个独立转向架形式的车辆，以下述算例说明上述各轴重概念。

算例中，车体质量 m_t=34000kg，整备状态下的车体质量 m_1=34260kg，转向架质量 m_3=6870kg，定员 n=100，可站立面积 S=20.45m^2，行李区面积 S_1=5m^2。

1)最大轴重

取超常工况的旅客计算基数 b=4，则最大服务质量为

$$m_2^m = (n+Sb) \times 80 + S_1 \times 300 = 16044 \text{kg}$$

这样，车辆最大质量为

$$m_{max} = m_1 + m_2^m + 2m_3 = 64044 \text{kg}$$

根据实际质量分布情况可知各轴最大轴重，如表 3.3.4 所示。

表 3.3.4　各轴最大轴重分布算例表

轴位	计算最大轴重/kN
1	163
2	152
3	157
4	156

2)额定轴重

取运用工况的旅客计算基数 b=2，则额定服务质量为

$$m_2^e = (n+Sb) \times 80 + S_1 \times 300 = 12772 \text{kg}$$

车辆额定质量为

$$m_e = m_1 + m_2^e + 2m_3 = 60772 \text{kg}$$

根据实际质量分布情况可知各轴额定轴重，如表 3.3.5 所示。

表 3.3.5　各轴额定轴重分布算例表

轴位	计算额定轴重/kN
1	152
2	145
3	147
4	152

3）整备轴重

取服务质量 $m_2=0$，则车辆整备质量为

$$m_z=m_1+0+2m_3=48000\text{kg}$$

根据实际质量分布情况可知各轴的整备轴重，如表 3.3.6 所示。

表 3.3.6　各轴整备轴重分布算例表

轴位	计算整备轴重/kN
1	122
2	115
3	118
4	116

4）空车轴重

车辆空车质量为

$$m_k=m_t+0+2m_3=47740\text{kg}$$

根据实际质量分布情况可知各轴空车轴重，如表 3.3.7 所示。

表 3.3.7　各轴空车轴重分布算例表

轴位	计算空车轴重/kN
1	121
2	114
3	117
4	116

3. 轴重的分级管理方式

我国铁路的标准体系中对车轴实施分级管理。对速度 200km/h 及以下的铁道车辆根据不同的运用速度和轴荷重规定了车轴相应的轴型和基本尺寸。这样有利于车轴甚至轮对的简统化，有利于设计、生产、验证、运用和维护。

　　车辆设计时直接根据设计车辆的运用速度目标和轴重的限制在标准的车轴分级中选择一种标准车轴即可。同一类型列车中的不同车就可以采用相同的车轴。

　　欧洲和日本没有采用分级管理车轴方式,即使运用速度和轴重相同,不同车辆也不规定用同一种车轴,甚至同一列车上各车的车轴也可以不同。

　　从运用角度看,应采用简统化的方式选择车轴。例如,在同一线路上运营的轴重相近的几种列车上选用同样的车轴,也就是说,各车轴的承载能力是一样的,可以互换。在这种情况下,车轴管理上可以用较少的车轴品种覆盖全部使用要求。

　　在轴重分级管理时轴重的选择需要同时考虑超常工况和运用工况,即需要使用两个参数,一个是满足超常工况的以应力最大值不超过材料屈服极限作评估的最大轴重,另一个是满足运用工况的以应力平均值和应力幅不超过疲劳极限作评估的额定轴重。两者的主要差别在于车辆上站立区旅客数量在不同的铁路线上存在差异这主要是高速铁路、城际铁路和城轨铁路额定取值不同所致。因此,轴重的分级管理需按所运行的铁路分别管理,在编制标准中分别加以规定。

　　将车轴按轴重分为若干个等级,使用时根据车辆的质量和运用速度的不同选择可以满足要求的轴重等级,只要选择的车轴的最大可承受轴重大于列车中所有车辆的最大轴重和额定轴重中的最大值即可采用。

　　对于同一运行铁路,两个参数可以归并为一个参数(仅站立区旅客人数有差别),此时用一个参数确定车轴型号,用另一参数作校核即可。

　　车轮及其与车轴的组合——轮对也是如法炮制。

　　以上述轴重算例中一节车辆的轴重情况为例,如表 3.3.8 所示。选择计算最大轴重、计算额定轴重均能得到满足的轴重等级,即大于表 3.3.8 中最大值的最大轴重等级和额定轴重等级。

表 3.3.8　上述样例数据汇总表

轴位	计算最大轴重/kN	计算额定轴重/kN	计算整备轴重/kN	计算空车轴重/kN
1	163	152	122	121
2	152	145	115	114
3	157	147	118	117
4	156	152	116	116
最大值	163	152	122	121

　　目前,我国速度等级在 200km/h 以上的铁道车辆的车轴分级管理体系尚待建立,有必要建立高速动车组的车轴、车轮和轮对分级管理的标准体系,以此走上简统化的道路。

3.3.7　与重量有关的各种载荷的计算方法

1. 计算方法一

对载荷的计算方法一是自上而下的方法。以重量为例，重力是垂直往下作用的，因此首先从车辆最上面的质量开始计算。上层质量的重力作用在下一层上，由上往下逐步累加，累积到需要关注的位置处，即可得出作用在该处的垂直载荷。

横向载荷也同样，如与重量有关的离心力等也是首先计算车辆最上面一层，这一层的离心力就会作用到下一层，逐层递推，直到车轮与钢轨的接触点处。

2. 计算方法二

对载荷的计算方法二是自下而上的方法。以重量为例，首先选定车辆所应采用的轴重值，用该轴重值减去需要关注的位置以下各种质量对应的重量，就是该位置处所受的垂直载荷。

横向载荷也一样，从由选定轴重对应的轮轨力限值开始，逐层向上分配，得到所需关注位置的横向载荷的限值。

3. 计算方法三

方法三是一种简化的方法或经验的方法，大都与试验时模拟加载有关，或是鉴定是否符合要求的规定载荷。

这些方法都需要有相应的程序审批。

3.3.8　垂直载荷

垂直载荷是指作用力方向垂直于轨道平面的载荷。垂直载荷主要有重力、其他作用力的垂向分量和升力(负升力)等。由车辆上的各种质量形成的重力均为垂直载荷，包括自重、载重和整备重量。

升力是因列车高速运行而产生的高速气流或者侧向风作用在列车上而产生的垂直方向的作用力。由此产生的作用力方向向上的为升力，方向向下的为压力，为与其他以压力作名称的载荷加以区别而称为负升力。

1. 车体上的垂直均布载荷

1)计算方法一

车体及安装其上的各种质量和旅客质量形成的重力就是车体所承受的垂直载荷。

为了简化，把一些分布较小的质量形成的重力按照均布方式作用在车体底架上。车体的重力是按体积分布的，在有限元计算中以体积力施加，也可按均布载荷作用在车体底架上。

将车体上安装的重大电气和机械设备(即质量较大的设备)作为集中质量加挂于安装位置处,其重力按集中载荷的方式作用在其安装位置处。

(1)车体上的垂直均布载荷按式(3.3.11)计算(N):

$$F_{cz1} = (1 + K_{tz})(m_{11} + m_2)g \tag{3.3.11}$$

式中,g 为重力加速度(9.81m/s^2);K_{tz} 为车体垂直动荷系数;m_{11} 为扣除集中载荷的整备状态下车体质量,kg;m_2 为服务质量(分别按运用工况 m_2^e 和超常工况 m_2^m 取值),kg。其中,车体的垂直动载荷就是车体垂直振动运动中产生的动载荷,它是由质量存在加速度时造成的载荷。这里采用静载荷加上动载荷作为总载荷的方式。为此设 K_{tz} 为车体垂直动荷系数,这样垂直动载荷就等于垂向静载荷乘以垂直动荷系数 K_{tz}。高速列车的垂直动荷系数 K_{tz} 的取值推荐采用以下数值:运用工况可取为 0.2,超常工况可取为 0.3。

(2)车体上作用的集中垂直载荷,按加挂设备的实际质量计。按照上述静载荷加动载荷的方式计算(N),于是有

$$F_{cz2} = (1 + K_{tz})m_{12}g \tag{3.3.12}$$

式中,g 为重力加速度(9.81m/s^2);K_{tz} 为车体垂直动荷系数,取值同上;m_{12} 为车体上安装的重大电气和机械设备的质量,kg。

(3)车体上作用的垂直总载荷为

$$F_{cz}=F_{cz1}+F_{cz2} \tag{3.3.13}$$

鉴于高速列车中各节车辆的载荷不仅相同,在进行强度计算时,应按各节车辆的载荷个性化特点逐节进行计算,即使车体完全相同,也不能遗漏,以确保安全。试验验证时为了减少同类车体的试验件数量,应采用最不利组合原则将载荷施加在同一类车体上,这样方能使试验验证偏于安全。

2)计算方法二

在运用工况下应采用额定轴重,在超常工况下应采用最大轴重。为了确定轴重,需要将动车组上的每一节车辆均按方法一计算出每一车轮的计算额定轴重和计算最大轴重(如 3.3.6 节算例),并按 3.3.6 节轴重分级管理方式确定轴重的方法确定整列动车组统一的轴重等级——额定轴重和最大轴重。

用 1 位、2 位、3 位和 4 位四个轴重之和减去两个转向架的重量即为作用在车体上的总静载荷(包括车体自重),考虑动载荷后车体上作用的垂直总载荷的计算式为

$$F_{cz} = (1 + K_{tz})(4P_a - 2m_3 g) \qquad\qquad (3.3.14)$$

式中，F_{cz} 为车体上作用的垂直总载荷，N；g 为重力加速度(9.81m/s^2)；K_{tz} 为车体垂直动荷系数；取值同上；m_3 为转向架的质量，kg；P_a 为轴重(分别按额定轴重和最大轴重取值)，N。

总静载荷减去重大吊挂设备的重量即为车体上的垂直均布静载荷(包括车体自重)。

3)计算方法三

采用相关标准规定的计算方法，一些标准规定的方法与方法一相同，可直接采用方法一，其中主要问题是一些标准只给出了在没有规定可站立区域的人数情况下的取值。

当一种型号的动车组采用不同车体时，直接采用方法一计算车体载荷，此时需要对车体的形式进行分类，根据各车体承载结构的差异进行分类；对同一类型的车体取其中最不利载荷作为计算或者试验考核时应施加的载荷。对集中载荷存在差异的，即使同一类型，也要分别加以考核。

当对一种型号的动车组采用基本相同的车体时，可采用方法二简化，其中车体上的集中载荷分布情况需分别进行考核。

2. 转向架上的垂直载荷

以下内容是仅考虑重量作为垂直载荷的计算方法。由于车体承受的横向、纵向等载荷会在转向架两侧或在两个转向架上引起垂直增减载，其值需根据横向和/或纵向载荷在车体上作用的实际情况分配到转向架上后追加到下述计算式中。

1)计算方法一

根据前面确定的车体垂直载荷即可得出转向架上承受的垂直载荷，其值应该根据车体质量在各个转向架(根据支撑车体的转向架的实际数量和位置确定)的分配比例确定：

$$F_{bzi} = (1 + K_{tz})(m_1 + m_2)g c_{bi} \qquad\qquad (3.3.15)$$

式中，c_{bi} 为车体重量在两个转向架上的分配权重，$i=1,2$，其中 $c_{b1}+c_{b2}=1$，当车体重量分配均匀时，$c_{b1}=c_{b2}=0.5$；F_{bzi} 为 i 位转向架承受的垂直载荷，N，$i=1,2$；g 为重力加速度(9.81m/s^2)；K_{tz} 为车体垂直动荷系数，分别按运用工况和超常工况取值；m_1 为整备状态下车体质量，kg；m_2 为服务质量(分别按运用工况和超常工况取值)，kg。

2)计算方法二

用该转向架上的所有轴重之和减去转向架的重量即为转向架上所承受的垂直

静载荷，再乘以$(1+K_{tz})$即可得到转向架上的垂直总载荷：

$$F_{bz} = (1 + K_{tz})(2P_a - m_3 g) \tag{3.3.16}$$

式中，F_{bz} 为转向架上作用的垂直总载荷，N；g 为重力加速度(9.81m/s^2)；K_{tz} 为车体垂直动荷系数，取值同上；m_3 为转向架的重量，kg；P_a 为轴重(分别按额定轴重和最大轴重取值)，N。

3) 计算方法三

在初步计算时，直接用方法一尚不能分配载荷，也可先采用以下简化计算式计算，在最终计算中采用加权方式校核：

$$F_{bz} = \frac{1}{2}(1 + K_{tz})(m_1 + m_2)g \tag{3.3.17}$$

式中，F_{bz} 为转向架上作用的垂直总载荷，N；g 为重力加速度(9.81m/s^2)；K_{tz} 为车体垂直动荷系数，取值同上；m_1 为整备状态下车体质量，kg；m_2 为服务质量(分别按运用工况和超常工况取值)，kg。

采用方法二只需校核是否超轴重，即选择轴重等级。

上述三种方法中均不包括转向架自重载荷的施加，转向架的自重需在转向架中考虑。例如，在有限元计算中按体积力施加到相应的零部件上，当然也可将转向架的自重分解后(详见后述)作为转向架上承受的载荷在上述式中加入。

3. 构架上的垂直载荷

1) 计算方法一

构架上承受的垂直静载荷就等于转向架上承受的垂直静载荷再附加动载部分即可。对于无摇枕转向架，此载荷分别作用在构架的两个空气簧座上。有联系横梁的，可将联系横梁的重量追加计在车体上。

$$F_{fzj} = (1 + K_{tz})F_{bzi}c_{fj} \tag{3.3.18}$$

式中，c_{fj} 为转向架垂直载荷在构架两侧梁的分配权重，$j=1, 2$，其中 $c_{f1}+c_{f2}=1$，当转向架承载对称时，$c_{f1}=c_{f2}=0.5$；F_{fzj} 为构架 j 位侧承受的垂直载荷，N，$j=1, 2$；F_{bzi} 为 i 位转向架所承受的垂直载荷，N，$i=1, 2$；g 为重力加速度(9.81m/s^2)；K_{tz} 为车体垂直动荷系数，分别按运用工况和超常工况取值。

构架的自重可作为体积力加在构架上，也可以作为构架上承受的垂直载荷追加在构架上。

2) 计算方法二

用该转向架上所有轴重之和减去转向架的重量即为构架所承受的垂直静载

荷，再乘以 $(1+K_{tz})$ 即可得到转向架上的垂直总载荷：

$$F_{fz} = \frac{1}{2}(1+K_{tz})(2P_a - m_3 g) \tag{3.3.19}$$

式中，F_{fz} 为转向架构架每侧上作用的垂直总载荷，N；g 为重力加速度 (9.81m/s^2)；K_{tz} 为车体垂直动荷系数，取值同上；m_3 为转向架的质量，kg；P_a 为轴重 (分别按额定轴重和最大轴重取值)，N。

构架的自重则在构架的体积力中考虑，不能当成体积力施加的需将此载荷的一半追加入 F_{fz} 中。

车体转向架之间的悬挂部件重量加权计入转向架重量中的应扣除。

3) 计算方法三

(1) 构架一侧的超常垂直载荷按式 (3.3.20) 进行简化计算：

$$F_{fzmax} = \frac{1.3}{4}(m_1 + 2nm_p)g \tag{3.3.20}$$

式中，F_{fzmax} 为构架一侧的超常垂直载荷，N；g 为重力加速度 (9.81m/s^2)；m_1 为整备状态下车体质量，kg；m_p 为每一旅客计算质量，按表 3.3.1 取值，kg；n 为定员数。

(2) 构架上一侧的额定垂直载荷按式 (3.3.21) 进行简化计算：

$$F_{fze} = \frac{m_1 + 1.2\left[(2S_t + n)m_p\right]}{4}g \tag{3.3.21}$$

式中，F_{fze} 为构架一侧的额定垂直载荷，N；g 为重力加速度 (9.81m/s^2)；m_1 为整备状态下车体质量，kg；m_p 为每一旅客计算质量，按表 3.3.1 取值，kg；n 为定员数；S_t 为车体内的通道和通过台面积，m^2。

4. 构架上的悬吊载荷

悬吊于构架上的重大设备的重量根据悬挂方式和悬挂点的位置分配到各悬挂点处作为集中载荷直接施加到各悬吊处。其值应为悬吊重量乘以动荷系数，动荷系数根据悬吊方式及悬吊位置确定。一般对于半体悬或架悬方式，动荷系数可取 2.5；对于抱轴式，动荷系数可取 4.5。

5. 轮对上的垂直载荷——轴载荷

1) 计算方法一

车轴轴颈中央截面处所承受的垂直载荷由式 (3.3.22) 计算：

$$F_{azi} = \left(1 + K_{wz}\right)\left\{\left[\left(m_1 + m_2\right) + 2m_3\right] - 4m_w\right\}gc_{ai} \tag{3.3.22}$$

式中，c_{ai} 为车辆垂直载荷在八根车轴轴头上的分配权重，$i=1\sim8$，$\Sigma c_{ai}=1$，当车轴载荷分布对称时，$c_{ai}=0.125$；F_{azi} 为第 i 位车轴轴头上的垂直载荷，N，$i=1\sim8$；g 为重力加速度(9.81m/s^2)；K_{wz} 为轮轴垂直动荷系数，其值根据悬挂品质确定；m_1 为整备状态下车体质量，kg；m_2 为服务质量(分别按运用工况和超常工况取值)，kg；m_3 为转向架的质量，kg；m_w 为轮对的质量，kg。

考虑轮对自重时可将自重作为载荷加入。

2)计算方法二

将所定轴重减去轮对重量即为车轴的两个轴颈中央截面处承受的垂直静载荷之和，同样垂直总载荷就等于垂直静载荷加上垂直动载荷。

$$F_{az} = (1 + K_{wz})(P_a - m_w g)c_{wi} \tag{3.3.23}$$

式中，c_{wi} 为横向载荷在车轴两个轴头上的分配权重，$i=1$，2，$c_{w1}+c_{w2}=1$，当车轴载荷分布对称时，$c_{wi}=0.5$；K_{wz} 为轮轴垂直动荷系数，其值根据悬挂品质确定；g 为重力加速度(9.81m/s^2)；m_w 为轮对的质量，kg；P_a 为轴重(分别按额定轴重和最大轴重取值)，N。

如果需要考虑轮对的自重，则不必去除轮对重量。

3)计算方法三

车轴上的垂直载荷也可采用如下简化计算方法，并将其分别作用于两轴颈中央截面处：

$$F_{wz} = 2 \cdot 0.5P_a \tag{3.3.24}$$

式中，P_a 为轴重(分别按额定轴重和最大轴重取值)，N。

6. 车轮上的垂直载荷

车轮上的垂直载荷需考虑两个不同的垂向载荷作用线位置：作用在轮缘内圆角处；作用在距轮辋外侧面 25mm 处踏面上。

1)计算方法一

车轮上的垂直载荷可按式(3.3.25)计算：

$$F_{wzi} = \left(1 + K_{wz}\right)\left\{\left[\left(m_1 + m_2\right) + 2m_3\right]c_i\right\}g \tag{3.3.25}$$

式中，c_i 为车辆垂直载荷在八个车轮上的分配权重，$i=1\sim8$，$\Sigma c_i=1$，当转向架分布对称时，$c_i=0.125$；F_{wzi} 为第 i 位车轮上的垂直载荷，N，$i=1\sim8$；g 为重力加速度(9.81m/s^2)；K_{wz} 为轮轴垂直动荷系数，其值根据悬挂品质确定；m_1 为整备状态下车体质量，kg；m_2 为服务质量(分别按运用工况和超常工况取值)，kg；m_3 为每台转向架的质量，kg。

2)计算方法二

车轮上的垂直载荷也可按式(3.3.26)计算：

$$F_{wz} = \frac{1}{2}(1 + K_{wz})P_a \qquad (3.3.26)$$

式中，K_{wz} 为轮轴垂直动荷系数，其值根据悬挂品质确定；P_a 为轴重(分别按额定轴重和最大轴重取值)，N。

3)计算方法三

车轮垂直载荷还可以按式(3.3.27)计算：

$$F_{wz} = 2 \cdot 0.5 P_a \qquad (3.3.27)$$

式中，P_a 为轴重(分别按额定轴重和最大轴重取值)，N。

3.3.9　横向载荷

1. 横向载荷的种类

横向载荷根据车辆与线路在水平面内的动力相互作用所产生的力、离心力、风压力以及通过曲线时车辆之间相互作用力的横向分力来确定。

2. 横向载荷的作用位置

在对接近于标准型结构的车辆做初步计算时，转向架质量中心的位置建议取在轮对轴线平面上；而重车车体质量中心与轮对轴线平面的距离建议取为：客车1.6m，货车1.8m；对其他零部件则考虑作用在零部件形心上。最终计算需按照修正后的质量中心坐标进行。

对转向架构架以及车体底架枕梁进行计算时，应当考虑弹性变形、车辆悬挂和支承(心盘)装置运动系统的位移、车辆重量(总重)的实际分配以及因此产生的各力的作用方式的变化。

3. 通用载荷

1)侧向风载荷

风压力根据作用于车辆侧向投影(包括货物投影在内)面积的单位风压力为基数进行计算。我国标准规定对自然环境产生的风压力的单位面积风压力值为540Pa 进行计算。列车风的风压力根据空气动力学性能计算确定，或以运行中的实测值提出推断值作为参考。该力的合力作用于车辆侧向投影面的形心上，合力的值等于单位面积风压力乘以车辆侧向投影面的面积，也可以按面力分布作用在车辆的整个侧向投影面。

2)在曲线上车辆间相互作用侧向力

列车运行与调车作业中，在曲线上车辆间相互作用侧向力根据需要加以考虑。

3)由欠超高引起的侧向力

3.2.5节在曲线超高的设置中已经提到在曲线上列车运行速度超过平衡速度时将要承受未平衡的离心加速度。而车辆所承受的离心力的大小即未平衡的离心加速度的最大准静态值，其值与最大欠超高的规定相关。由表3.2.1和表3.2.2可以看出，欠超高最大为110mm时对应的未平衡的离心加速度为0.0733g，即0.7188m/s^2。运用工况下，车辆允许承受的离心力的准静态值F_{yqe}应为车辆额定质量乘以允许的未平衡的离心加速度$[g_q]$，即

$$F_{yqe} = m_e \left[g_q \right] \tag{3.3.28}$$

超常工况下，车辆允许承受的离心力的准静态值F_{yqmax}应为车辆最大质量乘以允许的未平衡的离心加速度$[g_q]$，即

$$F_{yqmax} = m_{max} \left[g_q \right] \tag{3.3.29}$$

该值具体作用到车轴上时应分别考虑车辆的四根车轴同时贴靠外侧钢轨和不同时贴靠钢轨两种情况，即应考虑一个不均匀系数，该值可以作为运用载荷考虑。如考虑一个动荷系数后，可以作为车轴承受的超常横向载荷。

4. 车体上的侧向力

1)计算方法一

未平衡的离心力可作为体力施加到车体上，也可作为集中力施加到车体的重心处。作为集中力施加时，未平衡的离心力按式(3.3.30)取值：

$$F_{cy} = \left(1 + K_{cy}\right)\left(m_1 + m_2\right)\left[g_q\right] \tag{3.3.30}$$

式中，$[g_q]$为允许的未平衡的离心加速度，m/s^2；K_{cy}为车体横向动荷系数，其值根据悬挂品质确定；m_1为整备状态下车体质量，kg；m_2为服务质量(分别按运用工况和超常工况取值)，kg。

车体承受的侧向力还要在式(3.3.30)的基础上加上通用载荷中的风载荷及其他侧向力。

2)计算方法二

车体承受的未平衡离心力为

$$F_{cy} = \left(1 + K_{cy}\right)\left(\frac{4P_a}{g} - 2m_3\right)\left[g_q\right] \tag{3.3.31}$$

式中，g 为重力加速度(9.81m/s^2)；$[g_q]$ 为允许的未平衡的离心加速度，m/s^2；K_{cy} 为车体横向动荷系数，其值根据悬挂品质确定；P_a 为轴重(分别按额定轴重和最大轴重取值)，N；m_3 为每台转向架的质量，kg。

车体承受的侧向力还要在式(3.3.31)的基础上加上通用载荷中的风载荷及其他侧向力。

3)计算方法三

(1)建议取车体承受的未平衡的离心力为

$$F_{cy} = 0.1F_{czj} \tag{3.3.32}$$

式中，F_{cy} 为车体承受的未平衡的离心力，N；F_{czj} 为车体垂直静载荷，N。

(2)在考虑侧向力的影响时，也可以将横向载荷转换成垂直载荷作用在车体的侧墙或侧梁上，即在垂直载荷上再增加一定比例的重量值。例如，有的标准建议在车体侧墙或侧梁或枕梁的垂直力计算时，对于客车可按总重力增加 12.5%，货车增加 10%考虑。

5. 构架上的横向载荷

1)计算方法一

将车体所承受的横向载荷加权分配到两个转向架上，则 i 位转向架上承受的未平衡的离心力 F_{fyi} ($i=1, 2$)为

$$F_{fyi} = \left(1 + K_{cy}\right)\left(m_1 + m_2\right)\left[g_q\right]c_i \tag{3.3.33}$$

式中，c_i 为车体横向载荷在两个转向架上的分配权重，$i=1, 2$，$c_1 + c_2 = 1$，当转向架分布对称时，$c_1 = c_2 = 0.5$；$[g_q]$ 为允许的未平衡的离心加速度，m/s^2；K_{cy} 为车体横向动荷系数，其值根据悬挂品质确定；m_1 为整备状态下车体质量，kg；m_2 为服务质量(分别按运用工况和超常工况取值)，kg。

同样，式(3.3.33)也要再加上通用载荷中的风载荷及其他侧向力的分配值。

2)计算方法二

i 位转向架上承受的未平衡的离心力 F_{fyi} ($i=1, 2$)为

$$F_{fyi} = \left(1 + K_{cy}\right)\left(\frac{2P_a}{g} - m_3\right)\left[g_q\right]c_i \tag{3.3.34}$$

式中，c_i 为车体横向载荷在两个转向架上的分配权重，$i=1, 2$，$c_1 + c_2 = 1$，当转向架

分布对称时，$c_1=c_2=0.5$；g 为重力加速度(9.81m/s^2)；$[g_q]$ 为允许的未平衡的离心加速度，g；K_{cy} 为车体横向动荷系数，其值根据悬挂品质确定；m_3 为每台转向架的质量，kg；P_a 为轴重(分别按额定轴重和最大轴重取值)，N。

同样，式(3.3.34)也要再加上通用载荷中的风载荷及其他侧向力的分配值。

3)计算方法三

(1)构架上的超常横向载荷 F_{fymax} 可按式(3.3.35)简化计算：

$$F_{\text{fymax}} = 2\left[10^4 + \frac{1}{12}\left(m_1 + 2nm_\text{p}\right)g\right] \tag{3.3.35}$$

式中，g 为重力加速度(9.81m/s^2)；m_1 为整备状态下车体质量，kg；n 为定员数；m_p 为每一旅客计算质量，按表 3.3.1 取值，kg。

(2)每台转向架上的额定横向载荷 F_{by} 可按式(3.3.36)简化计算：

$$F_{\text{by}} = 0.5\left(F_{\text{bz}} + 0.5m_3 g\right) \tag{3.3.36}$$

式中，F_{bz} 为转向架一侧的基本垂向载荷，N；g 为重力加速度(9.81m/s^2)；m_3 为每台转向架的质量，kg。

6. 构架上悬吊设备的横向载荷

悬吊于构架上的重大设备所承受的横向载荷需根据悬挂方式和悬挂点的位置进行分配，以集中载荷作用在构架各悬挂点处。其值应为悬吊质量乘以允许的未平衡的离心加速度值，再乘以横向动荷系数，横向动荷系数值根据悬吊方式及悬吊位置确定。

7. 车轴上的横向载荷

1)计算方法一

车轴上的横向载荷作用在车轴中心处，i 位车轴上承受的未平衡的离心力 $F_{\text{wy}i}$ ($i=1, 2, 3, 4$) 为

$$F_{\text{wy}i} = \left(1 + K_{\text{wy}}\right)\left(m_1 + m_2 + 2m_3\right)\left[g_q\right]c_i \tag{3.3.37}$$

式中，c_i 为车辆横向载荷在四根车轴上的分配权重，$i=1, 2, 3, 4$，$c_1+c_2+c_3+c_4=1$，当车体和转向架分布对称时，$c_1=c_2=c_3=c_4=0.25$；$[g_q]$ 为允许的未平衡的离心加速度，m/s^2；K_{wy} 为车轴横向动荷系数，其值根据悬挂品质确定；m_1 为整备状态下车体质量，kg；m_2 为服务质量(分别按运用工况和超常工况取值)，kg；m_3 为每台转向架的质量(不计轮对质量时可减去轮对质量)，kg。

同样，式(3.3.37)也要再加上通用载荷中的风载荷及其他侧向力的分配值。

2)计算方法二

车轴上承受的未平衡的离心力 F_{wy} 为

$$F_{wy} = \left(1 + K_{wy}\right) P_a \left[g_q \right] U_w \tag{3.3.38}$$

式中，$\left[g_q \right]$ 为允许的未平衡的离心加速度，m/s^2；K_{wy} 为车轴横向动荷系数，其值根据悬挂品质确定；P_a 为轴重(分别按最大轴重和超常轴重取值)，N；U_w 为车辆四根轮轴过曲线时的横向载荷分配不均匀系数。

不计轮对重量时可在轴重中减去轮对重量。同样式(3.3.38)也要再加上通用载荷中的风载荷及其他侧向力的分配值。

3)计算方法三

横向载荷取作用在轮缘内圆角处，车轴上承受的未平衡的离心力为

$$F_{wy} = 0.5 P_a \tag{3.3.39}$$

式中，P_a 为轴重(分别按额定轴重和最大轴重取值)，N。

8. 车轮上的横向载荷

忽略非导向轮的摩擦力，则导向侧车轮上承受的横向力就等于车轴上承受的横向载荷，其值按车轴上的横向载荷计算(见车轴横向载荷计算方法一、方法二、方法三)。

3.3.10 纵向载荷

1. 纵向载荷的性状

纵向载荷是指列车各种运行工况(起动、调速、制动、上下坡等)下及调车作业时车辆与车辆、列车与列车之间的相互作用产生的拉伸力和压缩力，以及此时产生的由车辆各零部件承受的惯性力。

1)纵向载荷的大小与车辆的质量有关

车辆质量越大，纵向载荷就会越大；自重越大，纵向载荷也越大，纵向载荷的加大又要求承载能力加大，也就意味着自重需要增加。自重加大又意味着牵引功率要加大，随之而来的又是增加自重。

因此，减轻自重应是一个永恒的课题，也就是说，轴重的选择应是在完成指定运输任务的前提下尽可能减小。

需要协调相互之间的关系，尽量减轻自重，选择合适的轴重，以适应各个环节的要求。

2)纵向载荷的大小与车辆之间的冲击速度有关

由于所采用的高速列车是动车组方式,正常情况下是不解编的。在动车组上有条件采用密接式车钩,使两车钩之间的间隙接近于零,从而降低车辆相互冲击时的相对速度,使所产生的纵向冲击载荷大大降低。因此,动车组内部的纵向冲击载荷较小。

高速列车还存在一种多个短编组动车组连挂后成为长编组一起运行的模式,两动车组之间连挂时也会产生冲击载荷,这就需要对连挂速度进行控制。可通过列车上控制单元中的软件使动车组在将要连挂上时相对速度降低到足以完成连挂作业的速度(如 1km/h 以下)。这样再依靠车上安装的缓冲器和/或其他能量吸收装置即可降低车辆所受的纵向载荷,实现对车辆的保护。

救援工况下高速列车还需要由救援机车来连挂,由救援机车负责牵引和制动。这种情况下也存在纵向载荷,特别是救援机车连挂时不是由控制单元的计算机操控,而是由司机操控,因此连挂时的相对速度会较大,一般在 3~5km/h,甚至还会更大一些。其纵向载荷可与既有线普通客车相当,因此可以认为这种工况是高速列车所遇的纵向力最大的工况,高速列车的车体需能经受此种工况下的纵向载荷。

3)纵向载荷的大小与车辆之间的间距有关

如上所述,车辆上需要安装缓冲器以减缓所受到的冲击载荷,缓冲器缓冲作用的关键是要降低冲击力,在限制最大冲击力后吸收冲击能量就只有依靠缓冲器的行程了,行程越大,吸收能力就越强。但是对于高速列车,为了减小运行阻力、降低牵引功率,两车辆之间的间距越小越好。因此,缓冲器的行程是受限制的,不能随意加大。

4)纵向载荷的大小与缓冲器品质有关

车辆上安装的缓冲器主要是为降低车辆所受的纵向冲击力、降低车辆的纵向加速度和吸收部分车辆相互冲击时的动能,从而达到保护车辆的目的。选择一个与车辆的质量相匹配的缓冲器可有效地缓解冲击载荷。

为了说明缓冲器的选择准则,将缓冲器的阻抗力与缓冲器行程关系的特性曲线简化成如图 3.3.1 所示的三种类型。

从可比性出发,对缓冲器的最大阻抗力和最大行程做了约定。为了确保车体不被破坏,这三个例子都取相同的缓冲器最大阻抗力,即车体能够承受的最大纵向力。与此同时,也取相同的缓冲器最大行程,即高速列车设计中可以接纳的最大的缓冲器行程。

图 3.3.1(a)中,*oa* 线为加载过程线,*oa* 线以下至横坐标所围的面积就是输入的总功;*abo* 线为卸载线,*abo* 线与横坐标所围的面积为最终提供给车辆上的能量;*oabo* 线所围的面积为缓冲器的吸收能量。

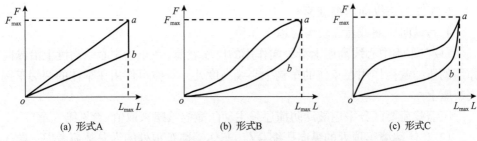

图 3.3.1　缓冲器的阻抗力与缓冲器行程关系的特性曲线示意图

图 3.3.1(b)中的 oa 线基本在图 3.3.1(a)中的 oa 线下方，前半段呈下凹形，意味着缓冲器的前部行程段较软，阻抗力一开始上升缓慢，而后才提高阻抗力的上升速度；后半段为上凸形，意味着缓冲器的后部行程阻抗力有一较快的上升段，之后上升趋缓。与图 3.3.1(a)相比，虽然总容量(输入的总功)会小些，但是前部有较好的缓冲能力是可取的。因为列车正常运行中的冲击能量是较小的，缓冲器主要是前部起作用(行程较小的部分起作用)，可以大大缓冲纵向载荷，由此可以大大提高车体在纵向载荷作用下的抗疲劳特性。

图 3.3.1(c)中的 oa 线基本在图 3.3.1(a)中的 oa 线上方，前半段呈上凸形，意味着缓冲器的前部行程段较硬，阻抗力一开始就很快上升，之后才减缓阻抗力的上升速度；后半段为下凹形，意味着缓冲器的后部行程阻抗力先上升较缓，之后上升速度加快。与图 3.3.1(a)相比，虽然总容量(输入的总功)是大了，但是前部阻抗力较快上升，提高了高速列车正常运行中的冲击载荷，反而使运用中的缓冲能力大大下降，从而对车体在纵向载荷作用下的抗疲劳特性不利。

有关冲击能量方面的论述请见文献[1]。从冲击能量角度分析，一定的冲击质量应选择与此相匹配的容量参数和阻抗特性，实现降低列车运行时的纵向力和纵向加速度目标。单纯地加大容量将会适得其反，因此不应过度追求大容量，而应该兼顾高速列车运行状态下缓冲纵向载荷的能力。

2. 车体静态纵向载荷

在对车体可承受的纵向载荷做限定时，一般都采取以静态载荷取代冲击载荷的方式，即规定车体的静态可承受纵向载荷。认为车体满足此条件后，可以承受相应的纵向冲击载荷。

目前的各标准体系中在规定车体的可承受纵向载荷时大多只规定一个对应静态纵向载荷，而没有细分运用工况和超常工况。实际使用中仍然存在这两种工况，需要加以关注。

车体的静态纵向载荷还分为车体的静态纵向压缩载荷和车体的静态纵向拉伸载荷两种。

1)车体静态纵向压缩载荷

静态纵向压缩载荷需要考虑以下几种：

（1）在车钩中心线高度上沿纵向作用的压缩载荷。在车钩中心线高度上沿纵向作用的压缩载荷作用在车体的车钩中心线高度处，具体可作用在车体的两端车钩安装座上。

压缩载荷要区分采用被动防撞还是主动防撞的策略来取值（参见第6章）。

（2）车体端墙车顶处的纵向压缩载荷。车体端墙车顶处的纵向载荷考虑一端作用在车体端墙的车顶与侧墙交接高度处，而另一端作用在车钩中心线高度处，可考虑取 F_{cxy1}=300kN。

（3）车体端墙上对应侧墙车窗处的纵向压缩载荷。车体端墙上对应侧墙车窗处的纵向载荷考虑一端作用在车体端墙上侧墙车窗下缘高度处，而另一端作用在车钩中心线高度处，参考取值为 F_{cxy2}=300kN。

2)车体静态纵向拉伸载荷

车体静态纵向拉伸载荷作用在车体的车钩中心线高度处，具体可作用在车体的两端车钩安装座上，纵向拉伸，参考取值为 F_{cxls}=1000kN。

3. 转向架上的纵向载荷

1)转向架上承受的最大纵向惯性力

转向架上承受的最大纵向载荷是转向架与车体之间的最大纵向惯性力，按式（3.3.40）计算：

$$F_{bx} = m_3 K_{bx} g \qquad (3.3.40)$$

式中，F_{bx} 为转向架所承受的最大纵向惯性力，N；g 为重力加速度（9.81m/s^2）；K_{bx} 为转向架所承受的最大纵向加速度系数，参考取值为 K_{bx}=5；m_3 为转向架的质量，kg。

2)转向架上承受的运用工况纵向惯性力

转向架上承受的运用工况纵向惯性力按转向架与车体之间经常承受的相对加速度值计，按式（3.3.40）计算，此工况下参考取值为 K_{bx}=3。

4. 构架上的纵向载荷

构架上所承受的纵向载荷除转向架与车体连接所承受的惯性力外，还有作用在车轮安装位置处的纵向力、牵引力和制动力。

1)作用在车轮安装位置处的纵向力

这部分纵向力主要是由摇头运动以及小半径曲线通过时作用在轮对上的纵向力。该纵向力数值一般可取为

$$F_{bx} = K_{bx}\left(F_{bz} + m_3 g\right) \tag{3.3.41}$$

式中，F_{bx} 为构架上承受的这部分纵向力，N；F_{bz} 为转向架上部的垂直载荷（分别按超常工况和运用工况取值），N；K_{bx} 为纵向力作用系数，其中超常工况下可取 $K_{bx}=0.1$，运用工况下可取 $K_{bx}=0.05$；m_3 为转向架质量，kg。

2）牵引力和制动力

在转向架牵引点处需承受沿纵向作用的最大牵引力和额定牵引力，其值需根据转向架牵引功率确定。

制动力可分别按制动系统的最大减速度和常用最大加速度计。

3.3.11　扭转载荷（斜对称载荷）

1. 车体承受的扭转载荷

车体承受的扭转载荷是一组自相平衡的力系构成的载荷。

车体所承受的扭转载荷的主要原因有以下几方面：

（1）车辆设计时不能做到将重心与几何中心重合，存在偏重，如卧铺车。

（2）车辆在制造中的加工组装误差造成车体落车时就有一初始扭曲存在。对于采用四点式支承方式的车辆，这种扭曲不可避免，需要在制造中加以控制。

（3）车辆通过扭曲线路造成的车体扭曲。扭曲线路包括缓和曲线，也包括具有高低不平顺的轨道。

（4）车辆装载时存在偏载，包括旅客的变化情况。

（5）维修救援作业时对车体施加的载荷的影响。

从车体外部看，扭转载荷垂直作用在车体的承台面上，参考取值为 40kN·m。

2. 转向架承受的斜对称载荷

转向架承受的斜对称载荷是一组作用在四个车轮的轮轨接触点上的反对称分布的自相平衡的垂直力系构成的载荷。产生的原因与车体大体相同，其中制造误差中影响最大的是弹簧的高度差和刚度差，需要严格控制。对于扭曲线路的影响，以考虑轨道的最大扭曲量的形式规定转向架所受的扭曲载荷。一般规定应考虑轨道的最大扭曲量为 10‰，其值按式（3.3.42）计算：

$$F_n = \frac{1}{4} \frac{L_2 z}{L_1} \frac{C_1 C_2}{C_1 + C_2} \tag{3.3.42}$$

式中，C_1 为一个轴箱上轴箱弹簧总刚度，kN/cm；F_n 为斜对称载荷，kN；L_1 为轮对两滚动圆间距离，cm；L_2 为车轴轴颈中心线间距离，cm；z 为轨道最大扭曲量（=10‰）时某一车轮升高值，cm；C_2 为转向架抵抗斜对称载荷的刚度，$C_2 = 1/\delta$， kN/cm；δ 为 $F_n=1$ 时在构架上该载荷作用点处沿其作用方向的位移量，cm。

3. 车轴上的扭转载荷

车轴上的扭转载荷分别作用于轮座、制动盘座和齿轮座上，其值可按式 (3.3.43) 计算：

$$M_n = 0.2 P_a D_w \qquad (3.3.43)$$

式中，D_w 为轮径，m；M_n 为车轴上的扭转载荷，N·m；P_a 为轴重，N。

3.3.12　车体的顶车载荷

车体的顶车载荷是车体制造、维修和救援中可能遇到的工况，需考虑两种情况。

1. 一端顶车

一端顶车是以一端转向架为支点，在车体另一端顶车位将车体连同该端的转向架一起顶起，此时的垂直载荷应为

$$F_{czd1} = (m_1 + m_3) g \qquad (3.3.44)$$

式中，F_{czd1} 为一端顶车的垂直载荷，N；g 为重力加速度($9.81 \mathrm{m/s^2}$)；m_1 为整备状态下车体质量，kg；m_3 为顶车端的转向架质量，kg。

2. 两端顶车

两端顶车是以车体两端顶车位同时顶起整个车体(不包括转向架)，还应考虑不均衡因素(如三点支承状态)，此时的垂直载荷应为

$$F_{czd2} = m_t g \qquad (3.3.45)$$

式中，F_{czd2} 为两端顶车的垂直载荷，N；g 为重力加速度($9.81 \mathrm{m/s^2}$)；m_t 为空车车体质量，kg。

3.3.13　车顶的作业载荷

为了人员能在车顶上作业，车顶上应能承受 100kg 重的人在车顶上行走而不变形的能力，这是一种局部载荷。

3.3.14　零部件的固结强度

车上车下均固定了大小重量不等的各种设备，这些设备的安装固定必须是牢

固可靠的。其紧固力应按承受如下载荷考虑：部件质量乘以一定的加速度值。

超常载荷工况下的加速度取值如下：纵向固结于车体上的取 $3g$，固结于转向架上的取 $5.0g$；横向按 $1g$；垂向按 $(1\pm C)g$，其中 C 在车端时取 2，在车体中央时取 0.5，由车端到中央则线性插值，转向架上取 3.0。

运用载荷工况下的加速度取值如下：纵向按 $0.16g$，横向按 $0.15g$，垂向按 $0.20g$（不包括重力）。

以上载荷工况均应分别施加，并分别与设备的 $1g$ 垂直加速度载荷和设备自身生成的最大载荷合成。

3.3.15 牵引电机的扭矩

1. 扭矩

牵引电机是将电能转化为机械能的设备，采用施加扭矩的方式做功。因此，对于安装牵引电机的动力转向架，需要考虑承受由于牵引电机旋转产生的扭矩的反力矩作用。

牵引电机的扭矩最大值是牵引电机的短路扭矩。为了避免短路扭矩造成不利影响，一些转向架上设计安装了扭矩保护装置。在扭矩保护装置正常工作的情况下，转向架上可以不考虑短路扭矩的影响，如果没有此装置或此装置失效，则需要以短路扭矩作为转向架上承受的载荷。

2. 动平衡

牵引电机作为一种旋转机械，存在动平衡的问题，需要在制造中加以控制。在转向架上需要承受由于动不平衡的存在而在牵引电机旋转时所产生的载荷。此外，这种动不平衡还可能造成电机转子的轴向冲动，引起轴承损坏等现象。

3.3.16 轮轨纵向摩擦力

轮轨摩擦力是指车轮与钢轨之间存在的轮轨接触点处的相互作用力，包括车轮在没有被作用外力而旋转或阻止旋转时沿钢轨纵向存在运动趋势时的静摩擦力、沿钢轨纵向平动时的滑动摩擦力和滚动时的转动摩擦力，也包括车轮在横向存在运动趋势时的静摩擦力和沿横向平动时的滑动摩擦力，车轮沿其他方向存在运动趋势时的静摩擦力和平动时的滑动摩擦力等。本节指的是前者（纵向），后面两项在讨论其他问题中涉及时讨论。

非动力车轮在没有制动力作用时始终承受着摩擦力，从静止到起动承受静摩擦力，起动后承受滚动摩擦力，车轮被限制旋转后承受滑动摩擦力。在提供制动力时就不再存在摩擦力，而是承受轮轨黏着力。在制动扭矩过大而超过黏着限制时要承受滑动摩擦力。

动力车轮在电机不提供牵引或制动力时与非动力车轮一样,在电机提供牵引或制动力时就不再存在摩擦力,而是承受轮轨黏着力。当牵引扭矩过大或制动扭矩过大而超过黏着限制时,也与非动力车轮一样要承受滑动摩擦力。

摩擦力的大小定义为正压力乘以摩擦系数。这里的正压力就是车轮对钢轨的正压力。在静止状态时,垂直正压力就是轮重。正压力越大,摩擦力就越大。为了减小摩擦力,也有必要降低正压力,即降低轴重。

摩擦系数随轮轨接触表面的状态不同而不同,干燥状态下的摩擦系数最大,潮湿状态下的摩擦系数较小,有油状态下的摩擦系数非常小。摩擦系数也随车轮相对钢轨的运动状态不同而不同,分为静摩擦系数、滑动摩擦系数和滚动摩擦系数,其中滚动摩擦系数最小(一般在小数点后第二位不为零,如 0.01),静摩擦系数最大(一般在 0.1～0.4),滑动摩擦系数介于两者之间。摩擦系数还随轮轨之间相对速度的增大而降低。目前的摩擦学理论和试验显示,摩擦系数与速度呈负一次方关系。

此外,轮缘与钢轨的轨廓立面之间的摩擦力也应加以考虑。

3.3.17　轮轨黏着力

牵引列车运动的牵引力和减速的制动力是列车所受到的纵向力,此纵向力来自轮轨接触处。

1. 牵引力

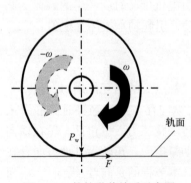

图 3.3.2　轮轨黏着关系示意图

牵引力是指推动高速列车沿钢轨方向运动的外力。图 3.3.2 为轮轨黏着关系示意图。从图 3.3.2 可以看出,当牵引电机旋转提供牵引力矩 M 时,车轮围绕车轴中心以 ω 方向旋转,使轮轨接触点处有一向左运动的趋势;由于轮重 P_{w} 的作用,车轮被压紧在钢轨上,与钢轨黏着在一起;轮轨接触点向左运动的趋势使车轮从轮轨接触点处获得了沿钢轨向右的作用力 F,此力就是使车辆向右平移的外力;车轮在旋转力矩作用下向右滚动,此 F 力就称为轮周牵引力。

轮周牵引力的影响因素有电机的旋转力矩 M、车轮半径 R、轮重 P_{w}、轮轨之间的黏着系数 μ、机械传动装置的效率 η。轮周牵引力可由式(3.3.46)计算:

$$F = \frac{M\eta}{R} \tag{3.3.46}$$

电动车组的牵引力是由安装在动车组上的电动机产生旋转力矩，经传动装置传递给轮对，通过黏着的作用在轮轨之间形成切向力，该力作用在高速列车的车轮上，推动列车运行。

2. 制动力

制动力是来自轮轨接触点的与列车运动方向相反的外力。目前我国高速列车都是使用再生制动和摩擦制动两种方式。

仍以图 3.3.2 来说明。与上述牵引力的获得过程相反，此时牵引电机不再给出牵引力矩主动旋转来牵引列车运动，列车呈惰行状态。这时，假设列车带着惯性向左运动，车轮在此惯性力作用下以与 ω 相反的方向（图 3.3.2 中虚线所示的$-\omega$方向）绕车轴中心旋转，如果此时阻止车轮旋转（将车轮抱住），则车轮与钢轨的接触点处就会产生向左运动的趋势；由于轮重 P_{w} 的作用，车轮被压紧在钢轨上，与钢轨黏着在一起；轮轨接触点向左运动的趋势使车轮从轮轨接触点处获得了沿钢轨向右的作用力 F，此力就是阻碍车辆向左平移的外力，即列车受到的制动力。

对于再生制动，阻止车轮旋转的过程是这样的：通过列车牵引控制装置将牵引电机变成发电机，由于列车的惯性推动，轮对的旋转在牵引电机中产生反电动势，方向就是围绕车轴中心的 ω 方向，这就是阻碍车轮转动的力。车轮在反电动势的作用下，滚动转速减缓，列车运行速度就降了下来。在反电动势的作用下，列车的动能转化为电能，从而向电源侧馈电。

对于摩擦制动，控制制动闸片压向制动盘，两者相互摩擦，于是就产生了阻碍车轮转动的力。车轮在制动盘片摩擦力的作用下，滚动转速减缓，列车运行速度就降了下来，此力就是列车受到的制动力，制动盘片则将列车的动能转化为热能散发到外部。

3. 黏着力

黏着力是指车轮在被作用外力使其旋转或阻止其旋转时来自车轮与钢轨之间的黏着作用而产生的作用力。上述牵引力和制动力均属于黏着力，因此也称为牵引黏着力和制动黏着力。

由上述说明可知，当牵引电机给出的扭矩逐步增大到一定程度或者制动盘片之间的压力大到一定程度时，车轮将被抱死，不再与钢轨黏着在一起，产生打滑的现象，也就是出现空转或滑行的现象。这里所说的一定程度，就是黏着利用的最大限制点，此限制点对应于轮轨间的最大静摩擦力。

由物理知识可知，摩擦系数是摩擦力与正压力之比，同样定义黏着系数 ψ 为黏着力与正压力之比，于是可以用式(3.3.47)计算得到该车轮所提供的黏着力。

$$F = P_{\text{w}}\psi \tag{3.3.47}$$

式中，P_{w} 为轮重，N；ψ 为黏着系数。

4. 黏着系数

由于上述牵引和制动的作用略有差别，牵引黏着系数与制动黏着系数也略有差别，但是本质是相同的，它们都与以下几方面有关：

(1) 与车轮-钢轨这对接触付的材质有关。

(2) 与轨面、踏面的表面状态有关(如干湿状态)。

(3) 与轨面-踏面之间的接触状态有关。

(4) 与轨面-踏面之间的相对速度状态有关。

(5) 与车轮压在钢轨上的荷重有关。

黏着系数的多影响因素特性使其具有极大的随机性，数值变化很大，实际使用时需要采取多种措施充分利用轮轨可能提供的黏着力，使列车具有很好的可操控性。

某种通用的干轨状态下的制动黏着系数计算式为

$$\psi = 0.0486 + \frac{16.26}{v+120} \tag{3.3.48}$$

式中，v 为列车运行速度，km/h。

式(3.3.48)显示黏着系数与列车运行速度呈负一次方关系。这一特性与摩擦系数的特性是相似的，并且无论是牵引黏着系数还是制动黏着系数，均采用的是与列车运行速度呈负一次方关系的计算式。结合式(3.3.47)可以看出，无论牵引力还是制动力，均与速度具有负一次方的关系特性。

5. 全天候的概念

在黏着系数的利用上需要建立一个全天候的概念，因为对轨道交通(包括高速列车)而言，尽管天气会有变化，会刮风、下雨、下雪、下雾等，但是只要不是灾难性的气候条件，都是应该投入服务的，即全天候地满足运输要求。因此，不能因为天气原因，产生牵引力不足或者制动距离过长等问题。需要面对由于黏着系数的不确定带来的问题，有效加以解决。解决的办法可以考虑以下几种方式(以下方式也适用于摩擦工况)：

(1) 通过撒沙改变轮轨间的接触条件，提高黏着系数。有必要对沙的种类加以选择，根据不同情况采用不同种类的沙和撒沙量。

(2)采用踏面清扫器对踏面上附着的油污、水滴、树叶等进行清扫。踏面清扫器不起摩擦制动的作用，或仅起到10%以下的作用，重点是对踏面进行清扫作业，此清扫作业需具有可操控性，以在需要时采用。

(3)加装增黏装置。车轮踏面运行后表面呈非常光洁的状态，同样钢轨的表面也非常光洁。增黏就是将原来非常光洁的表面变得粗糙，以提高黏着系数，可采取磨毛车轮踏面、喷涂增黏制剂等措施。

(4)加装防滑装置。利用防滑装置充分利用黏着到极致，特别是期望防滑的同时利用轮轨之间的蠕滑对轮轨的表面实施清洁，改善轮轨间的接触条件。

(5)鉴于运行方向头车的前部转向架的两个车轮最先到达未被滚压过的钢轨，钢轨表面状态未知，一般会不利于黏着，因此该转向架不宜设置为动力转向架。与此同时，制动率也需设置得比列车上后部的其他转向架低一些。在该转向架上最好采取上述四条措施，以利于对钢轨的清扫、增黏，必要时可采取适当的措施。

(6)对高速列车运行中的气流的导向要尽量吹向车轮的踏面和钢轨的顶面，以期清扫车轮轮廓和钢轨轨廓，改善轮轨接触状态。

3.3.18 列车运行阻力

列车在运行中还要受到阻力作用，除需考虑的自然风阻力外，主要分为机械阻力和空气阻力两部分。机械阻力包括：传动装置的阻力(传动效率)；轴承等滚动件的摩擦力；车轮与钢轨之间的滚动阻力和滑动阻力；轨道不平顺引起的冲击振动阻力；受电弓滑板与接触导线的摩擦力；曲线和坡道的阻力。

空气阻力包括：动车组最大横截面积所受迎面阻力；空气与侧墙、车顶、下部底板的附着阻力(俗称摩擦阻力)；尾部紊流形成的阻力；下挂设备及转向架的阻力；车顶设备的阻力；地面效应。

为了考虑运行阻力对列车的影响，必须建立列车的运行阻力计算式。列车运行阻力还分为运行基本阻力、起动基本阻力、坡道附加阻力、曲线附加阻力和隧道附加阻力等多种方式。以前的牵引规程上列车阻力均以单位阻力的形式表示，单位阻力是指列车单位重量所受到的运行阻力，由此可知单位阻力是以运行阻力与列车重量成正比的形式表达的，即列车重量越大，运行阻力就越大。采用单位阻力的方式可以比较方便地用于不同牵引质量的列车上，但是随着计算机技术的发展，方便计算已经不成问题，关键是找出影响运行阻力的本质参数。

1)运行基本阻力

运行基本阻力是列车在平直道上牵引运行时所受的阻力。单位运行基本阻力ω_0的计算式的基本形式为

$$\omega_0 = a + bv + cv^2 \tag{3.3.49}$$

式中，a 为与速度无关的系数，N/kN；b 为与速度一次方有关的系数，(N/kN)/(km/h)；c 为与速度二次方有关的系数，(N/kN)/(km/h)^2；v 为列车运行速度，km/h。式(3.3.49)仅在空气阻力较小时可以采用。

理论和实践均表明，列车运行速度在达到 160km/h 后就必须考虑列车所承受的空气阻力。速度越高，空气阻力越大。高速列车在高速运行时，空气阻力将成为主要的阻力成分。有关空气阻力的内容将在后面的气动载荷一节中叙述。

在式(3.3.49)中，运行单位基本阻力与速度的关系不具有负一次方的关系特性，因此这是一种统计学概念上的为了简化计算而提出的回归曲线式，不具有物理意义。

2）起动基本阻力

起动基本阻力是指列车从停止状态开始起动时所附加的阻力，事实上是由静态转为动态的变化过程中产生的阻力。

起动基本阻力采用起动单位基本阻力的方式描述。对于不同的车需取不同的值，并且针对滚动轴承和滑动轴承也要取不同的值，具体数据需通过试验获得，或按相关铁路部门的牵引规程公式作为参考。

3）坡道附加阻力

坡道附加阻力也就是列车在坡道上时其重力沿坡道斜面上的分力，所以单位坡道附加阻力可按式(3.3.50)计算：

$$\omega_i = \pm i \tag{3.3.50}$$

式中，i 为线路的坡度（上坡取正值，下坡取负值），‰；ω_i 为单位坡道附加阻力，N/kN。

4）曲线附加阻力

曲线附加阻力是指列车在曲线上运行所增加的阻力，采用单位曲线附加阻力来描述。相关铁路部门在其牵引规程中将曲线附加阻力分为曲线长度小于列车长度和大于列车长度两种情况，并给出了关系式，这里不作赘述。

5）隧道附加阻力

隧道附加阻力是列车通过隧道时所增加的阻力，该阻力与空气有关，有关内容请见后面的气动载荷一节。

列车总阻力就是上述阻力根据实际工况累加后的总和。或者首先将上述单位基本阻力根据实际工况累加，然后乘以列车牵引重量，就可以得出列车在该工况下的总阻力。需要指出的是，这种列车总阻力计算方法不适用于高速运行的列车，可在列车低速运行时使用。

3.4　气 动 载 荷

列车高速运行时会搅动周围的空气，并带来许多空气动力学的问题，产生各种气动载荷。这是高速列车与低速列车的最大差别之一。

3.4.1　列车高速运行带来的问题

列车高速运行，以及在运行时遇到的过隧道、会车等会产生与空气的相互作用，从而对列车产生影响，主要需要考虑以下几个方面：运行阻力、升力、侧倾力、车体强度、车体密封、车辆密封、通风冷却效果、车内环境控制、尾流效应、对邻线列车的影响及噪声等。其中车辆密封和车内环境控制是为应对这些影响而需要采取的措施；尾流效应会将道砟吸起并甩出打击自身列车的车窗，也对邻线列车产生影响，以及其他对外部的影响；噪声是对环境的影响。本章讨论的内容不包含这些部分。

3.4.2　运行阻力

1. 空气阻力给运行阻力计算式带来的变化

如前所述，在速度超过 160km/h 后，空气对列车运行所产生的阻力已经不可忽视了，且随着速度的提高，空气阻力的占比会远远超过机械阻力。

目前对高速列车没有统一的理论支撑的列车运行阻力计算式。各铁路运营商、制造商所使用的列车运行阻力式五花八门，但没有通用的阻力计算式可供高速列车使用。

目前已有高速列车阻力计算式的基本形式为

$$W = a + b(v + \mathrm{d}v) + c(v + \mathrm{d}v)^2 \tag{3.4.1}$$

式中，a、b、c 为系数；$\mathrm{d}v$ 为纵向风速，逆向时为正，顺向时为负，m/s；v 为列车运行速度，m/s；W 为列车运行阻力，N。

以式 (3.4.1) 为基本形式的高速列车阻力计算式主要有以下三种变种，其差别主要是针对质量影响如何考虑的问题。

(1) 变种一。高速列车阻力计算式可表示为

$$W = [a + b(v + \mathrm{d}v) + c(v + \mathrm{d}v)^2]mg \tag{3.4.2}$$

式中，g 为重力加速度，m/s²；m 为列车总质量，kg。此种形式沿用了单位基本阻力的概念，认为列车总阻力与列车总质量成正比。

(2)变种二。高速列车阻力计算式可表示为

$$W = amg + b(v + \mathrm{d}v) + c(v + \mathrm{d}v)^2 \tag{3.4.3}$$

此种形式认为列车总质量对列车总阻力的影响与列车运行速度无关，因此质量仅出现在速度的零次项上，而速度的一次项和二次项上没有质量的影响。

(3)变种三。高速列车阻力计算式可表示为

$$W = [a + b(v + \mathrm{d}v)]mg + c(v + \mathrm{d}v)^2 \tag{3.4.4}$$

此种形式认为列车总质量对列车总阻力的影响与速度的二次项无关，因此列车总质量仅出现在零次项和一次项上，显然此式可理解为列车运行阻力的二次项仅属于空气阻力部分。

上述这四种阻力计算式可理解为经验公式，属于方便使用的计算式，必须对应某种列车使用一个计算式。阻力计算式是通过试验得出的，需要对此种列车进行试验测试，通过对试验数据的归纳总结才能得出统计意义的阻力计算式，供此种列车使用，不能用于其他形式的列车。对于列车个体，各自有各自的阻力计算式是正常的，但是对于设计新的列车，则难以利用这些个性较强的公式。

随着计算机的发展，计算不再是困难的事情，探讨列车运行阻力理论，建立更加符合实际的阻力计算式就非常必要了。有必要找出一个可以推广使用的运行阻力计算式。

2. 空气阻力的组成

空气对列车运行造成的阻力包括：迎面正压力、侧面附着力、尾部紊流负压力以及地面效应附加阻力等。

1)迎面正压力

列车的整个横断面在列车运行中始终迎着前方的空气，这是运行中的空气阻力的主要组成。根据伯努利方程，其值可按式(3.4.5)计算：

$$W_1 = \frac{1}{2} K_\mathrm{s} S_\mathrm{s} \rho v^2 \tag{3.4.5}$$

式中，W_1 为列车迎面正压力，N；K_s 为形状修正系数；ρ 为列车运行区段的空气密度(一般在平原地区取 $1.25\mathrm{kg/m}^3$)；v 为列车运行速度，km/h；S_s 为列车迎面总面积，m^2。

列车迎面总面积除车辆横断面外，其他凡是有迎风面的部分均需计及，如受电弓等。

采用导流形式的外形有利于减小此部分运行阻力，为此许多学者对采用怎样

的外形来减小阻力开展了大量的研究，其中包括头型、车体下部导流外形、车顶及车侧突出物的导流(如受电弓导流罩)、车辆之间的导流大风挡等。同时还要尽可能减小列车全长上的凸起或凹陷，如门窗尽量与侧墙平齐、取消突出在车体表面之外的扶手等细小突出物、通信天线之类的突起物也需尽量集约并采用导流外形等。

由于车辆是依靠转向架实现支承和走行的，不可能完全采用导流的方式减阻，为此需要尽量在转向架外形设计时精心考虑其形状，以期降低阻力；同时也期望通过导流帮助车轮踏面和钢轨形面清扫，提高黏着利用；外形还应有利于安装在转向架上的牵引电机、齿轮箱、制动盘片等的冷却。

列车高速运行所承受的迎面正压力在牵引状态下就成为阻力作用在运行的列车上，而在列车制动时，此迎面正压力就成为制动力，而且这是不依靠轮轨黏着的制动力。由此，也可以通过结构设计加以利用，使列车正常运行时的平滑表面在制动时探出部分结构，增加列车的横断面积，增大列车所承受的迎面正压力，以获得较大的非黏着制动力。

2) 尾部紊流负压力

列车运行通过后，列车周围空气的层流状态被破坏，空气快速填入列车尾部的空间中，填补中形成了空气的紊流状态。由于完全填补需要有一定的时间，此过程中尾部的空间形成了一个负压的状态。这种负压状态对列车形成犹似吸力那样的载荷，对列车而言就是运行阻力，此阻力也可采用式(3.4.5)计算。

事实上，该阻力与上述迎面正压力一起构成列车的纵向压差阻力。两个阻力可合并放入一个阻力计算式中进行计算。其总数值可在系数 K_s 中加以考虑，为此将 K_s 称为头尾形状系数，通过协调头尾的导流形状可使 K_s 最小化来降低列车运行阻力。

3) 侧面附着力

列车沿纵向的侧表面(包括车辆的侧面、顶面和底面)均与空气相接触。在列车高速运行时附着在列车侧表面周边的空气被列车带动，外围的空气由于空气本身的分子引力产生黏滞作用，阻止列车周边的空气随列车运动，由此列车周边的空气与列车侧表面之间的附着力就成为列车运行的阻力。远离列车侧表面的最外部的空气则与列车的运动无关。也有人将此阻力称为摩擦阻力，所带动的周边的空气流动也被称为列车风。

列车运行时侧面的空气可以认为是层流层。在空气分子间的引力作用下，层流中由列车侧面往外各层之间存在黏滞切应力，是简单的剪切流。利用牛顿内摩擦定律，流体在流动过程中层间所产生的剪应力与法向速度梯度成正比，与压力无关。流体的这一规律与固体表面的摩擦力规律不同。列车运行速度越高，法向速度梯度就越大，黏滞切应力就越大，列车所承受的摩擦阻力就越大。

空气与列车侧面的附着力大小与列车表面的状态有关，列车表面越光滑，附着力就越小。附着力也与列车表面涂层与空气的亲和力有关，亲和力越小，附着力就越小。列车侧面所受的阻力可以参照式(3.4.6)进行计算：

$$W_2 = K_k S_c v \tag{3.4.6}$$

式中，K_k 为列车侧表面附着系数；S_c 为列车侧面总面积，m^2；v 为列车运行速度，km/h；W_2 为由空气附着力形成的列车侧面运行阻力，N。

这里所说的侧面除常说的左右两侧的侧面外，还应将车辆的顶面和底面等包括进去。

为降低此阻力，列车的侧面要尽可能光滑，提高车体表面平整度和光洁度，尽量减少突出物，优选列车侧面的涂层材料。

4) 地面效应附加阻力

地面效应附加阻力是指上述侧面附着力构成中的底面与铁道路面之间距离较近、形状较复杂所带来的附加阻力。由于底面与铁道路面较近，意味着贴近路面的空气与路面之间附着，即贴近地面的空气的运动速度为零，因此从列车底面到路面之间的速度梯度较大，也就附加了一部分阻力。由于铁道路面存在轨道、轨枕等，而车底下部形状也极其复杂，从而增加了相应的阻力。

地面效应附加的阻力也可采用在式(3.4.6)中修正列车侧表面附着系数 K_k 的方式追加到列车上。

3. 高速列车运行阻力计算式推导方法

在第 2 章高速列车模型化分析方法中介绍了建立高速列车系统分析方程的方法，利用其中的例子可建立一种推导高速列车运行阻力计算式的方法[4,6]，其中取高速列车的轴重、牵引功率、定员作为状态变量进行系统研究，建立高速列车系统分析方程。该系统分析方程含有对阻力的系统关系，从该系统方程中抽取对高速列车运行阻力的描述，进行简化后可得到如下高速列车运行阻力计算式：

$$W = K_1 m + K_k' v S_1 + K_s S_s \rho v^2 \tag{3.4.7}$$

式中，K_1 为车体重量阻力因子；K_k' 为车体表面阻力因子；K_s 为头尾形状系数；m 为高速列车的总质量，t；S_1 为高速列车的纵向表面积，m^2；S_s 为高速列车的横向断面积，m^2；v 为列车运行速度，km/h；W 为高速列车运行总阻力，N；ρ 为空气密度(可取 1.25kg/m^3)。

这里车体重量阻力因子 K_1 用来修正与速度无关的其他影响因素；车体表面阻力因子 K_k' 用于将转向架、受电弓、车辆连接部、车底车顶设备等突出物造成的与速度线性相关的表面阻力包含进去；头尾形状系数 K_s 用于将转向架、受电弓、车辆连接部、车底车顶设备造成的与速度二次方相关的压差阻力计入其中。

式(3.4.7)中速度的零次项仅与列车的总质量有关，主要表达的是机械阻力部分；速度的一次项与式(3.4.6)表示的表面总阻力一致，主要表达的是表面总阻力部分；而速度的二次项与式(3.4.5)表示的头尾压差阻力一致，主要表达的是头尾压差阻力。

式(3.4.7)中机械阻力仅考虑在速度的零次项中，如果有与速度一次项相关的部分，则可用调整车体表面阻力因子 K_k' 的方式加入。

上述公式推导是试图在列车运行阻力计算式中引入物理概念(特别是空气阻力方面的概念)，使阻力计算式具有上述物理含义。

式(3.4.7)中并没有表现出摩擦力、黏着力等与相对速度的负一次方有关的物理概念，主要是由于高速列车在高速运行时阻力的主要成分是空气阻力，摩擦力等均属于微小量，直接采取与质量成正比的关系，所以虽然该式的物理含义也是不完整的，但是也只是在低速运行阻力上存在缺陷，对描述高速运行阻力而言是可用的。如果需要将低速区段一并包含，则可以在式(3.4.7)中再加上一负一次项，以描述与相对速度的负一次方有关的摩擦力、黏着力等。

该式中的一些参数需要通过一些相关的试验结果来确认，下面介绍这些参数的确认方法。

将已有的某型高速列车的运行阻力线路试验结果代入式(3.4.7)，依系数待定法可从某次线路试验的结果求得式中的各系数，再利用一定的风洞模型试验结果，修正相应的系数值，就可以获得一个通用的列车运行阻力计算式。具体步骤如下：

(1)由线路试验得出某型动车组的 8 辆编组的运行阻力计算式为

$$W = 2266 + 10.7v + 0.6126v^2 \tag{3.4.8}$$

(2)用待定系数法得出系数初值。当线路试验时试验动车组有以下参数：总重 $m=419.6\text{t}$，纵向表面积 $S_l=2830\text{m}^2$，横向断面积 $S_s=12.5\text{m}^2$。将数据代入式(3.4.7)，依系数待定法可求得车体重量阻力因子为

$$K_l = \frac{2266}{m} = 5.4$$

车体表面阻力因子为

$$K_k' = \frac{10.7}{S_l} = 0.00378$$

头尾形状系数为

$$K_s \rho = \frac{0.6126}{S_s} = 0.049$$

(3)用系数初值构成新的阻力计算式:

$$W = 5.4K_{11}m + 0.00378K'_{k1}S_1v + 0.049K_{s1}S_sv^2 \tag{3.4.9}$$

式中, W 为列车运行总阻力, N; K_{11} 为车体重量阻力修正因子, 一般可取 1; m 为高速列车的总质量, t; K'_{k1} 为车体表面阻力修正因子, 一般也可取 1; S_1 为高速列车的纵向表面积, m^2; K_{s1} 为头尾形状修正因子, 当头型和表面形状变化较小时取 1; S_s 为高速列车的横向断面积, m^2; v 为列车运行速度, km/h。

(4)根据问题需求修正系数。当 8 辆编组扩成 16 辆编组时, 阻力计算式仍可用式(3.4.9), 仅将质量、车体纵向表面积和车体横向断面积代入即可。

(5)根据局部试验修正系数。当两列 8 辆编组的动车组连挂运行时, 在应用式(3.4.9)时, 实际的 m、S_1、S_s 可直接使用, 仅调整头尾形状修正因子 K_{s1} 即可, K_{s1} 的调整可采用局部试验比较求得。必要时, 在 K'_{k1} 中还可加入重量比例的调整因素。

局部试验的调整方法主要是遵照流体力学中的相似理论用模型化方法进行。

采用外形与实物几何相似的模型在风洞中进行试验, 测得一定风速 v_m 下作用在模型上的空气阻力 W_m。以迎面正压力为例, 取一带头型的车头, 放入风洞进行试验。可按式(3.4.10)计算空气阻力系数。

$$C_x = \frac{W_m}{0.5\rho v_m^2 S_m} \tag{3.4.10}$$

式中, C_x 为空气阻力系数; S_m 为模型高速列车的横向断面积, m^2; v_m 为风洞中的风速, km/h; W_m 为模型所受的空气阻力, N; ρ 为空气密度, kg/m^3。

从式(3.4.10)可以看出, 空气阻力系数 C_x 只取决于物体的外形, 而与物体的大小及运动速度无关。于是在风洞试验测定出模型空气阻力系数 C_x 之后, 按照相似理论即可按式(3.4.11)计算出实际列车所受到的空气阻力:

$$W_s = 0.5\rho v_s^2 S_s C_x \tag{3.4.11}$$

式中, C_x 为空气阻力系数; S_s 为实际高速列车横向断面积, m^2; v_s 为实际列车运行速度, km/h; W_s 为实际列车所受到的迎面空气阻力, N; ρ 为空气密度, kg/m^3。

对两种不同头型的模型进行试验比较, 即可依试验结果得出头尾形状修正因子 K_{s1}。

同样, 如果考虑两列重联, 则只要将重联与不重联的模型在风洞中进行试验比较，就可对头尾形状系数进行修正。同理，也可通过试验比较得出车体表面阻力修正因子 K'_{k1}。

4. 隧道运行阻力

列车进入隧道的状态就像是一个活塞塞入活塞筒那样，将原来占据着空间的空气往前推，于是列车前方的空气受压缩，列车尾部则形成一定的负压。空气还不能像在隧道外的明线上那样及时、顺畅地沿列车两侧和上下部的空间绕流，其压差阻力明显加大。即使绕道四壁的空气，也与列车表面和隧道壁面存在黏滞力，沿列车表面的法向速度梯度加大，摩擦阻力也加大了。但是这些阻力的性质与上述概念是一致的，即仅需改变几个修正因子，仍然可以使用式(3.4.7)计算隧道内的阻力。

此外，列车在隧道内的运动还引起了空气产生一个压力波动过程。这种压力波动以声速传播至隧道口，又从隧道口形成反射波，反向形成新的阻力波，并且又与向前的压力波叠加，从而产生一系列复杂的空气动力学效应，对列车运行阻力也有影响。

3.4.3　列车交会压力波

高速列车运行时，由于列车车头对空气的挤压，扰动了周边的空气，在列车的侧壁上，空气压力产生很大的波动，并形成了列车风。高速列车在明线上会车时，列车表面也会发生较大的压力波。当两列高速列车交会时，两股列车风产生交会作用，形成强烈的微气压波。此微气压波产生瞬态压力冲击，使列车瞬态产生较大的横摆，横向振动加剧，车厢的车体和车窗等则要承受较大的气压载荷，气密性不佳的车辆会使乘客耳鸣、呕吐、耳痛甚至压破耳膜等，对列车的行车安全、旅客的舒适性将产生严重影响。这种在高速列车交会时产生的瞬态压力冲击的微气压波就称为列车交会压力波，会车时压力波较强烈，但其作用时间短暂。

列车在隧道中运行时，引起隧道内空气压力急剧波动，因此列车表面上各处的压力也呈快速、大幅度变动状况，完全不同于在明线上的表面压力分布。国内外高速列车试验结果表明，列车在隧道内高速会车时车体所受的载荷可在正负数千帕之间变化，压力波动范围很大。

图 3.4.1 为高速列车明线交会压力波形图，图 3.4.2 为高速列车隧道交会压力波形图，这是两列高速列车分别在明线上和隧道内两种工况进行交会的试验中在头部车辆的侧墙外部测得的压力波的波形图[5]。最大的气压压力发生在两列高速列车的头车相遇时，时间较短，仅有不到 0.1s，是典型的瞬态压力冲击波。

根据理论分析、仿真计算和试验，交会压力波的大小主要取决于两列高速列车的相对速度，列车的头车头型也是影响压力波大小的因素；还取决于是否在隧

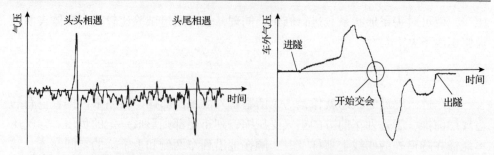

图 3.4.1　高速列车明线交会压力波形图　　图 3.4.2　高速列车隧道交会压力波形图

道内会车，以及交会压力波的最大值是否发生在隧道交会的工况中。在隧道内的压力波动情况还与隧道的几何形状与尺寸、车体与隧道的断面积比（阻塞比）、列车与隧道的长度匹配关系等因素有关。

　　由于列车交会时产生的压力波最大值与列车气动外形优劣密切相关，也可以以压力波的最大值作为衡量列车气动外形的一项评定指标。交会压力波的气压值作为对车辆的气密载荷施加在车体和其他相关部位上。

　　在一些规范中对高速列车以 300km/h 速度进行交会所需承受的压力波最大幅值规定了以车体内外压差 4000Pa 且考虑气密强度，随着列车运行速度的提高和隧道面积的压缩，该值显得不足了。之后已将车体的气密强度提高到 6000Pa，随着运行速度的提高，该值也需进一步做出调整。

　　在车体承受的气密强度载荷上，国外许多高速铁路都没能提出确定的数值，仅在日本铁路上对此有明确的规定，这是根据它们线路的实际状况提出的经验值，如式（3.4.12）所示，可供参考。

$$P = \left[380 \left(\frac{v_{max}}{200} \right)^2 + 20 \right] \times 9.80665 \tag{3.4.12}$$

式中，P 为试验施加给车体的内外气压差，Pa；v_{max} 为列车最高运行速度，km/h。

　　气密强度载荷作用下也需要考虑两种工况：一种是在对应超常载荷工况的气密强度载荷作用下所产生的应力值应与超常工况垂直载荷作用下的应力值叠加，其值不得大于超常载荷工况的许用应力；另一种是对应运用载荷工况的气密强度载荷作用下所产生的应力值应与运用工况垂直载荷作用下的应力值叠加，其值不得大于运用载荷工况的许用应力。

　　运用工况还有另一种通过气压疲劳试验验证的方法，即对密封后的车体车内打压，使车内压力超出环境压力一定值（如 4000Pa），形成车内正压；再将密封后的车体车内的空气抽出（或车外加压），使环境压力超出车内压力一定值（如 4000Pa），形成车外正压；如此往复，实施疲劳试验，试验后检查车体是否存在裂纹，如果没有裂纹则认为通过验证。这里有两个指标需要确定，一是压力值，二是往复的周次。压力值需要根据列车通过隧道的速度和隧道的面积(阻塞比)确定，往复周次需通过估计车辆寿命期内通过隧道的次数确定。

3.4.4　气动升力

1. 高速列车的气动升力

高速列车在气动升力的影响下，轮轨摩擦力减小，这是有利的一面，但是黏着力也同样要减小，这对提高黏着利用是非常不利的，直接影响牵引和制动的效果，更为主要的是它将引起车轮减载，产生安全问题。因此，高速列车高速运行中不希望受到抬升的力，而是希望所受的气动升力接近于零，甚至略负为好。

从不可压缩、理想流体沿管道做定常流动时的伯努利定理可知，流动速度增加，流体的静压将减小；反之，流动速度减小，流体的静压将增加。高速列车运行时无论是列车风还是自然风，均需绕过高速列车，从而形成空气流场对高速列车的作用。流过高速列车顶部和底部的空气就会对高速列车作用垂直方向的载荷，其中空气流动速度快的一侧对高速列车作用的压力就小些，而空气流动速度慢的一侧对高速列车作用的压力就大些。

对于高速列车，需要考虑升力的部位可分为头部、中部和尾部三部分。

2. 头尾部

高速列车的头车的头部形状使高速列车的顶部和底部流过的空气的流动速度产生差别，这一差别所形成的压力差的总载荷作用在高速列车上。合力向上为升力，向下则为负升力。

同样在高速列车的尾部区域，空气将从四周向内合拢，此时也存在顶部和底部的空气流速差，从而产生垂直方向的力。

通过合理设计头型可以获得减小升力甚至直至零的较好效果，但是关键是要协调好头部形状和尾部形状之间对升力的不同影响。鉴于高速列车是实施穿梭运行的，正向运行时的头部就是反向运行时的尾部，因此设计头型时需兼顾头部和尾部的情况，以获得都能满意的结果。

3. 中部

高速列车运行时在列车中部形成的列车风在列车周边比较稳定，可属于层流，基本可以不考虑垂直方向的载荷，但是需要考虑环境风对高速列车的影响，特别是高速列车在高架桥上运行时，如果有侧斜风作用，将会产生垂直方向的载荷。这也是由于环境风在列车顶部和底部的流速不同形成的升力(或负升力)。

这也就是在高速列车上需要采用鼓形车体的原因。通过车体横断面的优化设计，可以减小环境风所产生的使高速列车承受的这部分升力。

3.4.5　侧风

侧风主要是环境风。会车时产生的两列车相互作用的列车风一般不会引起车辆出现稳定性问题，但也需要通过仿真加以验证。

侧风分为常值侧风和阵风，有关风力的内容请见本章前面有关介绍。

在侧风影响下，应确保列车运行的稳定性。列车的稳定性主要是指抗倾覆能力，也包括对减载的影响，特别是尾车的稳定性。需要对列车所承受的侧风的限值加以校核，也需要进行限界满足性校核。需要在设计中满足相关的限制条件，一般这种条件是针对垂直于高速列车纵向对称面的常值侧风下需要满足一定速度的正常运行提出的。在未做规定时，高速列车的性能至少需满足第 5 章中所列相应运行条件。

3.4.6　通风冷却进排气口的微气压

列车上各种通风设备、冷却设备需要外部空气作为新风源或冷却源，但是由于高速列车运行中周边的空气压力场状态相当复杂，各通风冷却设备进排气口的设置将直接影响通风效果和冷却效率。因此，必须搞清车辆周边的空气压力场，空气压力场的分布与列车的速度、纵断面形状、横断面形状有关。

当进风口设置在高压区，而出风口设置在低压区时，气流较为顺畅，不会对设备的通风功率有额外的要求；反之，必须提高通风冷却设备的功率以达到设计目标。

可以采取的方法首先是了解空气压力场的分布规律，合理选择风道布置方案，以节约能源。与此同时，还需确认空气的采集本身对车辆周边压力场的影响，以免搅乱空气压力场，对其他方面产生负面影响，如是否会增加空气阻力、降低冷却效率等。

对于一列新设计的高速列车，首先需要通过仿真计算、风洞试验找出外部微气压波的分布规律，结合在用的高速列车的实际试验结果，初步安排进出风口的位置，明确两风口存在的压力差，以此压头作为通风冷却设备设计的输入条件。当无法确定时，可按高速列车在明线上运行时的最大压差作为输入条件，一般情况下，对 300km/h 以上速度等级的高速列车的通风冷却设备可取 1200Pa 作为输入条件。

通风冷却风道的设计上有必要采取主动控制的方法。利用电机旋转方向的换向便利性，将风道设计成双向可逆型。在设置进出风口时，主要以不对其他方面产生负面影响为原则。使用时根据需要选择高压区作为进风口、低压区作为出风口，当外部状态改变时，通过电机换向，将原来的出风口变为进风口，原来的进风口变为出风口，从而充分利用外部气场环境，达到提高通风冷却效率、节约能源的目的。对外部的影响也在可控范围，如在站台区停车时，选择不影响站台上的旅客和司乘人员的方向进行通风冷却，这种方式也有利于对滤尘网的清理。

3.4.7　车内微气压波

列车高速通过隧道、会车，将使车内的压力产生改变，严重的将会损伤旅客的耳膜，因此需要使车内的压力及压力变化率控制在对乘客安全和舒适的范围内。为了控制空气压力，就必须使车体成为一个密封很好的空间，从而又衍生出需要为旅客提供一个很好的车内乘坐环境的要求，也因此需要对车内环境进行控制。车内微气压波也成为施加在旅客和车内各种设备上的一种气动载荷，一般车内的微气压载荷可按变化量不超过 1000Pa、变化率不超过 500Pa/s 考虑。

3.4.8　砾石冲击载荷和飞弹冲击载荷

前面提到尾流效应会将道砟吸起并甩出打击临线列车的车窗，事实上，此问题就是在列车风的作用下使高速列车周围形成的压力场所造成的将各种异物击向高速列车的现象。高速列车需要承受这种载荷，这种载荷会在高速列车运行中出现，也会在两列高速列车会车时发生。因此，考虑相对恶劣的工况就需要考虑砾石或飞弹与高速列车的相对速度，也需要考虑砾石或飞弹的质量。有关标准中有相应的内容，这里不再赘述。

3.4.9　鸟撞载荷

在列车风的作用下，还会将周围的飞禽吸到运行中的高速列车上，首当其冲的就是前窗玻璃。由于鸟撞载荷与石击载荷存在一定的差异，要求前窗玻璃能承受鸟撞载荷的作用。飞禽的大小可考虑为 1.8kg，撞击速度可按式(3.4.13)计算：

$$v_z = v_{\max} + 20 \tag{3.4.13}$$

式中，v_z 为飞禽撞击高速列车时的速度，km/h；$v_{\max}$ 为高速列车运行的最高速度，km/h；20 可理解为飞禽被吸入高速列车运动场时的飞行速度，单位也是 km/h，即高速列车与飞禽的相对速度。

3.5　电　力

电力对高速列车的输入影响需要考虑电网电压及其波动、电网中的谐波、接触网的构成及相关条件等。

3.5.1　牵引供电系统简介

1. 供电制式

轨道交通的供电制式多种多样，五花八门；有直流制式的，电压分别有 750V、1500V、3000V 等；有交流制式的，虽然均为单相，但是也分 50Hz 或 60Hz，电压也不同，分别有 15kV、20kV、25kV、50kV 等。

目前，世界上没有统一的制式可循，需要根据实际所建的高速铁路来确定供电制式。

2. 供电系统构成

我国高速铁路供电变电系统是从铁路外部的公共电网上将 110kV 或 220kV 甚至 550kV 的三相高压电或其他制式的电源接入，通过变压器将其变为额定电压 25kV 单相工频交流电，然后向铁路上下行牵引接触网供电，主要装备有牵引变电所、开闭所、分区所和自耦变压器等。采用综合自动化系统实施远程监控，远动对象包括遥控、遥信和遥测等三遥，自动化程度高、信息处理速度快、信息量大，并逐步向无人值班过渡。回流分为接触网回流、钢轨回流和地回流，并设有供电调度系统统一管理。

3. 相分段

为了保持电力系统的平衡，高速铁路上将接触线分成若干个段，供电时对各段分别以不同相位进行供电。相分段就是指这些接触线上段与段之间的结合部。正常情况下，相分段使两侧的接触线之间保持绝缘状态，仅在需要跨区供电时才连接到一起。每个相分段两侧的接触网线均与变电所的一个输出端相连。以接触网线作为一端、以回流线（如钢轨）作为另一端实施对电网的供电。高速列车从接触网线上取流，获得列车所需的电能。

3.5.2　互联互通对牵引供电制式的要求

1. 工频

当高速铁路与既有线需要互联互通时，高速铁路有必要沿用既有线的供电制式。不同国家的电气化铁路的供电制式会有不同，有互联互通要求时常常需要在列车上设置可多制式转换的系统，非常麻烦，如我国电气化铁路供电制式为工频单相交流 50Hz 供电电流制式，我国高速铁路也沿用此制式，避免了转换的麻烦。有的国家不同铁路公司分别采用 50Hz 和 60Hz 两种制式，在互联互通列车上的电气设备要么能适应在两种不同工频工作，要么列车上带转换装置。

2. 电压

对于需要互联互通的铁路，供电电压需要对参数做出规定，表 3.5.1 为供电电压参数表。

表 3.5.1　供电电压参数表　　　　　　　（单位：kV）

电压名称	参数值
标称电压	25
最高持续电压	27.5
最高非持续电压	29
最低持续电压	19
最低非持续电压	17.5

其中最低持续电压与最低非持续电压之间的持续时间不超过 2min，而最高持续电压和最高非持续电压之间的持续时间不超过 5min，并且要求在非正常情况下高速列车应能在最低非持续电压即 17.5kV 维持运行，而且网压在 17.5～19kV 范围内高速列车上的任何设备不应损坏或失效。该标准规定正常运行的电压为 19～29kV。

为应对这些作为高速列车的输入，高速列车需要采取适当的措施保证在这些正常工况和超常工况中运行工作。

作为超常工况的特例，还需要考虑存在超出表 3.5.1 中规定的达到 31kV 网压的情况。

3. 供电方式

为保证向高速列车供电的品质，同时也需关注电气化铁路对周边特别是邻近通信线路干扰的影响。高速铁路牵引供电一般采用 2×25kV AT 供电方式，在一些联络线、走行线和动车段内也可采用带负馈线的 1×25kV 直接供电方式。对于需要互联互通的铁路，建议尽量采用这种供电方式。

供电臂长度一般为 30～40km，设 2～3 个 AT 区段。

3.5.3　接触网

高速铁路上运行的高速列车采用受电弓受流，因此受电弓与接触网之间需要有优良的匹配关系，即应满足高速运行的弓网关系，此处列出接触网的基本参数作为我国高速列车的基本输入。

1. 接触网的悬挂

采用全补偿简单链形悬挂或全补偿弹性链形悬挂。

2. 接触线张力

接触线张力一般取为 15～25kN, 超过 350km/h 速度等级的线路的接触线张力需要通过试验确定，一般可达 28.5kN。

3. 接触线高度

常规高速铁路接触线高度的额定值(网高)一般取为 5300mm。

而我国既有线的网高变化较大，在 5250～6500mm, 其中 6500mm 的网高主要是在运行双层集装箱的铁路线上使用。

4. 接触线高度变化

接触线悬挂点高度的设计坡度在速度大于 250km/h 时应为 0, 在速度等于 250km/h 时应小于等于 1‰; 坡度变化率应小于等于 0.5‰。

5. 接触网跨距

接触网跨距要经过系统仿真评估后确定，推荐以下选择数据：对于采用简单链形悬挂的，其标准跨距可选为 50m, 最大跨距可选为 55m。对于采用弹性链形悬挂的，其标准跨距可选为 60m(速度等级 350km/h 的选为 55m), 最大跨距可选为 65m(速度等级 350km/h 的选为 60m)。

6. 接触线材质

接触线除导电性能良好外，还应保证承受一定的张力，也还要尽量减小与受电弓滑板之间的磨耗。接触线一般采用高强度铜合金材质，目前主要有镁铜或锡铜合金导线。

7. 偏移量

正线上接触线在最大风速时对受电弓中心的偏移不宜大于 450mm, 困难情况下直线地段不得大于 500mm, 这个数值显然比原先使用的 400mm 宽泛了许多，受电弓的滑板的长度也需要适应这种变化。

8. 典型线况

为考察、研究、探索、验证高速列车运行时的受电弓与接触网上的接触线的相对关系，以及所产生的振动问题，需要设置接触网的典型线况。典型线况应包括上述各项参数，其中至少需要设置含有多个等跨距的长度、多个线岔，采用目标运行区段的接触线悬挂方式，并以多种张力进行比对，找出可能的不利速度区，优化相关的参数。

3.5.4　与高速列车相关的有关供电系统品质的几个问题

与高速列车相关的电压波动问题、谐波问题、过分相问题、功率因数问题及再生制动问题等都严重影响着电网，也影响着高速列车的正常运行，需要很好地处理相关问题。其中电网上的谐波也是高速列车的一种输入，高速列车需要应对供电系统中存在着谐波这一事实。

3.6　运输组织相关问题

1. 运营要求

以下运营要求供参考。

动车组采用长、短两种编组方式，其中两个及以上短编组可连挂运行。

动车组两端均可操纵控制，运行时由前端司机室操纵控制，其他司机室均应自动锁闭。

动车组起动附加时分≤2.5min。

动车组停车附加时分≤1.5min。

追踪列车间隔时间 3min。

高速动车组立折时间≤24min。

两动车组连挂时间≤3min。

调车指挥方式采用综合调度集中。

列车运行控制方式为自动控制(目标距离一次连续速度控制)。

运输组织模式采用高速线、跨线列车混运。

动车组不允许通过驼峰。

动车组不允许通过货场高站台。

动车组不得与货物列车混编(即使在无货回送时)。

2. 供水设施

上水嘴形式必须符合互联互通的有关规定。

供水品质为非直接饮用水。

3. 排污设施

排污嘴形式一般采用 2.5″快速接头，但必须符合互联互通的有关规定。

3.7 输入的动态特性知识

了解输入的动态特性有利于应对输入变化带来的挑战。本节介绍输入的动态特性的一般规律，以便读者融会贯通，处理好这些输入在高速列车上带来的问题[7-11]。

1. 典型输入信号

高速列车系统的输入既有周期性的输入，也有非周期性的输入，甚至是随机输入。一般讨论系统数学模型的解析方法时，是对输入函数(外部激扰)为任意函数而言的，相关内容可参考其他文献。考虑到无论何种输入，输入信号均可以分解成若干种典型输入信号，为了方便读者分析高速列车的输入，本节针对典型输入信号进行介绍。用典型输入信号分析系统有以下好处：

(1)可以有利于将问题分解开来加以认识。可以利用典型输入信号对系统加载进行数字仿真，以预测系统的各种性能。反过来，也可以利用输出信号的特征预测可能存在的输入特性。

(2)典型输入信号易于产生，并可方便地利用典型输入信号对系统进行试验，从而验证理论分析的正确性。

常用的典型输入信号有阶跃函数、脉冲函数、斜坡函数、正弦函数、抛物线函数和随机函数等。

2. 阶跃函数及单位阶跃函数

在动态分析中，阶跃函数是用得最广泛的典型输入函数，如系统中负荷的突变、电源的突然接通、指令的突然转换等。阶跃函数如图 3.7.1 所示，其数学表达式为

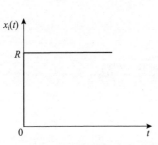

图 3.7.1　阶跃函数

$$x_i(t) = \begin{cases} R, & t \geqslant 0 \\ 0, & t < 0 \end{cases} \quad (3.7.1)$$

式中，R 为常数。

假设在 $t=0$ 瞬变之前，原来的动态过程已完全消失，当 $t=0$ 时，阶跃函数的幅值立即上升到 R，并保持该值不变，直到由此阶跃引起的系统响应的动态过程消失为止。当 $R=1$ 时，这样的阶跃函数称为单位阶跃函数，并记为 $1(t)$。

3. 脉冲函数和单位脉冲函数

脉冲函数如图 3.7.2 所示，其数学表达式为

$$x_i(t) = \begin{cases} \dfrac{1}{h}, & 0 < t < h \\ 0, & t < 0, t > h \end{cases} \qquad (3.7.2)$$

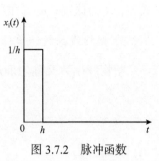

图 3.7.2　脉冲函数

其中脉冲宽度为 h，脉冲面积等于 1。若对脉冲宽度 h 取趋于零的极限，则有

$$x_i(t) = \begin{cases} \infty, & t = 0 \\ 0, & t \neq 0 \end{cases} \qquad (3.7.3)$$

及

$$\int_{-\infty}^{\infty} x_i(t)\mathrm{d}t = 1 \qquad (3.7.4)$$

称此脉冲函数为单位脉冲函数，并记为 $\delta(t)$。

4. 斜坡函数和单位斜坡函数

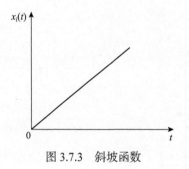

图 3.7.3　斜坡函数

斜坡函数又称匀速度函数，如图 3.7.3 所示，其数学表达式为

$$x_i(t) = \begin{cases} Rt, & t \geqslant 0 \\ 0, & t < 0 \end{cases} \qquad (3.7.5)$$

斜坡函数的特点是 $\dfrac{\mathrm{d}x_i(t)}{\mathrm{d}t} = R = 常数$，即 $x_i(t) = Rt$，表征匀速信号。当 $R=1$ 时，$x_i(t) = t$，称为单位斜坡函数，并记为 $r(t)$。

可以看出，以上三种函数之间存在一定的关系，如图 3.7.4 所示。$\delta(t)$ 的积分是 $1(t)$，$1(t)$ 的积分是 $r(t)$，或者说，$r(t)$ 的导数是 $1(t)$，$1(t)$ 的导数是 $\delta(t)$。

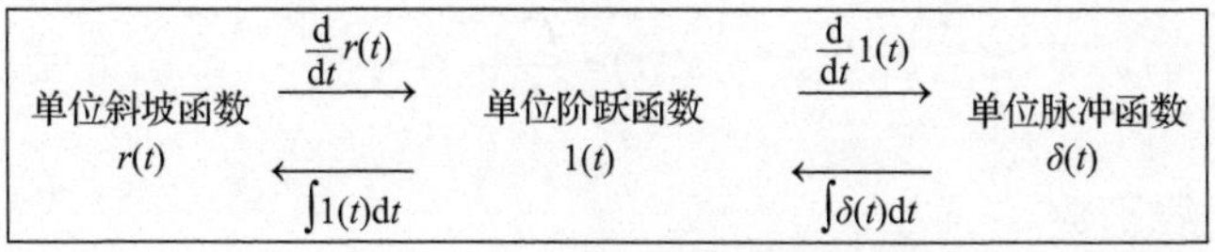

单位斜坡函数 $r(t)$	$\xrightarrow{\ \frac{\mathrm{d}}{\mathrm{d}t}r(t)\ }$ $\xleftarrow{\ \int 1(t)\mathrm{d}t\ }$	单位阶跃函数 $1(t)$	$\xrightarrow{\ \frac{\mathrm{d}}{\mathrm{d}t}1(t)\ }$ $\xleftarrow{\ \int \delta(t)\mathrm{d}t\ }$	单位脉冲函数 $\delta(t)$

图 3.7.4　三种典型函数之间的关系

5. 正弦波函数

正弦波函数如图 3.7.5 所示，其数学表达式为

$$x_i(t) = A\sin(\omega t) \qquad (3.7.6)$$

式中，A 为振幅；ω 为角频率，rad/s。

6. 抛物线函数和单位抛物线函数

抛物线函数又称匀加速度函数，如图 3.7.6 所示。其数学表达式为

$$x_\mathrm{i}(t) = \begin{cases} \dfrac{1}{2}Rt^2, & t \geqslant 0 \\ 0, & t < 0 \end{cases} \tag{3.7.7}$$

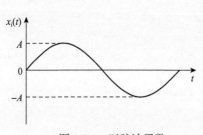

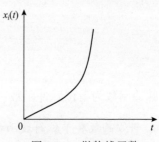

图 3.7.5　正弦波函数　　　　　　　图 3.7.6　抛物线函数

抛物线函数的特点是

$$\frac{\mathrm{d}x_\mathrm{i}^2(t)}{\mathrm{d}t^2} = R = 常数 \tag{3.7.8}$$

即

$$x_\mathrm{i}(t) = \frac{Rt^2}{2} \tag{3.7.9}$$

表征匀加速度信号。当 $R=1$ 时，有

$$x_\mathrm{i}(t) = \frac{t^2}{2} \tag{3.7.10}$$

称为单位抛物线函数。

7. 随机函数

随机函数如图 3.7.7 所示，它包含各种频率成分，常称为白噪声。在用相关分析法进行系统辨识时，就是在系统上加入白噪声信号或伪随机信号（即近似白噪声）。

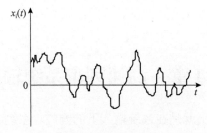

图 3.7.7　随机函数

参 考 文 献

[1] 严隽耄. 车辆工程. 2 版. 北京: 中国铁道出版社, 1999.

[2] 王福天. 车辆动力学. 北京: 中国铁道出版社, 1981.

[3] 吴新民, 黄强, 等. 高速试验列车技术条件(95J01). 北京: 铁道科学研究院, 1996.

[4] 黄强. 高速列车线路试验技术研究. 第十二届中国科协年会, 福州, 2010: 27-31.

[5] 王悦明, 倪纯双, 张波, 等. 新型高速动车组试验研究(京沪高速铁路综合试验研究分报告之一). 北京: 中国铁道科学研究院, 2011.

[6] 黄强. 高速动车组系统分析方程的初探//中国铁道科学研究院. 中国铁道科学研究院 60 周年学术论文集. 北京: 中国铁道出版社, 2010: 56-59.

[7] 韩曾晋. 自适应控制系统. 北京: 机械工业出版社, 1983.

[8] 杨叔子, 杨克冲. 机械工程控制基础. 武汉: 华中工学院出版社, 1984.

[9] 邓聚龙. 灰色控制系统. 武汉: 华中工学院出版社, 1985.

[10] 王运赣, 王紫薇. 系统动力学. 武汉: 华中理工大学出版社, 1991.

[11] 冯淑华, 林国重, 唐承统. 机械控制工程基础. 北京: 北京理工大学出版社, 1991.

第4章　高速列车系统输出

高速列车系统的输出就是在系统输入下的响应。系统在外部激扰下会产生响应，车辆在运动中受到周期性和随机性载荷的激扰产生一定的响应，即系统的输出，包括作用力、振动加速度、位移、应力、应变、电压、电流、温度和噪声等。当系统稳定时，这些响应也不会发散。根据不同的需要，对车辆系统的响应进行不同的研究。

高速列车系统的响应是对高速列车评估的基础，也就是说，系统的输出需要满足一定的要求。有关这方面的内容将在第5章加以叙述。高速列车系统的响应也是高速列车控制的依据，需要根据系统的输出来对高速列车系统实施控制，以达到安全舒适可靠运行的要求。

本章将举例介绍如何利用高速列车系统的响应对高速列车进行安全监测、故障诊断、辨识不利速度区和改善车辆性能。

4.1　输出的种类与利用

在各种输入的作用下，高速列车有各种各样的输出形式，主要有以下几种表现：力、变形、位移、运动速度、运动加速度、气压、声压、温度、电压、电流、电磁波等。当高速列车处于正常状态时，这些输出是正常的；反之，当高速列车存在问题时，有些输出是异常的。

高速列车是以载客为主的车辆集合。高速列车受到输入作用后，旅客的感受或响应也是输出的重要内容，必须作为专门的对象加以研究，这些感受或响应包括颤振感、嘈杂感、憋闷感、疼痛感(如压耳朵感)、烦躁感和疲劳感等。

1. 利用测得的输出对列车实施控制

高速列车上配备了完善的控制系统，其中主要控制功能集成在在控制-监测-诊断系统中。

控制-监测-诊断系统的控制功能就是利用高速列车的状态监测功能，通过测得的高速列车上的各种输出信号对高速列车和各相关设备实施控制。

控制-监测-诊断系统还与信号系统相配合。其中列车自动运行控制系统通过车载列车速度控制系统对高速列车进行控制，而车载列车速度控制系统根据线路允许的速度信号控制列车运行速度，确保列车运行安全。根据列车运行控制系统从地面给出的指令控制列车运行速度或按模式曲线对列车实施制动控制。当列车超过规定速度运行时，将通过制动系统自动减速运行；反之，则在需要提速的区段进行提速。

该系统根据测得的响应以及功能的需要对高速列车的部件或子系统实施控制，包括牵引控制、制动控制、空调控制、车门控制等。无论在正常还是非正常运行条件下，需要对牵引、制动、方向、辅助系统、车门、空调、防空转、防滑等子系统的响应进行逻辑判断，实施控制或超速限制、冲击限制和谐波整治等的保护。

列车需要按运行图规定速度运行，根据规定速度，在与所测得的列车实际速度比对后控制列车提速或减速。目前的高速列车尚无自动提速功能，只能提醒司机执行。

根据列车运行速度，实时调整牵引力和制动力，按恒速运行方式对高速列车实施定速控制。

根据车轮转动速度与列车实际运行速度的差别，识别车轮是否存在滑行而降低制动力，若存在滑行，则实施防滑控制。

在过分相时要根据高速列车的到达信号控制列车上的主断路器开合及实施相关保护措施。

控制功能还包括逻辑控制和安全联锁等功能以满足高速列车的正常运行和安全需要，这些功能需要包括车门起动封锁、停车制动起动封锁、空气制动时牵引起动封锁、主风缸低压起动封锁、其他封锁，如火灾、超温、机械疲劳以及维修作业前的放电保护等。

根据列车停车和启动工况以及列车运行速度、站台位置，对车门(分为左右)实施开启、关闭和压紧等控制。高速列车上的各个车门可在司机室或机械室实施集中控制，通过车门控制单元发送的信息监视车门的工作状态，在司机室显示屏上显示有关状态。司机根据状态和实际情况发出开门或关门的指令，车门开关指令还需结合列车运行速度实施控制或其他封锁措施，包括：开门指令只有当列车静止或运行速度不大于 5km/h 时才有效；当列车的车门没全部关好时，牵引指令应被封锁，使列车无法进行牵引(除非采取相关的旁路措施)；列车运行速度超过 40km/h 时还要控制车门锁闭并压紧以保证车内的气密性等。

对高速列车上的通风、采暖、空调等系统和设备也需要进行集中控制，对辅助系统及设备、旅客信息等系统及设备进行控制与管理，同时还要具有远距离投、切某些关键部件的功能。根据客室内的温度对空调实施控制，根据车内外压差、车内压力变化及变化率，实时控制实施压力保护。

根据故障监测和诊断的结果控制列车实施停车、减速、带故障运行，以及必要的处置。

2. 利用测得的输出进行安全监测

高速列车系统的响应是对高速列车进行安全监测的信息源。根据采集的高速列车的响应，实时对高速列车进行监测，以消除安全隐患。

高速列车上通过设置运行性能安全监测系统来实现上述功能。该系统应能对高速列车和各个重要功能系统的重要部件的性能进行实时监测和报警，确保高速列车运行安全。

该系统的监测内容一般包括轴温、车轮踏面状态、车辆横向稳定性、车辆振动状态、制动系统的工作状态、制动动作情况、防滑器的工作情况、车上用电系统的状态(如断路、短路、绝缘性、过流、过压、三相不平衡度等)、冷却系统的温度和风量、车门状态，以及必要的烟雾和火情等。

通过系统监测及时发现事故隐患，及时报告，可实时在司机室显示屏上显示，也可下载至维修基地以便及时进行维修，必要的紧急故障可通过司机和/或调度台控制列车运行。

3. 利用测得的输出进行故障诊断

高速列车系统的响应是对高速列车进行故障诊断的基石。通过对高速列车系统的响应进行分析研究，找出高速列车可能存在的故障及其原因，以便修复故障列车。

高速列车的故障诊断是提高列车运行安全性及运行效率、便于维修及保养、保证列车可靠性的重要措施。故障诊断分为在线故障诊断和离线故障诊断。在线故障诊断是实时地诊断出故障以便采取必要的措施，防止故障扩展。离线故障诊断是指在高速列车退出运行后进行的故障诊断。

高速列车的控制-监测-诊断系统的诊断功能就是利用高速列车的状态监测功能，通过对测得的高速列车上的各种输出信号进行分析，对高速列车和各相关设备可能发生的故障进行技术诊断。

该系统还需具有完善的自诊断功能，避免系统失效后不能对高速列车实施控制。系统故障诊断功能需包括以下几部分：

(1)发车前高速列车处于停车状态，对全列车进行自检。

(2)高速列车在运行过程中的功能诊断。

(3)高速列车及关键部件的无线远程诊断。

(4)故障信息的记录与保存。

(5)转储故障记录，以供地面分析。

系统的诊断项目主要包括牵引、制动，以及控制系统的状态；走行部件的安全性；旅客安全相关设施的状态(如车门关闭状态等)；各类电子电气设备状态；

影响列车正常运行和使用的其他设施状态。

通过诊断系统识别部件的偶发性故障；在部件故障时提供状态数据及对策；记录列车故障数据；为列车控制提供各相关部件的状态；为实施状态检修提供依据；也可用于改进列车性能。

列车的诊断采用以下三种方式：

(1)列车诊断系统，主要完成列车运行中各部件状态的监测及处理。

(2)列车诊断系统通过接口与其他地面系统结合进行复杂故障的诊断及处理。

(3)在运用维修基地，列车通过地面检测系统进行诊断。

诊断结果做如下处理：

(1)在行车中将诊断结果送入车载微机系统进行判断分类，并给列车的控制发出相关的指令。

(2)在行车中或维修中将诊断结果送入列车状态数据存储装置或其他数据库，为维修提供状态依据。

(3)设故障无线发送功能，可根据需要将故障信息传送回基地。

4. 利用系统响应改善车辆性能

利用系统响应改善车辆性能主要是指在车辆上设置的一些装置，这些装置在运行中能够采集系统的输出，根据系统输出提供的信息对车辆进行调整，从而使车辆性能得到改善。

利用高速列车系统的响应改善车辆性能，包括主动控制、半主动控制、自适应控制等一系列手段，都需要通过监测系统的响应来做出控制的命令，或改变系统的参数，或施加主动载荷改变系统状态。

4.2　典型输入信号下的系统输出响应

系统的输出可以通过求解系统模型获得，也可以通过测量获得。

系统数学模型的解法可分为解析法与数值计算法(近似法)等，本章只简单叙述在典型输入信号作用下系统模型的解。

了解典型输入信号下的系统输出，对充分利用输出信息，解决系统问题具有重要意义。

下面将分析不同阶次的系统在不同的典型输入信号作用下所具有的输出响应的瞬态分量与稳态分量。本书第 2 章的频率特性分析中讨论了正弦波函数作用下系统的响应，有关随机函数作用下的系统响应问题已在第 2 章的系统辨识部分做了介绍。由于单位脉冲函数、单位阶跃函数和单位斜坡函数是最常用的典型输入信号，以下仅介绍这三种输入函数作用下的响应。本节部分内容引自参考文献[1]～[5]。

4.2.1　一阶微分方程描述的系统对典型输入信号的响应

1. 一阶微分方程下的单位脉冲时间响应

用一阶微分方程描述的系统为

$$T\frac{\mathrm{d}x_{\mathrm{o}}(t)}{\mathrm{d}t} + x_{\mathrm{o}}(t) = x_{\mathrm{i}}(t) \tag{4.2.1}$$

存在如下传递函数：

$$G(s) == \frac{X_{\mathrm{o}}(s)}{X_{\mathrm{i}}(s)} = \frac{1}{Ts+1} \tag{4.2.2}$$

由于此时的输入信号为单位脉冲函数

$$x_{\mathrm{i}}(t) = \delta(t) \tag{4.2.3}$$

即

$$X_{\mathrm{i}}(s) = L[\delta(t)] = 1 \tag{4.2.4}$$

所以系统的输出时间响应为

$$x_{\mathrm{o}}(t) = L^{-1}[X_{\mathrm{o}}(s)] = L^{-1}[G(s)X_{\mathrm{i}}(s)] = L^{-1}\left[\frac{1}{Ts+1} \times 1\right] = \frac{1}{T}\mathrm{e}^{-\frac{t}{T}}, \quad t \geqslant 0 \tag{4.2.5}$$

由此可见，在一阶系统的单位脉冲响应中，只包含瞬态分量 $\frac{1}{T}\mathrm{e}^{-\frac{t}{T}}$，稳态分量为零，并且该响应是一单调下降的指数曲线，如图 4.2.1 所示。图 4.2.1 中，T 表示瞬态分量衰减到初值（$1/T$）的 37% 的时间。当 $t \geqslant 4T$ 时，此曲线衰减到初值（$1/T$）的 2% 以下，接近稳态值；将此过程定义为过渡过程，于是 $t=4T$ 就称为过渡时间（或调整时间）t_{s}。显然，T 越小，过渡过程越短，表明系统惯性小。因为输入信号是发生在 $t=0$ 时刻的单位脉冲函数，所以实际上这种惯性是表征输出信号随输入信号消失的灵敏性。

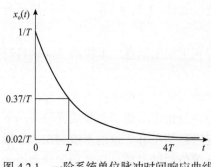

图 4.2.1　一阶系统单位脉冲时间响应曲线

2. 一阶微分方程下的单位阶跃时间响应

为了由单位脉冲时间响应直接求出单位阶跃时间响应和单位斜坡时间响应，下面针对初始条件为零的线性定常系统，当系统输入、输出分别为 $x_{i1}(t)$ 与 $x_{o1}(t)$ 时，讨论两种不同输入下的输出：

第一种输入为 $x_{i2}(t) = \dot{x}_{i1}(t)$ 时的输出 $x_{o2}(t)$ 为

$$
\begin{aligned}
x_{o2}(t) &= L^{-1}\big[X_{o2}(s)\big] = L^{-1}\left[\frac{X_{o1}(s)}{X_{i1}(s)}X_{i2}(s)\right] \\
&= L^{-1}\left[\frac{X_{o1}(s)}{X_{i1}(s)}L\big[\dot{x}_{i1}(t)\big]\right] = L^{-1}\left[\frac{X_{o1}(s)}{X_{i1}(s)}sX_{i1}(s)\right] \\
&= L^{-1}\big[sX_{o1}(s)\big] = \dot{x}_{o1}(t)
\end{aligned}
\tag{4.2.6}
$$

第二种输入为 $x_{i3}(t) = \int x_{i1}(t)\mathrm{d}t$ 时的输出 $x_{o3}(t)$ 为

$$
\begin{aligned}
x_{o3}(t) &= L^{-1}\big[X_{o3}(s)\big] = L^{-1}\left[\frac{X_{o1}(s)}{X_{i1}(s)}X_{i3}(s)\right] \\
&= L^{-1}\left[\frac{X_{o1}(s)}{X_{i1}(s)}L\left[\int_0^t x_{i1}(t)\mathrm{d}t\right]\right] = L^{-1}\left[\frac{X_{o1}(s)}{X_{i1}(s)}\frac{X_{i1}(s)}{s}\right] \\
&= L^{-1}\left[\frac{X_{o1}(s)}{s}\right] = \int_0^t x_{o1}(t)\mathrm{d}t + C
\end{aligned}
\tag{4.2.7}
$$

式中，C 为积分常数。上述两式表明，初始条件为零的线性定常系统对输入信号导数(或积分)的响应等于系统对原输入信号响应的导数(或积分)，而积分常数由零输出初始条件确定。

由于现在讨论的是单位阶跃函数输入下的输出响应，所以在

$$
x_i(t) = 1(t) = \int_0^t \delta(t)\mathrm{d}t
\tag{4.2.8}
$$

此种输入作用下的输出应为单位脉冲响应的积分，即

$$
x_o(t) = \int_0^t \frac{1}{T}\mathrm{e}^{-\frac{t}{T}}\mathrm{d}t = \frac{1}{T}\int_0^t \mathrm{e}^{-\frac{t}{T}}\mathrm{d}t = -\mathrm{e}^{-\frac{t}{T}} + C
\tag{4.2.9}
$$

因为 $t = 0$ 时 $x_o(t) = 0$，代入式(4.2.9)得到 $C=1$，所以有

$$
x_o(t) = 1 - \mathrm{e}^{-\frac{t}{T}}, \quad t \geqslant 0
\tag{4.2.10}
$$

由式(4.2.10)可知，在一阶系统的单位阶跃响应中，稳态分量为 1，瞬态分量为 $-\mathrm{e}^{-\frac{t}{T}}$；当 $t \to \infty$ 时，瞬态分量按指数规律衰减到零，而 $x_{\mathrm{o}}(t)$ 中只剩稳态分量。单位阶跃时间响应曲线是一单调上升的指数曲线，此曲线的斜率(即响应速度) $\dot{x}_{\mathrm{o}}(t)$ 随时间 t 的增加而单调减小，如图 4.2.2 所示。图 4.2.2 中，T 表示响应达到稳态分量 1 的 63%时的时间。若将响应达到稳态分量的 98%定义为过渡过程，则其相应的过渡时间 $t_{\mathrm{a}}=4T$。

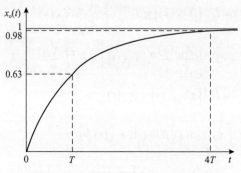

图 4.2.2　一阶系统单位阶跃时间响应曲线

由于一阶系统中含有储能元件，对于突变形式的输入(阶跃输入)，输出不能立即复现，其变化落后于输入量，表现出惯性的特征。

3. 一阶微分方程下的单位斜坡时间响应

当输入信号为单位斜坡函数

$$x_{\mathrm{i}}(t) = r(t) = \int_0^t u(t)\mathrm{d}t \tag{4.2.11}$$

时，系统的输出应为阶跃响应的积分，即

$$x_{\mathrm{o}}(t) = \int_0^t \left(1 - \mathrm{e}^{-\frac{t}{T}}\right)\mathrm{d}t = t + T\mathrm{e}^{-\frac{t}{T}} + C \tag{4.2.12}$$

因为 $t=0$ 时 $x_{\mathrm{o}}(t)=0$，代入式(4.2.13)得到 $C=-T$，所以有

$$x_{\mathrm{o}}(t) = (t - T) + T\mathrm{e}^{-\frac{t}{T}}, \quad t \geqslant 0 \tag{4.2.13}$$

由式(4.2.13)可知，在一阶系统的单位斜坡响应中，稳态分量为 $t-T$，是一个与单位斜坡输入信号斜率相同的斜坡函数，但在时间上滞后一个时间常数 T；瞬

态分量为 $Te^{-\frac{t}{T}}$，当 $t\to\infty$ 时，瞬态分量将按指数规律衰减到零。一阶系统单位斜坡时间响应曲线如图 4.2.3 所示。

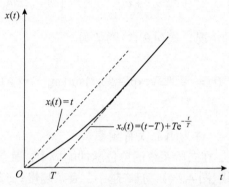

图 4.2.3　一阶系统单位斜坡时间响应曲线

根据式(4.2.13)可求得系统的输入 $x_i(t)$ 和输出 $x_o(t)$ 的差为

$$e(t) = x_i(t) - x_o(t) = t - \left[(t-T) + Te^{-\frac{t}{T}}\right] = T\left(1 - e^{-\frac{t}{T}}\right) \tag{4.2.14}$$

而且 $\lim\limits_{t\to\infty} e(t) = T = $ 常数。由此可知，一阶系统在跟踪单位斜坡函数时，其响应和输入信号间存在一个跟踪误差，当 $t\to\infty$ 时，此误差等于常数 T。T 越小，反应越快，跟踪误差越小，输出信号滞后于输入信号的时间越短。

4.2.2　二阶微分方程描述的系统对典型输入信号的响应

1. 二阶微分方程下的单位脉冲时间响应

对于二阶微分方程描述的系统

$$\frac{1}{\omega_n^2}\frac{d^2 x_o(t)}{dt^2} + \frac{2\xi}{\omega_n}\frac{dx_o(t)}{dt} + x_o(t) = x_i(t) \tag{4.2.15}$$

有如下传递函数：

$$G(s) = \frac{\omega_n^2}{s^2 + 2\xi\omega_n s + \omega_n^2} \tag{4.2.16}$$

当输入信号为单位脉冲函数 $\delta(t)$ 时，系统的输出时间响应为

$$x_o(t) = L^{-1}\left[X_o(s)\right] = L^{-1}\left[G(s)X_i(s)\right]$$

$$= L^{-1}\left[\frac{\omega_n^2}{s^2 + 2\xi\omega_n s + \omega_n^2}\cdot 1\right] = L^{-1}\left[\frac{\omega_n^2}{s^2 + 2\xi\omega_n s + \omega_n^2}\right] \tag{4.2.17}$$

对于 $0<\xi<1$(欠阻尼)的情况,式(4.2.17)的解为

$$x_o(t) = \frac{\omega_n}{\sqrt{1-\xi^2}}\exp(-\xi\omega_n t)\sin(\omega_d t), \quad t \geqslant 0 \tag{4.2.18}$$

式中, $\omega_d = \omega_n\sqrt{1-\xi^2}$,称为阻尼固有频率。

由式(4.2.18)可见,在二阶系统的单位脉冲响应中,稳态分量为零,瞬态分量是减幅的正弦振荡曲线(图 4.2.4),且 ξ 越小,衰减越慢; ξ 越大,振荡频率 ω_d 越小。因此,欠阻尼系统又称为二阶振荡系统,其幅值衰减的快慢取决于 $\xi\omega_n$ 。

2. 二阶微分方程下的单位阶跃时间响应

经积分可求得,在欠阻尼情况下,二阶系统的单位阶跃时间响应为

$$x_o(t) = 1 - \exp(-\xi\omega_n t)\frac{1}{\sqrt{1-\xi^2}}\sin\left(\omega_d t + \arctan\frac{\sqrt{1-\xi^2}}{\xi}\right), \quad t \geqslant 0 \tag{4.2.19}$$

由式(4.2.19)可见,在二阶系统的单位阶跃响应中,稳态分量为 1,瞬态分量为此式右边的第二项。由于系统中耗能元件不断消耗能量,输出响应是减幅正弦振荡函数,它的振幅随时间的增加而减小,衰减速度取决于 $\xi\omega_n$(图 4.2.5)。

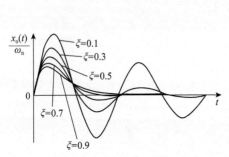
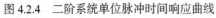
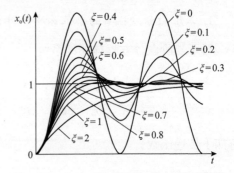

图 4.2.4　二阶系统单位脉冲时间响应曲线　　图 4.2.5　二阶系统单位阶跃时间响应曲线

图 4.2.5 中不仅给出了欠阻尼($0<\xi<1$)的系统响应,也给出了无阻尼($\xi=0$)、临界阻尼($\xi=1$)和过阻尼($\xi>1$)的系统响应。从图中可以看出,随着阻尼比的减小,振荡特性表现得越来越强烈,在 $\xi=0$ 时达到等幅振荡;在 $\xi=1$ 和 $\xi>1$ 的情况下,

响应出现单调上升的特性;在 $0<\xi<1$ 的情况下,$\xi=0.4\sim0.8$ 时的过渡过程时间比 $\xi=1$ 时短,且振荡的特性也不严重。因此,一般在设计二阶系统时,取 ξ 值介于 $0.4\sim0.8$,即确定系统工作在欠阻尼状态。

比较二阶系统与一阶系统的单位阶跃响应曲线可知,二阶系统比一阶系统好,它容易得到较短的过渡过程时间,并且也能同时满足对振荡性能的要求。

3. 二阶微分方程下的单位斜坡时间响应

由积分可求得,在欠阻尼的情况下,二阶系统的单位斜坡时间响应为

$$x_{\mathrm{o}}(t) = t - \frac{2\xi}{\omega_{\mathrm{n}}} + \frac{\exp(-\xi\omega_{\mathrm{n}}t)}{\omega_{\mathrm{n}}\sqrt{1-\xi^2}}\sin\left(\omega_{\mathrm{d}}t + \arctan\frac{2\xi\sqrt{1-\xi^2}}{2\xi^2-1}\right), \quad t \geqslant 0 \qquad (4.2.20)$$

由式(4.2.20)可见,在二阶系统的单位斜坡响应中,稳态分量为等号右边的第一项和第二项,瞬态分量为右边第三项。二阶系统单位斜坡时间响应曲线如图 4.2.6 所示。

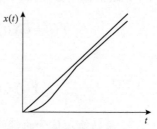

严格来讲,任何一个系统几乎都是由高阶微分方程来描述的,即为一高阶系统。但在一定的条件下,许多高阶系统的特性常常可以近似看成二阶振荡系统的特性。因此,可将高阶系统简化为二阶系统,在这个基础上,利用关于二阶系统的一些结论,可对高阶系统做近似分析。

图 4.2.6 二阶系统单位斜坡时间响应曲线

4.2.3 状态方程描述的系统对典型输入信号的响应

前面论述了用微分方程表达的系统在典型输入信号作用下的输出响应,本节将介绍用状态方程表达的系统在典型输入信号作用下的输出响应。

设有用下述状态方程表示的定常系统:

$$\dot{X}(t) = AX(t) + Bu(t) \qquad (4.2.21)$$

初始条件为 $X(0)=X_0$,此状态方程的解为

$$X(t) = \mathrm{e}^{At}X_0 + \int_0^t \mathrm{e}^{A(t-\sigma)}Bu(\sigma)\mathrm{d}\sigma \qquad (4.2.22)$$

现讨论在脉冲、阶跃和斜坡等输入信号作用下系统的输出时间响应。

1. 脉冲输入信号的时间响应

在此情况下,输入信号为

$$u(t) = \delta(t) \begin{bmatrix} R_1 \\ R_2 \\ \vdots \\ R_r \end{bmatrix} = \delta(t)\boldsymbol{R} \tag{4.2.23}$$

将式(4.2.23)代入式(4.2.22)得

$$X(t) = e^{At}X_0 + \int_0^t e^{A(t-\sigma)}\boldsymbol{B}\delta(\sigma)\boldsymbol{R}d\sigma$$
$$= e^{At}X_0 + e^{At}\boldsymbol{B}\boldsymbol{R}\int_0^t e^{-A\sigma}\delta(\sigma)d\sigma \tag{4.2.24}$$

即

$$X(t) = e^{At}X_0 + e^{At}\boldsymbol{B}\boldsymbol{R}, \quad t \geqslant 0 \tag{4.2.25}$$

系统的输出方程为

$$Y(t) = CX(t) + Du(t) = C\left(e^{At}X_0 + e^{At}\boldsymbol{B}\boldsymbol{R}\right) + D\delta(t)\boldsymbol{R} \tag{4.2.26}$$

即

$$Y(t) = Ce^{At}X_0 + Ce^{At}\boldsymbol{B}\boldsymbol{R} + D\delta(t)\boldsymbol{R}, \quad t \geqslant 0 \tag{4.2.27}$$

2. 阶跃输入信号的时间响应

在此情况下，输入信号为

$$u(t) = \begin{cases} \boldsymbol{0}, & t < 0 \\ \boldsymbol{R}, & t \geqslant 0 \end{cases} \tag{4.2.28}$$

式中，

$$\boldsymbol{R} = \begin{bmatrix} R_1 & R_2 & \cdots & R_t \end{bmatrix}^{\mathrm{T}} \tag{4.2.29}$$

将式(4.2.28)代入式(4.2.22)得

$$X(t) = e^{At}X_0 + \int_0^t e^{A(t-\sigma)}\boldsymbol{B}\boldsymbol{R}d\sigma = e^{At}X_0 + e^{At}\boldsymbol{B}\boldsymbol{R}\int_0^t e^{-A\sigma}d\sigma$$
$$= e^{At}X_0 + e^{At}\boldsymbol{B}\boldsymbol{R}\int_0^t\left(\boldsymbol{I} - A\sigma + \frac{A^2\sigma^2}{2!} - \cdots\right)d\sigma \tag{4.2.30}$$
$$= e^{At}X_0 + e^{At}\left(\boldsymbol{I}t - \frac{At^2}{2!} + \frac{A^2t^3}{3!} - \cdots\right)\boldsymbol{B}\boldsymbol{R}$$

在 A 可逆时又可写成

$$X(t) = \mathrm{e}^{At} X_0 + A^{-1}\mathrm{e}^{At}\left(At - \frac{A^2 t^2}{2!} + \frac{A^3 t^3}{3!} - \cdots\right)BR$$

$$= \mathrm{e}^{At} X_0 + A^{-1}\mathrm{e}^{At}\left[I - \left(I - At + \frac{A^2 t^2}{2!} - \frac{A^3 t^3}{3!} + \cdots\right)\right]BR \quad (4.2.31)$$

$$= \mathrm{e}^{At} X_0 + A^{-1}\mathrm{e}^{At}\left(I - \mathrm{e}^{-At}\right)BR$$

即

$$X(t) = \mathrm{e}^{At} X_0 + A^{-1}\left(\mathrm{e}^{At} - I\right)BR, \quad t \geqslant 0 \quad (4.2.32)$$

系统的输出方程为

$$Y(t) = CX(t) + Du(t)$$

$$= C\left[\mathrm{e}^{At} X_0 + A^{-1}\left(\mathrm{e}^{At} - I\right)BR\right] + DR \quad (4.2.33)$$

即

$$Y(t) = C\mathrm{e}^{At} X_0 + CA^{-1}\left(\mathrm{e}^{At} - I\right)BR + DR, \quad t \geqslant 0 \quad (4.2.34)$$

3. 斜坡输入信号的时间响应

在此情况下，输入信号为

$$u(t) = \begin{cases} 0, & t < 0 \\ Rt, & t \geqslant 0 \end{cases} \quad (4.2.35)$$

式中，

$$R = \begin{bmatrix} R_1 \\ R_2 \\ \vdots \\ R_t \end{bmatrix} \quad (4.2.36)$$

将式(4.2.35)代入式(4.2.23)得

$$X(t) = \mathrm{e}^{At} X_0 + \int_0^t \mathrm{e}^{A(t-\sigma)} BR\sigma \mathrm{d}\sigma$$

$$= \mathrm{e}^{At} X_0 + \mathrm{e}^{At} BR\int_0^t \mathrm{e}^{-A\sigma} \sigma \mathrm{d}\sigma$$

$$= \mathrm{e}^{At} X_0 + \mathrm{e}^{At} BR\int_0^t \left(I - A\sigma + \frac{A^2 \sigma^2}{2!} - \cdots\right)\sigma \mathrm{d}\sigma \quad (4.2.37)$$

$$= \mathrm{e}^{At} X_0 + \mathrm{e}^{At}\left(\frac{t^2}{2!} - \frac{2}{3!}At^3 + \frac{3}{4!}A^2 t^4 - \cdots\right)BR$$

在 A 可逆时又可写成

$$X(t) = e^{At}X_0 + e^{At}A^{-2}\left(I - e^{-At} - e^{-At}At\right)BR, \quad t \geq 0 \qquad (4.2.38)$$

系统的输出方程为

$$Y(t) = CX(t) + Du(t)$$
$$= C\left[e^{At}X_0 + e^{At}A^{-2}\left(I - e^{-At} - e^{-At}At\right)BR\right] + DRt \qquad (4.2.39)$$

即

$$Y(t) = Ce^{At}X_0 + Ce^{At}A^{-2}\left(I - e^{-At} - e^{-At}At\right)BR + DRt, \quad t \geq 0 \qquad (4.2.40)$$

若输入信号为单位脉冲、单位阶跃或单位斜坡函数时，只需取 $R=I$ 就可分别利用上述各式计算出相应的输出时间响应。

4.2.4　离散系统对典型输入信号的响应

由表 2.2.2 可知，单位脉冲、单位阶跃和单位斜坡函数的 z 变换分别为

$$Z[\delta(KT)] = 1 \qquad (4.2.41)$$

$$Z[1(KT)] = \frac{z}{z-1} \qquad (4.2.42)$$

$$Z[r(KT)] = \frac{zT}{(z-1)^2} \qquad (4.2.43)$$

借助上述典型输入信号的 z 变换，以及描述离散系统的差分方程或 z 传递函数，便可求出离散系统对典型输入信号的响应。

4.3　利用高速列车的响应进行安全监测

通过监测高速列车的输出及时判断系统是否存在安全隐患，对高速列车来说是至关重要的一个环节。

由于高速列车在开行的过程中运行速度快、停靠车站少、连续快速运行的时间长，车辆上各种部件使用后的维护检修周期明显缩短，特别是随着运行里程飞速增长，一些零部件参数发生较快变化。高速列车在运行过程中由于种种原因，其运行状态会不断变化，不可能采用原先那样的眼观耳听手摸的人工检查方法，而是需要通过设备的安全监测功能在车辆运行过程中采用各种测量、分析和判别

方法，结合车辆的历史状况和运行条件，实时监测车辆所处的客观技术状态，进而提出车辆系统技术状态报告、故障情况报告、技术状态发展趋势报告等信息，及时处理、及时维护、及时检修，来保障列车的安全性[6,7]。因此，利用高速列车的响应进行安全监测的功能必须集成到高速列车系统中。

4.3.1　高速列车安全监测的任务

1. 安全监测的目的

高速列车安全监测的目的为：

(1)预防车辆发生安全事故，确保车辆安全可靠运行。

(2)利用采集的监测信息，对可能发生的对车辆输入的改变做出报警，避免事态恶化。

(3)及时对各种异常或故障做出诊断，并实施必要的干预措施，如控制、调整、维修、治理以及继续监测等。

(4)监测车辆相关零部件，为视情修(状态修)提供信息，使车辆既不被过度修，又能及时恢复优良状态。

(5)通过监测中实施的性能评估，为车辆的性能改进提供信息和依据。

(6)通过进行状态监测，积累运用的实践经验，为采用主动半主动控制一类的性能改善措施提供依据。

2. 监测信息的使用

高速列车上的安全监测信息需要在许多方面加以使用，以便通过系统监测及时发现事故隐患，及时报告，及时进行维修，必要的紧急故障可通过司机和/或调度台控制列车运行。

系统监测得到的故障信息需要设预警门槛值和报警门槛值，即分为三级：

(1)监测信息未达到预警门槛值的为正常级，可以放心运用，一般用绿色(灯)表示。

(2)监测信息超过预警门槛值而未达到报警门槛值的为警告级，提醒司乘人员和维护人员提高警惕，需做必要的检查，避免问题扩展严重，一般用黄色(灯)表示，必要时可用低频闪烁以醒目。

(3)监测信息超过报警门槛值的为警戒级，司乘人员和维护人员应及时处置该问题，根据事先设定的故障对策发出必要的控制指令，此时用红色(灯)表示，并用高频闪烁以提醒，必要时需增加声响信息报警。

安全监测的信息根据不同的重要性分为记录存档和在司机显示器上显示两种方式，均需上传至高速列车的中央控制单元。中央控制单元(或司机)收到预警信号(超过预警门槛值)后,应对可能的故障做出判断和处理的准备。中央控制单元(或司机)收到报警信号(超过报警门槛值)后,应对列车、相关子系统或零部件进行控制及处理。

3. 安全监测的内容

1)运行性能安全监测方面

为确保高速列车运行安全,应对影响高速列车运行安全的各个重要功能系统的重要部件的性能进行实时监测和报警,要尽量提前诊断,做出故障预报和报警。

监测内容包括车辆超员状况、车轴的轴端温度、车轮踏面状态、车辆横向稳定性、车辆振动状态、旅客安全相关设施的状态(如车门状态),以及影响列车正常运行和使用的其他设施状态等。

车辆超员状况通过检测空气弹簧压力进行监测。列车启动前检测车辆空气弹簧中的空气压力。当测出的压力超过预警规定数值时提出预警,限制旅客上车或货物的装载。当测出的压力超过报警规定数值时,应疏散旅客或卸载部分货物,与此同时,列车不得发车,直到压力降到规定数值以下、问题解决为止。

车轴的轴端温度采用轴温传感器进行检测。当轴端温度超过预警门槛值时,司机室显示器提示故障,当轴端温度超过报警门槛值时,蜂鸣器鸣响,应立即停车处理或自动限速运行。温度上升速率也需考虑在内,以提供决策参考。

车辆横向稳定性采用在转向架构架上安设横向加速度传感器进行检测。当检测到转向架横向加速度特征异常超过预警门槛值时,在司机室显示器提示故障,当检测到转向架横向加速度特征异常超过报警门槛值时,蜂鸣器鸣响,列车降速运行。

车轴振动异常监测是指在转向架或车体上检测到振动加速度异常的情况,一般是由减振器参数改变甚至失效、车辆弹簧系统故障、车轮擦伤、踏面异常、轮对动平衡失格和运行线路上产生异常输入等导致的。

制动系统的安全监测主要依靠制动系统中的智能装置(BCU)进行,其采集的信息在 BCU 做出判断后送司机室显示器显示制动系统工作状态以及相应制动参数。当出现故障(如压力不足、动作迟缓、缓解不良、防滑器故障异常等)时,显示器显示相应故障,并由制动控制装置(主 BCU)根据故障情况做出处理(如进行制动力再分配),必要时自动限速运行或停车。

车门状态,特别是车门开关状态需要在司机室显示器上显示。当车门发生关闭故障时,显示器提示故障,列车不能启动或加速。车门的关闭故障包括列车停车状态下不能关闭和列车运行达到一定速度(一般在 30~45km/h 时)不能锁死两种情况,也应包括车门在运行时出现打开的问题。

齿轮箱轴承温度通过温度传感器检测,温度异常时预警或报警。

空气弹簧装置失效监测通过检测空气弹簧中的压力和上述车辆振动异常监测实现。

2) 烟雾及火灾报警方面

在高速列车上的客室等人员集中区、厕所盥洗室、电器柜、设备舱、厨房设烟火报警装置。当发生烟火预警或报警时，司机室显示器上应提示火灾预警或报警，同时火灾蜂鸣器鸣响。如果发生报警，则司机应将列车停放到可以停车的地段进行灭火处理。

客室内也要在醒目位置处设置火灾报警按钮，以方便旅客将信息传递给司机。

3) 牵引、制动和控制系统方面

监测内容包括牵引、制动和控制系统的工作状态，牵引系统各设备的电流、电压、温度等，制动动作情况，防滑器的工作情况等。

4) 电气设施方面

应对车上各类电子电气设备进行监测，包括对用电系统的状态进行监测，对出现的断路、过载、短路、绝缘失格、瞬时大电流冲击、过流、过压、欠压、漏电、接地、三相不平衡等现象加以保护，确保旅客安全，还需要具有自诊断功能和故障导向安全的措施。

4.3.2　安全监测与诊断决策系统构成

通过安全监测系统对车辆动态响应信号进行采集、处理和分析，可以得到一系列能够表征系统技术状态的特征信息量。在对这些特征信息量进行监测的基础上，应用监测诊断模型就可以对系统的技术状态给出诊断决策。由于各种原因，车辆在运行中的技术状态会发生变化，产生各种各样的故障状态或故障隐患状态，而各种状态的特征信息之间也有众多的联系，如何对经采集处理得到的特征信息进行分析管理，进而对系统的状态进行决策是一个比较复杂的问题。

1. 安全监测与诊断决策模型的建立

构建高速列车安全监测系统的第一步是建模，可按照以下思路开展建模工作：

(1) 运行中的高速列车系统是一个动态系统，输入、输出都在变化，系统的动态特性在某个时刻是确定的，但有变化的趋势。

(2) 分析系统、输入、输出之间关系的基础是建立系统模型，这里的系统模型是广义模型，即任何能够反映系统动态特性的函数关系、图表或曲线都可称为系统模型。

(3) 高速列车系统在运行时表现出来的动态响应中一定包含着输入状态和系统状态的信息，系统和输入的改变一定可以反映在输出信号中，所以对输出信号的分析可以获得系统和输入(如轨道)的信息。

对系统状态决策的研究工作可分为三个层次来进行：监测、预报、诊断，它们是不同层次的概念。

监测的任务是判别系统是否偏离正常功能，主要以系统状态信息为研究对象。

预报的任务是预测系统未来某一段时间内的工作是否能正常运作，监视其发展趋势。它的研究对象不仅包括某一时刻内的系统状态信息，还包括这一时段以前系统某一运行历程中所表现出来的状态信息及其变化。对于预报问题，要通过长期的监测实践找到系统特征信息的变化规律，进而提出科学的预报方案，确定最佳预报警时机。

诊断是对设备的异常状态(故障)查明故障的原因及其部位，并提出相应的处理措施和维修方案，进一步采取有效的手段。其研究对象除包括系统的状态信息外，还要纵深到系统的各个执行部分、系统的运行历史等方面。

2. 监测部分的系统构成

监测问题主要包括选取监测对象状态信息的特征量和确定特征量的安全阈值范围，安全阈值范围的确定依赖于监测对象的类型并兼顾系统的运用工况。

安全监测系统基本结构可用图 4.3.1 所示方框图表示。

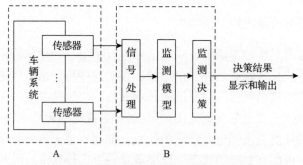

图 4.3.1　安全监测系统基本结构方框图

安全监测系统由系统输出信号的采集模块 A 和数字处理及分析模块 B 两部分组成。

在对系统进行运行监控时，首先要通过合理的监测方案设计，拾取适当的系统动态响应信号。系统动态响应信号是系统、输入和输出信息的载体，其中包含着丰富的关于系统动态特性和输入状态的信息，它是系统状态监测模型的直接研究对象。采集什么样的信号，如何对所需的相应信号进行采集，以获得所需的信息是这一问题的关键。

经过采集得到的系统动态响应信号通常包含大量的信息和噪声，必须对其进行适当的处理，才能去除噪声，把所需的信息提取、分离出来。鉴于信号数字处理的优势，在对信号进行处理分析时主要采用数字处理的方法。

结合所得到的输入输出信号中的特征信息和系统状态知识，可以初步建立起系统状态、输入状态、输入输出信息之间的关系，这一关系就是要得到的监测模型，由于应用现代理论，模型往往具有智能性，可以在实践应用中不断被修正和完善。

每节车辆上均有各自的安全监测对象，因此高速列车的安全监测系统可在每节车辆上设置安全监测基本单元。在每节车辆上所做的安全监测内容和结果等监测信息也需要传输到中央控制单元，并供司机和维护人员使用。因此，每节车辆上的安全监测基本单元需要通过网络系统连接在一起构成一个完整的高速列车安全监测系统。如果列车上控制用的网络的信息传输速率和容量足够，可以将每节车辆上的安全监测基本单元挂在列车控制用的网络上。如果需要传输的内容较多而列车控制用网络的信息传输速率和容量不能满足需要，则需要另行架设信息传输网络，以将各车辆安全监测基本单元连在一起。

与此同时，列车级也需要一台智能设备实施列车级的数字处理和分析工作。高速列车安全监测系统构成示意图如图 4.3.2 所示。

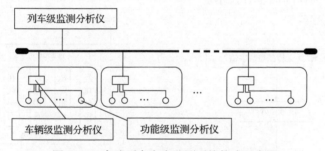

图 4.3.2　高速列车安全监测系统构成示意图

列车中各节车辆上相应的监测对象的特征信号可以通过安全监测网络传到列车级；在列车级监测装置上，对不同车辆相同位置测点的关系进行纵向比对，开展列车级状态分析工作。

各安全监测基本单元上分析时所需的运行速度的信息、运行线路工况(位置信息)以及控制指令信息(对控制的响应)可以由中央控制单元通过网络传递过来。

3. 诊断部分的系统构成

诊断问题的研究可以从以下三方面来进行：

(1)从经典理论和运行机理的角度，首先建立故障模型，然后对故障模型进行仿真计算，从而找到系统故障的信息表现规律。故障仿真研究可以达到对故障定量诊断的程度，但对高速列车系统来说，目前可以进行仿真研究的故障模式还是很有限的。机理上的研究也还可以从运行机理的分析中找到故障的表现规律，例如，对于车轮踏面擦伤，监测发现车辆系统的车轮踏面擦伤后表现出来的垂向加速度信号具有重复性的冲击响应信息，而重复的时间间隔与列车的运行速度有关，这种现象在运行机理中的解释就是当车轮上存在一处擦伤时，车轮每滚动一周将出现一次冲击。

(2)通过试验找出所采集的信号在系统有故障和无故障时的差别。车轮踏面擦伤后的垂向加速度信号的特征就是这一方面工作的一个例子。需要强调的是，对现场的试验数据分析是进行监测诊断的主要依据。

(3)结合前两方面工作，以安装有安全监测系统的车辆为平台，通过对安全监测系统在运行期间取得的数据进行积累、归纳、分析，针对相应的故障信息特点，应用专家智能工程的方法建立起故障诊断模型。因此，故障诊断模型是一个不断成长和完善的模型，需要具有自学习、自分析、自判断的功能。

4. 监测诊断系统总构成

监测诊断模型方框图如图4.3.3所示，图中虚线框部分为监测诊断模型部分，点画线框部分为诊断的基础技术。

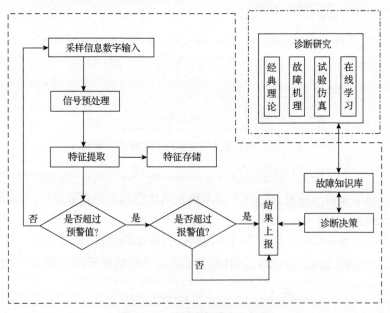

图4.3.3　监测诊断模型方框图

4.3.3　基本单元硬件架构

安全监测的车辆基本单元的硬件系统应包括信号拾取、干扰隔离、信号放大、滤除噪声、模数转换（A/D转换）、数据采集、微处理器、信息存储、结果输出等部分。图 4.3.4 为安全监测系统的硬件系统方框图。

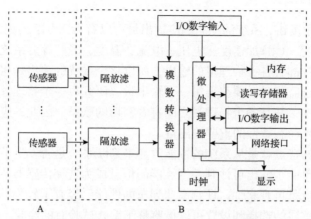

图 4.3.4　安全监测系统的硬件系统方框图

传感器安装在需要监测的对象的位置处，属于机外安装件，即图 4.3.4 中 A 部分。图 4.3.4 中 B 部分为由若干个电路板组成的安全监测设备硬件，这些电路板可以集中在一个机箱中，也可以分散在若干个机箱中。根据被监测问题的不同进行归类，可以把采用同一软件处理分析的放在一起，安排在同一电路板上，不能归类的需要分别放在不同的电路板上。

由传感器拾取的模拟信号经过信号预处理(隔离、放大、滤波，简称隔放滤)后进入模数转换器转为数字序列，然后送入微处理器，由专用软件进行数据处理，并存储、交换、输出以及必要的控制事项。

所有信息最终汇集起来通过网络传输到列车级监测装置上。

列车级监测装置可以是一台计算机，也可以是车辆基本单元(可没有采集信息的部分)。

4.3.4　传感器的选择与布置

1. 传感器的基本要求

在安全监测系统中信息来源均依靠设置在监测对象上的传感器感知，因此传感器的可靠性是整个系统成败的关键。特别是在车辆上安装的传感器更要经受振动冲击和电磁干扰的考验，即应具有抗振动冲击和抗电磁干扰的能力；此外，在车辆上安装的传感器还要能经受高低温、盐雾等环境的考验。

除提高传感器的可靠性外，减少传感器的数量也是必要的，因此高速列车的安全监测系统要以最少的传感器获得最大的可解耦的信息为原则，尽可能不采用需列车上供电的传感器而采用自发电传感器(如压电式传感器)，并尽量不采用连续量的传感器而采用开关量的传感器。

2. 传感器的设置原则

从物理量角度讲，系统的动态响应输出量可以有力、力矩、应力、应变、(角)位移、(角)速度、(角)加速度、电压、电流、温度、磁感等。系统中每一个部件和整个系统本身都有各种物理量的输出，所以整个系统的输出是相当庞杂的。在进行系统的状态监测时，要获得每一个输出量、研究每一个物理量是不可能的，也是没有必要的，并且各个物理量之间有着密切的联系。因此，应该只是关心那些能够表征系统动态特性的重要输出量。

安全监测的特点就是从系统的性能改变来判断系统是否发生了变化，因此对需要监测的对象能否输出可评判系统性能的信息成为选择传感器及其设置是否正确的标志，这就是可观察性。评判高速列车的性能已经有了较为成熟和完整的体系，因此对传感器的选择和设置可以借鉴整车型式试验时的经验。

例如，在车辆动力学试验中，均需采用车体的垂向和横向加速度信号作为车辆横向和垂向平稳性的评估依据；用构架横向力和垂向力、轮轨间垂向和横向作用力评估车辆系统运行安全性中的脱轨系数、轮重减载率、横向力允许限度、倾覆系数等；用弹簧动挠度计算车辆倾覆系数(采用简化法)等。在车辆动力学试验中所检测的各种动力学性能是评判车辆系统是否可安全使用的重要动态特性，这些在安全监测中也有着重要的意义。因此，在车辆动力学试验中所用到的系统输出量可供选择，作为安全监测所需要提取信息的参考。但是车辆的动力学试验研究和运行安全监测的任务是有很大区别的，车辆系统的运行安全监测不仅要监测系统的总体动态特性(包括动力学试验研究中的各种动力学性能)，还要监测系统动态特性的变化、局部部件的动态特性和可靠性等。因此，在进行车辆系统状态监测时，还不能完全依赖车辆动力学试验研究的经验。

3. 传感器的布置原则

在车辆动力学试验中，车辆上安置了多个加速度、力、位移传感器和用于采集轮轨力的测力轮对，而这些对需要监测的运用中的高速列车是不现实的、不经济的，也是不可取的。这样众多的传感器设置不仅使系统的维护更加复杂，而且使所设计的监测系统变得很复杂，导致监测系统的成本增加、维护困难、监测的实时性的实现难度变大。

因此，应对整个安全监测系统的检测信息和传感器进行选择并设置选择原则和技术路线。例如，利用转向架上的信号监测轮轴与一系悬挂系统，根据车体的信号监测整个车辆系统的动力学性能，通过可靠度较高的加速度传感器来提取这些振动信息，由振动信息分析评判系统的变化过程，结合时间轴和空间轴、时域和频域的不同表现来评估特定的系统状态及状态变化过程，从而得出安全监测的结论。又如，在车厢级实时振动监测方面，可利用监测车辆系统的总体振动状况、构架振动状态辨识车辆蛇行运动和踏面损伤情况等。通过传感器的布置获取可以反映监测对象的信息，实现以最少的传感器达到完成监测的任务。

在高速列车其他子系统的安全监测中，传感器的布置也同样采用此原则。

4.3.5　安全监测系统的可靠性

1. 总则

安全监测系统的可靠性应包括传感器的可靠性、放大器的可靠性、模数转换的可靠性、数据处理分析的可靠性和结果输出传输的可靠性。其中，前三项除在构建系统硬件设施时应予以保证外，在使用中应利用系统的自检功能进行自检；数据处理分析的可靠性需要依靠软件保证，有关问题将在下面说明；结果输出传输的可靠性需要依靠信息传输网络的可靠性。

2. 自检

自检功能是为了确保安全监测系统本身的评估准确性，系统本身需要具有自诊断功能，即通过自检证明系统是正常的，给出的结果是可信的；否则，就应输出警示信号，告知司乘人员，所得的监测结果不可信。

3. 数据预处理

数据处理分析的软件应该具有信号预处理的能力，预处理的工作应该包括消除干扰、剔除野点、消除零漂、提取趋势项等。图 4.3.5 为数据预处理示例图，其中图 4.3.5(a)为正常正弦波的波形，图 4.3.5(b)显示出野点与正常正弦波的区别，图 4.3.5(c)显示出整个波形偏离零线的情况，图 4.3.5(d)表示出现趋势项的情况。

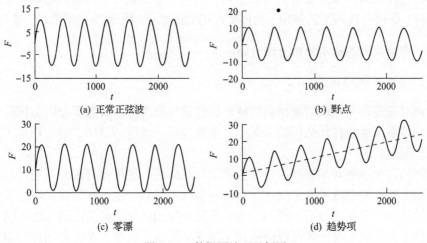

(a) 正常正弦波　　　　　　　(b) 野点

(c) 零漂　　　　　　　(d) 趋势项

图 4.3.5　数据预处理示例图

消除干扰时既要避免将干扰当成正常信号从而得出错误的结论，又要避免过度滤波而改变信息的原有特性，即消除干扰不能连正常信号也改变了，这样可能会遗漏有用信息，导致监测不完整甚至做出错误的判断。

从图 4.3.5(b)中可以看到远离正常正弦波的一个奇异点，称为野点。剔除野点是将不是系统输出信号中的数据剔除掉。野点也是干扰的一种，可能是采集信息设备造成的偶发性的数据点，不应成为有效信息进入分析程序，需要提前剔除。在信号采集中经常可以看到单独一个数据与前后数据连接不上，不是过大就是过小，呈离群的状态，这样的点就是野点，是受到干扰出现的数据，需要剔除。

如果在监测过程中有用信息的数据量大，则可以大段剔除受干扰的信息；如果数据量小，则在剔除野点的数据后要推断一个数据作为原始数据，以便之后的分析中使用。程序中应记住这一信息，在给出监测结论时需注明存在推断补数的情况。

零漂是指采集的数据总体出现漂移，偏离原始数据一个值的现象(图 4.3.5(c))。数据采集系统存在零漂，可能导致分析结果出现偏差，因此在数据预处理时需要将零漂消除，使数据恢复到原来的状态。

趋势项也是零漂的一种，是指采集的数据的零漂不是一个固定值，而是随着时间的推移逐渐单调改变的状况。存在趋势项(见图 4.3.5(d)中虚线)的正弦波与正常正弦波存在区别，所以要将此趋势项提取出来并消除掉。

4. 数据分析处理

数据处理分析的软件应该具有通过信息分析做出判断的能力，特别是不能出现漏项、缺项，而将安全隐患留在运用车上，这样安全监测本身的存在就没有意义了。与此同时，也需要防止出现错判、误判，避免把没有问题的信息当成问题来对待，耽误高速列车的使用。软件所使用的信息评判机理应是可靠的、实用的。

4.3.6 安全监测的基本分析方法介绍

1. 系统工况的区分

在对高速列车系统的输出信号特征信息进行分类时，首先要查明系统所处的工况，即系统运行在什么样的工况中，主要包括系统运行速度、牵引制动工况、线路工况等。

例如，车体横向加速度信号在直线上和在曲线上的量值有很大差别，不能因为差别大就认为系统发生了变化，当区分运行工况后，这一问题就很清楚了，所采集的信息也可以区分了。再如，牵引工况和制动工况需要关注的问题不同，只有明确了所处的工况，才可以分析此工况下的信息。因此，在信息到达后应对系统的运行工况进行分类。建立的监测模型中应有此功能，以便对每一种工况下的系统动态特征信息进行分类整理，进而对系统技术状态进行决策。

2. 基于幅域信息的监测结果评估方法

1) 最大值法

安全监测系统对采集到的信息进行处理的最直观的方法是将信息中的相同工况或不同工况下的最大幅值、峰值平均值等提取出来，确认这些值是否存在异常状态。如果存在异常，则检测出问题的所在，特别是对瞬时故障的在线识别方面可以很快得出判断。

对于渐变性的故障，最大值的变化比较缓慢，无法在线直接判别。但在离线分析处理中可以将各项检测指标进行统计分析，如利用计算方差、均方根、有效值、峭度以及谱分析等方法，将分析结果细分为若干等级，然后对各项检测指标进行汇总，列出每一级所占的百分比，以报表或其他形式列出，由此观测列车性能的缓变过程、判别是否存在渐变故障并判断其位置和程度。

2) 故障树法

按照特定对象的一些故障与各种响应的关系建立一种分析模型，例如，将监测的响应的异常可能对应的故障列出表格，从而将响应与故障的关联关系在表上反映出来即可。实际上是用不同响应的变化所引起的系统性能上出现的差异串联起来形成类似树状结构关联图，将此关联图称为故障树。通过响应改变的情况，由故障树模型找到故障树的根节点——故障源头。例如，把车辆系统一些加速度信号的幅域统计分析与车辆系统典型状态之间的关系进行汇总比对。

当系统的垂向加速度的有效值和峭度都正常时，说明系统的工作正常或者至少未出现表中所列故障状态；当系统的垂向加速度的有效值和峭度长时间保持偏大时，说明系统最有可能出现的故障状态为轮对擦伤；当系统的车体加速度(垂向和横向)有效值偏大，而系统的构架和轴箱加速度变化不大时，说明系统的二系悬挂系统可能出现问题，如空气弹簧漏气；当系统的构架和轴箱加速度的有效值变大，而车体加速度的幅域统计特征基本不变时，说明系统的一系悬挂出现了一种表现程度不太强烈的故障，因而其在一系悬挂的表现被二系悬挂过滤掉了，这种故障有可能是轴承故障或轮对偏心等。

3) 模式识别法

模式识别法是基于统计模式识别的监测结果评估方法，是将检测得到的响应经过统计分析后从模式识别的角度来分析被监测系统所处的工作状态，即将一定约束条件下(如特定的牵引与线路状态下)的被监测系统所处工作状态分为若干个模式，对每个被监测系统测定特定状况下的响应，确定其所处的状态(模式)，并进行评估，使维修人员能够知道被监测系统的工作状态，进而给出对其进行维护或检修的依据。

　　进行分类的理论基础是贝叶斯估计。假设车辆某一子系统(简称系统)在特定的工况下的性能可以分为 C 个状态，即 C 个模式类 $\omega_1, \omega_2, \cdots, \omega_C$。系统处于各个模式类的概率密度函数分别为 $P(\omega_1), P(\omega_2), \cdots, P(\omega_C)$。设 X 为 N 维向量，则 X 的类条件概率密度函数为 $P(\boldsymbol{x} \mid \omega_i)(i = 1, 2, \cdots, C)$。

　　根据贝叶斯公式，在模式 X 出现的条件下，C 个模式类的后验概率为

$$P(\omega_i \mid \boldsymbol{x}) = \frac{P(\boldsymbol{x} \mid \omega_i) P(\omega_i)}{\displaystyle\sum_{j=1}^{C} P(\boldsymbol{x} \mid \omega_j) P(\omega_j)} \tag{4.3.1}$$

通过上述模式识别方法可以判定被监测系统处于何种状态。

　　应用贝叶斯统计模式识别，需要知道被监测系统所处状态的先验概率和类条件概率。通过确定性试验和试验台试验可以获得相应的先验概率分布，而后即可通过上述方法对运营中的列车各个子系统所处状态进行监测与评估。

　　贝叶斯估计是在知道被监测系统在相应工况下的先验知识的前提下进行识别的。这些先验知识可以通过型式试验的数据整理获得，也可以在线开展特定的故障试验取得，还可以通过监测系统的自学习自积累获得。

　　在利用统计模式识别的贝叶斯估计方法时，可以先考虑存在三种状态，即假设新出厂或者段修后投入使用的车辆经过调试后的状态(性能)是正常或较好的，被监测系统处于模式态 C1；而可以带故障运行但其性能需要密切关注的，即有一定病态的被监测系统处于模式态 C2；性能异常并且需要采取措施的被监测系统处于模式态 C3。

　　被监测系统处于模式态 C1、C2、C3 的特征数据与状态分布可以在设计时界定清楚，之后在线信号采集与分析系统就可以充分利用这些先验知识，给出一定的统计决策。

　　给监测系统赋予自学习自积累功能则是在没有先验知识的情况下，由维护人员帮助直到其完成自学习和自积累。上面已经把调试好的车辆投入运用时的状态定义为 C1 模式态，将此时测得的响应经统计聚类后的状态记忆为 C1 模式态，并由监测系统记忆。在发生模式态 C2 中的故障后，由维护人员告知监测系统将此时测得的响应经统计聚类后的状态记忆为 C2 模式态。与此同时，将非 C1 模式态且非 C2 模式态的模式态记忆为 C3 模式态。

　　以此类推，可得到有多个模式态的状况的监测系统的自学习自积累功能。对于不同的线路工况(直线、曲线、道岔等)、不同的运用工况(启动、制动、定速等)，可以分别设为不同的模式态。

　　在监测系统的识别能力上也要适应变化的情况，提醒维护人员修改模式态的范围。

3. 基于频率识别的监测结果评估方法

对于一个特定的动态系统，其频率分布是明确的、保真的。在特定工况下，被监测系统正常的情况下，其输出信号中所带的频率成分的分布也是一定的，特别是特定频带中的频率成分的分布也是固定的(包括频率随运行速度变化的情况)。只有被监测系统发生改变后，检测得到的响应中的频率特性才会发生改变。

利用这一特性就可以从频率是否改变来监测系统是否发生变化，即当被监测系统的响应的频率分布发生改变时，也就意味着该被监测系统发生了改变。

对频率变化的安全监测主要可以有以下两种问题：一种是能量凝聚现象；另一种是频率漂移现象。

1)能量凝聚现象

能量凝聚现象主要出现在存在周期性响应上，即响应中的能量向着某一频率凝聚起来的现象。

在正常情况下，响应中的各种频率分布很广，不会集中在某一频率上，即使存在主频，其幅值也不太突出。而当系统出现改变时，频率分布会发生变化；当没有发生能量向某一频率上凝聚时，系统还是可以正常工作的，仅需要关注产生变化的原因。一旦某一频率的幅频值相对其他频率成分非常突出时，就认为能量已经开始凝聚在这一频率上，即出现了能量凝聚现象。

蛇行运动就是这样一种特征。铁道车辆车轮踏面的形状决定了车辆必定会发生蛇行运动，即使正常情况下也会发生，此时在蛇行的频率上能量一般很小，不突出，而且时有时无。但是当运动的能量出现向蛇行的频率聚集的情况时，振动幅值也会较大，这时也就达到了蛇行失稳的临界状态。因此，需要在能量集聚的过程中找出预警点、报警点，防止车辆产生蛇行失稳。

2)频率漂移现象

频率漂移现象是指在正常情况下系统的响应应该存在的频率分布规律出现了变化，一些频率成分没有出现在原来应该在的地方，而是移动到另一个地方，这种现象称为频率漂移现象。频率在机械振动中主要与质量和刚度有关，在电气振荡中主要与电感和电容有关。显然频率的改变就意味着质量、刚度、电感、电容等已经有发生变化的，这些变化理所当然地提示系统已经发生了改变。通过监测频率的变化就能知道系统发生了改变，这也实现了监测的一个目标，由此深入追究什么发生了改变就能顺藤摸瓜找出故障的所在。

4. 时间域的比对推断

车辆-轨道耦合振动系统的故障可以分为两类：一类为瞬变性的故障；另一类为渐变性的故障。瞬变性的故障是指在瞬间发生的故障，故障发生前后的监测信息有明显区别，如轮对踏面的擦伤，此类故障一经发生有可能可以实时从响应信号中检测出来。渐变性的故障是指在日积月累的运行中逐步变化而出现的故障。这种情况下被监测系统的响应没有突然发生变化，而是缓慢变化，或是在积累一段时间后才出现小量的变化，如减振器的阻尼系数、橡胶节点的刚度等（包括某些具有摩擦磨损的部件），其变化可能是一个相当长的过程。监测中所测得的响应即使在恒定的工况下，短时内也很难判断其量变程度，通过时间域的比对才能发现这种变化，这里所说的时间域的比对是指选取同一车辆、不同时间段（如不同日）的同一工况的数据进行比对分析，通过查看一辆车的多日信息，分析其统计特征量的变化量及变化趋势，从而对渐变性的故障做出预报。

5. 空间域的比对推断

1）不同线路段的比对

铁道车辆的激扰主要来自轨道的激扰，特别是线路上存在的不同位置相同线路缺陷的问题，需要提示工务部门加以关注，这时就需要用到不同线路段的比对。

对于特定的车辆在遇到同类的线路缺陷时会产生基本相同的响应，如轨接头、道岔。据此，在监测相同响应时，可以通过不同线路区段信号特征的比对来发现问题、解决问题。

对于车辆在不同线路区段上的不同表现，可以认为是车辆对线路差别的敏感性产生的，也可据此来判断线路状况，提示工务部门关注，也可提示车辆部门在降低车辆的敏感度上做工作。

2）不同速度的比对

车辆运行速度的变化对车辆系统动态响应的影响较大，因此运行速度是车辆系统的一个重要输入量。不同速度下运行的车辆的响应也会产生差别，如在某些速度下性能会恶化的现象在各种车辆上都能遇到。监测系统需要将这种现象作为对性能监测的内容，通过对不同速度下性能的比对找出所存在的不利速度区（有关不利速度区的概念见 4.4.1 节），并且监测这种变化。当车辆处于良好状态时，可能在运用速度区段中不存在不利速度区，而运用一段时间后产生了改变，使得不利速度区进入常用速度区，从而引起性能的恶化。这种现象可能提示系统产生的改变已经引起了固有频率的改变，进而使不利速度区发生了转移；也可能提示速频出现了变化，其原因可能是线路状况发生了改变，也可能是车辆上某个跟随速度改变的频率发生了变化。通过安全监测系统及时发现这种变化是必要的，这时需要对不同速度下的响应进行比对分析，以做出判断。

3）不同车辆的比对

对列车中不同车辆相对应的检测点的信号进行比对可以发现故障在列车队中发生的情况。可同时选取不同车辆的数据进行分析，这样可查看同种工况下不同车辆的信息，发现其异同，结合车辆自身的机械性能，分析原因。这些信息可以提示由列车组成产生的问题，也可以提示某几节车辆自身的特殊问题。例如，列车中某节车辆产生晃动，可能仅监测一辆车还不至于引起警惕，而监测系统经过对列车中各节车辆响应的比对分析就可以发现该节车辆出现异常，可以发出预警，进一步分析原因，诊断其究竟属于列车动力学问题还是属于车辆动力学问题。

6. 综合分析

将以上各种方法串联起来就可以从多个角度对被监测系统进行综合分析，实现纵深监测。这样通过同时对不同车辆、不同日期、不同线路段的时域频域的各种数据进行综合分析，还可以更宏观地监测高速列车的运行。

4.4　利用高速列车的响应进行故障诊断

高速列车出现故障后，在其响应上一定有所反应。可以利用响应来进行故障诊断，以对高速列车的状态做出判断，判断其是否存在故障、是否可以现场修复、是否可以带故障运行、是否需返回基地检修等。通过故障诊断可以有针对性地进行检修，减少在修时间，提高高速列车的利用率；也可以对高速列车的使用提出指导意见，避免因使用不当造成损坏；还可以对该高速列车提出改进措施，从源头铲除故障，提高高速列车的可靠性。一些故障诊断技术还可以在故障萌生初期发现故障，及时安排维护检查、准备配件备品、消除故障隐患。

本节仅从车辆动力学性能的不利速度区的角度进行分析论证，通过几个例子[8-13]介绍如何从系统响应的波形上发现故障，查找故障原因，并对如何避开不利速度区、消除因不利速度区而带来的故障等提出建议。

4.4.1　不利速度区的概念

1. 不利速度区的定义

在高速列车动力学性能试验中发现如下现象：一般情况下高速列车的动力学性能随着速度的增大呈现逐渐下降趋势。但有时会遇到另一种现象，即车辆性能随着速度提高不是一直下降，而是在某一速度区性能下降较多，过了此速度区后性能又出现好转的情况。图 4.4.1 为响应随速度变化示意图。从图中可以看出，在速度 V_b 处曲线出现峰值，在峰值前后速度区段车辆性能下降较多。这种车辆在不同速度运行时，其运行品质会在某一速

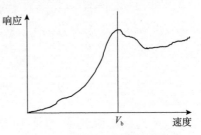

图 4.4.1　响应随速度变化示意图

度区出现性能下降现象的速度区段定义为不利速度区。

无论哪种车辆，均会存在不利速度区，只是不利速度区可能在车辆运行速度的低段，也可能在车辆运行速度的高段，还可能就在车辆运行速度的中段，在中段的情况可以明显地观测到图 4.4.1 显示的发展规律。

车辆如果长期在不利速度区中运行，将出现磨耗严重、间隙处碰撞加剧、减振器很快漏油、某些部件裂损等问题。只要不利速度区不在常用速度区内就比较容易避开，可以采取尽快通过该速度区的方式实现避让。

图 4.4.2 为在某型高速列车的车辆上实测的车体垂向平稳性指标随速度变化的散点图。可以看出，在 330～390km/h 速度范围内，垂向平稳性指标值明显高于其他速度区段，显示存在不利速度区。

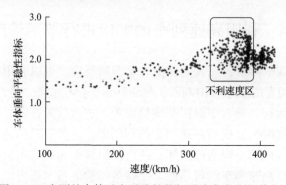

图 4.4.2　实测的车体垂向平稳性指标随速度变化的散点图

图 4.4.3 为在某型高速列车的车辆上实测的车体横向平稳性指标随速度变化的散点图。可以看出，在 120～180km/h 速度范围内，横向平稳性指标值明显高于其他速度区段，同样显示存在不利速度区。这两处不利速度区跨度范围均较大，均涵盖了各自高速列车的关键速度级，需要予以消除或减弱。

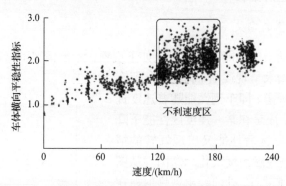

图 4.4.3　实测的车体横向平稳性指标随速度变化的散点图

经对车辆运行试验测得的响应数据进行分析研究，可以辨识出车辆上是否存在不利速度区。

图 4.4.4 为某型高速列车速度与响应频谱关系示意图。此图是以组合方式给出的速度频谱图(为准三维方式表达),图中横坐标是频率,纵坐标包含两个含义,一是表示速度(频谱曲线起始点处就对应一个速度级);二是表示对应各速度级的频谱幅值。图 4.4.4 中每条曲线代表在一个速度级上在某车同一测点处测得的响应的频谱图,因此纵坐标上就显示了在不同速度下测得的频谱的变化情况。

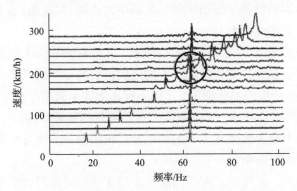

图 4.4.4 某型高速列车速度与响应频谱关系示意图

从图 4.4.4 可以看出,每一条频谱曲线上都有两个主频率,两个主频率随着速度的提高逐步接近,之后又逐步分离,说明系统中存在两种不同类型的主频率,其中一种主频率(约 60Hz)与速度的改变无关,大多属于系统中的某阶固有频率,另一种主频率则随速度变化而变化,这可能是车辆特性所致,也可能是受外部激扰特性的影响。两种主频率在图中圆圈处出现相交,对应的速度等级约为 200km/h,在相交之处性能指标恶化,该速度即为不利速度。由于在频谱上该处的频率有一定的带宽,出现这种性能恶化现象的速度也有一定的范围,即在对应峰值的速度前后有一区域内性能均较差。这种性能变差的状况是由速度的变化带来的不利影响,所以将此速度区域称为不利速度区。

通过对车辆响应数据的分析,不利速度区将一目了然地显示在眼前。当此速度位于车辆的常用速度区时,车辆的性能将不能保证或保持。这里特别把不能保持提出来,如果仅满足于指标合格,而不关注是否存在不利速度区,则该车的性能是不能保持住的,也就是说,性能很快就会恶化。当运营中发现性能很快恶化时,就需要考虑是否存在不利速度区,在该速度区中可能存在某阶失稳速度,也可能是某一两个振动出现耦合(甚至共振)。

在对车辆运行试验测得的响应试验数据进行分析研究或对仿真计算的响应数据进行分析,可以辨识出车辆上是否存在不利速度区。利用系统动力学对响应的波形分析反演也是有效的方法。

2. 共振

任何物体产生振动后，由于其本身的构成、大小、形状等物理特性，存在固有频率。当外界再给这个物体加上一个激扰时，如果该激扰的频率与该物体的固有频率正好相同，则物体就会产生极大的振动振幅，这种现象称为共振。共振危害极大，可以使结构物瞬间倒塌、电器瞬间崩溃。共振技术也可应用到一些领域为人类服务，如音响设备中的扬声器、乐器中的音腔(共鸣箱)、电磁波的接收和发射、产生激光、核磁共振等。

高速列车上的部件也同样存在固有频率，在外部激扰频率达到固有频率时就会产生共振现象。显然，这种共振产生的原因主要与车辆或其部件的固有频率有关，需要避免共振产生的系统崩溃。上述不利速度区中如果存在部件的固有频率，则发生了共振。判断是否发生共振需要结合该部件的物理特性。图 4.4.4 显示的现象中如果其中一个与速度变化无关的频率是系统中的某阶固有频率，则在该处发生了共振，必须加以避免。

对于高速车辆，使用的速度范围随着运用速度的提高越来越宽，因此车辆及其部件的固有频率将越来越多样性。例如，车体自振频率上不仅有垂直弯曲频率，也有扭转频率、横弯频率等；阶数也不仅只需关注最低阶。所有振型的主频率都要与随速度变化而产生的激扰主频率在性能响应频谱图上不出现相交点。此项适用于对整车高阶振型的分析，也适用于对局部结构振型、悬挂振型的分析。

3. 拍振

拍振是由两个方向相同、频率相近的信号合成叠加在一起形成时强时弱的振动现象。

在高速列车的线路试验或台架试验中经常会实测到某响应上出现一段典型的拍振波形。如果在读图的过程中可以认出图上的这种典型的拍振波形，就可以清楚知道这是两个相近的频率振动叠加而成的，这种情况也是进入不利速度区的现象。找出这两个频率，也就能辨识出问题所在。

关于拍振的知识在物理教科书中均有介绍。下面只对拍振知识进行简单介绍，后面重点介绍拍振波形的识别方法。

设一质点在同一方向上同时存在两个不同频率的简谐运动，其位移 X_1 和 X_2 分别为

$$X_1 = A_1 \cos(\omega_1 t + \varphi_1) \tag{4.4.1}$$

$$X_2 = A_2 \cos(\omega_2 t + \varphi_2) \tag{4.4.2}$$

式中，A_1 为简谐振动 1 的幅值；ω_1 为简谐振动 1 的圆频率；φ_1 为简谐振动 1 的初相位；A_2 为简谐振动 2 的幅值；ω_2 为简谐振动 2 的圆频率；φ_2 为简谐振动 2 的初相位。

该质点上的位移 X 就是上述两个简谐振动的合成振动，即

$$X = X_1 + X_2 = A_1 \cos(\omega_1 t + \varphi_1) + A_2 \cos(\omega_2 t + \varphi_2) \tag{4.4.3}$$

可见此合成振动已经不再是简谐振动，而是一个较为复杂的振动形式。

假设 $\omega_2 \neq \omega_1$，那么 X_2 与 X_1 振动就不同步。当 X_1 与 X_2 指向相同，即两个分振动同相时，合成振动的振幅达到最大，即 $A = A_1 + A_2$，合成振动最强；而当 X_2 与 X_1 指向相反，即两个分振动反相时，合成振动的振幅最小，即 $A = |A_1 - A_2|$。假设 $\omega_2 > \omega_1$，则单位时间内两分振动同相、反相的次数各为 $\omega_2 - \omega_1$ 次，或者说单位时间内振动加强或减弱 $\omega_2 - \omega_1$ 次。

当 ω_1、ω_2 都较大而 $\omega_2 - \omega_1$ 很小时，合成振动经历一次强弱变化所需的时间就很长，因而合成振动时强时弱的周期性变化就会明显表示出来。将这种两个频率都较大但两者频差很小的同方向简谐振动合成时所产生的合成振幅时而加强时而减弱的现象称为拍振。这种波形可以出现在任何形式的信号中，如结构的振动信号、电磁波的振荡信号、声音信号等。合成振动在单位时间内加强或减弱的次数就称为拍频。若以 t_p 表示一拍的时间，则 $t_p = \dfrac{2\pi}{|\omega_2 - \omega_1|}$。

设质点有如下不同幅值、相同相位、频率接近的振动组合：

$$X_1 = 1.5\sin(\omega_1 t) \tag{4.4.4}$$

$$X_2 = \sin(\omega_2 t) \tag{4.4.5}$$

式中，ω_1 为波形 1 的圆频率，$\omega_1 = 10\dfrac{\pi}{180}$；$\omega_2$ 为波形 2 的圆频率，$\omega_2 = 10.9\dfrac{\pi}{180}$。

拍振示意图如图 4.4.5 所示，其中波形 1、波形 2 是质点的两个分位移的波形，而波形 3 就是波形 1 和波形 2 两个信号叠加合成的波形。

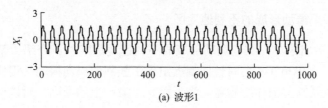

(a) 波形1

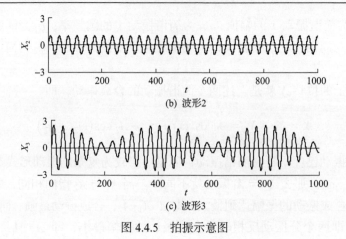

图 4.4.5　拍振示意图

该质点的总位移表达式为

$$X_3 = X_1 + X_2 = 1.5\sin(\omega_1 t) + \sin(\omega_2 t) \qquad (4.4.6)$$

波形 X_3 的最大振幅 A_{max}=1.5+1=2.5，最小振幅 A_{min}=1.5–1=0.5。

波形 X_3 显示一拍所需单位时间数为 400，即每一拍需要 400 个单位时间，则

$$t_p = \frac{2\pi}{|\omega_1 - \omega_2|} = \frac{2\pi}{\dfrac{(10.9-10)\pi}{180}} = 400$$

如果以 1000 个单位时间为 1s，则波形 1 的频率为 27.8Hz，波形 2 的频率为 30.3Hz，一拍所需时间为 0.4s，或者说拍频为 2.5 次/s。

高速列车上响应中出现拍振现象也是两个具有相同振动方向而频率很接近的振动组合的结果。如果其中一个频率是随速度逐步提高而移动的，当移动到接近另一个振动频率时就会出现拍振波形。随着速度进一步提高，该频率继续移动，当移动到等于某固有频率时就发生共振。随着速度继续提高，该频率又继续移动，从而又形成拍振波形，直到移出该固定频率的区域，拍振消失。

利用系统动力学对测试波形分析反演就能有效地辨识出该波形是否为两个频率相近的振动组合出现的拍振现象。

4.4.2　单一频率振动形成的不利速度区

文献[12]给出了单一频率振动形成的不利速度区实例，介绍了某型动车组投入运行后，在 220km/h 左右时转向架上出现了强烈的横向振动，很快出现牵引电机后端轴承和联轴节损坏的故障。为了探究故障产生的原因，对该型动车组开展试验研究。

1. 探究牵引电机与轮对之间的力学传递关系

如果轮对受到横向冲击(如通过轨接头、道岔时),是否会以上述传递动力链的反向传到联轴节和牵引电机上呢? 为此开展试验研究。

该动力转向架结构示意图如图 4.4.6 所示,从图中可以看出动力传递的途径。牵引力的传递过程为牵引电机—联轴节—齿轮箱小齿轮—大齿轮—轮对。

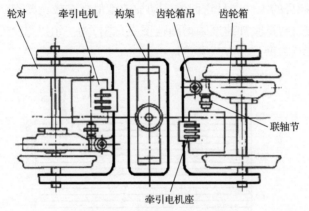

图 4.4.6　动力转向架结构示意图

试验采用激振法,在轮对横向施加激振,检测齿轮箱、联轴节、牵引电机和构架上的横向振动加速度值;如果确定振动可以从轮对通过齿轮箱传递到联轴节和牵引电机,则认为振动能量的传递途径存在,动车组运行中轮对所受的横向冲击可以传递到齿轮箱、联轴节和牵引电机上;然后探究减小冲击或切断传递途径的问题。

对数据试验进行分析得到以下结论:

(1)牵引电机的横向振动与轮对所受横向载荷无关,不存在横向载荷传递通道。

(2)构架的横向加速度与牵引电机的横向加速度的相关系数均很小,即电机的振动基本与构架无关。

(3)牵引电机的横向加速度与联轴节的横向加速度的相关系数很大,显示两者有密切关系。

2. 探究牵引电机机械特性与电特性的关系

牵引电机是由牵引变流器输出的 PWM 调制的三相交流电供电的,通过牵引控制单元换相、调频、调压实现牵引电机独自的反正转、不同速度不同扭矩的旋转输出,检测牵引电机的垂向振动和横向振动,探究牵引电机在电输入后是否会在电能与机械能的能量转换过程中出现横向振动。

1)空转试验

在排除外载的情况下进行空转试验,将空转试验设计成如下方式:给电后让电机高速旋转，达到指定速度后切断电源，进入惰转状态。试验方案分为正转和反转两种。旋转速度越高，振动加速度越大，并且明显存在几个台阶：①140km/h以下；②140～170km/h；③170～220km/h；④220km/h以上。基本在约130km/h以下趋于平缓的较低值，一般在200km/h左右出现一较大的峰值，其中横向加速度甚于垂向加速度，由于是无载荷惰转状态，这些加速度明显是由电机自身旋转造成的，由此可以排除电机的异常振动是由其他因素造成的。各电机除有一定的相似外，也有各自的个性，且它们的振动加速度值也有较大差别。

图4.4.7为空转试验加速度频谱随速度变化图，为一组以组合方式给出的空转中加速度频谱图（为准三维方式表达）。

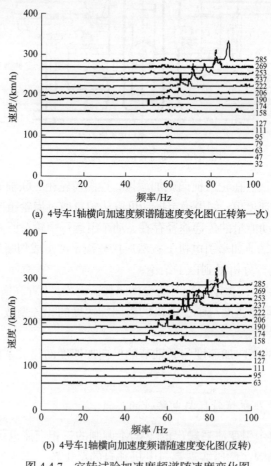

(a) 4号车1轴横向加速度频谱随速度变化图(正转第一次)

(b) 4号车1轴横向加速度频谱随速度变化图(反转)

图4.4.7　空转试验加速度频谱随速度变化图

图4.4.7中纵坐标包含两个含义：一是表示速度（频谱曲线起始点处就对应一个速度级）；二是表示对应各速度级的频谱幅值。从加速度主频的变化上可以明显地看出，振动能量在电机转速高时出现数值增大的现象，并且均在170km/h开始

抬头，而在 220km/h 附近急剧增大，无论正转还是反转，均有此现象，仅大小不同而已。由于此现象是电机本身空转时产生的，显而易见地说明与电机自身特性相关。

2) 在线运行试验

在空转试验后进行线路运行试验，试验中监测牵引电机、齿轮箱、构架和轴箱的横向加速度和垂向加速度，试验数据均为列车牵引状态下测得的。对这些加速度的试验数据进行分析并做出速度频谱图(准三维曲线图)，就可以看出问题的所在。

图 4.4.8 为运行试验加速度频谱随速度变化图。从图中可以清楚地看出，牵引电机上无论是垂向还是横向均存在与空转试验相同的现象，即振动能量主要还是与牵引电机转速相关。

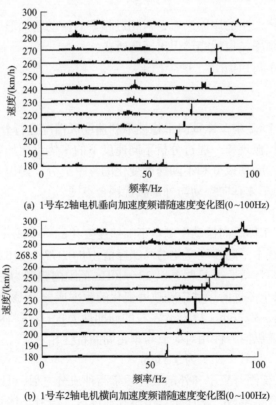

(a) 1号车2轴电机垂向加速度频谱随速度变化图(0~100Hz)

(b) 1号车2轴电机横向加速度频谱随速度变化图(0~100Hz)

图 4.4.8　运行试验加速度频谱随速度变化图

比较空转和牵引运行过程中的情况，可以得出牵引电机上的横向加速度是由其本身旋转特性造成的，属于电机本身的横向自激振荡。

解决牵引电机运行出现的故障应从改进牵引电机着手，从设计和制造上保证牵引电机的旋转品质。

3. 结论

根据上述数据分析,文献[12]给出以下结论:牵引电机的旋转在170km/h以上进入不利速度区,在220km/h及以上时进入振动激烈区,需要避开;可以得出牵引电机和联轴节损坏的原因主要与质量分布(牵引电机转子的回转品质较差)或轴承品质有关。建议从以下两方面着手加以改进:

(1)提高牵引电机回转品质、使其第一台阶的速度延伸至最高运行速度以上。

(2)调整传动比,使牵引电机工作在第一台阶上,覆盖最高运行速度以下整个区域(即把目前的140km/h速度对应到最高运行速度以上)。

4.4.3 两个频率振动叠加形成的不利速度区

从不利速度区产生的原因来看,对相近频率的振动叠加形成的波形应引起关注,找出这两个频率,也就能辨识出问题所在。

参考文献[13]和[14]给出了两个例子。

1. 例1

本例是对图4.4.2中车体垂向平稳性不利速度区情况进行分析,此时需要分析加速度是否存在拍振现象。通过分析不同速度下的车体垂向加速度数据,可以识别出随速度变化的频率成分和不随速度变化的频率成分,辨识不利速度区产生的原因。图4.4.9为车体垂向振动与外部激扰耦合点图。

分析过程如下:

(1)首先识别车体垂向振动中基本不随速度变化的频率成分。识别出车体垂向振动中存在多个基本不随速度变化的局部峰值,如0.977Hz、10.376Hz、20.386Hz、32.471Hz、35.645Hz等,并且明显以32~40Hz范围内频率为主。

(2)然后识别车体垂向振动中随速度变化的频率成分。识别出的外部激扰包含32.787m、6.494m、3.236m、2.688m左右的周期性激扰(这里将激扰频率以空间域长度表示,与轨道纵向特性相对应或与车轮周圈特性相对应),其中2.688m长度的周期性激扰最为明显,其次为3.236m。

(3)识别出系统固有频率和外部激扰频率两种成分之后,可以分析它们之间的关系,如是否会产生耦合,从而辨识出不利速度区。绘制车体垂向振动与外部激扰耦合点图(图4.4.9),检查对应图4.4.2的试验中采集的数据经(1)与(2)步骤识别后的结果中是否存在耦合关系。图中斜实线对应某一空间域长度上的激扰,相当于图4.4.4中随速度变化的频率成分峰值的连线;竖虚线表示识别出来的基本不随速度变化的频率,相当于某固有频率。

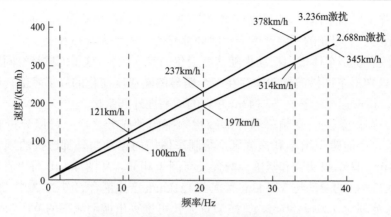

图 4.4.9　车体垂向振动与外部激扰耦合点图

从图 4.4.9 可以看出，在速度 300～380km/h 范围内，车体垂向 32.471Hz 的振动与 2.688m 激扰在 314km/h 处产生耦合，与 3.236m 激扰在 378km/h 处产生耦合；车体垂向 35.645Hz 的振动与 2.688m 激扰在 345km/h 处产生耦合。因此，314km/h 和 345km/h 为不利速度，其前后一个区段即为不利速度区。在(1)中已经识别出 32～40Hz 范围内的系统频率均比较明显，因此系统与激扰之间产生耦合的速度范围更广一些，主要在 310～390km/h，其间的几个不利速度区似乎连成一片。这与图 4.4.2 中实测车体垂向平稳性的不利速度区基本吻合。而较低频率段出现的耦合现象因速度持续时间较短，很快通过了该不利速度区，所以性能的下降就不明显，这从实测数据的数量上也可以看出。

(4)根据外部激扰的波长、频率特征，可以分析探索激扰产生的原因，或者将其称为激扰源的辨识。对激扰源的辨识主要从两方面考虑：一方面是轨道周期性不平顺的因素，如定长轨道板、定尺焊接钢轨、多孔等跨简支梁桥等周期性激扰；另一方面是车辆自身结构因素，如由于车轮型面损伤、轮对动不平衡、车轮偏心等产生的车轮滚动激扰。从上述两个方面分析 2.688m 和 3.236m 激扰产生的原因。车辆轮对的周长为 2.70m，对应于 2.688m 激扰。线路轨道板长度为 6.45m，其一半长度为 3.225m，与 3.236m 激扰接近。考虑轮对磨耗、轨道板间隙以及测量分析误差，可以判断 2.688m 和 3.236m 分别为来自车轮的滚动周期性激扰和定长轨道板的周期性激扰。

2. 例 2

对图 4.4.3 中车体横向平稳性不利速度区情况进行分析，按例 1 所列步骤分析不同速度下车体的横向加速度数据，即可识别出随速度变化的频率成分和不随速度变化的频率成分，从而辨识出不利速度区产生的原因。

分析过程如下：

(1)首先识别车体横向振动中基本不随速度变化的频率成分。识别出车体横向振动中存在一个明显的不随速度变化的局部峰值，频率为 0.732Hz。

(2)然后识别车体横向振动中随速度变化的频率成分(这里同样是空间频率的概念)。识别出车体横向振动中存在一个明显的随速度变化的局部峰值，波长为 57.143m，说明运行中存在 57.143m 左右的周期性外部激扰。

(3)识别出系统固有频率和外部激扰频率两种成分之后，可以分析它们之间的关系，从而辨识出不利速度区。绘制车体横向振动与外部激扰的耦合点图(图 4.4.10)，图中斜实线和竖虚线的含义与例 1 相同。从图 4.4.10 可以看出，车体横向 0.732Hz 的振动与 57.143m 激扰在 151km/h 产生耦合。图 4.4.3 中实测不利速度区的范围为 120~180km/h，按激扰波长可推算出振动频率的范围为 0.58~0.88Hz，与系统频率 0.732Hz 的比值范围为 0.8~1.2。

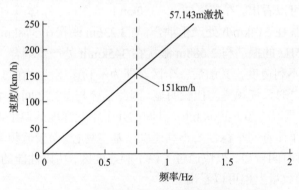

图 4.4.10　车体横向振动与外部激扰耦合点图

(4)根据外部激扰的波长、频率特征，对激扰源进行探索。在对构架和轴箱的横向加速度分析后，也发现了 57m 左右的周期性激扰，说明激扰源是来自轮轨间的，经与仿真数据比对发现，它是低频蛇行运动和车体侧滚振动的耦合。

4.4.4　不利速度区的调整

由于对应单一频率的不利速度区的问题比较清楚，容易解决，本节主要针对具有两个频率成分耦合的不利速度区的情况讨论解决措施。

1. 移相的作用

当在某一速度区出现性能下降甚至不合格时，人们往往以调整阻尼的方式加以改善，企图依靠阻尼吸收振动能量的能力来改善此处的性能。这种改进有一定的效果，但是仍然不能改变性能随速度的变化规律，即上述频率耦合点的位置没有发生改变，也就不能消除该不利速度区的存在。

图 4.4.11 为调整阻尼改进性能示意图。响应 1 曲线表示改进前的车辆响应与

速度的关系；响应 2 曲线表示调整阻尼后的车辆响应与速度的关系。从响应 1 可以看到在速度 V_b 时的性能指标明显加大，出现恶化的情况，随着速度的提高，其性能指标又下降，回到了合格区。响应 2 显示调整阻尼后各速度级的性能指标均低于响应 1，但是在速度 V_b 时仍然是响应最大的状态。存在这种现象的车辆在运行一段时间后会出现反弹，阻尼很快改变，性能很快恶化，响应 2 曲线还会向响应 1 曲线靠拢。

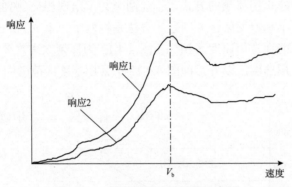

图 4.4.11　调整阻尼改进性能示意图

从振动方程上也可以清晰地看到调整阻尼的效果。上述存在两种频率振动的车体在不利速度区内的振动主要由激扰频率与系统频率叠加引起，此时振动方程可以简化为周期性外力作用下单自由度的受迫振动，即

$$\ddot{x}(t) + 2\xi\dot{x}(t) + \omega_0^2 x(t) = \frac{F}{m}\cos(\omega_p t) \tag{4.4.7}$$

式中，阻尼比 $\xi = \dfrac{C}{2m}$；系统固有角频率 $\omega_0 = \sqrt{\dfrac{k}{m}}$；$\omega_p$ 为外部激扰力的频率。

方程 (4.4.7) 的解由瞬态解和稳态解两部分组成，分别对应阻尼振动和简谐振动。当阻尼振动衰减到忽略不计后，受迫振动变为简谐振动，表示为

$$x(t) = A\cos(\omega_p t + \varphi) \tag{4.4.8}$$

式中，振幅 A 和相位角 φ 的计算公式为

$$A = \frac{F}{m\sqrt{(\omega_0^2 - \omega_p^2)^2 + 4\xi^2\omega_p^2}} \tag{4.4.9}$$

$$\varphi = \arctan\frac{-2\xi\omega_p}{\omega_0^2 - \omega_p^2} \tag{4.4.10}$$

从式 (4.4.9) 和式 (4.4.10) 可以看出，振幅 A 和相位角 φ 均与阻尼比 ξ 有关，ω_p

为外部激扰频率，与阻尼比无关。显然，通过调整阻尼可以在一定程度上减小振动的幅值，但无法改变频率，即难以彻底消除不利速度区。

2. 移频的作用

由于问题与频率有关，而简单地调整阻尼只能产生移相的作用，并不能改变频率的分布状态，因此不能彻底解决问题。要解决问题，就要改变频率变化线相交这种状况，即应采用移频的方式，不让两个频率出现相交（耦合）的现象。

因此，解决不利速度区这一问题的方法是将两个频率 ω_0 和 ω_p 中的任意一个移开，使它们不能在常用速度区相交。图 4.4.12 为移频方法效果示意图，其中将耦合点移动到常用速度区以外，即图 4.4.12 中常用速度区范围中不要有耦合点。

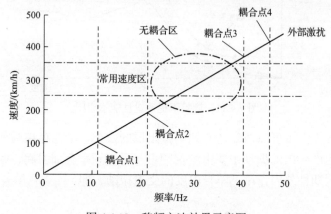

图 4.4.12　移频方法效果示意图

移频 ω_0 可以从调整质量 m（或电感）着手，也可以从调整刚度 k（或电容）着手。对悬挂系统而言，改变刚度较为方便实施，而对结构而言，改变质量或重新分配质量更为容易。在实际车辆上可能会有多阶固有频率，需要逐一加以关注。

对于实在难以实施移频 ω_0，可以考虑能否实现移频 ω_p。例如，采用多孔变跨距桥、非定尺焊接钢轨、变长度轨道板等措施，使这种周期性激扰成为随机激扰，恒定的激扰频率自然就不存在了。

在车辆设计上，应将不利速度区布置在不常用的速度段中，在车辆运用时以较短的时间通过此不利速度区，从而在常用速度段获得优良的动力学性能。

要做到这点既需要在车辆设计上进行改进，也需要在高速铁路总体上协调相互关系，包括线路激扰源、列车运行图上对速度的利用等。

3. 提高制造品质，减弱激扰

在移频比较困难时，如果能够辨识出外部激扰源并且对其进行有效的控制，也可以达到改善性能的目的。

　　例如，对图 4.4.2 中不利速度区的分析，识别出的外部激扰主要为 2.688m 的车轮滚动激扰。已知车辆的关键速度级为 330~350km/h，根据轮径计算得到轮对激扰频率在 34~36Hz 内，处于车辆系统敏感频率范围内 (32~40Hz)。显然这种情况下由于车辆系统敏感的频率范围较大，轮对激扰频率又难以改变，要通过移频方式 (如改变轮径) 消除不利速度区比较困难。工程中根据实际情况，可以采用减弱激扰的方法改善性能，即采取系列措施，包括适时对车轮踏面修型保持踏面良好状态、减小轮对的动不平衡、加严并控制车轮的偏心公差等，这样就相当于减小式 (4.4.7) 中的激扰力 F，从而降低不利速度区内的车辆振动。

　　图 4.4.13 为外部激扰减小前后的车体振动频谱对照图。可以看出显然减小外部激扰后，车体振动得以改善。图 4.4.14 为外部激扰减小后的车体垂向平稳性数

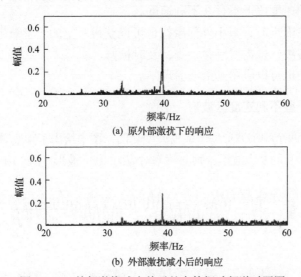

(a) 原外部激扰下的响应

(b) 外部激扰减小后的响应

图 4.4.13　外部激扰减小前后的车体振动频谱对照图

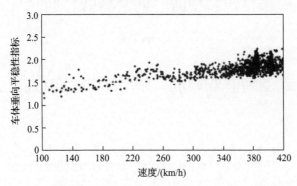

图 4.4.14　外部激扰减小后的车体垂向平稳性数据实测散点图

据实测散点图。此方法一般能够弱化不利速度区，但难以彻底消除，在运用中仍应关注此问题。

4. 小结

通过分解车辆系统中随速度变化的频率成分和不随速度变化的频率成分，可以识别出系统的固有频率和外部激扰频率，从而辨识出不利速度区的成因。

改变阻尼能够在一定程度上改善车辆性能，但不能彻底解决问题。需要缩短维护检查周期，及时发现性能恶化的先兆，实施状态检修。

移频方法是解决问题最直接、最彻底的方法。

在实际车辆上可能会有多阶固有频率，难免存在不利速度区，需要通过移频将不利速度区布置在不常用的速度段中。在车辆运用时以较短的时间通过此速度段，从而使常用速度段上不存在不利速度区。

当移频存在困难时，减小外部激扰也可以获得一定的改善效果，但是频率问题并没有根本解决，也需要经常检查，及时检修。

同样的方法也可以应用到谐波治理中。

4.4.5　常见的一些不利速度区波形

图 4.4.15 为两个频率波形的合成发展变化图，图中给出了频率对应为 1、2、3、4、5、6、7、8、9 的 9 个波形分别与频率对应为 10 的波形(序列 10)的合成波形图。

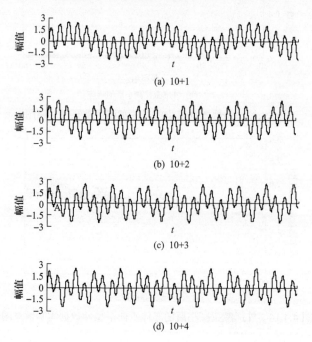

(a) 10+1

(b) 10+2

(c) 10+3

(d) 10+4

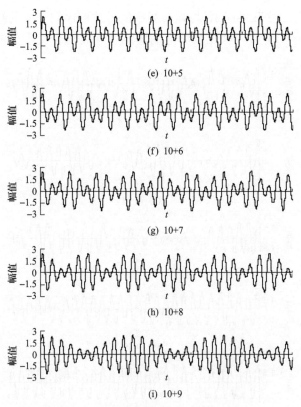

(e) 10+5

(f) 10+6

(g) 10+7

(h) 10+8

(i) 10+9

图 4.4.15　两个频率波形的合成发展变化图

　　从图 4.4.15 中可以看出，波形序列 10 和波形序列 8 合成的波形已经初步出现拍振现象，波形序列 10 与波形序列 9 合成的波形已经成为典型的拍振波形。

　　这些波形在试验的实测波形中是常见的，看到这些波形就可以马上联想到这是两种频率波形的合成结果。对实测数据进行傅里叶变换，可以分析得到这两个频率的实际数值，从而找出这一频率产生的根源，辨识出故障产生的原因。

　　然而，当出现拍振后，情况就不同了。拍振是两个频率相近的振动合成的结果。由于频率相近，在对数字数据进行傅里叶变换时，由采样频率决定的频率分辨率如果大于两个频率的差，则无法得出存在两个频率的结论，而只得出一个有一定带宽的频率，进而得出错误的结论。

　　图 4.4.16 为拍振随频率的变化图，图中给出了频率对应为 8、9.1、9.5、9.9、10、10.1、10.5、10.9、12 的波形分别与频率对应为 10 的波形（序列 10）合成后的波形图。从图中可以看出随频率变化出现的拍数的变化情况，即拍由多到少再到多的发展情况。对于具有弹簧、阻尼和质量的振动系统，如果波形序列 10 可对应某阶固有频率，则 10 对 10 合成时发生共振的现象，此情况下波形已不再显示为典型的拍振波形，而呈简谐振动波形，振动将出现发散而不能收敛，系统也将

很快失效。同样，波形序列 10 与相近频率的各波形序列合成的结果显示具有很
长拍的拍振波形。显然，这几段波形的实测速度离耦合交点处的速度非常近，

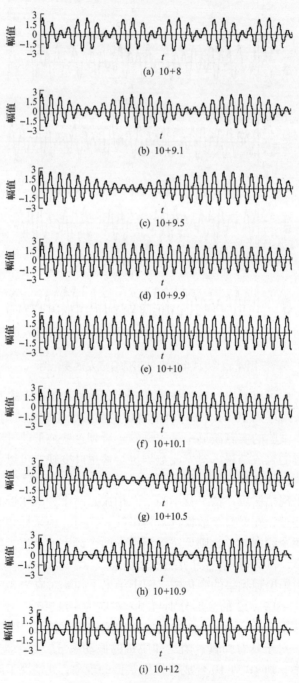

(a) 10+8

(b) 10+9.1

(c) 10+9.5

(d) 10+9.9

(e) 10+10

(f) 10+10.1

(g) 10+10.5

(h) 10+10.9

(i) 10+12

图 4.4.16　拍振随频率的变化图

因此波形已近似成为同方向同频率的两个振动的合成波形，这将对高速列车系统非常不利，也是在极其需避开的不利速度区范围内。

4.5　利用高速列车的响应改善车辆性能

高速列车在运行中会遇到各种各样的运用条件、线路工况，并且在生命周期中性能也会不断发生变化。在此变化的外部条件下和内部的改变过程中如何使高速列车维持优良的品质是摆在车辆工作者面前的任务，通过养护维修保持线路等外部条件和车辆的状态是非常重要的；在维护过程中，在允许的范围内，调整基本元件的某些特性、参数，使其适应系统当时的状态及运用条件也是必要的。本节介绍如何利用高速列车的响应通过控制的手段来改善车辆性能，包括自适应控制、主动半主动控制等。根据不同工况采用控制手段调整车辆各种参数之间的关系，或是协调车辆各种参数之间的关系，适应不同的线路工况。

4.5.1　控制工程中改善系统性能的方法

为了使系统适应变化的运用条件，也为了解决在系统使用过程中的改变所产生的其性能不能完全符合要求的情况，需在系统中增加校正环节以对系统进行校正。这些校正环节就是在检测系统的响应后判断系统性能的改变，进而将这些信息反馈并经控制器处理后，使系统性能达到要求的指标。以下部分内容引自文献[1]~[5]。

图 4.5.1 为串联校正和反馈校正图。在系统主反馈回路之内采用串联校正和反馈校正两种方式，可以看出串联校正一般串联于比较点之后和放大器之前的前部通道上，而反馈校正设置在系统局部反馈回路(即内反馈回路)上。

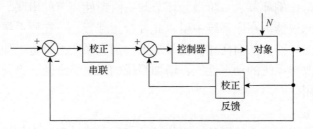

图 4.5.1　串联校正和反馈校正图

图 4.5.2 为前置校正图，在系统主反馈回路之外采用前置校正方式。前置校正设置在给定输入(或参考输入)之后、主反馈作用点之前的前向通道上，相当于给定输入送至主反馈回路之前，先进行滤波或整形。

图 4.5.3 为干扰补偿校正图，是在系统主反馈回路上采用的一种干扰补偿校正

方式。它直接或间接测量干扰信号 N，并经变换后接入系统。

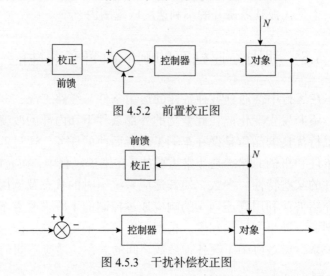

图 4.5.2　前置校正图

图 4.5.3　干扰补偿校正图

　　前置校正和干扰补偿校正也可以用于开环系统，还可和串联校正、反馈校正组合成复合校正。

1. 系统的串联校正

　　常用的串联校正包括超前校正、滞后校正和滞后-超前校正，有关这些校正的原理请见相关控制理论的书籍，这里仅作简单介绍。

　　1）超前校正

　　超前校正是指该校正装置的输出信号的相位角比输入信号的相位角超前的校正，也称为相位超前校正。

　　超前校正是比例环节、一阶微分环节与一阶惯性环节的串联。实际上，超前校正是一高通滤波器。在原系统中引入此种校正装置，可在原系统中间段频率范围内使相位提前一些，从而使相位裕量加大。加大系统的带宽、加快系统的响应速度，有利于改善系统的动态性能，增加系统的相对稳定性。超前校正对于高频段不起校正作用。

　　2）滞后校正

　　滞后校正是指该校正装置的输出信号的相位角滞后于输入信号的相位角的校正，也称为相位滞后校正。

　　滞后校正是一阶微分环节与一阶惯性环节的串联。滞后校正装置是一低通滤波器。在原系统中引入此种校正装置，可使校正后系统有足够的稳定裕度，也有抑制高频噪声的作用；也会使系统的响应速度降低，是以对快速性的限制换取了系统的稳定性；对于原系统最低频段的特性则没有改变。

3) 滞后-超前校正

滞后-超前校正综合了滞后校正和超前校正的优点，既提高了系统的响应速度，又提高了系统的稳定性，可全面提高系统的性能。

4) PID 校正器

PID 校正器又称 PID 调节器，其中 P 表示比例单元(即放大单元)，I 表示积分单元，D 表示微分单元，它们可组合成 PD、PI 及 PID 三种校正器。

PD 校正器就是比例-微分校正器，它的作用相应于超前校正。

PI 校正器就是比例-积分校正器，它的作用相应于滞后校正。

PID 校正器就是比例-积分-微分校正器，它的作用相应于滞后-超前校正。

2. 系统的反馈校正

在控制工程实践中，反馈校正在实际系统中应用极其广泛。反馈控制系统是利用偏差来进行控制。反馈校正是将采集到的有偏差的系统输出响应(如位移、速度、加速度、力、电流、电压或温度等)反馈后参加校正来减小偏差、最后消除偏差的方法，其突出的优点是能有效地消除被包围的那部分环节的参数波动对系统性能的影响。在系统中一些参数随工作条件的改变而发生幅度较大变动的情况下可以使用反馈校正，反馈校正大大减弱了这部分环节特性参数变化及各种干扰产生的不利影响。

下面介绍几种常用的反馈校正。

1) 用比例反馈包围积分环节

图 4.5.4 为用比例反馈包围积分环节的反馈校正图，其传递函数为

$$G_c(s) = \frac{\dfrac{K}{s}}{1 + \dfrac{KK_p}{s}} = \frac{\dfrac{1}{K_p}}{\dfrac{s}{KK_p} + 1} \tag{4.5.1}$$

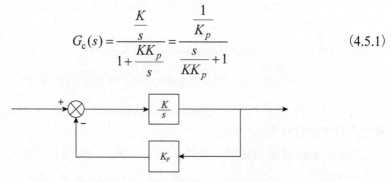

图 4.5.4　用比例反馈包围积分环节的反馈校正图

可见系统由原来的积分环节转变成一阶惯性环节，加大了闭环系统的静态误差，但有可能提高系统的稳定性。

2) 用比例反馈包围惯性环节

图 4.5.5 为用比例反馈包围惯性环节的反馈校正图，其传递函数为

$$G_c(s) = \frac{\dfrac{K}{Ts+1}}{1+\dfrac{KK_p}{Ts+1}} = \frac{\dfrac{K}{1+KK_p}}{\dfrac{T}{1+KK_p}s+1} \tag{4.5.2}$$

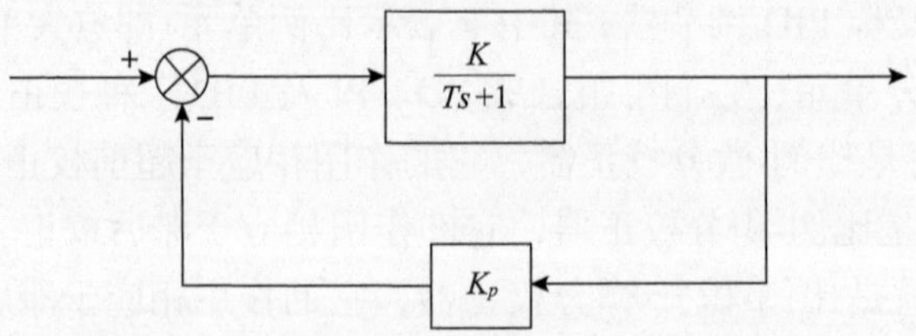

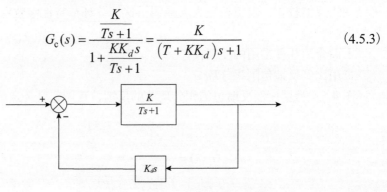

图 4.5.5　用比例反馈包围惯性环节的反馈校正图

可见系统仍为惯性环节，但时间常数由原来的 T 减小为 $\dfrac{T}{1+KK_p}$，因而快速性提高。显然，反馈系数 K_p 越大，时间常数越小，快速性越好。

3) 用微分反馈包围惯性环节

图 4.5.6 为用微分反馈包围惯性环节的反馈校正图，其传递函数为

$$G_c(s) = \frac{\dfrac{K}{Ts+1}}{1+\dfrac{KK_d s}{Ts+1}} = \frac{K}{(T+KK_d)s+1} \tag{4.5.3}$$

图 4.5.6　用微分反馈包围惯性环节的反馈校正图

可见系统仍为惯性环节，但时间常数由原来的 T 增大为 $T+KK_d$。反馈系数 K_d 越大，时间常数越大。

因此，利用局部反馈可以使原系统中各环节的时间常数拉开，从而改善系统的动态平稳性。

4) 用微分反馈包围振荡环节

图 4.5.7 为用微分反馈包围振荡环节的反馈校正图，其传递函数为

$$G_c(s) = \frac{K}{T^2 s^2 + (2\xi T + KK_d)s + 1} \tag{4.5.4}$$

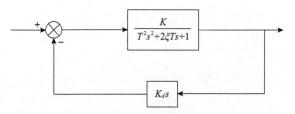

图 4.5.7　用微分反馈包围振荡环节的反馈校正图

可见系统仍为振荡环节，但阻尼比显著加大，从而有效地减弱了阻尼环节的不利影响。

微分反馈是将被包围环节输出量的速度信号反馈至输入端，因而常称为速度反馈。理想的微分环节是难以得到的，所以实际微分环节的传递函数取 $\dfrac{K_d s}{T_1 s + 1}$ 更为确切。只要 T_1 足够小，阻尼效应仍然是很明显的。

3. 顺馈校正

在用系统主反馈回路进行反馈校正的同时，还在回路以外设置前置滤波或干扰补偿校正，从而使系统成为具有复合校正的系统称为复合系统，这种开式、闭式的组合校正称为复合校正。

由于作用于系统的信号除偏差外，还引入与输入或扰动有关的补偿信号来消除或减少误差，这种方法也称为顺馈校正。顺馈校正的特点是在干扰引起误差之前就对它进行近似补偿，以便及时消除干扰。关键是如何准确测出干扰，以便前期进行顺馈补偿。由于顺馈校正是开环校正，校正前后系统的特征方程不变，因此系统采用顺馈校正后，不会影响系统的稳定性，其稳定性由反馈回路保证。

由于补偿信号与输入或扰动有关，可把它们分为按输入校正和按扰动校正两种情况。

1) 按输入校正

按输入进行顺馈校正的控制系统方框图如图 4.5.8 所示。

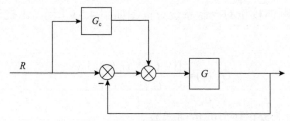

图 4.5.8　按输入进行顺馈校正的控制系统方框图

可以看出前置校正的信号源取自系统的给定值或参考输入 R，校正元件位于

系统的前端，和主反馈回路的前向通道并联，或直接与回路串联（见图 4.5.2）。其系统的闭环传递函数为

$$\Phi(s) = \frac{[G_c(s)+1]G(s)}{G(s)+1} \tag{4.5.5}$$

式中，$G_c(s)$ 为顺馈输入校正环节的传递函数；$G(s)$ 为原系统的传递函数。

如果要求系统的输出再现输入，则其误差象函数为

$$E(s) = [1-\Phi(s)]R(s) = \frac{1-G_c(s)G(s)}{G(s)+1}R(s) \tag{4.5.6}$$

因此，如果选取顺馈校正环节的传递函数为

$$G_c(s) = \frac{1}{G(s)} \tag{4.5.7}$$

只要顺馈校正环节的传递函数按式 (4.5.7) 设置，就能使 $E(s)=0$，那么系统任何时候的输出量都完全可以复现输入量。这种用校正方法将误差完全消除的补偿称为全补偿。事实上，满足式 (4.5.7) 的补偿设置是不现实的，一般只能做到部分补偿，将系统误差减小到可以接受的程度就满意了，这样可以将校正装置设计得简单一些、较容易实现一些。

采用附加前置校正，能有效地解决稳定性与准确性的矛盾，以及快速性与抗干扰能力的矛盾。这是因为校正元件设在系统回路之外，可以分别处置上述矛盾的两个方面，即先设计系统的主反馈回路，使其具有良好的稳定性，并对主要干扰有较大的阻尼和抑制效果，然后设计前置校正部分，使系统具有较高的准确性与快速性。相当于将输入信号先经过一个整形环节，再加至系统的主回路，使系统既能满足稳定性又能满足准确性要求，但是实际系统的输出误差只能得到部分补偿，而不是全补偿。

2) 按扰动校正

按扰动进行顺馈校正的控制系统方框图如图 4.5.9 所示。由扰动引起的输出量传递函数为

$$G_N(s) = \frac{[1-G_1(s)G_c(s)]G_2(s)}{G_1(s)G_2(s)+1} \tag{4.5.8}$$

式中，$G_c(s)$ 为顺馈校正环节的传递函数。

由式 (4.5.8) 可知，如果顺馈校正环节的传递函数按 $G_c(s) = \dfrac{1}{G_1(s)}$ 设置，那么

由扰动引起的稳态误差就可以完全消除。

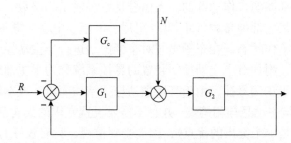

图 4.5.9　按扰动进行顺馈校正的控制系统方框图

4.5.2　主动半主动控制技术

1. 主动半主动控制技术在车辆上的应用前景

随着列车运行速度的提高，主动半主动控制技术运用的速度范围加大、年运行里程增加、系统承受的扰动形式多样，使高速列车及其车辆的研究面临许多新的课题。例如，车辆在线路上运行时，所受到的轨道不平顺干扰不可避免，而且不同线路的养护水平也是不同的，这些都会影响车辆的运行品质；再如，车辆上的载重和旅客都是经常发生变化的，即质量不是一个固定的数值，而且随着运用时间的增加，车辆上各种悬挂部件的参数也会发生变化。让车辆具有主动和半主动控制的能力，是改善高速列车运行品质的一条有效途径[15-19]。

主动控制是指在系统中增加的校正环节可以主动实施控制以改善系统性能。该环节根据所检测到的系统输出信号，经过实时计算，应用一定的控制策略，借助外部能源驱动作动器工作来改善系统性能。主动控制技术一般采用闭环反馈控制系统，控制过程中需要供给外部能源，作动器的输入信号是系统输出的函数。例如，在振动或噪声的主动控制中让可控的作动器产生动作(与扰动幅值相等而相位相反的振动场或噪声场)，使其与原先的扰动场相互抵消，达到消除扰动的目的。在车辆领域对车辆振动进行主动控制的技术也称为主动悬挂技术，附加有主动控制装置的悬挂系统称为主动悬挂系统。由于主动悬挂系统存在能量消耗过大的固有缺陷，无论采用何种形式的作动器产生动作，都将大量消耗外界附加能量，而且结构复杂、增加的部件较多，车辆上的结构空间又有限，因此需要在成本、可靠性和可维护性方面权衡利弊，目前在普及上尚有困难。

半主动控制是指在系统中增加的校正环节在基本不需要外部能源的情况下实施主动控制来改善系统性能的控制方式。该环节根据所检测到的系统输出信号，经过实时计算，应用一定的控制策略，进而驱动不需要外部能源供给或极少量外部能源供给的作动器对系统施加一定的影响，达到改善系统性能的目的。半主动控制技术一般也是采用闭环反馈控制系统，控制过程中不需要供给外部能源或者仅需要极少的外部能源，作动器的输入信号是系统输出的函数。半主动控制一般采用调整系统中某些部件参数(如刚度、阻尼、电阻、电容、电感等)的方法，使系统达到最佳的工作状态。在车辆领域对车辆振动进行半主动控制的技术也称为半主动悬挂技术，附加有半主动控制装置的悬挂系统称为半主动悬挂系统。半主动悬挂的提出晚于主动悬挂，由于其比主动悬挂结构简单、成本低，可实现柔性控制，其性能可与主动悬挂相媲美，并且不需要设置专用的大功率能源装置(对各种载运工具来说是一个突出的优点)，因而受到重视，具有较好的发展前景。

图 4.5.10 为被动悬挂、主动悬挂和半主动悬挂示意图。

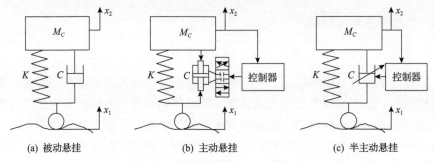

(a) 被动悬挂　　　　　　(b) 主动悬挂　　　　　　(c) 半主动悬挂

图 4.5.10　被动悬挂、主动悬挂和半主动悬挂示意图

被动悬挂系统指传统意义上的悬挂系统，不带控制装置的、弹簧与阻尼在运行过程中不可调整，因此该系统是被动的，仅靠弹簧和阻尼起减振、隔振作用，输出都是通过正馈方式作用在系统上的，这从系统的二阶微分方程上就可以看出来。

半主动悬挂系统以可控阻尼器代替主动悬挂系统中的主动力作动器，以可控阻尼元件产生实时变化的阻尼力来改善车辆性能，其阻尼控制所需能量与主动悬挂系统所需能量相比微不足道，从原理上克服了主动悬挂系统的致命弱点。同时，配置半主动减振系统对目前已定型的车型影响很小，导致针对现有悬挂系统的改进易于实施，因此采用半主动悬挂系统来提高列车性能有很大的优势。

在电气系统中可以调整电阻、电容或电感的成熟的产品和方法已经很多了，实现半主动控制有一定的条件，只要在控制策略上做些研究，就能开发出半主动控制装置，来改善系统的性能。而在振动领域却是另外一种情况。

在质量的调整方面，虽然摆式列车技术也属于一种对质量的调整，但是一般而言，质量还是无法调整的，特别对车辆来讲质量还不是固定的。

在刚度的调整方面，目前也没有好办法，需要大力开发研究具体的工程产品后才可利用实时调整刚度的控制技术来改善系统性能。

在阻尼的调整方面，现在已经有一些产品可以实时调整阻尼，如调整节流孔的大小来改变阻尼和采用流变技术的可调阻尼减振器，这些都为半主动控制的实施创造了条件。因此，目前在振动控制方面的控制策略的研究还是集中在阻尼控制上。

2. 阻尼可调减振器

1) 基本要求

在铁道车辆的各种运行工况下，存在许多改变的因素，包括质量(如乘客、货物)、速度、线路、制造误差以及使用过程中的参数改变等。这些因素的存在，使铁道车辆不能用一固定不变的减振隔振的阻尼参数来满足所有这些变化的情况。此时，半主动悬挂就是通过改变减振器阻尼来适应上述各种变化，即根据检测到的系统性能的情况，由半主动悬挂控制装置作控制策略分析，对车辆的悬挂参数进行优化，通过调整减振器的阻尼来达到改善性能的目的。这样的可调整阻尼的减振器也称为半主动减振器，也常按照主动控制的称呼称其为作动器。

半主动减振器还必须满足以下几点要求：

(1) 减振器的阻尼应能够在一个较宽的范围内进行调节，即阻尼特性可根据需要在如图 4.5.11 所示阴影区域范围内实时选择。图 4.5.11 为半主动减振器的阻尼选择示意图。图中横坐标表示减振器两侧物体的相对运动速度，纵坐标表示减振器提供的阻尼力。

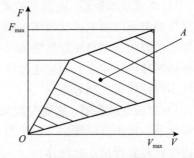

图 4.5.11　半主动减振器的阻尼选择示意图

(2) 半主动减振器应具有快速响应的能力，以便在实时控制中发挥作用。

(3) 可调整的阻尼分辨率应满足车辆实际运用工况的需求，这需要根据对象车辆实际运用工况的差异确定。设计时需要利用动力学仿真计算的结果来确定分辨率，对于常规车辆，其阻尼分辨率可控制在 5kN·s/m 以内。

(4) 根据故障导向安全的准则，半主动减振器在失电、受干扰等故障引起的控制不起作用时，应能使该悬挂系统及时转化成被动悬挂系统，使车辆的动态特性仍可保持在较好的水准上，即此时的减振器不应在阻尼最小状态，也不应在阻尼最大状态，该减振器故障状态下的阻尼特性应通过前期优化满足车辆被动悬挂的要求。例如，可以利用动力学仿真软件，通过改变二系悬挂中的横向阻尼，计算出不同工况在不同阻尼情况下的车辆运行平稳性；通过比较优化找出该车辆运行平稳性最佳时的二系横向阻尼，将该阻尼确定为被动悬挂的最优阻尼(如图 4.5.11 上 A 点处的阻尼)，将该阻尼设定为可控减振器控制失灵时的阻尼，这样半主动减振器在失电、受干扰等故障引起的控制不起作用后仍可以以该阻尼值满足车辆被动悬挂下的运行。

(5)半主动减振器至少要满足对 20Hz 以下振动实施控制的要求。

(6)半主动减振器还要满足常规减振器的其他可靠性、耐久性和稳定性等的要求。

2)阻尼可调减振器的种类

阻尼可调减振器主要分为节流孔型和流变型两大类。

节流孔型阻尼可调减振器是指在传统减振器的基础上，使节流孔的流通面积可调。由于该方法是在传统基础上发展起来的，而且便于传统减振器厂商生产，成本较低，所以节流孔型阻尼可调减振器得到较多的重视。节流孔型阻尼可调减振器主要分为阻尼有级调节减振器和阻尼无级调节减振器。

流变型阻尼可调减振器分为电流变减振器和磁流变减振器。

流变液目前还存在一些缺点：温度工作范围不大，零电场黏度偏高，悬浮液中固体颗粒与基础液体之间比重相差较大，易分离、沉淀，稳定性差，对杂质特别敏感，难以适应流变减振器长期稳定工作的需要，还有待进一步改进。

下面介绍几种阻尼可调减振器的工作原理。

(1)电流变减振器。电流变减振器是用电流变液体作为减振器的工作液，通过施加外加电场改变电流变液体的抗剪应力和黏度，从而获得连续可变的阻尼。该减振器可以通过调整施加的电场在一定范围内快速实现阻尼力的无级调节，具有无流体的冲击与噪声、响应速度快(毫秒级)、阻尼力连续可调、减振降噪能力强和易实现计算机控制等特点。

(2)磁流变减振器。磁流变减振器是用磁流变液体作为减振器的工作液。磁流变液体是一种由高磁导率、低磁滞性的微小软磁性颗粒和非导磁体液体混合而成的磁性软粒悬浮液。当液体被注入减振器活塞内的电磁线圈后，线圈的磁场将改变其流变特性(或产生流体阻力)，在零磁场条件下呈现出低黏度特性，而在强磁场作用下呈现出高黏度、低流动性特性。实际应用中正是利用磁流变液体的这种流变可控性实现阻尼力的连续可变，从而达到对振动实施半主动控制的目的。该减振器中没有机电控制阀，具有反应迅速、可控性强、阻尼调节范围广、易于实现计算机实时控制、结构紧凑，以及外部输入能量小等特点，因此日益受到工程界的高度重视。

图 4.5.12 为磁流变减振器阻尼特性测试图，图中横坐标是减振器的活塞运动速度，即减振器两端点的相对运动速度，纵坐标是减振器给出的阻尼力。由图可以看出，采用不同的电流值就可以改变该减振器的输出，从而实现对阻尼力的调节，而且调节范围很宽。将测得的减振器两端的物体的相对速度输入计算机，就可以通过一定的控制策略调整电流值，从而改变阻尼力的大小，以此来改善系统的性能。

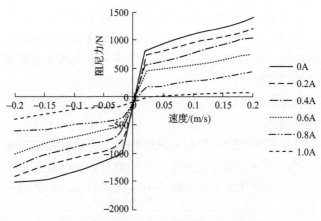

图 4.5.12 磁流变减振器阻尼特性测试图

(3)阻尼连续可调减振器。采用高速比例阀控制回路压降从而连续调节阻尼的减振器是一种阻尼无级可调减振器。图 4.5.13 为阻尼连续可调减振器工作原理图。

(4)阻尼有级调节减振器。组合式高速开关阀可变阻尼液压减振器是一种阻尼有级调节减振器。该减振器设置了多个不同孔径的高速开关阀,将这些高速开关阀并联起来,通过控制不同孔径的阀的开或关形成不同的组合,以改变节流孔的通流面积,可实现对阻尼的调节。由于高速开关阀的开关速度很快,提高了调节阻尼的实时性。

在减振器试验台上对组合式高速开关阀可变阻尼液压减振器进行测试,可得到不同孔径组合下的速度阻尼力特性图,可

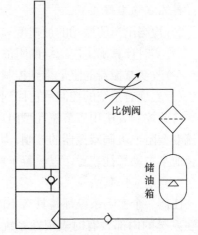

图 4.5.13 阻尼连续可调减振器工作原理图

以得出不同活塞运动速度下减振器所提供的阻尼力特性。此类减振器具有阻尼调节范围广、特性分辨率高、根据速度选择阻尼力的可控性好等特点。

3. 阻尼控制方法

对于铁道车辆这样一个十分复杂的非线性动力系统,通过增设半主动悬挂控制系统,可以改善车辆的动力学性能。

高速列车在运用中经常遇到会车、进出隧道、通过道岔等局部运用条件改变的情况,也会在不同等级的线路上运行,抑或还会在运用中发生一些部件的蜕变甚至老化,这些因素将使车辆的动力学性能变差,进而影响旅客乘坐舒适性。针

对这种情况，如何利用半主动控制技术改善高速列车的品质成为许多学者和工程师的研究课题。其中，许多研究着力在改善车辆横向动力学性能方面开展。

鉴于阻尼可控的减振器较为容易实现，许多半主动悬挂的控制方法大都通过调节阻尼来实现振动控制。

阻尼控制方法主要有天棚阻尼控制法[15]、阻尼 A 控法[16-19]和自适应控制法等。

1）天棚阻尼控制法

阻尼主要与减振器两侧物体的相对速度相关，而目前速度的测量不如加速度测量那样成熟，因此该方法是通过测量车体的绝对速度间接获得相对速度。尽管天棚阻尼控制法已在高速列车上有应用，但是效果不佳，不适用。

2）阻尼 A 控法

阻尼 A 控法是一种不必测量车体绝对速度而仅通过测量车体加速度的控制方法，可提高系统的可靠性。该方法通过车体振动衰减力与车体振动加速度成比例来实现控制，仅需要测量相对速度，不需要测量车体振动的绝对速度。

具体实施步骤如下：

（1）检测出车体振动的加速度和可变阻尼减振器两端的相对速度。

（2）实时计算确定应选择的阻尼值。

（3）改变减振器的阻尼得到控制力。

（4）实现对系统的控制后再回到步骤（1）。

将此控制方法用于节流孔型阻尼可调减振器（如高速开关阀可变阻尼减振器）或流变型阻尼可调减振器的控制，均能高速、高精度地控制阻尼器衰减力的变化，组合成半主动悬挂装置，以改善车辆的动力学性能。

3）自适应控制法

任何一个实际系统都是具有不同程度不确定性的系统，这些不确定性有时表现在系统的内部，有时表现在系统的外部。要研究的系统往往是灰色的，许多描述系统的参数或者动态过程的模型事先并不一定能确切知道；系统所受的外部激扰往往也是随机的（如轨道的不平顺、风载）或者是未知的（如轨接头、直线曲线、曲线半径、超高等），也可能是可测的或者是不可测的；列车也可能运行在不同养护等级的区段上，车上的部件随着运用里程的增加也会产生一些变化，最典型的就是磨耗引起的变化、减振器阻尼性能的变化，也会在不同的气温等气候条件下运行，也有不同速度等级的运行差异等。这些变化因素是复杂的、不可预测的，有些即使可以预测，也存在许多不确定因素。此外，控制系统的一些量测噪声也会进入系统。如何应对上述影响因素、如何利用适当的控制作用，使得某一指定的性能指标达到并保持最优或满意的效果，这就是自适应控制所要研究解决的问题。

自适应控制是指通过在系统中设置一控制子系统来辨识(包括对系统的结构、参数、性能指标等的辨识)或者判断系统输入,使系统能自适应工作环境,以达到优化性能的控制方法。

自适应控制中主要有随机自适应控制、参考模型自适应控制和模糊神经网络自适应控制等。主动半主动控制方法是利用系统的输出来实施控制;而且无论是利用加速度还是位移来控制,在振动过程中都需要随时随地进行控制。

从目前的车辆运行情况来看,总体是稳定的,其状态或工况的改变不是每时每刻发生的,因此不必采取时时刻刻进行控制的方式。也就是说,大部分时间车辆运行时,无论是普速的还是高速的车辆,其性能均是可以满意的。例如,在一种新的高速列车下线出厂后,在一线路上投入运行时,一开始性能可能不满意,需要进行一系列的人工调试,使其性能达到满意的程度;在这样的线路上运用,其状态可以维持较长一段时间,但是当将其调到另一线路上时,其性能就会下降,一般需要重新调试,才能达到满意。这些都离不开有经验的工作人员,并且在某段线路上运用一段时间后,有些部件会发生变化,性能也会下降,这时就需要进行调整。对于这样的情况,可以在车辆上加设这样一种控制器,它不需要像天棚阻尼控制法或阻尼 A 控法那样时时刻刻进行调整控制,只需要对车辆的响应随时随地进行监测,一旦发现存在影响性能的变化后(无论是线路等级的变化还是车辆参数的变化)再进行一些调整使车辆适应新的情况,在性能满意后则不再需要连续进行控制,而是又回到实时监测的状态中。给列车赋予这种实现自我适应能力的控制方法可以采用自适应控制方式。

也就是说,让高速列车可以自己适应所运用的环境和自身的变化,始终具有优良的运行品质。这种让高速列车自己去适应变化情况的控制就是车辆的自适应控制。

如果系统具有自适应控制能力,那么该列车在进入一条陌生的线路初期,可能性能不理想,但是只要经过一段运行,通过在线辨识和实施控制后,系统可以逐渐适应,最终将自身调整到一个满意的工作状态。

4. 主动半主动控制技术在铁道车辆上应用的探索与展望

车辆科技工作者在采用自适应控制上做过一些探索和尝试,主要设想在以下几个方面开展应用,以期提高高速列车的运用可靠性和舒适度。

1) 不同线路的适应性

高速列车可能运用在不同的区段,有些区段是刚建成的,有些则运用了较长一段时间,有些高速列车还要到既有线上运行等。这些线路上的养护等级是明显不同的,属于不同的不平顺等级,无论是不平顺的幅值还是空间波长都有一定的差异。采用同一种悬挂参数的车辆不能在多种激扰水平上都能获取优良的运行性能，可以采用自适应控制技术使车辆适应这些不同的线路区段。

通过设置自适应控制器，高速列车可以辨识出不同的线路等级，然后调整车上的减振器使车辆在不同的线路区段上运行的性能都达到优秀的水平。这样的自适应控制器在运行中是经常处于监测状态的，只有发现线路区段的差异后才实施控制，进行调整，改善车辆的性能；运行稳定后，自适应控制器就回到监测状态，不再对车辆实施控制，直到再次发现进入另一种线路区段。

2）不同线路工况的适应性

这里不同线路工况的适应性主要是指对直线和曲线的适应性。

轨道车辆对线路工况的适应性是不同的，特别是直线性能和曲线性能。在直线上需要有很好的抗蛇行能力，而在曲线上需要有优良的曲线通过能力。

通过设置自适应控制器，高速列车可以辨识出不同的线路工况，在直线上运行时可通过调整抗蛇行减振器或车端减振器的卸荷点位置，提高车辆在直线上的抗蛇行运行性能；而遇到曲线时可将抗蛇行减振器或车端减振器的阻尼适当减小，以获取优良的曲线通过能力。这样的自适应控制器在运行中经常处于监测状态，确认车辆运行在直线上还是曲线上；只有在发现线路工况改变的情况下才实施控制，进行调整，改善车辆的性能。运行稳定后，自适应控制器就回到监测状态，不再对车辆实施控制，直到再次发现进入另一种线路工况。

3）应对不利速度区问题

车辆在不同速度运行时会遇到在某一速度区段性能变坏的情况，也就意味着进入了不利速度区。如果事先已经通过仿真计算和试验研究，找出了不利速度区的位置和调整悬挂的办法，那么在列车进入这一速度区时，就可以通过调整悬挂参数来避开不利速度区，从而使运行性能在各速度级上都达到优秀，进而使该车辆上不存在不利速度区的问题。这也是赋予车辆一种自适应能力。

4）定速功能的自适应控制

定速功能的自适应控制是指列车行驶的区段无论在上坡还是下坡、无论是直线还是曲线、无论是逆风还是顺风，都可以将列车的运行速度控制在一定的公差范围之内的控制方法。采用对运行速度进行监测，实时反馈给列车控制单元，控制牵引电机的牵引和/或制动，使列车保持一定的速度运行。此过程符合本节设计的相关内容。系统的模型是确定的，而系统的基本参数尽管不是一个确切的值，但是也已经属于当时不再改变的，运行阻力的形式也是基本确定的，一些变化的参数也需要估计，某些变化的工况可以按扰动加以考虑，这样可以采用上述理论设计控制器和自适应控制率，实现定速控制。

参 考 文 献

[1] 韩曾晋. 自适应控制系统. 北京: 机械工业出版社, 1983.

[2] 杨叔子, 杨克冲. 机械工程控制基础. 武汉: 华中工学院出版社, 1984.

[3] 邓聚龙. 灰色控制系统. 武汉: 华中工学院出版社, 1985.

[4] 王运赣, 王紫薇. 系统动力学. 武汉: 华中理工大学出版社, 1991.

[5] 冯淑华, 林国重, 唐承统. 机械控制工程基础. 北京: 北京理工大学出版社, 1991.

[6] 刘峰, 黄强, 王悦明, 等. 运行旅客列车动力学性能研究. 铁道机车车辆, 2003, 23(2): 1-3.

[7] 张瑞芳, 刘峰, 黄强. 灰箱辨识在二系悬挂参数估计中的应用. 铁道机车车辆, 2006, 26(4): 26-28.

[8] 黄强. 改进车辆结构降低轮轨相互作用力的探讨//铁道部科学研究院机车车辆所. 庆祝铁道部科学研究院四十周年机车车辆所论文专集. 北京: 铁道部科学研究院机车车辆所, 1990: 215-219.

[9] 黄强. 改进车辆结构提高列车速度. 铁道车辆, 1997, 35(2): 1-5.

[10] 黄强, 刘珺, 王卫东. 提速货车的运行安全性分析及评估. 铁道机车车辆, 1997, (2): 7-11.

[11] 黄强, 吴铎. 转 8A 型转向架提速改进方案的研究. 中国铁道科学, 1999, 20(3): 1-10.

[12] 黄强. 《先锋号》列车电机故障原因分析试验报告. 铁道机车车辆, 2003, (S2): 17-25.

[13] Wang L D, Huang Q, Zeng Y Q, et al. Control method of unfavorable speed interval for high-speed trains. Journal of Modern Transportation, 2012, 20(3): 153-159.

[14] 黄强. 高速列车线路试验技术研究. 第十二届中国科协年会, 福州, 2010: 27-31.

[15] 杨建伟, 黄强, 李伟, 等. 基于加速度阻尼控制的半主动悬挂研究. 铁道学报, 2006, 28(5): 21-27.

[16] 杨建伟, 黄强. 基于模糊控制的高速车辆横向半主动悬挂仿真. 系统仿真学报, 2006, 18(12): 3542-3546.

[17] 杨建伟, 黄强. 铁道客车横向振动半主动控制技术. 机械工程与自动化, 2006, (2): 160-165.

[18] 杨建伟, 黄强, 李伟. 铁道车辆横向半主动悬挂试验系统. 铁道车辆, 2006, 44(12): 4-6.

[19] 杨建伟. 高速车辆横向振动半主动控制系统研究. 北京: 铁道科学研究院, 2006.

第5章 高速列车系统特性

本章将介绍高速列车系统特性的基本要求，并重点针对高速列车系统特性中的部分重要的总体技术要求进行介绍[1-4]，包括环境友好性能、防火阻燃性能、重量均衡性能、高速走行性能、承载性能(机械强度)、设备的耐冲击和耐振动性能、牵引性能、制动性能、列车的重联性能、气动性能、密封性能、车内环境参数控制性能、车体隔热性能和可靠性可用性可维修性安全性(reliability availability maintainability safety，RAMS)等。

5.1 高速列车系统特性的基本要求

5.1.1 高速列车的主要技术经济指标

1. 人均百公里能耗

人均百公里能耗是以列车运行百公里所消耗的能量为分子，以列车定员为分母的参数。该参数较小则表示该列车能耗较低，较节能，属于反映列车经济性的指标。

不同速度等级的高速列车的能耗是不同的。能耗还与线路设置有关，因此一般同一速度等级的高速列车在同一线路上运行时测得的数据才有比较的意义。

2. 人均占有面积

人均占有面积是以全列车的地板面积为分子、以列车定员为分母的参数。该参数较大的列车表示为旅客提供的活动空间较大，属于反映列车舒适性的指标。

3. 每延米荷重

每延米荷重是以全列车的总轴重(最大)为分子、以列车总长为分母的参数。该参数较小一般表示该列车对线路的破坏较小。如果该值超过线路(桥梁)允许值，则不允许该列车在此线路上运行。

4. 每延米定员数

每延米定员数是以全列车的总定员为分子、以列车总长为分母的参数。该参数较大一般表示该列车载客利用率较高，辅助部分较少。

5. 人均自重

人均自重是以全列车的自重(空车重量)为分子、以列车总定员为分母的参数。该参数较小一般表示该列车的轻量化水平较高。

5.1.2　高速列车设计原则

1. 基本原则

新设计的高速列车应具有现代化的气息和时代感；应具有高标准化、系列化和简统化指标；应具有高安全性和乘坐舒适性；应是节省能源的；应按轻量化的要求设计；其零部件应具有高互换性；应具有良好的气动特性、高运行可靠性、低维修成本、最高的可使用率；应对环境友善，并适应环境影响的各种要求。

2. 设计寿命

设计寿命一般按年计。高速列车运行速度快，日走行公里数多，因此其寿命与既有客车的寿命不能等同。在设计高速列车时，需要确定列车的设计寿命，作为顶层设计指标。

高速列车设计寿命的确定既要考虑各种材料的抗疲劳性能、抗腐蚀性能、零部件的可靠性和经济性，也要考虑寿命后期再制造的技术经济前景。高速列车的设计寿命无论过长还是过短都是不经济的，因此既不能过长也不能过短，而应是合理的。

世界上的高速列车仅日本和法国开通运用至今超过 25 年，特别是铝合金车体的使用时间还不足以达到能够验证寿命的期限。日本原先规定高速列车的寿命为15 年，在运用 15 年后也在研究可否通过再制造(大修翻新)延长使用寿命到 20 年。关于铝合金的使用寿命，目前还没有结论。

而影响寿命的另一因素是人文观念和技术的更新换代。也就是说，列车运行达到一定年限后，该列车的状态，特别是各种设施已经老化，许多系统或者零部件已经更新换代，无法找到替代品更换。目前集成的高速列车都面临各种主要技术更新换代的情况，到那时对该列车进行翻新改造是否经济、是否值得通过再制造延长寿命就需要在设计高速列车时能够预计到。因此，设计寿命需要根据世界发展情况综合预测后给出。

就世界技术进步和更新变化的情况看，基本上 15～20 年就会出现技术的更新换代。因此，从这个角度考虑，设计寿命定为 20 年是合适的。

5.2　环境友好性能

5.2.1　噪声特性

列车在高速运行时将产生很大的噪声，而且随着列车运行速度的增加，噪声的局部声压和响度都快速增大。噪声可分为固有噪声和外在噪声。固有噪声是长期存在的，如轮轨黏合声、摩擦撞击声、受电弓与电网接触的摩擦声、气体与车体的摩擦声、电气噪声等，其中前两种噪声对车内的危害最大，因此需重点对车体上顶板和下底板采取隔音及防震的措施。外在噪声主要是由列车进出隧道产生的压缩波及反射波产生的。

高速列车运行时必然要产生振动，也会产生噪声。振动和噪声的问题需要考虑对车内的影响和对车外(周边环境)的影响两个方面。对于高速列车，则需要分别考虑静止状态下的噪声性能和运动状态下的噪声性能。

确定高速列车的噪声特性时主要应考虑人的感受，包括旅客、工作人员和线路两旁人员，也应考虑对动植物及周边环境的影响。

关于车内的噪声特性在本章后面的环境控制系统特性中介绍，本节主要介绍车外的环境噪声特性。

高速列车产生的车外环境噪声应从以下四个方面加以关注。

1)在明线上的噪声辐射

高速列车运行中所辐射出来的噪声对线路两侧的环境产生影响，此噪声破坏了线路两侧居住和工作的环境，无论对人还是对动植物都有不利影响。

运行噪声源主要有列车高速运行与静止空气之间的相互作用产生的空气动力噪声、受电弓在接触线上滑动产生的摩擦噪声和接触线的颤振噪声、轮轨噪声、车上各种电气设备产生的噪声、机械传动噪声、结构物颤振噪声、构件碰撞噪声、冷却通风设备的鼓风噪声，以及人员发出的噪声。

当列车具有优良的空气动力外形时，空气动力噪声就会较小。因此，外形的优劣也可以从噪声上加以判断。

受电弓与接触网相互作用产生的噪声是高速列车必须直面的问题。受电弓在接触网上的滑动就像是琴弓在琴弦上滑动一样，不可避免要发出声响。减少受电弓的数量、将需要同时受流的受电弓的距离尽量拉大等措施是减少此类噪声的方法，受电弓与接触线的接触压力的调整和减缓受电弓与接触线之间的横摆滑动有益于减低此类噪声。在车顶附加声屏障也是限制噪声走向的有效措施。

评定此影响是在两侧均为空旷的平直线路上进行的，一般要求高速列车以一定速度通过空旷平直线路时，在距轨道中心线 25m 和距轨面高度 3.5m 处所测量得到的噪声值限制在某一声压水平以下，一般要求 300km/h 运行的高速列车不超过 89dB(A)。随着技术进步和人们对噪声水平的期望越来越高，该值应进一步下降，直至在周边有民居、办公楼、生产作业场所情况下降到可接受的程度。

如果高速列车对外辐射的噪声超出标准规定的限值，可在高速铁路的线路两侧加设声屏障，以降低噪声对周边的影响，使噪声指标达到合格水平；否则，就只能限制高速列车以噪声指标合格的速度运行。

2) 启动噪声

由于高速列车功率较大，启动时的噪声也相对较大。

高速列车的启动一般在车站处、基地出入线上，此处一般距离城市较近，甚至城市的闹区都是围绕着车站发展起来的，因此对高速列车的启动噪声要加以限制。

高速列车启动噪声主要是牵引设备投入使用后发出的，其中冷却风机投入使用时的噪声占比较大。电气设备产生的噪声，特别是由矽钢片通磁后颤振产生的噪声不容忽视。对这些设备产生的噪声必须加以限制，方可保证装车后的整车性能达到要求。

由于采用无缝线路和高速道岔，不存在由于通过轨接头和有害空间而产生的轮轨冲击噪声，与轮轨有关的这部分噪声占比较小。

列车通过侧向道岔和半径较小曲线时，由于钢轨对车轮的导向作用而产生的摩擦噪声为轮轨噪声的主要成分，特别是曲线半径较小时可采用在轮缘或钢轨的轨廓立面上涂润滑剂的方式减少此部分噪声。

启动时，列车的速度较低，此时也不存在空气动力噪声。

对于启动噪声，一般要求高速列车启动时，在距轨道中心线 25m 和距轨面高度 3.5m 处测量的噪声不应超过 69dB(A)。

3) 停车噪声

停车噪声是指高速列车在站内停车或在维修基地作业产生的噪声。此噪声对站台区、维修作业区有影响，包括旅客在站台上对话交流、旅客与乘务人员之间的沟通、司乘人员与地面作业人员的通话、维修作业人员之间的沟通等一些场景。

此工况下，高速列车上的牵引和制动作业已经中止，但是冷却设备还需要工作以将牵引设备继续冷却下来，车上空调通风设备需正常运转，此时的噪声主要是空调通风设备、冷却设备、牵引变压器低功工作状态等产生的。冷却通风设备的进出风口设置也将影响周边的噪声状态。

对于高速列车站内停车时的噪声，一般要求所有设备(停车不使用的设备除外)按额定工况工作时，在距轨道中心线 2.5m 和距轨面高度 1.2m 处测量的噪声不应超过 76dB（A）。

4）停放噪声

高速列车停放在车辆基地的库线上或者高速铁路停止运营期间停放在车站站线或其他停车线上时，为了进行一些维护作业，或是做热备作业，或是准备上线运行的预冷或预热作业，需要用电，无论是地面电源供电还是接触网供电，都会有噪声发出，这些停车线附近也可能有居住区、生活区、工作区等，因此该噪声也应限制在规定的范围内。特别是停放噪声工况主要发生在晚间，会对周边人员的睡眠产生影响。此时的噪声源要比明线上的噪声辐射、启动噪声、停车噪声三种工况少，主要是部分低压电源、空调采暖设备（尽管没有乘客，但是预冷预热也需要在规定时间内使车内温度达标）、开关门等发出的噪声；此时产生较大噪声的牵引设备、冷却设备等大都还没有投入运转；由于车辆不运动，也就不存在轮轨噪声，总体噪声水平比较低，关键是通风口的设置位置影响较大。

对此种工况下的噪声一般要求在距轨道中心线 7.5m 和距轨面高度 1.2m 处测量的噪声不允许超过 60dB（A）（在噪声最大处）。

5.2.2　振动特性

高速列车运行时必然要产生振动，振动通过钢轨对线路及其周边产生影响，特别是对周边的建筑物产生影响。由此产生的振动问题与轨下结构密切相关，高速列车上需要考虑的主要是减低轴重，以减轻对线路的冲击能量。振动对车内的影响主要是对旅客乘坐舒适性和设备工作状态有影响。高速列车应该从设计上采取措施减小振动。

对于高速列车运行产生的外部振动，世界各国铁路掌握的要求差异较大，其中日本对这方面的要求比较清晰、明确，主要是铁路沿线的居民对此反响较大。我国对铁路干线两侧的振动的规定还是在 20 世纪 80 年代制订的标准，此标准是否适合高速铁路的特点有待实践检验。但是从高速列车的性能角度出发，一般认为只要把高速列车的轮轨力、冲击力、乘坐舒适度加以控制，高速铁路两侧的振动问题就可以被控制住。因此，本书将重点放在高速列车的动力学性能上，有关这方面的内容在本章的动力学性能一节中叙述。

5.2.3　大气污染性能

由于高速列车基本是使用电动车组，采用的是绿色能源——电，因此不存在废气排放问题。高速列车所排放的气体主要是冷却通风所用的循环空气，其中空调通风排放的废物有人体呼吸的二氧化碳，也有由车内装饰物散发的各种微量有害物质。

对大气的影响还有由列车高速运行所产生的列车风引起的气流扰动产生的问题，包括粉尘、雨雪飞溅等。

对于车内装饰物所散发的各种微量有害物质，需要从控制内装材料上加以解决。需要列出禁用材料和限用材料的清单，清单上至少应包括以下禁用、限用材料。

(1)禁用材料包括：4-硝基联苯，芳族胺及其盐类(如 2-萘胺、对二氨基联苯、4-氨基联苯)，石棉，玻璃纤维，氯氟碳(CFC)，卤代苄基甲苯(如单甲基二溴二苯甲烷、单甲基二氯二苯甲烷(Ugilec 121 或 21)、单甲基四氯二苯甲烷(Ugilec 141))，全溴氟烃类(哈龙)，壬基苯酚，壬酚乙基物，八溴二苯醚(Octa-BDE)，五氯苯酚及其盐类和酯化物(PCP)，多氯三联苯(PCT)，五溴二苯醚(Penta-BDE)，短链氯化石蜡(SCCP)，铅基油漆，高浓度卤素等。

(2)限用材料包括：氟氯烃(HCFC)，砷及其化合物，镉及其化合物，铅及其化合物，汞及其化合物，多溴联苯(PBB)，多氯联苯(PCB)，氟化温室气体(如氢氟碳化物(HFC)、全氟碳化物(PFC)、六氟化硫(SF_6))，甲醛，异氰酸盐类，挥发性有机化合物(VOC)，甲苯，三氯苯(TCB)，三氧化锑，铍及其化合物，六价铬化物，氯化钴，十溴二苯醚(Deca-BDE)，人造矿物纤维(MMMF)，中链氯化石蜡(MCCP)，镍，四氯乙烯，邻苯二甲酸酯类(如邻苯二甲酸丁苄酯(BBP)、邻苯二甲酸二丁酯(DBP)、邻苯二甲酸二(2-乙基己基)酯(DEHP)、邻苯二甲酸二异壬酯(DINP)、邻苯二甲酸二异癸酯(DIDP)、邻苯二甲酸二辛酯(DNOP)、邻苯二甲酸二异丁酯、邻苯二甲酸二甲酯)，氯化钴，多环芳烃(PAH)，聚氯乙烯(PVC)，滑石(Talcum)，福美双(TMTD)，有机锡化合物，磷酸三苯脂(TPP)，三(2,3-二溴丙基)磷酸酯，三吖啶基氧化磷等。

作为不可再生的木材，也应纳入限用甚至禁用范畴。

5.2.4　废水废物排放

高速列车上均应采用污物集中排放方式，车上安装集便设备和污物箱，以利于到指定地点实施污物集中排放。

废水主要是制造厂、车辆段等处排放出来的污水，包括生活污水、含油污水、清洗用到的化学品等，需要在排放前在制造厂或车辆段处理后再排放。

车上用水需要考虑水质污染问题，需要区分饮用水和非饮用水，避免误饮危及乘员安全。

灰水(盥洗、清洁后的水)的收集和集中排放问题应在考虑之列，应避免因随意排放而造成损坏线路、传播疾病、形成冰坨、锈蚀零部件等负面效应。

5.2.5 线路下沉

线路下沉包括地基下沉和造成线路不平顺两方面。

高速列车的轴重是对此问题影响最大的因素之一，减轻轴重是列车设计时的永恒课题。

高速列车动力学性能的优劣也是对此问题影响较大的因素。这里所说的动力学性能包括列车动力学和车辆动力学两个方面，需要尽量减小轮轨相互作用力、减小相应的振动加速度。有关这方面的问题请见本章有关动力学性能方面的内容。

5.2.6 日照障碍

高速列车在日照障碍方面，主要是光污染的问题。

列车的外表面所采用的涂料、饰物、标记等均应避免造成光污染。

室内的遮光板、窗帘等需要有效应对日照的影响。

5.2.7 电磁兼容性能

1. 电磁兼容的范围

高速列车上的所有电气设备均应具有良好的电磁兼容性，应符合铁路应用相关电磁兼容标准的有关规定。

采取有效措施，避免不正常的情况发生，应至少考虑以下三个方面：

(1) 车辆内部的电磁兼容。

(2) 高速列车与铁路基础设施之间的电磁兼容。

(3) 高速列车与外部空间之间的电磁兼容。

2. 基本要求

电磁兼容的基本要求表现如下：

(1) 电磁兼容性(electromagnetic compatibility，EMC)应涉及高速列车运用环境中所有的电气设备与设施，至少应包括高速列车的各车载设备、信号设备、通信设备、供电设备、线路附近和邻区设备等。

(2) 高速列车的所有车载设备均应符合电磁兼容性的相关标准要求，在运行线路的电磁环境和高速列车自身电磁环境中应能可靠工作，功能和性能不受影响，并且也不能影响线路旁的其他系统的设备或设施正常工作。

(3) 高速列车及其所有车载设备不应对车内环境造成电磁污染，不应对车上人员的身体健康造成危害，不应影响车上人员使用的设备正常工作，包括心脏起搏器、手机、手提电脑等。

(4) 高速列车及其所有车载设备不应对车外环境造成电磁污染，不应影响线路旁的任何系统的工作、服务支持和安全，或者危害环境和人身健康等。

3. EMC 要求

1) 骚扰因素

骚扰因素至少应考虑辐射、感应、传导、静电放电等因素的影响。骚扰因素会对高速列车及其车载设备产生影响，同时高速列车及其车载设备也会对外部产生影响。

2) 应用范围

应用范围至少应考虑以下方面：

(1) 高速列车。

(2) 公众系统(含高速列车客室和司机室)。

(3) 所有车载电气设备，如车门系统、空调系统、制动系统、牵引系统、辅助电源及用电设备、列车控制-监测-诊断系统、安全监测系统、旅客信息系统、列车运行控制系统(简称列控系统)等，以及这些系统中所包含的部件。

(4) 供电系统设备(含过分相信号装置)。

(5) 车载通信设备、轨旁和附近的通信系统，至少应包括：

①通信设备和电缆。

②车站、中央调度指挥中心、动车基地内的通信系统。

③列车无线通信系统。

④手持便携无线系统。

⑤传呼系统。

⑥公共移动无线与电话系统。

⑦个人通信网络系统。

⑧公共无线电广播和通信服务(含 AM/FM 收音机和电话)。

⑨直线电话和隧道电话机。

(6) 信号系统(含轨旁和车载设备、电缆等)。

(7) 乘客随身物品和器具，至少应包括便携式计算机、移动电话、所有磁性介质设备、助听器和心脏起搏器，以及其他电子用品等。

(8) 铁路沿线旅客信息设备，如广播系统、信息显示系统、闭路电视等。

(9) 在站台监视亭和车站控制室内的灵敏设备，如监视器、计算机等。

3) 高速列车的辐射和传导式发射

(1) 高速列车及其车载设备的辐射电磁骚扰和传导式发射不应超过规定数值。

(2) 高速列车及其车载设备应能抵抗来自其他车载设备和外部干扰源产生的辐射电磁骚扰。

(3) 任何含有对放静电敏感的设备或元件(可能由司乘人员或旅客操作或触

及)均应采取抗放静电防护措施。

(4)高速列车及其车载设备应能抵抗其他设备的传导骚扰。

(5)可能影响车载设备的外部和内部发射源至少应包括：

①铁路沿线电气设备。

②铁路的无线通信系统(含列车无线、手持便携无线、传呼系统、公共移动无线电话和个人通信网络等)。

③牵引和辅助设备(含各种变流装置)。

④牵引电机和接触网产生的磁场。

⑤旅客信息显示系统。

4. 公众系统的 EMC 要求

在正常工作状态下，应确保由高速列车产生的任何电磁场不得干扰上述所列的旅客随身物品或磁性介质的正确使用，规定以司机室和客室地板与地板上方 2m 之间的磁通密度来衡量。

5.2.8　防霉防虫要求

高速列车上所有的电机、电器、电子装置、电线电缆等必须采取相应的防霉(霉菌和真菌)、防虫(白蚁、蟑螂等)和防啮齿类小动物的措施。

5.3　防火阻燃性能

高速列车作为人员聚集的场所，防火问题是非常重要的。高速列车设计应具有良好的防火性能，最大限度地防止火灾的发生，并应遵守当地的消防法规和其他有关标准。

火灾发生的过程一般分为对火反应阶段和火势发展阶段两段。在对火反应阶段(从火被点燃到火焰蔓延和发展阶段)，物体的温度还维持在较低的状态下。发展到一定时间后进入火势发展阶段，此时温度很快上升，上升到一定程度后就会出现闪燃。在闪燃之前开始灭火或撤离，损失将会较小；在闪燃之后，火灾将充分发展，直到燃灭为止。

对于高速列车，由于存在高速运行引起的列车风的作用，火势一旦形成，则风助火势，发展很快，难以控制。因此，高速列车的设计需要充分考虑火灾发展的特点，首先避免点燃，其次尽早在对火反应阶段发现火灾隐患、尽早启动灭火、及时发出警报、组织人员疏散。

高速列车的防火阻燃需要从以下方面全方位考虑：

(1)火源控制。

(2)结构耐火。

(3)逃生与疏散。

(4)火源隔离。

(5)火灾后的运行。

(6)火灾报警。

(7)材料无毒无卤阻燃。

(8)灭火。

1. 火源

高速列车上的火源主要来自以下方面：

(1)未熄灭的烟头。

(2)采暖加热设施。

(3)餐饮加热设施。

(4)电气控制柜。

(5)电器接触件(接触电阻)。

(6)电气系统的短路、过流、过压、过热等。

2. 火灾的伤害

火灾对人员的伤害主要有以下方面：

(1)高温。

(2)燃烧后产生的有毒气体。

(3)缺氧。

(4)结构破坏后的伤害等。

还需注意火灾发生后的次生伤害，如拥堵挤踏伤害、逃离路线不当的伤害、临线列车不及时避让的伤害等。

3. 防火结构设计

高速列车的防火结构设计应充分考虑预防火灾的发生和火灾发生后的应急处置手段，至少需要考虑以下几个方面：

(1)每节车厢都必须规划好消防通道，以便发生火情时组织旅客和司乘人员疏散。当火灾发生时，高速列车应能满足乘客迅速疏散的要求。各种逃生通道应设有明确清晰的标志，并应布置若干醒目的逃生路线指示标，这些逃生路线指示标应在黑暗的情况下也能看清楚。

(2)对短路、过流、过压、过热进行监测，及时报警处理。

(3)每节车厢中均应根据人数设置一定数量的应急车窗，以便在紧急状态下可以砸开应急车窗，使其成为逃生通道。

（4）车上所用电器及电路敷设要避免在使用过程中导致火灾。

（5）各车厢的通过门均应使旅客在紧急时可手动开启以无阻碍地迅速跑离火区。即使在拥挤的情况下，车厢中的内门机构应满足紧急状态下也能方便紧急开启而不会被卡死的功能。

（6）能对发现火情的区域实施停电。车上应设置应急照明和应急通风，根据需要和可能适时在停电后启用应急照明和应急通风，以及时灭火、逃生和等待救援。

（7）当火灾发生时，高速列车至少可以 80km/h 速度运行 15min，以便驶离不易处理事故或火灾危害后果较大的区域。

（8）结构在火灾过程中也应能维持一定的强度避免很快损坏，以免造成次生伤害。

（9）各车厢内还要设置可与司机室紧急联络用的开关。当火灾发生时，可以将紧急状态通知司机，以便司机视情况实施停车或驶离不宜停车的地段。

4. 阻燃

阻燃的手段包括阻隔和材料阻燃性两个方面。

1）阻隔

在上述可能的着火源、所有热源（包括可能发生电弧或发热的设备）附近采用阻燃材料并有可靠的保护措施，以防可燃材料被加热。对于可能发生电弧或发热的电气设备附近或与其连接的电线，应采用不燃性材料或超阻燃性材料覆盖，或采用防火板壁等进行隔离。将此处作为防火的重点，在其周边尽量采用金属类不燃材料和隔热材料，避免温度升高后向外辐射热，绝对避免该处与可燃物接触。

车厢之间应设置隔火装置，即车辆端墙应具有优良的耐火性能，贯通道处设防火门，应确保起火后 15min 内不会通过其蔓延到相邻车辆，保证在旅客疏散所需时间内阻挡火势蔓延。与此同时，也应避免人为纵火。

2）材料阻燃性

材料的阻燃性一般都在点燃和蔓延阶段发挥作用（到火灾充分发展阶段，所有材料均无阻燃能力）。材料的阻燃性主要是指难以点燃、容易自熄、低的火焰传播速度、低的热释放速率、低烟、无毒等。

高速列车的阻燃特性要根据不同需要做出选择。其中材料的阻燃等级根据燃烧时逃逸的可能性和由此产生的危险确定，共分为 4 个等级。在高速列车设计时，需要根据列车上不同区域的需求选择合适等级的阻燃材料。

在上述可能火源区域，应使用高阻燃性的材料。

内装材料（如天花板、外板及内衬、座椅、地板及地板布、连通通道的车篷、保温材、填充材等）应分不同等级使用不燃性材料或表面用不燃性材料或阻燃材料。

各车上所采用材料必须为阻燃、低烟、无毒（低毒）、无卤的非延燃性材料或防火材料；内装材料阻燃性能及其他非金属材料的阻燃要求应满足相应标准或规范的要求。

车上所有材料及室内空气有害物质限量还应符合相应的环境保护标准的要求，应选用在燃烧过程中不产生有毒气体的材料。

所有电线、电缆均应采用无卤、阻燃型，且燃烧时低烟、无毒，并应采用阻燃性或不燃性的材料覆盖，所选用的其他材料和配件亦应具有同样的要求。

5. 烟雾报警系统

对于可能发生的过热、过流、过压等现象，由高速列车上的子系统各自负责监测和控制。这里的烟雾报警系统是指在高速列车上的各种电气柜、厨房、厕所及其他重点防火部位处设置烟雾探测装置，由安全监测系统汇集，并通过网络将监测得到的预警报警信号传递到司机室、乘务室中设置的烟雾报警装置上。

烟雾报警装置是利用火情发生初期产生烟雾的程度来报警的，报警后由司机确定是停车还是缓行至可以停车的区间。相关的乘务人员到发出报警的车上做应急处置，包括与司机沟通、实施灭火、切断局部电源、组织旅客疏散等事项。

6. 灭火

灭火应尽可能早，尽量在闪燃前甚至更早的时间就开始灭火。因此，高速列车上每节车厢中都必须配置一定数量的符合高速列车运行区段相关法规和标准的适用于电气装置和油类灭火的消防设施，以备应急时使用，并应易于接近和操作。

可能成为着火源的区域中要采取一些可能设置的灭火手段（如喷水喷泡沫）与烟雾报警系统一起使用，尽早开始灭火。

高速列车应采用当今经验证有效的、最先进的车载灭火方式。

5.4　重量均衡性能

铁道车辆的重量均衡问题至关重要，而对高速列车而言更加重要，高速列车必须具有优良的重量均衡性能。

5.4.1　轴重的限制

高速列车的轴重受到线路的制约，有一个最大值的限制，即整列车上的每一根轮对压在钢轨上的最大载荷——最大轴重不得比允许的轴重大，即

$$P_{a\max} \leqslant [P] \tag{5.4.1}$$

式中，$P_{a\max}$ 为最大轴重，最大轴重的概念请见第 3 章相关内容；$[P]$ 为线路允许的

轴重。

5.4.2　轴重的均衡

轴重在最大值限制的基础上，还需要做到均衡。轴重的均衡包括横向均衡(左右均衡)和纵向均衡(前后均衡)，也包括本车的均衡和车辆之间的均衡，具体有以下几方面的要求。

1. 轮对级的轮重均衡

轮对级的轮重均衡性指标定义为同一轮对的两个车轮上的轮重之差除以该轴两轮轮重之和的商(取绝对值)。

设轮对 1 位和 2 位的轮重分别为 P_{w1} 和 P_{w2}，则上述轮对级的轮重均衡性指标 Jw_P 可表示为

$$Jw_P = \left| \frac{P_{w1} - P_{w2}}{P_{w1} + P_{w2}} \right| \tag{5.4.2}$$

一般规定，无论在整备状态还是额定状态下，该值不得超过 4%。

2. 转向架级的均衡

1)轴重均衡

转向架级的轴重均衡性指标定义为转向架上两根车轴的轴重之差除以在该转向架的两根车轴的轴重之和的商(取绝对值)。

设某一转向架上的 1 位车轴和 2 位车轴的轴重分别为 P_{b1} 和 P_{b2}，则上述轴重的均衡性指标 Jb_P 可表示为

$$Jb_P = \left| \frac{P_{b1} - P_{b2}}{P_{b1} + P_{b2}} \right| \tag{5.4.3}$$

一般规定，无论在整备状态还是额定状态下，该值不得超过 2%。

2)左右轮重均衡

转向架级的左右轮重均衡性指标定义为转向架上任一侧各车轮上的总轮重与另一侧总轮重之差除以该转向架所有车轮的轮重和的商(取绝对值)。

设某一转向架上的 1 位侧和 2 位侧的总轮重(同一侧两个轮重之和)分别为 P'_{b1} 和 P'_{b2}，则上述轮重的均衡性指标 Jb'_P 可表示为

$$Jb'_P = \left| \frac{P'_{b1} - P'_{b2}}{P'_{b1} + P'_{b2}} \right| \tag{5.4.4}$$

一般规定，无论在整备状态还是额定状态下，该值不得超过 4%。但当用标准载荷只对转向架考核时，指标至少应控制在 2%以内。

也有规定两根车轴的左右两侧的轮重和之差不大于 600kg。

3. 车辆级的均衡

1)轴重均衡

车辆级的轴重均衡性指标定义为任一轴的轴重与该车辆各轴总轴重的平均值之差除以该车辆各轴总轴重平均值的商(取绝对值)。

设某一车辆上的 1 位、2 位、3 位和 4 位轴的轴重分别为 P_{c1}、P_{c2}、P_{c3}、P_{c4}，则上述轴重的均衡性指标 Jc_P 可表示为

$$Jc_P = \left| \frac{4P_{ci} - \sum\limits_{i=1}^{4} P_{ci}}{\sum\limits_{i=1}^{4} P_{ci}} \right|, \quad i = 1,2,3,4 \tag{5.4.5}$$

一般规定，无论在整备状态还是额定状态下，该值不得超过 2%。

2)左右轮重均衡

车辆级的左右轮重均衡性指标定义为任一侧各车轮总轮重与该车辆另一侧车轮总轮重之差除以该车辆轮重总和的商(取绝对值)。

设某一车辆上各车轮的轮重分别为 P_{w1}、P_{w2}、P_{w3}、P_{w4}、P_{w5}、P_{w6}、P_{w7}、P_{w8}，则上述轮重的均衡性指标 Jc_P' 可表示为

$$Jc_P' = \left| \frac{\sum\limits_{n=1}^{4} P_{w(2n-1)} - \sum\limits_{n=1}^{4} P_{w(2n)}}{\sum\limits_{n=1}^{4} P_{w(2n-1)} + \sum\limits_{n=1}^{4} P_{w(2n)}} \right| \tag{5.4.6}$$

一般要求，无论在整备状态还是额定状态下，该值不得超过 4%。

5.4.3　重量的计算方法

在设计和称重过程中需要对重量进行计算，计算方法如下。

1. 部件和组件的重量和重心

对于车辆的构件，可以通过有限元法得出它们的重量和重心位置，进而得出组合件的重量和重心位置。

2. 额定数量的旅客的重量和重心

旅客的重量取值已经在第 3 章中做了介绍，但是该数值包含旅客的重量和随身行李的重量。旅客重量可依据车辆运营区段的标准人的相关标准执行，在没有规定时，建议按第 3 章规定的数值减去 10kg 计；坐姿的旅客的重心位于座椅中心线上的座席上平面上方 200mm 处；站姿的旅客的重心位于地板上平面上方 1100mm 处，平面位置以 250mm×500mm 的占用面积计 1 人情况下的站立面积均布后取得。

3. 随身行李的重量和重心

随身行李需布置在行李架上，建议在行李架上布置定员数量乘以 10kg 的行李，按座位纵向均匀布置；重心位置位于对应各排座位横向中心线的行李架上方 100mm 高度的纵向中心线处。

4. 大件行李的重量和重心

大件行李按规定重量放在大件行李区地面处，重心设在地板平面上方 500mm 处的大件行李区垂直中心线上。

对于需要利用空闲空间运输货物的，可在堆放货物区域比照上述大件行李重量和重心计算方法计算。

如果多层码放，则重量和重心需分层计算。

5. 最大载荷状态的重量计算

在最大载荷状态下，应确认轴重是否超过，并建议将最大载荷状态的轴重均匀性纳入考核内容，看是否符合要求，轮重偏差是否超过规定。

可以采用上述计算(称重)重量的结果加上最大载荷状态下增加的载荷计算得出，其中所增加的站立人员和定员中的站立人员一起按车内可站立面积均匀分布；重量按第 3 章规定取值；并以 250mm×500mm 的占用面积计 1 人，重心在该四边形的垂直中心线地板面上方 1100mm 处。

5.4.4　关于称重试验

车辆落成后需进行称重检测，称重时需分别得出单车整备载荷和定员状态的称重结果，包括总重、轴重、轮重以及总重差、轴重差、轮重差、侧重差等计算结果。

在对高速动车组称重时可单节车辆进行，也可组成整列动车组后进行。在整列动车组不解编对单节车辆称重时，需将车辆之间的连接件释放开来，以免影响称重结果。

应在对车辆称重前释放可能影响称重结果的连接件，并缓解制动。上称时应避免在移动车辆时出现冲击的现象。为了减小由此带来的称重误差，有必要规定前进、后退两个方向各进行 3 次，共 6 次，并将 3 次称重得到的数据取平均值。这里规定的前进、后退两个方向是指上称的方向。为了减少车辆结构和加工误差对称重结果的影响，建议每次下称时至少让车辆移动车轮旋转一周的距离。

应规定称重时任一轮重 6 次测量的极限误差不超过 1.0%，测量结果有效，以避免称重结果受到上述这些因素影响。

称重后应对车辆的调整做出规定，即要求车辆落车后不应该也不需要通过称重来调整。这是因为运用过程中在线路上或在动车段中是没有条件称重的，只能通过尺寸测量来均衡重量。因此，实施型式试验的称重时要验证通过尺寸测量来调整车辆重量均衡性的手段是否有效。例如，调整空气弹簧系统中的高度阀也应通过测量尺寸来进行，而不需要在称重台上进行。

这些规定应在称重中严格掌握。

5.5　高速走行性能

列车的走行性能关系到列车的运行安全性和舒适性，特别对高速列车更为重要。一般铁道车辆的走行性能有其应遵守的铁道车辆动力学性能评定和试验鉴定规范的规定。对于高速列车，则应遵守 200km/h 及以上速度级电动车组动力学性能试验鉴定方法及评定标准的规定。

5.5.1　性能要求

高速列车的走行性能是铁道车辆在高速铁路上以最高试验速度(1.1 倍的构造速度)及以下各速度级运行时的车辆动力学性能和列车动力学性能的组合。车辆动力学性能和列车动力学性能均以车辆上的动力学响应进行评定，其性能要求主要表现在以下方面：

(1)直线运动稳定性——临界速度。

(2)抗爬轨稳定性。

(3)抗跳轨稳定性。

(4)抗倾覆稳定性。

(5)最大轮轴横向力。

(6)轮轨最大垂向力。

(7)平均轮轴横向力。

(8)运行平稳性和/或乘坐舒适度。

5.5.2 高速动力学性能

1. 动力学性能的安全性指标

车辆动力学性能和列车动力学性能的安全性指标是上述八方面的指标，这些指标是并列的，既相互影响又相互独立。

2. 动力学性能指标

高速列车的动力学性能，无论是车辆动力学性能还是列车动力学性能均应满足要求。高速列车的动力学性能指标主要有如下方面。

1）运行稳定性

在 3 级不平顺（紧急补修）线路条件下，列车以最高试验速度及以下各速度级运行时，均应符合规定，其中：

(1) 脱轨系数 $Q/P \leqslant 0.8$。

(2) 准静态轮重减载率 $\Delta P/P \leqslant 0.65$。

(3) 动态轮重减载率 $\Delta P/P \leqslant 0.8$。

(4) 倾覆系数 $D \leqslant 0.8$。

(5) 转向架构架上的横向加速度峰值不得连续 6 次以上达到或超过 $8 \sim 10 \mathrm{m/s}^2$（与转向架的设计相适应）。

2）舒适度

舒适度的要求对在有良好维修的线路上运行的新状态和正常维修状态的高速列车均适用，采用以下两种指标评定，其中：

(1) 高速列车平稳性指标应达到优秀。

(2) 乘坐舒适度按国际公认标准评定，应达到 2 级。

3）对线路的作用

(1) 车轴对钢轨的横向作用力不大于 $\left(10 + \dfrac{P_0}{3}\right) \mathrm{kN}$，$P_0$ 为静轴重。

(2) 车轴对钢轨的横向作用力平均值不大于 20kN。

(3) 车轮对钢轨的垂向作用力不大于 170kN。

5.5.3 直线运动稳定性

直线运动稳定性是用来描述铁道车辆防止蛇行运动失稳的能力，其成因见第 1 章中的介绍。

影响蛇行运动的因素很多，主要有轮轨间蠕滑力、踏面形状、轮对定位（即一系定位）、转向架回转阻力矩、悬挂参数的匹配合理性以及运行速度等。

在轮轨间蠕滑力的作用下，当车辆运行达到某一临界速度时，会产生自激的失稳蛇行振动。

高速时的蛇行运动失稳后，轮对(和/或转向架、车体)将产生激烈的横向振动，严重威胁行车安全。为此，要求车辆蛇行运动的临界速度 V_c 要远高于其最高运行速度 V_{max}，以保证有足够的安全裕量，即必须满足 $V_{max} \ll V_c$。

车辆高速运行面临的最大问题是临界速度(也称失稳速度)问题，无论是新车还是旧车，在其运行的速度范围内均不应出现失稳(临界速度)现象，车辆一旦失稳，就很难恢复正常状态。

在车辆上可以通过选择合适的轮对定位结构和参数来提高轮对的抗蛇行能力，也可以通过增加转向架的回转阻力矩(包括设置合适的抗蛇行减振器)来提高转向架的抗蛇行能力；此外，还必须使车辆的悬挂参数有很好的匹配。

为了保证车辆系统的稳定性，使车辆在运行速度范围内不出现蛇行失稳的现象，可以通过仿真计算、试验台试验及线路试验来评估车辆的横向稳定性。

临界速度的判别一般首先在滚动振动台上通过试验进行评判，计算结果作为设计参考。但需要注意的是，滚动振动台上试验评判所得到的失稳速度与线路实际失稳速度存在一定差异，主要是由于试验中采用的轨条轮半径较小，而线路上的钢轨半径非常大。目前，有关滚动振动台上试验及其评判已经有相应的可供执行的标准。

车辆在线路上运行时如果出现横向失稳，则构架上的横向加速度就会出现不能迅速衰减的连续横向振荡，因此可以通过对构架上的横向加速度进行监测来判断转向架是否出现横向失稳。如果转向架构架的横向加速度发生了不能迅速衰减的连续横向振荡，则认为车辆出现了横向失稳。在本书第 4 章中介绍了从频率凝聚角度判断转向架发生蛇行运动的监测方法。现车采用如下方式进行：监测所得的构架横向加速度信号在经过 $0.5 \sim 10\mathrm{Hz}$ 的滤波后若发现连续出现 6 次以上横向加速度值超过 $8 \sim 10\mathrm{m/s^2}$(与转向架构架的设计相适应)，则判定该转向架已经失稳。不同形式的转向架发生不能迅速衰减的连续横向振荡的加速度幅值可能不同。

具体安全监测的实施方法请见第 4 章有关内容。

5.5.4　抗爬轨稳定性

抗爬轨稳定性是评估铁道车辆防止车轮爬上钢轨的能力。抗爬轨稳定性是车辆运行时的安全性能，受到线路状态、运用条件、车辆结构参数和装载等，以及它们的最不利组合等因素的影响。

图 5.5.1 为轮轨接触情况示意图。车轮运动时会受到横向力 Q 的作用，可能导致车轮轮缘的圆弧与钢轨轨廓的圆弧相接触。由于车轮在向前滚动，车轮上的

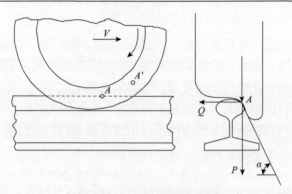

图 5.5.1　轮轨接触情况示意图

A' 点向下运动，在达到与钢轨的轨廓立面相接触的地方（与 A 点相对应的前方水平位置）时，就会在与钢轨的接触点处受到一个与 A' 点运动方向相反（向右上方）的摩擦力，从而出现向上爬上钢轨的趋势。横向力 Q 越大，车轮与钢轨的接触压力就越大，向上的摩擦力也就越大，爬轨趋势也就越大；而当该摩擦力大于轮重 P 时，车轮将向上运动；继续发展的话，最终车轮将爬到钢轨的轨顶上，车轮将不再受到钢轨的制约，离开钢轨所规定的运动轨迹。这种现象称为爬轨，是脱轨的一种形式。这时，车辆系统将失去运行的稳定性，造成事故。

　　为了对上述现象进行评估，一般采用脱轨系数作为评定抗爬轨稳定性的指标。脱轨系数定义为车轮上横向力与垂向力的比值，其计算公式为

$$\frac{Q}{P} = \frac{\tan\alpha - \mu}{1 + \mu\tan\alpha} \tag{5.5.1}$$

式中，Q 和 P 分别为作用在车轮上的横向力和垂向力；α 为车轮轮缘角；μ 为轮缘处轮轨之间的摩擦系数。

　　如果车轮接触到钢轨处的轮缘角为 65°、摩擦系数为 0.25，将此参数代入式(5.5.1)，得

$$\frac{Q}{P} \approx 1.2333$$

如果车轮接触到钢轨处的轮缘角为 68°、摩擦系数为 0.32，代入式(5.5.1)计算得到脱轨系数为 1.2，由此可取

$$\frac{Q}{P} \leqslant 1.2$$

　　脱轨系数不仅与轮缘及对应的摩擦系数有关，还与运行速度、车轮直径、曲

线半径、轮轨冲角，以及轮轨之间的蠕滑力等因素有关。因此，式(5.5.1)只是一个基本条件，表示车轮爬上钢轨的可能性，车轮超出此条件时有可能会开始向钢轨上方爬上去，但也不一定就能脱轨，还需要持续一定的时间才能爬上钢轨顶面，到最终出现脱轨。

为了安全，将 1.2 作为抗爬轨稳定性的极限条件。考虑一定的安全裕度，一般采用 1.0 作为控制限值。对于高速列车及其他旅客列车，需要采用安全裕度更大的 0.8 作为限值，即

$$\frac{Q}{P} \leqslant 0.8 \tag{5.5.2}$$

在脱轨问题的研究中发现，横向力作用时间小于 0.05s 时脱轨系数的限值可以放大，此时脱轨系数的临界值可取为与横向力作用时间 t 成反比($0.04/t$)，并且脱轨问题应以跳轨作为主要问题，而不再是爬轨问题。

5.5.5 抗跳轨稳定性

抗跳轨稳定性是衡量铁道车辆防止车轮跳上钢轨的能力。

跳轨是车辆系统失去稳定的又一种形式。这是车辆在运动中左右车轮对轨道的垂向作用力发生偏移，使一侧车轮的垂向力 P 减小，以致发生车轮跳上钢轨顶面的现象。

图 5.5.2 为车轮减载示意图。轮对承受载荷 F_1、F_2，并将该载荷以 P_1、P_2 的值传递给钢轨。显然在几何尺寸对称的情况下，只有当 $F_1=F_2$ 时才有 $P_1=P_2$。一般情况下，总存在一个车轮上的载荷小于另一个车轮上载荷的现象，将这种现象称为轮重减载。影响轮

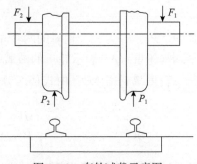

图 5.5.2 车轮减载示意图

重减载的因素很多，车辆本身结构参数(扭转刚度、重量均衡性等)、线路扭曲(三角坑、顺坡率等)、风力、偏载等都会引起轮重减载。

当某一车轮作用在钢轨上的载荷相对另一车轮减小时，该轮对就会产生绕车辆 x 轴转动的趋势，即减载侧车轮有向上运动的趋势。如果此时没有其他因素作用，减载侧车轮减载结束后就会自然落回钢轨轨顶，恢复正常运行状态。然而，如果该车轮的载荷继续减小到一定程度，同时受到突然出现的横向力或轨道不平顺等因素的影响，该车轮可能就会跳上钢轨顶面，进而造成车辆脱轨。

该问题一般在轮轴横向力很小的情况下发生。假设 2 位是减载侧，如果存在较大的指向 2 位的横向力(参照图 5.5.2)，则 2 位车轮的轮缘会与钢轨的立面接触，

并产生阻止 2 位车轮向上运动的摩擦力，使该车轮不至于跳起来。如果横向力指向 1 位车轮，则该轮对将使 1 位车轮与右侧钢轨的立面接触，使 1 位车轮成为爬轨侧，而不可能在 2 位侧跳上钢轨。

各国对轮重减载率的概念尚有较大差异。欧洲对静态最小轮重有限制，但对动态轮重减载率不做要求。日本在提速车辆和新干线车辆上采用不同的标准：提速车辆的轮重减载率分为准静态和动态两种，准静态轮重减载率的限值为 0.6，动态轮重减载率的限值为 0.8；而对于新干线车辆，不同的铁路公司对减载问题的取值也有所不同，通常采用最小轮重值来限制。例如，东海道铁路公司分别采用 2.6t (25.5kN) 和 3.6t (35.3kN) 两个值来限制动态轮重，其中第一个是最小轮重限值，第二个是留有安全裕度的轮重限值。

我国用轮重减载率 $\Delta P/P$ 这一指标来衡量有无可能由于一侧车轮减载过大而导致脱轨。设

$$\bar{P} = \frac{1}{2}(P_1 + P_2) \tag{5.5.3}$$

$$\Delta P = \frac{1}{2}|P_1 - P_2| \tag{5.5.4}$$

式中，P_1、P_2 为一个轮对的两个车轮作用在钢轨上的垂直力；$\bar{P}$ 为左右侧车轮的平均静轮重；ΔP 表示轮重的减载量。

轮重减载率 $\Delta P/P$ 由式 (5.5.5) 计算：

$$\frac{\Delta P}{\bar{P}} = \frac{1}{2}\frac{P_{i=1,2} - \bar{P}}{P_1 + P_2} = \frac{|P_1 - P_2|}{P_1 + P_2} \tag{5.5.5}$$

轮重减载率的限制可采用如下值：

$$\Delta P/P \leqslant 0.65, \quad 准静态 \tag{5.5.6}$$

$$\Delta P/P \leqslant 0.8, \quad 动态 \tag{5.5.7}$$

5.5.6 抗倾覆稳定性

抗倾覆稳定性是评定铁道车辆不向一侧倾覆的能力。

无论车辆处于静止状态还是在运行中，均需要具有抗倾覆稳定性。

侧向风力、离心力和横向振动惯性力，以及它们的最不利组合作用是需要考虑倾覆问题的外载荷。

车辆在运行中倾覆有以下几种情况：

（1）向曲线外侧倾覆。

车辆在曲线上运行时，在风力、离心力和横向惯性力等的作用下向曲线外侧倾覆。这种情况一般发生在超速运行时。

（2）向曲线内侧倾覆。

当车辆缓慢驶入曲线时，由于车体内倾，同时在侧向力（风力、振动惯性力等）的作用下，车辆向曲线内侧倾覆。

（3）直线倾覆。

当车辆在直线上运动时，受到极大的侧向风力作用，或者线路原因，造成车辆严重的横向振动，致使车辆倾覆。

对于高速列车，在高架桥上受到斜前方吹来的侧风时，也受到较大的倾覆力矩，因此车辆的横断面需要采取具有较好导流作用的鼓形横断面以减小此倾覆力矩。具体请见本书空气动力学方面的有关介绍。

车辆倾覆时，车辆向一侧倾斜，造成车辆的一侧减载，而另一侧增载，因此可以以车辆的一侧车轮轮重是否达到零作为判断车辆是否会发生倾覆的极限依据。

设车辆增载侧所有车轮对钢轨的垂直作用力的总和为 P_2，减载侧所有车轮对钢轨的垂直作用力的总和为 P_1，定义倾覆系数为

$$D = \frac{P_2 - P_1}{P_2 + P_1} \tag{5.5.8}$$

由式（5.5.8）可见，当 $D=1$ 时车辆将达到临界状态，即 $P_1=0$。因此，为了保证车辆不倾覆，必须使 $D<1$。考虑一定的安全裕度，倾覆系数的安全指标取为

$$[D]=0.8 \tag{5.5.9}$$

倾覆系数 D 也可以用式（5.5.10）计算：

$$D = \frac{P_d}{P_{st}} \tag{5.5.10}$$

式中，P_d、P_{st} 分别为车辆同一侧车轮上总的动载荷、静载荷。

5.5.7 轮轴最大横向力

轮轴最大横向力是考核铁道车辆对线路和钢轨破坏程度的指标之一。

车辆在运动中将产生横向力，该力通过轮对作用在钢轨上。当该横向力过大时，可能将钢轨推翻，或导致轨距扩宽，或使线路产生严重变形等，从而造成事故。为了避免这一现象，采用最大轮轴横向力 H_{lim} 来加以评定，其限制用式（5.5.11）表示：

$$H_{\lim} < \beta\left(10 + \frac{P_0}{3}\right) \tag{5.5.11}$$

式中，P_0 为左右车轮静载荷之和，即静轴重，kN；β 为加权系数，一般机车、客车、高速列车车辆取 1，而货车取 0.85。

5.5.8　轮轨最大垂向力

轮轨最大垂向力也是考核铁道车辆对线路和钢轨破坏程度的指标之一，用于评定车辆在运行过程中是否会因为过大的轮轨垂向力而导致钢轨破坏或线路产生严重变形等。

铁路一般根据所使用的钢轨和设置的路基条件规定车辆允许的最大轴重。车辆的最大轴重还与车辆的运行速度有关。

轮轨最大垂向力的限值依线路不同而不同，也随轴重不同而不同，一般为 1～1.2 倍的轴重。如果轴重较大的车辆在线路较差或钢轨等级较小的轨道上运行，则需要限制运行速度。

对于高速铁路，车轮对钢轨的最大垂向力建议控制在 170kN 以内。

5.5.9　轮轴平均横向力

轮轴平均横向力也是考核铁道车辆对线路和钢轨破坏程度的指标之一，是用来评定轮缘或轨廓抗磨耗性能的指标。

车辆在钢轨上运行依靠车轮与钢轨接触，当轮轴横向力持续较大时，车轮的轮缘与钢轨之间的磨耗将加大，车轮或钢轨的寿命将降低。

轮缘抗磨耗性能越好，则车轮的轮缘维持正常状态的时间越长。轮缘磨耗性能可以以磨耗功来衡量，磨耗功就是轮缘横向力在轮缘上所做的功，其值与车轮的冲角、轮缘与钢轨立面之间的摩擦系数等有关，减小冲角、轮缘与钢轨立面之间的摩擦系数（如在轮缘处或钢轨立面处涂润滑剂）可以提高轮缘的抗磨耗性能，但是还是与轮轴横向力有直接关系，而且主要与导向力有关。因此，采用轮轴横向力的平均值作为衡量轮缘抗磨耗性能的指标。

目前这一指标还没有限值，主要根据铁路公司与制造商之间的协议，一般应该满足

$$H_{ave} < 0.33\left(10 + \frac{P_0}{3}\right) \tag{5.5.12}$$

通过协调轮对定位的纵横向刚度可以减小轮轴横向力，从而减小轮缘的磨耗。

5.5.10　运行平稳性

1. 两种评判方式

车辆运行平稳性通常用来表示铁道车辆的振动性能，它是衡量铁道车辆运行性能的重要技术指标。高速列车作为一种运送旅客的载运工具，需要为旅客提供一个舒适的旅行环境；对于运送货物的车辆，也需要保证所运输的货物完好无损地交给货主，同时车辆本身结构及其上所安装的设备也需要有较小的振动要求。因此，车辆应该具有优良的运行平稳性。由于各种客货车辆的用途不同，对车辆振动性能的要求也不同，现在还存在各种不同的评定方法和指标。

描述车辆运行平稳性的指标主要有平稳性和舒适度两种，下面分别叙述平稳性指标和舒适度指标。

2. 平稳性指标(W)

平稳性指标是对自然人在振动的各种不同频率成分环境下存在的不同生理感觉进行统计获得的一种指标。通过对自然人进行大量的试验，将他们在不同频率不同振幅振动下的感受的试验数据通过统计分析并对频率进行加权处理后归纳出一个经验计算式，就是斯佩林计算式，即

$$W = 2.7 \sqrt[10]{a^3 f^5 F(f)} = 0.896 \sqrt[10]{j^3 \frac{F(f)}{f}} \tag{5.5.13}$$

式中，a 为振幅，cm；f 为振动频率，Hz；j 为振动加速度，cm/s^2，$j=a(2\pi f)^2$；$F(f)$ 为频率修正系数，是与振动频率有关的函数，由对人员进行乘坐振动感受试验得出；W 为平稳性指标。

我国一般采用式(5.5.14)计算平稳性指标。

$$W = 7.08 \sqrt[10]{\frac{A^3}{f} F(f)} \tag{5.5.14}$$

式中，A 为振动加速度，g。

对于客车，垂直振动和横向振动的频率修正系数取值分别如表 5.5.1 和表 5.5.2 所示。

表 5.5.1　垂直振动的频率修正系数取值

频率范围/Hz	0.5~5.9	5.9~20	>20
$F(f)$	$0.325f^2$	$\dfrac{400}{f^2}$	1

表 5.5.2　横向振动的频率修正系数取值

频率范围/Hz	0.5～5.4	5.4～26	>26
$F(f)$	$0.8f^2$	$\dfrac{650}{f^2}$	1

客车和货车的平稳性指标等级划分分别如表 5.5.3 和表 5.5.4 所示。

表 5.5.3　客车平稳性指标等级划分

等级	优	良	及格
平稳性指标范围	$W<2.50$	$2.50 \leqslant W<2.75$	$2.75 \leqslant W<3.00$

表 5.5.4　货车平稳性指标等级划分

等级	优	良	及格
平稳性指标范围	$W<3.50$	$3.50 \leqslant W<4.00$	$4.00 \leqslant W<4.25$

高速列车的新车的平稳性指标要求达到客车的"优"级。

3. 舒适度指标

舒适度指标是专门针对旅客和司机乘坐舒适性而使用的指标，它属于国际公认的规定，该规定适用于各种载运工具。针对不同的载运工具和不同的人种，各使用部门又制定了各自的标准，其中差别主要是具体处理方法、加权系数等。高速列车由振动引起的乘坐舒适度指标 N_{MV} 按式 (5.5.15) 计算。

$$N_{\mathrm{MV}} = 6\sqrt{(a_{X\mathrm{P95}}^{W_d})^2 + (a_{Y\mathrm{P95}}^{W_d})^2 + (a_{Z\mathrm{P95}}^{W_b})^2} \tag{5.5.15}$$

式中，a 为加速度的均方根值，下标 $i\mathrm{P95}$ 与界面及统计概率有关，其中 $i=X,Y,Z$，分别表示加速度传感器纵向、横向、垂向的敏度方向，P 表示地板面，95 表示分布概率分位点 95%，上标 W_d、W_b 与按加权曲线 d、b 的频率加权值有关。

乘坐舒适度按表 5.5.5 所示的舒适度等级划分表进行分级，一般在 2～3 级。高速列车的新车的舒适度指标应该在 2 级以下。

表 5.5.5　舒适度等级划分表

舒适度等级	1 级	2 级	3 级	4 级	5 级
舒适度指标	$N<1$	$1 \leqslant N<2$	$2 \leqslant N<4$	$4 \leqslant N<5$	$N \geqslant 5$
评定	非常舒适	舒适	还算舒适	不舒适	非常不舒适

5.6　承 载 性 能

高速列车的承载性能即结构强度要从以下两方面加以考虑：

（1）在运用（包括静态、动态）中可能发生的各种最大载荷独立作用或这些载荷的最大可能组合作用下不发生破坏和永久变形，此工况简称超常载荷工况。

（2）实际运用中经常发生的载荷作用下具有较长的使用寿命（不发生疲劳），此工况简称运用载荷工况。

有关高速列车承载能力方面的要求请参见相关标准或规范。

5.6.1　强度评定内容

车辆结构和零部件按同时作用的各种规范力可能发生的最不利组合或按当量力的合理组合进行评定，包括五个方面：应力评定、变形评定、稳定性评定、疲劳强度评定和自振频率评定。

5.6.2　应力评定

1. 材料的应力应变关系

应力应变关系中存在明显的四个阶段：线性阶段、屈服阶段、强化阶段、产生局部破坏直至最终断裂阶段。需要关注以下几个转变点：

（1）比例极限 σ_p 和弹性极限。

（2）屈服应力 σ_s，其中对于无明显屈服的塑性材料，以产生 0.002 残余变形的应力值作为其屈服极限。

（3）比例极限增高的现象，即冷作硬化现象。

（4）抗拉强度 σ_b。

2. 许用应力法

对应力的评定主要采用许用应力法。许用应力主要取决于所选用材料的特性。评定的要求是各处应力（包括规定载荷下的各种组合应力）均不得大于许用应力 $[\sigma]$，即

$$\sigma < [\sigma] \tag{5.6.1}$$

许用应力 $[\sigma]$ 可按式（5.6.2）和式（5.6.3）计算得出。在运用载荷工况下，一般取

$$[\sigma] = \frac{\sigma_s}{S} \tag{5.6.2}$$

在超常载荷工况下，对于钢材，一般可取

$$[\sigma] = \frac{\sigma_b}{S} \tag{5.6.3}$$

式中，S 为安全系数，必须大于 1，分别根据有焊缝区和无焊缝区取值。安全系数的确定主要考虑载荷工况的覆盖面、材料和结构制造品质、实际运用经验等，覆盖面全、品质好的情况下安全系数可取得小些，否则需增加安全裕度，一般在标准中会做出规定，或在设计手册中列出推荐用值。

复杂应力部位应采用当量应力(von Mises 应力)来评定，见式(5.6.4)：

$$\sigma_e = \sqrt{0.5\left[(\sigma_1 - \sigma_2)^2 + (\sigma_2 - \sigma_3)^2 + (\sigma_3 - \sigma_1)^2\right]} \tag{5.6.4}$$

式中，σ_e 为当量应力；σ_1、σ_2、σ_3 为该处的三个主应力。

5.6.3　变形评定

要求在施加规定的载荷并撤除后不得产生永久变形。在规定的载荷下按允许变形值评定，即

$$\varepsilon < [\varepsilon] \tag{5.6.5}$$

允许变形值 $[\varepsilon]$ 可按式(5.6.6)和式(5.6.7)计算得出。在运用载荷工况下，一般取

$$[\varepsilon] = \frac{\varepsilon_s}{S} \tag{5.6.6}$$

在超常载荷工况下，对于钢材，一般可取

$$[\varepsilon] = \frac{\varepsilon_b}{S} \tag{5.6.7}$$

式中，S 为安全系数，必须大于 1，通常参照许用应力的安全系数选取。

5.6.4　稳定性评定

稳定性是指在施加规定的载荷下结构不得发生失稳。这是抵抗导致总体结构稳定性失效的安全限度，主要通过控制压曲应力来实现，应确保临界屈曲应力与计算应力的比值大于或等于 S_3，即

$$\frac{\sigma_{cb}}{\sigma_c} \geqslant S_3 \tag{5.6.8}$$

式中，σ_{cb} 为临界屈曲应力，N/mm²；σ_c 为计算应力，N/mm²。

通常取 $S_3=1.5$，如果结构被特殊设计为在可控状态下压溃，那么该系数可以减小。也可用材料力学、弹性理论和结构力学的方法评定稳定性，这里不具体赘述。

5.6.5　疲劳强度评定

车辆主要承载部位在规定的寿命内不应产生裂纹，车辆的主要承载部件应达到正常运用条件下所要求的寿命。可以采用下述三种中的一种寿命评估方法进行疲劳寿命评估并提出评估报告。

1. 按疲劳周次评定

按疲劳周次评定，就是按 *S-N* 图无限寿命线对应的周次进行评定。图 5.6.1 为疲劳 *S-N* 图，采用的是对数坐标，纵坐标为应力，横坐标为疲劳周次，*S-N* 线表示各应力下出现裂纹的疲劳周次数的连线，在 *S-N* 线以下的区域认为是无限寿命区域，是安全的，应力值落在该区域不会导致裂纹产生，而应力值落在 *S-N* 线及以上的区域是危险的，可能会导致断裂。

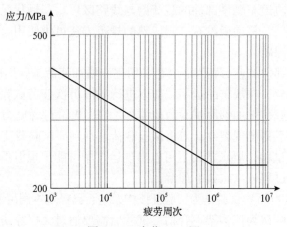

图 5.6.1　疲劳 *S-N* 图

要求在台架疲劳试验中，试件在规定的周期性交变载荷作用下，于规定的周期内不得出现裂纹。

一般可用其全部运用寿命内一个不变的有效载荷作台架疲劳试验，也可针对考核疲劳对象所在的相应位置考虑有效载荷分配的变化。将不同线路等级(线路垂向、横向和扭曲不平顺)引起的载荷以及通过线路曲线的次数综合得出的需要施加的不同方向载荷的周次施加到零部件上。例如，对转向架的构架进行疲劳试验时，施加的垂向载荷和横向载荷就有差别，需要考虑侧滚的次数和线路左右曲线的差别。

在实施台架疲劳试验的载荷取值上存在两种技术体系。一种是将部件上所承受的运用载荷施加到部件上实施台架试验，要求试验周次至少达到 S-N 曲线的下降线拐点所对应的周次以上不出现裂纹(位于拐点之后的水平线下方区域中，即达到无限寿命区域)。另一种是考虑到上述试验所需时间较长、费用较高，为了节省时间和经费，采用强化的加速疲劳试验的方法，试验时在部件上施加的载荷大于运用载荷，为与第一种试验方法具有可比性，需采用损伤一致性理论确定出现裂纹的试验周次限值。需要注意的是，所施加的载荷应不让部件上的应力超过材料的屈服极限，否则将由于超过材料的屈服极限后出现的冷作硬化现象而无法判断真实的疲劳寿命。

也可以在试验台上以载荷谱方式加载进行疲劳试验。零部件在整个寿命期内不会总是承受相同的等幅交变载荷，零部件在不同的线路区段、不同的编组、不同的工况下会承受大小不等、周次不同甚至方向有变的载荷；将零部件寿命周期内所承受的不同大小、不同方向的载荷及其对应的周次以一种统计谱的方式表达出来，这就是该零部件所应承受的载荷谱。以载荷谱方式验证就是指在试验台上按载荷谱施加各等级的载荷及其对应的周次来考核该零部件。车辆工作者曾经探索采用车辆在线路上运行时实测应力后用雨流法统计得出应力谱的方法来推断载荷谱，但是由于轨道车辆零部件的载荷谱与线路区段、车辆状况、寿命周期内所执行的运行图有关，目前尚没有一套成熟的规范方法可供使用。这仍然是摆在车辆工作者面前的课题。

为了考核零部件的疲劳特性，也有采用逐步增加疲劳试验周次的方法，例如，对转向架构架部分，在规定的运用载荷下进行 600 万次疲劳试验，要求构架上不得出现裂纹；将载荷增加到原试验载荷的 1.2 倍，再进行 200 万次疲劳试验，同样也要求构架上不得出现裂纹；再将试验载荷增加到原试验载荷的 1.4 倍，再进行 200 万次疲劳试验，要求构架上可以出现运营中可能出现但不需要立即修理的微小裂纹。上述过程可以作如下理解：

(1)第一个 600 万次试验是为了验证该构架是否已经基本满足无限寿命的要求，如果出现裂纹，则认为该构架不合格。试验后需要通过无损探伤来检验，不得有微细裂纹。

(2)继续增加载荷再试验 200 万次是为了验证新设计的构架是否已经完全满足无限寿命的要求，如果出现肉眼可见裂纹，同样认为该构架不合格。

(3)再次增加载荷再试验 200 万次是为了找出构架的薄弱环节，以进一步改进设计、优化结构，同时也是检查设计是否过度(保守)，如果还不出现裂纹，则认为该构架过于强大，应开展轻量化工作。此阶段只允许出现运营中可能出现的但不需要立即修理的微小裂纹，如果出现较大裂纹，则应认定该构架不合格。此阶段的试验结果将作为设计参考和技术储备。

2. 按疲劳极限线图的评定

要求各处的平均应力及应力幅的组合在疲劳极限线图的许用极限线以内。

评定时按运用工况下的应力幅取值。应力幅的取值在相关标准、规范或技术条件中有规定，其值依据具体结构及其位置的不同而不同，如车体主体处的应力幅一般取为运用载荷静应力的 20%。

疲劳极限线图最经典的就是古德曼(Goodman)疲劳极限线图。古德曼疲劳极限线图有很多变种，其中比较常用的有史密斯(Smith)图和黑格(Haigh)图两种，它们都是由多段折线围成的多个区间组成的。疲劳极限线图中各线的位置和走向与材料有关，也与结构连接方式、焊接接头形式等有关。与材料有关的疲劳极限线图一般需向材料供应商索要，与结构连接方式、焊接接头形式等有关的需要由标准规定，一般需要通过大量的试验来获取相应的数据。

图 5.6.2 为史密斯疲劳极限线图。图中纵坐标为疲劳极限，也对应应力幅，横坐标为平均应力。该图上一般含有三个区间，最外面的一圈是针对母材区的，中间的第二圈是针对焊接影响区和孔的小影响区的，最里面的一圈是焊接区和孔的大影响区的极限值。

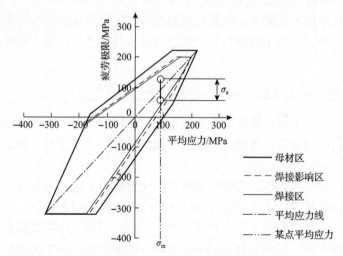

图 5.6.2　史密斯疲劳极限线图

将结构某处在规定载荷(运用载荷)下的应力作为平均应力 σ_m，在横坐标上以该平均应力作垂线与该坐标系中的 45°斜线(图中虚线)相交，再自该交点沿平行于纵坐标方向的上下以应力幅 σ_a 画出应力范围(如图中粗实线线段)。如果该粗实线整段都落在疲劳极限线圈定的范围内，则认为通过疲劳验证；反之，如果伸出到指定疲劳极限线外面，则认为存在疲劳问题。采用哪条疲劳极限线需要根据所关注点在结构中所处的位置(母材区、焊接影响区、焊接区)确定。

图 5.6.3 为黑格疲劳极限线图。

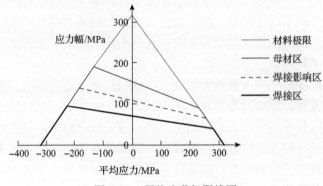

图 5.6.3　黑格疲劳极限线图

在应力幅作为纵坐标、平均应力作为横坐标的黑格图上做出被评估点的标注。评估时需要分别根据该关注点在结构中的位置选择疲劳极限线，在母材上的点不应落在细实线与横坐标包围的圈外，在焊接影响区的点不应落在虚线与横坐标包围的圈外，在焊接区的点不应落在粗实线与横坐标包围的圈外。

将被评估结构上需要关注位置处所测得(计算得)的各点的平均应力和应力幅在图中点出，可以一目了然地对结构的疲劳极限特性进行评估，并找出可能影响安全的位置。

3. 按线路实测应力谱的评定

按线路实测应力谱的评定是指在典型运用条件的线路进行运行试验，实测记录应变后进行的疲劳寿命评估，即在线路载荷谱作用下系统是否满足规定的寿命要求。

典型线路应有代表性，应能代表该车的主要运用工况。分析时以累计损伤疲劳理论从不同载荷下所发生的应变加权计算出总的损伤即寿命。

这里的关键是线路的典型性和代表性。实测应力的线路应该涵盖列车运行可能遇到的主要工况，特别是存在对寿命影响大的因素的线路工况不可或缺，应根据运用中的最不利组合进行加权处理。

5.6.6　应力集中问题

各种结构物均应避免存在应力集中现象，必须首先从整体出发将刚度调配合适。有关这方面的内容请见第 7 章相关内容。

在结构中难免存在应力集中问题时，该处的应力始终不得超过强度极限，并可按以下原则处理。

只有当应力集中区域的塑性变形区足够小，而且载荷去除时没有引起任何明显的永久变形时，才允许使用易延展材料处的应力水平超过屈服极限或弹性极限。

5.6.7　刚度的判定

刚度是保证结构能够正常工作的要素。

要求的刚度可以通过规定载荷下允许的位移或最低振动频率来定义。

对于完整的车体或车辆上的各种零部件，或部分零部件的总成，均应有相应的要求。

5.6.8　自振频率的评定

自振频率应该躲开在常用速度范围内可能的振动频率，以免产生共振造成损坏。至少应符合有关的各项标准或规范。

一般对整备状态下车体最低自振频率提出要求，避免车体的自振频率与转向架的悬挂自振频率过于接近而引起共振。

要求在常用速度区中没有不利速度区，有关不利速度区的问题请见第 4 章有关内容。

评定除应针对整个车体外，还应关注车体上的各个构件和转向架上的各零部件。现在尚没有只对承载结构评定的依据，可以采用有限元法分别计算承载结构车体和整备状态车体的自振频率和振型；在整备状态车体合格的情况下，计算得出承载结构车体的自振频率和振型；承载结构车体制造完成后可以进行模态试验测出自振频率和振型，与计算结果进行比较，看是否合格；如果不合格，则对承载结构车体进行改进，直到合格为止。

自振频率的评定可仅在整备状态的车体下进行，但是要推断载客情况下是否会在不利速度区运用，注意载客后各阶频率会下降。

先期可用有限元法进行评定，出车后也可以做实车试验加以确定。实车试验首先应该在滚动振动台上进行；通过扫频找出车辆、车体、转向架及其他构件的自振频率，进而推断车辆的不利速度区位置，再进行必要的改进。在线路上做运行试验时也可以进行自振频率测试和不利速度区辨识，只是再做进一步的改进和验证有一定的难度。

5.6.9　气密强度

气密强度是指对具有密封性能的结构物在微气压波作用下的承载能力。

车体是高速列车中需要考虑微气压波载荷作用的主要部件。车体的气密强度需要分别从超常载荷工况和运用载荷(疲劳载荷)工况两个方面进行评估。

1. 超常载荷工况

高速列车过隧道并且高速会车时的气压载荷最大，只要此时由微气压产生的应力与垂直载荷下的应力叠加后满足上述应力评定中的超常载荷工况的要求即可。

2. 疲劳载荷工况

将高速列车在运行中、会车中和过隧道时承受的微气压载荷作为疲劳载荷源，将其作用在车体上一定的周次后如果不发生裂纹，则认为安全。这种情况相当于采用运用工况对车体进行评定。这时车体上所作用的载荷既要考虑高速列车通过隧道和在隧道内会车的工况，又要考虑在明线上运行和会车的工况，同时也有不同速度等级的问题，还需要估计这种载荷在高速列车寿命周期内可能出现的周次，根据上述情况得出高速列车的气密疲劳强度载荷谱。可以通过计算评估高速列车的疲劳寿命，或是将车体放入气压舱中进行疲劳试验，要求在规定的周次中车体不能产生裂纹。

5.6.10　冲击强度

对于车辆结构的防撞能力，国际上存在两种标准体系，一种是被动防撞体系，另一种是主动防撞体系，有关这方面的内容请见第 6 章有关内容。执行不同标准体系，车辆的冲击强度就有不同的结果。

5.7　设备的耐冲击和耐振动性能

设备的耐冲击和耐振动性能是指在高速列车上安装的各种设备在高速列车正常的冲击振动环境条件中正常工作的能力。

1. 冲击与振动

在高速列车上安装的各种设备应能承受高速列车运行中的各种冲击和振动，不仅包括设备结构不能被损坏，还必须能够正常工作，并具有规定的寿命。

对设备耐冲击耐振动能力的确认存在仿真计算和试验验证两种手段。

振动分为随机振动和谐波振动，采用谐波振动实施确认验证时需要采用扫频的方式进行。

安装位置的不同会影响载荷的特性，安装位置大体可以分为三类：在车体(包括地板上和在地板下)上、在转向架构架上和在车轴上。对于另加减振件的设备，应考虑减振件的存在对该设备的影响，可能是好影响，也可能是坏影响，一般需要将减振件与设备一起作为确认验证的对象(其中减振件的寿命可另行考核)。

试验验证在试验台上进行时，各种设备在应规定方向的冲击和振动的幅值下进行试验，各种设备应能正常工作，无永久性变形或损坏。

对于垂向、横向和纵向三个方向的冲击和振动，均在确认验证范围内。

2. 谐振性能

在高速列车运行速度范围内不允许出现谐振现象。

需通过随机振动或者正弦波扫频找出设备的各阶自振频率，并确认此自振频率远离高速列车运营的各速度段的激扰源频率。

3. 功能的确认

在对设备进行抗冲击振动试验的前后需要对设备的功能和/或性能进行检测比较，以验证设备在铁道车辆运行中可能发生的冲击振动环境条件下能否实现其功能。应该在验证开始前确定一个功能实现程度，以便进行评判。

4. 耐久性的确认

对于试验，这是使用一个强化了输入等级的长时寿命试验，旨在验证在此运行条件下设备的机械完整性。试验期间，设备不需要运行，但是试验完成后需要验证设备的功能是否被破坏。

5. 冲击性能的确认

这是验证设备承受冲击载荷下没有变化、没有机械运动或者损害产生。

在试验期间没必要使设备处于运行状态，但试验结束后，必须验证该设备的功能整体性。

5.8 牵 引 性 能

5.8.1 性能要求

1. 运行阻力的特性

有关运行阻力的内容已在第 3 章有关章节讨论。

高速列车应尽可能减小阻力。高速运行时的阻力主要来自空气，减小阻力不仅是节能的要求，也是提高高速列车空气动力特性的要求。

选择何种运行阻力计算式是讨论阻力特性的首要问题，有几项问题需要研究讨论。

(1)高速列车不应使用单位基本阻力的概念。由于单位基本阻力采用运行阻力与质量成正比的理念建立，但是在高速运行时空气阻力成为主要成分，而空气阻力主要与列车的外形有关，与列车质量几乎无关，因此对高速列车来讲，单位基本阻力的方式是不可取的，需要直接采用列车运行阻力的概念，其中重要的是所采用的运行阻力计算式应体现出与列车的横断面尺寸、列车长度、头部形状、表面品质等相关联的特性。

(2)惰行阻力与运行阻力的关系。采用的实测高速列车运行阻力的一种主要方法是通过按速度分段实测惰行减速度的方式获得的。显然在空气阻力为主要成分的高速区段中，惰行时测得的减速度主要是由空气阻力作用的结果，与轮轨之间的摩擦力关系不大。问题是在什么速度以下时需要考虑轮轨摩擦力的影响以及如何考虑，这是摆在车辆工作者面前的课题。

2. 牵引特性的要求

定员载荷下高速列车的牵引特性在车轮半磨耗状态下至少应达到如下要求：

(1)高速列车在平直线路上无逆风状态下以最高运营速度运行时应有一定的剩余加速度，剩余加速度尽可能不小于 $0.1m/s^2$，并保证在车轮全磨耗状态下具有满足运行要求的能力。

(2)高速列车牵引动力性能应能满足最小追踪间隔时分的要求，还应考虑预留一定冗余，以满足列车的最小追踪间隔时分的远期需求。

(3)高速列车在 15m/s 风速的逆风下能正常运行。

(4)牵引动力装置可利用的黏着系数按最不利条件考虑。

(5)高速列车的轮周再生制动功率应不低于轮周牵引功率。

注意以上要求存在两个概念：一是定员载荷，二是半磨耗车轮。超员和新轮(或磨耗到限车轮)情况下的牵引特性也要满足运输需要的问题均可理解为包括在上述剩余加速度中，但是是否能满足要求还需要验证。因此，对于超载的界定、轮径对牵引特性的影响均需在牵引计算中去落实。

3. 网压波动工况

除供电输出口存在波动外，由于供电臂上存在多列高速列车，网压存在波动。在这些高速列车的用电下，至相分段的末端电压显然与供电输出口段存在落差，也就是说，列车是运行在一个网压逐渐下降的接触网下的，这样高速列车取流的网压特征就是波动的，高速列车显然需要在这样的波动下工作。为了保证高速列车正常运行，必须满足下述四点要求：在网压较高或较低时自我保护，避免网压过高击毁设备，避免网压过低烧毁设备，在较大的网压波动的范围内发挥额定功率。

对于额定25kV的网压，在其发生波动的情况下，高速列车应保证：

(1)网压在 22.5～29kV 间发挥额定功率。

(2)网压在 22.5～19kV 间牵引功率可线性下降至额定功率的 84%。

(3)网压在 19～17.5kV 间牵引功率线性下降至零,辅助设备应正常工作。

(4)网压在 29～31kV 间牵引功率线性下降至零,辅助设备应正常工作。

4. 牵引系统故障时的工作能力

牵引系统在发生故障时还应具有以下工作能力:

(1)当高速列车一节动车无动力时,在定员载荷下,当天可正常运行。

(2)当高速列车 25%及以下动力失效时,在定员载荷下,可全程往返一次。

(3)当高速列车 25%～50%动力失效时,在定员载荷下,可在 12‰的坡道上起动,并前进到最近车站;乘客下车后,高速列车空车返回基地。

(4)当一列定员载荷的高速列车因故障停在 12‰的坡道上时,另一列空载高速列车能够从坡底将故障高速列车顶推到下一站。

与此同时,牵引系统故障时不应引起其他部件及设备的故障和损坏。

5. 高速列车加速性能

高速列车加速性能至少应满足跟踪时分的要求,应该说这是容易实现的。但是对于减少起动附加时分、提高旅行速度,高速列车的加速性能则是重要的一个环节。一般在平直线路上,高速列车速度从 0 到 200km/h,平均加速度不小于 $0.44m/s^2$ 的指标是一定要达到的。充分利用起动时的短时过载能力可以提高列车的加速性能,需要在细节设计中挖掘潜力。

6. 牵引系统效率

应采取措施提高高速列车牵引系统的效率,达到如下状态:

当电传动系统运行于牵引工况额定工作点时,其效率设计时应以 88%为目标,实际应不小于 85%,其中新设计的部件的效率应该达到如下水平:

(1)牵引变压器效率应不低于 95%。

(2)牵引变流器效率应不低于 98%。

(3)牵引电机在持续点的效率应不低于 95%。

5.8.2　定速功能

高速列车需具有定速功能。定速功能是指列车无论行驶在平直线路上还是左右连续曲线、上下连续坡道上,均能保持按规定速度运行的功能。

显然在连续上下坡道上运行要保持速度,必须在牵引和制动两种方式上相互切换,以使上坡时不至于减速,下坡时不至于超速。也就是说,牵引的等级和制动的等级将随着监测到的列车运行速度需要实时调整，将列车的运行速度控制在一定的范围内。

定速功能中使用的制动是再生制动。通过对牵引电机电流电压的变化和速度的实时监测可以较快地让牵引电机升功或减功，也可以随时将牵引电机转为发电机以实现再生制动，使列车降速。当然，在高速运行时的空气阻力是不容忽视的。采用速度大闭环控制可以回避阻力的影响，关键是步长的选择，必要时可以采用自适应的方式实施控制。有关自适应的控制问题请见第 4 章有关内容。

这种定速功能的控制精度越高越好，一般要求控制精度在±2km/h 以内。

5.8.3　牵引计算

为了考核高速列车的牵引特性，除进行线路试验外，还必须通过牵引计算进行验证校核，在进行牵引计算时至少应清晰地给出以下问题的结果：

(1)高速列车运行阻力计算式及运行阻力曲线。

(2)高速列车动力配置方式。

(3)高速列车牵引计算的具体依据。

(4)高速列车牵引特性曲线及动力制动特性曲线,包括故障运行时的牵引特性曲线及再生制动特性曲线。

(5)高速列车加速性能,包括高速列车的瞬时加速度,达到不同速度时的平均加速度、加速时间及加速距离。

(6)高速列车减速性能,包括高速列车的瞬时减速度,由不同速度动力制动到停车的平均减速度、减速时间及减速距离。

5.8.4　网侧性能指标

网侧性能指标至少包括以下几方面。

1. 功率因数

总功率因数定义为

$$\lambda = \frac{I_1}{I} \cos\varphi \tag{5.8.1}$$

式中，$\cos\varphi$ 为电压与电流之间相位差的余弦(基波功率因数)；I 为电流的均方根值；I_1 为电流基波的均方根值；λ 为总功率因数。

一般规定在牵引功率大于 5%的额定功率时，网侧总的功率因数应大于 0.98。

2. 主变压器原边电流畸变率

畸变因数定义为

$$d_i = \frac{\sqrt{I^2 - I_1^2}}{I} \tag{5.8.2}$$

式中，d_i 为电流畸变因数；I 为电流的均方根值；I_1 为电流基波的均方根值。一般规定畸变因数值应小于 5%。

3. 等效干扰电流

等效干扰电流(J_p)以等效干扰电流(估量电流)I_{pe}计，定义为

$$I_{pe} = \sqrt{\sum_v \left[k_{pe}(v)I(v) \right]^2} \tag{5.8.3}$$

式中，$I(v)$ 为第 v 次谐波电流的均方根值，A；I_{pe} 为等效干扰电流(估量电流)，A；$k_{pe}(v)$ 为第 v 次谐波电流在估量电流中的权重因子；v 为谐波阶次数。

一般要求在动力分散动车组的 1 个基本动力单元发挥额定功率时的等效干扰电流小于 1.5A，同时要求整列高速列车各动力单元均发挥额定功率时的等效干扰电流小于 1.5A。此要求也适用于多列高速动车组重联的工况。

4. 电磁兼容

网侧性能还应包括电磁兼容性方面的要求。要求系统应能在规定的运用环境中正常、可靠工作，同时系统不对轨道电路、通信信号及沿线的广播电视等系统产生有害干扰。

5.9　制　动　性　能

高速列车的制动主要采用的是动力制动和摩擦制动，风阻制动尚在研发阶段。对于采用轨道电路的铁路，轨涡流技术和磁轨制动技术对轨道电路的特性有影响，建议不考虑加装。电阻制动的容量较小，只能作为局部的补充。

1. 制动功能的基本要求

我国的高速列车制动系统采用动力制动加摩擦制动的复合制动方式，并且优先采用动力制动。

高速列车制动系统应能按目标距离一次连续速度控制的模式曲线控制高速列车减速或停车。

我国现有高速列车制动系统所采用的动力制动方式均是再生制动方式。

高速列车应充分发挥再生制动的作用，最大限度地将制动能量反馈回电网。

在高速列车运行速度范围内，动力制动都应能满足运用调速的要求，并尽可能采用动力制动制停。根据需要，可附加其他形式的动力制动以提高动力制动能力。

为了避免车轮滑行造成擦伤引起制动力下降，并造成制动距离超标，所有车轮均应采取防滑保护措施。与此同时，车轮擦伤后会加重对钢轨的打击，也造成对车辆的周期性冲击；对车辆特别是高速列车影响巨大；因此必须防止车轮擦伤，也必须设置安全监测系统，监测车轮踏面的状况。

2. 优先再生制动的含义

为了最大限度地将制动能量反馈回电网，制动能力发挥时应优先使用再生制动。

优先再生制动是指只要有再生制动能力就必须首先用足再生制动，只要再生制动的制动力足够列车实现减速或停车，就不使用摩擦制动，只有制动能力不足时才让摩擦制动补上不足的部分。

由于再生制动可以将列车的动能转化为电能，除小部分自用外，大部分还可以通过接触网向牵引供电系统馈电，供其他列车使用。因此，这是一个节能的绿色的再生能源的措施，必须充分利用。

摩擦制动是通过摩擦将列车的动能转化为热能，再散发到空气中的方式，因此它没有能量再利用的概念，甚至由于摩擦不仅生热，还要磨耗掉很多材料，浪费较大。摩擦制动只是作为一种避免再生制动失效而保留在列车上的安全措施，应尽量不用。

在实施再生制动时，动车具有制动力，非动车就不具有制动力。当动车制动时，其上的各车轮的制动黏着力足以支撑全列车的制动，这时不使用摩擦制动。此时，空气制动系统不工作，只是时刻准备着。只有制动能力不足时，如动车的黏着力不足以支撑列车的制动，才启动空气制动系统，以摩擦制动力补充不足部分。为此，在规划整列动车组的动力配置时可考虑设置较多的动车，以使仅用再生制动就可以满足要求。

以上原则应在全部工况中贯彻到位，即使是紧急制动工况或下面所说的安全制动工况，也必须优先将再生制动用足。也就是说，只要可以用就全部用足，即使部分牵引设备故障而被切除后也要将其他可用的再生制动能力用足。在再生电能不能被消耗时，再生制动就失效了，此时空气制动系统就补上。列车的制动力全部由摩擦制动提供的情况也称为纯空气制动。

3. 制动减速度限制

为了保护乘员的安全，为了保证高速列车各部件和设备不出现故障和损坏，高速列车正常使用情况下，制动加速度要受到如下限制：

(1) 制动冲动限制的极限值小于 0.75m/s^3。

(2) 最大瞬时减速度不能大于 1.4m/s^2。

各级制动均应满足上述两条要求，即使是紧急制动情况下，也应符合此要求。

4. 制动距离

高速列车的制动距离是与铁路其他子系统关系非常密切的参数，首先需要界定紧急制动距离。紧急制动距离是该列车应该实现的最大制动能力。该距离的实现既要保证列车遇紧急情况需要停车时能够在最短距离内停下来，又要在整个制动实施过程中不发生人员伤害和设备损伤(除制动闸片消耗外)。从此意义上理解，紧急制动距离应是在满足上述条件的基础上越短越好。

当然，紧急制动距离还受到轮轨制动黏着的限制。从此意义上说，紧急制动距离应理解为黏着利用达到了极限。因此，需要利用技术手段充分发挥黏着作用，实现最短紧急制动距离。当每个轮对上都安装了防滑装置后，创造了充分利用黏着的条件，必要时可以通过增加增黏措施，进一步提高黏着系数，缩短制动距离，也包括有条件时在高速列车上加设非黏着制动装置。

在满足上述对制动减速度的要求下，可以设定高速列车在定员载荷状态下对应各制动初速度，在平直线路上的紧急制动平均减速度和紧急制动距离如表 5.9.1 所示。

表 5.9.1　目标的和目前实际使用的紧急制动距离

速度/(km/h)	目标平均减速度/(m/s²)	目标紧急制动距离/m	现行紧急制动距离规定/m
160	1.022	1100	1400
200	1.077	1600	2000
250	1.052	2500	3200
300	1.006	3700	3800
350	0.963	5200	6500
380	0.931	6300	8500

以上各速度等级的目标紧急制动距离是在上述限制条件下的高速列车可实现的紧急制动距离中较短的数值，可作为设计目标实施。实际使用时，需要根据运输效率、铁路各子系统的能力协调规定实际运用中的紧急制动距离。目前我国铁路实际使用的对高速列车规定应满足的紧急制动距离也列于表 5.9.1 中供参考。

对于确定下来的紧急制动距离，无论是否含动力制动，均应满足。在紧急制动距离以下，应该优先考虑能实施减速度连续可控的制动方式实现无级减速，即根据目标距离，生成模式曲线，一次平滑制动到位。高速列车的制动应该实现对减速度实施连续可控，以利于对列车的速度实施连续平稳控制。也可以将减速度分为若干级别，从距离平均减速度最大的紧急制动一直到减速度为零，分为 7 级或者 8 级等，方便调节列车运行速度。实际高速列车均采用在规定的紧急制动距离以下分为若干个制动距离等级，对应各级常用制动，一般可分为 7 级。为了减小不同高速动车组相互连挂后的纵向载荷及纵向冲动，应使各种高速动车组实际实现的紧急制动距离和各级制动减速度保持在同一水平上。

5. 制动器传动效率

制动器传动效率主要是指基础制动装置的传动效率。这是由于制动时制动缸与活塞存在摩擦、制动缸内有缓解弹簧力、传动机构各部件存在机械摩擦等因素，闸片实际总压力小于单纯按制动倍率算得的理想值，两者的比值称为基础制动装置的传动效率。

制动器实际传动效率又分为静态传动效率(静止状态)与动态传动效率(运行状态)，一般动态传动效率大于静态传动效率，制动计算中实际使用的是动态传动效率。传动效率的确定仅为对静止状态的列车进行测定，尚不能测定运行列车在制动时的闸瓦力，所以采用测量静态传动效率的方式来代替制动单元的动态传动效率测定。

在静止列车上进行静态传动效率的测定需包括整备载荷状态和定员载荷状态两种工况。通过测试不同制动级位的静态闸片推力，进而计算出各单元制动器的静态传动效率。

基础制动装置静态传动效率为

$$\eta = \frac{K'}{K} \tag{5.9.1}$$

式中，K' 为实测闸片推力，kN；η 为静态传动效率；K 为计算闸片推力，kN，由式 (5.9.2) 得到：

$$K = \frac{\pi}{4} d^2 P \gamma n \tag{5.9.2}$$

式中，d 为制动缸直径，如 0.203m；P 为对应载荷工况和制动级位的制动缸压力，kPa；γ 为制动倍率；π 为圆周率，取 3.1416；n 为闸片数量。

6. 客室紧急制动功能

在高速列车的每节车厢中，应在明显位置处设置手动紧急制动设施，设施的安放位置应避免任何意外的操作。如果乘客触发紧急制动设施，将在司机室中产生声光报警信号，自动或由司机实施列车制动。

乘客紧急制动设施启动后的动作逻辑可按如下步骤实施：

（1）乘客紧急制动设施启动信号通过硬线传送到司机室，以声光报警方式告知司机。

（2）信号同时通过网络传输给中央处理器。

（3）司机接到通知后应在一定时限内（如5s）根据列车所处位置、列车工作情况，以及其他信息情况做出响应，或是解除警报，或是实施一定级位的制动使列车减速，并与列车上的其他乘务人员联络确定处置方法。

（4）当司机已经处置后，中央处理器将不对此报警信号做出任何反应，否则在达到上述一定时限（如5s）时对列车施加紧急制动，这是防止司机那一路出现故障的保护措施。

（5）司机实施制动后如果再联络其他乘务人员后发现不必制动，也可以撤销制动，继续运行；或者发现需要实施紧急制动时，可以追加紧急制动。

（6）在实施紧急制动（无论是司机还是中央处理器实施的）后，将不能撤销紧急制动，需在停车后查明情况再做决策。

（7）上述紧急制动实施停车后，应能在决策可以开车后实施缓解准备再次启动列车。

7. 制动的故障导向安全

1）安全制动的概念

高速列车与其他列车一样必须具有故障导向安全的功能。故障导向安全的制动功能是指当出现列车失控的故障时，必须首先自动对列车实施制动，以使列车尽快停下来，确保安全的功能。在没有电控制动技术时，采用列车管减压的方式传递制动指令：当列车分离时，列车管也就与大气连通，制动管自动减压，各车厢的制动装置随即实施紧急制动，使列车停下来。这就是故障导向安全制动功能的一个例子。在高速列车上也有采用备用制动的，也可采用同样的方式实施故障导向安全。采用电控制动的高速列车上配置有安全回路线，列车运行时在该回路线上是通着电的，当出现列车分离时，该回路线断开形成开路而失电，此时将立即自动启动紧急制动，使列车停下来。因此，这种紧急制动也称为安全制动，即制动的故障导向安全的功能。

2）安全制动的实施方式

利用此回路线，可以使高速列车具有故障导向安全的实施安全制动的能力。凡是需要具有故障导向安全的事项，都可在此回路线上增加设置一些常闭触点，把这些需要触发安全制动实现停车的故障事件的常闭触点串联到回路线中，从而在安全回路开路时实施紧急制动。这些故障应该包括如下一些事项：

（1）列车分离。

（2）控制电源失电。

(3)列控系统发出安全制动指令。

(4)总风缸压力过低。

(5)司机警惕装置请求。

(6)司机室紧急制动按钮触发。

上述这些事件发生的同时，安全制动回路断开或失电；启动安全制动；列车启动紧急制动。

3)安全制动后的处置

当安全制动发生后，在列车完全停止前不能(不允许)缓解制动(即零速联锁)。在安全制动发生的同时，牵引动力被自动转入再生制动，直到列车完全停止。

在列车停下后，只有在查清事件的缘由并排除后方可实施缓解，重新启动列车。

有些高速列车将安全制动回路直接作用于列车上所有的制动控制计算机或紧急制动电磁阀上，在安全回路开路的同时，立即切断牵引动力，实施安全制动，此时的安全制动是没有再生制动的，为纯空气制动。

8. 保持制动

保持制动也就是停车制动。这是为了使运营列车在坡道上停车时避免发生溜车而设置的一种制动方式，使已经停车的列车自动施加并保持一定的制动力。

由于此种功能是针对运营列车设置的，需要满足运营中可能停车的各种坡度。

9. 防滑性能

1)车轮防滑功能

为了防止车轮擦伤，高速列车上的每条轮对均需具有防滑功能，以保证在各种轨面状态下的防滑要求。

防滑功能是由防滑保护系统实现的。在每条轮对上安装有速度传感器；将该条轮对的转动速度检测出来，传递到车上的防滑控制装置中；每一车辆上各条轮对的转动信息均传到车上的防滑控制装置上；由防滑控制装置进行识别，确认是否存在黏着损失现象；如果存在，则将该条轮对的防滑阀排风，以降低该轮对上的闸片压力；当检测到该轮对实现再黏着时，可使防滑阀停止排风，继续正常制动。

2)防滑性能的验证

防滑性能的验证一般采用喷涂减摩液的方式使轮轨间的黏着系数下降来检测的。当轮轨黏着系数下降时，看该轮对的转动状态是否改变；当检测出转动状态发生改变时，看防滑阀是否实施排风、闸片压力是否下降、再黏着是否实现、制动状态是否恢复正常等。与此同时，还要检测在防滑过程中对制动距离的影响，要求是不应对制动距离产生影响。

3) 防滑功能的协调

再生制动和空气制动均具有防滑行的能力,需要解决好它们之间的协调问题,以下原则可供进行协调时参考。

(1)当仅为再生制动时,必须由牵引系统负责车轮的防滑。

(2)当仅为空气制动时,必须由空气制动系统负责车轮的防滑,非动力车就属于这种情况。

(3)当再生制动的制动力不足而需要空气制动追加制动力时,仍应由牵引系统负责车轮的防滑。

(4)存在以下三种情况时需要将牵引系统负责的车轮防滑向空气制动系统转移。

①在较大制动级别的情况下,当预计到整个制动过程中存在相分段的情况下。为避免在过分相时(相分段的无电区中)出现擦伤问题,需要提前将车轮防滑的责任转移给空气制动系统。

②有一定数量的牵引系统设备带病工作或温升达到预警状态、随时可能出现故障而退出值守的情况下。

③牵引系统突然失电的情况下。

无论如何,空气制动系统的车轮防滑功能必须具有最终的保护能力。

10. 停车精度

为了使高速列车在站台处停车时与站台相应设施(包括旅客登车点)对齐,需要保证高速列车的停车精度,此时需要在站台区地面某一地点设置信号点。当列车采集到此位置信息时即可实施相应的制动级别,以满足停车精度(如 0.25m)的要求。此位置信息一般由信号系统安设,并发送相应信息。高速列车应能与其相配合,实现规定的停车精度。

11. 停放制动

为了保证高速列车停放不溜车,高速列车上一般装备了弹簧储能式自动停放制动装置。弹簧储能式自动停放制动装置是通过停放制动缸起作用的。当列车充风时同时向停放制动缸充风,停放制动缸的鞲鞴压缩弹簧,使弹簧储能,同时使制动闸片离开制动盘实现缓解;当列车停车需要停放时,司机通过位于司机室中的停放制动按钮控制停放制动缸的电磁阀动作,使停放制动缸排风,弹簧被释放,以弹簧力使闸片压紧制动盘,实现停放制动。

弹簧储能式自动停放制动装置不必每根车轴上都安装,需要根据相关的停放要求确定需要安装的数量和位置。一般要求高速列车在所运营的线路上在定员载荷下能在可能停放的坡道中的最大坡度上安全停放,并具有一定的冗余。

在安装自动停放制动装置的车轴两侧分别设手动缓解装置，通过手动缓解装置可以紧急缓解该停放制动。当停放制动故障时，可以通过手动缓解装置进行缓解并应有相应的隔离措施。

12. 救援时的制动

1) 用救援机车实施救援回送时的制动功能

我国配备的救援机车的制动系统均采用自动式空气制动系统，车钩则是采用自动车钩。高速列车使用的空气制动系统是直通式制动系统，车钩是密接式车钩。高速列车运行中发生故障而需要被救援时有需要由救援机车救援的工况，回送时也会有用既有线机车操纵控制(牵引/制动)的工况。因此，高速列车必须采用过渡车钩以与救援机车相连挂，并且应能受其牵引和制动，以便实现救援和回送。

在这种工况下，高速列车上所用的压缩空气是由机车通过其列车管向高速列车的总风管提供的(这里不讨论配置有作为备用制动的自动制动机的列车管供风问题)，并通过调节列车管内压缩空气压力对高速列车施加或缓解空气制动，存在以下四种情况：

(1) 高速列车的制动系统正常并有供电的情况。此情况下，高速列车根据机车列车管压力变化对高速列车施加相应等级制动。最高运行速度为 120km/h。此情况下高速列车上需要设置制动信号转换装置，以将机车列车管的压力变化转换为高速列车的制动信号再传输给高速列车的控制系统，并对高速列车实施控制。

(2) 高速列车的制动系统正常但无供电的情况。此情况下，救援时需向高速列车的控制系统和制动系统供电，高速列车根据机车列车管压力变化对高速列车施加相应等级制动。最高运行速度为 120km/h。此情况下，高速列车上也需要配置制动信号转换装置。

(3) 高速列车的制动系统虽然正常但无供电，又无法从机车上获得向高速列车供电的情况。此情况下，高速列车的制动系统不能工作，必须在 5km/h 的限速状态下救援。

(4) 高速列车的空气制动系统异常的情况。此情况下，被救援的动车组无制动，也必须在 5km/h 的限速状态下救援。

2) 用同一型号高速列车进行救援时的制动功能

这是指同一型号的高速列车相互救援的工况。救援时，救援列车与被救援列车实施重联(有关重联功能请见下一节)，并向被救援车总风管提供压缩空气，分以下四种情况：

(1) 被救援动车组制动系统正常并有供电的情况。此情况下，被救援列车可以根据救援列车发出的制动指令实施各等级制动。最高运行速度根据被救援列车的故障性质确定，一般不低于 120km/h。

(2)被救援动车组制动系统正常但无供电的情况。此情况下,救援时需向被救援列车的控制系统和制动系统供电,被救援列车仍可根据救援动车组发出的制动指令实施各等级制动。最高运行速度也可不低于 120km/h。

(3)被救援列车制动系统虽然正常但无供电,救援列车又无法向该被救援列车控制系统和制动系统供电的情况。此情况下,救援只能在 5km/h 的限速状态下进行。

(4)被救援动车组空气制动系统异常的情况。此情况下,救援也只能在 5km/h 的限速状态下进行。

3)用不同型号高速列车进行救援时的制动功能

目前不同型号的高速列车之间尚不能重联运行。无论车钩高度、车钩形式还是制动信号的传输,都需要实现互联互通后才能使用重联功能。有关实现互联互通的问题在本书第 6 章中讨论,有关方面正在研究这种救援方式的可能性。

13. 供风系统

高速列车的压缩空气供给系统应满足列车上所有用风设备(包括制动、空气弹簧、车门、集便器、升降弓、风笛等)的用风要求,并有冗余。高速列车的压缩空气供给系统如果在每一动车组上有二分之一以下单元的空气压缩机出现故障,要求仍能维持高速列车正常运营。

供风装置还应满足供风时间的要求,包括满足跟踪时分的要求和整备作业的要求。

供风装置应能为制动系统及其他风动装置提供清洁、干燥的压缩空气,输出空气品质符合相关规定。

在受电弓尚未升起时,供风系统可利用车上的蓄电池提供的电源将受电弓升起,以从接触网上取电。

5.10　列车的重联性能

1. 重联功能

根据运输的需要,一组高速动车组可作为一列短编组高速列车单独运营,也可由多组动车组重联组成一列长编组的高速列车,并能满足运营的要求。

重联后的列车可由前部司机室操控整个列车,包括以下功能。

(1)指令的下达:牵引、制动、开关车门等功能,牵引力或制动力的分配、速度控制,以及故障处理等。

(2)运行信息的收集:重联中的各动车组的各种信息(状态信息、监测信息、诊断信息等)的上传。

（3）旅客信息的下传：通知、广播、前方到站、外温、当前速度、乘车引导信息等以及各种旅客关心的信息。

2. 重联的实现

连挂时，设 A 动车组为被连挂动车组，停放在铁道线上；B 动车组为实施连挂作业的动车组，在 A 动车组的同一铁道线上；司机在 A 动车组靠近 B 动车组那端的司机室内操纵，使位于该端的流线型前端导流罩打开，并使该端的密接式车钩置于待重联位置；B 动车组由司机在接近 A 动车组的司机室中操纵，使位于该端的流线型前端导流罩打开，并使该端的密接式车钩置于待重联位置；接着操纵 B 动车组以缓慢的速度（如 5km/h）向 A 动车组接近；在距离 A 动车组约 0.5m 处减速至 0.5km/h 以下，以此速度继续接近 A 动车组；直至 B 动车组和 A 动车组相对的具有连挂时自动连接功能（包括机械连接、气路连接和电器连接等）的密接式车钩连挂在一起；此时 B 动车组与 A 动车组已经连挂在一起了，并停放在该线路上；司机到运行前方司机室按正常操控列车的方式操控列车初始化；列车重新组网、升弓、充风、缓解、试风、设备初始化并自检、司机检查设备状态等作业，确认重联已经完成、各系统正常、可以启动等，即可处于待命状态。

以上是重联作业过程的描述，全部重联作业司机均应能仅在司机室操纵完成。解挂过程则是逆向，也是在司机操控下自动完成。如果车辆上安装有雷达测距系统，重联也就可以全自动完成。

3. 重联的要求

两组动车组连挂与解编所需的时间应满足跟踪时分的要求，即在追踪时分（如3min）以内完成连挂或解编，并能启动发车。

在两组动车组连挂运行工况下，前后动车组分别由各自的受电弓受流，但两弓的距离应大于供电相分段的中性段的长度，即应大于190m。如果动车组的编组长度不能满足受电弓距离的要求（如采用小编组动车组），则需要由相邻动车组为其供电，或改变过分相方式，如采用地面过分相方式（有关过分相问题将在第 6 章中讨论）。

5.11　气　动　性　能

1. 高速列车的气动外形

高速列车需具有完善的气动外形，以使其具有良好的空气动力学性能，至少需要包括以下方面：

(1)头尾部为细长而呈流线型。

(2)列车下部均需设导流罩,且能方便开启。

(3)纵断面尽量平滑过渡,形状不一致时应加过渡段。

(4)外表平整光滑,无凸起和凹陷。

(5)受电弓外形需具有良好的空气动力学性能。

(6)不影响邻线列车正常运行。

2. 高速列车的气动特性

1)列车在明线上运行时的表面压力

当高速列车在空旷地带平直线行驶时,宏观上列车周围基本是一个较稳定的流场,空气绕流列车外表面。列车表面压力大体分为三个区域:

(1)车头鼻尖部位的正压力,压力系数为 1.0～0。

(2)车头部附近的高负压区,最低的压力系数为-0.7 左右。

(3)车身部分的低负压区,压力系数一般大于-0.1,多数为-0.05 左右,数值较小时不会对旅客舒适性产生影响。

在有侧风作用的情况下,列车表面压力分布发生很大的变化。对车顶的压力系数有很大影响,尤其对车顶小圆弧部位的影响最大。若进风口放在这种位置,在风机压头压力不足的情况下,将使吸入量大大减小甚至为零。

对于隧道较少的高速铁路,高速列车主要在明线上运行,应以明线上列车表面压力为主要依据确定内部设备的性能参数。

2)会车时列车表面压力

列车会车分为明线上的会车和隧道内的会车两种工况。

当一列高速列车与其他列车交会时,会产生交会压力波。其中在隧道内会车产生的压力波显著大于在明线上会车产生的压力波,而在隧道内会车产生的压力波幅值大小的决定因素主要有两个:一是列车交会时的相对速度,二是阻塞比,有关它们的影响在第 3 章中讨论过。

高速列车的性能差别在于在同样的相对速度和同样的阻塞比下谁的表面压力波小。优化列车外形和降低列车外表面摩擦系数,可以使会车压力波减小。

前面已经提到的对列车所能承受的压力波幅值可以认为是对列车交会压力波最大幅值的限制,因此列车交会时所产生的交会压力波的最大幅值应符合规定。

为了使列车交会压力波的幅值符合规定,需要在设计阶段通过三维可压缩非定常数值计算和动模型试验进行比选,并在高速列车制造完成后,通过 1:1 的实车进行试验验证。

3. 高速列车空气阻力

1) 优化列车外形，降低空气阻力

列车空气阻力包括迎面正压力、侧面附着力、尾部紊流负压力、地面效应阻力等。其中迎面正压力和尾部紊流负压力以及部分地面效应阻力合并在一起构成压差阻力，可理解为列车头部和尾部压力差引起的阻力，压差阻力与列车头部和尾部的形状有很大关系，通过列车头尾流线化以及车底部件的流线化，可以减小压差阻力。这是由于当空气流过物体表面时，其上的边界层如果发生分离，会产生非常大的压差阻力。流线化是指将与空气对应的迎面部和尾部的形状设计成流线型，使空气平滑流过而不从表面分离。

减小间隙也是降低阻力的有力手段，这些间隙包括车辆之间的间隙、转向架各零部件的间隙、车底车顶设备之间的间隙等。车辆之间的间隙可用加设大风挡的方式来减阻；车底设备间隙可用裙板和底板的方式减缓；车顶设备则需要加设导流罩过渡；转向架各零部件之间的间隙则尚无办法应对，应是未来需要发展改进的课题。

侧面附着力是由于空气黏滞附着作用产生的阻止列车运动的阻力，也称为摩擦阻力。它是车体表面的气体剪切力产生的阻力，这部分阻力与列车纵向表面积有关，即与车辆的横断面周长和列车长度有关。提高车体表面平整度和光洁度，可以减小表面摩擦阻力，包括取消各种类似扶手之类的突出物，尽量将车门车窗表面与车体表面齐平，降低车辆表面与空气的亲和力有利于降低侧面附着力。

部分地面效应的产生与车辆结构有关，除产生的压差阻力可用流线型优化外，还有一部分需要包括在侧面附着力中。

2) 前期的计算与试验目标

(1) 模拟计算。空气阻力的验证首先应在设计阶段通过三维流场数值计算进行优化。通过多方案的比选，筛选出若干比较满意的方案，以便通过风洞试验做进一步优化。计算优化时需要采用多目标优化，如运行阻力要低、升力要接近于零、侧倾力要符合要求、对车体的载荷符合强度相关规定、对通风冷却的进出风口要有利、尾流效应、对邻线列车的影响要小、噪声要低等。

(2) 风洞的阻力系数。高速列车设计阶段还应通过风洞试验优化外形，其中比选的参数主要是空气阻力系数，有关空气阻力系数的概念在第 3 章中讨论过。在风洞试验中至少要使高速列车的空气阻力系数在无环境风时达到以下指标：

①控制车，不大于 0.17。

②尾车，不大于 0.18。

③中间车(无受电弓)，不大于 0.09。

④中间车(有受电弓)，不大于 0.15。

4. 高速列车气动升力

无环境风时，高速列车前后方端车的气动升力应接近于零，并不得影响高速列车正常运行。需要协调头尾车的头部形状，取得前后都满意的气动升力，气动升力应在设计阶段通过三维数值计算和风洞试验进行验证。

5. 侧风稳定性

侧风稳定性是指高速列车在承受侧风时不能存在倾覆的可能性。

影响高速列车侧风稳定性的因素主要是车辆的横断面形状，流线型的车辆横断面形状可以有较小的侧风影响。由于高速列车在高架桥上侧前方向吹来的风对侧倾影响较大，设计时需要进行仿真以确认是否存在倾覆的可能性，选线时应避开可能存在有风口的地段。

为确保列车运行的稳定性，当风速过大时需采取降速的方法应对，但是至少应该通过优化车辆的横断面形状使高速列车能够满足一定的可用性，即在表 5.11.1所列的垂直于高速列车纵向对称面的常值侧风的限制条件下可按对应的限速值安全运营。

表 5.11.1　垂直于高速列车纵向对称面的常值侧风的限制条件

风速/(m/s)	15	25	30
列车最高运行速度/(km/h)	300	200	160

5.12　密封性能

高速列车的密封性包括水密性和气密性两部分。

1. 水密性

车体和安装在车体外的电气设备的外壳和其他门窗等各类设备的水密性应符合规定，不得有渗漏水的现象。

应选定车下设备外壳的 IP 等级（电气设备外壳防护等级），使其符合所需的功能要求。车下各种设备外壳的 IP 等级应根据设备所在位置和运用环境情况确定。

车体落成后需进行喷水检查，以便在尚未安装设备前找出车体的漏水隐患。

车辆整车的水密性要求在整车落车后进行喷水试验，试验后结构各部分及所有门窗、风挡处都不得有渗漏水现象。

2. 列车气密方式构成

列车气密性由车辆的气密性和车辆连挂处的气密性共同组成。整个列车应按空气压力密封方式设计，以保证旅客及乘务员的安全和舒适性。这是由于车辆之间的车门随时需要打开，如果单独考虑一节车辆自身气密性还不能的话，需要从整个列车的角度出发考虑气密性。

对于动力集中式的高速列车，其端部动力车的机器间可不考虑气密性，但是司机室还是需要有气密性要求的。因此，全列车可分别构成三个各自独立的气压密封舱(简称气密舱)，即拖车部分和前后两个端车的司机室。

动力分散的高速列车可构成一个整的气密舱。车辆与车辆之间的连接风挡采用气密性风挡，使整个列车编组构成一个气密舱。

动力集中的高速列车的中间拖车编组与端部动力车相连端的外端门为气密性端门。

无论动力集中还是动力分散的高速列车，其司机室如果有门，则要求是气密门，以保证司机室的气密性。

动力分散的高速列车的司机室与客室一起构成气密舱，因此司机室通向客室的门可以不要求气密性。

高速列车中各车辆的整车气密性由车体结构、车窗、车门、风挡、空调通风系统的风道以及各种穿墙的电缆、电气、风、水管路等各部分的气密性共同保证。

3. 车辆气密性设计

在密封设计中，要对泄漏量进行分配，以使组成整车后的车辆满足气密性要求。在考虑各处泄漏是各自独立的，并假设缝隙宽度一样的前提下，提出了当量缝隙长度的概念，以便在设计时按各部件密封工艺的难易做加权处理进行分配。下面给出了压差、容积、当量泄漏面积等与泄漏时分关系的计算方法，供设计分配参考。在做部件试验时也可参考下述计算方法设计试验舱，对实物进行试验，以便检查工艺、确认性能、实施检验等。

在车体上不得有贯通车外的通孔存在的条件下，认为一辆车的总漏泄是由多个孔隙组成的，设计时需对车辆的漏泄面积进行分配以保证整车落成后的气密性要求。

漏泄面积按组成气密结构的各部件结合部的缝隙的当量长度加权分配。

1)当量长度的确定

风挡缝隙当量长度为

$$L_1 = 2l_1k_1 \tag{5.12.1}$$

车窗缝隙当量长度为

$$L_2 = l_2 k_2 \tag{5.12.2}$$

车门缝隙当量长度为

$$L_3 = 1.5 l_3 k_3 \tag{5.12.3}$$

管路缝隙当量长度为

$$L_4 = 0.5 l_4 k_4 \tag{5.12.4}$$

空调通风风道及其密封的阀、盖等缝隙当量长度为

$$L_5 = l_5 k_5 \tag{5.12.5}$$

车体结构缝隙当量长度数值上等于上述五项之和，即

$$L_6 = L_1 + L_2 + L_3 + L_4 + L_5 \tag{5.12.6}$$

式中，$k_i(i=1，2，3，4，5，6)$分别为风挡、车窗、车门、穿墙管路等各自的个数；$L_i(i=1，2，3，4，5，6)$分别为风挡、车窗、车门、穿墙管路等各自的当量长度；$l_i(i=1，2，3，4，5，6)$分别为风挡、车窗、车门、穿墙管路等各自结合部的实际长度。

这样，某一属 i 部件的第 j 个部分的当量漏泄面积 S_j 的限值(单位为 cm^2)为

$$S_j \leqslant S \frac{L_i}{L_1 + L_2 + L_3 + L_4 + L_5 + L_6} \frac{1}{k_i} \tag{5.12.7}$$

式中，S 为该气密舱的当量漏泄面积的总和，对于车体，在没有得出 S 值时，可暂采用 $S=80cm^2$。

2)漏泄时间的校核

某一气密舱的漏泄时间(单位为 s)限值按式(5.12.8)计算：

$$t = 1.5 \left(\sqrt{p_0} - \sqrt{p_e} \right) V \frac{1}{S_j} \tag{5.12.8}$$

式中，p_0 为开始计时时的空气压力，整车时取 3600Pa；p_e 为结束计时时的空气压力，整车时取 1350Pa；V 为检测时的密封容积，m^3，对整车即为实际车内容积。

在对各部件做气密试验时可参照式(5.12.8)确定漏泄时间限值。

4. 车辆整车气密性

为了对气密性提出定量要求，可以采用如式(5.12.9)定义的空气压力密封常数

τ，单位为 s。

$$\tau = \frac{p_i - p_o}{\dfrac{\mathrm{d}p}{\mathrm{d}t}} \tag{5.12.9}$$

式中，p_o 为气密容器的外部压力，Pa；p_i 为气密容器的内部压力，Pa；$\dfrac{\mathrm{d}p}{\mathrm{d}t}$ 为气密容器的内部压力变化梯度，Pa/s。

空气压力密封常数 τ 与时间 t 的关系可以简单地用式(5.12.10)描述。

$$\tau = \frac{t}{\ln \dfrac{\Delta p_1}{\Delta p_2}} \tag{5.12.10}$$

式中，Δp_1 为开始时容器内外的压力差；Δp_2 为结束时容器内外的压力差；t 为时间。

由式(5.12.10)可知，当将 Δp_1 和 Δp_2 比值的自然对数值取为 1 时，此空气压力密封常数 τ 就等同于时间 t。

于是出现按整车运行时的需求所相当的压力差来取值和直接取对应时间的 τ 值来考核的两种方式。例如，高速列车采用车辆内外压力差从 4000Pa 降至 1000Pa(或由–4000Pa 升至–1000Pa)的时间大于 50s(车辆带通过台，空调设备关闭)的要求，相当于压力从 3600Pa 降至 1350Pa(或由–3600Pa 升至–1350Pa)的时间大于 36s，即 $\tau>36s$ 的要求，所以压力从 3600Pa 降至 1350Pa(或由–3600Pa 升至–1350Pa)的时间大于 18s，相当于 $\tau>18s$ 的要求，相当于压力差从 4000Pa 降至 1000Pa(或由–4000Pa 升至–1000Pa)的时间大于 40s。

我国建设的 300km/h 速度等级的高速铁路将线间距增大为 5m，从而可采用较低的密封性能，即采用压力从 3600Pa 降至 1350Pa(或由–3600Pa 升至–1350Pa)的时间大于 18s 的指标。随着对运行速度要求的提高，密封性能的要求需提高为车辆在整备状态下，车厢内空气压力由 4000Pa 降至 1000Pa 的时间大于 50s。

对应于单节车辆在整备状态下，关闭门窗及空调设备的对外开口时，车厢内的气密性要求相当于空气压力由 3600Pa 降至 1350Pa 的时间应大于 36s。

我国对气密性方面的要求大都采用±4000Pa 和±1000Pa 的配对，而没有采用±3600Pa 和±1350Pa 的配对。

5. 车体结构密封性

为了保证车体的密封性，实际还需考核车体承载结构的水密性和气密性。为保证车体的整车气密性要求(在车体所有开启部均堵塞的情况下)，车内压力由 4000Pa 降至 1000Pa(或由–4000Pa 升至–1000Pa)的时间必须大于 50s，对车体承载结构气密性考核时，车内压力由 4000Pa 降至 1000Pa（或由–4000Pa 升至–1000Pa）的时间需要加长，具体数值可按式（5.12.8）计算，一般需达到 150～200s。

6. 车窗密封性

车窗采用整体密封式。在车体结构上安装车窗时，应采用密封胶条和/或密封胶进行压力密封。要求在车体结构总体承载时，车窗组成及其与车体连接处的密封性能不得受到影响。客室车窗装车后的气密性也应符合车内压力由 4000Pa 降至 1000Pa（或由–4000Pa 升至–1000Pa）的时间必须大于 50s 的要求。

客室车窗组成后的气密性验证应根据上述气密设计的原则，确定试验用的气密舱的大小和气密时间常数。

7. 前窗密封性

司机室前窗装车后的气密性同样也应符合由 4000Pa 降至 1000Pa（或由–4000Pa 升至–1000Pa）的时间必须大于 50s 的要求。

司机室前窗组成后的气密性验证应根据上述气密设计的原则，确定试验用的气密舱的大小和气密时间常数。

8. 侧门密封性

车厢上的侧门应采用压力密封式车门，需要气密的车厢端门和司机室侧门采用压力密封式车门。在车体结构总体承载时，活动的车门部分组成及其与车体连接处的密封性能不得受到影响。车门装车后的气密性也应符合车内压力由 4000Pa 降至 1000Pa（或由–4000Pa 升至–1000Pa）的时间必须大于 50s 的要求。

车门组成后的气密性验证应根据上述气密设计的原则，确定试验用的气密舱的大小和气密时间常数。

9. 风挡密封性

风挡采用气密性连接风挡，应保证在线路上运行时风挡能满足气密性要求。风挡气密要求装车后的气密性也应符合车内压力由 4000Pa 降至 1000Pa（或由–4000Pa 升至–1000Pa）的时间必须大于 50s 的要求。

风挡组成后的气密性验证应根据上述气密设计的原则，确定试验用的气密舱的大小和气密时间常数。

10. 各种电缆管路密封性

车内连通到车外的各种电缆、电器管路和其他风水管路应采用密封结构并采用密封材料或密封胶进行封堵密封。

11. 密封材料

密封材料也应有技术要求，如密封胶的物理机械性能应根据使用部位的实际要求进行选用，应符合相应的有关阻燃、抗老化、强度、耐油、耐碱等的要求。

5.13　车内环境参数控制性能

5.13.1　列车高速走行对车内环境的影响

由于列车高速过隧道、会车，车内的压力产生改变，严重的将会损伤旅客的耳膜，因此需要使车内的压力及压力变化率控制在对乘客安全和舒适的范围内。为了控制空气压力，就必须使车体成为一个密封很好的空间，从而又衍生出需要为旅客提供一个很好的车内乘坐环境的要求，也因此需要对车内环境进行控制。车内环境控制问题也就是对环境参数控制的问题。

需要控制的环境参数包括空气压力、温度、湿度、空气流速、噪声、空气清洁度和污物污水的排放等。上述参数除空气压力外，都已经有较为成熟的技术，仅需根据需要进行适当调整即可满足要求，而压力控制是高速列车遇到的特殊问题。

5.13.2　车内环境控制系统的任务及控制目标

1. 车内环境控制系统的任务

车内环境控制系统包括空调、通风、采暖、照明、压力保护装置等，车内环境控制系统的设置应坚持以人为本，采用人性化设计的原则。

在组成车内环境控制系统时，需要根据该系统明确的工作条件，充分利用先进的热工计算手段，采用先进的压力保护、制冷、采暖等系统的工作原理，合理安排平面布置图，优化风道结构、气流组织和控制方案等，并应充分兼顾维护检修方法等可维护性。

车内环境控制系统应对车内的温度、空气清洁度、空气流速、压力变化、照度等参数进行调节，以满足旅客舒适性要求。

湿度一般采用相对湿度的概念，这是衡量室内热环境的一个重要指标。将人体的主观热感觉处于中性时，风速不大于 0.15m/s，相对湿度为 50%定为最舒适的热环境，这也是室内热环境设计的一个基准。湿度的调节一般也不作为专门的控制指标，有必要对由湿度问题造成舒适度较差的运用区段的列车加设湿度控制装置，该控制装置可以纳入空调装置，实施一体化控制。

所选择的标准中应提出温度与湿度的相关图以及客室内的湿度舒适性的推荐参考值。

噪声控制的问题还没有控制的手段。尽量减小噪声需要在设计制造时关注，包括限制风机的噪声、减小风道的噪声传递、防止构件相互碰撞与摩擦、隔阻外部噪声的传入、合理布置送风口和回风口的位置和避免构件在常用速度区中发生共振、谐振等现象。

污物污水的排放按设计时确定的方案执行，不再作为车内环境控制系统的控制对象，而纳入管理范畴。

车内环境控制系统的设备还需要应对在高速列车过分相时因列车停止供电带来的影响。

2. 控制目标

所有参数的指标应符合人类的基本需求，至少应符合相关标准的要求。

车内环境控制系统还应具有应急通风和应急照明的功能。

1)热负荷设计参数

空调通风系统的设计需要考虑高速列车运用区域的实际热负荷水平，以下热负荷参数可供设计时参考。

(1)乘员散热量：显热 69.8W/人，潜热 46.5W/人。

(2)太阳辐射强度：车顶为 1000W/m^2，侧墙为 150W/m^2。

2)温度控制目标

(1)冬季车外气温–25℃时，客室内平均气温应控制在 18～22℃。

(2)夏季车外气温 40℃时，客室内平均气温应控制在 24～28℃。

(3)夏季车外气温 45℃时，客室内平均气温不应高于 29℃。

(4)车厢内的温度差在±2℃以内。

(5)无论制冷还是采暖，均应保证系统开始工作 1h 内达到规定的温度。

3)压力控制目标

(1)压力变化最大值不大于 1000Pa。

(2)压力变化率根据舒适程度推荐分为 3 个等级：优，不大于 200Pa/s；良，不大于 400Pa/s；合格，不大于 500Pa/s。

4)车内空气清洁度控制目标

(1)空气中的 CO_2 含量。客室和司机室空气中 CO_2 容积浓度不大于 0.15%。

(2)空气中的含尘量。空气中的含尘量不得超过 0.5mg/m^3。

(3)客室内人均新鲜空气量需考虑运用线路区段的实际环境温度范围，一般要求在夏季为 20～25m^3/h，冬季为 10～15m^3/h。

(4)司机室内新鲜空气量应至少达到 60m^3/h。

5)车内空气流速

(1)微风流速。室内平均微风流速：夏季不得超过 0.25m/s，冬季不得超过

0.2m/s。

（2）气流速度。制冷系统工作时，气流速度高于 0.07m/s，以避免出现静态区域。

6）车内噪声指标

列车以各种速度在空旷平直线路上运行时车内噪声限值满足表 5.13.1 的要求。

表 5.13.1　车内噪声等级分类　　　　　　（单位：dB）

级别	优	良	合格
公务舱（VIP 客室）内	≤55	≤60	≤65
商务舱（一等车客室）内	≤60	≤65	≤68
经济舱（二等车客室）内	≤65	≤68	≤70
司机室	≤68	≤72	≤77

5.13.3　压力保护

1. 压力保护的概念与范围

尽管对车体提出了密封性要求，但是在这样的气密性下，压力波仍将通过车体的孔隙和换气装置迅速透入车内，造成车内压力及压力变化率较大，会强烈刺激旅客耳朵鼓膜，引起耳胀耳痛。因此，高速列车的各车厢均应设压力保护装置，当车外压力波动时将车内压力变化控制在符合基本要求的范围内。

通风系统也需与压力保护装置联控并能自动作用以保证达到通风的要求。

为了保证车辆的气密性要求，从新风进风口至废排风口之间的全部风道及相关设备也应能满足相应的要求。

司机室属于压力保护的范围，可以是独立的压力保护系统，也可以纳入车厢的压力保护系统管辖范围中。

2. 舒适性标准

为掌握压力变化对人耳舒适性感觉的影响，国外对此进行了大量的研究，为制定合理的舒适性标准提供了依据。国内也有一些文章介绍了这方面的内容[5]。虽然没有一个简单的舒适性标准能够在所有时间、各种情况下适合所有人，但是开展高速列车压力保护研究的部门也得出了一些经验的统计数据。

根据各国的情况、各人种的情况，以及各国发展的程度，各开行高速列车的国家制定了各自的要求，国外有关车内气压的舒适性要求如表 5.13.2 所示。日本曾制造密封性能良好的木屋，通过被试人员对各种压力变化的感受统计总结，得到人耳对压力变化的舒适区界限。

表 5.13.2 国外有关车内气压的舒适性要求

项目	日本新干线	德国	英国	美国地铁列车
最大压力变化/Pa	1000	1000	4000(4s 内)	700(1.7s 内)
最大压力变化率/(Pa/s)	新车 200/旧车 300	200~400	—	410

注：表中的英国和美国指标不是高速列车的指标，列于表中仅作比较。

图 5.13.1 为微气压对人耳部影响感觉统计图，是通过压力舱试验获得的人耳部对压力变化和压力变化率相关关系的统计分类图。从图中可以看出有一条分界线，即图中的斜线，斜线的左下方是可接受区域，斜线的右上方是不可接受区域。

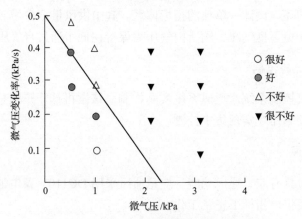

图 5.13.1 微气压对人耳部影响感觉统计图

试验期间还发现了气压发生波动的频繁性也是感觉的又一个影响因素。压力变化有以下特点：

(1) 对同样的压力变化，不同人的反应是不同的。

(2) 同一人在不同时候对同一压力变化也有不同反应。

(3) 人耳对压力升高比对压力降低感觉更不舒适。

(4) 在较长时间里连续或重复作用一个瞬变压力，会产生严重的耳胀耳痛。

5.13.4 通风

1. 客室

新风应从进风口吸入，经过滤、净化后与客室的回风混合，再经空调机组处理(过滤、冷却或加热)后，通过风道均匀地送至客室。送风方式应设计合理，避免风道噪声，出风量及方向应可调节，避免直接吹向旅客。

新风进风口应设在稳定的正压区。

新风、回风的混合比例应可调节。

2. 司机室

司机室可纳入端车客室的通风系统，也可自成系统。气流方向、大小可以通过位于内顶板上的送风导向器来调节。

司机室应有温度、湿度显示。

司机室应急通风采用蓄电池供电，通风量应不小于 60m³/h，全部为新风，可维持 120min。

3. 厕所

应为厕所的环境设计一单独的指标体系，其中供风量至少为 20m³/h，以保证空气流通；为避免不良气味，厕所内气压需保持在低于通过台气压的水平。

4. 通风系统的控制

设车载微机控制系统对通风系统实施控制。该微机挂于车辆总线下，可通过列车网络传递控制命令实现集中控制。

5.13.5 应急通风

通风系统应具有应急通风功能，应急通风采用 DC110V 蓄电池供电，应能在辅助电源的有关供电指标下正常工作。

在交流辅助电源设备故障情况下，应急通风应能自动投入工作，向客室（包括司机室）输送新风；当交流辅助电源供电恢复正常时，系统应自动转入正常工作状态，应急通风能手动控制。

客室在应急通风时，应将回风关闭，仅输送新鲜空气，送风量至少应达到正常供风量的一半，应满足客室中定员数量旅客等待救援的需求。供电时间应根据救援臂的长度确定，有关救援臂的长度问题将在第 7 章讨论，一般应可维持 120min。

5.13.6 温度控制

1. 室内温度控制目标

我国幅员辽阔、南北纬度跨度大，气温在同一季度相当悬殊。普通列车（非空调车）在运行中车厢内温度超过 40℃并不少见，高速列车车厢内理想的温度条件应尽可能与地面上设有暖气、通风设备的房间一样。上面已经列出了客室内冬夏两季的控制温度。

夏季当车外温度高于 35℃时，客室的平均温度按式(5.13.1)计算：

$$t_i=20+0.5(t_N-20) \tag{5.13.1}$$

式中，t_i 为室内平均温度；t_N 为车外空气温度。

冬季客室内的平均温度在任何情况下不得低于 18℃。

司机室内的控制温度在冬夏两季控制在 18～25℃，在任何情况下不得超过此范围，目的是给乘务人员提供较理想的工作环境，以确保行车安全。

客室地板上长度方向和高度方向的温差也需要进行控制，控制的手段主要是通过设置在风道出风口处的风向风速调节板进行调节。通过对风道的出口调节板进行手动调节，以达到车内纵向和高度方向上的温差要求。

2. 制冷

采用独立式或分装式空调，司机室可单独设置空调或与客室共用空调。空调应能在辅助系统有关供电指标下正常工作。当冷凝进风温度为 50℃时，空调系统应能正常工作。采用分体空调时，配管的布置、等级及规格应符合有关标准和规范。

空调机组制冷剂应采用绿色环保型。确定空调机组的制冷量，并应有一定的余量；应注意从进风口实际进入的空气温度与外温、进风口位置、太阳直射、地面反射、列车运行速度及周边压力场的分布等密切相关，设计时应考虑最不利组合时新风的温度状况。

相同车种的空调机组应具有互换性。空调机组形式、各组件的特性及参数、维护检修的周期及项目等与车辆的维修周期相衔接。

3. 采暖

高速列车上采用电加热方式采暖，加热设备应能在辅助系统的有关供电指标下正常工作。对于设在客室座位旁边的电加热器，工作时外表面温度应低于 68℃，防止烫伤旅客，输出热量应可调。加热设备的布置、等级及规格应符合相关的标准和规范。

空调通风设备的进口新风应进行预热。同样，确定车辆上的制热量时也应有一定的余量；应注意从进风口实际进入的空气温度与外温、进风口位置、无太阳照射、地面风速、列车运行速度及周边压力场的分布等密切相关，设计时应考虑最不利组合时新风的温度状况。

4. 控制与诊断

列车上的温度控制采用微机自动控制方式，该微机挂于车辆总线下，可通过高速列车上的网络传递控制命令实现集中控制，调节范围应符合上述控制目标。

采用变频控制技术，使空调机组具有软启动性能，以避免过分相时产生的停电造成设备故障。

每节车厢应可独立调节温度和风量设定。

应设故障诊断系统，具有自诊断、自复位等功能，可将系统的工作状态和故障信息通过网络上传。

5. 预冷与预热

在高速列车出乘前需要进行预冷或预热，以使车厢内的温度和空气达到上述控制指标，使旅客可以登车。

预冷时，在所规定的外界条件下，温度调节装置置于最低位置时，所有客室内温度需在 1h(有些铁路区段整备作业时间较长时会要求 90min)以内至少降至27℃，转换为正常操作时客室内温度不得有任何可感觉到的升高。

预热时，在外部温度为 0℃时，所有客室内温度需在 60min 以内至少达到18℃，转换为正常操作时客室内温度不得有任何可感觉到的降低。

5.13.7　车内噪声

1. 限制车内噪声的意义

车内的噪声特性包括客室内的噪声水平和司机室内的噪声水平。为了保证客室和司机室的噪声水平，也有必要对车辆的通过台、厕所、盥洗间等处加以要求。

对车内噪声的要求主要是为旅客创造一个舒适的旅行环境，要将车内噪声限制在一定的水平以下，更不能对旅客和司乘人员造成伤害，包括情绪伤害和心理伤害。

2. 车厢内噪声的组成

车厢内的噪声由以下几部分组成：
(1)车体外部噪声对车内的透射声，一般也称为空气声。
(2)各种原因导致的车体内部结构振动，特别是薄壁结构振动甚至碰撞或摩擦产生的辐射声，一般称为结构声。
(3)车厢内的各种设备或系统(包括空调通风系统、各类管道等)作为振源、声源所产生的噪声。
(4)上述各类噪声在车厢内部传播与反射所形成的混响声。

对于动力分散的高速列车，由于动力设备分散布置在若干车厢上，这些动力设备虽然在车厢外面，但是也会通过透射传递到车内，影响车内的噪声环境，特别是各种冷却通风设备进出风口处的空气流动与高速列车运行时形成的列车风一起作用产生的噪声也会透射到车厢中来。这些都归在上述第一种噪声中。

3. 降噪

根据上述噪声组成的情况,高速列车应该从设计上对抑制噪声采取结构措施,对各噪声源进行管理,采取一系列减振降噪措施,以改善室内的噪声环境。

降噪的具体措施需要从以下多方面下功夫:

(1)采取相应的结构与措施,有效地控制各部件松动、相对运动或颤振,防止由结构物颤振、撞击和摩擦产生噪声。

(2)应采取隔离措施,避免噪声的传递和辐射。在客室侧墙和顶板的承载结构内部、地板下部,均应采取措施减振降噪。

(3)设客室内端门以有效隔离噪声和保温。

(4)对于分散布置在若干车厢下面的动力设备,要限制它们的噪声水平;在这些动力设备上特别是冷却通风设备从设计、制造以及工艺措施上严格控制,使这些设备发出的噪声降到可接受的程度;整车设计时应对各设备的噪声水平进行分配,以使整车的噪声水平符合要求。

(5)合理布置各种冷却通风设备进出风口的位置,避免将这些风口设在可能产生较大噪声的涡流、紊流区域,从源头上加以改善,达到整车噪声水平的要求。

(6)采取相应的结构措施降低传入车内或客室的噪声。例如,对位于转向架上方、受电弓下方的客室部分,可以采取一些特殊的隔振隔声手段加以防护,包括采取一些加厚隔声阻尼层等隔声减噪的措施,避免轮轨接触和弓网接触等发出的噪声传递到车厢中。

(7)对于重点区域,必要时也可根据需要采取主动控制的手段(见第 4 章相关内容)实施一些降噪措施。

(8)车体的密封性对噪声的隔离起关键作用,为此需使车体具有较高的密封性能。

5.13.8　照明

1. 常规照明

车内照度应符合相关标准和规范的有关要求。客室内应设可单独控制的阅读灯供旅客使用。各照明设备应能在辅助系统的有关供电指标下正常工作。司机室和控制台照明应符合司机操纵所需要的有关要求。

2. 应急照明

需在应对紧急状态时留有应急照明。

在客室、走廊、门口、厕所,以及设备检修口处根据功能要求相应地设置应急灯或电源插座。

需设置应急状况下相应的引导指示标志，包括应急设施标志、逃生路线指示等。

应急照明设备采用蓄电池供电，照明设备应能在辅助系统的有关供电指标下正常工作。

应急照明的使用时间应根据救援臂的长度确定，有关救援臂的长度问题请见第 7 章，一般应可维持 120min。

5.13.9　卫生与排污

高速列车运行速度较高，气压密封性问题影响旅客舒适性，必须采用密闭式厕所装置，实行污物集中收集，定点排放。我国高速列车设置了密封的便池冲洗、污物汇集及排放设备，并采用污物进集便器、污水直接排放的方式。由于厕所中的污水已经与污物一起进入污物箱中，剩下的主要是洗面池处盥洗后的污水，为了区别厕所的污水，将这种污水称为灰水。灰水的排放也需采取压力保护的措施，灰水是直接排放还是集中收集回库排放，各国采取的方式不同。灰水回收需要设置灰水箱，既需要空间，也需要增加重量，因此大多采取直排方式，但是直接排放显然不能满足卫生和环保要求，并且还会锈蚀轨道、阻塞道床、污染环境等，也会腐蚀车下安装的设备和转向架上的零部件，因此应该创造条件设置污水箱以收集灰水。

车辆上还应设有密封性能良好的给排水系统。

5.14　车体隔热性能

车体隔热性能是衡量对车内温度环境状态的保持能力。

5.14.1　高速列车的隔热

隔热性能是指隔阻热量传递以保持室温稳定的能力。夏季在太阳辐射热和室外高温的情况下阻止热量传入；冬季则相反，是防止室温散失或阻止外部冷量传递到室内。

隔热性能采用综合传热系数 K 来评定，K 表示隔热壁允许热量通过的能力，单位为 $W/(m^2 \cdot K)$。K 值是评定客车品质的重要指标之一，K 值越低表示隔热性能越好。由于高速列车运行速度较快，车外的空气在车体外表面上的流动也会带走部分热量，因此对高速列车的隔热性能的要求需要区分静止状态和各种速度等级的运动状态。

5.14.2　车体隔热性能与能量的关系

为了保持车内的温度水平，存在两种途径：一种是采用较差的隔热性能而配之以较大的空调制冷采暖的功率，另一种是采用较好的隔热性能而配之以较小的空调制冷采暖的功率。显然，前者内装材料可以比较单薄，车内空间较大，但是能量消耗较大；后者要用较好较厚的隔热材料，车内空间会小些，但是比较节能。需要在两者之间做出协调，使车辆做到能耗小、舒适度高。

为了协调能耗与隔热的关系，需要对车体进行传热分析，准确计算车辆室内冷热负荷，弄清楚其传热特性，采取有效的防护措施来改善热环境，合理确定高速列车的隔热保温性能，减少车体的能量损失。

5.14.3 车体隔热的组成

车体隔热壁由车体承载结构、保温层、车内装饰(包括内侧墙、车顶、地板、端墙等)、风道、车窗、车门和内风挡等共同组成。车体隔热性能由组成车体隔热壁的各部件共同保证。

车体密封性的优劣也对车体隔热性能有很大影响。车辆隔热性能的提高主要通过使用优质内装结构来实现。

热量的传递包括三个途径：辐射、传导和对流。通过在车体承载结构的地板、侧墙、顶板、端墙、车门等上敷设隔热材料阻断内外热量的辐射、传导和对流；通过在铝合金结构的中空铝型材的空腔内灌注隔热材料来避免由于空腔内的空气对流而造成热量的内外交换；采用中空玻璃结构的车窗(包括车门上的窗)形式实现既可采光、瞭望，也可起到提高隔热性能的作用。

5.14.4 车体隔热材料

隔热材料是指能阻滞热量传递的材料，又称热绝缘材料。隔热材料大体分为两种，一种是多孔性的隔热材料，另一种是热反射材料。

多孔性的隔热材料是利用材料本身所含的孔隙隔热，它是利用材料空隙内的空气或惰性气体的导热系数很低的特性，如泡沫材料、纤维材料等。

热反射材料则具有很高的反射系数，能将热量反射出去，如金、银、镍、铝箔或镀金属的聚酯、聚酰亚胺薄膜等。

所用隔热材料往往还兼有隔音、减振、防腐蚀等性能。隔热材料在阻燃方面应有良好的性能，特别是在高速列车上使用的材料应严格要求。

5.14.5 车体隔热性能试验

车体隔热性能采用热稳定法进行测试。被试车辆处于空车状态，停放在气候实验室内。气候实验室内不应有阳光照射，也不应有其他辐射热源，没有其他大气条件、风向、风速等影响因素。

被试车辆外门关闭，车内各门开启，水排空，通过台及空调进出风口密封，车内照明关闭。车外保持一定温度，在车内采用加热设备加热，使车内外的温差保持在 25K±1K，并达到稳定和平衡时，测试车内外温差及加热功率。

车辆隔热性能评估用综合传热系数 K 来衡量：

$$K = \frac{\Phi}{A\Delta t} \tag{5.14.1}$$

式中，A 为车体隔热壁的几何平均传热面积，m^2，其计算式为

$$A = \sqrt{A_e A_i} \tag{5.14.2}$$

A_e 为车体隔热壁外表面面积，m^2；A_i 为车体隔热壁内表面面积，m^2；Φ 为定工况下的热流量，W，按式(5.14.3)计算：

$$\Phi = \Phi_y - \Phi_h \tag{5.14.3}$$

其中，Φ_y 为输入功率测量仪表上测出的功率值，W；Φ_h 为从输入功率测量仪表到车辆之间的供电电缆功耗，W；Δt 为车体隔热壁内外空气的平均温差，℃，按式(5.14.4)计算：

$$\Delta t = t_{i,cp} - t_{e,cp} \tag{5.14.4}$$

其中，$t_{i,cp}$ 为车体隔热壁内部空气的平均温度，℃；$t_{e,cp}$ 为车体隔热壁外部空气的平均温度，℃。

5.15　RAMS 性能

RAMS 的详细内容参见相关标准，本节仅简单介绍铁路系统 RAMS 的概念，并讲述与高速列车相关的具体化内容。

5.15.1　定义

1. RAMS 定义

铁路系统的目标是在给定的时间内安全地达到规定的轨道运输水平。

RAMS 定义为：可靠性，可用性，可维护性，安全性，以及它们间的相互作用。其中，R 代表可靠性，是英文 Reliability 的首字母；A 代表可用性，是英文 Availability 的首字母；M 代表可维修性，是英文 Maintainability 的首字母；S 代表安全性，是英文 Safety 的首字母。

RAMS 是系统的长期运行特性。高速列车也不例外，也必须满足 RAMS 的要求。高速列车的 RAMS 是高速铁路管理部门特别是车辆部门提供的服务品质的主

要责任。

2. 系统寿命周期的概念

系统寿命周期是指从系统开始构思到系统不能长期可用、退役或被处理掉的时间周期中的行为事件，其中系统包括高速列车本身、高速列车的子系统、各节车辆和各零部件。

3. 寿命周期成本的概念

寿命周期成本(life cycle cost，LCC)，也称为全生命周期成本，定义为寿命周期全过程中所消耗的费用。该成本包括初置成本、维护成本、各级修程成本等在内的整个从产品项目启动开始一直到产品报废处置的全部成本。

所有的产品包括高速列车都应有一个寿命周期成本的理念，这个理念要求产品无论是设计制造还是采购应用都不能只关注初置成本，还要兼顾产品后期使用的长期性和合理性。这就要求产品设计时应该进行初期优化配置，使其更有针对性、适应性，从而实现最小的寿命周期成本。这就要求产品具有优良的可靠性、可用性、可维护性和安全性，产品本身价格合理、维修运用故障率低、检修工作量小、维修周期长；既要避免易损易耗件多、配件损耗快、零件采购渠道窄，又要避免配件价格昂贵、零件更换耗时费力。

传统的机车车辆采购都是直接以初置价格结算的。在生产企业销售产品后，交易就结束(除了针对产品提供的售后服务)。厂商不会介入运营企业的运营环节，更不会对运营企业承诺降低其运营成本、提高运营效率，因此厂商不会关注寿命周期成本这一概念。对于高速列车这样日常运营成本总值远远超过初置价格的商品，运营商在采购时只考虑购买成本，忽略了整个寿命周期的总成本，将直接导致整个使用期间持续投入的成本无法降下来。例如，要投入更多的维护保养费，要耗费更多的能源。而且车辆使用年限缩短，使用期间故障多发，最终降低运营效率，加大成本支出。

在这样的传统采购模式下，由于厂商不追求寿命周期成本最小化，而在采购招标价低者中标的原则下就会出现初始采购成本较低、后期使用成本高、整体使用费用高的现象。前期采购投入较大，但后期使用效率高、综合成本低，整体投入产出比高的产品就会不被接受，这样根本找不到前期采购投入合理、后期使用效率高、综合成本低、整体投入产出比最优的产品。

在运营成本加大的情况下，运营商就会承受运营成本带来的压力，从而会降低车辆采购价格，以缓解成本压力；然而，降低车辆采购价格，势必导致制造商降低品质和服务水平，致使产品使用中故障多发，最终又加大了运营商的使用成本，形成恶性循环。

随着社会的进步和环保意识的增强，运营商意识到不应该把初始采购费用和使用维护费用割裂开来考虑；单件产品的研制和生产成本(初始采购费用)不足以说明产品总费用的高低，而应该把初始采购费用和使用维护费用视为一个整体，对产品的全寿命周期费用进行考虑。这样，对寿命周期成本的关注度日益加大，开始出现LCC采购模式。

LCC采购模式是指运营商在采购时就以产品寿命周期成本与厂商协议，将产品全寿命运营期中发生的与产品有关的所有运营成本(维护费、检修费、更新费、再制造费用等)协议给厂商，如果不足则由厂商负责，而如果节约则归厂商，以调动厂商关注寿命周期成本的积极性。与此同时，各制造商相互竞争的内容也从原先传统采购方式只关注初置成本转移到寿命周期成本上来，于是也相应出现了LCC营销模式。

LCC营销模式是指制造商为运营商提供一揽子的解决方案，在这一方案中，制造商不仅只是单单提供产品，而是基于寿命周期成本的管理理念，介入降低产品运营成本、提高运营效率的产品寿命周期全过程中。制造商在产品使用的整个过程中提供强有力的技术支撑和服务保障，这实际上也意味着制造商扩大了业务范围。为此，制造商需要与产业链配套企业联合，并与运营商进行战略合作，启动LCC工程；通过改变运营商传统的采购、运营思维模式，为运营商提供综合性的客运成本解决方案，与运营商以及产业链相关企业合作共赢。

对于高速列车这样的由运营商主导的产品，更需要推进LCC模式。运营商不仅是下游的采购方，更是高速列车的系统集成商，更应将LCC的理念贯彻到整个高速列车的产品中，使高速列车系统具有优良的寿命周期成本的性能。

基于LCC理念，系统集成商需要整合内外部资源，形成LCC工程，其中包括轨道谱的制定、车线匹配、解决方案、试用培训、签订协议和跟踪回访等多个步骤。系统集成商要协同主机厂和零部件供应商从产品设计、制造工艺、零部件配置等环节将概念设计、方案设计、技术设计、细节设计、制造工艺与运营状况对接，让制造商的服务渗入运营中的产品维修保养中，使高速列车的运营效率和运营成本最优化。

在LCC理念指导下，制造商就会切实以技术创新为支点，采用先进工艺，提高结构疲劳强度和防腐性能；积极参与线路运行试验，并在发现存在的问题后积极改进以降低故障率；认真开展零部件耐疲劳试验、电子器件可靠性试验、耐气候试验等，提高产品的RAMS性能，从而节省后期维护保养费用。

当然，制造商还要在服务方面提供良好的条件，缩减中间渠道，提高服务响应速度，确保配件品质，降低配件管理费用，同时将维护保养技能与制造标准对接。

4. 系统故障的概念

在系统寿命周期活动中出现的故障包括在任何阶段内和规定的输入组合下在

规定的环境条件下所引起的损坏。

故障分为四类，具体如表 5.15.1 所示。

表 5.15.1 故障分类表

故障分类	系统故障模式	对运行的影响
重大	完全失效	不能运行
主要	致命性功能失效	限制运行 1
较小	非致命性功能失效	限制运行 2
轻微	不影响运营的功能失效	正常运行

1）重大故障

重大故障是指高速列车无法运行的故障。

发生此类故障时高速列车需要救援，高速列车需要辅助动力来运回车辆基地检修。

造成服务延误超过规定时间和/或产生超过规定水平的费用的故障也可归于此类。

2）主要故障

主要故障是指高速列车处于受限制使用模式（该故障主要影响列车商业服务，使列车退出运营，如牵引力降低（50%），制动性能降低或舒适度达到不能容忍的程度而造成的重大延误）。

发生此类故障时高速列车将限速运行至前方站，旅客需要下车换乘，而高速列车自己可以运行回基地，通过检修来使系统恢复到规定的状态。

3）较小故障

较小故障是指没有妨碍系统达到其规定的性能和不达到上述重大或主要故障的限度的事件。高速列车可以带故障运行往返一个来回，旅客可以继续乘坐此高速列车，但是会出现可接受的晚点。高速列车可以自己运行回基地，然后排除故障。

4）轻微故障

轻微故障是指高速列车仍可正常运营的故障。它不会造成晚点，高速列车可完成当天预订服务，之后再回基地排除故障。该故障对列车的继续运营没有太大影响。

5.15.2 可靠性

1. 可靠性定义

可靠性定义为：在设定的条件下和时间间隔 (t_1, t_2) 内或运行里程间隔 (d_1, d_2) 内，项目满足要求的功能的可能性。

2. 可靠性内容

一般可靠性内容可参考有关 RAMS 的标准资料。为了提高高速列车的可靠性，还需从以下几方面开展工作：

(1)动力、控制、信息传输等需有冗余。

(2)采取相应的结构与措施确保高速列车及其零部件的可靠性。

(3)各种接插件应有良好的定位结构，不应存在插错的可能。

(4)在考虑可靠性时应将预防性维修和与高速列车适应的维修计划等包括在内。

(5)各设备或零部件量化的可靠性指标。

(6)对一个新开发的装置及部件，在达到开发其他目的同时，要求达到可靠性指标。

3. 可靠性主要参数

轨道车辆通用的可靠性参数可根据项目特点选择，可参考有关 RAMS 的标准资料。

高速列车可靠性的主要指标还必须包括平均无故障运行距离或百万公里的运行故障数。其中的运行故障是指高速列车正常运行时，因高速列车本身的原因造成停车超过 5min 或晚点超过 3min 的故障。

4. 高速列车可靠性验证试验

(1)应在首列高速列车组装完成后和投入运用前开展可靠性验证试验，试验通过后方可投入运用。在高速列车可靠性验证试验计划中应包括验证设备和车辆可靠性指标等，还应包括可靠性的验证计划、确定故障的准则、试验记录和提出报告的形式。

(2)建立故障记录、文件管理系统及数据库。

5.15.3　可用性

1. 可用性定义

可用性定义为：假设提供要求的外部资源，在给定的条件下，在给定的时间或时间间隔内，产品完成要求的功能的能力。

2. 可用性内容

一般可用性内容可参考有关 RAMS 的标准资料。高速列车的可用性还包括以下内容：

(1)高速列车上的所有标志、说明与显示均用中文或图码标识表示，其中为了方便国内外旅客，提供旅客使用的标志应采用中英文两种文字。

(2)高速列车的内外标志、标识的文字说明，以及符号的字体、大小、颜色、位置等，需结合车内外装饰和功能综合考虑。

(3)对易触摸、磨损的标志、标识，宜采用金属刻蚀并涂漆，并能耐微酸、微碱清洗剂的影响。

(4)电源插座及规格应与中国标准插头相匹配。

3. 可用性主要参数

轨道车辆通用的可用性参数可根据项目特点选择，一般可参考有关 RAMS 的标准资料。高速列车的主要可用性指标还有：

(1)每日可运用小时数。

(2)每年可运用天数(每天一定运行里程下)。

(3)每年运行里程。

(4)每年可运行小时数。

(5)应满足采用中国现有机车对一列高速列车进行回送和救援的要求。

高速列车的每年可运用天数和每年运行里程的确定方式将在第 7 章中讨论。

5.15.4　可维护性

1. 可维护性定义

可维护性定义为：对于在规定的使用条件下的某一个项目，当在特定的条件下，使用规定的程序和资源进行维修时，能在一定的时间间隔内完成指定的实际维护活动的可能性。

这些可能性需要体现在可维修性与可靠性的设计思想中，以获得最好的平均无故障间隔时间、平均维修时间、车辆完好率。

高速列车应具有最佳的可使用性，维护作业以预防为主、检查为主、换件修为主、组装调试为主；以寿命管理方式对动车组进行管理，尽可能减少维修次数和维修时间，以达到运营服务的高品质与所需备用零部件数量的低比率，以及最佳的寿命周期费用。

2. 可维护性内容

一般可维护性内容可参考有关 RAMS 的标准资料。高速列车的可维护性还应该包括以下内容：

(1)高速列车应采用最大限度地减小维修工作量的理念，降低维修成本；各主要零部件应尽可能等寿命，并应贯彻无维修、少维修和免维护的概念，降低对维修技术的要求。

(2)高速列车的零部件应符合维修人机工程要求，考虑换修的方便性，各组件应采用模块化结构，各零部件应具有良好的通用性和互换性。

(3)高速列车应以分阶段定期维修为基础，并根据走行里程实行不同等级的维护及检修，在进行较低修程时高速列车应不解编。

(4)高速列车零部件的更换、检修按寿命管理确定的周期进行。

(5)良好的可达性。

(6)保障维修安全。

(7)应充分发挥高速列车车载诊断系统及地面诊断系统对于维修的帮助和指导作用，检测诊断准确、迅速、简便，提高高速列车的运用效率，缩短维修时间。

(8)具有防差错的措施和识别标记。

(9)重视贵重件的可修复性。

(10)便于机械化清洗作业，并采用环保型清洗剂。

3. 可维护性参数

可维护性参数可根据项目特点选择，可参考有关 RAMS 的标准资料。

各种高速列车均需具有较高的标准化系数，通用性、互换性的零部件应尽可能多。

4. 高速列车可维护性措施

1)一般原则

一般原则至少包括以下要求：

所有材料的品质应符合国际铁路有关标准,还应符合相应环境保护标准的要求。

所有的材料、紧固件、工具等都采用公制标准，所有的尺寸采用国际单位制表示，管螺纹采用英制标准。

高速列车外部油漆和清洗时所触及的部位和零部件应能耐受微酸、微碱清洗剂的影响。

2)维修方便性

(1)无论在检查还是在运用级更换、排除故障的作业中，应具有进入已连挂好的列车上进行作业的方便性。

(2)维修某运用级更换部件时无须拆除其他运用级更换件。

(3)为方便更换、监测，各测试点、连接点和接线柱等都应能直接接近。

(4)计算机监控系统内的信息要方便获取。

(5)润滑点、注油孔和液位控制点等应方便接近。

(6)车内外设备箱的门应只能使用同一种特殊的防伪钥匙开启和锁闭,乘客打不开。

（7）车下设备舱内设备维护用的门应采用同一种特殊的防伪钥匙开启和锁闭，并在适当位置上清楚标明开和关。

（8）车内外设备箱需设照明设施或照明用电源插座。

（9）各种阀、开关、转换器和选择器代码的位置应设永久、清晰的标志。

（10）检修人员应能方便地对运用级更换件和基地级更换件进行检修，并进行功能性试验。

3）模块化

（1）所有设备及安装应尽可能模块化，模块的概念应一直贯彻到最小维修单元。

（2）相同或类似功能应由相同的运用级互换件或基地级互换件完成。

（3）电子设备和计算机的运用级互换件应采用标准规格的插件。

4）拆装与清洁

（1）在拆卸运用级互换件时，要减少事前准备的工作量、拆卸时间和所需的专用工具。

（2）安装零部件应尽可能在不需要专用工具的条件下拆装。如果需要专用设备（含专用工装或工具）进行检修，则尽可能减少种类，尽量一件多用。

（3）尽可能采用可快速拆装的接头和紧固件。

（4）所有运用级和基地级互换件均应具有安装防错措施，以确保设备的正确连接。

（5）高速列车的技术清洁周期应与修程匹配，至少应不低于 15 万 km 运行里程。

（6）高速列车内外含有运用级互换件的箱柜与接插头等应做到密封防水、防尘，预防清洗水枪冲刷时进水。

5）标记与显示

（1）运用级互换件的标志牌应能耐受技术性清洁作业。

（2）标志牌应固定在运用级互换件上，以便维修人员看到。

（3）标志牌应图文并茂，方便检修人员识别。

（4）大多数的运用级互换件应该贴标签，可采用识别码或条形码。

（5）所有设备柜的指示灯、开关、断路器或其他维修用指示器，应放于门后，易于接近。

5. 互换性

互换性在高速列车的可维修性中具有重要的地位，高速列车上的互换性可分为基地级、运用级和救援级三个层面。

1）换件的概念

零部件的维修采用换件修的方式进行，需要保证零部件的互换性，以使零部件的更换相对容易，而且换上之后可以不经试验，或只做一些适应性调试即可投入使用。

以家用电器收音机或电视机为例，可以看出互换的概念逐步发展的过程。

早先的电气设备是以元器件为单位进行更换的，例如，一个电子管坏了，另外采购一个电子管换上，设备就可以使用。发展到了半导体的阶段，最早也是更换元器件，例如，一个二极管坏了，把损坏的二极管拆下，换上新的二极管即可使用，但在此过程中需要维修人员找出是哪个二极管出现了故障，再进行更换，这就需要维修人员有较高的素质和较熟练的查找故障的能力，如果维修人员没有这种能力，那么这个电子设备就不能再使用，只有整体报废。也就是说，这时的换件方式从元器件级升到了整机级，显然这就将维修成本提高了。为了解决此问题，之后发展出板卡级的换件方式，即将实现某一功能的元器件集中布置在一个板卡上，由若干个板卡组成一台完整的电子设备，这些板卡通过机箱总线将它们组合在一起。维修时，用好的板卡去更换同样功能的板卡，如果板卡更换后设备正常了，就证明问题板卡找出来了并且已经更换掉了。这种通过更换板卡即可诊断出故障所在并排除故障的方法既简便又快捷，还相当经济，对维修人员的素质要求也不高，甚至维修人员可以不懂设备的原理就可以检修设备（只要不把板卡换错即可）。换下来的损坏的板卡可以交由专业化厂家进行检修，修复后留备下次使用。这样就很容易排除故障，维修成本减少，不必直接更换整台电子设备。换件的级别就从整机级下降到板卡级。随着智能设备的出现，通过对智能设备软件的更换还可以实现系统的升级换代。

上述换件的板卡的功能的集聚程度就需要在维修成本和对维修人员的素质要求上实现协调和平衡。

上述板卡性质的零部件在高速列车中也有许多，除在各种智能设备中存在外，牵引变流器、制动系统中都有类似的功能集成块，如相构件模块、集成气路板等，都是起到上述换件修目标的，其中相构件甚至可以做到在整流回路和逆变回路都采用相同的模块，拓宽了互换性的范围。

由此出现了最小可更换单元或最小维修单元的概念。

2）最小可更换单元

最小可更换单元应分别按基地级、运用级和救援级三个层面考虑。

基地级的最小可更换单元是指高速列车在基地进行总成件检修时直接从车上拆卸并更换的组件。

运用级的最小可更换单元是指高速列车在线维修或日常维修时，由一名修理人员直接从车上拆卸并更换的元件，此时不需拆卸其他单元（除了它自己的安装部件或盖子等特殊设计，如继电器、接触器和缓冲器）。这是可替换的最小单元。

救援级的最小可更换单元是指高速列车在需要救援时可以直接从车上拆卸并更换的组件。

　　以转向架为例，基地级的更换单元应该是整个转向架、整个轮对组成、整个制动缸组成、整个电机组成、整个空气弹簧组成、抗侧滚扭杆组成等；运用级的更换单元应该是闸片、齿轮箱注油、速度传感器、橡胶节点等；救援级的更换可能在现场实施，也可能在临修库实施，更换单元应该是整个转向架组成(以任意一种非动力转向架替换故障的转向架)、空气弹簧胶囊、抗侧滚扭杆组成。

　　又如，列车控制-监测-诊断系统可以更换系统，也可以更换机箱，还可以更换板卡，显然工作量差别很大。无论如何，在各级别的互换性中无疑更换板卡是最为方便的，因此最小更换单元就应该设在板卡上。

　　互换性的实现和最小更换单元的确定为维护检修提供了方便性，因此要尽可能以最小更换单元的理念实现互换性，并注意以下几点要求：

　　(1)相同的部件必须具有互换性。

　　(2)高速列车应由尽可能多的运用级互换件和基地级互换件组成，不仅在同一车辆的不同位置之间可以互换，而且在各高速列车之间和各车辆之间也可以互换。对于运用级互换件和基地级互换件故障时的更换，一般应不需要进行调试就可以使用。考虑到安全，一些运用级互换件和基地级互换件(如制动元件)应在安装前进行试验。

　　3)机箱总线概念

　　机箱是指高速列车上安装智能设备的机箱。机箱总线就是在此机箱中为了实现板卡级互换、方便功能扩展、避免各板卡重复配置公共需求功能、利于各板卡之间的信息共享而设置在机箱中的一种制式。机箱总线一般需要定义电源、同步时钟、地址、数据交换、输入输出等接口形式。

　　高速列车是智能化的高科技产品，装有大量的智能设备，有必要统一规定高速列车机箱总线的形式。采用机箱总线方式后可以大大提高设备的可维修性，特别是互换性有了极大的提升，也有利于降低故障率，提高高速列车的使用效率。

　　对于高速列车的简统化，统一机箱总线是必不可少的项目。1995 年曾明确地对机箱总线做出规定，时隔 20 多年，需要根据技术的发展重新选定机箱总线，改变高速列车没有统一机箱总线的局面。

　　下面就一些机箱总线的发展情况进行简单介绍，希望能对进一步确定高速列车统一的机箱总线提供参考。

　　工业控制机的机箱总线大体有 STD 总线、VME 总线、PXI 总线、PC104/PC104 Plus 总线、PMC 总线、CompactPCI 总线等。

　　(1)STD 总线。STD 总线是在 1978 年出现的，后由 IEEE961 所规范。STD80/MPX 作为 STD80 追加标准，支持多主系统。STD 总线采用 16 位总线。该总线具有小板尺寸、垂直放置无源背板的直插式结构、丰富的工业 I/O 模板、低成本、低功耗、适应温度范围宽、可靠性高和良好的可维护性设计等特点，其性能满足嵌入式和实时性应用要求，在空间和功耗受到严格限制的、可靠性要求较高的工业自动化领域的控制计算机(工控机)上得到了广泛应用。之后扩展为具有 32 位数据宽度、32 位寻址能力的 STD32 总线,成为工业型的高端计算机。STD32 总线兼容 STD80 规范,STD32 总线支持热切换和多主系统,满足工业控制冗余设计要求。STD 工控机板采用金手指拔插,间或造成印制板边缘插头近处铜箔断裂或总线接触不良,不利于在高速列车上的冲击振动环境下工作;模拟输入测量线和 I/O 信号线采用前端扁平电缆连接,抗干扰能力弱。

(2)VME 总线。VME(versa module eurocard)总线是在 20 世纪 80 年代出现的一种通用的计算机总线,后由 IEEE1014 所规范。该总线是一种开放式架构,具有紧密连接的硬件构架,可互连数据处理、数据存储和连接外围控制器件。VME 总线采用异步数据传输机制,有多个总线周期,地址宽度有 16 位、24 位、32 位、40 位或 64 位,数据线路宽度有 8 位、16 位、24 位、32 位、64 位,系统可以动态进行选择;数据传输只受制于信号交换协议,而不依赖于系统时钟,其数据传输速率为 0~500Mb/s;用户可以自行定义 I/O 端口;配有 21 个插卡插槽和多个背板。VME 机械构架中的主要部分是一个印刷电路板的背板,分别有 3U(160mm× 100mm)、6U(160mm×233mm) 和 9U(367mm×400mm) 三种型号。在 VME64x 标准中,VME 系统有三种连接器,分别是 P0/J0、P1/J1 和 P2/J2,其中 P 和 J 分别代表 PLUG 和 JACK 连接器。P1/J1 和 P2/J2 连接器有 96 个管脚,排列成三排,每排 32 个管脚;P0/J0 连接器则有 95 个管脚。3U 型背板只具有 P1/J1 或 P2/J2 连接器,而 6U 型背板同时具有 J1 和 J2 连接器。VME 总线的功能构架由信号线、背板接口逻辑和功能模块组成。背板接口逻辑的性能由背板上的一些特性决定,如信号线阻抗、传播时间、终端数值等,它和信号线是系统各部分之间的纽带。功能模块是执行具体任务的电路集合。各模块是以平行结构分布的,所有的数据和指令通过系统底层的 4 类总线进行传输,信号的模式是 TTL 电平信号。VME 系统有 21 个扩充插槽,可以方便地在不同位置加入不同数量的 I/O 模块和其他功能模块,这些模块的不同组合不会影响到系统的整体性能,因此模块化是 VME 系统的一个巨大优势。VME 系统可以在冲击振动环境下工作,被广泛应用于工业控制、军用系统、航空航天、交通运输和医疗等领域,但是在现代的海量数据时代,VME 总线在带宽方面还不太满意。

(3)PXI 总线。PXI 总线是 1997 年推出的一种全新的开放性、模块化仪器总线规范。PXI 总线是 PCI 总线在仪器领域的扩展,它将 CompactPCI 规范定义的 PCI 总线技术发展成适合于试验、测量与数据采集场合应用的机械、电气和软件规范,并将 Microsoft Windows NT 和 Microsoft Windows 95 作为其标准软件框架,所运行的应用软件和操作系统可以是广泛使用的台式 PCI 计算机上所使用过的软件,因此可直接使用众多可供利用的软、硬件,用户不必另行开发。机械连接方面采用了 IEC1076 标准定义的具有 2mm 高密度间距的高级针-座式阻抗匹配连接器，可以在各种条件下提供尽可能好的电气性能。可以支持 3U 和 6U 两种结构尺寸。可以安装在堆叠式标准机柜上，并能保证在恶劣工业环境中应用的可靠性。PXI 机箱背板上包括可连接 J1 和 J2 连接器的所有 PXI 性能总线，对仪器模块来讲，这些总线可以有选择地使用。PXI 将 CompactPCI 规范中的所有机械规范直接移植进 PXI 规范，同时为了简化系统集成，PXI 还增加了一些 CompactPCI 所没有的要求。PXI 通过增加坚固的工业封装、更多的仪器模块扩展槽以及高级触发、定时和边带通信能力，更好地满足仪器用户的需要。

　　(4)PC104/PC104Plus 总线。PC104/PC104Plus 总线是计算机系统 PC 总线的延伸，在 20 世纪 90 年代初被定为 IEEE DRAFT 996 兼容 PC 嵌入式模块标准，是专门为嵌入式控制制定的工业控制总线。其信号定义和 PC/AT 基本一致，但在电气和机械规范方面更适合工业系统应用，是一种优化的、小型堆栈结构的嵌入式控制系统。PC104 系列产品的尺寸小(90mm×96mm)，堆栈式的连接也有效减小了整个系统所占的空间。PC104 系列产品在电气特性和机械特性上可靠性极高，功耗低(典型模块为 1～2W)，产生热量少。板卡与板卡之间通过堆栈式结构进行可靠的连接，抗震能力强。PC104 扩展模块功能性强，允许互换及匹配各种功能卡，可随系统的需求而升级 CPU 的性能，增加系统的功能和性能只需改变相应的模块即可实现。该总线系统与 PC 系统兼容操作系统、开发工具和应用软件。PC104 模块化、通用化的程度极高，易于维护、易于扩展、易于系列化、易于升级。PC104 系列产品已经被广泛应用于商业、工业、航空、军用等领域。

　　(5)PMC 总线。PMC(PCI mezzanine card)总线是由 IEEE1386 规范给出的 mezzanine 模块的标准，它提供了一种针对不同载板规格、高性价比的实现 I/O 功能的方式。PMC 标准是把 PCI 总线信号映像到 P1386 板卡上。单模块尺寸(74mm×149mm)，其上的前突起部分用来接通 I/O，通过标为 P1、P2、P3、P4 的四个连接头与载板上 PCI 互联。PMC 带来了最新的中间技术，同时兼容 PCI 技术。配合 CPCI 总线在电信行业中使用。PMC 的局限性在于它只允许一块附加插卡。

　　(6)CompactPCI 总线。CompactPCI 简称 CPCI，是国际 PICMG 协会于 1994 提出来的一种总线接口标准，或称紧凑型 PCI。它将 VME 密集坚固的封装和大型设备的极佳冷却效果以及 PC 廉价、易于采用最新处理能力的芯片结合在一起，保证了高可靠度，极大地降低了硬件和软件的开发成本。PCI 总线已成为事实上计算机的标准总线。CompactPCI 技术是在 PCI 技术基础之上经过改造而成的，有以下特点：一是继续采用 PCI 局部总线技术；二是改善了散热条件，提高了抗冲击振动能力，符合电磁兼容性要求；三是抛弃了 IPC 的金手指式互连方式，改用 2mm 密度的针孔连接器，具有气密性、防腐性，进一步提高了可靠性，并增加了负载能力。经过改造的 CompactPCI 工业计算机适合工业现场应用。CompactPCI 具有开放性、高可靠性、可热插拔、抗震性能好等特点，采用后走线方式。该总线适合需要实时系统控制、产业自动化、实时数据采集的应用，已广泛应用在通信、网络、计算机等多个领域。在需要高模块化、高可靠度、可长期使用和高速运算的军事系统、智能交通、航空航天、医疗器械、水利等领域也得到广泛应用。但 CompactPCI 使用的连接器和背板较昂贵。

5.15.5　安全性

1. 安全性的定义

安全性包括安全性和安全完整性两个方面。

安全性的定义为：免除不可接受伤害的风险。

安全完整性的定义为：在规定的条件下和规定的周期时间内，系统实现安全性功能的可能性。

2. 安全完整性水平

对相关系统的安全性，可以依其安全功能的安全完整性要求分为若干等级。有最高数值的安全完整性等级，其安全完整性水平也最高。

3. 安全性参数

通用的安全性可根据项目特点选择，可参考有关 RAMS 的标准资料。

对于高速列车及其车辆运行过程中安全性分析的具体内容和参数至少应包括：

(1) 承载安全性。

(2) 运行稳定性。

(3) 制动安全性。

(4) 电气绝缘安全性。

(5) 车辆碰撞安全性。

(6) 防火安全性。

(7) 防夹伤安全性。

(8) 被救援能力。

4. 故障安全的概念

故障安全的含义是故障发生后的系统能自动转入安全状态之下。由此可见，故障安全的概念就是前述的故障导向安全的概念。

在故障安全的理念下，系统风险等级大大降低，也即更安全。

5. 安全性分析步骤

需要采用风险管理的方式来获得安全性。

从项目一开始就应该同时启动风险管理工作，开展安全性分析，列出安全性分析的项目、所遵循的原则和分析方法。

在项目开展的各个阶段均应并行开展风险管理工作，应对高速列车及其车辆、重要部件和子系统开展全面的安全性分析。需要按以下步骤实施：

(1)识别(列出)在项目开展工作中和系统投入应用后可能遇到的各种危害，包括在所有运行、维护和各种环境模式下系统中所有可能的危害。

(2)列出安全相关的功能和部件，提出其在应用中的故障形态。

(3)确定这些故障的输入条件。

(4)评估这些危害的严重等级。

(5)提出避免危害的技术手段及故障安全措施。

(6)开展验证工作。

(7)评估故障安全措施的有效性。

(8)评估项目和系统的安全性。

6. 即时安全性和时效安全性

高速列车的安全性从作用时间上可分为两类：一类是即时安全性，另一类是时效安全性。

即时安全性是指动车组、子系统、车辆或部件存在的立即损坏、即刻产生安全事故的问题。即时安全性的问题属于显性问题，往往较为容易关注，如超常工况下超过强度极限出现的结构破坏、车辆运行脱轨系数较大产生的脱轨事故、绝缘等级不足造成的击穿事故、制动设备失灵引起的撞车事故等。

时效安全性是指出现的问题不会立刻发生故障，而是要经过一段时间的积累之后才会发生故障而造成事故的问题。时效安全性的问题都较为隐性，一般不会一下子就辨识出来，如往往以为是只影响舒适性而没有安全问题，但是仍然是安全隐患，随时可能爆发，导致故障，进而酿成事故，如疲劳裂纹扩展造成的结构破坏、长时振动异常造成的部件损坏、绝缘层逐渐磨损后产生的绝缘破坏、踏面磨耗异常积累引起的脱轨或失稳事件等。

对于这两类安全性，都需要事先设计场景，做好分析评估，并通过试验验证，做到事前预防。

7. 高速列车的安全措施

1)与高压电气相关的安全保护措施

(1)接地原则。所有设备箱、壳体都应通过车体或转向架良好接地，每条轮对的轴端都应良好接地。从受电弓至地板下所有铺设的电缆套管应接地。应区分高、中、低压的不同布置形态，合理分布接地点的位置，避免相互干扰。

（2）联锁。与高压电气相关的具体安全保护措施包括明确的安全联锁要求，确保维护和检修人员的安全。高速列车的库用插座与受电弓应设联锁，高速列车在由库内地面电源插头供电时，受电弓不能带电，也不能升弓。受电弓上装备一只手动安全插销，当在车顶上进行工作时，受电弓可被锁定在折叠状态位置（避免意外升弓）。牵引变流器和辅助变流器关闭后，其电容器应自动放电，并在规定的时间内使电容器两端电压小于 36V。放电时间应在各个箱子上标明，变流器柜应有联锁功能，在放电未达要求时打不开。作为双重安全考虑，还应具备机械式强制放电功能。

2）故障导向安全功能

列车设安全回路，在安全回路上串联若干个常闭开关，在对应故障发生时，该常闭开关打开，以断开安全回路；在安全回路断开后，列车实施紧急制动，使列车减速并停下，以处置故障。

保证电路出现故障时不造成运行危险，也不能对旅客和乘务员造成危害；故障应能立即被识别并导向安全。

3）防火措施

防火有关问题请见本章前面的防火阻燃性能一节。

设烟雾报警装置，识别烟雾，预防火灾。

车内设灭火器，放置在车端的醒目位置处。

列车上禁止吸烟。

4）应急措施

应保证紧急故障时有相应的应急功能，如应急照明、应急通风及应急出口等。

应急通风、应急照明应可维持一定时间。

应急出口等涉及安全的标记应醒目。

参 考 文 献

[1] 严隽耄. 车辆工程. 2 版. 北京: 中国铁道出版社, 1999.

[2] 王福天. 车辆动力学. 北京: 中国铁道出版社, 1981.

[3] 黄强. 中国铁路旅客运输机车车辆装备发展研究. 中国铁路, 2003, (6): 11-17.

[4] 吴新民, 黄强, 等. 高速试验列车技术条件(95J01). 北京: 铁道科学研究院, 1996.

[5] 王悦明. 铁路客车空气压力密封性问题. 铁道机车车辆, 2000, (4): 4-7.

第6章 高速列车与相关系统的关系

高速铁路是一个复杂的系统，包括高速列车方面、维护检修方面、线路设置方面、轨道养护方面、信号列控方面、运输调度方面、客运服务方面等。随着高速铁路技术的发展和现代技术在铁路上的广泛应用，铁路各相关系统之间的相互关系出现了新的变化。为使高速铁路能更好地适应现代需求，需要重新审视高速列车与其他子系统之间的关系，通过系统配套与协调，提升高速铁路的运营效率、减少运营成本、保障运输安全，进而推动高速铁路快速、健康发展。

这些问题有些需要在高速列车系统集成过程中加以解决，有些可在高速列车设计研制中考虑，有些则需要在高速铁路系统集成中加以关注，有些应在高速铁路其他子系统研发时加以考虑。本章仅从机车车辆相关技术的角度对这些新出现的关系的协调问题进行探讨[1]，以期通过系统协调解决相关问题，建立配套功能完善、系统协调性优良的高速铁路技术体系。

6.1 高速列车与限界的关系

限界是限制机车车辆和建筑物空间的，即不允许机车车辆与周边建筑物相碰，因此铁路限界问题涉及铁路的基本安全问题。

6.1.1 限界的种类与区别

1. 机车车辆限界与建筑限界

机车车辆限界是一个和线路中心线垂直的极限横断面轮廓，它是限制机车车辆尺寸的，要求机车车辆任何部分都应容纳在限界的轮廓线中。标准对机车车辆限界的定义是涵盖整个机车车辆生命周期的，即无论机车车辆存在多大的制造公差、无论是否装载、无论是否存在磨耗，都应包容在机车车辆限界中，所以机车车辆限界就是规定的机车车辆允许使用的空间轮廓。机车车辆满足限界的要求是指新造车辆在计及各部磨耗和弹簧下沉后位于水平直线的中心位置时，即车辆的纵向中心线与平直线路中心线在同一垂直于水平面的纵向平面内时，都需容纳在机车车辆限界轮廓线内。静态检测时，车辆需停放在平直道上无侧向倾斜、无偏移的情况下进行。根据机车车辆限界的定义，检测时首先必须将中心线重合，接着要让车辆的各运动部件之间呈自由状态，即确认无卡滞，此时车辆被认定为无侧向倾斜、无偏移状态(此时车体如果存在侧向倾斜和/或偏移,则应认为是制造偏差)。

建筑限界,俗称建筑接近限界,是一个和线路中心线垂直的极限横断面轮廓。在此轮廓之内,除机车车辆和与机车车辆有相互作用的设备(车辆减速器、路签授受器、接触电线及其他)外,其他设备或建筑物均不得侵入,也可以说,建筑限界是限制铁路线周边设备与建筑的。此轮廓线是为平直线路制定的,无论新轨道(钢轨)还是旧轨道(钢轨)状态,从轨面及其中心算起的建筑物尺寸均应符合这一规定的轮廓。

机车车辆限界和建筑限界是一对共生体。机车车辆限界包容在建筑限界中,但两者不能相互交叉。在特定条件下,机车车辆上的某些零部件可以在需要时伸出机车车辆限界,但不得侵入建筑限界中。例如,机车车辆上的受电弓不使用时必须落在机车车辆限界之内,而在使用时可以伸出机车车辆限界,以与接触线接触并从接触网上取流向机车车辆供电。在这一部位上需要特殊规定。机车车辆上还有一些需要探出的零部件,如后视镜、车门、站台间隙调整器、以前使用的路签架等,在站台区域内可以探出机车车辆限界,而行车时必须收回来,不得超出机车车辆限界。同样,路旁设备也会有一些需要探出的零部件,必须在符合规定条件时才能探出,否则必须缩回到建筑限界限制的范围内。

2. 静态限界与动态限界

国际上,限界的标准体系大致分为两种:一种是静态限界标准体系,另一种是动态限界标准体系。

静态限界标准体系中的机车车辆限界是指机车车辆处于静止状态下所规定的和线路中心线垂直的极限横断面轮廓。其中机车车辆限界是车辆计入各部磨耗和弹簧下沉后不得超出的极限轮廓线,是限制机车车辆静止状态超出的轮廓。建筑限界是周围固定设施(包括设备和建筑物)不得侵入的极限横断面轮廓。机车车辆限界和建筑限界之间的空间是允许机车车辆在运行时进入的空间,这一空间是考虑机车车辆运动加上线路变形(垂直方向和水平方向等)及保证乘务人员和旅客安全所必须预留的空间。我国原有干线铁路(本书称为既有线)使用的限界就属于静态限界,美国、俄罗斯和日本等国家的铁路也使用静态限界。

动态限界标准体系中的机车车辆限界是指机车车辆运动全过程中可能到达的位置均不能超出的限制轮廓。机车车辆限界和建筑限界之间的空间属于安全冗余空间。采用动态限界时,需要对机车车辆的运动空间加以计算给出对车辆实际外部轮廓的限制,此时机车车辆限界和建筑限界之间的空间可设置得较小,这样动态限界标准体系的建筑限界可比静态限界标准体系的建筑限界要小,从而减少了线路建设中隧道的施工量，但是机车车辆轮廓只能做得较小。事实上，如果车辆外部轮廓、运行速度和悬挂都一样，建筑的内部空间是一样的。静态限界也是在计算了机车车辆的动态偏移量后才确定下来的，并不会比采用动态限界体系的建筑限界大。只是对于需要通过已有建筑空间时，动态限界给出了可以通过的车辆的外部轮廓计算方法。对于需要满足各种车辆均能通过的建筑空间，就适合采用静态限界。

我国的地铁和城轨大多使用动态限界，欧盟也使用动态限界。机车车辆若要在使用动态限界的铁路上运行，则需要满足机车车辆的动态包络线不超出所规定的机车车辆动态限界的要求。动态包络线是指机车车辆静态轮廓上的各点可能达到的最大偏移位置形成的轮廓范围，其中还需要考虑机车车辆在正常运用中受线路不平顺、未平衡离心力和横风等外界因素的综合扰动所产生的偏移，因此在机车车辆设计时需要校核其动态包络线。为了控制机车车辆动态包络线不超出机车车辆限界，有些标准规定了机车车辆柔度系数的限制值，以方便设计中掌握，这种规定可见于欧洲铁路联盟的相关标准。

使用静态限界的铁路则仅需在制定限界标准时计算车辆的横向偏移量，在实际使用中包括车辆设计中均不需要校核机车车辆的动态包络线。

6.1.2　我国铁路既有线限界的改变过程

1950 年以前，我国在铁路限界上没有统一的规定。第一次统一规定铁路限界出现在 1950 年发布的技术规程中。1956～1958 年，铁科院负责铁路限界的研究制订工作，并提出了标准稿。经国家批准后，该标准稿成为我国第一部铁路限界的标准——《标准轨距铁路机车车辆限界和建筑接近限界分类及基本尺寸》（GB 146—59，简称 59 版限界标准）。59 版限界标准初步厘清了我国标准轨距铁路的有关限界问题，规定了凡是新建铁路和改造铁路（包括机车车辆）均应符合新的限界，指导了之后的铁路建设。但是由于历史的原因和当时的条件，许多问题尚不能完全解决。经过多年的运用之后，1973 年我国设立项目，对机车车辆限界进行进一步的研究，对 59 版限界标准做了进一步的完善。1983 年，国家标准局正式批准发布《标准轨距铁路机车车辆限界》（GB 146.1—83，简称 83 版限界标准）和《标准轨距铁路建筑限界》（GB 146.2—83），并于 1984 年 10 月 1 日起实施。当时关于这两个限界标准的说明书由专题组编制[2]，对有关具体的限界方面的问题和变化过程做了较为详细的介绍。

在 59 版限界标准实施后，新建铁路和进行大修改造的铁路已经符合 59 版限界标准的要求，但是还有一些老的铁路尚未进行大修改造或不具备改造的条件，所以 83 版限界标准还没有完全摆脱老铁路的束缚。因此，《标准轨距铁路机车车辆限界》和《标准轨距铁路建筑限界》说明书(简称限界标准说明书)上还对该标准尚存在的问题和希望以后有条件修改的问题做了阐述,主要有以下问题。

1)限界宽度不能被充分利用的问题

在机车车辆限界上,距轨面 350~1250mm 高度区域的垂直轮廓线由中部的3400mm 宽度缩小为 3200mm。在宽度上收缩,当时主要是为了兼顾没有条件改造的旧线。

为了充分利用机车车辆限界的最大宽度 3400mm,限界标准说明书中提到了当时拟将 1250mm 的高度降低或加宽下部尺寸的办法。

当时考虑将距轨面350~1250mm 范围内的限界轮廓宽度由原来的3200mm 加宽到 3250mm。

当时仅考虑加宽到 3250mm 主要是受到当时的货物站台和旅客高站台以及该站台边缘至线路中心距离的限制。当时对站台的规定几经变动,归纳大致如下:

(1)货物站台,高 1100mm,用于货物装卸,不能建在正线或到发线上。

(2)货物高站台,高度在 1100~4800mm,仅作装车之用,不能建在正线或到发线上。

(3)旅客高站台,高 680mm、1100mm,不能建在正线上,可修建在旅客列车到发线上或旅客专用车站上。

(4)一般旅客站台,高 500mm,修建在旅客列车到发线上,或旅客专用车站上。

(5)旅客低站台,高 300mm,可修建在正线上,通行超限货物。

旧线的货物站台和旅客高站台的边缘距线路中心线的标准距离为 1700mm,最小为 1675mm。而旅客低站台边缘距线路中心线的距离自 1550mm 改为 1600mm,进而又改为 1725mm;货物站台距线路中心线的距离自 1675mm 改为 1725mm,后又增至 1750mm。

几次变动修改后,站台边缘距线路中心线的距离有:

(1)1100mm 货物站台,1750mm、1725mm、1700mm,最小为 1675mm。

(2)1100mm 旅客站台,1750mm。

(3)680mm 旅客高站台,1700mm,最小为 1675mm。

经过对车辆的横向偏移量计算后,认为可以将此处的 3200mm 宽度扩大至3250mm。

之后发现,有几座桥梁如广三线的西南桥等还存在距轨面高度 1250mm 范围内其侧边距线路中心线的距离在 1650mm 左右。为此,否决了扩大宽度的设想,保留了原限界的 3200mm 尺寸。扩大宽度的事只能遗憾地留待下次修订该标准时再考虑解决,仅将电气化线路上运行的电力机车限界的距轨面高度 350~1250mm 范围内的宽度限制扩大至 1675mm。

由于受到车辆的车钩中心线距轨面高度 880mm 的限制,加上为提高车辆的运行可靠性和舒适性,有必要尽量降低车辆重心,因此车辆侧墙底部必然在距轨面高度 1250mm 以下,也因此该处的车辆宽度受到限界轮廓的限制只能小于 3200mm。这样,距轨面高度 1250mm 以上的限界宽度 3400mm 就不能得到充分利用。

2)关于计算车辆问题

建筑限界在曲线上需要有一加宽量。线路的曲线加宽量在 1950 年发布的技术规程中就采用 26m 车体长和 18m 转向架中心距的车辆作为标准车辆计算,此标准车辆称为计算车辆,之后的 59 版限界标准和 83 版限界标准仍然沿用这一计算车辆及其参数。实际车辆的长度根据需要确定,而当实际车辆不采用此计算车辆参数时,车辆需要适应建筑限界的曲线加宽量。

曲线内侧加宽量由式(6.1.1)计算:

$$W_{\mathrm{n}} = \frac{l_{\mathrm{c}}^2}{8R_i} + \frac{H}{1500}h_i = \frac{40500}{R_i} + \frac{H}{1500}h \tag{6.1.1}$$

曲线外侧加宽量由式(6.1.2)计算:

$$W_{\mathrm{w}} = \frac{L_{\mathrm{c}}^2 - l_{\mathrm{c}}^2}{8R_i} = \frac{44000}{R_i} \tag{6.1.2}$$

式中,H 为计算点距轨面的高度,mm;h 为外轨超高量,mm;L_{c} 为车体长度,mm;l_{c} 为转向架中心距,mm;R_i 为线路曲线半径,m。

当确定车辆参数时,需要以计算车辆作为参照物,使车辆适应建筑限界的曲线加宽量,以免产生嵌入建筑限界的问题或建筑限界不能充分利用的问题。

当车体长度和转向架中心距大于计算车辆的规定时,此车体中部和端部的最大偏移量也大于建筑限界中的曲线内外侧加宽量,因此必须通过缩减该车辆的车体宽度以顺利通过具有标准曲线加宽量的建筑限界。当车辆的车体长度和转向架中心距小于或等于计算车辆的规定时,此车体中部和端部的最大偏移量也小于或等于建筑限界中的曲线内外侧加宽量,因此无须缩减该车辆的车体宽度。当然,在这种情况下,建筑限界没有被充分利用。

尽管上述计算曲线加宽量的车辆参数是在 1950 年发布的技术规程中规定的,但是在该技术规程发布前已经有许多铁路存在,特别是一些隧道和桥梁,存在净空小、曲线加宽量小、线间距小等问题。在限界标准说明书中也指出了当时的吉林局、哈尔滨局、沈阳局、锦州局的梅集线、朝开线、恒山线、开道线、沈丹一线、溪田线、新义线等一些线路上存在此问题。为使车辆能够通过这些线路,需要在车辆上加以限制。于是，出现了第二种计算车辆，即短计算车辆——车体长度取为 13.22m、转向架中心距取为 9.35m。经测算，使用这样的计算车辆得到的曲线加宽量与那些旧线的曲线加宽量相当。因此，在 83 版限界标准中出现了两种计算车辆——长计算车辆和短计算车辆。在确定车辆宽度时，需要根据车辆所需运用的线路来决定采用何种计算车辆，当需要车辆通过上述旧线时，需采用短计算车辆，而当不需要车辆通过上述旧线时，只用长计算车辆即可。

83 版限界标准规定，在确定车辆宽度时曲线半径取为 300m(定义为计算曲线半径)，以此来确定车辆的宽度缩减量：

$$C_m = W_m - D_m \tag{6.1.3}$$

$$C_e = W_e - D_e \tag{6.1.4}$$

式中，C_m 为车辆中部缩减量，mm；C_e 为车辆端部缩减量，mm；D_m 为计算车辆在 300m 半径曲线上的中部最大偏移量，mm；D_e 为计算车辆在 300m 半径曲线上的端部最大偏移量，mm；W_m 为车辆中部最大偏移量，mm，计算式为

$$W_m = 1000\left(\frac{l^2}{8R} + \frac{S^2}{8R}\right) \tag{6.1.5}$$

W_e 为车辆端部偏移量，mm，计算式为

$$W_e = 1000\left(\frac{L^2 - l^2}{8R} - \frac{S^2}{8R}\right) \tag{6.1.6}$$

上述式中，L 为车体长度，m；l 为转向架中心距，m；R 为计算曲线半径($R=300$m)；S 为转向架轴距，m。

由于车体宽度不能使用到 3400mm，车辆宽度需要缩减，其缩减量计算式为

$$2B = 2(B^* - C) \tag{6.1.7}$$

式中，B 为机车车辆距轨面某一高度处最大允许半宽，mm；B^* 为对应高度处机车车辆限界的半宽，mm；C 为用式 (6.1.3) 和式 (6.1.4) 计算得到的车体中部或端部的缩减量(C_m 或 C_e，当该值为负时取零，即不用缩减)。

根据限界理论，在机车车辆车体的长度与转向架中心距之比为 $\sqrt{2}$ (限界标准说明书中要求精确到小数点后 2 位或 3 位)时，车体中部和端部的偏移量相等，则车体中部和端部的宽度可以一样；否则，为了充分利用限界，端部就要比中部窄些。

6.1.3　我国高速机车车辆限界的发展历程

1. 高速机车车辆需要一个单独的限界轮廓

针对高速机车车辆的运动特性,既有线的限界是否可以用于高速铁路的问题,即高速车辆是否可以按83版限界标准设计的问题,铁科院机车车辆研究所在1995年主持的"高速试验列车"课题中对此开展了研究。研究发现,高速铁路的机车车辆限界应与既有线的机车车辆限界有如下不同:

(1)鉴于高速车辆运动时的动态位移量与普通车辆差异较大,对乘坐舒适性又有较高要求,因此需要特殊设计。为了取得优越的乘坐舒适性,需要加大机车车辆的垂直静挠度,由于垂直动态偏移量较大,符合83版限界的机车车辆在高速运行时可能会超出建筑限界,甚至与钢轨相碰的问题,因此下部轮廓线必须上移,以留出足够的安全空间。

(2)83版限界标准受到一些历史条件限制,在轨面高度350~1250mm范围处的轮廓线维持了1600mm半宽的规定,从而限制了车体宽度,不能充分利用限界轮廓线中1700mm的最大半宽。83版限界标准中已经规定了一条在电气化区段上运行的电力机车使用的限界轮廓线,该轮廓线在距轨面高度350~1250mm范围内的半宽定为1675mm。为了充分利用限界空间,使车辆内部有较大的使用空间,也为了给旅客提供更舒适的环境,同时使车辆与站台之间的间隙减小,降到安全可控范围之内,有必要加宽此部分的机车车辆限界宽度。由于高速铁路是新建的电气化铁路项目,可以将83版限界标准的距轨面高度350~1250mm范围处机车车辆限界轮廓线外移加宽。

(3)为了提高高速车辆的乘坐舒适性,希望加大转向架上所用的空气弹簧的支承点距离,但是受到限界在轨面高度350~1250mm范围处的轮廓线的半宽限制。因此,加大限界在轨面高度350~1250mm范围处的轮廓线的半宽具有重要意义。

(4)新建的高速铁路不会存在线路的桥隧净空和曲线加宽量不足、线间距过窄等问题,因此计算车辆可以仅保留83版限界标准中的长计算车辆。

(5)新建的高速铁路也不存在限界轮廓线上角肩部的净空不足问题,可以直接使用83版限界标准中有较宽轮廓线的电力机车的肩部轮廓。

上述5点中第1点是车辆高速运行必须改的部分,第2~5点是83版限界标准因历史条件所限而遗留的问题,需要在限界更新时加以改进,而高速机车车辆正需要这些改进措施。

2. 高速铁路与既有线的互联互通要求

修建高速铁路旨在解决普速铁路(即上述简称既有线的铁路)客、货能力严重不足的问题。根据第一阶段的运量预测发现必然存在跨线的旅客群,既有线与高速铁路需要作为一个铁路网来运营，因此高速铁路不可能是纯高速的单一速度运营。以京沪通道为例，如果占京沪全线客车总数60%以上的跨线客车不上高速线运行，就不能从根本上释放既有线能力，也就达不到建设高速铁路的目的。这就决定了我国高速铁路宜采取高、中速列车混运的方式，而既有线以货运为主的运输组织模式，以后有条件时，逐步加大高速列车的数量和运行范围，减少中速列车的开行数量，而采用高速列车下高速线运行的方式。

为此，中速列车要在既有线和高速线上跨线运行。

高速列车虽暂可不考虑在既有线上运行，但是跨线回送、过渡线、进既有线站台等仍是必要的；从长远来看，高速列车也有必要下高速线；再者高速列车下高速线也是一个必然趋势。

另外，考虑到高速列车在既有线上运行对高速列车的损伤很大，因此高速列车下既有线只能是短时的、有条件的。与此同时，普通客车对高速线路的破坏作用也是不容忽视的，会影响对线路要求极高的高速列车的高速运行，因此可以上高速铁路的中速列车也是有条件的。加上线路超高的设置需要对两种不同速度运行的列车的速度差有限制(第3章超高设置部分中提及)，速度较低的列车是不宜上高速线的。

因此，提出如下原则：高速列车主要在高速线上运行，但不排除高速列车进入既有线的可能性。同时，中速列车要既能在高速线上运行，又能在既有线上运行。

限界上应能有兼容性，即高速铁路的车辆限界一定不会与既有线的限界有较大的出入，应是一个继承和发展的关系。高速机车车辆限界仅可在局部处适当调整。

为此，1995年发布的《高速铁路机车车辆限界技术条件》(95J01-N)依照铁路网互联互通的原则，在基本沿用83版限界标准的基础上，对车辆限界进行了修改。

3. 前期提出的主要修改内容

95J01-N技术条件与83版限界标准相比有以下修改：

(1)将下部限界中的转向架上弹簧承载部分和车体的弹簧承载部分的轮廓线提高。

(2)距轨面高度350～1250mm范围内的侧面轮廓线在83版限界标准中对电力机车所做的特殊规定(半宽1675mm)基础上进行了修改，即距轨面高度1250mm处采用半宽1675mm，距轨面高度350mm处采用现有半宽1600mm，自350mm至1250mm之间的两点以斜线连接。

(3)上部限界的肩部轮廓线直接采用了83版限界标准中的电气化铁路干线上运用的电力机车的限界轮廓线。

(4)取消短计算车辆。

按照95J01-N技术条件的规定，高速车辆可以进入既有线的电气化区段，但是不能进入既有老旧线的非电气化区段，主要也是距轨面高度 350～1250mm 范围内的问题，也是 1600mm 的宽度限制。考虑到高速铁路机车车辆为电动车组，其所可能运行的既有干线有进行电气化改造之需要，因此通过使用条件的规定可以解决这一问题(事实上，高速机车车辆也不必进入既有老旧线路)。

4. 限界暂规与 83 版限界标准的主要差别

继 95J01-N 技术条件之后，铁科院又开展了进一步的研究，通过大量试验研究(特别是 2002 年在秦沈线进行的两次高速试验)取得高速运行的试验数据后，对高速技术、高速机车车辆的动态特性及对机车车辆高速运动时的动态偏移量都有了更加清晰的认识；同时验证了车辆上不存在"动态偏移量随着速度的提高而一直加大，甚至急剧升高"的现象；在机车车辆仿真技术发展成熟的基础上又进行了机车车辆动态包络线的仿真计算；在当时动力分散高速动车组完成设计和制造的情况下，研究分析了动力分散动车组对限界的特殊需要。在充分利用限界的原则下，对 95J01-N 技术条件进行了必要的修改和调整，制订并提出了新的高速机车车辆限界暂行规定，由铁道部于 2003 年发布试行文件(简称限界暂规)。

限界暂规与 83 版限界标准的主要差别如下。

1)下部限界轮廓线

考虑到无论是既有线还是高速线均不存在半宽 1650mm 的低站台情况，也为了给车下动力设备预留出更大的空间，限界暂规中将下部限界轮廓线的 1700mm 半宽至 1280mm 半宽之间的折线改为斜线。

2)取消列车信号装置轮廓

高速机车车辆的侧面需要外表面具有良好的平顺性，以应对高速气流的影响，不应存在凸起物，并且随着技术进步已经不存在信号灯、扶手、路签架等物件。因此，机车车辆限界轮廓线中部距轨面 2600mm 高度处的列车信号装置限界轮廓也就没有意义了，可以取消。

3)侧面垂直轮廓线成一直线

限界暂规将 83 版限界标准中的距轨面高度 350～1250mm 处的半宽由 1600mm 扩展到1700mm，与距轨面高度 1250mm 以上的半宽相同，即距轨面高度 350～3850mm 范围内的限界半宽均采用 1700mm。

83 版限界标准适用于客货混运的线路，与站台对应处(距轨面高度 350～1250mm 处)受制于高站台。根据限界标准说明书中提到的不能扩大的理由，主要是站台区位置处的动态偏移量不足(正线上的安全空间可达 175mm)。该偏移量主要是针对各型车辆的，考虑到站台在全线中的长度微乎其微，不必因为这一问题限制所有车辆的宽度，而降低旅客舒适度。为了解决此问题，提出参照动态限界的理论，针对特定型号的车辆，计算其动态偏移量，进而提出宽度缩减量。于是，限界暂规中引入动态包络线的概念，对凡是需要通过站台的车辆进行动态包络线校核，根据动力学仿真计算的结果,决定车辆距轨面高度350～1250mm处的宽度是否需要缩减。这样，车辆的最大宽度名义上就可以变为3400mm。而在过站台时考虑鼓形车体的作用，利用动态包络线的校核来确认是否可以不发生干涉。

4) 保留扩大的上部限界的肩部轮廓线

限界暂规直接采用了83版限界标准中的电气化铁路干线上运用的电力机车的限界轮廓线。

5) 取消了短计算车辆

鉴于高速车辆不再需要考虑进入那些曲线加宽量不足的线路，不再需要采用短计算车辆方式校核车辆的缩减量，因此短计算车辆已不适用于高速机车车辆，取消了短计算车辆。

6) 定义动态包络线及其计算方法

限界暂规中引入动态限界的概念；在限界总体保持静态限界体系的基础上，在与站台边缘相对应的区域，通过引入动态包络线的概念，解决了车辆与站台之间的间隙问题；结合我国实际情况提出了动态包络线的计算方法和必要的计算参数。

为了帮助读者理解上述改变，图 6.1.1(a) 限界暂规上部限界图和图 6.1.1(b) 限界暂规下部限界图分别列出了上部和下部的限界轮廓线。

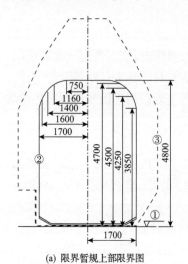

(a) 限界暂规上部限界图

① 轨面高程；② 高速铁路机车车辆限界；
③ 区间及站内正线(无站台)建筑限界

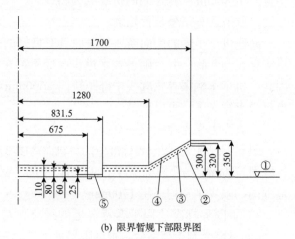

(b) 限界暂规下部限界图

① 轨面；② 非弹簧承载部分；③ 转向架上的弹簧承载部分；④ 车体的弹簧承载部分；⑤ 机车闸瓦、撒沙管、喷油管最低轮廓

图 6.1.1　限界暂规上部和下部限界图(单位：mm)

6.1.4　动态包络线的计算

1. 动态包络线的定义

车辆在线路上运行时，其实际轮廓线在运动中可能达到的空间位置的连线称为动态包络线。

限界暂规与 83 版限界标准相比，在距轨面高度 350～1250mm 处的宽度处增加了动态包络线的校核要求。

既有客车车体较窄，在采用 2+3 座位设置时较为拥挤，同时停站后与站台边缘的距离较大，既不安全又影响停站时间的缩短。因此，有必要加大车体的宽度，使车体充分利用限界的空间，且车体上下车处的边缘尽量接近站台。为此，提出了对车体靠近站台的区域采用动态包络线校核的要求和方法。

限界暂规中规定：对距轨面高度 350～1250mm 处的车体宽度需要进行动态包络线的校核，确认车辆通过站台处的限速要求是否得到满足。如果不满足，则需要采取措施，或缩减车辆该处的宽度，或通过架设挡风墙、控制轨道不平顺等，使车辆能以规定的速度通过站台侧。

实施此规定后可以使车辆停靠站台时尽可能靠近站台，尽量减小车辆脚踏板到站台边缘的间隙，方便旅客上下车，加大通行安全性，从而减少旅客上下车的时间，提高列车使用效率。

动态包络线的确定也就是机车车辆振动偏移量的预估计。动态包络线的计算可以归结为机车车辆轮廓线最大振动偏移量的计算，即预先对目标机车车辆在不同线路状况、不同外界环境、不同运行速度下的振动偏移量做出估计。

2. 偏移量的组成

偏移量可视为由两部分组成：静态部分和动态部分。静态部分包括轨道误差和轮轨磨耗等，动态部分是指运动中的机车车辆对外界激扰的响应，包括轮轨间隙间的横向运动、转向架的偏移、车体相对于构架的偏移、转向架侧滚形成的横移、车体侧滚形成的横移等。

表 6.1.1 列出了车辆偏移量的组成成分。

表 6.1.1　车辆偏移量的组成成分

类别	组合	项目	符号
静态		轮轨磨耗	Gm
		轨距偏差	Gj
动态	稳态量 （风载和未平衡离心力引起的偏移）	轨道不平顺	Gp
		轮轨间隙	Gx

续表

类别	组合	项目	符号
动态	随机量 (轨道不平顺引起的随机振动偏移)	转向架横移	Hz
		车体横移	Ht
		车体摇头	Yt
		车体侧滚	Rc

3. 最大偏移量的计算方法

偏移量的计算采用动力学计算方法，即通过对目标车辆、线路和轮轨接触关系建模，模拟车辆运行时受外界因素如轨道不平顺、风载等激扰而产生的振动过程，求解车辆的最大偏移量。

线路激扰产生的车辆振动位移，也就是车辆偏移量的动态部分，可通过动力学计算方法求得。动态部分与动力学计算未涉及的静态部分简单相加，即得出车辆最大偏移量。

动力学计算方法有两种：时域非线性计算和频域线性计算。

频域计算时，建立车辆-轨道线性系统模型，轨道的位移激扰以功率谱密度函数（即线路谱）的形式输入，求得车辆响应的功率谱，根据随机理论中自功率谱与方差、标准差之间的关系，即可得出车辆随机振动位移的标准差。将车辆的位移随机视为正态分布(均值为零)，即可以标准差的 3 倍作为车辆最大振动位移的预估值。

时域计算时，直接对车辆部件及各部件间的连接单元模拟，其中的非线性单元如止挡间隙、抗蛇行阻尼、轮轨接触关系等不进行线性化处理，轨道不平顺模型通过频(率)空(间)转换得到，所得结果应参照上述频域计算统计方法计算得出车辆最大振动位移的预估值。

4. 风载

外界横风影响以等效风力的形式作用于车体的几何形心。

等效风力与风速间有如下近似关系：

$$F_{\text{wind}} = 0.5\rho Sv^2 \tag{6.1.8}$$

式中，S 为车体侧面积，m^2；v 为风速，m/s；ρ 为大气密度，kg/m^3。

时域计算时可将上述等效风力作用在计算模型上，此时计算结果中已经包含风载的影响。对于频域计算，需在其计算统计结果中另行加入等效风力引起的最大偏移量。

等效风力的大小按第 3 章中的风力取值，计算时需逐级加载，以取得不同风速下的最大偏移量。鉴于我国正常气候、没有挡风墙情况下，6 级风是常态，应列为可以正常运行的状况。因此，在分析时至少应按 6 级风作用下正常通过站台侧的偏移量考虑车辆的宽度缩减量、不平顺管理、挡风墙的设置、运行限速等。

5. 计算用线路

限界暂规中规定了动态偏移量计算所用的线路参数。

计算线路取为平直线路。

如果实际站台在曲线上，则按正常的曲线加宽量也可满足要求。

计算线路的长度与站台的长度以及应关注的不平顺波长有关。车站到发线长度可取第 3 章相关内容。对于高速铁路，不平顺的波长应考虑长一些，至少关注到 150m，而其波数至少要考虑 6 个波。为此计算线路的长度取为 1000m。

6. 计算用线路不平顺

限界暂规中规定了计算用的线路不平顺。当时我国暂没有有关高速线路不平顺管理的规范，特别是轨道谱。限界暂规中只能暂时参考国外资料设定限值，如其附录中的轨道谱是参考欧洲的，不平顺管理半峰值是参考日本新干线的舒适级限值。这些需要在以后逐步发展成熟时修改推进。

1)线路谱

频域计算时所用的线路谱需取运营目标线路的线路谱，如果没有规定线路谱可用，则可暂按限界暂规的附录中的高干扰水平进行计算。

2)轨道时域几何不平顺

时域计算时所用的轨道几何不平顺可用频(率)空(间)转换方法从上述线路谱上计算获得，并需满足轨道不平顺动态管理标准中限速级规定的最大幅值。

7. 计算软件

限界暂规中没有规定采用何种软件，仅规定所用软件应是通过 MANCHESTER BENCHMARKS 考核的仿真软件。

MANCHESTER BENCHMARKS 考核是指所使用的软件需要通过所规定的一些计算考题，方可作为计算机模拟程序用于铁道车辆的性能预估。这是在 1997 年轨道车辆动力学计算机模拟国际研讨会上通过了的对轨道车辆动力学计算机模拟计算软件进行考核的计算考题。计算考题采用了两个简单的铁道车辆和四种与之匹配的轨道，用于对铁路车辆的动态行为建模的各种计算机模拟程序包的功能进行比较。

8. 影响动态包络线的因素

当计算结果显示车辆的动态包络线侵入站台的空间时，需要采取措施加以解决。除车辆设计时考虑对该处的宽度进行缩减外，还有一些影响因素可以考虑，而降速应该是最后的解决办法。影响车辆动态包络线的因素还有以下几个方面：

(1)站区线路不平顺度。动态包络线校核时需要用到线路不平顺数据。线路平顺性越好，车辆的动态包络线就越小，越容易通过。因此，要严格控制站区线路的不平顺，并且严格控制会引起车辆横向摆动量加大的不平顺波长。

(2)站台不设置在正线上。图 6.1.2 为站台设置形式图。图中给出了两种站台形式，其中形式 1 是有一条正线紧贴着站台，而站台的另一侧是侧线；形式 2 是站台两侧均是侧线的情况。

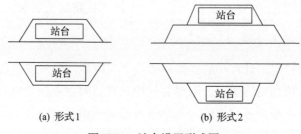

(a) 形式1　　　　　　　　　　(b) 形式2

图 6.1.2　站台设置形式图

站台的侧线通过速度受到进站道岔通过速度的限制，车辆运行时不会超过限制速度，动态包络线同样受到限制。

当站台设在正线上时，将会要求高速列车以较高速度紧贴站台通过。同时由列车高速运动产生的空气动力效应将影响邻线通过车辆，使之产生晃动，从而加大了动态包络线。

(3)对于较大风区的车站采用半封闭方式。对车辆的动态包络线影响最大的因素是侧风。侧风的影响可以使用挡风的手段加以解决，也就是采用半封闭式的车站形式，使通过站台侧线路的高速列车承受较小的风即可。

(4)优化设计车辆振型，控制车辆在站台位置处的振动横摆量。如果车辆在通过站台时存在上心滚摆的振型，那么车辆在站台位置处的振动横摆量就会较大。对于下心滚摆，车辆上方的振动横摆量会较大，这将不影响相应站台位置处的车辆动态包络线。对于车辆的摇头、横摆两种振型，则需要与上述第一条因素合并起来一起避免会加大这两种振型的不平顺波长。

(5)提高车辆设计制造品质。车辆重心位置的偏移、偏重，以及影响性能对称性的因素会使车辆的横摆量加大，因此加大力度对这些问题进行控制有利于站台通过问题的解决，需要在设计时提出相应的限制要求。

9. 计算结果与分析

图 6.1.3 为车辆动态包络线计算结果汇总图,它是某高速列车的车辆动态偏移量计算结果中的一个图例。由图可以看出,风对车辆动态包络线的影响是最大的;60mm 处为限度值,风速达到 15m/s 时,车辆以 200km/h 速度通过就超限了。

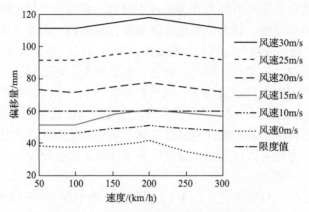

图 6.1.3 车辆动态包络线计算结果汇总图

显然,风速再大就不能通过了,因此要采用半封闭站台形式,将侧向风速加以控制。如果挡风的效果能够达到 10m/s,则此站台就可以满足高速列车以 300km/h 以下各级速度通过。

如果风速可控制在 15m/s 以下,则需要对高速列车在 200km/h 运行时的横摆量进行优化;否则,此站台就只能以 160km/h 及以下速度通过。如果一定要满足 300km/h 以下速度都能通过,还需要在车辆的振型和轨道不平顺的控制上加以优化,否则就只能缩减车辆该处的宽度。

关于对不平顺控制的优化计算数据没有在本图上展示,需要一个不同不平顺(包括波长)比较图才能显示,这里从略。

关于车辆振型的优化也需要另行比较,这里从略。

6.1.5 与互联互通的关系

1. 互联互通所提出的要求

与互联互通的关系问题是指解决高速列车可以下既有线运行,同时既有线车辆可以上高速线运行时所遇到的有关限界的问题。

由于两种线路采用不同的限界标准,要在两条线路上运行的车辆必须同时满足这两种限界要求,既要满足限界暂规的要求,又要满足 83 版限界标准轮廓线的要求,这样机车车辆就可以在高速铁路和既有线任意通行,不必做任何检查或校验。

2. 高速机车车辆进入既有线的情况

高速机车车辆需符合限界暂规，可以在高速线上使用。当需要高速机车车辆进入既有线时，需检查限界暂规与83版限界标准的匹配性。

1）上部限界的肩部轮廓线

由于限界暂规直接使用83版限界标准中较宽轮廓线的电气化铁路干线上运用的电力机车的肩部轮廓，进入电气化线路是没有问题的。而在无火回送或救援过程中，如果需要进入非电气化区段，则需确认受电弓已经落下后是否在83版限界标准轮廓线范围内。如果在，则可以通过；如果不在，则需要进一步确认所需通过的线路是否属于限界标准说明书中列出的净空较小、曲线加宽量较小、线间距较小的线路。如果已经是按59版限界标准改造或新建的线路则可通过，否则需要检查受电弓已经落下后的轮廓线与该线的建筑限界的轮廓线之间是否存在足够的安全空间，检查方法可以参照限界暂规中关于计算动态包络线的方法进行。

2）通过站台问题

问题主要在与站台对应处。由于83版限界标准中在350～1250mm高度处宽度较小，车辆的宽度实际上还是受制于距轨面高度1250mm以下的1600mm宽度，不能有效地发挥1700mm的作用，也就是限界不能被充分利用起来的问题。鉴于83版限界标准执行后新建线路已经按此执行，而大修线路也在大修时进行改造以满足83版限界标准的要求，仅难以改造的个别旧线可能还有留存。因此，83版限界标准中1600mm宽度这一尺寸在既有线上也可以考虑改为1700mm，以充分发挥限界的作用。而对于可能留存的高站台和小隧道，可以考虑采用动态限界的方式来加以处理，即对这些地方不采用静态限界，这就意味着将原来较大的安全空间通过动态包络线的方式加以利用，这样无论是增加客车定员、加大乘客输送量还是提高货车载重都是有意义的。

校核可以直接采用限界暂规中关于计算动态包络线的方法进行，提出相应的限速、限风等的要求即可通过。考虑到车辆浮沉、点头、侧滚等因素，计算时的1250mm范围应是对应车辆动态可达到的1250mm高度范围，即计算结果的考核点就车辆而言应扩展至1300mm左右高度处。

3）下部限界

图6.1.4为既有线下部限界和高速铁路下部限界（机车车辆及建筑）比较图。图中显示，限界暂规下部限界在半宽1280～1700mm处是一条斜线，这条斜线与83版限界标准的下部限界有干涉。因此，首先需检查所需进入的线路在83版限界标准的下部限界与限界暂规下部轮廓线之间的空间中是否存在建筑或设备。如果存在，则需要检查高速机车车辆此处的轮廓线是否容纳在83版限界标准下部限界

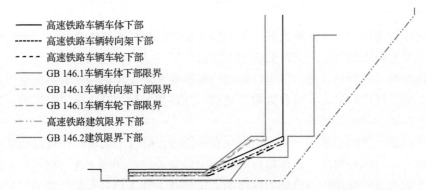

图 6.1.4　既有线下部限界和高速铁路下部限界(机车车辆及建筑)比较图

之内，如果是则可以通过；如果不是则需检查所需进入的铁路，进而通过计算动态包络线，检查安全空间是否足够，如果足够则可以通过，否则不能通过。

3. 既有线上的车辆进入高速铁路时的情况

对比 83 版限界标准与高速铁路的建筑限界，可以发现高速铁路建筑限界下部空间比 83 版限界标准下部空间更大。考虑到高速铁路的线路不平顺应是优于既有线的，车辆在高速铁路上运行的动态偏移量不会大于在既有线上运行的动态偏移量，因此不会发生超限问题。

因此，可以在既有线上运行的车辆就可以在高速线上通过，但是存在以下制约条件：

(1)运行速度。限界暂规中的下部限界比 83 版限界标准的下部限界中车体的弹簧承载部分和转向架上的弹簧承载部分要高，主要是考虑运行速度提高后的动态位移量会加大的情况。因此，如果进入高速铁路的既有线车辆需要高速运行，则需要满足限界暂规的要求；否则，应保持与在既有线上相同的速度限制。

(2)站台区通过速度。尽管既有线车辆满足既有线的机车车辆限界，但是如果在高速铁路上运行时采用超过既有线上运行时的速度，则对通过高速铁路站台区的动态包络线也需要进行校核，以确认与站台不会发生干涉。

当该车辆保持与在既有线上相同的速度限制时，可以不做校核。

6.1.6　我国铁路机车车辆限界的改进方向

限界暂规是在 83 版限界标准的基础上改进制订的，并且在高速铁路上实现了 83 版限界标准中尚不能修改的内容。

随着既有老旧线路的取消和改造，那些原来制约 83 版限界标准修改的地方成为历史，限界暂规就可以成为 83 版限界标准的升级版，在全路推广使用。

目前，机车车辆需要根据线路和运行速度的要求有选择地执行相应的限界标准(规定)。

限界暂规作为一种限界规范,仍然属于静态限界标准特性范畴,它创造性地引入了动态限界的理念,并将其应用于站台区域,从而使站台之外正线上的车辆动态偏移量得到释放。站台区可以通过一些措施来满足车辆与站台不发生干涉的问题,如正线不设站台、站台处限速通过、加装挡风设施减小横风的影响、提高站台内线路的养护要求等。

当动态限界的理念进一步应用到既有铁路时,既有线也可以在对应的站台区域位置处使用限界暂规,这样目前的两种限界就可以合并统一成一种限界。而对那些不能通过的线路作为特例加以处理,包括在条件成熟时实施改造或废弃,从而完成限界的过渡。

6.2　高速列车与线路相关问题

6.2.1　轴重对线路的影响

1. 轴重对线路影响涉及的问题

随着机车车辆运行速度的提高,轮轨系统的动态相互作用生产了重大影响,对行车安全和轮轨系统使用寿命提出了严峻的挑战。

车辆与轨道的动态互动产生的轮轨间动态作用力是轨道和/或车辆破坏的主要原因,特别是由钢轨或车轮表面缺陷产生的动态冲击力可能比车轮静载大 3～4 倍。

高速列车的轴重是直接作用在基础设施上的载荷,无论是对线下工程、桥梁还是轨道结构,也无论是线路稳定性、线路宏观几何还是钢轨的磨耗、线路微观几何(不平顺)等,都有直接影响。

从基础设施的角度要考虑的问题包括轮轨冲击振动响应问题、道岔结构的冲击问题、钢轨焊接区的强度问题、桥台和路基连接处的动力问题以及轨道不平顺问题等。

从机车车辆的角度要考虑的问题包括运行速度对轮轨动力作用的影响、轴重对轮轨动力作用的影响、簧下质量对轮轨动力作用的影响、轮对动平衡对轮轨动力作用的影响、悬挂系统设计对轮轨动力作用的影响、车辆临界速度对轮轨动力作用的影响等。

机车车辆轴重和线路的受力状态有密切关系,它是造成线路损伤的直接因素之一。一般来说,机车车辆速度的提高对线路的动作用力也会增大;在其他条件相同时,轴重大的机车车辆对线路的破坏作用也大。

从严格的意义上讲,轴重限度应该根据机车车辆和轨道在统一的大系统中相互作用的机制来确定，这种相互作用的理论描述和实际求解都是十分复杂和困难的。不同速度对最大轴重的限制是多少，就现有资料看，由于影响因素较多，还不能做出速度和轴重、簧下质量之间简单的关系表达式。

　　轴重对线路的影响主要需要考虑两方面问题：一是钢轨和线下工程的承载能力；二是在持续运用中的性能变化，即钢轨的磨耗、疲劳性能等问题。

　　对车辆而言，轴重的增大也需从承载能力和运用中的改变两方面考虑，前者是作用载荷的增大带来的零部件强度、动力学性能等问题，后者是车轮及相关零部件的疲劳和磨耗方面的问题。此外，还有牵引制动的能力问题。

　　机车车辆在线路上运行，对线路造成的影响主要表现在轮轨垂向力和轮轨横向力。

2. 垂向力的影响

　　图 6.2.1 为轮轨垂向冲击力响应示意图。图中显示了轮轨之间在某些冲击荷载作用下通过测试记录呈现出的两个明显峰值力曲线，它们被定义为 P_1 和 P_2 力。P_1 力为车轮通过缺陷时瞬时产生的第一冲击力，其频率较高且作用时间较短，主要对钢轨和轨枕有损害，但不会传入道床和路基。P_2 力出现的时间稍后（过约 10ms），属低频作用力，除对钢轨和轨枕造成损害外，还能通过钢轨—轨枕—道床向深层传递，是轨道变形和轨下基础结构变形的主要原因，可造成轨道结构（路基）表面几何状态恶化。

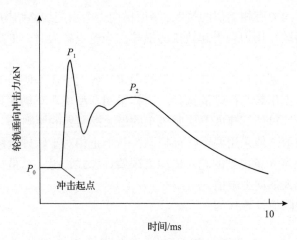

图 6.2.1　轮轨垂向冲击力响应示意图

　　由此可见，车轮与钢轨的相互垂向作用力有四种形式：

　　(1)静态力，即轴重。

　　(2)车辆运行中产生的力，即由三角坑、弹跳、车体及转向架运行产生的力，该力的频率一般低于 10Hz。

（3）P_1 力，即由于钢轨不平顺或车轮擦伤造成轮对与钢轨相互作用产生的力，该力的频率为 200~400Hz。

（4）P_2 力，即轮对与轨道支撑物的相互作用产生的力，该力的频率约为 50Hz。

P_1 力和 P_2 力量值的影响因素包括车辆速度、车轮或钢轨的缺陷特性、轨道结构质量和模量、车辆的静载重（轴重）和车辆的簧下质量（非悬挂质量）等。轨道质量和车辆簧下质量对 P_1 力的影响不明显，而 P_2 力随轨道质量的增加而降低，车辆轴重和簧下质量对 P_2 力影响极大，降低轴重和簧下质量能显著降低低频轮轨力 P_2。因此，有必要控制机车车辆的轴重，特别是对在经过改进的传统道床轨道结构上行驶的高速列车尤为重要。另外，采用轻合金轴箱、整体车轮和空心车轴等一系列降低车辆簧下质量的措施也都有一定效果。

簧上质量可通过优化悬挂参数，将簧上质量产生的有害效应降至最小。

随着运用速度的提高，对轮重和簧下质量有较严格的限制，这是各国铁路普遍遵循的原则。

关于轴重、簧下质量的限定，各国通常还是使用类比、试验和实践考验的办法来做出较为保守的选择。通常都规定新型机车车辆在其设计速度下的 P_2 力响应不应超过传统速度下比照机车的 P_2 力响应。

我国和欧洲的高速铁路将最大轴重限制在 17t。

3. 横向力的影响

横向力和垂向力有相类似的情况，峰值横向力会引起线路结构和扣件的损坏，而近似的低频持续作用力会引起轨排的横移。当轮重较大时，更容易发生线路结构和扣件的损坏。

从横向力的角度对轴重、簧下质量的限定，各国也还是使用类比、试验和实践考验的办法来做出较为保守的选择。同样采用新型机车车辆在其设计速度下的最大横向力不应超过传统速度下比照机车的最大横向力的原则。

横向力的限值一般采用两个指标控制：一个是相对于轨排横移的轮对横向力计算式，这就是第 5 章提到的轮对横向力限值计算式；另一个是相对于线路结构和构件损坏的最大横向力限值。

轮对横向力限值计算式为

$$H = \alpha \left(10 + \frac{P_0}{3} \right) \tag{6.2.1}$$

式中，P_0 为轴重，kN；α 为系数。

一些国家没有采用上述计算式，而是直接规定最大横向力值，例如，英国铁路规定每轴允许最大横向力为 71kN，日本新干线采用最大横向力为 68kN。

4. 减重是高速列车的关键技术

提高列车运行速度一般总是首先想到增加牵引功率。由于要增加牵引功率，牵引设备的容量要加大，容量加大又导致牵引设备重量增加，由此进入了一个怪圈。同样，重量增加导致制动功率不足，要加大制动能力还要增加设备，又进一步增加了列车总重。特别是高速列车，其牵引能力不仅由轴重大小因素决定，还有克服空气阻力的需要。

减重的能力和幅度直接取决于整个国家工业体系的能力和水平。

从基础设施和运营成本考虑，减轻轴重无疑是一个永恒的追求目标，它带来的好处是明显的。

为应对大轴重，线路的要求要提高，投资额度也就加大。轴重是影响线路建设投资和运营成本的重要因素。在运营方面，大轴重对于线路的较大破坏程度使线路维修工作量大大增加，更不用说线路维修产生的间接影响，如维修周期缩短、因开天窗对运输的影响等，大轴重车辆本身的制造、维修成本也很大。这些问题虽然现在尚无数据可以进行对比，但仅从理论基本分析的结果就说明需要重视这一问题。随着速度的提高，这一问题将越来越突出。

降低轴重主要是改进车辆，即通过研究、设计、使用新材料、新工艺、提高制造水平来实现。但是，除从车辆上做文章外，还要进一步从系统的角度出发全面地研究降低轴重的措施，即从现代铁路的各子系统协调上下功夫。高速列车采用动力分散方式就是降低轴重的有效措施。

5. 有关降低轴重与铁路其他子系统的相关问题

1)关于连挂速度问题

车辆的重量与其承载能力密切相关，载荷指标的大小又与列车使用特性有关。车辆所承受的垂直载荷与载客容量有关，显然从我国的旅客流动特性的实际情况看是不可能减少的。而车辆承受的纵向力的大小与列车使用特性关系较大，如与连挂速度、纵向冲动等有关。

高速列车采用密接式车钩可以减小车辆之间的冲动，但是还存在连挂作业，包括重联运行、救援、回送等；连挂时的相对速度越大，则冲动越大，车辆承受的纵向力就越大，因此必须限制连挂时的相对速度。其中重联的连挂必须按第 5 章的方式进行，以控制连挂速度；必要时，列车上可采用加装雷达实施自动连挂，用设备保证连挂速度；在救援和回送中的连挂需要救援机车控制和掌握，要在操作规程上加以限制，确保连挂速度控制在 2km/h 范围内。在这样的情况下，车辆所承受的纵向力的水平可限制在压缩 1500kN、拉伸 1000kN 以下。

2)关于纵向冲动的问题

减小纵向冲动也是降低纵向载荷的有效手段，需要从以下两方面考虑。

(1)回送时的安排。由于货物列车的长度较长、制动机性能与客车相比差很多，在列车队中冲动较大；如果允许高速列车挂入货运列车，就要求高速列车能够承受较大的纵向冲击力，这样高速列车所承受的纵向力至少要达到2500kN，不利于降低轴重；如果回送时不允许将高速列车挂入货物列车，则高速列车所承受的纵向力就可以减小而采用较低的限制值。

(2)与列控系统的关系。列控系统设置的模式曲线在使用时仅用大级别的制动对高速列车是不利的，往往使高速列车产生过多的纵向冲动，经常承受较大的纵向力，从而造成过多的磨耗和疲劳损伤。如果设置提前预警，则可以不用外部干涉，让司机操纵，提前撤除牵引，小级别制动减速，那么纵向冲动会较小；如果合理使用外部干涉，尽量不用或少用大级别制动，就可以减小纵向力，这是一个系统匹配的问题，是执行什么技术标准体系的问题。

采用上述系统措施对降低轴重是有益的。

3)主动防撞与被动防撞

列车在通过路口时可能会与平交的公路上的车辆相撞，为了解决在路口与其他车辆碰撞的问题，国际上有两种不同标准体系。

一种标准体系是基于运行中车辆被碰撞是不可避免的。为了保证司机和旅客在车辆碰撞时的安全，车体结构需要具有吸收碰撞能量的能力，避免司机室和客室中载客区的结构变形而伤害司乘人员或旅客，即应使司机室和客室处的结构基本不发生变形。碰撞时除缓冲装置吸收一定的能量外，车体结构的两端特别是司机室前部的结构在碰撞过程中允许变形，将冲击动能转化为结构的变形能，可实现进一步的缓冲，保护后部的司机和旅客。这种防撞方式称为被动防撞方式，是让列车特别是端车的前部具有强大的能量吸收能力，当碰撞发生时，这些能量吸收装置可以吸收几十甚至上百兆焦的能量，以缓解冲撞，保护司机、旅客和设备。

车上的冲撞能量吸收需要多种方式，除配置常规的缓冲器之类的吸能装置(一般在千焦级)外，端车的头部还要安装能吸收冲撞能量的大型缓冲装置，并且要将车体结构设计成具有吸能功能的结构形式，依靠结构的变形所消耗的能量来缓解冲撞；与此同时，还必须让消耗冲撞能量的结构变形发生在不会伤害司机和旅客的部位处，达到保护司机和旅客的作用。因此，车体不仅需要通过变形吸能，而且在不能变形的区域还要承受很大的纵向载荷。所有这些对减重都是负面的。

车体结构在发生碰撞后要具有抗碰撞性能，也因此增加了较大的重量。

另一种标准体系是基于主动防撞的。首先是应采取措施避免撞击，除必要的连挂作业外，不应发生任何碰撞。这种方法是在铁路建设上采用预防性措施，取消平交路口，也就避免了碰撞发生。这些措施包括：

(1)铁路与公路的交叉处均采用立体交叉方式，避免汽车与列车相撞。

(2)全线封闭式管理以及有效的安全防范体系等，铁路两旁设置护栏，避免人员以及牲畜上到铁路线上。

(3)列控系统及时识别列车位置，避免尾追、抢道事故；利用车载设备对列车进行控制，避免列车超速运行并适时减速直至停车。

(4)通过设备的故障导向安全功能用设备保障安全。

(5)在高速铁路上加设坠落物侵入物监测预警设施，监测到有坠落物影响运行时，及早发现可能的冲撞物，及时发出指令，通知司机减速甚至停车，以确保安全。

将此方式称为主动防撞方式。这些虽然在铁路建设中会增加投资，但是车辆上的投资减少了、轴重降低了，运营成本也同时降低了。

这是两种典型的系统协调和个别处理问题的方式。

我国高速铁路采用全封闭全立交方式，加设坠落物监测预警设施，很显然车上就可以不加设特殊的防碰撞结构和吸能装置，高速列车的头部只需要承受调车连挂的冲击能量即可，当然也需要防石击并具有排障的功能。在低速碰撞时可能损坏的车头鼻部应易于更换，不应伤及车体的主结构。

4)其他

高速列车的减重还与站台高度、站台间隙、运营交路的长短以及网压波动范围等有关，这些问题在本章下面的有关内容中分别叙述。

6.2.2　线间距

线间距是对高速列车影响较大的基本因素。由于高速列车的运行速度较高，列车会车时会产生较大的气动载荷，而气动载荷的大小与两列高速列车侧墙的相对距离密切相关，即与线间距密切相关，线间距越大，会车时的气动载荷就越小。

我国对 300km/h 等级的高速铁路一般采用高速线间的线间距 5m，高速线与新建普速铁路、既有线间的线间距为 5.3m。相比日本等较早建成高速铁路的国家，此线间距是较宽的，有利于减轻自重。

高速列车在隧道内以 350km/h 及以上速度会车时，气动载荷会进一步增大。从目前的数据看，在 5m 线间距的隧道内，两列以 350km/h 速度运行的高速列车会车时测到的气动载荷大于 8000Pa，这种情况下是采用增大线间距（大于 5m）还是增大高速列车的承载能力需要权衡协调。

6.2.3　坡道

坡道设置对高速列车牵引能力有很大影响。线路上的最大坡度以及连续坡道的设置将影响高速列车的速度发挥，从而影响旅行速度。在某一线路上的旅行速度与高速列车的功率配置有密切关系，由于经济和减重的原因，高速列车不必预留过多的功率储备。坡道设置的优化应以高速列车的功率储备减小为目标，从而减轻高速列车的自重、降低高速列车的造价、提高旅行速度、缩短旅行时间。

高速列车至少应适应如下坡道情况：

(1) 区间正线最大坡度 12‰，困难条件下 20‰。

(2) 站段联络线坡度不大于 30‰。

如果遇到超出此参数的长大坡道的情况，则高速列车就需要增加功率。对于短坡道，可以利用短时功率冲坡。

根据特定线路设计动车组也是一种手段，但是在我国车辆运用范围广的情况下，此法是不可取的。

因此，对线路的规定，特别是对最大坡度和坡道组合的限制需要与高速列车的牵引能力、旅行速度、自重、造价等结合在一起加以考虑。

6.2.4　曲线半径

曲线半径是限制高速列车运行速度的关键参数。干线上的曲线半径设置应以不对高速列车的运行速度限制为准则。

高速列车在曲线上的最高运行速度受制于欠超高值，有关欠超高的相关内容已在第 3 章中讨论过。为了让高速列车以 350km/h 速度高速运行，最小曲线半径不应小于 7000m。应坚决取消对困难地段的照顾，否则整条高速线将受其制约。日本的东海道新干线就是由于建设期缺乏对此问题的认识和对速度增长需求的预见，现在难以提速（当然还有隧道的问题）。

此外，还有最小曲线半径的问题。减小高速列车的运行阻力和获得优良的高速动力学性能，转向架与车体之间、车体与车体之间需要采取措施，包括设置抗蛇行减振器、纵向减振器等。这些对高速列车能通过的最小曲线产生了制约，即使低速通过也需要限制，为此通过曲线的最小半径必须放大到 250m。

6.2.5　缓和曲线

缓和曲线与高速列车的运行安全性和乘坐舒适度都相关。缓和曲线的变化率设置过大，高速列车的运行安全性和旅客的乘坐舒适度都会降低，而过小的缓和曲线变化率将占用较多的土地，优化、协调两者的关系应成为目标。有关缓和曲线与高速列车的关系可参见第 3 章相关内容。

6.2.6　隧道

隧道与高速列车的关系非常紧密，直接的影响是对高速列车的气动载荷，具体见第 3 章相关内容。

单洞双线隧道断面的有效面积 $100m^2$ 对 $300km/h$ 速度等级的高速列车来说应是较好的条件，但是单线隧道断面的有效面积 $70m^2$ 对于高速列车仍然是一个严峻的挑战。高速列车需要克服阻力和微气压波的不利影响，加大单线隧道断面的有效面积至 $75\sim80m^2$ 可达到单洞双线隧道断面的有效面积 $100m^2$ 的效果。如果采用 $70m^2$，则动车组还需要在形状、强度、微气压波、减阻等方面开展大量工作。

对于 $350km/h$ 速度等级的高速列车，则需要更大的有效面积的隧道。在隧道较少的地区，加大隧道的有效面积是有益的，而在隧道较多的区域，还是在高速列车上下功夫比较经济。

6.2.7　道岔

道岔对高速列车的影响主要在动力学性能方面，需要引起关注的是动车组通过道岔区的动力学性能（包括直向通过和侧向通过）以及道岔的不平顺管理。高速列车通过道岔时要满足有关动力学性能的要求。

道岔对高速列车动力学性能的影响仍然还需要提高，特别是提高高速列车对道岔的适应性。调整一系悬挂的纵横刚度匹配关系，可以获得较好的效果。

6.2.8　线路不平顺管理

线路不平顺是按线路的速度等级来管理的。

一般而言，高速列车都需要在很好的线路上运行，对线路要求很高；而在较差的线路上运行时速度就很低。特别是车辆的动力学问题尤为突出。

车辆的动力学性能与线路不平顺的波长、幅值以及车辆的运行速度有关。如果车辆的运行速度范围（与对应的线路不平顺管理也较协调）较窄，车辆设计、制造的难度会较小，运用的故障会较少，运营费用会较低，使用寿命就会较长。

对于影响高速列车上旅客乘坐舒适度的长波长不平顺，其测试与管理仍然是一个课题。

就高速列车的动力学性能而言，应关注连续多波不平顺和轨向、水平逆向复合不平顺。对于这两种不平顺，在高速列车上几乎没有办法可以改善其性能，只有依靠线路的设计、施工和维护保养来保证，应避免出现这类不平顺。

因此，从高速铁路大系统出发，包括开行方案、线路不平顺管理及养护、车辆要求等方面综合考虑是很有必要的。

6.2.9　钢轨

　　钢轨与车轮是一对相接触、相对滚动和摩擦的运动副，相互之间的形状匹配、硬度匹配、材料匹配至关重要。这也与车轮的直径有密切关系，需要通过理论、试验、跟踪监测等多项手段来优化。一般而言，主要还是优化车轮，毕竟换轨难度要大些。通过优化使动车组的车轮至少能维持 15 万～20 万 km 运行，同时钢轨的磨耗应处于正常状态。

　　轨廓形状的保证和钢轨的定长问题、钢轨的焊接接头过渡问题在前面章节中都已经提到。

6.2.10　桥梁

　　我国高速铁路大量采用以桥代路的方式建造，因此桥对高速列车的影响是必须关注的。

　　桥本身是坐落在桥墩上的，因此桥墩处必然出现的硬点会成为对高速列车的一个激扰点；而桥墩之间的桥身在高速列车通过时会有挠度，从而形成对高速列车的另一种激扰方式。

　　由于采用以桥代路的方式建线，各桥相连，形成如图 6.2.2 所示的激扰。当采用等跨距连续梁时，此激扰就成为高速列车的周期性激扰源。有关周期性激扰对高速列车的影响见第 3 章不平顺部分相关内容。

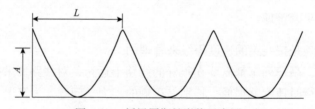

图 6.2.2　桥梁周期性激扰示意图

　　图 6.2.2 中，L 代表跨距，A 代表桥梁的挠度。当高速列车以某一特定速度运行时，使车上某振型的频率与桥梁的跨距所给出的周期性激扰合拍时将发生共振，产生严重问题。因此，建议不要采用等跨距连续梁的方式，而采用变跨距连续梁的方式建设桥梁，至少不要连续 3 跨，以避免发生共振现象，否则，在该线路上就不可以用上述可能产生合拍的特定速度运行。在高速列车的细节设计和线路试验中还要对车辆上各部件的自振频率和振型进行检算，找出不利速度区，以便铺设运行图时避让这一不利速度区，有关不利速度区的问题在第 4 章讨论过。

6.2.11 站台

1. 站台高度

我国既有线车站的站台高度不统一，站台上平面距轨面高度为 500~1100mm 不等。高速铁路的站台与既有线的站台有很大差别的就是站台的高度，高速铁路的站台距轨面高度一致采用 1250mm 这一尺寸。这一改变对车辆的减重是有利的。

原有客车的车辆地板面的高度是由转向架的承台面高度决定的，对应车轮直径为 915mm 的状态。这一结构决定我国车辆的上下车门的门口地板面距轨面高度一般都在 1280~1300mm。既有线的客车的上下车处都需要安装脚蹬，即登车梯，以利于列车停靠在具有不同高度的站台时旅客上下车。脚蹬的设置就是为了适应站台的高度。

车辆上设置脚蹬，产生了以下不利影响：

(1)降低了旅客的通过速度，增加了停站时间。

(2)增加了车上重量，提高了结构复杂性。

(3)对于需要有密封性要求的车辆，难以提高密封性。

对于采用动力分散方式的高速列车，车体底板以下为设备舱，其内布置着各种设备，包括动力设备，因此车辆地板面距轨面的高度不可能降下去。如果还是采用原来的站台高度，也仍然需要设置脚蹬。当站台高度统一规定为 1250mm 时，地板面的高度与站台面的高度可以基本持平。这样既有利于旅客顺利通过，同时车上可以不用再加脚蹬之类的设施，车门的密封性也更容易实现，这也有助于减轻车重。

2. 站台边缘间隙

我国车站站台边缘距线路中心的距离规定为 1750mm。如果与站台高度相对应的车辆限界半宽规定为 1600mm，当车辆用足车辆限界中这一尺寸时，车辆与站台间的静态间隙为 150mm。而实际既有客车的宽度大都为 3104mm，半宽为 1552mm，这时静态间隙将接近 200mm，如果加上线路变化、轮轨间隙，以及曲线加宽等因素，车辆与站台的间隙将超过 200mm。对旅客上下车来说，这显然是潜在安全隐患。旅客通过时需要小心留意，这就影响了旅客的通过速度，降低了车辆的利用效率。

如果将车辆对应位置的限界半宽尺寸规定为 1700mm，要求对该位置处的尺寸进行动态包络线校核，以确认车辆通过站台时不会与站台边缘相碰。这一规定为减小站台与车辆的间隙提供了条件，使新设计的车辆有可能充分利用限界。

按照这一规定的理解，如果将车辆在通过站台时的偏移量控制在 50mm 以内，车辆在该处的宽度就可以用足 3400mm。

因此，要保证车辆停站时与站台有较小的间隙就需要考虑如下几点：

(1)严格控制站区线路的不平顺度，并尽量提高标准。

(2)站台不设置在正线上，以降低车辆通过站台时的速度。

(3)较大风区的车站采用半封闭方式，以降低由风引起的车辆横向摆动量。

(4)优化设计车辆振型，控制车辆在站台位置处的振动横摆量。

(5)提高车辆制造品质，充分用足限界可用宽度。

间隙的减小有利于提高旅客的通过效率。为了减少不安全因素，车辆上下车门口的地板边缘离开站台边缘的水平横向距离应控制在100mm以内。如果该值大于100mm，车上就必须加装间隙补偿器，以在打开车门时起到填补这个间隙的作用，避免旅客踩空掉入间隙中。间隙补偿器需要与车门联动联锁，即在车门关闭前收回到内藏位置，而在车门打开后伸出到工作位置，实际使用中也就多了发生故障使门不能打开或关闭的现象。因此，高速列车应采取宽车体方式直接将该间隙控制在100mm以内，这样既不用加装间隙补偿器，也消除了因间隙补偿器出现故障时车门打不开关不上的一个故障源，同时也有利于减重。

6.2.12　高速列车横向载荷与欠超高的关系

线路的欠超高设置直接影响高速列车所受的横向载荷大小。如何通过已知欠超高和车辆质量计算得出横向载荷值的问题，已在第3章有关横向载荷的相关内容讨论过。

我国线路上的欠超高最大值规定为110mm，也就是说，高速列车所受的稳态横向载荷至少不应小于110mm欠超高带来的横向载荷。从线路设置上来讲，线路上存在大量的曲线，在这些曲线上可能欠超高值小于110mm，但是从高速列车的设计角度讲，应考虑在所有曲线上都是按照欠超高110mm安排运行。也就是说，由欠超高110mm引起的横向载荷应作为高速列车应该承受的最大疲劳载荷来考虑，需要从运用工况来加以评定。

6.2.13　关于选线的几个问题

1. 避免使用困难条件的问题

在线路设计规范中经常可以看到"困难条件下……"。这是选线时在受地形地貌限制时给出的允许采用的限值，一般是为了节省一次性建线投资做出的降低线路标准的措施。

在这种措施下，对高速列车提出了更高的要求和更苛刻的运用条件。高速列车仅仅为了适应在整个高速铁路上微小局部的困难条件，就要增加很多的投资和重量，实际上是不科学的、不经济的、不合理的。

与此同时，为了节省投资，大量使用规范规定的困难条件也给发展带来了困难，反过来又增加了进一步改造的投资。这实际上是投资控制与预留未来发展的矛盾。

20 世纪 90 年代建设的广深线上就有这样的例子，该线路上个别几个半径为 1400m、1600m 的曲线限制了广深线的可运行 200km/h 线路的长度，制约了广深线的发展。后来为了缩短广州到深圳的旅行时间，需要将运行速度提升到 200km/h，还不得不引入摆式列车以解决这两个曲线半径带来的制约。

20 世纪 90 年代建设的秦沈客运专线的 12‰坡度的大量反复使用以及变坡点与圆缓点的重叠，也使机车车辆不能得到很好的发挥。

2. 关于风口的问题

选线中需充分考虑风对高速列车的影响，包括平行线路的风、垂直于高速列车纵向对称面的侧风，以及高架桥地段的侧前风，尽可能避开风口。有关侧风对高速列车运行的影响问题相关内容已在第 5 章讨论过。

6.3　高速列车与互联互通相关的问题

互联互通是指高速列车之间可以相互连挂，高速列车也可以与救援机车连挂，甚至可以在不同的铁路线上通行。为了实现互联互通，需要解决以下问题。

6.3.1　高速铁路与既有线的互通问题

1. 限界问题

有关限界差异及互通的问题请见本章限界部分。

2. 轨距与轨底坡问题

轨距的选择不存在优劣的问题。轨距不同的铁路之间不能直通联运，如果需要互联互通，则效率会受到很大影响。

轨底坡问题是标准体系的选择，影响轮轨相互作用力和运行特性。

我国自有铁路以来，也和世界铁路发展的情况一样，采用多种轨距制式，1950 年以后开始统一采用 1435mm 的标准轨距。自此，开展了大量的改造工作，废弃了一些窄轨铁路。现在除台湾省、云南部分地区和东北地区的部分森林铁路还保留原来的窄轨铁路外，其他铁路都成为准轨铁路。我国准轨铁路的轨底坡统一规定为 1:40。

在拟建高速铁路之时，我国已经形成轨距 1435mm 和轨底坡 1:40 的铁路体系。考虑到高速铁路与既有线的互联互通，也考虑到当时高速铁路发达的国家普遍采用的轨距形式（准轨），我国高速铁路也顺理成章地采用 1435mm 的轨距。我国与当时高速铁路发达的国家还存在轨底坡不同的情况(大都采用1:20的轨底坡)。

世界上的轨距五花八门,其中采用标准轨距的铁路总里程占到60%以上。而与我国接壤的如俄罗斯和蒙古采用1520mm的轨距、越南等东南亚国家采用的是米轨(轨距为1000mm)。如果要与这些国家实现互联互通,特别是直通运输,则需要看这些国家是否有采用准轨的意向。

轨距不同的铁路之间不能开展直通联运,需要在接壤之处采取措施。一种措施是旅客换乘和货物倒装,即由一种轨距铁路上运行的车辆上下来再换乘(倒装)到在另一种轨距铁路上运行的车辆上。另一种措施是车辆上采用技术复杂、价格昂贵的可变轨距转向架。在不同轨距的铁路接壤区域设置轨距逐步改变的一段线路,当车辆从某一轨距的线路进入变轨距区域时需要低速运行,此时车轮受到钢轨的限制逐步调整两车轮之间的间距,到进入另一种轨距的线路上时,两车轮之间的间距就调整完毕,从而使车辆最终可适应在另一种轨距的线路上运行。如果高速列车上采用这种方法,那么需要确保该变轨距机构的可靠性。

3. 查照间隔问题

这里讨论的互通问题是指我国的高速铁路与既有线之间的互通问题,即高速列车可以在高速铁路上运行,也可以下既有线运行;反之,既有线上运行的车辆也可以在高速线上运行。

既有线的道岔存在有害空间,使车轮通过道岔时产生冲击,列车运行速度越高,冲击力就越大,严重影响道岔和车辆的安全和寿命。显然,这在高速铁路上是不可取的。

车辆通过此类道岔时还存在查照间隔问题。查照间隔问题是指在既有线的道岔上有两个尺寸制约了车辆过轨。一个是既有线辙叉心作用面至护轮轨头部外侧的距离,为1394^{+0}_{-3}mm,另一个是既有线辙叉翼轨作用面至护轮轨头部外侧的距离,为1348^{+3}_{-0}mm。其中,1391mm(1394–3)和1351mm(1348+3)两个尺寸称为查照间隔。

为了安全通过既有线道岔,车辆轮对的形状尺寸必须与查照间隔相匹配,其中包括轮背内侧距、轮缘厚度、轮缘高度等(有关道岔安全通过问题请参考文献[1])。高速铁路上使用的是可动心轨道岔。采用可动心轨道岔后,中间的有害空间就被取消了,车辆通过道岔时基本没有冲击,通过速度大大提高;与此同时,由于采用可动心轨道岔,车辆的轮背内侧距就不再受到查照间隔的限制。国际上高速铁路技术成熟的、运用较好的、规模较大的国家如日本、法国和德国的轮对的轮背内侧距均采用1360mm。由于我国的钢轨轮廓形状与欧洲的高速铁路基本一致,我国高速动车组如果仅在高速铁路上运用,轮对内侧距也可以直接取为1360mm,但是如果在既有线运用,轮对内侧距直接采用1360mm将不能保证安全通过既有线道岔。为了保证车辆安全通过,可以在既有线道岔上采取措施,也可以在车辆上采取措施。

　　对既有线上需要互通的线路上的道岔采取以下两条措施中的任意一条就可以消除查照间隔问题：一是工务部门对道岔的维修限度从严掌握；二是更换为可动心轨道岔。在这种情况下，轮对内侧距取为 1360mm 就可以实现互通。

　　如果不采取上述措施，则高速列车要在既有线铁路上运行，其轮对的轮背内侧距必须满足上述查照间隔的要求，即轮对的轮背内侧距必须与既有线车辆的这一尺寸相同，即采用 1353mm 作为名义尺寸。我国既有线上的车辆在制造时的公差掌握在 1353^{+1}_{-1} mm，而运用中的公差掌握在 1353^{+3}_{-3} mm。

　　采用统一的 1353mm 轮背内侧距的措施就是要满足高速线与既有线之间的互通。接着需要研究采用 1353mm 轮背内侧距的高速列车在高速铁路上运行是否可行的问题。

　　当高速列车采用 1353mm 轮背内侧距后，轮轨的匹配关系就与国外的高速铁路完全不同，也意味着不能直接使用国外高速铁路已经成熟的车轮踏面形状，否则将不能保证安全运行。其中也包括轮背内侧距减小使轮轨之间的横向间隙加大和在其他条件不变的情况下轮轨游间偏大所产生的不利影响，其不利影响主要在轮轨横向动力性能(运行品质)、磨耗、维修成本等方面。然而，轮对内侧距与踏面形状的关系不是孤立的，涉及转向架悬挂参数、轨底坡、轮轨间隙等。我国的科研工作者对此开展了大量的研究工作，研究出全新的高速列车磨耗型踏面 LMA，试验和运用证明，采用 1353mm 的轮背内侧距，匹配上我国标准的 LMA 车轮踏面完全可以满足安全运行的要求。

　　我国 CRH 各型高速列车新造出厂时的轮背内侧距如表 6.3.1 所示。因此，完全可以满足查照间隔的要求。

表 6.3.1　既有高速列车轮背内侧距一览表

项目		CRH1	CRH2	CRH3	CRH5
轮背内侧距/mm		1353	1353	1353	1353
正公差/mm		2	2	2	1.2
负公差/mm		0	1	0	0
轮缘厚度/mm	新造	32	32	34.55	32.5
	运用				22

　　因此，上述高速列车轮背内侧距是可以满足高速铁路和既有线铁路互通要求的。

　　我国标准的 LMA 车轮踏面是基于 1353mm 轮背内侧距确定的，是投入运营的高速动车组中使用最多的车轮轮缘踏面形状。一种新型的车轮轮缘踏面形状，还需要通过运用考验，以积累数据，逐步优化。

已投入运营的高速动车组采用了不同的车轮轮缘踏面形状，还没有统一，在运用中也不时发生与车轮轮缘踏面形状有关的问题，需继续跟踪。进一步则需要通过对转向架的悬挂参数继续优化协调，以最终形成适应我国高速铁路所用钢轨的统一的车轮轮缘踏面形状。有关车轮轮缘踏面形状的问题将在第8章进一步讨论。

6.3.2 高速动车组之间的互联问题

在我国高速铁路上运行的高速列车的钩高、构型、控制逻辑、电源制式等存在差异，互联难以实现，阻碍了短编组列车重联运行的实施和动车组之间的救援。

1. 互联的条件

1) 车钩中心线高度

高速动车组之间的互联问题影响最大的是车钩中心线距轨面的高度（简称车钩高度）。

各型高速动车组的车钩高度没有统一（见表 6.3.2），造成各型高速动车组之间存在高度差。这些车钩的高度差不仅表现在动车组的端部车钩上，而且有些型号的动车组的端部车钩的中心线高度与本身的中间车的车钩高度不一致，即使能够连挂在一起，运行时也需要限速，只能降速运行。这是因为车钩高度不同会使两列动车组在冲动时产生抬车力，容易引起车辆跳轨，是不安全的因素。

对于高速列车的互联，就是要能实现重联运营。简单地采用过渡车钩的方式进行连挂是不能进行运营的，即使用作救援，也需要谨慎从事。

表 6.3.2 既有动车组车钩中心线距轨面高度名义值

动车组系列	中间车钩高度/mm	端部车钩高度/mm
1 系列与 D 系列	940	880
2 系列与 A 系列	1000	1000
3 系列与 B 系列	895	1000
5 系列	950	1050

因此，统一车钩中心线距轨面的高度是互联的必要条件。这里应该既包括各型动车组的端部车钩高度，也包括本动车组中所有车钩的高度，即中间车的车钩高度应与端车的端部车钩高度一致。

对于既有动车组的适应性改造可以从表 6.3.2 得出初步判断，适应性改造是可行的；在进一步考虑各种车型的数量和改造难度后，从经济和技术上做出决断，确定改造方案。改造的方向应该是与既有线机车车辆的车钩中心线距轨面高度取同一数值，即 880mm。

2) 车钩连接面接口(形状与尺寸)

两列高速动车组连挂在一起运行，需要两列动车组的端部车钩能够连挂起来，并能正常传递纵向载荷(牵引与制动工况)、运行命令信息、控制信息、状态信息和故障诊断信息等，也要实现压缩空气的输送，满足故障支援的需要。因此，无论机械钩还是电气钩都应能够连挂在一起。

各型高速动车组的端部车钩形式是不统一的，只有统一端部车钩的连接面接口之后，才有条件互联，即重联运营。因此，除车钩中心线高度需要统一外，还需要统一规定车钩的连接方式、结合面相互关系、风管的连接接口、电气连接接头形式、信息协议等。就互换性而言，当然最好是统一车钩的形式，甚至包括车钩尾部与车体的连接方式、电缆接口、风管接口等，以方便互换为好。

这里还要对电钩的插头及插座的形式和各插针的定义做出规定。在统一的规定下重联就可以使主控动车组对被控动车组发布控制指令，实施操纵；被控动车组也可以向主控动车组反馈运行所需的各种信息，如状态信息、故障信息等。

3) 制动制式

制动制式存在自动制动方式和直通制动方式两种，而这两种制式的制动是不能互联的，因此需要互联就必须统一制动制式。我国从一开始就统一规定了直通式制动制式为高速列车的制动制式，采用直通式制动有利于制动的平滑过渡、便于缓解后的再制动、节省能源、控制性能优良、可以按设置的模式曲线实施制动等，这为互联创造了条件。

个别型号的动车组上设置的备用制动是自动制动制式的，是没有必要的，应予以取消。

4) 制动减速度

各型高速动车组的制动还是采用分级制动方式，一般分为 7 级，但各型动车组相同级别的制动所对应的制动减速度是不同的。

为了实现高速列车的互联，需要对各个级别的制动减速度进行统一规定。如果像现在的各种型号的高速动车组那样各自规定其各级制动减速度，不可能是相同的，因此连挂在一起运行就会使两列高速动车组之间产生较大的冲动，这是不利的。需要统一各个级别的制动减速度，在统一的指令等级下实施制动，减小纵向载荷。

对于直通制动制式，已经有能力不必按照分级制动的方式对列车实施制动，可以按照目标距离一次制动模式曲线实施制动。

按照目标距离一次制动模式曲线实施制动就是根据列车实际状况和距前方目

标的里程,由制动控制装置的主控单元计算出一次制动的模式曲线(或者遵照列控系统指定的制动模式曲线),并且对全列车的各制动控制单元(当然要除去可能的故障单元)给出指令,实施制动。全列车的各制动单元的故障情况将反馈回制动主控单元,制动主控单元又一次计算确认实际的制动情况是否符合要求,若不符合要求,则随时调整。这里所说的列车实际状况除车辆的重量外,主要是可以提供制动力的状况,如在电制动能力足够时不使用空气制动,而在电制动能力不足时需要实时补充空气制动,以保证目标的实现。电制动最有可能因故障或过分相而缺失,需要随时调整。因此虽说是一次制动,实际上是要根据实际情况进行调整的,是以按模式曲线平滑制动为优化目标的一次制动,是有别于分级制动方式的。这样旅客的舒适性和车辆的平稳性大大提高,避免分级制动时,分级转换中带来的冲动。在这种制动方式下,重联运行的两列动车组可以根据指令和各自的状态实施制动,两列动车组之间就不会因为制动级别设置不同而产生冲动。

5)列车间的信息传输

各型高速列车所采用的信息传输方式、协议、内容都是不同的,包括需要控制的对象、项目等也是不同的。

要实现互联必须采用统一的信息传输,以便在重联后两列动车组可以实现信息交换,保证指令准确到位、状态清楚明了、沟通明白无误。

6)电源制式

各型高速列车所采用的辅助供电系统没有完全采用所要求的干线供电方式。

各型高速列车的辅助供电系统的电源制式也是不同的,不能满足互联互通要求。直流的有 24V、100V 和 110V 三种,交流的有三相 380V、三相 440V 等,甚至交流的频率也不同,有 50Hz 和 60Hz 两种。

辅助供电系统的故障支援方式也不同。

有必要统一电源制式,统一采用干线供电方式,干线统一采用三相交流 380V/50Hz 供电电源,并统一采用三相交流 380V/50Hz、单相交流 220V/50Hz 和直流 110V 等用电方式,以满足简统化和互联的要求,具体将在第 8 章讨论。

2. 高速列车之间的互联

1)问题的提出

高速列车之间的重联问题在上面已经对条件进行了介绍,在满足上述条件之后,高速列车之间的互联是可以实现的,但是既有的高速动车组尚不能满足这些条件,需要进行适应性改造,因此至少需要解决高速动车组的回送和救援问题。在已经大面积开行高速列车和高速铁路成网的情况下,高速动车组通过重联回送或救援的问题就摆到日程上来了。以下无论救援还是回送,为简化说明,统一采用救援一词。

救援的过程是救援动车组与被救援动车组重联。救援时分为多种工况，有关这些工况下的制动问题已在第5章中介绍过，这里重点介绍如何实现各种不同型号的高速动车组之间制动信息的传递。

为了在两列高速动车组之间实现制动信息传递，就必须在高速动车组的端车上安装制动信息转换装置。在重联后，需要将相邻两端车的制动信息转换装置连接起来，让两动车组的制动系统实现命令和信息的沟通。

制动信息转换装置应统一，目的是将救援动车组(或被救援动车组)的制动信息转换成统一协议的信息，再将按统一规定的协议传输的信息转换成被救援动车组(或救援动车组)的制动信息。

2)列车位侧的定义

有关列车位侧的定义在第1章已作说明，后面叙述中提到的位侧就是指运行位侧。

3)制动信息的中间协议

由于各型高速动车组所传输的制动信息的制式不同，需要用制动信息转换装置将本身的制动信息转换为符合中间协议的信息，并且还要将符合中间协议的制动信息转换为对方的制动信息。

根据各型动车组的制动信息，为简化转换装置的结构，介绍一种简单易行的中间协议——双四线制的中间协议。

在双四线制的中间协议中，每个四线按8421码进行编码加上电压，并以有电压为1、无电压为0来代表信息，电压可采用直流110V。编码规则参考重联制动信息中间协议表(表6.3.3)设置。

表6.3.3　重联制动信息中间协议表

制动级别	节点1	节点2	节点3	节点4
运行状态	1	1	1	1
制动级别1	0	1	1	1
制动级别2	0	1	1	0
制动级别3	0	1	0	1
制动级别4	0	0	1	1
制动级别5	0	1	0	0
制动级别6	0	0	1	0
制动级别7	0	0	0	1
紧急制动	0	0	0	0

由于列车重联时，两列动车组本身的车位可能出现掉头，因此连挂后车辆的信息需要在位侧上进行调换，即前方动车组本身的 1 位侧的信息到后方动车组就要变成其本身的 2 位侧的信息，而前方动车组本身的 2 位侧的信息就会变成后方动车组本身的 1 位侧的信息；上面所说的双四线中的一个四线连 1 位侧，另一个四线连 2 位侧。

因此，对于动车组，动车组前端 1 位侧的插头与该动车组后端 2 位侧的插头的信息是一样的。与此同时，动车组前端的 2 位侧就应该是插座，后端的 1 位侧也是插座。

当后方动车组与前方动车组相连时，前方动车组后端的 1 位侧为插座，2 位侧为插头；而后方动车组前端的 1 位侧是插头，与前方动车组后端的 1 位侧的插座相连；后方动车组前端的 2 位侧为插座，与前方动车组后端的 2 位侧插头相连。

4）制动信息的交换

为了方便叙述，设重联后的高速列车的前方动车组为主控动车组，而后方动车组为被控动车组。换端运行的概念也是一样的。

重联时，前方动车组的插头为信号发送端，插座为信号接收端。前方动车组应向信号发送端以 DC110V 电压作为信息（有电或无电）发送，并从信号接收端接收由后方动车组反馈的信息。具体过程如下：

（1）前方动车组发出的制动控制信号发送到本动车组上的制动信息转换装置。

（2）该制动信息转换装置将所收到的控制信号转换为符合表 6.3.3 协议的电压信息，并发送至信号发送端（前方列车后端 2 位侧插头）相应连接点上。

（3）后方动车组从重联连接电缆（如果是车钩连接的，就是从电钩上）信号接收端（后方动车组的前端 2 位侧插座）相应连接点上获得符合表 6.3.3 协议的电压信息，并通过本动车组上的制动信息转换装置转换为本动车组的制动控制信号供本动车组的制动控制系统执行。

（4）后方动车组接收制动控制信号后执行相关命令，并将其执行状态信息发送（反馈）到本动车组的制动信息转换装置上。

（5）后方动车组上的制动信息转换装置将该控制信号转换为符合表 6.3.3 协议的电压信息，发送至后方动车组的信号发送端（后方动车组的前端 1 位侧插头）相应连接点。

（6）前方动车组从信号接收端（前方列车的后端 1 位侧插座）相应连接点获得符合表 6.3.3 协议的电压信息，并通过本动车组的制动信息转换装置转换为本动车组的信号供本动车组的列车制动控制系统的主控单元确认。

5）安全回路

对于可以实现密接式车钩连挂的两种动车组，应该检查两种电钩的信号定义，对于更改难度不大的，应该将各插头（或插座）的定义统一成一致的形式，包括所载信息、电压水平及形式等。这些插头（或插座）中的安全回路也要连接在一起，将两列动车组的两个各自独立的安全回路连成一个安全回路，这样就实现了安全回路的互联。

而对于不能实现密接式车钩连挂的两种动车组，连挂时需要另外加设安全回路，可采用如下方式：在上述双四线的基础上各增加一线，成为双五线，其中信号发送端一根，信号接收端一根。两根线在制动信息转换装置中通过继电器（即安全回路继电器）连接起来，从而在两列动车组的制动信息重联连接电缆连接后成为一个回路。两列动车组的安全回路也接入此安全回路继电器，当该继电器得电后，使动车组上的安全回路断开，同时将断开的两个节点分别连接到制动信息重联连接电缆上的两根电线上。当两列动车组连接后通过安全回路继电器分别断开各自的安全回路，又都连接到制动信息重联连接电缆上的两根电线上时，就将两列动车组的各自独立的两个安全回路连接组成一个新的安全回路，形成重联列车的安全回路。

6.3.3　高速列车与救援机车的互联问题

1. 车钩的连接

我国机车的车钩中心线距轨面高度都是统一的，为 880mm，但是已有动车组的车钩中心线距轨面高度不统一。因此，动车组与机车连挂时，需要加装一个过渡车钩，此车钩的作用是其一端与动车组的前端密接式车钩相连，另一端要与机车的自动车钩相连，两侧的连接中心线存在高度差。

几种动车组的密接式车钩的形式也不同，因此需要每个动车组都自带过渡车钩。

统型动车组就会采用同一种密接式车钩，也会采用同样的车钩中心线距轨面高度，这样过渡车钩的形式也可以统一成一种，并且可以作为救援设备配置在救援机车上，此时动车组之间的重联将不成问题。如果车钩高度取 880mm，那么过渡车钩上不存在高度差，救援和回送的速度就可以提高。

2. 气路连接

动车组的前端车钩均为密接式车钩，一般带有空气管路的连接，因此过渡车钩上就需要将空气管用软管连出来，以便与机车总风管的软管相连接。

有部分动车组设有备用制动，因此列车上设有列车管，也需要与机车的列车管相连。

由于动车组已有一套完整的直通空气制动系统，加上动车组上可以配置制动信息转换装置，统型动车组应该取消动车组上的备用制动系统。气路连接就会只有总风管的连接。

3. 电器连接

机车一般没有能力为动车组全列供电，可否供给制动控制系统的用电量是值得探究的。

在机车不能供电的情况下，动车组需要自我供电。在动车组蓄电池尚可使用的情况下，救援就不成问题(只要制动系统尚能工作)。

有几种动车组具有运行时可以发电的功能，它们可以实现自我供电。

4. 制动的信息转换

动车组应能由采用自动式空气制动系统的中国既有线机车操纵控制(包括制动与缓解)，以便在救援和回送时用既有线机车操纵控制(牵引/制动)该动车组。

救援机车可以通过列车管向动车组总风管提供压缩空气，并通过调节列车管内压缩空气压力向动车组传递施加或缓解空气制动的信息。

由于既有动车组上安装的备用制动采用自动式制动制式，对于具有备用制动的动车组，可以直接使用列车管中的制动信息。

对于没有备用制动的动车组，则需要有制动信息转换装置。该装置通过采集机车在列车管上的压力变化指令，转换成本动车组的制动指令，实施制动(或缓解)。

对于可以重联的统型动车组，也需要安装此类制动信息转换装置，以方便回送和救援。

6.3.4 与通信信号的相关问题

本节介绍高速列车与信号系统、列控系统的关系问题。

欧洲是典型的多种信号制式的地区。多种信号制式给列车过轨带来很多麻烦。列车上要设置各种信号接收设备，到达过轨点时还要进行转换，要有很好的衔接。这样带来了很多的麻烦，对于车辆不仅是增加重量和复杂性的问题，这些设备还要占用车上的场地。对于原来就紧张的车上面积显然就是雪上加霜了，甚至还会占用客室空间，减少座位数，会直接影响运营的收入。因此，信号制式的统一将是非常有意义的。

我国铁路采用的信号制式和列车运行控制制式尚未完全统一，车上设备也不同，跨线运行(即互通之事)就有问题，有必要整合成为一种，以实现互通。

区间占用上的多重备份现象对运输效率有很大的影响。行车的安全空间究竟如何保留，不同部门存在不同的看法，需要相互理解，避免重复备份。

区间长度的设置、占用区间的间隔等问题会在高速列车与通信信号之间的关系一节中提到。

6.4　高速列车与运营相关的问题

6.4.1　与各种交通运输工具的衔接

在整个交通运输体系中存在多种交通运输工具，它们之间的衔接将有利于旅客的移动和物品的转移。作为现代交通运输工具，应该将方便客户作为重要目标。由于各部门分工管理各自的交通运输工具，各自规划各自的设置，我国多种交通运输工具之间的衔接不理想。乘坐火车的旅客需要走很长的路才能换乘，一些适合门到门运输的专用车辆也未发展起来。如果在铁路新的发展中能够解决好这些问题，铁路将会给人一个全新的形象。与这种衔接相关的问题包括车站设置与城市交通的关系、综合交通站房形式的开发、联合电子票务技术与核算体系、多种专用车辆的开发、多式联运形式的研究等。

6.4.2　多种经营模式探究

历来铁路作为一种运输工具将旅客或者货物从一地移动至另一地就算完成了任务，但是由于基建设施的投资较大，难以收回成本。许多国家采用国营的方式，将铁路作为公共设施，国家给予适当的补贴。由于维持经营困难，铁路成为夕阳工业，有一些国家开始扒铁路修公路，也有一些国家采用民营的方式经营，其中有一些经营较好的企业，大都不把铁路作为单一经营方式经营，即不是只完成运输就结束了自己的业务，而是把业务向更广更深的领域发展。他们意识到大量旅客通过旅行所要完成的事中有很多可以由铁路公司来协助完成，在修建铁路的建设用地特别是站房上做文章，一方面充分利用高架线路的下部建成铁路维修部门的检修车间等以节约用地，另一方面将站房设计成除铁路用房外的办公、商业等用房。这些办公用房、商业用房不仅通过出租获得回报补贴铁路运营，而且可以获得大量的客源和货源，增加客货运量。铁路成为把客人拉来上班、购物、休闲或货物集散后又把他们送回家的工具。

6.4.3　运营与高速列车的关系

从运营需求的角度规划高速列车的某种特性有利于充分发挥高速列车的作用。与此同时，高速列车的优势也需要在运营中充分体现出来。

互联互通是运营非常需要的一种形式，高速列车必须能满足互联互通的要求，包括各型动车组可以任意重联。有关互联互通的问题已在本章专门讨论过。

关于车辆车门保持停站时统一位置、各型动车组同一位置的车辆具有相同布局，以方便热备和增加车次等需要高速列车满足的相关要求就更多了，本书不一一叙述，下面就一些综合性的问题进行讨论。

1. 与运营交路相关的问题

运营交路的长短主要影响到车辆上的污物箱和水箱的容积。高速列车一般采用短交路的方式运营，所以国际上的高速列车是没有卧铺车的。高速列车采用公交化运营，发挥高速客运跟踪时分短、发车间隔小、运行速度快、运输效率高等特点，旅客一般行李较少，随时乘车出发，可以不需要提前预订车票，这样旅客只需要等待很短的时间就可以通过换乘登上另一列高速列车。在这种情况下，车上的污物箱和污水箱的容积就可以减小，也是对减重有利的。与此同时，车站的候车空间也可以大大减小。

我国以前的客运方式大量采用长交路运输，由于速度较低，一般运行 10h 都是很正常的，通常需要在列车上度过一个饭点，甚至两个及以上的饭点。为此，车上需要准备大量餐饮物品，也需要较大的水箱和污物箱。这样，车辆的重量就较大。如果高速列车采用长大交路，则对高速列车提出了非常苛刻的要求，不利于发挥高速列车的作用，而且高速列车还需要安排勤检查，同时过长的交路对高速列车持续运行能力和可靠性也是一个考验。

高速列车还是采用公交化、短交路、发车间隔小的运输方式为好。

2. 运输组织

为了充分发挥动车组快速灵活的运用模式，加大运行密度，提高运输能力，动车组的性能和运输组织必须达到良好的匹配。

为适应运输的时段性、季节性、周期性的变化要求，又能节约能源和节省成本，动车组采用重联运行的方式组织运输。

高速动车组设有长、短两种编组方式。动车组短编组采用 8 辆编组，长度约 210m，长编组采用 16 辆编组，长度约 420m。两个短编组也可重联成 16 辆编组运行，即长编组列车可以是两个短编组动车组重联后组成的一列连挂在一起运营的高速列车。

高速动车组还可以设计成小编组的动车组——2辆一组、3辆一组或4辆一组。这样可利用的车组数量也就相应增加了，弥补了车组短缺、交路不好安排，而大量高速列车又在只有较小客座率的情况下运营的不足。对于潮汐性增加的旅客，又可以通过重联扩大编组提高运输能力。重联运行时，高速列车的列车追踪间隔时分、列车的启动加速能力和制动能力、启动附加时分、停车附加时分、立折时间等都可以和一列动车组一样，因此运行图不需要调整，仅需事先安排好与重联交路相关的事宜即可。

3. 列车追踪间隔时分

列车追踪间隔时分的长短是运输效率的重要指标。动车组影响列车追踪间隔时分设置的是启动加速度这一参数。当列车追踪间隔时分设为 3min 时，动车组启动附加时分应不大于 2.5min。动车组设计时必须满足这一限制条件。动车组停车附加时分也应满足规定（如不大于 1.5min）。

4. 立折时间

动车组立折时间包括上下旅客、清扫、整备等各项工作，也包括两列动车组的编挂或解编。动车组的设计应使这些工作容易实施，能在规定时间内完成作业。

5. 运行图与不利速度区

随着高速列车最高运行速度的提高，运行速度范围加大了，高速列车不可避免地存在不利速度区。此问题完全依靠车辆部门在高速列车上解决是不现实的。一些问题可以通过调整车上相应部位的刚度或质量等参数来将不利速度区移出常用速度区（在第 4 章中讨论过相关内容），但是也有一些问题仅靠在车辆上处理是无法移开的，需要铁路其他部门协调帮助解决。其中与运行图相关的问题就是，可否调整运行图使高速列车不在其不利速度区运行，例如，高速列车以 300km/h 速度通过某区段时出现问题，经故障诊断发现高速列车在 300km/h 左右存在不利速度区，需要避开，此时如果运行图可以将速度调整，让该高速列车通过此区段的速度降低（如 290km/h 以下）或提高（如 310km/h 以上），从而避开其不利速度区，这样就可以较为方便而又经济地解决问题。以上理念也在 6.2.12 节中提到桥梁时引入过。

6.4.4　整备作业

整备作业主要是上水、排污、餐饮准备和客室的预冷预热。

1. 整备作业间隔与相关设备容量

根据运输组织的安排，供水设施设在车辆基地。动车组需运用一天后才返回基地，车上是否可以准备一天的用水量？多少时间合适？中间可否有增加上水的可能？为了提高动车组的利用率，动车组上需要按下述要求配置相应设施：

(1)动车组的用水尽量满足一天的使用。

(2)动车组的水箱容量应至少满足两个单程的使用要求。

(3)动车组污物箱的容积应尽可能满足一天的使用需求。

(4)动车组的配餐服务能力应满足 70%定员用餐的需要。

(5)鉴于污水直接排放对我国大量采用的板式轨道是极其不利的，污水也应纳入收集范围。

与此同时，客运服务设施也需要按下述要求设置相应设施：

(1)大型车站应配备上水设施，间距为 600～1000km。

(2)中间折返站需配备为动车组 70%定员用餐的供餐能力。

(3)排污设施的间距也应按 600～1000km 设置，大型车站也需要考虑配备紧急吸污设施。

2. 餐饮服务

由于高速铁路的速达性和公交化方式，高速铁路的开通大大改变了旅客的出行方式，对餐饮的需要也发生了变化，必须研究旅客对餐饮需求的这种变化带来的对餐饮设备的影响和餐饮准备的内容。

考虑到旅行时间较短，也因为高速列车的密封性要求，列车上不应再设置原先既有线客车餐车上的炒菜这类设施。可将餐饮定位在简便的快餐方式服务，车上仅具有简单的加热功能，不再具有准备和制作餐饮的能力。

由于旅行时间较短，又是公交化的开行方式，一般认为需要在车上解决餐食的旅客就会较少，主要是补水方面的需求，因此不必准备较多的餐食，主要准备的应该是饮料。

但是从高速列车运营的情况来看，不少列车运行时间较长，会有饭点还在列车上的旅客，他们是有餐食需求的，因此需要准备足够的餐食，以免旅客挨饿。这主要是目前高速铁路还没有全面成网，不少车站还存在换乘难的问题，加上动车组的数量也不足，小编组动车组还没出现，不利于形成公交化的态势，所以也还会有大量的长交路存在。因此，需要从以下几方面着手：

(1)尽快打通咽喉，实现高速铁路网络化运输。

(2)有条件的线路上推行公交化运输，多开短交路列车。

(3)尽早开展小编组动车组的研发，并将其排入合适区段的运输方案中。

(4)在同一城市内的多个车站之间的旅客摆渡服务也应在考虑之列。

3. 预冷预热

列车出库投入运营前需要将客室的温度和空气尽快达到可以接待旅客上车的状态，这项工作就是预冷预热的整备作业。

要求无论是在冬天还是夏天，除列车维修外，各项运用准备工作应在 1h 内完成，即可以接待旅客。

上述目标意味着高速列车的客室能够在 1h 内让空气新鲜、温度达到规定的要求。因此，高速列车上的空调设备、制暖设备和通风设备等均应按照客室的这一要求来配置制冷或加热的容量。

由于预冷预热作业大多在凌晨时间，噪声对周边的影响是不容忽视的，还需要对这些参与预冷预热设备的噪声加以限制。

6.4.5　客运与货运

我国的高速铁路是在客货分流的前提下开始的，目的是客运采取高速快捷的方式，同时释放既有线的货运能力，并有利于货运推进重载运输的方式。

随着高速铁路的开通运营和电子商务的飞速发展，期望通过高速铁路实现货物快捷运输的需求开始出现。适应新的形势，适时开展高速铁路的货物快捷运输的问题就需要考虑了。

货物的快捷运输采用专用的货物列车还是利用客运的富余能力，应做充分的比较、分析和探索。

一般认为货运车辆的舒适性可以不如客运车辆，但是货运车辆舒适性的降低将带来对线路破坏程度的加大，会影响高速铁路的安全、可靠、舒适的运行要求。如果达到影响高速铁路客运的程度，那么这种方法是不可取的。

从后面第 7 章的分析中可以发现，客运存在的一些特征是可以利用的。

我国客运市场的客流的波动性很大。在高速铁路开通后，高速客运中也反映出这一现象，如假日流、朝夕流。原先的设想中为了适应这种客流的波动性，高速列车采用可重联运行的短编组高速动车组，即在需要时采用两列重联的方式满足客流的增长。从现在的运营情况来看，即使采用短编组列车，在客运低谷时仍有富余能力可供利用。

在快捷货运的需求出现之后，是否可以利用客运的富余能力来开展快捷货运的问题应该提到议事日程上，可以适用的货物包括轻快货物、鲜活货物、快递服务、贵重货物等。

在客运繁忙的时候集中力量满足旅客的需求，而在客运低谷时间段中将部分车辆转为快捷货运车辆，这样在运行图中不增加线条的情况下就可以实现货物的快捷运输。这就需要预测旅客出行时段分布、统计旅客出行规律，及时做出安排。例如，周五、六、日的假日流繁忙时，是旅客运输；在周一至周四期间用部分车辆运输货物，投入货运车辆的多少取决于客运需求。或者在一天之中 9 点以前和 16 点以后以客运为主，9 点至 16 点之间安排一定量的货运，甚至在 21 点以后也可以突击运输一些货物（当然这需要对所运的货物做一定的选择）。

在高铁客运量还有余能时，适时开展高铁上的快捷货物运输将有积极意义。

这种运输方式对动车组也就提出了新的要求：可以考虑研究开发客运忙时运客、客运闲时运货的模块化动车组，或者一列车中的几节车辆具有此功能。为使动车组中的一些车辆可以适应快捷货运的作业，主要有以下几点需要调整：

(1)客室中的座椅应方便拆卸或移动。

(2)开发一些小型装卸机械方便进出客室。

(3)新车可否在适当位置增设一门，以利于较大的货物进出。

(4)客室内装的防护措施。

(5)提高对鼠害等的防治等级。

(6)开发新型上贯通式双层高速列车，旅客少时仅用上层载客、下层装货(下层加设车门)，旅客多时上下两层全部用于载客。

6.5　高速列车与电气化线路的供电关系

高速列车大都采用电力牵引，因此其与供电系统关系极为密切，需要关注网压的波动、三相不平衡、功率因数、谐波、接触网和过分相等问题的相互制约和影响。

6.5.1　供电网网压波动范围

接触网电压是与高速列车直接相关的参数。尽管接触网的标称电压(25kV)仅是一个值，但是由于供电臂总是有一定的长度，一个臂内还可能有几列高速列车(而且高速列车还可能是 8 辆编组或 16 辆编组)同时用电，因此在供电臂上的电压很难维持在一个数值上，即高速列车受流的电压是波动的。在发挥相同功率的情况下，电压高时电流就小，而电压低时电流就大。电压高意味着需要提高绝缘性能，电流大则意味着发热量大，这些都是高速列车需要考虑的因素，过大的网压波动范围会使动车组的重量和消耗加大。因此，供电品质中网压波动范围是影响高速列车品质特别是车辆轴重的重要因素之一。

每个供电臂上的高速列车数量的变化和运行速度的高低都直接影响供电系统的供电效果。这些高速铁路上的负载频繁变化，会引起电力系统的电压变动；接触线的接地或短路事故，更会造成电力系统的电压骤降。这些电压变动的程度必须要限制在某个范围内，否则高速列车就难以承受。

我国既有线的网压范围要求较宽，长期最低电压为 19kV，瞬时最低电压为 17.5kV；而长期最高电压为 27.5kV，瞬时最高电压达 29kV。而实际车辆还需满足直到 31kV 那样宽的网压变化范围。车辆为应对供电网的高网压，需要提高绝缘水平，而为在低网压下发挥额定功率就需要承受较大的电流，也意味着有较高的温度，需要较大的散热能力，这些都是需要增加重量的，因此会有较重的动力设备，否则就不能满足安全正点的需要。如果高速铁路的网上电压波动范围控制在 22.5~27.5kV，则车上用电设备特别是牵引动力设备就可以设计得较轻一些。

网压波动范围主要受到变电所容量和变电所间距的影响，应综合考虑。目前的高速列车是按第 3 章表 3.5.1 所列的接触网电压参数配置的。网压波动范围越小，越有利于减轻动力设备的重量。特别是网压波动最低值对高速列车重量的影响最大，而提高供电设备的容量有利于减小网压的波动量。

为了减少高速列车过分相的次数，需要将供电臂长度加大，带来的问题就是供电臂内的负荷加大，对控制网压的波动是不利的。就这点而言，也需要加大供电设备的容量。

曾经在较大枢纽车站区域发生的高速列车上电时跳闸的现象应该是与此相关的问题，许多大容量的高速列车几乎同时用电造成系统崩溃而跳闸，也有发生较大功率的高速列车降速后进入某区间而引起故障的问题。这些问题均与供电系统的容量密切相关。

适当加大供电系统的容量和前级供电电压等级对提高高速铁路系统的品质是有利的，特别有利于高速列车的减重以及高速列车牵引制动特性的提高。因此，优化协调高速列车与供电系统之间的关系是非常必要的。

6.5.2　电源三相电压的不平衡现象

由于高速列车是供电系统的单相大用电负载，对上一级的三相输电网络会造成三相电压的不平衡。此电压不平衡将造成电力系统的电流不平衡，即增加负序电流成分。这种不平衡现象在电力网络上会造成发电机供电波形失真，甚至因保护动作而跳机；对于系统上用户的三相感应电动机，造成线圈过热、降低效率等不良现象。

为避免上述问题，高速铁路的用电应该挂在容量较大的电网上，即电压等级较高的电网上。原先的电气化铁路的供电系统都是挂在 110kV 的电网上，在高速铁路建设运营后意识到这一问题，才逐步将高速铁路的供电系统挂到 220kV 及以上的电网上。

6.5.3　功率因数

随着牵引系统的交流传动化，功率因数有了很大的提高，已经接近 1.0。

负载（高速列车的牵引系统）的功率因数越高，表示无效电量越小，引起的线路压降越小，对电力系统的电压特性影响也越小。法国高速列车运行时的功率因数约为 0.93，德国高速列车运行时的功率因数接近 1.0，我国高速列车全部采用交流传动组成牵引系统，因此功率因数也接近于 1.0。

如果在高速铁路上完全运行这样的高速列车，功率因数的问题就不是问题，但是在高速列车超过本身设定的额定功率运行时，其功率因数会降低很多。因此，要避免高速列车在超过额定功率下运行，以免对电网造成影响。

然而，在一些与既有线交接的区域中，也不可避免存在其他牵引系统的车辆，还有其他需要上高速铁路的车辆是否还有没有采用交流传动的车辆？如果这样的话，应限制功率因数低的车辆进入高速铁路的供电网范围内；否则，在电力系统上就必须加装自动功率因数补偿器，以达到目标值。

6.5.4　谐波

1. 谐波源

高速铁路供电系统的谐波是指混杂于供电系统的高次谐波。

谐波的产生主要受高速列车的电力电子设备以及其与供电设备中的电感电容参数的相互关系影响[3,4]。

我国高速列车采用的牵引动力设备均采用大功率的交流变频技术，而在整流、逆变过程中会产生谐波电流，这些谐波就会灌入供电系统中，引起谐波电压影响系统供电品质。高速列车的外特性参数与供电设备中的外特性参数之间也会产生耦合而引起谐振波。此外，接触网上出现的拉弧以及供电系统中的三相平衡补偿设备也是产生谐波的源头。因此，有必要对这些谐波源加以改进和控制，减小系统中的谐波含量。

图 6.5.1 为牵引工况下的网压含谐波的波形示意图，这是谐波的一种形式。

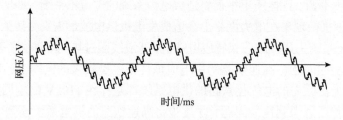

图 6.5.1　牵引工况下的网压含谐波的波形示意图

2. 控制与管理

为确保供电品质，除避免参数耦合外，主要必须限制高速列车的牵引系统对供电系统的谐波电流的注入量；应对谐波限制，制定相应的谐波限制规定。

对于可能超过上述规定的谐波，需要采取预防措施。有效的预防措施包括设计适当的滤波装置、将具有谐波源的负载与不产生谐波的负载分别以不同的变压器回路供电等。

3. 动车组的谐波治理

动车组应通过控制网侧谐波来降低对供电系统的干扰。

动车组的牵引系统在采用电力电子器件作开关导通的操作中不可避免会出现谐波，因此动车组必须将本身产生的谐波控制在一个很低的水平上。

对于动力分散动车组，通过对多个单元发生的干扰进行协调、错位，即对产生的谐波的相位角进行调整，使各单元所产生的谐波相位角错开，通过相互抵消来降低谐波的峰值水平。这样，可以降低整个动车组的网侧谐波。

然而，当某单元因发生故障而切除后，动车组上的软件应该可以自动进行重新协调控制，对可能产生的谐波的相位角在没有发生故障的单元中进行调整，错开相位，达到降低谐波的峰值水平的目标。

但当只剩一个单元时，就没有这种协调的可能性了，因此降低单个单元本身的网侧谐波仍是动车组牵引系统必须达到的目标，必须将牵引系统单个单元所产生的谐波含量控制在一定水平内。

在动车组重联的情况下，各自动车组需负责各自的谐波治理，但是在各自负责各自的谐波治理的情况下，仍然可能出现两组动车组合成的谐波水平较高的情况，特别是当重联列车中的两组动车组分别都有故障单元时。这样就需要在两组动车组上做协调，调整主控动车组谐波的相位角，使其与被控动车组的谐波相位角接近反相，从而使重联动车组列车的谐波在最低水平上。

高速铁路开通初期，由于对此问题缺乏认识，曾出现过多次网振现象，引起了多起包括变电所跳闸、避雷器持续导通过热烧毁等故障。

为了实现降低谐波的影响，高速列车出厂前需要进行调试，以严格控制谐波的水平，也要调试控制软件，以在其他单元故障时可以明确所需调整的相位角。

在型式试验中也必须针对不同单元投入或切除的多种组合工况进行验证试验，确保谐波的整治水平。

6.5.5　关于过分相区

1. 概述

供电系统为了三相平衡，将线路分成若干个供电臂，在不同的供电臂上供上不同相位的电。两个供电臂之间设置了一个相分段，由此出现了过相分段的问题。

以电为动力源的列车通过相分段时需要停电。速度较低时由司机以肉眼看信号标识牌后控制列车停电或送电，而速度较高时人的反应已经跟不上了，需要实现自动过分相。自动过分相的方式有地面过分相方式(过分相的停电时间只有不到 1s)和车上过分相方式(过分相的停电时间往往要几十秒)两种。

图 6.5.2 为列车自动过分相示意图，图中 G1、G2、G3、G4 是在地面上设置的位置信号感应器(信号发送器)。

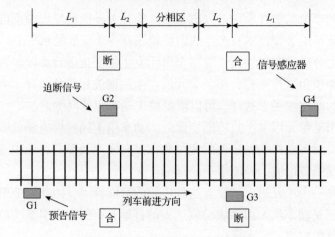

图 6.5.2　列车自动过分相示意图

设列车向右行驶，当列车通过图中 G1 点时会收到一个预告信号，列车就可以开始实施过分相作业，中止车上受流；如果列车前进到 G2 点时还没有实施过分相作业，设备就自动切断车上的受流；列车继续前进通过分相区，当收到 G3 点的信号时列车已经完成了过分相的任务，系统将自动再次受流，进入正常运行；在接收 G3 点信号后，G4 点的信号就没有意义了。而反向运行时，G4 点就起到 G1 点的作用，预告要进入分相区；同理，G3 为迫断点，G2 为过分相完成点。

这里，列车上接收过分相信号的设备的位置点与 L_1、L_2 的设置密切相关，应根据地面的实际设置情况计算确定。L_1、L_2 设定后，列车上无论哪种升弓工况，均应满足过分相的要求。因此，列车上接收过分相信号的设备的设置位置既要考虑单组动车组运行时前后弓分别使用的工况，又要考虑两组动车组重联过分相时不同升弓组合的工况。

此外，列车上的中止受流设备的响应时间也与上述 L_2、L_1 的设置密切相关，需要满足地面实际设置的 L_1、L_2 值。L_1 值与设备停电作业的响应时间有关，L_1 值过短则会发生强迫切断事件。L_2 值直接决定了列车停电的时间，L_2 值越大，停电的时间就越长，列车通过分相区时的速度损失也就越大。

2. 真假相分段

列车过分相时由于停电损失了功率，降低了速度，影响了效率。

由于我国列车密度较高，供电设施变电所的距离较近，两侧供电臂的长度一般在 23～58km。为了应对接触网可能发生的故障，变电所接入处也设有一个可作无电区的过渡段，所以平均 40km 就会有一个无电区相分段。变电所处的过渡段在正常情况下是全导通的，只有在出现故障时才作为相分段使用。因此该处的相分段存在真假之分，即在正常情况下该相分段是假，分相区两侧供的是同相位的电，也没有中性段，车上不必停电通过分相区；当发生某类故障，需要在分相区的两侧供上不同相位的电时，此相分段就为真，在这种情况下车上就必须停电通过该分相区了。

我国采用的自动过相分方式是在地面给出位置信号，车上实施过分相动作。当车辆能够识别出相分段为假时，就可以不停电通过该区域。这对提高运输效率是非常有用的。因此，如果地面给出位置信号的同时给出相分段的真假识别标记，车辆就可以利用这一信息决定自己是否采取过分相措施。此时如果这个过渡段也有电，则车辆上将不需要停电，从而可以不减速不停电通过，同时车上有开关次数限制的电气设备的寿命也可以提高一倍。

3. 相分段的长度

已有的高速列车符合相分段上的中性段总长度不大于 190m 和无电区长度约 100m 的要求。

由于高速列车在 8 辆编组时可以采用单弓受流，但是在重联后成为 16 辆的高速列车编组时需要有两个受电弓分别受流。对于重联列车，前方动车组和后方动车组都是各自受流，因此高速列车上受电弓的设置位置是受到限制的，其限制是两台受电弓的距离应不大于相分段的中性段总长度，以免将两个供电臂通过高速列车连通起来而出现短路故障；两台受电弓的距离也不宜小于无电区的长度，以免列车停在无电区中时不能受流而需要救援。

4. 地面过分相

图 6.5.3 为地面过分相示意图。

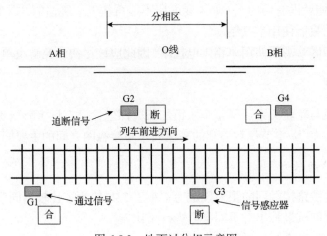

图 6.5.3　地面过分相示意图

与图 6.5.2 相同，图 6.5.3 中的 G1、G2、G3、G4 是在地面上设置的位置信号感应器。设列车向右行驶，当列车到达图中 G1 点时，地面控制设备会收到一个列车到达的信号；此后，地面控制设备将 A 相与 O 线闭合(或确认 A 相与 O 线的闭合状态)、打开 B 相与 O 线的开关(或确认 B 相与 O 线为打开状态)，此时 O 线上有 A 相电压，列车不用断电就可以进入分相区。当列车尾部通过 G2 点时，地面控制设备就可确认列车已经进入分相区；在得到此信号后，将 A 相与 O 线切断，此时车上无电；地面控制设备断开 A 相后就将 B 相与 O 线闭合，此时 O 线上将有 B 相电压，列车接通 B 相电后就可以继续前进通过分相区。当收到 G4 点的列车通过信号时，列车已经完成了过分相的任务，地面控制设备将切断 B 相与 O 线的连接，等待下一次列车通过。此时，G3 点的信号就没有意义了，可以作为故障迫断保护用。而反向运行时 G4 点就起到 G1 点的作用，报告列车要进入分相区；同理，G3 点为换相点，G1 点为过分相完成点。

这样，接触网上实质是没有无电区的，而列车上也不用进行断电操作，就像使用不间断电源一样，仅断电零点几秒就从 A 相转到 B 相，又接通电了，因此就像没有断电一样。

信号的位置点要根据列车长度和通过速度设定，分相区的长度可以适当长些，至少超出列车长度的两倍。

5. 取消分相区的问题

如果没有分相区，列车就可以不必为过分相而烦恼。与此同时，列车的再生制动可以充分发挥作用。

特别是再生制动从列车动能转换过来的电能可以供其他列车充分使用，否则只有本供电臂中的列车才能使用。一旦交路安排上本供电臂上没有列车，再生(制动)出来的电能就没有用的了；如果变电所不能再往上一级馈电，列车就不能使用再生制动，而只能使用空气制动。

取消分相区就需要使用单相供电技术，因此应该尽快研究解决单相供电技术。

6.5.6　接触网

弓网关系与轮轨关系一样是个永恒的研究课题，已有许多科研工作者为此花费了大量的心血[3]。本节仅对遇到的高速列车与接触网之间的主要问题进行介绍。

1. 接触线的张力

我国高速铁路接触网的张力规定为不小于 25kN。为了比较不同张力对受流的影响，在联调联试过程中对不同张力进行了比较。

在对试验数据进行分析后得出以下结论：

(1)在相同张力区段，接触线动态抬升量随动车组速度的提高而增大。

(2)在不同张力区段，动车组相同试验速度下，接触线动态抬升量随接触线张力的增大而减小。

(3)动车组通过后，接触线自振频率基本为 1.2Hz。

(4)接触网张力组合不同，弓网受流性能有所差异。相同速度下，随着接触网张力的增大，弓网燃弧率呈减小趋势，弓网接触力标准方差变化范围变小，弓网受流性能有所改善。33kN 及以上张力区段受流性能变化不明显。

2. 接触线的悬挂高度

在高速铁路建设初期，出现了在既有线改造的高速铁路线上运行双层集装箱车的需求。由于双层集装箱车超过了原来的车辆限界，又研究提出了开行双层集装箱车的专用限界，包括建筑限界和车辆限界，并对需要开行双层集装箱列车的线路按双层集装箱限界进行了改造。同时发生的问题就是接触线的高度问题。

按高速铁路的运行要求，高速列车希望接触线高度变化不要太大，而且希望越低越好，以获得优良的空气动力学性能。如果接触线较高，由于高速运行时受电弓探出过高，受到的气动载荷较大，因此结构强度要求较高，同时还不利于受流的稳定。因此，对于不开行双层集装箱列车的线路接触线的悬挂点高度定为5300mm，接触线最低点高度定为不小于 5150mm。采用统一的接触线高度(如5300mm)，可以使受电弓较为简单，容易取得较好的受流特性。

经研究，在开行双层集装箱的线路上，接触线的高度要用到 6350mm，已经与既有线规定的最高接触线高度 6500mm 相当了。

受电弓要适应从 5300mm 到 6350mm 的变化幅度，对于高速列车较困难。如果仅适应一种高度，那么因为受电弓的安装高度较高，增加一些阻力还是可以应对的。而要求高速列车的受电弓既要适应在接触线高度 5300mm 的线路上高速运行，又要适应在接触线高度 6350mm 的线路上运行，需要同一台受电弓适应在不同接触线高度的线路上运行，很难保证都有优良的受流品质。如此，还不如采用两个受电弓分别适应这两种不同接触线高度的线路，仅需要安排在适当的车站或区间让高速列车进行换弓作业。

因此，可以采用的方式以优劣排序有以下几种：

(1)高速列车不上双层集装箱专用线路，通过交路安排解决。

(2)高速列车上设两种受电弓，分别适应高速铁路和开行双层集装箱的高速铁路线路。

(3)以高速列车上的一个受电弓适应不同高度的接触线。

上述方式的选择需要根据双层集装箱车的交路数量和损失带来的经济利益的多少来决策。

3. 接触线的横向偏移量

既有动车组可以适应接触线在最大风速时对受电弓中心的偏移不大于 400mm 的情况。

如果接触线在最大风速时对受电弓中心的偏移大于 400mm，有可能出现刮弓故障，这种故障在我国高速铁路开通之后已经发生过。

采用"正线接触线在最大风速时对受电弓中心的偏移不宜大于 450mm，困难情况下直线地段不得大于 500mm"的规定，特别是困难情况下的数值大大超出了上述既有动车组可适应的不大于 400mm 的要求，有必要对既有动车组是否满足新规定进行校核，避免出现刮弓事故。当然，如果采用不得大于 400mm，并以 6 级风为界，再规定在存在通常大于 6 级风的区域加装挡风墙或其他措施，就会避免一些问题发生。

6.6　高速列车与通信信号相关的问题

高速列车受通信信号系统指挥，并由列控系统控制，相互之间的关系非常密切。高速列车上安装有通信信号系统(包括列控系统)的各种车载设备。

6.6.1　关于闭塞分区的长度

高速列车在运行区段中分为若干个闭塞分区，闭塞分区长度的设置与高速列车制动系统的能力有关。

从第 5 章高速列车制动距离的相关要求中可以知道，如果要在一个闭塞分区内将速度降低到零，那么闭塞分区的长度至少要比该线路最高运行速度下的紧急制动距离长。这样长的闭塞分区内只能有一列车存在，同时它的前一个闭塞分区和后一个闭塞分区也必须没有列车存在而作为缓冲用，这样铁路的使用效率就会大大降低。

因此运行速度较高时，需要设置若干个闭塞分区。若需高速列车在前方某地点停车，其间的每个闭塞分区的限制速度是逐步降低的。这样让高速列车控制运行速度时是分步降速的，即高速列车通过若干个闭塞分区后速度逐步下降，一直到零。进入每个闭塞分区前均应达到该闭塞分区规定的速度限值，也就是说，该高速列车的占用空间有几个闭塞分区，在运行中将逐步释放后面闭塞分区，而仅占用前方的闭塞分区，这样比上面提到的只用一个较长的闭塞分区方案提高了高速铁路的利用效率。这样一来，似乎闭塞分区越短，铁路的效率越高，但是带来了一个问题，就是司机操控列车的频繁程度加大了，疲劳感也会随之上升，因此也是不利的。

为此闭塞分区的长度要适中，不宜过长或过短。

　　既有线的闭塞分区长度一般为 1000~1200m。

　　在高速铁路上如果采用这样长度的闭塞分区，那么高速列车占用的闭塞分区个数至少要符合表 6.6.1 的要求。这是指满足第 5 章所列紧急制动距离的高速列车的情况。事实上，为避免频繁的紧急制动，占用的闭塞分区的数量还要多一些。

表 6.6.1　高速列车占用的闭塞分区个数

速度级/(km/h)	200	250	300
目标紧急制动距离/m	1600	2500	3700
占用闭塞分区数量 1/个	4	5	6
现行规定的紧急制动距离/m	2000	3200	3800
占用闭塞分区数量 2/个	4	5~6	6

　　从表 6.6.1 中占用闭塞分区数量 1 看，紧急制动距离与闭塞分区长度是匹配的；而从占用闭塞分区数量 2 看，除速度 250km/h 的紧急制动距离与闭塞分区长度不太协调外，基本是合适的。

6.6.2　目标距离一次连续速度控制的模式曲线

　　1. 列控系统(列车运行控制系统)的概念

　　高速列车的运行受列控系统控制，控制方式主要是超速防护，即当某闭塞分区的速度限值确定后，高速列车的运行速度超出此速度时，列控系统依靠其在高速列车上安装的车载设备直接控制高速列车的制动系统实施减速制动；当速度落在速度限值以下时，实施缓解，解除控制，由司机继续操控列车前进。

　　列控系统的控车方式有阶梯形控制方式、曲线控制方式和速度-距离曲线控制方式。

　　1)阶梯形控制方式

　　在阶梯形控制方式中，对列车运行区段中的每个闭塞分区设置限制速度，即根据列车运行速度、线路条件等，在若干个闭塞分区中设置了不同的速度限值，形成阶梯状速度限制线(见图 6.6.1 中双点划线显示)，直至零速保护。以入口速度检查为例，要求列车在进入下一闭塞分区前将速度减低至限制的速度。列车运行的实际速度线如图 6.6.1 中实线曲线所示，在满足此速度条件下，列控系统将不干预司机操纵；如果超出双点划线限制，列控系统就直接控制高速列车上的制动系统追加制动级别，直至达到双点划线以下。

　　由于线路上运行的各种高速列车的制动性能是有差异的，为了确保安全，列控系统只能按照制动性能最差的列车的制动距离来设定上述相应闭塞分区的限制速度。这样就有可能占用闭塞分区的数量要多，也就意味着制动性能好的列车的

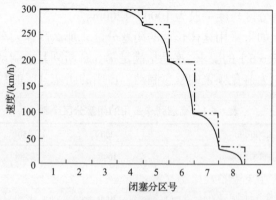

图 6.6.1　阶梯形控制方式示意图

性能没有被发挥出来，从而影响运行密度的提高。

　　同时，由于采用多段制动的方式，高速列车在每个闭塞分区都要满足从入口到出口的距离内达到速度目标的要求，还要加上制动控制系统的响应时间、制动系统的空走时间以及适当保留一定的安全距离。这样多段的累加，就增加了列车跟踪的间隔。

　　2)曲线控制方式

　　与阶梯形控制方式相同，曲线控制方式中也对每个闭塞分区设置了限制速度，所不同的是，采用控制曲线把闭塞分区允许的速度变化连续起来。当车载设备接收到地面传送过来的下一个闭塞分区的速度、距离和线路条件等数据后，将生成分级连续制动模式曲线。列车在该闭塞分区中运行时，车载列控设备判断列车超速的目标速度不再是一个常数，而是根据列车所在位置所对应的限制速度，即限制速度是距离的函数。图 6.6.2 为曲线控制方式示意图，图中双点划线是所生成的分段连续的目标速度，实线曲线为列车运行的实际速度线，满足此速度条件下，

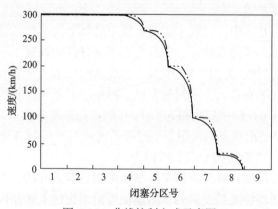

图 6.6.2　曲线控制方式示意图

列控系统同样将不干预司机操纵；超过双点划线时，列控系统就直接控制高速列车上的制动系统追加制动级别，直至达到双点划线以下。

同样为了防止冒进，也要设置安全保护距离，也会影响效率。

3) 速度-距离曲线控制方式

为了解决上述分级控制带来的制动不连续、舒适性差、司机容易疲劳、需要安全保护距离长等缺点，中国列控系统 CTCS-3 级采用目标距离一次连续速度控制模式。

由地面控制系统向列车发出一目标速度的信息，并告知该限制速度的位置点，即列车距目标的距离。列车上的车载设备根据列车的制动性能、实际运行速度、前方线路条件和后方追踪列车的距离等即刻生成目标距离一次连续速度控制模式曲线。在需要干预时，选择制动级别，实行一次制动控制方式；否则，由司机操控列车。这样提高了运输效率和旅客的乘坐舒适性，有利于缩短跟踪时分，特别是线路上存在不同速度等级的列车运行时更为有利。

图 6.6.3 为速度-距离曲线控制方式示意图，图中双点划线是车载设备生成的速度控制曲线，即速度距离曲线，列车只要用此曲线以下的速度运行，就可以满足要求；实线曲线是可以执行的一次制动控制曲线，可见制动级别就低很多了。

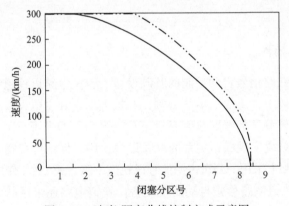

图 6.6.3　速度-距离曲线控制方式示意图

这种列车运行控制的模式已经使闭塞区间的概念模糊了，从而可以使闭塞的方式升级到准移动闭塞和移动闭塞的层面上。

在目标距离一次连续速度控制模式下，司机能知道从接受指令点到目标点(停车点或限速点)全程的平滑的模式曲线(含速度和距离)，所以司机仅需采用一次制动，不必像分级速度控制那样制动-缓解、再制动-缓解了，司机操作压力就小很多，旅客舒适度也好，整个制动过程的时间也缩短了，有利于提高旅行速度。

2. 列控系统与高速列车的关系

1) 对旅客和车辆的影响

列控系统为了防止列车超速运行，采用直接控制列车制动系统实施制动的方式来加以防护。因此，要让列控系统充分了解高速列车，掌握高速列车的制动性能，适时进入干预。干预过早，制动等级过低，影响高速铁路的运用效率；干预过晚，则必须采用大级别的制动，甚至是紧急制动，这不仅影响旅客的乘坐舒适性，也由于过度制动而影响车辆的使用寿命，特别是制动盘片的寿命。

2) 对节能的影响

从节能的角度讲，在不影响高速铁路使用效率的基础上，列控系统应在可以使用小级别制动的情况下提示司机关注速度控制的问题，让司机根据前后列车的跟踪距离确定是否采用小级别制动方式。如果采用小级别制动方式，则高速列车的再生制动将可以发挥作用，既避免了盘片的磨耗，又使制动的能量可以转换为电能，从而节约了能源。

因此，列控系统需要考虑充分利用高速列车的这种能量再生的特点，减小高速铁路的能源消耗。

6.6.3　轨道电路

1. 轨道电路的概念

轨道电路是铁路信号自动控制的基础设备。轨道电路以铁道线路的两根钢轨为导体，两端加以电气绝缘或电气分割，并接上送电和受电设备构成的电路。轨道电路用于检查该分区的线路是否有机车车辆占用，即是否空闲，也检查钢轨是否完整，是信号系统实现联锁关系的重要设备，用以保证行车安全。

我国高速铁路上采用的列车占用信号以轨道电路方式为主，使用的是 ZWP2000 (UM) 型无绝缘轨道电路移频自动闭塞设备。轨道电路还采用载波的方式来传送信号。

当两根钢轨完整，且无车占用，即轨道电路呈空闲状态时，电流通过两根钢轨和轨道继电器，使轨道继电器吸起，常开接点闭合，给出开放信号，机车车辆可以进入该闭塞分区。而当列车占用轨道后，作为轨道电路组成部分的两根钢轨就被机车车辆轮对给短接上了。由于轮对电阻比轨道继电器电阻小得多，轨道继电器释放，常闭接点闭合，给出信号关闭、不允许其他列车进入的信号。而当轨道电路发生断轨、断线时，同样会使轨道继电器释放，成为开路，给出禁止其他机车车辆进入的信号。

2. 电磁兼容问题

由于轨道电路的上述这种特性，要求高速列车对轨道电路中传输的信息不能有干扰，这就是高速列车与轨道电路之间的电磁兼容性问题。

特别是动力分散式高速列车，所有的牵引动力设备都吊装在车体下方，与轨道之间的距离较近。与此同时，由于牵引动力采用交流传动技术，利用调制解调技术时也容易产生谐波而发生相互影响，这种影响会较大，更需要特殊加以关注。

车辆牵引设备对轨道电路的影响，国外已有规定，我国尚未有明确说法，特别是电气化线路增多、列车运行速度提高、牵引功率加大并采用交流传动的情况下，这个问题更需要尽早研究加以解决。

国外在解决电磁兼容性方面问题时主要采用避免频率相重的方法。

ZWP2000 轨道电路采用四种载频：1700Hz、2000Hz、2300Hz 和 2600Hz，频偏 11Hz，其上调制的信号分别是 10.3Hz、11.4Hz、12.5Hz、13.6Hz、14.7Hz、15.8Hz、16.9Hz、18Hz、19.1Hz、20.2Hz、21.3Hz、22.4Hz、23.5Hz、24.6Hz、25.7Hz、26.8Hz、27.9Hz、29Hz 等。

高速列车上的各种电气设备，特别是牵引设备就必须避开这些频率，至少在这些频率的前后 1.4 倍带宽范围内不得出现电磁场影响。这些都是应在高速列车设计中就需要加以解决的问题。

3. 关于磁轨制动和涡流制动的应用

为了缩短高速列车的制动距离，在轮轨黏着不足的情况下，需要采用非黏着制动方式。磁轨制动和轨道涡流制动就是非黏着制动。

1）磁轨制动

磁轨制动是利用磁铁吸附在钢轨上与钢轨相对摩擦获得制动力，此制动力与轮轨之间的黏着力无关。磁轨制动使用的过程如下：在车上安装有电磁铁，当需要制动时，给电磁铁通电，通电后电磁铁与钢轨相互吸引，车辆的运动带动电磁铁继续前进，此时电磁铁与钢轨之间产生了相对运动，也就有了摩擦力。此力与车辆的运动方向相反，成为阻止车辆向前运动的制动力。与此同时，摩擦生热，而将运动能量消耗掉。

由于电磁铁通电后产生磁力，也产生电磁场，可能影响到轨道电路中所传递的信息。因此，当需要采用磁轨制动时，此磁轨制动所产生的电磁场就需要满足上述轨道电路的频率要求，否则就不能使用。

磁轨制动的使用还会造成钢轨的磨耗，增加所造成的钢轨修型的成本，而且钢轨的磨耗也造成了轨道的不平顺，也会对车辆动力学性能方面产生很大的负面影响。

这些都需要综合对比分析加以协调平衡。

2）涡流制动

涡流制动有轨道涡流制动和盘涡流制动两种形式。

轨道涡流制动是利用车上装载的设备在需要制动时对着钢轨产生磁场，在这一移动的磁场作用下，钢轨就成为切割磁力线的导体而产生洛伦兹力，起制动作用；同时在钢轨中产生电涡流将列车的动能转化为热能（发热）而消耗掉能量。

这里同样存在磁场，也需要关注所产生的电磁场应满足上述轨道电路的频率要求，否则就不能使用。

盘涡流制动是在需要制动时对着安装在车轴上的制动盘施加磁场，此时旋转的制动盘成为切割磁力线的导体从而获得洛伦兹力，起制动作用；同时在制动盘中产生电涡流将列车的动能转化为热能（发热）而消耗掉能量。这种情况下，所产生的制动力还是由轮轨黏着力提供的，所以这不是非黏着制动。

由于制动盘和产生的磁场距离钢轨较远，影响就较弱，但是也需要实际验证是否存在干扰的问题。

6.6.4　信息共享

随着信息技术的发展，铁路已经并继续广泛应用信息技术。车上各系统、地面各系统都需要大量的信息，由于发展的不平衡，初期一般是各部门从采集信息开始建立起一套自我完整的信息系统供本系统使用，随着各部门这方面的技术逐步成熟，出现了多种不同的信息系统。在这多种不同的信息系统中可否找出可以共享的信息，通过公用的信息采集、处理系统后将这些信息共享给铁路所有可以使用这一信息的部门成为现在需要解决的问题。

例如，识别的车号，调度部门要用、车辆管理部门要用和用车部门要用等，如果谁用谁装的话，高速列车上重复安装的东西就很多；如果通过网络实现信息共享，则只要装一套就可以了。又如，列车的速度，列控系统要用、记录仪要用、牵引控制要用、旅客信息系统要用和安全监测系统要用等，可想而知，谁装谁用的话，速度传感器要装多少！再如，车上车下的通信，除列车无线调度外，还有许多需要通信的内容，包括为旅客提供信息、车辆故障信息、列车控制信息等。在高速列车上就会安装大量的天线和车载设备，而且高速列车的表面需要光滑，不宜安装过多的凸起物，有必要设立一套公用的系统通过分频分时来提供给各用户。

通过信息共享可以使铁路这一大系统得到简化，高速列车上安装的配件就会少很多。

6.7　高速列车的修制及修程问题

高速列车的使用需要有良好的环境，也需要有优质的养护；修制修程与高速列车发挥优良的运营性能紧密相关。检修周期需要根据高速列车的结构特点，按照需要维护、检查、检测和检修的相关内容以及各种作业所需占用的时间来确定。反过来说，一旦检修周期确定后，高速列车的设计应考虑适应在这样的检修周期下运营，并在规定的检修时间内可以完成检修作业。因此，两者是相辅相成的。

6.7.1　检修周期与检修内容

高速列车的检修周期大体上按 5 个修程划分，即一级修、二级修、三级修、四级修和五级修。

1. 一级修——日常检修(维护)

一级修大体针对间隔 48h 或运行里程接近但不超过 4000km 的高速列车进行，是以检查为主的修程。

一级修在各折返段、运用维修所、高速动车段进行，全部作业应该在 1h 内可以完成。这样，就可以将检查工作与整备工作合并在一个时间段进行，而不影响正常运营。

一级修中需要处理高速列车运行过程中传递下来的各种应急故障处理要求；需要在高速列车各控制设备上下载相关的状态信息和故障信息，按问题分类进行处理；还需确认走行部、底架上电器吊挂装置、制动装置、联结装置，以及控制系统信息传输系统的状态良好。

2. 二级修

二级修是涵盖一级修的运用检修，大体在间隔 30 天或运行 2 万～6 万 km 后进行。

二级修在运用维修所、高速动车段进行，检修时间应该控制在 4h 以内。

二级修需要增加检查车辆各部件的状态，主要是转向架的状态、定期更换的零部件、更换老化的供油管，对主要部件的性能进行测定和调整。

除一级修的内容外，增加一部分内容(有些名称相同，内涵已深化，下同)。

3. 三级修

三级修是定期检修的最低级别的修程。

三级修是在涵盖一级修和二级修内容的基础上实施的定期检修，大体在投入运用一年或运行 45 万～120 万 km 进行。

三级修在配属运用维修所、高速动车段进行，检修时间应该控制在 2 天以内。

主要部件需解体检查、性能检测，更换部分部件，橡胶部件老化程度测定。

除一级修和二级修的内容外，增加一部分内容。

4. 四级修

四级修是定期检修。

四级修是在涵盖一级修、二级修和三级修内容的基础上实施的定期检修，大体在三年或运行 120 万～240 万 km 进行。

四级修在配属的高速动车段进行，检修时间应该控制在 4 天以内。

四级修需要对转向架进行全面解体检查和修复，或更换重要部件。

检修后需试验。

除一级修、二级修和三级修的内容外，增加一部分内容。

5. 五级修

五级修是在涵盖一级修、二级修、三级修和四级修内容的基础上实施的定期检修，大体在六年或运行 480 万 km 进行。

五级修建议由专业工厂负责，以便采用 LCC 管理模式；一般不在配属的高速动车段进行，如果段上具有富裕设备能力，可采用租用给专业工厂使用的方式。检修时间应该控制在 13 天以内。

五级修需要对车辆进行全面解体检查和修复，更换重要部件，做全面仔细检查和修理。

检修后需试验。

6.7.2 高速列车状态管理系统

1. 高速列车状态管理系统的作用

为适应高速铁路的要求，提高管理能力、加强车辆的寿命管理，确保高速铁路安全可靠高效地运行，对科技含量极高的高速列车需要采用现代化的管理系统。采用现代化的信息管理系统对高速列车的状态包括运用、周转、维护、检修等实施全方位的管理，以便掌握高速列车的配置状态、运用状态、维护检修状态等，有利于实施寿命管理、换检修和视情状态修。

高速列车状态管理系统以计算机为核心，利用计算机监控技术、网络技术和数据库技术对列车及其零部件做运用管理、故障管理、寿命管理等工作，实施系统管理。

2. 高速列车状态管理系统的信息来源及分类

高速列车的状态信息主要来自以下四个方面：

(1)接车的时候从制造工厂手中接收过来的各种制造信息。

(2)高速列车上设有安全监测系统、车载诊断系统，同时各子系统也具有自诊断功能，将各种状态信息、故障信息等下载下来。

(3)地面监测设备也要将检测的结果传递给配属动车段，地面诊断系统主要包括车轮轮缘踏面检测和受电弓滑板检测等。

(4)运用、维护和检修中录入的各种信息。

这些信息由高速列车的状态管理系统以方便检索、查找的方式汇集存储于数据库中。

信息的管理以动车组为基本单元，依次分为动车组级、子系统级、车辆级、部件级和零件级。

信息的管理采用先进的大数据理念，需用全路统一的格式。

3. 高速列车状态信息管理内容

动车组整个寿命期内的各种变化均应在该系统中可追溯。因此，系统中需要详细记载该动车组的运用信息，包括运行交路、运行里程、重联相关动车组、连挂位置信息等；还要详细记载动车组、子系统、车辆、部件、零件等各级的检修信息，包括来源、变更过程、送检时间、修竣时间、检修的内容、检修的单位和人员等；还要详细记载动车组、子系统、车辆、部件、零件等各级故障信息，包括故障代码、故障发生时间、所处交路、故障历史、处理过程、是否恢复、发生故障的原因等。

6.7.3　远程诊断中心

高速列车的技术含量高、组成复杂、子系统相关性强，国际上对于这样的系统已经发展出一种远程诊断的概念。远程诊断就是在设备遇到故障或检修难题时寻求一些专家在一定工作的基础上远程给出维护检修的技术支撑。

例如，航天飞机发现故障后，将状态信息发送回地面，而地面上通过仿真(包括实物仿真或半实物仿真)再现这种故障，从而找出产生故障的原因，再通知航天员如何排除故障。

又如，玉兔号上出现故障，在地面的监测系统发现后，通过仿真(同样包括实物仿真或半实物仿真)找出故障原因，再通过控制的手段对在月球上的玉兔号进行调整，将其唤醒。

高速列车同样需要建立一个远程诊断中心，来负责为运用、维护和检修提供支撑。这些工作包括查找故障原因、提出相应对策，也包括为既有高速列车的改造或新研发的高速列车的改进提出建议方案。

高速列车远程诊断中心需要有一个工作团队，并配置相应的设备来作为实物仿真或半实物仿真的设施。

高速列车远程诊断中心面向全国铁路，处理各种疑难杂症，提出解决方案，并加以验证实施。

6.8　车辆基地

高速铁路中的车辆基地是高速列车的家，是高速铁路系统的重要组成部分。车辆基地是高速列车快速、安全、舒适、高效地在高速线上运行的有力保障。因此，车辆基地与高速列车有着密不可分的关系，车辆基地必须适应高速列车，而高速列车也必须与车辆基地相匹配。

6.8.1　基本情况

1. 国外情况

在维修基地方面，开行高速列车的国家也已经形成了各自的体系。

日本采用动力分散方式，维修基地设置四个修程，有的基地负责全部四个修程，还有一些基地仅负责两个小修程。同时，在基地内负责排污和外观清洗工作。车内的清扫工作则在车站内用几分钟完成。

德国的检修基地以汉堡动车段为代表，以立体交叉方式组成整个动车段的作业体系。基地中同时开展维护、检修、排污、清扫，以及出发前的各种餐饮准备工作。除汉堡动车段外，还有一些规模较小的维修基地或者折返段。

高速列车是一高新技术集成的产物，在运用和维护保养上有其独特的地方，涉及维修基地的布局及设置、车辆的形式及技术参数、基地的职责范围、检修体制、车辆保养标准及维修限度、基地的种类与规模、车辆保有量、基地内的设备配置和信息化等多方面。

2. 高速列车的开行交路

开行交路应体现高速列车开行密度大、动车组运用效率高的特点，不能沿用既有线的运营模式(采用特长交路)，这样既不体现高速铁路的优势，也容易对高速列车产生伤害。特长交路的运营就要求高速列车具有长距离运行能力，要提高包括餐饮、供水、排污等的服务能力，也要对因过长时间乘坐而造成的乘客疲劳感、烦躁感提出解决方案，还要安排必要的技术作业(目前尚没有这方面的技术手段)。虽然高速卧铺列车可以采用夕发朝至的运营模式，但是必须解决高速铁路养护的天窗开设问题。因此，借鉴国外高速列车运用经验，针对我国高速铁路网络化的具体情况，一次长达 1000～1300km 已经是超长交路了(再多的运行交路就是特长的了)。这样，在往返一次后就已经达到或接近一级修程的公里数，必须回基地进行必要的技术作业(中途无需技术作业停留)。

短交路的高速列车可按乘务司机一次连续工作时间来核定往返周转制。

为了更好地组织运行，高速列车的交路可设计成大交路套小交路的方式，使高速列车在符合一级修程的运行里程时及时回基地实施技术作业。如北京、上海之间的运行可以往返一次回所配属的基地进行技术作业，但是运行里程显得稍短。如果要运行一个半往返，则需要回非配属基地进行一级修程的作业。如果在京沪间往返一次后再套跑一个短交路，如上海至南京，再回配属基地就比较合适。

6.8.2 车辆基地的职责

1. 职能

车辆基地应具有如下职能：

(1)负责对高速动车组进行管理，协调利用本基地的各种资源，并在运输部门领导下参与全路网的资源的协调。

(2)根据运输计划，对高速动车组进行调配，组成高速列车，安排使用或维护检修。

(3)承担动车组的运用及存放任务，完成动车组各级修程(一级、二级、三级和四级)及临修作业。

(4)客运整备作业，包括上水、供给餐饮或餐料、预冷预热、排污、清扫、洗车、车内垃圾收集及转运等。

2. 一般原则

为了确保高速列车安全运行、快速整备维修，高效组织生产和管理，车辆基地应为高效率、高可靠性的现代化运用检修基地。

为了高速列车的安全，大级别修程的任务原则上不考虑在车辆基地中实施，特别是五级修宜由专业化的部门承担，以利于推进 LCC 管理模式。

车辆基地应能适应动力分散式动车组的运用检修需要；维护检修无论流程还是工艺都要符合上面提出的维护检修原则，力求布置紧凑、作业流畅，尽量缩短在修(停留)时间。

基地的设计中要充分预留发展条件，特别是列车停放股道数要充分考虑该基地的辐射能力。总平面布置、主检修库，以及厂房组合形式应按所辖区域十年后的运量设计；其他建筑物和设备以及存车线(场)至少应满足五年后的运量需求；有条件的基地还应考虑远期发展。

根据上面有关维护检修原则的论述，车辆基地要协调上车检测检查的相关工作；同时应为专业化检修厂商设置一些作业空间，为换件修和专业化检修的实施提供条件。提高高速列车的检修效率，保障零部件的可靠性和寿命管理。

配件库房的设置可以考虑是开放型的，向零库存方向发展——利用寿命管理和信息系统的功能，与配件供应商共同实现换件修。

6.8.3　运用检修基地的类别与设置

1. 分类

车辆基地的分类可分为动车段、动车运用所、折返段(检查库)三级维修基地。

1)动车段

动车段需负责高速列车的一级修、二级修、三级修、四级修的作业，临修和客运整备。

2)动车运用所

动车运用所主要实施一级修和二级修作业，临修和客运整备等，需要在动车所中及时纠正和消除动车的早期故障和惯性故障。

3)折返段(检查库)

折返段主要为客运整备作业用，也可作针对性的短时一般检查和临修作业、故障处置等。

根据国外的高速铁路开行情况，折返段的存在有利于提高高速列车的使用效率。

2. 设置

高速动车段(所)位置选择应根据站、段、所的相互关系，结合城市规划，力求布置紧凑、作业流畅，并充分预留发展条件。

运用所与折返段的设置在修程修制的基础上结合相关高速列车的特性选址设定。

基地应尽量靠近车站，车站与基地相对位置应有利于行车。

基地的设置要尽量减少高速列车出入基地对车站作业的影响，并应适应站型和运输发展的需要。

3. 配属

为了便于车底配属，高速列车的始发终到站有一端应是具有技术整备或动车段的车站。

运营交路也要根据设定的基地位置进行优化，以确保高速列车的安全、可靠、舒适、经济。

为了充分体现高速列车开行密度大、动车组运用效率高、运输能力大的特点，宜采用大交路套小交路的办法，根据高速列车的修程合理安排必要的技术作业及整备。

6.8.4　高速动车段(所)总体布局

1. 平面布置

基地的总平面布置需对地形地貌、地质水文、气象变化、线路走向、节约用地、作业量、站段关系等因素进行综合考虑，根据生产工艺的需要，满足城镇规划、环保、防火、卫生、通风、采光等方面的要求，合理选择车辆基地需采用的平面布置方式。

按基地中到发存车场与主检修库两者配列形式，车辆基地可分为纵列式、横列式和错列式等，可分别根据高速动车段和动车运用所的地形地貌确定所采取的形式。

基地内的线路应包括出入段线、存车线、车体外皮清洗线、轮对踏面诊断线、集便接收线、检查线(库)、检修线(库)、临修线(库)、不落轮镟轮线(库)、牵出线等。线路设置中还需考虑解决动车组调试的作业场所。

2. 平纵断面

基地内不应有坡道，避免车辆出现溜坡现象；在根据当地黏着情况校核确认不会出现溜坡事故的情况下，可设在不大于 1‰的坡道上。

基地与车站间走行线的坡度尽可能小，不应大于 30‰。牵出线坡度不宜大于 6‰。出入段线的站段分界处宜有一列高速列车停车位置，其坡度不应大于 2.5‰。

基地内线路的最小曲线半径应不小于 250m；牵出线设在曲线上时，曲线半径应不小于 300m；不落轮镟轮线、临修线作业区段两端的曲线半径应不小于 400m。

基地设 2 条出入段线，出入段线长度应大于长编组高速列车的长度，可按 520m 考虑。

3. 基地内主要设施

基地内的设置应适应高速列车小修程不解编作业的特点，贯彻寿命管理的理念，按换件修、专业化集中修的原则，充分利用车载(地面)监测设备的作用，减少在线修理作业，提高高速列车的利用效率。

一般设有主检修库、存车场线、不落轮镟轮库、外皮清洗库、地面集便排污线、临修库、出入段走行线、轮对踏面诊断库线、检测中心等。整列的动态调试作业尽量利用出入段线，安排困难的应另行设置调试线。

基地内还可根据需要设有修配车间，对更换下来的主要零部件实施维修作业，如受电弓、转向架、电机、屏柜、蓄电池、空调、制动、车电等专修工区。

同时配套的还有控制中心(含信号)、能源中心、客运服务中心、污水处理及垃圾卫生处理中心等。

6.8.5　车库

1. 车库的作用

这里所指的车库包括检查库、检修库、临修库、不落轮镟轮库、轮对踏面诊断库等。

检查库负责高速列车一级、二级修的检查、测试等作业，以及故障件（不含走行大部件）的更换。

检修库负责高速列车二级、三级和四级修作业。

临修库负责临时处理高速列车故障，使列车恢复运行的作业。

轮对踏面诊断库负责对高速列车轮对的尺寸、圆度、踏面状态等进行检测，为是否实施不落轮镟提供依据。

2. 基本尺寸

检查库、检修库应满足停放一列短编组动车组不解编进行技术作业的要求。修车库为三级和四级修程的库线，应能满足对动车组需要解编检修的作业要求。

3. 三层作业面

库内至少应按三层作业面设置：

第一层设在轨面以下 1100mm 标高处，为基本作业平台，完成列车下面设备（包括走行部）的作业。

第二层设在轨面以上 1250mm 标高处，为车内及侧墙作业平台，完成列车（玻璃、车门和车内）上的作业和对车内设备的作业，也包括出乘的整备工作。

车头部分的第二层需设在距钢轨顶面上方 1.9～2.3m 处，完成列车端部表面（挡风玻璃刮水器、车大灯和窗玻璃）上的作业。

第三层设在轨面以上 3700mm 标高处，为车顶作业平台，完成受电弓和其他车顶设备的作业。

其中车顶作业平台主要是检查、维护、检修高压部分的零部件，如受电弓、高压电缆、绝缘子、避雷器及各种断路器互感器之类的。该作业平台可以是不贯通全列的平台而是可移动的平台，以方便管理。股道无车顶作业平台一侧应设置防止车顶作业人员跌落的防护设施。

4. 库内接触网

库内可全部或部分股道架设接触网，接触线高度可与库外一致。

库内股道上方接触网也可设置成活动式刚性接触网侧移及控制设备。

为保障作业人员的安全，库内接触网在对应需要考虑车顶作业之处必须装设分段绝缘器及带接地的隔离开关以及与隔离开关联锁的标志灯和作业平台安全锁等。

5. 排污上水设施

高速列车上设有集便装置，集便装置将污物排入污物箱，之后集中排放；污物箱容量至少要满足 1000～1300km 往返一次的排污量，避免在中间停车站排放，以缩短停站时间。真空式集便装置的容量应大于 500L。高速列车投入运行后可以根据运用情况，在交路安排上进行优化，适时调整长短交路，以便在动车段、运用所或折返段排污。

基地中设置高速列车上水排水及排污设施。

排污作业一般在高速列车一级修时实施。

在存车线上设置若干条应急排污作业线，与整备作业同步开展。

动车段、运用所和折返段内的排污设施为地面排污抽吸系统，既可设在检修厂房内，也可设在库外存车线旁。

排污接口需使用方便、快速、无泄漏。

卸污时间每列车考虑 10～20min。

地面接收处理设施主要采用固定式，并位于三层作业面的第一工作平台下方；污物处理后要与城市排污系统相衔接，或从地下通道用移动设备运出。地面排污设施不宜采用重力式排污，避免排污时间长、排放不净等问题，影响工作效率。

对于运量较小的线路，也可采用移动式真空排污小车。

上水设施也应符合相关要求，注水口处应有保护，以免对水造成污染。水箱的容积也应至少要满足 1000～1300km 往返一次的使用。

6. 转向架更换设施

转向架组装后有大量调试工作需要在转向架的调试平台上作业。为了保证高速列车的走行安全性，不应采用仅更换轮对的方式进行检修，应采用整个转向架一起更换的方式进行检修。更换下来的转向架拆解后进行检修，检修后必须上转向架调试平台进行调试，调试合格后方可装车使用。

因此，转向架更换设施是高速列车检修的必备设施。

转向架的更换设施分为落下式和高架式两种。

检查库内设落下式转向架更换设备，以便将单个故障转向架落下后更换成已修好的同类转向架。

检修库内设转向架更换线，线旁设可以架起全列的同步架车设备。在三级修程中需要将整列所有转向架推出，进行检修。为提高效率，动车段需配备一定数量的对应转向架,有针对性地整列更换转向架。高速列车更换转向架后就可以直接投入试运行。更换下来的转向架入库检修,检修后备作更换下一列车的转向架。

临修库内设落下式转向架更换设备,用在该库内存放的备用转向架替换车上的任一故障转向架。已有的各型高速列车的转向架是不能用同一备用转向架更换的,需要按简统化要求进行改造。

7. 车顶设备更换设施和车底设备更换设施

库内应设有更换车顶、车底主要部件的设备,包括起重设备、移动设备等。车底设备采用落下方式更换。

8. 临修库

临修库负责处理动车组临修故障,主要完成动车组主要设备、零部件的更换,包括转向架、受电弓、空调设施、牵引变流机组等。

库内设下沉机坑及相应设施,以便采用落下方式更换转向架和车下设备。

库内设起重设备,以便更换故障的车上和车顶设备,以及移走更换出来的转向架和车下设备。

临修线上方设置活动式刚性接触网侧移及控制设备。

临修库内设置零部件存放区域。存放的零部件的型号和数量根据零部件管理数据库中统计得出的高速列车在运用中发生故障后需更换的零部件的实际情况确定,并实时调整。

9. 不落轮镟轮库

库内设置不落轮镟轮设备。

库内应配动车组移动设备。

不落轮镟轮设备基础前后至少各设 30m 整体道床,以保证被镟车轮的车辆在水平整体道床上。

根据平面布置,临修库也可与不落轮镟轮库合库建设。

10. 库用电源

库内设供高速列车用的外接电源,外接电源基本制式为三相四线 380V/50Hz。如果所用高速列车的制式不同,则需要相应配置变流装置。

11. 压缩空气风源

压缩空气的制式需与高速列车的供风制式兼容,并应清洁干燥,避免损坏车上设备。

12. 轮对踏面诊断设施

轮对踏面诊断设施是一套轨旁检测设施，设在高速列车出入段必经的铁道线的适当位置处。

在高速列车低速通过时，设在轨旁的轮对踏面诊断设施对轮对的状态进行检测，为入段检修的决策提供数据支撑。

6.8.6　信息中心

1. 信息中心的作用

信息化管理包括车辆基地管理、运输生产管理、动车组管理及调度指挥、高速列车状态管理四个部分，其中主要有车辆基地办公自动化(人员、财务、配件、设备的综合管理)、动车组运用检修管理、动车组级司乘人员的调动、动车组故障信息的采集、传输及数据库存储、故障远程诊断等内容，从而使基地管理逐步实现智能化。

上述四部分一般分别自成系统，再连成一个系统网，在信息中心集中实现资源共享。

信息化工作要充分运用 GPS、GIS 和 GMS-R(GPRS)等现代化手段。

2. 信息中心的功能

信息中心具有基地的办公自动化管理，实施对基地的管理，包括对工作人员管理、乘务员运用管理、财务结算、风水电气动力设备管理、检修设备管理、地理环境信息、网站、客户服务、电子商务等功能。

信息中心还具有动车组的运用检修管理，实现生产作业的实时监控与协调的功能。

对动车组的信息管理是实施对动车组寿命管理的基础，主要包括：

(1)动车组及其零部件的履历。

(2)动车组故障信息的采集。

(3)数据传输及存储。

(4)故障远程诊断。

(5)从车载故障诊断系统和地面诊断系统获得的信息通过网络传到基地的远程诊断中心。

(6)对动车组进行进一步诊断和安排检修事宜。

(7)相关信息也可提供给专业厂商进行必要的准备(包括配件等)。

3. 信息系统组成

信息系统采用中心和基层两级结构。

　　信息中心设在高速动车段中，并与全铁路的各高速动车段连成一个完整的信息系统。信息系统与高速铁路信息系统交换信息。

　　运用所和折返段内构筑基层网，并与信息中心连接，受信息中心管理。

　　信息系统的设备应由组成中心和基层两级的网络设备及数据库设备等构成。

　　信息系统有数据库，应涵盖高速列车状态管理系统需求，能满足接收地面诊断系统、动车组安全监测系统和车载诊断系统传递来的各种信息并汇集转存等的要求。

　　检修检查库中设置输入终端。数据是由作业人员直接从输入终端输入，该终端是与车辆基地内的网络相连。输入的数据经加工、分析，除用作业务指示外，也是制定车辆维修计划所必需的信息。

　　信息系统还应及时为专业制造、检修厂商提供必要的信息。

参 考 文 献

[1] 黄强. 现代铁路的系统技术问题探索//铁道科学研究院. 铁道科学技术新进展(铁道科学研究院五十五周年论文集). 北京: 中国铁道出版社, 2005: 271-275.

[2] 铁道部标准计量研究所. 标准轨距铁路机车车辆限界和建筑限界说明书(GB146.1-GB146.2—83). 北京: 铁道科学研究院, 1983.

[3] 韩通新, 刘会平, 张继元, 等. 新型高速弓网系统和供变电系统试验研究(京沪高速铁路综合试验研究分报告之三). 北京: 中国铁道科学研究院, 2011.

[4] 黄金, 陆阳, 等. 动车组谐波抑制与车网匹配研究. 北京: 中国铁道科学研究院, 2014.

第7章 高速列车系统集成流程

高速列车是一种系统性极强的交通运输工具，高速列车系统集成至少应包括需求调研与项目规划、系统概念与运用条件、系统要求与方案设计、系统要求分配、细节设计与施工设计、采购与生产制造、总成与调试、试验验证与系统确认、安全评估与系统验收、运营维护与性能监控、改进与更新、停用与处置等阶段的工作过程。本章主要介绍我国高速列车系统集成的各个阶段中所开展的工作。

7.1 需求调研与项目规划

需求调研与项目规划是高速列车系统集成第一阶段的工作。

7.1.1 第一阶段的任务

运输需求调研与项目规划是一开始就要着手的问题。事实上，一般都是感觉到需要后才有想法要关注这一问题，于是开始着手进行调研。一个铁路项目开始时也是先开展运输需求调研与项目规划工作，即进入可行性研究阶段。高速列车系统集成也需要从其本身的运输需求调研与项目规划阶段开始，这一阶段需要从整个铁路项目出发来界定移动设备系统的任务。首先应该明确所需建立系统的范围、背景和任务目标；其次需要对系统的环境进行分析论证，包括存在什么实际问题、可能的系统接口问题、与其他系统的相互作用，以及与人的相互作用；再次应该考虑社会、政治、法律、经济等方面做出可行性的论证，评估环境综合适应性，要对系统的具体 RAMS 含义加以规定；然后考虑项目安全含义，提出安全策略和安全目标，评估危险源清单完整性，评估使用的方法、工具和技术的适用性，评估从事这项工作的人员是否胜任；最后识别与系统相关的风险、导致危险的事件以及与危险相关的风险，建立即时风险管理程序。这一阶段还应包括以下具体事项的分析论证：

(1)建立项目管理机制，开展与项目有关的风险分析，进行与项目有关的危险和安全风险分析，做出风险评估。

(2)通道流域的政治、经济社会发展评估。

(3)客流的需求分析与预估。

(4)客流的运量分析与预估。

(5)客流的时段特性分析与预估。

(6)预估需要实现的年输送量和时段最大输送量。

(7)分析比较各种交通运输工具的技术经济指标，以及对上述运输任务的适应能力。

(8)定义运输工具的任务。

7.1.2　车辆工作者的任务

运输需求调研与项目规划是与运输、运输装备(车辆)、车辆检修基地三个专业都有关系的系统性、关联性极强的问题，而上述三个子系统在此问题上又相互关系密切。在建设高速铁路前期可行性研究阶段就开展工作是非常重要的，极其需要对车辆与车辆基地的有关技术提出适宜的技术方案和技术标准建议。即使在高速铁路开通后，也仍然需要根据运输需求的发展变化情况及时开展这方面的研究。车辆工作者需要与运输、车辆检修基地方面的专家一起开展这方面的研究工作[1]。

研究工作应从以下六条关联线索开展：

(1)运量预测—客流分布(O-D 表)—列车对—列车到发线。

(2)车辆主要参数—限界等—车辆组成部分—寿命设计。

(3)检修基地的形式、种类—沿线布局—规模—检修内容。

(4)寿命管理—修程设置—检修体制—检修限度。

(5)检修基地平面布置—主要检修设备—预算(基本建设费用)。

(6)现代化车辆管理系统—故障信息系统—旅客服务及旅客信息系统。

以上六条线索之间相互联系。

1. 运量预测

1)运量预测原则与方法

根据通道的总体客运量情况，对拟建中铁路项目的运量进行预测。

预测不仅考虑铁路本身，还要充分考虑通道内其他运输方式(高速公路、民航等)的发展及其与铁路的协调关系。同时要考虑地区经济发展水平对票价和服务水平(旅行时间、服务频率等)高低的影响，从而考虑旅客对各运输方式的选择性。应比较真实地反映旅客的实际需求，应选择较先进的方法，应更关注对移动设备系统的影响。

2)运量预测内容

预测量应包括本线 O-D 交流量和邻线接入的跨线交流量。

根据预测数据初步拟定铁路运输计划，提出客运开行方案，分析既有旅客列车构成情况，同时考虑包括对设计年度内的相关路网规划及列车径路的调整。

预测中还要考虑高速铁路开通对客运市场的影响。根据国外高速铁路发展历程情况，高速铁路应该会对客运市场起到拉动作用。由于旅行时间的缩短，原来担忧旅途劳累的旅客打消了顾虑，加强了两点之间的交流；公交化的运输组织方式也会使旅客避免了预先购票的烦恼，随时想旅行就可以出发，不会再为订不到票而取消旅行，当然也不必担心回不来的问题。

运量预测时还应对客流的特征进行分析预测，特别是对客流的时段分布规律做出预测，要对商旅型、速达型和通勤型等不同特征的旅客量进行预测。这些特征将决定高速列车的特性，包括定员的确定、座位的布置、车门的设置，也影响列车的超载能力、速度等级、启动加速度和制动减速度等主要技术参数的确定。例如，对商旅型旅客多的线路，列车上的座位等级、服务设施等均需向舒适甚至豪华方向发展；对通勤型旅客多的线路，则需要有超载能力强、起停快速、车辆出入口通流量大等特点；对速达型旅客多的线路，则需要启动加速度大、高速运行持续时间长、旅行速度高等特点，而内部布置简约些即可。

2. 运输组织模式

修建高速铁路/客运专线旨在解决既有线客、货运输能力严重不足的问题，采用客运走高速、货运走既有线的运输组织模式。高速铁路上站间距不应太小，一般应在100~200km，以便提高旅行速度、缩短旅行时间、拉近城市间的时空距离、促进经济发展、加强人员交流。高速铁路与既有线铁路的衔接也要做出安排，以实现客运网的整体规模，其中包括高速车是否下高速线运行以及中速车上高速线运行等问题。就运输效率而言，高速铁路实现全高速运行，既有线铁路以货运为主，同时适当开行与货车速差小的客运列车是理想的、效率最高的、运能最大的方式。但是实际上需要根据不同发展时期选择不同的运输组织模式，适时加以调整，以实现较高的运输效率，其中包括高速车降速下既有线运行、中速车既上高速线运行又能降速到既有线运行、高速线上中高速混运、既有线上低中速混运、高速线上全高速、既有线上全低速等。经多方专家研究论证，在一定时期内我国高速铁路宜采取高、中速列车混行，既有线以货为主的运输组织模式，以后有条件时逐步加大高速列车的数量和运行范围，减少中速列车的开行数量，逐步实现高速铁路的全高速运行。

3. 高速列车开行原则

高速列车开行原则先考虑以下几点：

(1)以大站间O-D交流量为依据，以高速列车技术整备设施布局为前提(高速列车始发、终到至少在一端有动车维修段(所))，按流车对应原则组织开车。

(2)为充分发挥高速铁路的速度优势，快捷地输送大城市间的直达客流，根据通道客流特点，考虑各高速站间始发、终到列车中有 20%～30%途中不停站的直达列车。

（3）尽量提高各高速站的服务频率，高峰期组织密集发车，给旅客提供随到随走不候车的公交化的优质服务。

（4）考虑高速列车一般只在高速线上运行，对既有线条件成熟的，可考虑高速列车下到既有线上运行。原则上普通列车不上高速线，适当考虑大城市间的跨线中速车或跨线高速车运行，以期更好地发挥高速铁路的投资效益。

4. 主要参数的初步确定

需要初步确定以下主要参数：

（1）速度等级，它可分为 200km/h、250km/h、300km/h、350km/h 及 350km/h 以上 5 个等级。

（2）列车编组和定员，可按 1000～1200 人。

（3）客座利用率，应按 85%考虑。

（4）席位周转次数，一般按 1.1 考虑。

（5）客流波动系数，以满足最大需求为前提铺画运行图，平日按正常客流安排运行线，客流波动系数将在基本图中予以考虑。在初步设计时，以平日客流为 1.0 设计客车开行方案。在此基础上，需要根据客流特征（假日流、朝夕流），确定客流波动系数，包括年不均匀系数和日不均匀系数。

5. 客车开行方案设计

在设计高速列车开行方案时，以客流预测模型得出的结果（各站间的 O-D 交流量）为基础，遵守按流开车的原则。对不开车的 O-D 对，采取长距离车带短距离流的做法。利用计算机计算客车开行方案，对其结果可用人机对话的方式进行调整，以设计出各项指标都较好的方案。这种做法有利于理顺运量预测与客车开行方案的关系，使两者紧密衔接，充分满足旅客乘车的需求。

通过上述开行方案的初步设计，提出需要开行的列车对数，从而根据列车的速度等级、载客量、各级修程的安排及检备率等计算出所需要的高速列车数量。

6. 停站服务方案

上述列车开行方案中已经包括了对停站的考虑，其中停站时间需先参考已有高速铁路运营的经验。因为考虑了高速列车开通后旅客出行较方便，不再会带较多的行李上下车，所以上下车的时间就很短。停站时间是根据各站上下旅客的数量选定的，一般可考虑按表 7.1.1 设置停站时间，可将高速列车的停站时间定为 2′～3′。

表 7.1.1　列车停站时间参考表

上下旅客人数/人	停站时间
<100	45″
100～200	1′
200～300	1′15″
>300	1′45″～2′

列车在站的最小立折时间考虑 16′，这是考虑司机换端的技术作业时间，也包括重联列车的连挂和解编作业时间。

7. 客流特征

1) 商旅型与通勤型

由客流特征分析可以看出，客流可以划分为商旅型旅客与通勤型旅客。

在高速铁路发展前期通过高速铁路出行的旅客多数是商旅型旅客。随着高速铁路的发展，扩展出另一种形式的旅客，即通勤型旅客。这些旅客主要居住在离大城市稍远一些的小城镇或农村，他们利用高速铁路提供的高效快捷安全的服务，乘坐高速列车上下班。在大城市发展得越来越快的时候，城市内的交通问题、污染问题、环境问题、经济问题等越来越突出，人们开始逐渐搬离大城市而住到郊区甚至几十上百公里外的小城镇。与此同时，农村也逐渐向城市看齐，开始城镇化的进程，按城市的模式发展。城市和农村的交流将大大增加，这一人群的交通问题就提到桌面上了。高速铁路正是在这个时候发挥了它的安全可靠、方便快捷、平稳舒适的优点，提供了有效的服务。因此，也可以说，高速铁路促进了大城市的裂化和农村城镇化。在日本和法国的高速铁路发展中，通勤型旅客也越来越多。

通勤型还可以分为当日往返和每周往返一次两种方式。后一种方式的旅客住处一般离工作地点较远，无法当日往返上班，仅采用乘周日晚班车或周一早班车上班，工作五天后乘周五傍晚或再晚些的车回家度周末。通勤型旅客的在途旅行时间一般为 1～2h。

通勤型旅客行李极少，对车内设备的要求较简洁，一般有座即可，无座也行。通勤型的列车均在上下班时或周五晚、周六晨、周日晚、周一晨密集发车，其他时间则旅客较少。

因此，可以看出高速铁路也适用于通勤型旅客的运输业务，并且通勤型旅客已经逐渐成为高速铁路的主要服务对象。

通勤流形成的客流波动系数属于日不均匀系数，需要在当日通过开行方案加以安排。同时它需要从车辆上加以考虑，可在车辆上设置一些可扩大输送能力的功能，如设置列车重联功能以扩大编组、多开门以增加上下车的通流量、减少座席以增加站立空间等。

2)假日流与朝夕流

我国特色的旅行需求中还有一个假日集中出行的特点，因此出现了假日流的特征。交通运输行业必须考虑这种大量旅客在黄金周集中出行的现象。假日流又分为周日流、休假流(包括学生流和民工流)和扫墓流等。

周日流是指每周的周六日出行的旅客流，即工作日上班、到周末安排出行旅游所形成的客流。这里也会发生与一部分通勤流相重叠的现象。

休假流是指利用几大重要节日，如春节、国庆节、五一劳动节、端午节、中秋节等，安排休假进行探亲或旅游等活动的旅客流，也包括利用寒暑假进行休假的学生流。

扫墓流是指集中在一些如清明节这样的祭祀日中出行进行扫墓等祭祀活动的旅客流。

朝夕流是指在一天的早上或晚上乘车的旅客流，即出现早上出去办事或游玩晚上回去的现象。朝夕流中也包括一部分通勤流，这些旅客住处一般离工作地点、游玩景点不远，特别是在一小时圈范围以内，乘坐高速列车上下班或去游玩。

在预备开行方案时应充分考虑我国的这些特殊情况所形成的集中出行的客流高峰，应在客流预测中将这些情况一并进行预测，提出合情合理的客流波动系数。除用作开行方案外，车辆部门可以利用此客流波动系数进行车辆的设计。在平时可以为旅客提供较舒适的旅行环境；而客流高峰期时，适当牺牲一些舒适性(如拥挤一些、站立乘车等)，从而更多地为满足旅客出行的需求做好服务。第6章提到的高速货运服务的内容也可以结合这些流的特征，利用空闲的运能运送一些需要较短时间送达的快递运输之类的货物；当然，这需要提前设计好装卸机械和货物包装以便在车辆上搬运。

3)直达流与非直达流

(1)直达运行。当高速列车在距离超过200km、300km的两城市间直达运行时，如北京至上海，应分白天行车和夕发朝至两种情况。

白天行车的列车运行速度应大于270km/h，这样可使旅行时间压缩在6h以内。这种列车为中长途坐车，可采用300km/h及以上速度等级的高速列车。根据客流需要，定员至少为1000人，也可大于1200人。

夕发朝至列车的旅行时间应在8~10h，因此最高运行速度应在200~250km/h。这种列车为中长途卧铺车，可采用200~250km/h速度等级的高速列车。根据客流需要，定员至少为1000人。需要特别指出的是，由于夕发朝至的运行模式与铁路设施维修天窗设置模式在使用线路上有交叉，需要解决好如何确保安全的问题。

（2）非直达运行。当高速列车非直达运行时，如南京至上海，全程仅约 300km，但列车停站较多。因此，总起停附加时分增加，运行最高速度 300km/h 和 250km/h 的列车旅行速度仅相差 15′左右，但两者的牵引总功率和动轴功率相差 30%以上。因此，从经济性方面考虑，在这种情况下采用 250km/h 速度等级的高速列车更为合适，基本上考虑高密度的短编组方案（定员约 600 人），可考虑采用以启动加速较优和受黏着限制较少的高速列车，客流大时采用重联运行方式。

8. 输送能力的校核

在有开行方案后，就需要校核输送能力。下面举例说明输送能力的计算。

设通道的年输送能力双向为 $P=10^9$，平均日输送量为 $P_r = P \div 365 \approx 274000$；设年不均匀系数为 1.5，或列车平均跟踪时分为 5′，每日可运行时间为 18h，则每日可发送车次为 $(18 \times 60) \div 5 = 216$。

平均每列运送人数为 $(274000 \div 216) \div 2 \approx 635$。

设日不均匀系数为 1.5，则每列需输送的最大人数为 $635 \times 1.5 \approx 950$，最小人数也有 $635 \div 1.5 \approx 420$，由以上计算可确定列车的总定员不应小于 600 人。

每日单向最多运送旅客人数可达 $216 \times 600 \times 1.5 \times 1.5 \approx 290000$ 人次，其中前一个 1.5 为超载量，后一个 1.5 为增加发车数量（即缩小发车间隔），即繁忙运输时超员可达 50%，日发送旅客人数将超过 29 万人次。每日运送旅客人数较少时，也将达到 $216 \times (600 \div 1.5) \approx 86000$ 人次。

客座率按 60%应是闲时的正常情况，当旅客人数少于 8.6 万人次时，客座率还会更低。

由列车平均跟踪时分 5′和日不均匀系数 1.5 可知，最小列车跟踪时分应为 3′（$5 \div 1.5 \approx 3.3$）；当接发车的准备作业时间尽量缩短到半分钟时，动车组的启动附加时分可为 2.5′，此时动车组的启动加速度应满足 2.5′附加时分的要求。

9. 高速列车的需要量估算

1）高速列车的使用原则

（1）车站按技术作业性质分为高速客运站和中间站两种。高速客运站是办理旅客上、下车业务的车站；中间站是办理列车通过、越行作业，不办理客运业务的车站。

（2）高速列车的运用方式如下：高速列车固定线路但不固定区段使用；高速列车采用白天运营、夜间整备维修的运用方式；高速列车立折时间最小取 20min；高速列车合理套用，使其在车站停留时间最少；高速列车的套用应满足其整备、维修计划的要求。

(3)高速列车需要量(运用动车组)估算按一车组一车次,采用分析计算法,对全线每一站间开行的高速列车逐一进行计算。高速铁路采用白天(如 6:00~24:00)运行,夜间检修车底和线路的作业方式,平均旅行速度为开行方案的实际铺图。

2)用车量的计算

用车量可用两种方法计算:一是按年均走行里程计算;二是按铁路网络长度计算。

(1)用车量按年均走行里程计算的方法。

每列动车组的年均旅客输送量可按式(7.1.1)计算:

$$M_i = \frac{S_j p}{S_l} \tag{7.1.1}$$

式中,M_i 为每列动车组的年均旅客输送量,人次;p 为每列动车组的定员(600 人);S_l 为旅客年均旅行里程,km;S_j 为每列动车组的年均走行公里数,km。

实际用车量可按式(7.1.2)计算:

$$N_s = \frac{M}{M_i} \tag{7.1.2}$$

式中,M 为年输送旅客量的目标值,人次;M_i 为每列动车组的年均旅客输送量,人次;N_s 为实际用车量,列。

总用车量可按式(7.1.3)计算:

$$N = N_s(1+J) + N_b \tag{7.1.3}$$

式中,J 为检率,%;N 为总用车量,列;N_s 为实际用车量,列;N_b 为备用车数,列。

设某铁路线旅客年均旅行里程为 S_l=800km,每列动车组的年均走行公里数为 S_j=600000km,则每列动车组的年均旅客输送量为

$$M_i = (600000 \times 600) \div 800 = 450000 \tag{7.1.4}$$

设年输送旅客量的目标值为 M=100000000,则实际用车量 $N_s = \frac{M}{M_i} \approx 222$。总用车量用式(7.1.3)计算。

(2)用车量按铁路网络长度计算的方法。

铁路可容纳动车组的列车数量可按式(7.1.5)计算:

$$N_r = 2K_k \frac{L/L_x}{X} \tag{7.1.5}$$

式中，K_k 为整备作业和站停作业利用系数，根据作业安排、线路的车站数、作业效率等因素决定；L 为双线铁路网络长度，km；L_x 为信号距离，km；N_r 为铁路可容纳动车组的列车数量，列；X 为一列车需占用的信号区间数量，个，根据列车运行速度、列车运行控制设备的能力和跟踪时分决定。

若取 K_k=1.2，则总用车量可按式 (7.1.6) 计算：

$$N = N_r(1+J) + N_b \tag{7.1.6}$$

式中，J 为检率，%；N_b 为备用车数，列。

设某双线铁路网络长度为 L=1320km；信号距离为 L_x=1km；按 3′跟踪时分，则允许有一列车的闭塞区间数量为 X=15；取 K_k=1.2。将这些参数代入式 (7.1.5) 即可计算得出铁路可容纳动车组的列车数量为

$$N_r = 2 \times 1.2 \times \frac{1320 \div 1}{15} \approx 211$$

总用车量同样用式 (7.1.6) 计算，其中检率由下面给出。

3) 检率的计算

检率定义为在高速动车组投入运营后需要进行检修的高速动车组的数量与需用高速列车的数量的比值，用百分数表示。

检率可根据车辆年均所需的检修占用天数 D_m 计算，计算式为

$$J = \frac{D_m}{365} \times 100\% \tag{7.1.7}$$

式中，D_m 用式 (7.1.8) 计算：

$$D_m = \sum_{i=1}^{5} D_i \tag{7.1.8}$$

式中，D_i 为第 i 修程的年均所需的检修占用天数，i=1,2,3,4,5。

表 7.1.2 为车辆检修安排参数表。表中车辆各修程对应的走行公里数记为 S_j，j=1,2,3,4,5；车辆按表 7.1.2 所列参数安排检修。如果需要按运行里程进行检修，可根据表 7.1.2 找出时间与走行公里数的关系。

表 7.1.2　车辆检修安排参数表

修程	检修占用天数/d	年均检修占用天数/d	走行公里数/km
一	T_1	D_1	S_1
二	T_2	D_2	S_2
三	T_3	D_3	S_3
四	T_4	D_4	S_4
五	T_5	D_5	S_5

　　根据各修程对应的走行公里数找出对应修程的年均检修占用天数，再按式(7.1.8)计算出总的年均检修占用天数，即可按式(7.1.7)计算得出检率。

　　表 7.1.3 为 CRH 动车组修程与运行里程关系表，列出了 CRH 动车组按运行里程进行检修管理的修程与运行里程的关系。

表 7.1.3　CRH 动车组修程与运行里程关系表

修程	CRH1	CRH2	CRH3	CRH5
一	4000km	4000km	4000km	5000km
二	10 万～120 万 km	3 万 km	2 万～120 万 km	6 万～120 万 km
三	120 万 km	60 万 km	120 万 km	120 万 km
四	240 万 km	120 万 km	240 万 km	240 万 km
五	480 万 km	240 万 km	480 万 km	480 万 km

　　表 7.1.4 为 CRH 动车组修程与运行时间关系表，列出了 CRH 动车组按运行时间进行检修管理的修程与运行时间的关系。

表 7.1.4　CRH 动车组修程与运行时间关系表

修程	CRH1	CRH2	CRH3	CRH5
一	48h	48h	48h	48h
二	6～720d	30d	10～360d	
三		1.5 年		
四		3 年		
五		6 年		

　　以 CRH1 为例，检修参数如表 7.1.5 所示。其中，车辆的年均走行公里数设为 60 万 km。

表 7.1.5　检修参数表(以 CRH1 为例)

修程	检修占用天数/d	年均检修占用天数/d	走行公里数/km	折合走行时间/年
一	$T_1=0$	$D_1=0$	$S_1=4000$	0
二	$T_2=2$	$D_2=12$	$S_2=10$ 万	0.17
三	$T_3=8$	$D_3=4$	$S_3=120$ 万	2
四	$T_4=16$	$D_4=4$	$S_4=240$ 万	4
五	$T_5=32$	$D_5=4$	$S_5=480$ 万	8
合计		$D_m=24$		

检率可根据车辆年走行里程所需的检修占用天数 D_m 进行计算,即按上例,经计算可得出检率为

$$J = \frac{D_m}{365} \times 100\% \approx 6.6\%$$

该动车组每年可利用时间为 365–24=341 天。

4) 备用车数的计算

备用车数是为了在动车组不能出乘或在线故障需要替班或救援等情况准备的高速动车组的数量。

高速列车除进入各修程时不能出乘外,不应发生不能出乘的现象。而个别出现此情况时需要替班的列车数量应根据高速列车的可用性以及临时检修的能力确定,这里主要是指为救援而作热备的列车数。

首先设定救援等待时间,可考虑设为 1~2h,据此设定救援臂的长度 L_b。在附近设置救援用备用列车的存放地点,一般考虑在车辆基地(运用所)停放备用列车。这样,在每一救援臂上就有一列准备救援的备用列车,并按热备安排,在需要救援时立即出发。平均救援臂的长度可设为 $L_b=150km$。设线路总长为 L,单位为 km,则备用车数为

$$N_b = \frac{L}{L_b} + 1 \tag{7.1.9}$$

以京沪高速铁路为例,若在北京、天津、德州、济南、徐州、蚌埠、南京、常州和上海 9 个地设立救援点,各站点距离分别为 131km、196km、79km、286km、152km、179km、121km、174km,平均救援臂的长度 $L_b=165km$。以一个救援点停放一列救援车设置,则救援车数为 9。救援等待时间包括故障信息的上传、调度决策、命令下达、备用列车出发等,可在 2h 之内到达救援现场。京沪高铁线全长 1318km,上述计算备用车数 N_b 为 9。根据此计算备用车数,再适当增加几列,以

备临修等待用，取 N_b=11。这样，京沪高速铁路总的用车量为

$$N=N_r(1+J)+N_b=222\times(1+0.066)+11\approx248$$

7.2　系统概念与运用条件

系统概念与运用条件是高速列车系统集成第二阶段的工作。

7.2.1　第二阶段的任务

项目的大方向确定之后，需要确定采用什么样的车辆来组成高速列车、如何界定高速列车与铁路其他子系统的相互关系等，这些都是这一阶段的任务。这一阶段的任务还包括以下内容：定义高速列车的边界，拟定系统描述；建立影响高速列车特性的运用条件；建立高速列车危险分析范围；建立高速列车 RAMS 策略；建立高速列车安全计划，定义可容许的风险指标；解决高速列车与铁路系统的接口关系；采用与我国铁路基础设施相匹配的系统技术，包括轮轨关系、弓网关系、车载通信信号等；解决移动设备、固定设备、运行介质之间的关系；确定运营和维修策略；确定现有设施制约影响；确定维修条件；确定基地的设置及维修原则。

7.2.2　高速列车的形式选择

1. 磁悬浮客运方式

1）磁悬浮客运发展概况

对磁悬浮列车技术曾进行开发研究的国家有美国、英国、德国、法国、日本、加拿大、韩国、罗马尼亚等。目前还在对磁悬浮高速客运关注的国家只有德国和日本，美国则转向高速管道子弹列车。

德国和日本通过三四十年的努力，从理论到实践取得了不少进展，研制了若干代试验车，建成了规模较大的磁悬浮系统试验线，但尚没有达到实用化的程度。

尽管对低速常导电磁悬浮的应用研究已经有了一些基础，但是在应用工程上还很缺乏。

20 世纪 80 年代初，我国开始对磁悬浮技术进行跟踪研究。至 20 世纪 90 年代后半期，铁科院在环行试验基地研制了一辆长 6.5m、宽 3m、车内净空高 1.9m、自重 4t、有 5 个座位、设计速度 100km/h 的低速常导式 6t 单转向架磁悬浮试验车，并开通了轨距宽 2m、长 36m 的磁悬浮试验线。国防科技大学研制出一台低速常导式 6t 磁悬浮转向架，并进行了悬浮试验。西南交通大学研制了一台可乘坐 4 人的低速常导式磁悬浮模型车。铁科院的磁悬浮技术成果实现了司机控制台对整车悬浮、推进状态的监视与控制，并设计了 IGBT 悬浮斩波器、IGBT 元件车载

推进 VVVF 逆变器，实现了对大功率直线牵引电机的变频驱动。2016 年初，在长沙建成了一条低速磁悬浮线，并已投入运用。我国还与德国西门子和蒂森公司合作，在上海建成 30km 的高速磁悬浮示范线，该线将龙阳路和上海浦东国际机场连接，成为世界上首条投入商业化运营的磁悬浮线。该线上运行的磁悬浮列车的设计最高运行速度为 430km/h。

2)磁悬浮的基本原理

轮轨系高速列车依靠轮对支撑在钢轨上，利用车轮与钢轨之间的黏着作用，由旋转电机带动车轮旋转实现牵引或由车轮旋转带动电机发电实现制动。

磁悬浮则是依据同性相斥、异性相吸的磁铁原理，使列车在磁力的作用下悬浮在轨道之上，推动列车前进或后退主要通过采用直线电机、气压差等方式。

直线电机是旋转感应电机的一种引申。图 7.2.1 为旋转感应电机展开成直线电机的过程示意图。可以看出，直线电机实际上是旋转感应电机在结构方面的一种变异。

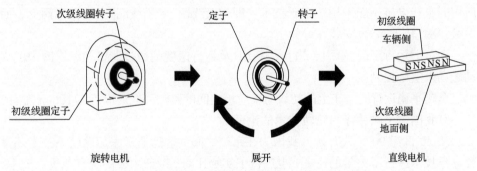

图 7.2.1　旋转感应电机展开成直线电机的过程示意图

与定子相对应的一侧称为初级(也称为一次侧)，与转子相对应的一侧称为次级(也称为二次侧)。由于需要相对运动，初级与次级之间存在空气间隙(简称气隙)。

在直线电机的三相绕组中通入三相正弦交流电后，会产生气隙磁场。除铁芯两端开断而存在纵向边端效应外，这个气隙磁场是沿直线方向呈正弦波形分布的。当三相电流随时间变化时，气隙磁场将按 A、B、C 相序沿直线移动。与旋转感应电机的差异在于该磁场不是旋转的，而是平移的，因此被称为行波磁场。

将次级取为栅形，则次级导条在行波磁场的切割下将产生感应电动势并产生电流。而所有导条的电流和气隙磁场相互作用便产生电磁推力，在这个电磁推力的作用下，如果初级是固定不动的，那么次级就顺着行波磁场运动的方向做直线运动。次级磁场与初级磁场不同步运行，因此直线电机也称为直线异步电机。

如果直线电机的初级长度和次级长度是相等的，假设在通电前，初级与次级正好对齐，那么通电后就会出现如下情况：在电磁力的作用下，初级与次级之间产生相对运动，并使初级与次级之间互相耦合的部分越来越少；最后初级与次级脱离耦合，进而失去电磁力，不能运动。

为了保证正常运动，在所需的行程范围内，初级与次级之间耦合的部分要保持不变，实际应用时需要将初级与次级制造成不同的长度。在制造直线电机时，既可以是短初级、长次级，也可以是长初级、短次级。短初级在制造成本和运行费用上均比短次级低得多，因此一般情况下均采用短初级、长次级的方式。

实际使用中，直线电机的次级大多由整块金属板或复合金属板制成，此时虽然并不存在明显的导条，但是可以将整块金属板理解为无限多个导条并列放置的状态，因此仍可以按上述原理来分析。

与旋转感应电机相同，直线电机也可以对换电源的任意两相使运动方向反过来；应用直线电机这一工作原理，可以实现往复直线运动。

安装直线电机的列车就是利用这一技术特点实现列车的前进或后退。列车上所用的直线电机一般采用短定子技术，即初级线圈(定子线圈)安装在车辆上，而次级线圈(转子部分)安装在导轨上。

列车的运行工况(牵引、惰行、制动)及运行速度则通过调整初级线圈中的移动磁场来实施控制。

车辆平稳运行时，车上的初级与反应板之间的磁隙一般需保持在 10mm 左右。

3) 我国关于磁悬浮与轮轨技术的论证

从 20 世纪 90 年代开始，我国为在京沪之间的客运通道采用轮轨系技术还是磁悬浮技术进行了大量的论证，也进行了实物比对。论证主要围绕有关投入成本、技术先进性和成熟性、客运网络构成和救援回送等问题进行。

2. 摆式列车客运方式

1) 摆式列车在我国的运用情况

我国也曾有一列由瑞典 Adtrans 工厂制造的新时速摆式列车(X2000 型)在广深线投入运营。

广深线是 1994 年开通的准高速铁路，设计最高运行速度为 160km/h。在开通之后，客流很快上升，发车密度增加。为了进一步缩短广州到深圳以及香港的旅行时间，拟在该线路上进行提速。该线路总长约 140km，但是中间有一段约 40km 的直线段两端是半径 1400m 的曲线(限速 160km/h)，妨碍了提高列车的通过速度。为此，如何在该曲线上提速的问题摆到了议事日程上。根据调研，认为摆式列车可以在不改变线形的基础上将运行速度提高到 200km/h。于是，广州铁路管理部门采用租赁的方式向制造商租借 X2000 摆式列车，经过适应性改造和试验验证后投入广深线的运营中，取得了较好的效果。

2) 摆式列车概念[2,3]

为了进一步提高列车通过曲线时的速度，各种形式的摆式列车出现了。摆式列车就是使客车的车体在通过曲线时倾摆一个角度，即车体相对于轨道平面转动一个角度。图 7.2.2 为摆式列车曲线通过示意图。

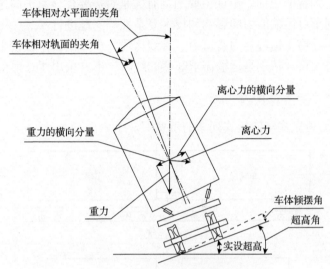

图 7.2.2　摆式列车曲线通过示意图

可以看出，对于车体，摆式车辆车体的倾角相当于增加轨道的实设超高。

摆式车辆车体倾角的大小需要按照离心加速度的变化而变化，即离心加速度小，车辆车体倾摆角小；离心加速度大，车辆车体倾摆角亦大。这样可使旅客感受的未被平衡的离心加速度基本保持在容许范围之内。因此，采用摆式车辆可在不改变线路平面、不影响低速列车正常通过曲线的条件下以较高的速度安全通过曲线而不降低旅客的舒适度。

考虑了摆式车辆车体倾角后，摆式列车通过曲线时限速为

$$V_{\mathrm{h}} = \sqrt{\frac{(h + h_{\mathrm{d}} + h_{\mathrm{t}})R}{11.8}} \tag{7.2.1}$$

式中，h 为实设超高，mm；h_{d} 为欠超高，mm；h_{t} 为车体倾摆的当量超高，mm；R 为圆曲线半径，m。

可以看出，摆式车辆可以提高旅客列车通过曲线的限速，而且倾角越大，允许曲线限速越大。根据国外运用经验，采用摆式车体的车辆可提高曲线限速 30%~40%，提高旅行速度 15%~20%。

国外将摆式列车应用在既有线路提速上，并将列车通过缓和曲线时车体侧滚速度作为旅客舒适度标准之一。此外，国外对摆式车辆的车体倾摆角加速度还规定不大于 $15(°)/s^2$。

3）我国关于传统列车与摆式列车技术的论证

从 20 世纪 90 年代开始，我国为在京沪之间的客运通道采用传统列车还是摆式列车进行了大量的论证。论证主要围绕有关是否需要建设京沪高速铁路、线路设置、摆式列车对运输能力的影响和技术复杂性等问题进行。

摆式列车适用于运输能力有富余、直线区段较少、曲线半径较小的既有线提速。对于新建线路，特别是运输需求旺盛的线路，不宜采用摆式列车。

3. 铰接式列车客运方式

图 7.2.3 为独立式与铰接式列车的示意图。

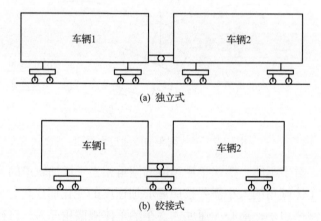

(a) 独立式

(b) 铰接式

图 7.2.3　独立式与铰接式列车的示意图

独立式列车是相对铰接式列车而言的，它的每一节车辆都能独立站立在铁道线上，也因此称为独立式（见图 7.2.3(a)）。此类形式列车的车辆事实上也就是指传统概念上的车辆，即一节车厢单独由两台转向架支承。

铰接式列车是指具有两节车厢共用一台转向架的结构形式的列车（见图 7.2.3(b)）。在此列车中的一节车厢的一端坐落在一台转向架上，而另一端通过一个铰支承与相邻车厢共同坐落于另一台转向架上，此时两节车厢共用一台转向架，因此一节车辆不能独立在铁道线上站立，至少必须由相铰接的两辆车辆同时在铁道线上才能站立。铰接式列车的车厢事实上处于三点支承方式。

我国从 1995 年开展高速列车的研究开始，已经分别对铰接式列车与独立式列车的关键技术部署了大量的研究课题，开展了部分样件的设计试制工作。研究工作在 1998 年大体有了眉目，无论是铰接式列车还是独立式列车，均能很好地实现高速运行，因此主要不是技术问题，而是技术发展和延续的问题。鉴于铰接式列车的制造、使用和维护与我国铁路的传统理念差异较大，探索和学习需要较长时间，而又不属于发展趋势性问题，故我国没有对它花如此大的力气和时间进行研究，而是集中精力研发独立式高速列车。

4. 动车组形式客运方式

高速列车是系统性很强的交通运输工具。高速列车应是一种高效率的运输工具，是一种不必频繁更换机车、到站不必调头就可以在铁道线上穿梭运行的列车，它能减少列车折返所需时间，大大提高运营效率[4]。

高速列车应是一种快捷的运输工具，需要具有较大的功率以克服列车高速运行时遇到的阻力；仅靠一台机车的黏着力实现客车牵引，旅客数量将受很大限制；在需要增加牵引功率时，两端机车的方式或中间车辆增加动车的方式必然在考虑之中，由此需要各牵引设备之间加强联系以协调动力的发挥，这样整个列车就必须成为一个整体。

高速列车应是一种安全的运输工具，为保证高速运行的安全，需要大量的整个列车的检测信息，包括车门是否已正常关闭、各车辆上的设备是否有故障、列车上是否存在安全隐患等，需要及时采集各种信息以做出判断，为此必须使列车成为一个整体，列车内部要增加各车辆间的联络装备、增加信息传输内容等。

高速列车应是一种节能的运输工具，整个列车需要有统一的断面，各车之间也要增加一些平滑过渡的措施，避免断面不同带来较大的高速运行阻力，这样高速列车就只能成为一个整体。

高速列车应是一种舒适的运输工具，车辆的连接不能采用有间隙的自动车钩，以避免列车内部的相互冲动。而车辆之间必须采用具有极小纵向间隙的连接方式，如采用连接杆方式或密接式车钩。这样列车的编组将相对固定。

为此，原来的机车拉客车的方式已经不适合高速列车使用，需要采用动车组的方式。

我国从 20 世纪 90 年代开始采用动车组方式，但是在使用中也发现一些问题，主要是我国机务与车辆分家的体制不能适应动车组的管理，需要在运用动车组时一并加以解决。

5. 动力集中与动力分散

1）情况介绍

传统列车中采用的动车组方式主要有两种形式：动力集中式和动力分散式[4]，如图 7.2.4 所示。

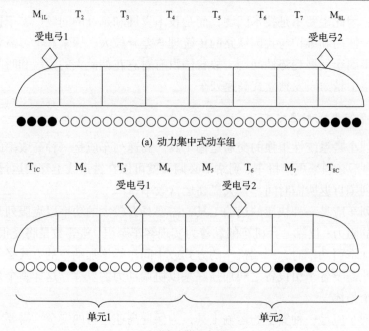

图 7.2.4　动力集中式与动力分散式动车组构成示意图

M 表示动车(motor car)；T 表示拖车(trailer car)；下标数字表示第几节车厢；下标 C 表示控制车；下标 L 表示机车(动力车)；○或●代表一根车轴，每节车下有两个转向架四根车轴。拖车下为非动力转向架，非动力轴上不挂牵引电机，用○表示；动车下为动力转向架，动力轴上配牵引电机，可输出动力，用●表示

动力集中式列车是指动力设备集中安置在头车/尾车上的动车组。它的受电弓布置在动力车(机车)上，两台受电弓各自取流，各自使用；中间也可用高压电缆连接，而仅升一个受电弓受流。

动力分散式列车是指动力设备分散在列车多个车厢上的动车组，又称为动力分散式动车组。它的受电弓分别布置在安装牵引变压器的车上，如图 7.2.4(b) 中的第 3 节(在单元 1 中)和第 6 节(在单元 2 中)车厢上。使用高压电缆贯穿铺设于列车顶部，使两个受电弓相连。使用时只升一个受电弓，而另一受电弓对应的牵引变压器的原边通过高压电缆取流。在各车之间过渡时使用高压连接器。

各国在高速列车的发展中根据国情及不同运营条件开发了众多的车型。日本从一开始就以动力分散式电动车组作为高速列车的基本模式，首先发展的是客运专线形式的新干线旅客高速运输业务。电动车组已是世界各国尤其是日本城市间客运中大量采用的车型，其中比较典型的是一直采用动力分散式高速列车的日本 0~800 系等系列动车组。

意大利也主要采用动力分散式动车组，如意大利的 ETR410、450、460 系列可倾式动车组。

从 20 世纪 80 年代开始，动力集中式高速列车相继问世，如欧洲著名的 TGV

型与 ICE 型列车。

　　欧洲国家(如法国、德国等)原先主要采用动力集中式高速列车,但随着速度的进一步提高,动力集中式高速列车在牵引黏着力、制动能力等重要技术领域遇到了较大的障碍。

　　随着速度的提高和旅行时间的缩短,动力集中式动车组需要加大功率,随之需要加大轴重,然而轴重的加大带来了对线路的打击、破坏也加大,又不利于提高速度,这样出现了速度提升和轴重增加的循环死结。因此,在高速铁路进一步发展中,动力集中式列车遇到了巨大的困难。

　　尽管日本一直采用的是动力分散的动车组方式,但是对于轴重对高速列车的影响问题也开展了一些试验研究工作。通过对 0 系的轻量化车辆和重量化车辆进行运行试验并对线路振动进行测定,发现 270km/h 时轻量化的车辆与 220km/h 时重量化的车辆的振动量相当。也就是说,由于轴重减小,抵消了速度增加而增加的振动量,于是在减轻轴重方面做了大量的工作。

　　法国在出现这一需求时首先将动力扩散到机次第一个转向架上,即将机次第一辆客车的第一个非动力转向架改为动力转向架。现在法国也开始关注可否将后面的铰接式转向架也变成动力转向架。

　　一向推崇动力集中式高速列车的德国,在受轨道对轴重的限制后也在动力集中式的 ICE1 型高速列车投入运营之后不久开始研究试制动力分散式的 ICE3 型高速列车。

　　动力分散的动车组经过几十年的发展,随着各方面技术的不断更新,尤其是交流传动技术的发展及再生制动技术的应用,动力分散原有的一些缺点逐步得到克服,动力分散方式显示出很大的优势。

　　从最新的技术发展状况看,无论是速度较低的城铁、轻轨、地铁列车和普通列车等还是最高运行速度达到 300~350km/h 及以上的高速列车,无论是在使用的还是正在订货生产的,大多是在发展动力分散方式的动车组,包括电动车组和内燃动车组。牵引动力分散化已经成为世界铁路旅客运输装备的一种发展趋势。

　　2)动力分散式高速列车的优势

　　综上所述,动力集中式和动力分散式高速列车各自都得到成功应用和发展,它们也都存在一定的优点和缺点。相比之下,动力分散式动车组具有较明显的优势。

　　(1)可充分利用车辆载客,增加载客量。动力集中式动车组需要机车(动力车)集中配置全部牵引动力设备,需要占去整整一节车,有时甚至还不够。而动力分散式动车组将牵引动力设备和牵引电机分散到列车各节车辆的地板下面,充分利用了车厢底板以下的空间,也因此地板以上的面积可以得到充分利用,每一节车厢都可以载客,使列车总体利用率得到提高,加大了载客量。

　　(2)轴重轻。动力集中式动车组的动力车需要依靠较大的轴重来取得黏着力,因而轴重较大；动力分散式动车组轴重较轻，特别易于适应高速列车轻轴重的要求。列车如果轴重较大，将对轨道有较大的破坏作用，并且需要对轨道养护支付较高的维修费用。从线路基础设施建设和维护保养的技术经济指标出发，希望列车的轴重越小越好，轴重增加将增加钢轨的磨耗、线路的变形。从国外实际经验看，日本初期新干线的有砟轨道线路维修费用与列车的轴重成正比。从发展的角度考虑，要进一步提高速度，必须增加功率同时减轻轴重。要进一步增加定员，必须在不增加轴重的条件下扩大列车编组。这些条件正是动力分散式列车的优势所在。而动力集中式列车的牵引电机已接近或超过 1200kW，由于黏着的限制，再加大动力轴的功率已作用不大，而增加动力轴的轴重既触及高速线路维修、保养的大忌，也限制了列车运行速度的再提高。欧洲的多年运用经验证明，只有 16～17t 轴重的列车对线路的作用和线路的维修费用才是在技术、经济上可以接受的范围。因此，国际铁路联盟根据当时的状态，将轴重限度定为动车 17t、拖车 16t（速度为 160～300km/h）。德国的 ICE1 型和 ICE2 型动车的轴重都为 19.5t，当要进一步提速时就研制了满足上述轴重要求的动力分散的动车组，即 ICE3 型、ICE350 型动车。动力分散式动车组由于牵引动力分散布置在多节车辆上，可以降低列车的最大轴重，改善轮轨的相互作用。

（3）簧下质量小。动力集中式动车组的动力车由于轴重较大，相应簧下质量也较大。当机车车辆轴重和转向架悬挂系统一定以后，由轮轨微小不平顺（或缺陷）引起的轮轨冲击力主要取决于轮对的簧下质量，簧下质量大小的影响随运行速度的提高而增大。轮轨冲击力在轨道和轮对中产生的响应（常将产生的前两个不同作用时间的响应称为 P_1、P_2 力，详见第 6 章相关内容）是引起钢轨断裂和轨下基础损坏的重要因素。为了保护铁路的轨道及基础设施，保证运行安全，有必要对列车的单轴簧下质量加以限制，虽然国外的高速列车技术条件中并未对它做明确的规定，但在各国的高速列车发展过程中，都无一例外地在努力降低簧下质量。

（4）受牵引黏着限制小。动力集中式列车的全列都要依靠动力车的黏着力来获得牵引力。当气候变化使黏着系数降低时，会出现打滑现象，拉不动整个列车，而且可能造成车轮或轨面的磨损。而动力分散式动车组的牵引力分散在多个动车上，因此黏着利用有很大富余，基本不存在受黏着限制的问题，由此也可解决高速列车大牵引力与轴重限制之间的矛盾。

（5）启动加速快。动力分散式动车组具有稳定的低黏着特性，能够确保牵引力，即使在雨天和钢轨表面条件恶劣的情况下，也容易确保列车的加速性能，启动加速性能优良。

（6）受制动黏着限制小。同样，动力分散式动车组的制动力由全列车各车辆分担，特别是动力制动力可由所有动车承担且受黏着限制小，可充分利用动力制动功率。而动力集中式动车组受动力车的黏着限制，不能充分发挥制动能力。

(7)运行可靠性高。动力分散式动车组可以增加功率冗余度，而使列车的运行可靠性大大提高，由于动力分散式动车组将各动力单元减小，每一动力单元占总体的比例降低，列车牵引总功率所受的影响减小，即使在部分牵引设备故障时，也可以按要求运营，有利于提高列车的运行可靠性。动力集中式动车组必须减少牵引重量来取得功率的冗余。

(8)编组灵活，可较好地适应客流波动的特点。动力分散式动车组是由动力单元组成的，动力单元的车辆数可以是 1～4 个。当运输需要加大编组时，只要增加单元即可，此时牵引动力也随该单元一起参加扩编。反之，当需要减小编组时，也是摘下单元，此时该单元的动力设备也随之摘下，不会造成浪费。即动力分散式列车可以根据运输组织要求组合成不同编组的列车，以适应客流变化的要求。而动力集中式动车组的牵引动力是在设计时已经确定的，不能增大编组；在减小编组时，由于动力不变，造成了浪费，将增加运营成本。

(9)维护保养方便，小快灵。动力分散式动车组的设备分布在各节车厢下部，相对动力集中的设备要小得多，虽然数量较多，但是由于设备小，易于采用换件修的方式进行维修，可较好地实现现代的专业化检修模式，提高维护保养的效率。

(10)动力配置灵活多变，谱系化、简统化容易。由于动力分散式动车组受轴重限制小，每个动力单元可以灵活地根据牵引设备的市场情况决定选用符合谱系化的动力配置，组成相应的动力单元，因此动力分散的高速列车比较容易实现简统化。

3)结论

动力集中式高速列车不适用于 300km/h 及以上速度等级需求的情况，而动力分散式高速列车的这些优势已经使其成为当今世界现代高速列车的一种发展趋势。

经过近 10 年的理论研究、实际试制和试验研究，我国对高速铁路上应采用的装备进行反复论证，论证中反复比较国际上各种高速列车技术方案，结合我国对动车组的应用要求和实际制造运用维护水平，综合进行各个参数的优化，最终明确了动力分散式动车组是我国高速客运装备的发展方向。

7.2.3　高速列车速度目标值的确定

1. 几个速度名词概念

1)构造速度

构造速度定义为设计并经试验验证后确定的留有安全裕度的可安全使用的最高速度。

安全裕度在动力学性能方面应该是 1.1，也就是说，必须在高出构造速度 10%

的速度范围内各项动力学指标全部合格的情况下,才能认定该车的构造速度。车辆进行动力学性能验证试验时的试验速度至少要达到设计速度的 1.1 倍;若达不到,则找出该试验中各项动力学指标全部合格的某一试验速度,将该速度的 $(1 \div 1.1 \approx) 0.909$ 倍值作为该车构造速度的候选值 V_g;若其他性能指标都支持这一结论,则可将速度 V_g 定为该车的构造速度。

2) 最高试验速度

最高试验速度分为线路运行试验的最高试验速度和试验台试验的最高试验速度。

线路运行试验的最高试验速度是指车辆在线路上进行运行试验时的最高运行速度。

线路运行试验又分为探索性线路试验和验证性线路试验。在探索性线路试验中,根据试验目的,会创造一些与运营环境出入较大的条件来进行试验,如减少车辆节数、提高供电等级、加大车轮轮径、增加电机超载能力、抬高线路超高、采用过大的欠超高值等。在这种情况下,试验时的最高运行速度没有规范规定,大都是超出规范规定的,具有一定的风险性,需要严密监测试验状况,把控试验安全。据报道,法国于 2007 年对 V150 试验列车进行试验,以验证其安全冗余度和乘坐舒适性。V150 试验列车全长 106m、重 268t,仅由 5 节车辆组成,包括列车头尾的两节动力车和中间的三节动力车(带有三台动力转向架);车轮直径从常规的 920mm 增大到 1092mm,牵引总功率也从 TGV 列车常规的 9.3MW 增大到 19.6MW;运行试验时接触网供电电压从额定 25kV 临时提高到 31kV;试验在巴黎至斯特拉斯堡之间新建的 TGV^{TM} 东线上进行,试验前对线路进行了精心的整治;试验列车上设置了测试设备,并布置 600 多个测点;列车最高试验速度达到 574.8km/h,创造了当时有轨铁路运行试验速度的世界纪录。

在验证性线路试验中,一些标准或规范规定了至少要达到的试验速度,以对被试列车的性能和构造速度做出评估。

对于不同的试验项目要求达到的最高试验速度的值是不同的。例如,车辆进行动力学性能验证试验、接触网受流试验时的试验速度至少要达到设计速度的 1.1 倍;以牵引性能为例,对相关性能指标的评估仅需最高试验速度达到设计速度,并且各项性能指标合格即可。

试验台试验的最高试验速度是指在试验台上试验的最高速度。

对于不同需求的试验台试验的最高试验速度的要求是不同的。例如,在做齿轮箱台架试验时的最高试验速度要求至少达到 1.2 倍额定转速(对应最高运行速度);又如,在滚振试验台上做无激振的纯滚动运动稳定性试验时的最高试验速度应不低于最高运行速度或最高线路试验速度(以速度高者为准)的 1.2 倍。

3）最高运营速度

最高运营速度定义为车辆在某一线路的某一线况上可载客运营所使用的最高速度。该速度不应高出构造速度，也不应高出线路的限制速度。例如，某线路上有一曲线，该曲线上有可能要求限速；若车辆在该曲线上运营，则该车辆在此曲线区段上运营时的最高运行速度不得超出该曲线的限速值。

4）旅行速度

旅行速度定义为列车从 A 站到 B 站的运行速度平均值。

2. 高速列车的速度目标值

高速列车的速度目标值需要根据两地之间旅行的目标时间来确定。

假如 A 站到 B 站的距离为 1200km，要求从 A 站出发到达 B 站的旅行时间控制在 4h 之内，据此高速列车的旅行速度应不低于 300km/h。

高速列车的最高运行速度应大于往返于 A 站与 B 站之间可满足旅行速度 300km/h 情况下运行时应该达到的最高运行速度。根据不同站点之间所选定的最高运行速度，可以找出高速列车应具有的最高运行速度。

高速列车的构造速度必须大于此最高运营速度，其中还应考虑一定的远景提速空间。

我国的高速列车有 5 个速度等级，可根据不同线路和不同旅客需求选择安排速度，布置交路。

7.2.4　与铁路其他子系统的接口问题

与铁路其他子系统的接口问题已在第 6 章中做了介绍，其中应包括采用与中国铁路基础设施相匹配的系统技术（包括轮轨关系、弓网关系、车载通信信号等）、采用适应国情的旅客界面设计（包括车型车种、客室布置、餐饮等服务设施等）、采用与中国气候环境相适应的系统设计（包括空调系统、通风冷却系统等）。图 7.2.5 为铁路系统与铁路相关子系统示意图。

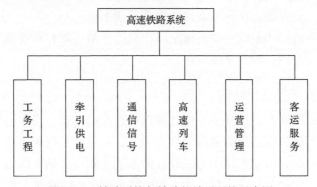

图 7.2.5　铁路系统与铁路相关子系统示意图

7.2.5　高速列车总体技术参数的确定

1. 轴重

轴重是与线路密切相关的参数。轴重问题已在第 6 章高速列车与线路的关系中做了介绍，我国高速铁路要求将最大轴重控制在 17t 以下。对于高速列车，需要分清以下几个概念：

(1)空车质量(对应皮重)。

(2)整备质量(加上水、油、砂等车辆待客状态的质量)。

(3)额定质量(再加上定员载荷的质量)。

(4)最大质量(包括可以超载的质量)。

最大轴重对应的是最大质量下的轴重。

2. 通过最小曲线半径(连挂、单车)

通过最小曲线半径分为整列车通过曲线的要求(包括连挂作业的要求)和单车通过两种。由于高速列车的车辆之间纵向需要约束，与既有车辆不同，需要适当加大可通过的最小曲线半径。

高速列车为了减小阻力，需要将两节车厢之间的距离缩短。由于列车要通过曲线，两节车厢会有一个角度，这就限制了两车之间距离的缩短。因此，为了减小阻力就必须加大列车可通过的最小曲线半径，以使两车之间的距离可以缩得更短。

单辆车可通过的最小曲线主要受转向架与车体之间转角的限制。为了减小阻力，在车体的两侧加设导流板。如果在车体位于转向架的两侧加装导流板，就会限制转向架的转角。因此，在通过最小曲线和减小阻力之间需要做一个选择，找到一个合适的参数。为了提高高速运行的稳定性，高速列车的转向架有些技术参数需要调整，如两空气弹簧之间的距离有必要加大等。这些也会影响转向架与车体之间的间距，需要加大车辆可通过的最小曲线半径。

高速列车通过最小曲线半径的确定问题也已在第 3 章和第 6 章高速列车与线路的关系中做了介绍，请参见相关内容。

3. 车钩中心线距轨面高度

车钩中心线距轨面高度涉及车辆之间纵向载荷的传递。当车钩中心线距轨面高度不同时，车辆之间的纵向载荷除纵向力外，还有一个弯矩存在。这个弯矩对车辆是非常不利的，将使车钩中心线较高的车辆受到一个抬车的力，从而引发跳轨事故，存在安全隐患，应该在设计之初就将车钩中心线距轨面高度加以统一。

车钩中心线距轨面高度还涉及互联互通的问题。不同型号的两列动车组重联时，由于车钩中心线距轨面高度不统一，需要加装过渡车钩，造成不能在运营中实际使用重联功能。

有关车钩中心线距轨面高度的问题也在第 6 章中有介绍，请结合在一起加以思考。

因此，在顶层指标中必须对车钩中心线距轨面高度做出统一的规定。

4. 车体地板面距轨面高度

我国高速铁路的站台高度定为 1250mm。

当车体地板面距轨面高度与站台高度接近时，旅客上下车的速度最快，因此可缩短停站时分。

沿线各站台的高度也是统一的，这样在车辆上可不设台阶或活动踏板，这也有利于减轻车辆自重、减小结构复杂性。

在这种情况下，高速列车的旅客上下车处的地板面距轨面高度应取为 1250～1300mm。

5. 平直道上紧急制动距离

高速列车在平直道上的紧急制动距离必须符合高速铁路的运营安全要求，也就是一旦遇到紧急情况，在保证车上旅客不因制动受到伤害、设备不因制动出现不可恢复的损坏的前提下，紧急制动距离越短越好，使列车在尽可能短的距离和时间里将速度降下来，甚至停下来，这样能够更好地保护旅客和高速列车。

在高速铁路的列控系统中，对列车的控制是按统一的规定实施的。为保证安全，必须按照在该线路上所运行的列车的最长紧急制动停车距离设置，即在存在不同型号的高速列车运行的线路上只能以这方面最差的列车(具有最长紧急制动距离的列车)设置。反过来说，假如列控系统已经设定了高速列车的紧急制动距离，那么不符合此项要求的列车将不能在此线路上运行。

在高速列车的顶层设计指标中规定的紧急制动距离就是与上述列控系统相衔接的紧急制动距离，高速列车必须满足这一指标。对于不能满足该指标的列车，应加以改进，达标后方可上线。有关高速列车紧急制动距离的问题可见第 5 章和第 6 章相关内容。

7.2.6　维修原则与基地设置

高速列车的结构组成与维修体制及修程紧密相关，把握好维护检修的内容、周期及方式方法可以使高速列车的使用效率大大提高，也能使高速列车更好地保持优良的状态，完成高速、安全、平稳运行[1]。

1. 车辆的检修

车辆寿命经历如下过程：开始使用—破损、老化—维护—不能使用—修复—再使用—破损、老化—维护—不能使用，直至报废。

维护与修复可分为预防维修(状态修)和事后维修(定期维修)两大类。

维护与修复建立在检查的基础上，车辆的检查要根据运用规定进行。车辆的定期检查可分为日常检查、重要部件检查、全面检查，在车辆设计期间就应制定车辆及其各零部件的检修周期、检查项目和检修规程等。

2. 高速列车的维护检修原则

1)动车组的维护检修原则

高速列车以动车组的维护、保养、检查、修理为基本单位，采用机辆合一的检修体系，并采用定时修与定公里修相结合的检修模式。

动车组的维修应以预防为主、检查为主、换件修为主、组装调试为主；采用寿命管理方式对动车组进行管理；尽量减少在修时间，提高效率、可靠性以及车辆利用率。更换的零部件采用专业化检修方式。

(1)以预防为主的含义。以预防为主是指根据各零部件的无故障工作时间确定该零部件的正常工作时间，采用定期定公里数的方式安排零部件的更换，即使该零部件未见异常，也是到期就更换。

(2)以检查为主的含义。以检查为主是指在运用过程中加强检查检测工作。对各种可能出现的问题通过检查检测，及时发现、及时检修或更换，以消除隐患。检查包括轴检、超声波探伤、润滑、镟轮、动平衡、闸片、受电弓滑板、减振器检测、组装台调整、试验台试验等，也包括各智能设备的开机自检和使用专有软件的检查，许多检查还需要用到专用检测设备。动车组及其零部件设计时必须考虑检测诊断问题，统筹安排传感器的布置，精心选配或研制检测仪表及其软件，合理选择检测方式，做到检测诊断准确、迅速、简便。

(3)以换件修为主的含义。以换件修为主是指尽可能避免在现车上进行检修；一旦发现损坏的零部件，即采用换件的方式来恢复动车组。损坏的可以修复的零部件则送专业厂商进行检修，恢复后等待下一次再使用。

(4)以组装调试为主的含义。以组装调试为主是指修好的动车组、车辆或零部件在换件时组装，并进行必要的调试以确保动车组的性能和安全符合要求。

2)转向架的维护检修原则

转向架是高速列车的关键部件，直接关系到高速列车的运行安全、平稳舒适，也是维护保养工作量最大的部件。

在车辆基地里需对转向架进行拆装、维护、检修和调试。

　　高速列车转向架本身的组装工作技术含量极高，需要在专用的转向架组装平台上装配，并在专用的调试平台上进行静动态的调试，确认合格后方可上车。特别是更换轮对、弹簧、重大设备时一般都应从车辆上取下转向架，在台架上进行。因此，转向架的检修应采用更换转向架的方式进行，这样既能保证品质，又能缩短高速列车的在库时间，提高使用效率。在现车上进行轮对的换装是不可取的，不能保证组装后的状态完好性，从而影响高速列车的运行安全性。

　　为了做到这一点，需要准备周转用的转向架，因此转向架的统型是非常关键的，否则基地内需要准备的转向架就太多了。

　　3）专业化维护检修原则

　　动车组换下来的零部件采用专业化集中检修方式进行。

　　原则上车辆基地不对这些零部件进行检修。

　　车辆基地中备适当场所供专业厂商周转和开展必要的少量的检修业务。

　　3. 现代维护管理系统

　　高速车辆运用、周转、维护、检修等应采用现代化的管理手段和方式。对动车组实施现代化的管理必须考虑采用以计算机为核心，利用计算机监控、采用网络技术和数据库技术对车辆做运用管理、故障管理、寿命管理等工作，实施系统管理，同时也包括对车辆和乘务人员的调配、车辆的修理和检查。

　　现代化高速列车管理系统应能对高速铁路系统上所使用的高速列车从各个方面进行管理，如运输计划、运行管理、设备管理、维修作业计划与管理、信息管理等，以适应高速铁路的要求；提高防止运输障碍、处理故障等方面的管理能力，加强车辆的寿命管理，确保高速铁路安全可靠高效地运行。此外，还可向旅客提供快捷、充实的向导信息。

　　各车辆基地内设管理计算机，并通过网络组成子系统，该子系统通过网络与中央调度所为核心的中央管理系统连接在一起，也可由车辆部门建立一个独立的网络将这些基地的子系统连接在一起后再与中央管理系统连接。

　　高速动车组在段内所有作业包括在段内转线、进出库径路、车库大门开启、高压供电的管理、集便处理、外部清洗、轮对诊断、定期检查、换件修、不落轮镟等，都处于这个计算机系统控制下。它还可分为生产调度、运转调度和技术管理等子系统；同时通过段控制中心联网后又与高速铁路系统调度中心连接。该系统可以通过在高速列车司机室内安装的三维定位装置，实时监控列车运行状态，将调度区间内各次列车的位置、速度间隔等信息实时传给段内运转调度子系统；接收故障诊断信息并传给段内技术管理子系统。它为高速列车安全运用提供可靠保证。

该系统实现大量信息的共享，免除了原有繁杂的人工操作业务。

该系统应有良好的人机接口，为具有优良的可维修性、可靠性、可操作性和经济性的高度集成的系统，并且对今后新的运输需求和业务的现代化措施具有方便的适应性和扩展性。

系统采用非停机型计算机和冗余结构来实现高可靠性。

信息化工作除应充分运用 3G 技术——GPS、GIS 和 GMS（GPRS）等现代化手段外，还要进一步使用物联网、云计算和大数据概念。

4. 开始车辆基地的建设

根据确定的维修方针、原则、规模，对需要建设的高速铁路网络布局车辆基地的设计建设、维修设备的采购、非标工装的设计制造等。

7.3　系统要求与方案设计

系统要求与方案设计是高速列车系统集成第三阶段的工作。

7.3.1　第三阶段的任务

本阶段的任务是开展需求分析，确定高速列车的组成及总体要求，研究确定高速列车应符合的标准、安全总体验收编制、安全功能性要求，明确高速列车的主要技术参数，包括：

(1)对运营环境方面的要求。

(2)构建高速列车的标准体系架构。

(3)确定与高速铁路其他子系统相关的接口规范。

(4)确定高速列车的总体要求和系统组成。

(5)确定高速列车 RAMS 的总体技术规格和特性指标。

(6)确定高速列车的基本构成。

7.3.2　确定运营环境和高速列车的输入

运行环境按第 3 章相关内容根据地区特点考虑，具体特性方面请见第 5 章相关内容。

有关高速列车的输入请见第 3 章相关内容。

7.3.3　制定主要技术标准

1. 中国高速列车标准体系的形成

高速铁路各子系统均需根据各自专业的实际情况、发展方向，检查已有技术标准是否适合高速铁路使用；若不适合，则需要开展研究建立相应的标准体系。

由于高速列车与既有机车车辆存在较大差异，在高速列车研制之前首先需要检查原有的技术标准是否适合高速列车，包括是否需要(或可以)互联互通。要列出存在差异之处，研究高速列车的输入输出以及特性要求，研究高速列车运营中需要满足的相关要求，有针对性地开展研究，特别是综合性的标准，通过研究建立相应的高速列车标准体系，优先选用水平较高的国际标准，并在确定后加以实施。

1995 年，我国开展了以高速试验列车为载体的全面的高速列车标准的研究，由此形成了高速列车的标准体系架构。

在总体技术条件的研究中确定高速试验列车总体技术要求和主要技术参数。通过这些技术条件及参数限定了试验列车与外部环境(运用条件、线桥隧等、运输组织、信号及高度控制、维修、服务及气候)的相互关系，从而使试验列车能适应我国高速铁路的实际状况；同时规定了试验列车总体组成、设计原则及主要参数，由此确定了高速试验列车的总体形式及主要参数。在上述条件的基础上，总体技术条件还提出对列车各子系统的总体要求，以此协调并限定列车内部各子系统的关系。总体技术条件的研究既需要参与列车与高速铁路总体及相关系统的协调研究，又需要完成高速试验列车内部各系统的技术条件的汇总与协调研究，从而使各分项技术条件与总体技术条件构成一个完整的科学的体系。

与此同时，开展了各分项技术条件及规范的研究。根据总体技术条件的要求及参数，制定调整试验列车内部系统及部件的要求和主要参数，并根据总体技术条件的协调要求，及时修正分项技术要求。通过研究，我国提出了：

(1)高速试验列车总体及各分项技术条件。

(2)高速试验列车设计任务建议书。

(3)高速试验列车的初步方案图。

(4)技术条件编制说明。

(5)高速列车运用检修基地设计方案。

(6)高速列车接触网检测车技术条件。

(7)高速列车牵引、制动、动力学性能试验车技术条件。

其中，提出的总体及分项技术条件包括：

(1)高速试验列车总体技术条件的研究。

(2)高速试验列车控制、监测、诊断系统技术条件的研究。

(3)高速试验列车交直交牵引传动系统技术条件的研究。

(4)高速试验列车旅客信息系统技术条件的研究。

(5)高速试验列车客车车电系统及车辆连接技术要求的研究。

(6)高速试验列车客车供水、采暖、卫生、密封等技术条件的研究。

(7) 高速试验列车制动系统技术条件的研究。

(8) 高速试验列车万向轴传动方式动力车技术条件的研究。

(9) 高速试验列车空心轴传动方式动力车技术条件的研究。

(10) 高速试验列车铰接式客车技术条件及主要参数的研究。

(11) 高速试验列车铝合金车体客车技术条件及主要参数的研究。

(12) 高速试验列车动力车强度及动力学规范的研究。

(13) 高速列车客车强度及动力学规范的研究。

(14) 高速列车机车车辆限界的研究。

(15) 高速试验列车总体方案的预研究。

(16) 高速列车接触网及牵引供电系统技术条件的研究。

(17) 高速列车接触网检测车技术条件的研究。

(18) 高速列车牵引、制动、动力学性能试验车技术条件的研究。

(19) 高速电动车组运用检测基地设计方案的研究。

(20) 高速试验列车设计任务建议书和初步方案的制定。

经过进一步研究，各分项技术条件与规范不断升级、扩展和完善。与此同时，将在高速列车的技术标准规范研究过程中涉及高速铁路系统的问题也提出来，并开展多专业的协调加以解决。

以上整体组合形成了我国高速列车的技术标准体系，其中一些暂行规定、规范、技术条件、运用规则等还由铁道部主管部门正式发布或以采购标书附件的形式发布。

2. 由铁道部主管部门正式发布的规范

经研究，我国对高速列车制定了一些标准，并由铁道部以暂行规定的方式公布实施，主要包括：

(1)《高速机车车辆限界暂行规定》。

(2)《200km/h 及以上速度级铁道车辆强度设计及试验鉴定暂行规定》。

(3)《200km/h 及以上速度级列车密封设计及试验鉴定暂行规定》。

(4)《高速动车组整车试验规范》。

(5) 其他相关技术条件、暂行规定、运用规则等。

3. 以采购标书附件形式发布的规范

在采购高速动车组时又以标书附件的形式公布了一些需要遵照执行的标准、暂行规定和技术要求等，主要内容涉及：

(1) 动车组技术条件。

(2)200km/h 及以上速度级动车组动力学性能试验鉴定方法及评定标准。

(3)200km/h 动车组 LKJ2000 型监控记录装置技术要求。

(4)200km/h 动车组列控系统车载设备技术规格书。

(5)高速列车空气动力学性能计算和试验鉴定暂行规定。

(6)200km/h 及以上速度级动车组车载无线设备安装技术要求。

(7)200km/h 及以上高速动车组型号和车号编制规则。

(8)CRH 动车组标志规定。

(9)200km/h 动车组自动过分相装置技术规范。

7.3.4　高速列车的性能功能与验收

高速列车的性能功能要求已在第 5 章进行了详细介绍，这里不再重复，验收按相应的整车试验规范执行。

高速列车的验收试验需要对高速列车的安全性、舒适性、运行的各种功能和性能等进行检测，并对这些测试得到的数据进行分析和判断；通过试验了解、探索、发现列车在高速运行时出现的各种各样的现象，在试验中加以研究、解决这些问题；并且在试验完成后做出是否满足运行要求的结论，最终确定高速列车是否可以上线运行[5,6]。

试验过程中一般伴随着对高速运行的探索和对高速列车系统的调试，也称为高速列车综合试验。高速列车综合试验一般分为三类：一类属于探索性试验，一类属于调试性试验，一类属于检测评估性试验(安全评估性试验)。这三类试验的试验方法、试验系统组成、试验设备采购、试制、验证和标定等都要在此阶段开始部署及开展。

1. 关于探索性试验

探索性试验是指在尚未进入的领域开展研究的试验。例如，高速领域在未涉足时如何试验是不清楚的，需要开展探索性试验；又如，运行中出现一些非常规的问题时需要组织进行探索性的线路试验以找出原因进而解决这些问题。

在 20 世纪 70 年代曾出现过多起货车特别是棚车在出曲线时发生脱轨事故，由铁道部组织铁科院主持了动力学性能试验，找出了脱轨的原因，因车辆扭曲刚度过大而引起车辆低速减载脱轨；20 世纪 80 年代轮轨磨耗加剧、20 世纪 90 年代货车直线脱轨等问题都曾组织过试验研究。

当我国铁路技术需要发展，如提速、高速、重载或特种车辆的研制等，存在许多不了解的事情时，也需要组织探索性的线路试验。

20 世纪 90 年代，为提高旅客列车运行速度，铁道部在三大干线上组织了提速试验研究。试验中选用多种车辆在不同的线路上进行运行试验。试验中反复探索、逐步提速，及时检测机车、车辆、线路、桥梁等的响应，控制试验，最终达到试验的最高速度。试验后由铁科院主持编写了提速装备技术条件，供运用部门在实施提速时使用。

探索性试验还包括对线路运行试验时的测试技术的研究，如高速试验中速度步长的确定、失稳速度或曲线最高通过速度（未平衡加速度）的控制问题、升力、列车动力学、线路不平顺等级的测试问题、测试系统的组成、试验中信号采集、滤波、抗干扰等特性的研究、试验数据处理方法的研究等。

探索性试验还包括对机车车辆的评估方法和评定标准的研究。

在逐步提速时，对高速运行试验尚有许多不了解的事情。为此在试验中需要逐步提速，反复探索，逐步达到试验的最高速度。

2. 关于运行调试性试验

对于某种新型高速列车，应先进行线路运行调试试验。可以说，不可能要求某车辆一试制出来就能适应各种各样的线路、适应各个速度等级。因此，特别有必要在线路运行试验中对车辆乃至线路取得更多的认识（这里的线路应理解为高速铁路的其他子系统）；并且通过对高速列车的结构与参数做进一步的调整（必要时线路也应进行适当调整），车辆能更好地适应线路状况、获得优良的性能。对于提供商业运营的高速列车，也需要做大量的调试工作。

调试试验主要通过能获得的被测试车辆上的各种信息，判断该高速列车的性能，分析研究产生不良现象的原因，有针对性地提出改进措施，在改进后继续线路运行试验。如此重复上述步骤，到满意为止，最终使该车辆在指定线路上在常用速度区中具有优良的运行品质。

3. 检测评估性试验

检测性试验的目的是通过线路试验了解被试高速列车的基本性能和参数，一般可分为测试、鉴定和安全评估三大类。

测试类试验是通过试验测出被测对象的基本性能和参数供运用部门在管理中使用。例如，启动加速附加时分、制动附加时分、制动距离、阻力特性曲线等提供给运用部门编制运行图、列车编组等使用；又如，某些货物对运输有振动加速度的要求，一般事先需要了解车辆运行中的振动加速度，甚至需要在运输过程中对其进行实时监测，通过测试数据及时提出加固措施、修改运输方案等以保证被运货物安全到达目的地。

鉴定类试验是对新研制出来的或经过重大改动的机车车辆和列车进行测试，

以确认该车是否达到设计要求、是否能保证安全、是否可提供优良的平稳性，使旅客感到舒适、保证货物完好。鉴定试验是作为机车车辆的一种型式试验，对每一型号均需实施的。鉴定试验的测试结果也将提供给用户，以便了解这一类装备的特性，方便使用。

安全评估类试验是用来确认某种机车车辆在特定线路上可以以多大速度安全通过其不同的区段。例如，当广深线要开通准高速列车时，为确认该列车可否在该线路上运行、可否以 160km/h 的速度在该线路上运行。由铁科院主持在广深线上进行了几个月的线路试验，最后提出了安全评估报告。安全评估报告中对机车车辆、工务工程、通信信号、运输组织等各方面进行了分析，提出了不同线路区段限速值的意见，列出了存在的问题、需要改进的措施、应该注意的事项等。

7.3.5　高速列车及其车辆主要尺寸的确定

在经前两个系统集成阶段确定高速列车的部分顶层指标后，本阶段进一步确定高速列车及其车辆的主要尺寸。

1. 车辆既要充分利用限界又不能侵限

高速机车车辆限界是在高速铁路准备修建前就要研究解决的问题，有关高速机车车辆限界的确定问题请见第 6 章限界部分。

在确定高速机车车辆的主要尺寸时首先需要满足限界的相关要求，要根据以下几种办法来确定高速机车车辆的主要尺寸：

（1）凡是只在高速铁路上运用的高速列车可以只考虑高速机车车辆限界；而对于需要通过既有线进行救援和回送的，应检查需要经过的既有线是否可以通过该高速列车，即对于不能通过该高速列车的线路不安排去。

（2）凡是既要在高速铁路上运用又要在既有线上运用的高速列车，则既要符合高速机车车辆限界的要求，又要符合既有线的铁路机车车辆限界的要求，即该高速列车可以在我国符合任一准轨铁路限界的线路上运行。

（3）凡是只在既有线上运行而不上高速铁路的机车车辆，仍然只执行既有线的铁路机车车辆限界，不必理会高速机车车辆限界。

例如，CRH2A 动车组的轮廓尺寸符合高速机车车辆限界的要求，但是其中有一处超出了既有线铁路机车车辆限界，其与既有线的建筑限界不存在干涉，因此可以通过；仅需要有一校验程序，如仿真校核站台处的动态包络线、低速通过试验等。必要时需对部分超出限界的部分做适当改造。

车辆尺寸的确定应在充分利用机车车辆限界所提供的空间的基础上，符合机车车辆限界规定的限制轮廓尺寸；以尽可能加大车辆的容量，多载客，为旅客提供更舒适的旅行环境。

2. 车辆长度与定距

车辆长度的确定应使机车车辆限界得到充分利用。根据限界理论，机车车辆与建筑均以 26m 的计算车辆来确定车辆的宽度缩减量和线路的曲线加宽量。若车辆的车体长度大于 26m，则车辆宽度需要考虑缩减，这样就不能获得车辆的最大宽度，即限界没有被充分利用。同时，如果车辆的车体长度小于 26m，车辆宽度不需要考虑缩减，但是显然此时的线路加宽量就没有被充分利用。

为充分利用限界，车体长度可取不大于 26m 又很接近 26m 的参数为优。考虑车辆长度需要与车辆的定距（两转向架中心线纵向距离）相匹配，而车下设备的布置可能影响车辆定距的实际尺寸，因此车辆定距应确定为小于 18.38m（26m× 0.707)，即车辆的车体长度可确定在 25.5～26m，而车辆的定距则取 18～18.35m。

3. 车辆宽度

当采用 2+2 方式（即车体中间走廊两侧各两个座席）布置座席时，如果仅考虑人机工程和舒适度，车辆宽度取 3000mm 即可；但是当采取 2+3 方式（即车体中间走廊一侧设两个座席而另一侧设三个座席）布置座席时，显得较为拥挤。如果按客流预测的常规客流量需要按 2+3 方式布置，车辆宽度仅取 3000mm 就不合适了。从实际使用看也证明了这一点，即使车体宽度达到 3260mm，也感觉非常拥挤。由于我国客流量大，需要充分利用限界 3400mm 的宽度，以可用的最大宽度为设计目标是必然的选择。另一方面需要考虑制造公差的影响，包括车体宽度的公差、车体长度的公差、车体中心线的公差、转向架中心线的公差、车体落在转向架上后车体与两个转向架中心线的位置公差、车体落车后的倾斜与扭曲公差（包括车辆上各处重量配置偏差所引起的倾斜和扭曲）等，车体宽度可以选择略小于 3400mm 的尺寸。

在既有线车辆限界下，车辆宽度受到了限界侧下方的限制不能加宽，只能在上部加宽至 3400mm 的限界限制值，而双层车还要受到上面限界的限制。在采用客运专线的新车辆限界之后，此值得到了释放。因此，车体宽度可以加宽，即使在制造精度不高的情况下，车体最大宽度至少也可取到 3350mm；若制造精度较高，则车体最大宽度至少可以取到 3380mm。考虑为旅客提供舒适的乘坐环境，提高制造精度是必要的。CRH2 型动车组就已经实现了 3380mm 的车辆宽度，因此车体宽度取到 3380mm 也是可操作的。为了采用已有的外开式塞拉门，给其预留站台处的占用空间而使车体宽度尺寸减小的方法不仅使旅客使用空间减少了，而且铁路全线的限界空间被浪费了，是不可取的。改进的办法一是下部圆弧过渡以满足限界要求，二是不采用外开式塞拉门，而是新开发一种新型的内置式塞拉门。

根据高速铁路发展趋势，随着高速铁路的开通，考虑其对客流的拉动作用，客流量将进一步加大。为了进一步提高输送能力，3+3 方式（即车体中间走廊两侧各设 3 个座席）布置也是需要考虑的。此 3+3 方式的布置应理解为 2+2 与 3+3 可转换的布置，在客流正常时为 2+2 方式，而在客流大时转为 3+3 方式。这样在不考虑站席的情况下客流波动系数可达到 1.5，即可增加 50%的定员，此时虽然略显拥挤，但是总比站着要舒服多了。

4. 车辆高度

从空气动力学的角度看，车辆横断面的面积越小越好，有利于减小空气阻力。在上述车辆宽度确定之后，车辆高度则越小越好。但是车辆是载客的，必须满足人机工程的要求，车辆客室内部的高度至少应为 1900～2000mm。同时还要考虑车下设备的高度、地板面距轨面高度、车钩中心连接线距轨面高度等。综合考虑，单层车的车辆高度可取为小于 3800mm、双层车的车辆高度可取为小于 4600mm。

5. 固定轴距

固定轴距为转向架两轴中心线之间的距离。

对于高速列车，固定轴距直接影响车辆的横向运动稳定性，固定轴距越短，稳定性越差。高速车辆的固定轴距至少应不小于 2500mm。

固定轴距越大，单车的最小通过曲线半径越小。因此，当 2500mm 的固定轴距可以满足运行稳定性时就没有必要继续加大了。

7.3.6　车种与定员

1. 单层列车与双层列车

随着旅客的增加，为使一列车能接纳更多的旅客，要么加大列车长度（增加列车中的车辆数），要么发展双层列车。事实上，列车长度的增加所引起的牵引功率的加大要比采用双层列车多。双层列车定员一般可增加 30%～40%，而牵引重量只增加 10%。而单层列车要增加 30%～40%的定员，客车数也要增加 30%～40%，牵引重量也相应会增加 30%以上。因此，双层列车具有更加节能的优势。法国继日本之后也研究发展了高速双层列车，特别是在高速通勤线上取得了很好的效果。

从我国的限界条件看，采用双层列车可以使限界的利用更加充分。

我国的高速列车尚未使用双层列车，全部采用单层列车。从现在高速列车运用的情况看，一些线路上在某些时段内的客流已经相当饱和，为了进一步适应客流的需求，除进一步缩小列车间隔时间外，研发高速双层列车是相当好的选择。

2. 客室的平面布置形式

客室的平面布置可分为定置型和可调型。

1) 定置型

定置型的平面布置是在本阶段确定好后再进行下面各阶段的工作。在本阶段之后的各项工作中一般都不考虑变动，也不留可调整的接口。一旦需要变动，则需返厂进行改造，要投入大量工作和成本，因此一般在整个生命周期中都不作变动。由于客室窗户的位置在生命周期中是不可改变的，在设计时可以将窗户的位置和座椅的位置、各种通风口、电气接口的布置等一并考虑，这成为定置型平面布置的一个优点。然而，定置型平面布置不能适应地域和时代的变化。

2) 可调型

可调型的平面布置通常在客室中预留了各种需要对平面布置作可能变动的接口。需要变动时，可以很方便地拆除原有设施，进而安装新的设施。这是为克服定置型平面布置的缺点而发展出来的一种平面布置形式，其优点是平面布置变动较容易，一般在运用所即可完成。可以根据运用线路不同、客流不同、时代不同及时变更车内的平面布置，以适应变化的形势，达到较高的可用性。该布置形式特别适合客改货的运输方式，如周二至周四客流较少，可以利用高速列车办理一些快递服务，而周五至周日恢复输送旅客，这样可以大大提高高速列车的利用率。可调性布置的缺点仅是座位与窗户的位置会不对应。

3. 经济舱、商务舱与公务舱

参照航空旅客输送的特点来考虑高速列车的设置，可分为经济舱、商务舱和公务舱三种车型。

经济舱是指车内设施与布置为简约型，座位布置为 2+3 方式，甚至 3+3 方式，可实现较大的输送能力，对应于现有高速列车的二等座。

商务舱是指车内设施与布置为时尚型，座位布置为 2+2 方式，可提供较为宽松的旅行环境，对应于现有高速列车的一等座。

公务舱是指车内设施与布置为豪华型，并设置了一些服务功能，为一些高端旅客服务，对应于现有高速列车的商务座。

一般而言，一辆列车上需要有上述三种形式的车型，可以是在一辆车上不同的区域，它们的数量配备需要根据所开行线路上的实际客流情况来定。因此，车辆上对这些座舱的平面布置如果采用可调型，就可以根据客流情况进行适当的调整。

已有高速列车上都是采用定置型，即这些是在出厂时就确定的，不能方便地进行调整。在一列动车组上从一开始就确定了各自的配置。

根据客流预测的情况和现在实际开通后的需求，应具有方便调整和改进的可能，减少变动所产生的成本开支。

4. 座车与卧车

国际上，高速列车还没有卧车的先例。我国国土辽阔，高铁网络覆盖区域广，许多直达高速列车运行时间较长。根据作者的亲身坐车体会，一般在车上乘坐 3h以下不会感觉疲劳；乘坐 4h 后就会出现烦躁心理，越来越感觉疲劳；乘坐超过 5h 就会觉得无法接受了。例如，从北京到广州需要 8h 以上，显然坐车是无法接受的，需要考虑采用卧车，适当的时候可以躺一会儿、眯上一觉，缓解一下疲劳。但是，卧车的定员将大大少于座车，需要根据客流的情况统筹分析，安排好开行方案。

与此同时，开行卧车需要在交路上做出安排。我国采用的夕发朝至列车是一个可选项。但是，由于晚上高速铁路有一个天窗时间，这是用于线路(包括供电、接触网、通信信号等)检修整治的时间，需要对天窗的设置方式进行研究、在检修与运行之间进行协调。当然，朝发夕至同样也是一种选择，可直接按一般高速列车统一安排交路。

若采用可调型的平面布置，则卧车与座车也是可以相互转换的，可以根据需要做出调整。

5. 餐饮

1)上料方式

高速列车运行速度很快，而中国式的餐饮主要是热饮，如果采用现做的方式，排烟会成为问题，因此高速列车上应以供应快餐方式安排餐饮。由于高速列车停站时间极短，不宜采用从中途车站上餐饮料的方式，而宜采用从始发站上餐饮料的方式。在饭点前开始对已经上车的现成的餐饮进行加热后提供旅客使用。

2)车种配置

高速列车应以中短途的旅客运输为主，少量的高速列车用于长途运输服务。因此，对于中短途的高速列车，可以采用餐座合造车的方式安排餐饮区。而对于长途的高速列车，则可以设置餐车，用餐方式仍然采用快餐方式。

3)车上设施

根据上述原则，车上需要设置快餐料的存放区、餐饮料的加热设备、送餐设备等。配餐区至少应满足 70%定员的用餐需求，对于长途车，特别是运行 5h 以上的直达列车，则需要准备出 100%定员的用餐量。

6. 车辆定员

车辆定员参考数如表 7.3.1 中所示。

表 7.3.1　车辆定员参考数

车种	定员数/人
单层商务舱(一等)车	60~80
单层经济舱(二等)车	90~110
双层商务舱(一等)车	80~110
双层经济舱(二等)车	120~140
公务舱(VIP)车	30~40

注：定员数实质上是指席位可坐人的数量，为完成输送客流所定义的定员数量请见第 3 章有关内容。

7. 列车的定员

定员是为完成输送客流的参数，应根据客流预测确定开行方案，然后才定车辆编组，即根据需要确定长短编组的规模、车种(单层或双层)和多少。

根据第一阶段的分析，所需完成的全线客流、运输组织已经确定了高速列车一列应输送的旅客人数，由此也就确定了列车的定员应在 1200(600×2)人左右，据此对列车中的各车辆进行分配。

8. 残障人员区域

作为人性化的服务，列车上应有为残障人员和行动不便的旅客服务的区域，以满足他们出行的需要。高速列车上应设残障人员区域，区域的大小可根据运营中的信息调整。由于残障人员出行的人数极少，高速列车的客室中仅设一个区域，外加设置一个残障人员使用的卫生间。是否需要增加，需要根据运营反馈的信息进行调整。如果平面布置采用可调型，这种调整就非常方便。

7.3.7　高速列车的编组组成

1. 高速列车的编组形式

根据第一、二阶段的工作结果，高速列车需要适应假日流和朝夕流的需要，即客流在一天内、一周内乃至一年内的较大变化情况。高速列车可采用长短编组相结合的方式，其中长编组用于完成相对稳定的客流，如北京至上海的常年长途客流；而短编组用于客流变动幅度较大的线路，如上海至南京。存在通勤客流(早晚或周末)、旅游客流(节假日、清明扫墓等)的线路适宜用短编组列车；客流较少时开行 1 个短编组列车或更短的小编组列车；客流较多时则两个短编组动车组甚至三组或四组小编组动车组连挂在一起后组成高速列车重联运行。因此，要求短编组动车组要便于分解或组合使用，可根据客流变化的情况进行组合以提高运输效率。

长编组的列车为基本上不解体的直达列车，停站较少。

当然也可以采用第 6 章中提到的一种方案，即根据通道上对客流输送能力的需求确定一种编组形式。在客流多时全部投入客运，而在客流少时将部分运能转化为货运服务。

2. 长编组、短编组与小编组的区别

根据上面讨论的列车定员数量，列车编组拟分别采用长、短两种编组方式。一般采用短编组高速动车组，可考虑用 8 节车辆组成动车组(图 7.3.1)，此时单层短编组列车每列车的定员可达到约 600 人。

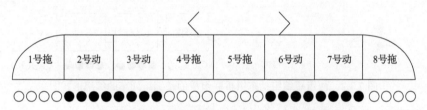

图 7.3.1　8 节车辆组成的短编组动车组形式图
●表示动力轮对的位置，○表示非动力轮对的位置

根据运量需要，也可采用长编组高速列车，考虑为由 16 节车辆组成的长编组动车组，此时单层长编组列车每列车的定员可达到约 1200 人。

对于某些区段，甚至应该考虑小编组动车组。客流少时采用短编组甚至小编组，客流多时实行重联运行。以 8 辆编组为标准配置，在一些线路上可配置 3～4 节车辆组成的小编组动车组，城际铁路上可准备 2～3 节车辆组成的小编组动车组，要求这些动车组均可重联组成长编组动车组一起运行。

3. 编成形式

综合上述分析，认为可考虑选用以启动加速较优和受黏着限制较少的动力分散方式的多单元组成的高速列车。

动力分散式高速列车的编组形式可采用集散型方式。整列车由两个或多个单元组成，即当旅客少时用两个带头型的单元组成一列短编组列车，旅客多时将两个上述短编组列车连挂在一起成为一列长编组列车。当常年旅客较均衡时，上述长编组列车可为固定编组的列车，即中间单元可用不带头型的单元。

4. 动车组的重联

动车组可单独运营，也可由两个或多个动车组重联组成一列长编组列车。图 7.3.2 为两组短编组动车组重联组成的长编组列车的编组形式图。

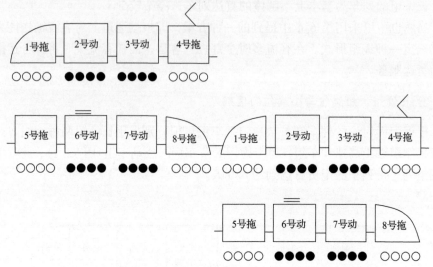

图 7.3.2　两组短编组动车组重联组成的长编组列车的编组形式图

流线型的前端导流罩可在司机室操纵打开，以便使用其内安装的具有连挂时自动连接可实现重联功能的车钩将两动车组连挂在一起运行(解挂也是自动完成的)。两组动车组连挂与解编所需的时间应在规定的跟踪时分内完成(3min)。

在两组动车组连挂运行工况下，前后动车组分别由各自的受电弓受流，但两弓的距离应满足第 6 章有关重联的要求。

采用小编组动车组重联时，如果各自受流，两受电弓之间的距离过短就成为问题。地面过分相方式或跨编组供电方式可作为解决此问题的研究方向。

7.3.8　高速动车组的牵引外特性

有关高速列车在牵引性能方面的其他特性问题已在第 5 章有较详细的阐述，在本阶段工作中需要明确并协调提出额定牵引特性，确定这些性能指标，以及根据实际运用条件列出几个需要确定的相关参数。本阶段还应提出牵引系统的简统化方案和接口方案。

1. 列车运行阻力

列车运行阻力与头型、车体外形、断面大小及形状、车辆之间的连接方式、转向架和受电弓的结构，以及线桥隧等诸多因素有关。一般采用类比的方法简单获得列车的阻力计算式，基本上采用与速度二次方、一次方和零次方相关的计算式。第 3 章中已经提到了获得列车运行阻力的方法，通过风洞试验比较后取得相关的系数。在需要考虑低速的阻力系数时，需要增加采用与速度的负一次方相关的列车阻力计算式。

2. 启动附加时分

根据京沪高速铁路预研究中对运输组织提出的要求，列车追踪间隔时分为近期 4min、远期 3min。为此，高速列车的启动附加时分应按不得超过 2min 设计。

3. 列车启动加速能力和牵引特性

列车的牵引功率首先应满足其启动加速能力，即启动附加时分的运营要求。在第 5 章讨论了列车牵引特性的相关内容，根据我国情况对牵引黏着系数利用的限值可考虑为：低速启动时取 26%；100km/h 时取 22.7%；200km/h 时取 11.4%；300km/h 时取 7.6%。

4. 动力单元的确定

根据上述特性就可以确定动力单元，首先需要确定动拖比。

采用不同的动轴数对动车组的单元划分及部件参数都有直接影响，主要需要考虑以下几个因素：

(1)在满足列车总功率需要的前提下结合轴重限制尽量降低单轴功率,轻易满足黏着条件。

(2)端车前部尽量不设动轴,以改善动轴轮轨黏着状态。

(3)尽量满足不同速度等级动车组的系列化的需求。

(4)方便对牵引电传动系统的各种设备的布置。

(5)为满足互换性要求,适当考虑当前的生产状况、技术水平,进行集成,尽可能采用已有成熟产品。

(6)满足故障工况下牵引性能的要求。

动力单元的组成可有一动一拖、两动、两动一拖、两动两拖、三动一拖等。通过牵引计算和黏着校核，经比较优化选择采用的动力单元组成形式，再将若干动力单元和若干拖车组合成所需的目标动车组。

图 7.3.1 表示的是由两组两动两拖动力单元组成的 8 辆编组的动车组，也可以采用两组两动一拖动力单元加上两节端部拖车组成动车组。

为保证高速列车的整体特性，需要对各种方案的牵引制动特性进行比较论证，从而构成高速动车组。

7.3.9　高速动车组的制动特性

有关高速列车在制动性能方面的其他特性问题已在第 5 章中有较详细的阐述，在本阶段工作中需要明确并协调提出一些性能指标，以及根据实际运用条件列出几个需要确定的相关参数。本阶段还应提出制动系统的简统化方案和接口方案。

1. 制动能力

高速列车应具有足够的制动功率，能吸收高速停车时强大的制动能量。这里还重复强调以下几点：

(1) 制动时瞬时减速度不应超过 $1.4m/s^2$。

(2) 制动冲动限制的极限值小于 $0.75m/s^3$。

(3) 不得因列车制动造成旅客损伤或设备损坏。

紧急制动距离是衡量列车制动能力和运行安全性的基本指标。

根据国外高速列车的运用经验，并从黏着利用和热负荷等理论计算的结果来看，高速列车在初速 300km/h 时的紧急制动距离可在 3700m 以内，按此数据考虑各个速度等级的紧急制动距离。进一步应考虑模式曲线方式，规定各速度等级的制动模式曲线，也可采用以模式曲线规定减速度限值的方式。

2. 制动方式

动车组的制动包括动力制动和空气制动两种，其中空气制动采用直通式电控制动装置。

应充分发挥再生制动的作用，最大限度地将制动能量反馈回电网。

在动车组运行速度范围内，动力制动应能满足运用调速的要求，并尽可能采用动力制动制停。

动车组制动系统应能按目标距离一次连续速度控制的模式曲线控制动车组减速或停车。

所有车轮均应采取防滑保护措施。

正常情况下，制动或调速时以再生制动为主，尽量用足再生制动的能力，仅当再生制动力不足时才由空气制动补足。一般情况下，仅在低速停车时起作用。

3. 制动黏着系数

考虑我国的情况，制动黏着系数可按式(3.3.48)计算。

为提高黏着利用能力，需要合理设计基础制动装置的参数，并采用高性能的电子防滑装置。此外，也可以考虑成熟的增黏措施或非黏着制动技术，以进一步缩短高速列车的制动距离。

4. 停车附加时分

高速列车停车附加时分在平道条件下将不足 1min，在下坡道时由于制动距离和制动时间的延长，停车附加时分可能超过 1min。

7.3.10　高速列车技术方案的确定

本阶段要确定的高速列车基本技术方案归纳如下：

(1)动车组为动力分散式电动车组（单层、宜优先双层）。

(2)动车组为可重联的 8 辆编组的短编组动车组，重联后成为 16 辆编组的长编组列车，也可使用小编组动车组以适应某些特殊线路的运输需求。

(3)动车组具有良好的气动外形，两端为流线型。

(4)动车组采用电力牵引交流传动方式。

(5)动车组的两端端车（又称为控制车）上设司机室。

(6)列车正常运行时由前端司机室操纵（只需一人操作）。

(7)两列动车组可以连挂在一起运行（只需一人操作）。

(8)动车组中设经济舱、商务舱和公务舱，并设一经济舱与餐车的合造车或独立餐车。

(9)短编组动车组的总定员不低于 600 人，长编组列车的总定员不低于 1200 人。

(10)商务舱的座席采取 2+2 布置或可转换成 3+3 的 2+2 布置。

(11)经济舱的座席采取 2+3 布置或可转换成 3+3 的 2+2 布置。

(12)根据需要设置少量公务舱。

(13)商务舱和经济舱的比例可取 1:7 或者 2:6。

(14)每辆车带有 2 个转向架。

7.4　系统要求分配

系统要求分配是高速列车系统集成第四阶段的工作。

7.4.1　第四阶段的任务

本阶段要明确系统的构成，明确各子系统的要求，包括：部件的要求；要将各项总体指标包括 RAMS 的要求分配到各子系统和各部件上；控制各子系统的选型、各零部件的选型及初步结构设计、分配功能性要求到指定的子系统；部件和接口设备。通过计算优化确定细节技术参数，明确各子系统和各部件的验收准则。确定指定的子系统、部件和接口设备一直到满足动车组整体的 RAMS 要求，包括一般原因和多重故障的影响。提出技术规格书，技术规格书的制订包括技术条件研究及技术参数的确定、设计规格书的编制，还需包括重量分配、主要衔接尺寸分配、设备连接方式分配、列车内部接口确定、关键指标分配。

7.4.2　确定高速动车组的各子系统

本阶段应首先根据高速客运的需求情况和发展方向，以及可能采用的各种子系统的国际上的发展潮流(具体见第 8 章)，规划选择具有发展前景又能在高速列车大系统中采用完全相互匹配的技术构成的各子系统，用这些子系统来组成整个高速列车的大系统。

我国在开始研发高速列车之初，首先对可用于组成高速动车组的各项技术进行了研究、论证和比选，选择各项技术的原则主要有以下三点：

(1)一些已经在国外高速列车上使用的先进技术。

(2)一些正在试用阶段的表现优良的先进技术。

(3)一些尚未在国外高速列车上使用的但是可以用于我国高速列车上的新技术。

根据这些原则选择组成我国高速动车组的子系统技术方案，最终确定我国的高速动车组由以下 16 个子系统构成：

(1)车体结构与内部布置。

(2)司机室。

(3)转向架。

(4)旅客信息系统。

(5)牵引系统。

(6)制动系统。

(7)供风系统。

(8)动车组供电系统。

(9)辅助冷却系统。

(10)动车组控制-监测-诊断系统。

(11)安全监测系统。

(12)车端连接组成。

(13)车内环境控制系统。

(14)给排水、排污及卫生系统。

(15)列控系统车载设备。

(16)通信车载设备。

在确定各子系统的过程中，需要将总体技术特性要求分解到各个子系统，使其满足一定的要求。

7.4.3 高速动车组特性指标的分配

有关高速列车应具有的特性已经在第 5 章中做了详细介绍，需要根据所使用的高速列车的不同线路条件和运用环境明确总体技术要求，这里不详细叙述。

高速列车的特性是由各相关子系统来保障的，由此需要将高速列车的整体特性要求分配到各相关子系统上。下面以重量均衡分配问题、尺寸协调问题为例进行介绍。有关高速动车组牵引能力和制动能力的分配(包括动拖比的确定)问题已在 7.3 节中进行了介绍，有关的比较论证工作请见第 8 章相关内容。

有一些指标的分配问题还没有成熟的方法，还需要做进一步的研究工作，如噪声指标的分配、自振频率的分配、电磁干扰水平的分配等。

1. 重量管理

全列车的重量均衡需要在此阶段加以落实并进行分配。重量分配实质上是指给各关键零部件下达重量控制指标，否则不仅重量会超过轴重限制，而且重量均衡问题也会被突破。

以往操作时没有采用分配的理念，而是采用先选定零部件，然后将零部件的重量累加起来，这样往往会出现超重的现象。分配时需借鉴零部件的经验数据，根据本项目的特点给不同的零部件调整其指标，并反复协调。

表 7.4.1 为 300km/h 高速列车质量分配表，为一种采用列表方式进行分配的示范例。

表 7.4.1　300km/h 高速列车质量分配表

车号	1	2	3	4	5	6	7	8	总计	平均
车种	Mc1	M11	Tp1	M21	M22	Tp2	M12	Mc2		
定员数/席位数	70	85	85	64	64	85	85	70	608	76
构体(车体结构)/t	8.5	9	9	9	9	9	9	8.5	71	8.875
内墙/t	3.6	3.6	3.6	3.6	3.6	3.6	3.6	3.6	28.8	3.6
窗/t	0.8	0.8	0.8	0.8	0.8	0.8	0.8	0.8	6.4	0.8
塞拉门/t	0.4	0.4	0.4	0.4	0.4	0.4	0.4	0.4	3.2	0.4
空调风道/t	1.4	1.4	1.4	1.4	1.4	1.4	1.4	1.4	11.2	1.4
管线等/t	1.5	1.5	1.5	1.5	1.5	1.5	1.5	1.5	12	1.5
座椅/t	1.1	1.3	1.3	1	1	1.3	1.3	1.1	9.4	1.175
电气柜/t	0.3	0.3	0.3	0.3	0.3	0.3	0.3	0.3	2.4	0.3
车内设备/t	3.5	3	3	3	3	3	3	3.5	25	3.125

续表

车号	1	2	3	4	5	6	7	8	总计	平均
牵引变压器/t			6			6			12	1.5
受电弓/t			0.13			0.13			0.26	0.0325
真空断路器等/t			0.18			0.18			0.36	0.045
牵引变流机组/t	2.5	2.5		2.5	2.5		2.5	2.5	15	1.875
辅助整流装置/t			0.49			0.49			0.98	0.1225
辅助整流电抗器/t			0.6			0.6			1.2	0.15
辅助逆变装置1/t	0.46	0.46	0.46	0.46	0.46	0.46	0.46	0.46	3.68	0.46
辅助逆变装置2/t	0.3	0.3	0.3	0.3	0.3	0.3	0.3	0.3	2.4	0.3
蓄电池及箱/t		1		1	1		1		4	0.5
应急通风电源/t	0.05	0.05	0.05	0.05	0.05	0.05	0.05	0.05	0.4	0.05
变压稳压器/t			0.2			0.2			0.4	0.05
空气压缩机/t	0.3	0.3	0.3	0.3	0.3	0.3	0.3	0.3	2.4	0.3
空调装置/t	1	1.2	1.2	1.2	1.2	1.2	1.2	1	9.2	1.15
给排气装置/t	0.08	0.08	0.08	0.08	0.08	0.08	0.08	0.08	0.64	0.08
钩缓装置/t	0.34	0.34	0.34	0.34	0.34	0.34	0.34	0.34	2.72	0.34
污物箱及污物/t	1	1	1	1	1	1	1	1	8	1
水箱/t	0.13	0.13	0.13	0.13	0.13	0.13	0.13	0.13	1.04	0.13
水/t	0.8	0.8	0.8	0.8	0.8	0.8	0.8	0.8	6.4	0.8
排障器/t	0.5							0.5		
其他/t	2.5	2.5	2.5	2.5	2.5	2.5	2.5	2.5		
转向架/t	16	16	13	16	16	13	16	16	122	15.25
空车整备质量/t	47.06	47.96	49.06	47.66	47.66	49.06	47.96	47.06	383.48	47.935
定员重(80kg/人)/t	5.6	6.8	6.8	5.12	5.12	6.8	6.8	5.6	48.64	6.08
定员时车辆质量/t	52.66	54.76	55.86	52.78	52.78	55.86	54.76	52.66	432.12	54.015
超员状态1下的质量/t	55.86	57.96	59.06	55.98	55.98	59.06	57.96	55.86	457.72	57.215
超员状态2下的质量/t	59.06	61.16	62.26	59.18	59.18	62.26	61.16	59.06	483.32	60.415
额定轴重/kN	129.1	134.3	136.9	129.4	129.4	136.9	134.3	129.1	1059.4	132.4
超员状态1下的轴重/kN	136.9	142.1	144.8	137.2	137.2	144.8	142.1	136.9	1122.2	140.3
超员状态2下的轴重/kN	144.8	149.9	152.6	145.1	145.1	152.6	149.9	144.8	1184.9	148.1

注：每车上的可站立面积暂定为20m²；超员状态1是指站立面积上增加每平方米2人的情况；超员状态2是指站立面积上增加每平方米4人的情况；各车的轴重为四轴的平均数。

2. 尺寸管理

尺寸管理中需要将主要的尺寸和质心、转动惯量等做出估计并进行分配，分配时也可以用列表方式进行，如表 7.4.2 所示。

表 7.4.2　尺寸质心惯量分配表

	长	宽	高	质心 x	质心 y	质心 z	M	I_x	I_y	I_z
车号										
车种										
定员										
构体(车体结构)										
车体										
内墙										
窗										
塞拉门										
空调风道										
管线等										
座椅										
电气柜										
车内设备										
牵引变压器										
受电弓										
真空断路器等										
牵引变流机组										
辅助整流装置										
辅助逆变装置 1										
辅助逆变装置 2										
蓄电池及箱										
应急通风电源										
变压稳压器										
空气压缩机										
空调装置										
给排气装置										

	长	宽	高	质心 x	质心 y	质心 z	M	I_x	I_y	I_z
钩缓装置										
污物箱及污物										
水箱										
水										
动力转向架										
非动力转向架										
...										

注：表中的质心 x、质心 y、质心 z 分别为该部件质心对应车辆坐标原点的距离。

7.4.4　车体结构与内部布置

本节及以下各节主要以我国现有的单层动车组为例进行介绍。

1. 基本要求

1) 满足限界要求

根据目标铁路线限界和互联互通的要求确定并校核车体相关尺寸。

2) 有足够的承载能力

承载能力包括强度、刚度、自振频率、稳定性等。需要明确：整备状态下车体最低自振频率要求；不同速度等级下车体气密强度载荷值；车辆能在调车冲击下保持正常状态的连挂速度值；司机室前面部分在碰撞时至少应能吸收的能量值；端部所安装的缓冲器容量限值；规定在低速碰撞时可受损坏的车体区域，并明确不受到破坏的部分。

3) 尽可能减轻自重

提出车体目标自重。

4) 优良的气动性能

提出与车体外形相关的气动性能指标要求。

5) 尽可能少的车内有害物

提出室内空气有害物质含量指标要求。

6) 优良的隔热性能

提出静止状态下车辆整车隔热系数 K 值要求。

7) 优良的密封性能

提出水密性和气密性的指标要求。

8)有较高等级的防火特性

划分不同区域的防火等级，提出各项防火特性要求。

9)有较高等级的阻燃特性

根据防火等级不同区域，提出相应的阻燃特性要求。

10)有良好的减噪性能，尽可能不发出噪声

车体的减噪性能是指降低车体本身所发出的噪声程度，包括以下可能的噪声源：车体结构在运动时发生振动产生的噪声；车体各部结构相对运动时产生的摩擦或碰撞声；特别是当振动频率与外界激扰频率接近时产生拍振甚至共振时发出的噪声。

11)有良好的隔音降噪性能

车体降噪性能是指车体隔离由非车体自身噪声源产生的噪声的能力，特别是对以下可能的噪声源：在车体内(车上)安装的设备产生的噪声；在车体外(车下)安装的设备产生的噪声；转向架等产生的噪声；轮轨摩擦或碰撞产生的噪声；由受流装置与接触线的摩擦或碰撞产生的噪声；由列车高速运行产生的气动噪声；外部其他噪声。

12)有较大的载客容量

满足 7.3 节要求的载客容量，并尽可能设置较多座位，站立区较小。

13)有良好的电磁兼容性能

车体上安装有各种电气设备，必须关注其电磁兼容性能。除电气设备本身要有电磁兼容性能外，在车体设计上也需要关注电磁兼容问题：利用车体的电磁屏蔽作用和合适的接地手段，降低车内的电磁干扰水平；必要时加装信号转换设备，方便旅客在车内可以使用手机等通信设备；通过车上特殊的布线设计和设备布局等手段降低对客室电磁辐射的强度等。

2. 车体承载结构

车体承载结构应轻量化设计，采用车体全长的大型中空双表面的铝合金碾压型材组焊而成的薄壁筒型整体承载结构。

车体承载结构的底架、侧墙、车顶、端墙以及设备舱组成一个整体。

车体结构材料按相关标准执行，车体强度符合相关标准要求。

主结构铝型材设有通长 C 形槽，以方便在其上安装各种部件。

车下安装设备采用吊挂安装方式，保证运用安全和安装方便。

车下导流罩(包括裙板)与侧墙应圆滑过渡，在限界允许的条件下设备舱底板下平面到轨面的距离应尽可能小。

司机室前端下方装有排障器，提出排障器性能指标，如排障器中央的底部能

承受 137kN 的静压力，其距轨面高度 110mm+10mm（在车轮踏面磨耗允许范围内可调）。

车底架设四个顶车位（如距转向架中心 1200mm 内），以便将车体顶起。

车顶设受电弓安装平台，其附近区域结构应满足检修维护受电弓的要求，应设受电弓导流罩，以获得良好的气动外形。

车顶必须具有 100kg 重的人在车顶行走而不变形的能力。

车顶及侧墙外表面除受电弓、天线外，应尽可能避免凸起和凹沟。

车体两侧裙部上设排污口、注水口盖板，盖板采用手动内塞拉结构，盖板应开关方便，盖板关闭后其外形与侧墙（裙）板保持一致，且锁紧牢固。裙部结构至少应承受指定的气动载荷值（如±8kPa）。

车下设备舱应尽可能减少缝隙，以避免雨、雪、杂物进入。

3. 车内结构

车内墙、顶、地板安装应采用无木骨架的模块化结构。

墙、顶采用工程塑料类装饰板、铝板覆膜装饰板或其他轻量化装饰材料。

窗下侧墙板靠侧窗处为平台形（可作窗台）。

地板采用隔音减振结构，优先采用浮筑式结构。地板周围及各螺栓、管道等穿过地板处必须满足密封要求，保证水不渗漏到地板内部。地板上设有纵向 C 形槽，以方便调整座椅间距。

车内装修应隔断热桥，各板、梁、柱之间采用隔声减振措施。在运行中，车内结构不发生振动响声。

厕所、盥洗室采用整体卫生间形式，要求地板坚固耐用，在寿命期内不得塌陷。

地板布采用复合橡胶地板布，具有防滑、耐磨、抗撕裂等特性，地板布间的接头及连接具有防水功能。

橱柜、内墙板和间壁采用三聚氰胺贴面的胶合板或铝蜂窝板，柜门装有铰链和锁，门的开启度大于 90°。

在上部需维护和检修的位置要在平顶板上设活顶板或检查门。

底架、车顶、侧墙、端墙应铺设隔热材料，具有隔热和吸音的作用。

4. 旅客上下车处要求

旅客上下车处与站台的匹配关系如下：

（1）车体的旅客上下车处应适应站台高度 1250mm。

（2）车体的旅客上下车处与站台的水平距离小于 100mm。

（3）不得采用踏板（站台间隙补偿器）方式满足上述匹配关系。

5. 平面布置

动车组中至少有一节车辆可适合残障旅客上下车、上厕所等需要，该车内设有残障人卫生间、轮椅置放区及轮椅固定设施。

通过台、侧车门的设置应考虑方便旅客上下车，旅客上下车处设扶手，车间渡板和车内地板采用平滑过渡，保证旅客无障碍通过。

动车组设餐车或餐座合造车，为旅客提供餐饮服务。

内装应力求简洁明快，有时代气息，应充分体现人机工程设计理念。

厕所和盥洗室的设置应遵循动车组上任何两车相邻端至少有一车上配置的原则，每 8 个车至少设 10 个厕所。

车体内的设备布置应使人员易于接近，以便进行检修作业，机组及各屏柜应便于单独吊入、吊出，各屏柜门钥匙应采用统一形状和尺寸。

经济舱车上客室两端设茶桌。

除公务舱车外，其余车客室和餐车餐饮区设公共影视设备。

动车组应设置大件行李柜及洁具柜。其中，大件行李柜：长编组至少 12 个，短编组至少 5 个；洁具柜：长编组至少 10 个(其中 4 个可放置小车)，短编组至少 4 个(其中 2 个可放置小车)。大件行李柜设格栅门，设锁以方便管理。

6. 乘务室

长编组列车设 2 个乘务室，短编组列车设 1 个乘务室。

乘务室面积约 2m², 供乘务员作业用。

乘务室内设监测显示设备。

乘务室内设有旅客信息系统的控制装置。

乘务室内至少包括以下设备：联络通话设备、座椅、工作台面、电源插口。

乘务室内设置紧急制动触发设施、开关门操作设施等。

乘务室采用带锁的手动单扇门，带有通风口。

7. 餐饮服务设施

餐饮区域按供应快餐设置，餐饮准备能力满足 70%定员一餐的要求，设冷藏箱、冷冻箱、保温箱、微波炉、烤箱、操作台、洗池、吧台或展示柜等设备，可设置站立就餐区。

8. 门

车内各门的结构应满足紧急情况下人员疏散的要求。

1) 侧门

侧门采用自动拉门或塞拉门(推荐研发内置式塞拉门),应具有本车控制、集中控制、手动、速度锁闭、障碍返回、气密等功能,并设有防冻装置。

规定侧门的通过宽度和通过高度,如通过宽度不小于 800mm、通过高度不小于 1850mm。

关门后,门外表面应与侧墙基本齐平。

车门上设窗。

车门门板、门把手、车门锁及机构的强度应承受相应的气动载荷和集中力,如±6kPa 的气动载荷和 800N 的集中力(作用于门板中心)。

车门安装后应保证气密性的要求,应具有良好的隔声、隔热性能,并具有良好的阻燃性,能适应最高运营速度及其以下各速度级的运用需要。

车门关闭后方能启动动车组,速度大于 5km/h 时关闭开门功能(紧急除外),速度大于 10km/h 或以上的某一速度时车门自动锁闭(压紧)。

车门具有自动/手动功能,应能通过设置在车内部及外部的开关,控制车门开关动作。

能用钥匙从车内部或外部锁闭或打开车门。

车门门板采用铝型材骨架内填充发泡结构,保证具有较高的隔声隔热性能,门两侧分别设有门扣手。

车门具有障碍物检测功能,车门关闭时若检测到障碍物,则车门返回打开状态,防止夹伤旅客或夹坏物品。

2) 外端门

外端门应具有耐火性能,关闭后应确保起火后 10min 内火势不会通过其蔓延到相邻车辆。

门在全开或全闭时可手动锁定。

采用周边膨胀胶条密封或迷宫式(间隙不大于 1mm)密封结构,应能够阻止烟扩散。

规定外端门的通过宽度和通过高度,如通过宽度不小于 700mm、通过高度不小于 1850mm。

3) 客室门

客室设自动拉门,通过固定于门两侧的感应装置实现自动开关门操作。

门上部的悬挂和导向装置必须稳固,便于调整,动作可靠。

设障碍返回防夹装置。

门在开、关位置均可由乘务员用钥匙将门锁定。

规定客室门的通过宽度和通过高度,如通过宽度不小于 700mm、通过高度不小于 1850mm。

4)卫生间门

普通卫生间采用手动拉门或折页门，使用通用钥匙锁闭。规定卫生间门的通过宽度和通过高度，如通过宽度不小于 450mm、通过高度不小于 1900mm。

残障人卫生间门为自动拉门，采用控制开关来开关门，使用通用钥匙锁闭。规定残障人卫生间门的通过宽度和通过高度，如通过宽度不小于 800mm、通过高度不小于 1900mm。

5)司机室门

司机室后端门为手动折页门，采用专用钥匙。

9. 窗

1)侧窗

侧窗为固定式车窗，符合相应标准的规定。

2)应急车窗

每节车厢的客室及餐车设应急车窗。

该车窗应满足正常运营的要求，并可在紧急情况下用应急破窗锤打碎以供逃生用。

该窗上设有红色圆形标记。

设置数量符合有关规定，如定员小于 40 人的，至少设置 2 个应急车窗(左右侧各 1 个)；定员大于 40 人的，至少设置 4 个应急车窗。

10. 座椅

座椅按照人机工程学的原理设计，保证乘客的安全和舒适。

客室座椅采用模块化安装方式，固定在地板(侧墙)的 C 形槽上，以方便座椅位置的调整，地板 C 形槽其他区域用装饰条填补。

经济舱和商务舱的座椅强度及耐久性等满足相关标准要求。

动车组经济舱和商务舱的座椅及餐车座椅应装有座椅套，座椅套应保证美观，方便拆卸及清洗。数量为两套，其中一套列入随车备品。

11. 行李架

客室内设行李架，行李架应具有足够的强度和刚度，并提出相应指标要求。行李架应透明或半透明，方便旅客检查。

12. 计量表

列车上各种计量表(包括风表)的精度不得低于中国 1.5 级。

13. 车内布线

导线排列顺序应统一，所有导线端部和接线端子都应有保持永久、清晰可见的编号。

各车的所有装置和配件都应有清晰可见、保持永久的代号或中文铭牌。

主、辅、控电路及网络用导线应分开敷设，并保证一定距离。

电气设备和电缆导线系统的绝缘性能应可靠，其试验电压应满足相关标准的规定。

14. 标识

车上所有应有提示的地方均应使用中英文两种文字表示。

15. 接口

技术规格书中还需要明确规定车体与转向架、牵引系统、环境控制系统等子系统的相关机械、电气等的相关接口，特别是一些具体涉及运行维护中与简统相关的 RAMS 要求的接口要提出具体规定。

7.4.5　司机室

1. 基本要求

高速动车组的两端为有司机室的端车，组成列车后由列车运行前方的司机室实施控制。

端车外形应为流线型以减小阻力、减少噪声，端车前部应采用防冲撞结构。端车作为列车的前端，应设有能使两列车容易连挂的连接装置。

高速列车由一名司机操纵控制。

2. 设备

司机室应按人机工程理论设计，以使司机便于操作、不易疲劳。需司机操作的设备的布置应确保司机不必离开司机室即可完成操作。

司机室与客室之间应设置专用门或通道，司机室门应配备与机械师室门通用的保险钥匙，不能与乘务室等服务柜门钥匙混用。

司机登车处的侧门设不影响气动外形的登车脚踏。

司机室应至少配备一个司机座椅和一个辅助座椅，座椅符合相关标准要求。

司机室的密封与环境控制要求与客室相同。

司机室应具有单独的空调出风口、照明、阅读灯及 AC220V 插座。

司机室的新鲜空气吸入量至少满足第 5 章的要求($60m^3/h$)，以保证操作人员正常工作的用氧需求。

3. 司机警惕装置

司机室应设置脚踏式司机警惕装置，可设手动式司机警惕装置作为备份。

司机应在规定的时间间隔内踩踏（或按压）一下司机警惕装置，使列车控制-监测-诊断系统知道司机在岗工作，确保高速列车运行安全。操作司机警惕装置的间隔时间一般为 30s 或 50s；超时未操作，开始声光报警；10s 后，列车控制-监测-诊断系统如果没有收到司机在岗的信息，将直接启动紧急制动。一旦实施紧急制动，速度归零后才能重新施加牵引。

在司机警惕装置发生故障时，列车上可通过隔离开关实现司机警惕装置隔离。

4. 前照灯和标志灯

司机室前方设前照灯和标志灯，符合相关标准要求。

5. 风喇叭

司机室设风喇叭，符合相关标准要求。

6. 挡风玻璃

司机室前窗采用无色透明安全玻璃，能满足动车组运行的瞭望要求，且眩光不得影响司机操纵。

司机室前窗符合相关标准要求。

司机室前窗应设刮雨器、加热器和遮阳装置。

7. 其他防护措施

司机室应设置司机必要的防护设备，如灭火器、逃生梯等。

司机室两侧设侧窗，侧窗至少满足 500mm×400mm 的通过尺寸，侧窗为固定式或内开式。必须确保在紧急情况下，司机能够从侧窗撤出司机室。

8. 司机操纵台

1) 司机操纵台的功能

(1) 向列车发出牵引、制动及定速命令的功能。

(2) 列车安全防护设备显示及状态设置功能。

(3) 列车无线设备显示及联络功能。

(4) 列车状态信息显示及故障处理功能。

(5) 列车紧急停车按钮操作。

(6)列车高压系统的操作和控制功能。

(7)列车重要设备或系统故障状态显示功能。

(8)司机警惕装置操作。

(9)全列车车门开关控制功能，左右侧外门"使能"及开闭控制开关应分别布置在操纵台上对应的左右两侧。

(10)动车组重联操作。

2)司机操纵台界面布置

司机操纵台按一人操纵方式布置。

司机操纵台界面应按全路统一的方案布置，其中：

(1)操纵台功能区主要由仪表盘和台面构成，仪表盘功能区主要布置各系统显示设备等，台面功能区主要布置牵引、制动控制器手柄，以及行车过程中重要的操作开关等。

(2)操纵台上在行车过程中可能同时操作的设备应左右分开设置。开关按钮等应通过颜色区分、加保护罩等措施减少误操作。紧急制动开关应合理布置，防止误操作。

(3)操纵台相同功能按钮开关的名称应统一。

(4)各功能区根据司机控制器手柄设置和安全防护系统的不同组合分别考虑。

(5)司机操纵台应布置司机行车过程中经常观察或操作的设备。

9. 接口

技术规格书中还需要明确规定司机室与车体、牵引系统、制动系统、控制-监测-诊断系统，以及环境控制系统等子系统的相关机械、电气等的相关接口，特别是一些具体涉及运行维护中与简统相关的 RAMS 要求的接口要提出具体规定。

7.4.6 转向架

1. 总体

列车采用无摇枕式两轴转向架。

表 7.4.3 为转向架总体主要技术参数表。

表 7.4.3 转向架总体主要技术参数表

型号	参数值
轴距/mm	2500
轴颈中心距/mm	2000
空气弹簧跨距/mm	2000

续表

型号	参数值
横梁间距/mm	640
轮径(新轮)/mm	920
磨耗到限(动轮/拖轮)/mm	830/860
踏面	LMA
轮对的轮背内侧距/mm	1353^{+1}_{-1}
空心轴内孔直径/mm	60
整备状态空气弹簧上平面距轨面高度/mm	921
动力转向架质量/kg	～8000
非动力转向架质量/kg	～7000
最大长度/mm	—
最大宽度/mm	—
最大高度/mm	—

根据牵引能力设计确定动力、非动力转向架的数量；以动力单元的数量多少构成 250km/h、300km/h、350km/h 等速度等级系列化的高速动车组。

动力转向架和非动力转向架应采用基本一致的结构形式。

转向架应便于从车体下推出。转向架采用两级悬挂系统，其中二系悬挂采用空气弹簧，一系悬挂采用转臂式定位方式。

牵引电机采用架悬式安装方式。每个构架上反对称布置两台牵引电机。投入运行的高速列车中，牵引电机有采用体悬式安装方式的，如 CRH5 系高速动车组，此时牵引电机安装在动车两个转向架内侧车体上，转向架内侧车轴为动力轴，外侧车轴为非动力轴。

轮对轴箱装置应便于更换。

该走行装置应使车辆的动力学性能在运行速度内达到优良水平，绝对保证列车安全可靠，充分满足旅客乘坐舒适性的要求。

弹簧、定位装置和减振器等的主要技术参数由细节设计确定，包括所设位置、数量、形式，也包括是否采用空气节流孔或半主动减振装置等。

转向架应同时兼顾制造、维修和运用的经济性。

新建立高速列车的车轴、车轮和轮对的标准体系应与我国原有的标准体系相衔接。

有关转向架零部件方面的要求详见第 8 章相关内容。

2. 接口

技术规格书中还需要明确规定转向架与车体、牵引系统、制动系统、控制-监测-诊断系统和安全监测系统等子系统的相关机械、电气等的相关接口，特别是一些具体涉及运行维护中与简统相关的 RAMS 要求的接口要提出具体规定。

7.4.7　旅客信息系统

动车组上设集中控制的旅客信息系统。

列车需为旅客提供与列车运行相关的信息，如车次、到站、时刻表、车厢顺位号、运行速度、车外温度、座位号及预定状况，同时需提供可编辑的旅客关心的其他信息，并设有视听服务、列车上的移动电话、呼叫设备等设施。

旅客信息系统能够采取以下方式：

(1)可视信息(信息显示系统)。

(2)声音信息。

(3)娱乐节目。

其中可视信息和声音信息可使旅客了解线路信息，娱乐节目可以提高旅客乘车旅行的舒适性。

动车组上设旅客信息中心。

每车均设旅客信息系统、播音系统和共线电话，各车内设适当数量的显示屏。

每车车外两侧各设区间显示屏，显示终到站、车厢顺位号等乘车引导信息。

动车组上设视听服务设施。

视听设备(如 VOD 放像、音响和广播等装置)应符合相关标准规定。

广播系统应能接收公共广播的 FM 节目(可选台)，并能向全列车广播。

7.4.8　牵引系统

1. 系统组成

动车组的牵引电传动系统采用交-直-交传动系统。

动车组牵引电传动系统由数个相对独立的基本动力单元组成，主要由高压受流设备、牵引变压器(或称为主变压器)、牵引变流器(或称为主变换装置)、交流异步牵引电机和牵引控制装置等组成。各部件根据需要分布在与本单元相关的各个动车或拖车上。

每个牵引单元在列车控制装置的主控制单元的控制下独立工作，根据主控制单元发出的分配指令实施牵引、制动等工作，满足列车前进、后退、提速、降速以及停车的要求，并负责整治整车的谐波输出以满足要求规定。

在基本动力单元中的电气设备发生故障时，可全部或部分切除该动力单元，但不应影响其他动力单元的运用。

牵引电机可采取轴控、架控或车控方式进行控制，在采用并联供电方式时，应保证牵引电机负荷分配均匀。

2. 受流系统

高压设备应符合相关标准要求，其中雷电冲击耐受电压不小于185kV，爬电距离不小于1000mm，电气间隙不小于310mm，绝缘子的结构高度不小于400mm。

1) 受电弓

受电弓应能适应中国客运专线接触网。

动车组安装的受电弓应具有冗余。受电弓架的设置位置一般在紧靠端车的变压器车上，采用双弓受流时两个受电弓之间的距离应满足通过接触网分相关节的距离要求。

对于由两个单元组成的列车，运行时只升一个受电弓(另一个单元的受流系统作为备份)，两个单元的用电均通过车顶电缆提供。

对于由两个以上单元组成的列车，运行时需升两个受电弓，此时各单元均通过车顶电缆供电。

重联的动车组将各自依靠自身的受电弓受流。

受电弓应安装自动降弓装置。

受电弓最高试验速度应不小于最高运营速度的1.1倍。

滑板工作面长度为1250mm。

受电弓符合相关标准要求。

优先采用低噪声受电弓(配以低噪声绝缘子)。

细节设计中应对受电弓在工作高度范围内的横向动态包络线轮廓图进行校核。

2) 主断路器

主断路器采用真空断路器。

主断路器符合相关标准的要求。

对应每台主变压器的网侧应配备一个主断路器，可有选择地进行操作。

3) 避雷器

在高压侧应安装具有自动恢复功能的避雷器，以保护动车组免受雷击。

4) 车顶高压连接

主电路在各车辆间采用高压电缆及相应的高压连接器连接。车顶高压连接应具有通流能力强、高绝缘性能、高柔韧性、安全性能以及低辐射、低电磁干扰、可靠等特点。

车顶高压连接符合相关标准的要求。

5) 其他

为了维护和检修高压设备，在主断路器两端应设置接地隔离开关。

牵引系统具有原边电压检测功能，以保证安全和可靠运行。具有网压网流检测装置，精度不低于 0.5 级，以实现耗电量和再生制动电量的统计功能。

在由同一受电弓供电的牵引单元之间的高压线路之间应设置车顶隔离开关，通过操作隔离开关实现高压回路的隔离。

3. 牵引变压器

在网压变化范围内，牵引变压器输出电压、电流及功率应满足列车牵引和再生制动的要求，应符合相关标准的要求。

牵引变压器适用于额定电压为单相 25kV/50Hz 的电压制式。次级绕组为牵引变流器提供电能。牵引变压器具有过流或接地监控和保护。

牵引变压器安装结构及强度应满足在车体下部吊装的要求。

牵引变压器箱体应有足够的强度，以防止机械损坏（如碎石击打），符合有关标准的要求。

牵引变压器应能在列车运行中所承受的振动和冲击负荷下正常工作，满足有关振动和冲击的标准要求。

牵引变压器采用强迫导向油循环风冷方式，必须对冷却油温、油循环流动状态等进行监控，并设置气体保护装置。

牵引变压器中应采用阻燃的变压器油，油品的维护和补给应满足国内常规的条件和相关的环境保护要求。

使用绝缘等级高、燃点低、导热好、环保的介质作为冷却油。

由一个高压绕组和四个牵引绕组组成，根据需要可以再加一个辅助绕组以供部分对电源稳定性要求不高的用电设备用电。

4. 牵引变流器

牵引变流器采用结构紧凑、易于运用和检修的模块化结构，在运用现场可方便更换和维修。牵引变流器控制、调节装置应该是无维修的。

牵引变流器由多重四象限变流器、直流电压中间环节和电机逆变器组成。牵引变流器的模块应具有互换性，四象限变流器和电机逆变器的模块也应可以互换；可更换模块的质量应不大于 35kg，模块更换时间应小于 30min。尽可能提高中间电压的等级，以减轻整个牵引系统和冷却系统的重量。

牵引变流器应符合相关标准要求。

牵引变流器采用的功率半导体器件应确保牵引变流器的可靠性、易维护性、安全性和经济性，应符合元件的发展方向。

牵引变流器应能在列车运行中所承受的振动和冲击负荷下正常工作，满足有关振动和冲击的标准要求。

当牵引电机采用并联供电方式时，应保证牵引电机负荷分配均匀。

牵引变流器主电路图及牵引变流器主要环节所采用的控制方法和原理说明可由细节设计确定。

5. 牵引电机

采用三相交流异步牵引电机。

牵引电机应适用于由电压源逆变器供电、变频变压调速的运用方式。

牵引电机符合相关标准的有关要求。

牵引电机至少应采用 200 级耐电晕绝缘结构。

所有牵引电机在外形尺寸、安装尺寸和电气性能方面均必须能在所供动车组的所有动力转向架的各个轮轴之间完全互换。

维修牵引电机时，允许仅更换定子或仅更换转子，仍然能保证电机特性的一致性。

电机应能在列车运行中所承受的振动和冲击负荷下正常工作，符合有关振动和冲击的标准要求。

电机转矩-转速的函数关系和关系曲线在细节设计时提出。

6. 牵引控制装置

牵引控制装置是对牵引电传动系统实施控制和保护的装置。

牵引变流器控制、调节装置应该是无维修的，应符合相关标准要求。

电传动系统应有保护功能，具体如下：

（1）电传动系统应具备完善的诊断系统，对各种故障应具有相应的保护措施，包括对中间直流环节过压保护、输入输出过流保护、冷却液超温保护和接地故障保护功能等项目，通过故障时关闭功率元件的门极、断开接触器和断开主断路器方法实现保护功能。

（2）动车组对空转、滑行的保护功能必须有效。

（3）对牵引电机故障以及并联电机负荷分配不均匀等应有良好的保护功能。

（4）所有故障信息应储存并能读出，重要故障应通过网络传递给列车级控制系统，并可供乘务员在显示器上查阅。

7. 接口

技术规格书中还需要明确规定牵引系统与车体、转向架、制动系统、控制-

监测-诊断系统等子系统的相关机械、电气等的相关接口，特别是一些具体涉及运行维护中与简统相关的 RAMS 要求的接口要提出具体规定。

7.4.9　制动系统

1. 系统组成

高速列车采用电制动优先的空电联合复合制动系统。

该系统由制动控制系统、动力制动系统(再生制动)、微机控制的直通式空气制动系统、风源、电子防滑器，以及基础制动装置等组成。磁轨制动作为非黏着制动方式仅在必要时加设。

动车组制动系统采用复合制动模式，应尽最大能力充分发挥动力制动作用(动力制动能力不足时，才使用空气制动)。

系统应按故障导向安全的原则进行设计。

系统应具有常用制动、紧急制动、安全制动、保持制动和停放制动等功能。

动车组制动系统应能按模式曲线控制列车减速或停车。

制动系统设有与列控系统的车载设备连接的接口，并受其控制。

在动车组每节车的明显位置处设手动紧急制动设施，设施的安放位置应避免任何意外的操作。此紧急制动设施一旦触发，在司机室中将产生声光报警信号，此时应自动或由司机实施列车制动。在技术规格书中需要规定自动操作或者司机操作的规程。

所有制动部件的布置易于接近、测试和拆卸。

2. 动力制动与空气制动之间的协调

动车组在充分发挥动力制动的基础上，应能按载荷情况附加空气制动，使动车组制动减速度满足运用要求。

制动力的分配原则应落实下列问题：

(1)如何落实动力制动优先原则。

(2)动力制动不足时的空气制动补充原则(包括拖车和动车空气制动力的分配)。

(3)部分动力制动失效时的制动力(包括其他动力制动和空气制动)补充原则。

(4)车辆间制动力支援原则。

3. 微机控制的直通式空气制动系统

微机控制的直通式空气制动系统采用微机发出指令控制直通式制动装置使基础制动装置动作的工作模式。作用时由微机控制直通电磁阀对制动缸进行充排风，实现列车的制动和缓解。

该系统的主要部件包括控制器、制动控制计算机、各类电磁阀、控制阀（EP阀）、中继阀、传感器、各类缸和电气空气管路等。

空气制动系统应采用具有模块化、集成化的微机控制的直通式空气制动和防滑装置。

空气制动系统的空气工作部分由空气制动控制单元、风缸、缓解阀、紧急制动阀及管路等组成。

空气制动控制单元由各类空气控制阀集成，受制动控制装置控制。

技术规格书中需规定制动控制单元控制器所采用的统一的机箱总线，以实现板卡级互换。

司机室操纵台上都装备制动控制器，司机通过操纵制动控制器手柄施加不同级别的制动。

制动控制器手柄至少包含缓解（运行）位、常用制动位、紧急制动位。其中，常用制动位应能连续可控，以按模式曲线实施制动；若为分级制动，则需分为 7 级常用制动。

动车组车上应设置缓解空气制动的装置，需要时可在车内进行单车制动缓解操作。

4. 制动信息和故障诊断信息的传递与显示

制动信息（包括各种故障诊断信息）应能在高速列车上传输、存储及显示，并能方便高速列车主控装置或制动主控装置协调列车中各车厢的制动力（以减小列车的冲动）等。具体的数据格式和种类、采样周期、所需的存储容量及故障信息的保存时间等可在细节设计中确定，但是至少应包括以下内容：

（1）数据种类至少包括接收的制动命令信息、本装置的响应信息、实际执行的状态信息，以及自诊断故障信息等。

（2）命令信息取样周期应不大于 10ms，其他信息采样周期可为 100ms。

（3）存储容量满足 1～2 天的运用需求。

（4）所有故障应能在司机室和乘务室显示。

（5）具有相应的工具软件，可以读出记录并分析制动系统中的相关故障及运行环境数据，实现列车调试、维护及故障跟踪。

5. 常用制动

有关模式曲线的规定尚没有标准可循，一旦可以尝试制动按模式曲线实施，应制定各制动级别的模式曲线。在不能采用模式曲线方式时，技术规格书中至少需规定列车在水平轨道上运行时常用制动的最小平均减速度，如表 7.4.4 所示。并且，为避免各型动车组之间在重联运行中的不协调，动车组常用制动时各级别的制动响应时间和平均减速度值也要做出统一规定。

表 7.4.4　常用制动的最小平均减速度

速度段/(km/h)	350~300	300~230	230~170	170~0
最小平均减速度①/(m/s²)	0.30	0.35	0.6	0.6

注：①在 t_e 结束时刻到达到目标速度期间测得的最小平均减速度，其中 $t_e=2s$ 为制动指令发出开始到制动缸压力达到最大压力的 95% 的时间。

6. 紧急制动

紧急制动包括空电联合紧急制动和空气紧急制动。

司机通过制动手柄可实现紧急制动。

紧急制动距离的测量应从紧急制动指令信号给出开始到停车结束。

技术规格书中也需统一规定动车组在定员载荷下，在平直线路上的纯空气紧急制动最小平均减速度，如表 7.4.5 所示。

表 7.4.5　纯空气紧急制动最小平均减速度

速度段/(km/h)	350~300	300~230	230~170	170~0
最小平均减速度①/(m/s²)	0.75	0.9	1.05	1.2

注：①在 t_e 结束时刻至达到目标速度期间测得的最小平均减速度，其中 $t_e=1.5s$ 为空气紧急制动指令发出开始到制动缸压力达到最大压力的 95% 的时间（即动作反应时间加制动缸升压时间）。

动车组紧急制动时具体的制动响应时间、平均制动减速度值和可实现的紧急制动距离需做出规定，可如表 7.4.6 所示列出。

表 7.4.6　最大紧急制动距离

速度段/(km/h)	350~0	300~0	250~0	200~0
制动响应时间/s				
平均制动减速度/(m/s²)				
紧急制动距离/m				

细节设计时再对使轮轨间达到最大黏着的问题提出具体措施。

7. 安全制动

动车组设安全制动，可在下列任一情况下自动实施紧急制动：

(1) 列车分离。

(2) 安全制动回路断开或失电。

(3) 控制电源失电。

（4）列控系统发出安全制动指令。

（5）总风缸压力过低（速度大于 5km/h）。

（6）司机警惕装置请求。

（7）司机室紧急制动按钮触发。

安全制动可以通过独立的安全制动回路实施，安全制动回路直接作用于列车上所有的制动控制单元或紧急制动电磁阀。

安全制动回路断开或失电后，列车起紧急制动作用。

紧急制动的作用仍应优先采用再生制动，空气制动补足；不能采用再生制动的，完全以空气紧急制动执行。

空气紧急制动发生后，在列车完全停止前不允许缓解制动（零速联锁）。

空气紧急制动发生后，自动切除牵引动力，直到列车完全停止（零速联锁）。

8. 保持制动（停车制动）

运营中列车在坡道上停车时应保持一定的制动力以避免发生溜车现象。

列车停止后自动实施保持制动。

9. 动力制动

动力制动可包括再生制动和其他动力制动方式。

动力制动应尽最大能力发挥再生制动作用，将能量反馈回电网。

动力制动功率不低于牵引功率。

在正常情况下以动力制动为主，在单节动车动力制动部分或全部失效时，应首先用足其他动车的动力制动力，不足部分再依次由本节动车和/或拖车的空气制动来补充。

再生制动可以连续使用直到停车（速度降低到 10km/h 以下时可采用空气制动进行补充）。

各级制动时（包括紧急制动）均应施加再生制动的最大可用制动力，不足部分才由空气制动自动补充。

动力制动与空气制动复合使用的逻辑关系应清晰合理。

10. 基础制动装置

采用盘形制动装置，其性能应能满足动车组制动能力的要求，并具备在以最高运营速度及以下各速度级运行时实施紧急制动的安全性。

基础制动装置包括动车和拖车的制动盘、闸瓦间隙调整器、单元制动缸、粉末冶金闸片、制动缸吊及制动夹钳等。

制动摩擦材料包括制动盘和闸片，应采用轻型、高强度、高热容量的新型摩擦材料，并具有稳定性良好的高摩擦性能。

每个动力轴上装配两套轮装式制动盘和制动卡钳单元。

每个非动力轴上安装三套轴装式制动盘和制动卡钳单元，或两套轴装式制动盘和制动夹钳加上两套轮装式制动盘和制动夹钳。

制动盘应采用铸钢或锻钢材料，使用寿命不小于 7.5 年。

有闸片间隙自动调整功能。

闸片的结构应能保证与制动盘表面均匀接触。

闸片拆装结构需符合规定。

11. 停放制动

在动车组适当位置处设弹簧作用的自动停放制动装置，设置的数量需满足动车组在 20‰ 坡道上不溜坡的安全停放要求，并有不小于 20% 的冗余。

停放制动采用弹簧储能式停放制动装置。

司机通过停放制动按钮 (施加/缓解) 控制停放制动缸的电磁阀动作，实现停放制动缸的排风 (施加) 或充风 (缓解)。

在安装停放制动装置的车轴两侧分别设手动缓解装置，以方便通过手动缓解装置使该停放制动紧急缓解。

当停放制动故障时，也可以通过手动缓解装置使停放制动装置缓解并切断该故障的停放制动装置，从而使其从制动系统中隔离出来。

12. 磁轨制动装置

磁轨制动装置作为黏着制动的一个补充，在必要时加设，并应解决对轨道电路的影响问题。

13. 高速电子防滑器

应保证在各种轨面状态下的防滑要求。

所有轮对上安装车轮防滑保护系统。

防滑装置应满足相关标准要求。

14. 用救援机车救援及回送时的制动

动车组应能由采用自动式空气制动系统的中国既有线机车操纵控制 (包括制动与缓解)，实现第 5 章中提到的用既有线机车操纵控制 (牵引/制动) 该动车组实施救援或回送。

15. 用动车组救援及回送时的制动

救援动车组与被救援动车组可以连挂时可采用动车组救援方式，此时需要救援动车组向被救援动车组的总风管提供压缩空气。对于制动信息的交换，则需要建立重联救援的通信协议和加装信息转换装置。救援动车组与被救援动车组不能连挂时，不能采用动车组救援方式，只能调动救援机车来救援。具体请见第 5 章有关内容。

16. 接口

与制动系统及车体、转向架、牵引系统、控制-监测-诊断系统等子系统相关的机械、电气等存在接口，技术规格书中还需要进一步对这些具体涉及运行维护中与简统、互联互通相关的 RAMS 要求的接口提出具体规定。

7.4.10　供风系统

1. 总体

动车组每一单元应有压缩空气供给系统。动车组压缩空气供给系统应能为制动系统及其他风动装置提供清洁、干燥的压缩空气，并在动车组二分之一以下单元的空气压缩机出现故障时，仍应满足用风要求，维持动车组正常运营。

供风装置充满风的时间应满足要求，即能满足跟踪时分间隔中充气达标的要求和整备作业时段内时间的要求。

列车总风管风压为 750～1000kPa，当救援或回送时，总风管风压为 600kPa，动车组制动系统应能正常工作。

压缩空气供给系统应与牵引系统、列控系统、空气悬挂系统、风笛、风动门和集便器等风动装置有配套的接口，以满足各项性能指标的要求。

输出空气品质符合相关标准要求。

每台压缩机与干燥器相连，并与带有防冻功能的油水分离器相连，采取措施避免含油的水排到钢轨上。

2. 辅助压缩机组

装设受电弓的车辆上设置辅助空气压缩机系统，以供总风缸欠压或无风时的升弓。

辅助空气压缩机由蓄电池供电。

7.4.11　动车组供电系统

动车组供电系统也称辅助供电系统。

1. 制式与供电品质

高速列车辅助供电系统应采用干线供电方式，即由分散布置在若干车厢的各电源设备向干线供电，用电设备从列车供电干线上取电。

考虑到简统化和我国国情，宜采用 3 相 380V50Hz 制式的干线供电制式，各设备用电制式为 3AC380V50Hz、AC220V50Hz、DC110V。

高速动车组尚未实现简统化，列车供电制式各不相同，也是难以实现互联互通的原因之一。现有各动车组上实际使用的制式不在这里介绍，请读者自行查找相关资料。

供电输出品质应符合相关标准的要求。

车上辅助供电电源系统采用冗余设计，当发生故障时，能够进行切换，确保列车正常运行。

辅助供电系统应有相互支援功能。当有一个以上辅助电源装置故障时，可根据需要切除部分次要负载。

2. 用途

辅助供电用于空气压缩机、冷却通风机、油泵/水泵电机、空气调节系统、采暖设备、照明设备、旅客服务设备、应急通风装置、诊断监控设备和维修用电等。

动车组内各车设 AC220V50Hz 的插座。

3. 变流设备

安装变流器车上的辅助变流装置自中间直流电压上取电后转换成三相交流380V 向列车干线输电。各客车用电设备直接取干线上的交流电三相 AC380V 和单相 AC220V 使用。DC110V 直流电由转换装置将干线上取下的交流电转换为客车上各种设施所需的直流电。

辅助变流装置应能对三相不平衡实施自动保护。

4. 安装与保护

各制式供电系统均应有各自独立的可靠的安全接地措施。

供电设施应具有自诊断功能和故障保护措施。应对供电线路发生的过载、短路、瞬时大电流冲击、过压、欠压、接地等现象加以保护，确保旅客安全。

5. 应急供电

应设足够容量的蓄电池组以供应急使用。

应急用电包括应急通风、应急照明、应急显示、维修用电、通信及其控制等，有能力时应考虑列车控制-监测-诊断系统的用电。

应急用电应能维持到救援车的到来。救援车到达所需时间根据救援臂的长度和救援车可使用的运行速度计算获得，适当增加一点命令下达、传递、准备的时间，一般至少应维持 2h。

蓄电池组运行时在线充电。

每节车的应急通风量不低于 1000m³/h，此时将回风关闭，全部为新鲜空气。

应急用电按用电等级分类进行供电支援。

每一单元需设置蓄电池组以备断电时供应急用。全列采用同一类型的全密封、免维护蓄电池。额定电压为 110V。一节客车的用电额定容量约为 110Ah。

6. 库用插座

在动车组的车体外两侧适当位置装有如下库用插座，其容量应满足动车组晚间停车时的检修作业和预冷预热作业的需要。设有：

(1)供列车干线供电用的外接辅助电源插座。

(2)供蓄电池充电和库内低压试验用的外接直流电源插座。

动车组的库用插座与受电弓应设联锁,动车组在由库内地面电源插头供电时,受电弓不能带电,也不能升弓。

7. 接口

辅助供电系统中的各种连接件需要在技术规格书中明确规定。技术规格书中还需要进一步对一些具体涉及运行维护中与简统、互联互通相关的 RAMS 要求的接口提出具体规定。

7.4.12　辅助冷却系统

各辅助冷却设备应采用有利于环保的冷却方式。

各辅助冷却设备过滤网的清扫周期按 A3 修程考虑(特殊情况除外)。

各辅助冷却设备风冷循环系统应考虑高速运行下的负压条件，在不确定时应按–1200Pa 考虑。

7.4.13　动车组的控制-监测-诊断系统

1. 系统组成

高速列车上设控制-监测-诊断系统，采用网络方式实现信息传输、通信联系。

系统为用数字传输网络连接在一起的基于微处理器的分布式智能控制-监测-诊断系统。

动车组的控制-监测-诊断系统采用列车级、车辆级和设备级三层结构。

控制-监测-诊断系统的原理、功能、结构、层次、介质和控制的对象及内容需在细节设计时论证确定。

表 7.4.7 为控制-监测-诊断系统相关要求表，表中列出与控制、监测和诊断相关的一些需要遵照执行的事项和一些应满足或参照的相应标准或要求。

表 7.4.7　控制-监测-诊断系统相关要求

事项	标准代码	标准名称
耐振动、冲击		
电磁兼容		
电气特性		
软件设计		
数据种类、数据精度		

2. 系统结构

图 7.4.1 为高速列车控制-监测-诊断系统拓扑示意图。

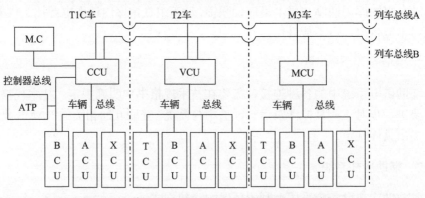

图 7.4.1　高速列车控制-监测-诊断系统拓扑示意图

该系统采用模块化结构，分级控制方式，并使用冗余结构以提高可靠性。该系统分为列车控制级、车厢控制级和功能控制级三级，通过两个网络(列车网、车厢网)连接组成树状系统。

图 7.4.1 列出系统中有控制车(T1C 车)、拖车(T2 车)、动车(M3 车)等；列车控制级的中央控制单元(CCU)通过列车总线与车厢控制级的动车控制单元(MCU)和拖车控制单元(VCU)实现网络通信；车厢控制级的控制单元又通过车厢总线与功能控制级的各设备实现网络通信；功能控制级中包括牵引控制单元(TCU)、辅助系统控制单元(ACU)、制动控制单元(BCU)、轴温及车门控制单元(XCU)等装置。中央控制单元也兼备车厢控制级功能并通过车厢总线和控制器总

线与司机显示器(图上未显示)、司机控制器(M.C),以及自动列车运行保护装置(ATP)等设施相连。这些设施通过总线连接在一起组成该系统的硬件结构,从而实现对各执行机构的控制、监测和诊断工作。

3. 系统功能

系统应能够完成在正常或非正常运用条件下的牵引、制动、方向、辅助系统、车门、空调、防空转、防滑等子系统的逻辑判断、控制和状态监视功能。

在列车正常运行中,需要根据运行图规定速度运行。车上设有速度自动给定装置,可以控制列车恒速运行。当列车超过规定速度运行时,将通过制动系统自动减速运行。系统可对列车进行超速限制和冲击限制保护,并在保护发生后将动车组投入特定的工作状态。

各动车的控制单元根据中央控制单元发出的牵引力或电制动力指令,负责本车的特性控制、黏着控制、牵引/制动控制、解锁及保护逻辑、故障诊断、故障数据存储等,将经过各种数学运算和逻辑判断(包括连锁)后得到的指令送到牵引控制单元或有触点电器,同时通过列车总线将本车的状态信息汇报给中央控制单元。

动车组设耗电量统计装置,以分别统计动车组总耗电量及再生制动电量,通过中央控制单元或牵引变流器检测主电路上的电压、电流进行统计计算实现。

系统应具备紧急工作模式,设置紧急列车控制线,当列车通信网络故障时,可维持动车组有限制地运行。

动车组在易于维修人员接触的位置设有数据接口,维修人员可以使用便携式设备(以下简称 PTU)通过该数据接口采集和分析相关设备的故障数据与工作状态,以便对动车组进行调试、维护、检修等作业,可根据需要将故障数据以无线方式传送至基地。

列车设分相位置信号采集装置采集分相信息,有关分相信息和接口见相应技术规范,并可参见第 6 章中相关内容。列车也可通过 ATP 的点式应答器采集分相信息实现列车过分相控制。当列车最高运行速度不超过 200km/h 时,也可以实现手动过分相控制。

系统应能与信号系统相配合。动车组控制-监测-诊断系统设有与车载列车运行控制设备的信息传输接口。列车运行速度受车载列车运行控制设备控制。当列车超过规定速度运行时,该设备将通过制动系统自动减速运行,确保列车运行安全。

动车组设置车载信息无线传输设备(简称 WDT),实现动车组运行信息、车载系统设备状态和故障信息的实时传输。有关信息和接口见相关标准要求。

本系统还设安全信息综合监测装置，记录信号、司机操纵及列车主要运行参数等。

4. 控制设备

列车的每个端车上至少设两个中央控制单元，互为冗余。高速列车上应只有一个中央控制单元管理器作为总线仲裁器运行，其他作为潜在的总线仲裁器，通过钥匙开关选择主控端车。

从互换性的角度，在技术规格书中需要对控制设备的机箱总线加以规范确定。应该考虑对所有的智能控制设备都采用同一种机箱总线，以达到板卡级的互换性和较高的可用性可维护性，有关机箱总线的内容请见第 5 章。

5. 信息传输

动车组的控制-监测-诊断系统中的信息传输采用以数字网络传输方式为主，少量的模拟量或数字量的传输采用硬线传输或其他方式传输。通信协议应有兼容性，应符合相关标准。

表 7.4.8 为控制-监测-诊断系统所用网络通信方式表，是数字网络所采用的介质和标准。

表 7.4.8　控制-监测-诊断系统所用网络通信方式表

型号	*型
网络类型	
总线形式	
介质	
符合标准	

网络设备及传输介质应有冗余，当某个网络分支发生故障时，不会对其他车的通信产生影响。

通过网络将产生的故障诊断信息传输到中央诊断系统。

6. 故障信息的采集、传输和存储

系统应具有完善的故障自诊断功能。

1) 运行前的故障自动测试

在发车前，即整备阶段，对车辆主要部件进行功能检测。

2) 运行中的故障诊断

各级微机装置不断检测各个重要部件的功能。如果检测到一个功能故障，就触发一次故障数据记录机制，同时通过通信网络向上一级汇报；各控制层均应有故障自诊断、保存故障信息、必要的故障自排除及重要故障信息向上一级传送的功能。

在中央控制单元中设有整列车的故障记录索引库，动车组上故障信息的主要结果在中央控制单元中存储汇总。

无论是在中央控制单元中存储的信息还是在各级微机装置中存储的信息，维修人员都可以通过 PTU 调用这些信息。

列车上还设有故障信息集中及故障信息输入装置，以便乘务员将其发现的故障键入控制系统或从控制系统中读出故障信息。

3）故障对策

控制系统重要部分应作冗余设计，保证在工作层失效时冗余层能顶替工作。

各车厢的主要电气部件具有故障自我保护或连锁保护功能，能够隔离某一部件、某一车厢或某一车组单元的故障，某一个单元故障一般不会导致整个列车停运。

应根据故障性质对故障实施分类管理，并进行必要的处理提示。

控制系统故障分为四级：一级故障允许列车继续运行，但必须立即进行某些相应处理；二级故障必须减速运行，减速范围在最大允许速度的四分之一到二分之一内；三级故障列车可以不用救援而运行到前方车站；四级故障列车必须停运，等待救援。

7. 技术诊断

列车的诊断系统是提高列车运行安全性及运行效率、便于维修及保养、保证列车可靠性的重要设施。

1）诊断项目

系统的主要诊断项目包括：

（1）牵引、制动及控制系统的状态。

（2）走行部件的安全性。

（3）旅客安全相关设施的状态（如车门关闭状态等）。

（4）各类电子电气设备。

2）诊断任务

诊断系统的主要任务包括：

（1）识别部件的偶发性故障。

（2）在部件故障时提供状态数据及对策。

（3）记录列车故障数据。

（4）为列车控制提供各相关部件的状态。

3）诊断方式

列车的诊断采用以下三种方式：

（1）列车自诊断系统，主要完成列车运行中各部件状态的监测及处理。

（2）列车自诊断系统通过接口与其他地面系统结合进行复杂故障的诊断及处理，应采用统一的处理平台，如中文 Windows 环境下的信息转储与故障分析软件。

（3）列车在运用维修基地的地面检测系统的诊断。

4）诊断结果

对诊断结果进行如下处理：

（1）在行车中将诊断结果送入车载微机系统进行判断分类，并给列车发出相关的控制指令。

（2）在行车中或维修中将诊断结果送入列车状态数据存储装置或其他数据库，为维修提供状态依据。

5）显示

（1）诊断的主要信息和列车状态信息（故障/安全相关的功能控制）在司机操作台和列车乘务员显示屏上显示。

（2）各控制级均应设故障读出端口以供维修时用 PTU 读出。

8. 便携式测试软件

1）作用

各微机控制单元均应具有相应的 PTU 测试软件，以对各控制单元进行测试和诊断等。

2）功能

PTU 软件主要用于维修、功能试验、参数设置、基本校准，至少应包括以下功能：

（1）以各种标准界面显示已定义的环境数据（包括列车和车厢级控制软件中的参数）。

（2）对一个已给出的事件显示维修说明信息。

（3）对一特定的事件显示已定义的环境数据。

（4）对诊断数据库上载和下载环境数据。

3）数据输出

设置一些诊断数据库的参数。

PTU 应能对读取的信息进行打印。

4）备份

一套 PTU 服务软件可以对应整个控制-监测-诊断系统，也可以仅对应某一种设备。备份软件应写在光盘上。PTU 应采用统一的操作平台，如中文 Windows

操作系统。在一部 PTU 上可安装所有应用软件，不应设置软件狗，应统一读取接口。该服务软件可在动车组寿命期内重复安装，并可及时升级。

5) 工具软件

工具软件可以读出列车控制监测与诊断系统的参数，实现列车调试、故障跟踪。列车控制监测与诊断系统的逻辑控制图可在细节设计中由运营方与供应商共同确定。

9. 接口

上面的内容已经涉及一些控制-监测-诊断系统与车体、转向架、牵引系统、制动系统等子系统的相关机械、电气等的相关接口，而且与控制-监测-诊断系统有交互信息的设备众多，需要统一相关的接口，并均需在技术规格书中明确规定。技术规格书中还需要进一步对一些具体涉及运行维护中与简统、互联互通相关的 RAMS 要求的接口提出具体规定。

7.4.14 安全监测系统

1. 系统组成

高速列车上设安全监测系统，该系统应能对动车组和各个重要功能系统的重要部件的性能，特别是与安全有关的运行性能进行实时监测和报警，确保动车组运行安全。

2. 监测内容

系统的监测内容一般包括轴温、车辆横向稳定性、车辆振动状态、制动系统的工作状态、制动动作情况、防滑器的工作情况、车上用电系统的状态（如断路、短路、绝缘性、三相不平衡度等）、车门状态及必要的烟雾和火情等。

3. 系统结构

动车组安全监测系统构成示意图如图 7.4.2 所示。

图 7.4.2 动车组安全监测系统构成示意图

其主要设备与动车组的控制-监测-诊断系统类同。

设备要求及其所应遵循的标准与动车组的控制-监测-诊断系统也相同。

设备组成框图请见第 4 章图 4.3.1。

4. 预警与报警

系统监测得到的故障信息应设预警门槛值和报警门槛值。中央控制单元(或司机)收到预警信号(超过预警门槛值但未达到报警门槛值)后应对可能的故障做好判断和处理的准备。中央控制单元(或司机)收到报警信号(超过报警门槛值)后应对列车进行控制及处理。

设轴温传感器对车轴轴端温度进行监测。当轴端温度超过预警门槛值时,在司机室显示器上以黄色信号提示故障;当轴端温度超过报警门槛值时,在司机室显示器上以红色信号提示故障,并增加蜂鸣器鸣响,应立即停车处理或自动限速运行。

设横向加速度传感器检测车辆横向稳定性。当检测到转向架横向加速度特征异常超过预警门槛值时,在司机室显示器上以黄色信号提示故障;当转向架横向加速度特征异常超过报警门槛值时,在司机室显示器上以红色信号提示故障,并增加蜂鸣器鸣响,动车组自动降速运行。

司机室显示器应能够显示制动系统工作状态以及相应制动参数。当出现故障时,显示器显示相应故障,并由制动控制装置根据故障情况做出处理(如进行制动力再分配),必要时自动限速运行或停车。

司机室显示器应能够显示车门状态,包括车门开关状态。当车门发生关闭故障时,显示器提示故障。

设烟火报警装置。当发生火灾报警时,司机室显示器上应提示火灾报警,同时火灾蜂鸣器鸣响。

5. 监测报告

通过系统监测及时发现事故隐患,及时报告,以便及时进行维修,必要的紧急故障可通过司机和/或调度台控制列车运行,信息通过 WDT 报告。

6. 接口

上面的内容已经涉及一些安全监测系统与车体、转向架、牵引系统、制动系统、控制-监测-诊断系统等子系统的相关机械、电气等的相关接口,而且与安全监测系统有交互信息的设备众多,需要统一相关的接口,并均需在技术规格书中明确规定。技术规格书中还需要进一步对一些具体涉及运行维护中与简统、互联互通相关的 RAMS 要求的接口提出具体规定。

7.4.15　车端连接组成

1. 系统构成及一般要求

本系统包括机械连接、高低压电器连接和密封导流装置等。连接内容与动车组系统构成紧密相关，包括下列内容。

(1)机械连接：如车钩缓冲装置、风挡、空气管路等。

(2)高压电器连接：如车顶高压电缆、主电路电气设备的电缆连接等。

(3)列车供电连接：如车电供电母线、直流供电母线等。

(4)控制系统连接：如列车通信和控制总线、制动控制线等。

高压电缆的连接可为直接电缆连接。

两车之间减振器和缓冲器的设置根据列车动力学性能和纵向动力学性能的要求确定。

连接装置应保证车辆连挂后可以通过最小半径的定圆曲线(如 250m) 及 S 形曲线，功能不受影响。

连接装置应保证作用方式和可操作性不会受恶劣气候情况的影响。

车辆间的各种连接应设有防雨措施及解编时的保护措施。

动车组两端应配备与为救援和回送提供压缩空气的空气软管相连接的过渡风管。

2. 车钩缓冲装置

车钩缓冲装置的性能满足运用要求。

采用密接式车钩，应能将各种风、电连接起来。

车钩及缓冲器应能在线路上不架起车体的情况下进行拆装和检修。

车钩缓冲装置应满足动车组列车在回送和救援时机车牵引制动工况下的运行要求。

分别有端部车钩缓冲装置、中间车钩缓冲装置和过渡车钩。

技术规格书中应规定端部车钩连接面上的各接口形式，包括机械接口、电气接口等，应满足各型动车组互联的要求。

过渡车钩为救援或回送时使用的车钩，动车组端部车钩与救援机车的 15 号车钩连挂处采用过渡车钩。

过渡车钩应满足 120km/h 回送救援的要求。

3. 动车组前端开闭机构

动车组应设前端开闭机构，应具有良好的空气动力学外形，前端设计应尽可能密闭，并能防止树叶、灰尘和冰雪等杂物进入。

动车组正常运行期间，非重联端的开闭机构处于关闭状态，重联端的开闭机构处于打开状态。

前端开闭机构一般为电控气动机构。

前端开闭机构应能在司机室中操纵。司机给出打开指令后，开闭机构自动打开并锁定，车钩自动到达并锁定于连挂位，发出完成信号。司机给出关闭指令后，车钩自动返回并锁定于内藏位，同时开闭机构自动关闭成锁闭状态并锁定，发出完成信号。

前端开闭机构还应能手动操作开闭，打开后应不影响前端车钩的连挂功能，以实现动车组回送及救援。

4. 内风挡

动车组车辆间设密封型内风挡，采用整体气密胶囊或双包波纹折棚、框架、渡板、内饰板构成的气密性风挡，应对隔热、隔声，以及对水、雪、外气压力的密封有要求。

5. 外风挡

动车组车辆间设外风挡，以降低运行阻力、减少气流影响。外风挡不得影响车辆的相对运动，不得产生异常噪声或振动，并可吸收车辆相对运动的能量。外风挡由橡胶囊与铝合金型材组成，可见表面必须能抗紫外线，寿命不低于 6 年。

6. 风、电连接

单元内及单元之间或者车辆与车辆之间的连接内容根据下列各项选用：

(1)列车通信总线。

(2)制动控制线。

(3)供电母线。

(4)旅客信息数字信号传输线。

(5)旅客信息模拟信号传输线。

(6)直流供电母线。

(7)列车空气管。

(8)主电路电气设备连接电缆。

(9)25kV 动力电缆。

(10)单元内部的其他连接线。

7. 接口

车端连接系统本身就需要涉及如车体、转向架、牵引系统、制动系统、控制-监测-诊断系统、牵引供电系统等子系统的机械、电气等的相关接口，有需要统一的相关接口，均需在技术规格书中明确规定。技术规格书中还需要进一步对一些具体涉及运行维护中与简统、互联互通相关的 RAMS 要求的接口提出具体规定。

7.4.16　车内环境控制系统

1. 一般要求

高速列车上设车内环境控制系统，对车内的空气压力、温度、湿度、空气流速、噪声、空气清洁度和污物污水的排放等方面进行控制，使它们的技术参数满足规范的要求，并参照相关标准执行，具体参数请见第 5 章有关内容。

2. 空调系统

动车组的每节车厢需配置独立的空调系统。空调系统具备如下功能：供应新风与排放废气、采暖和制冷、气流的输送和分配、新风过滤与混合、应急通风、调节和控制等。

厕所和通过台纳入空调范围。

客室内设废排风道，并与车下废排风道相连，将废气通过废排单元排出车外，卫生间内设置直排车外的废排通道。

采暖方式采用电加热装置，电加热装置具有可恢复和不可恢复两级超温保护。

采暖装置的结构应简单、实用、运行安全可靠，并便于维护保养。

司机室设有单独的空调机组、新鲜空气供风口和空气循环系统，也可纳入端车空调系统的管理中。空气清洁度、湿度、空气流速、平均温度等按客室要求的相关标准执行。

动车组每节车厢均设置应急通风功能。应急通风设备由车载蓄电池供电，容量应满足 2h(半功率供风)的要求。

新风口应设在无污染气体区，新风过滤网清扫周期按 A3 修程考虑(特殊情况除外)。

客室内回风口和废排风口的设置应保证车内气流与温度分布的均匀性，应不受客室门打开或关闭的影响。

3. 车内噪声

车内噪声按相关标准执行，车内噪声限值需符合第 5 章有关内容。

4. 电加热器

根据需要可在车内设置电加热器,电加热器的设置应保证在车内形成空气对流状态,以充分利用加热功率。外部应设护套,避免烫伤旅客。

5. 车内压力保护装置

高速运行的列车在会车或过隧道时,车外空气压力会产生变化,引起车内的压力产生波动。为使旅客或司乘人员有较好的舒适度,需要对车内压力波动实施控制,车内压力保护装置就是实现这一功能的装置。

通过车内压力保护装置,控制车内的压力变化和压力变化率两项指标符合第5章规定的要求。

6. 照明

车内必须具有足够的照明及良好的均匀度,采用节能环保型照明设施,优先采用 LED,参照相应标准规定执行。

客室照明灯寿命不低于 40000h。

单车照明功率约 800W。

车内的客室、出口和通道上必须设有紧急照明系统。

各车的走廊上应照明良好。

在商务舱和公务舱的客室内另设单人阅读灯以进一步提高舒适度。

卫生间灯在列车运用时保持打开状态。

通过台区域需照明良好,保证为登车提供充足照明;在侧门打开时,可由侧门灯提供照明。

应急照明为照明系统的一部分,并配有一个单独的回路,与蓄电池相连,应急照明至少可维持 120min。

7. 接口

车内环境控制系统与如车体、控制-监测-诊断系统、辅助供电系统等子系统的相关机械、电气等的相关接口,特别是安装接口、容量匹配等需要统一相关的接口,并均需在技术规格书中明确规定。技术规格书中还需要进一步对一些具体涉及运行维护中与简统、互联互通相关的 RAMS 要求的接口提出具体规定。

7.4.17　供排水、排污与卫生系统

1. 一般要求

高速列车上设供排水、排污与卫生系统,负责车上的用水供应和废物的排放

事宜。

系统应能满足动车组在规定的环境条件下以最高运营速度及以下速度级运行时的正常使用要求。

吊挂于车下的设备强度至少应符合强度及振动与冲击的相关标准要求。

卫生设施应有措施确保使用人员的卫生安全。

2. 供排水系统

1）一般要求

该系统的所有水箱和管道必须与排空管路相连，保证在系统停止使用时能排空余水（以防冻结）。

车上水龙头需具有节水功能。

2）温水功能

设电热温水箱，提供盥洗用热水，电热温水箱设缺水、超温等保护措施。盥洗用水可冷、热水混合使用。

3）供水装置

供水装置由水箱及管路系统组成。

列车静止或运行时，供水装置不得发生虹吸现象。

供水装置注水口分设车体两侧，配备密封式上水阀和管接头，其设计应有防污染措施，可通过水位显示器或水箱溢水观察水箱是否注满水，实现注水过量保护。

水箱的容积应适合交路需要，需有防冻、防腐设施，并设有水位显示器，形状由所设空间确定。

4）车上水箱

箱体采用铝合金或不锈钢材质，设注水接口、防冻排空管、供水接口和水位传感器，箱体采取防寒措施；采用重力或泵水单元向车上设备供水。

5）车下水箱

车下水箱模块包括箱体和泵水单元。水箱有防腐、防冻措施，设注水接口、防冻排空管、供水接口和水位传感器。箱体采用不锈钢材质，设置电加热装置及隔热保温材料；由泵水单元向车上供水，可通过水位显示器显示水箱存水情况。

6）供水管路

供水管路系统应有防冻、防腐措施：供水管路应外包防寒材料，车外管路设置电伴热装置，设置隔热保温材料；管路材质采用铜管或不锈钢管。

7）电开水炉

每节车厢设沸腾溢水式电开水炉，适合我国的水质，供水品质符合相关标准要求，并具有缺水保护功能。

8)污水箱

为了环境保护和卫生，也为了保护线路和车下设备，车上应创造条件设置污水箱，收集盥洗室的排水和空调冷凝水等。

污水箱容积根据运行交路和定员确定，污水箱形状由所设空间确定。

可在指定地点排出污水或清洗。

污水箱及其管路、阀门等应有防冻措施。

污水箱两侧设置真空外排接头(如通用 2.5″快速接头)。污水箱内设置 80%和 100%液位传感器；设置温度传感器，控制加热元件的开启，保证在冬季正常运营。车上设有状态显示器：电源显示、加热工作显示、污水箱 80%液位显示和 100%液位显示、故障显示。

在车底架下设备布置时，若无法设置污水箱，污水应通过防逆流的水封装置排出车外，避免对车内压力产生影响，并不得影响动车组外观和车下设备的正常使用。

3. 排污

1)厕所

列车厕所必须为密闭的集便和废水系统，并可用净水冲洗。列车内同时需设置适合旅客卫生需要的相应设施。动车组设坐式便器和/或蹲式便器，具体布置、形式和数量在确认平面布置时明确。

2)真空集便装置

采用真空集便装置，并能配合真空抽吸式地面接收设施(运量较小的基地可配合以移动式真空抽吸式排污设施)。

真空集便装置由便器(坐式或蹲式)、水增压装置、气动控制装置、电气控制装置、污物箱等组成。

3)污物箱

污物箱布置在车下，形状根据车下空间而定，容积应适合运输交路需要，至少满足所设置的两个排污点的距离之间运行的使用，如端车不小于 100l、中间车不小于 450l。

污物箱两侧设置真空外排接头(如通用 2.5″快速接头)。污物箱内设置 80%和 100%液位传感器；设置温度传感器，控制加热元件的开启，保证在冬季正常运营。车上设有状态显示器：电源显示、加热工作显示、污物箱 80%液位显示和 100%液位显示、故障显示。

4)管路

从便器到污物箱的管路需要做防冻处理，有保温措施。管路外均缠绕自控温伴热线，外包防寒材料。在低温情况下，防寒伴热装置启动，伴热装置将对管路进行伴热，从而达到管路防冻的目的。

4. 垃圾收集装置

车上设有垃圾箱收集垃圾。

客室端部垃圾箱容量不小于 40L，垃圾箱采用不锈钢材质，分别有可回收和不可回收两个垃圾箱，垃圾投放口动作灵活、可靠。

卫生间垃圾箱容量不小于 10L。

7.4.18　列控系统车载设备

动车组每端设一套动车组列控系统车载设备，并应按相应动车组 ATP 车载设备技术规格书要求执行。

动车组应装有司机操控信息分析系统。

7.4.19　通信车载设备

动车组两端司机室各设一套通信车载设备，并应按相应 200km/h 及以上速度级动车组车载无线通信设备安装技术要求执行。

7.4.20　编制技术规格书、提出高速列车集成方案

由以上内容以及主要零部件的主要技术参数(特别是涉及功能性能指标分配、接口关系)构成技术规格书或称采购技术条件的主要内容。

选择可以与上面提出的技术要求相匹配的子系统、车辆和零部件的成熟产品；或对这些产品按上面提出的设计方案和技术要求进行适应性改进；或根据上面提出的设计方案和技术要求重新开发研制新产品。将这些产品集成到高速列车的大系统中，这些产品的匹配、改进和研发的过程就进入具体产品的运用环境分析调研、输入输出分析调研、细节设计、施工设计、工艺设计、样品制作、试验验证、运用考核、安全评估等各个阶段之中。

7.5　细节设计与施工设计

细节设计与施工设计是高速列车系统集成第五阶段的工作。

7.5.1　第五阶段的任务

细节设计与施工设计是根据第四阶段确定的功能、性能、结构、参数，以及各项接口等内容具体细化局部结构；进行必要的设计分析、仿真检算；特别是与安全相关的设计，还要进行局部试验验证和工艺设计与验证；开展 RAMS 优化，证明满足 RAMS 要求；进行生产装备与工艺工装的准备；实施制造装备的转型，

制造动力分散动车组的工业化改造；形成了批量能力。

细节设计的技术手段在多种相关的技术资料中均有详细介绍，这里就不再赘述，仅就一些尚未得到关注的问题进行简单介绍。

7.5.2 虚拟样机技术

1. 虚拟样机的概念

虚拟样机技术是一种数字化的辅助设计方法，是利用各领域的计算机模拟技术，通过在计算机上建立设计对象的系统及其子系统的模型开展设计工作的一种技术。模型可以比较真实地将所设计对象的形状、连接关系、需要实现的功能及其运动行为模拟出来，使模型能够成为物理样机较好的替代品，从而对其开展计算机仿真。

设计师可以在计算机上建立样机模型，对模型进行多种静力学分析、运动学分析、动力学分析和动态性能分析等；并在计算机中进行多方案的比较，预测系统实现各种功能时的相关性能；根据预测分析的结果，对虚拟样机进行优化调整，以获得最佳设计方案；之后投入物理样机的试制和试验验证。

运用虚拟样机技术，可以减少产品开发费用和成本，明显提高产品的系统功能和性能，可以获得最优化和创新的产品。因此，该项技术一出现，立即受到了极大重视，人们纷纷将虚拟样机技术引入各自的产品开发中，取得了很好的经济效益。

2. 虚拟样机技术简介

虚拟样机技术需要将所设计的系统分解成由多个相互连接、彼此能够相对运动的构件的组合。根据需要分析问题的关联性，可以建立多个不同的模型。例如，对高速列车建模，车辆中的子系统是否需要详细建模可以根据计算机容量和分析软件所需资源决定，一般可以将某些子系统简化；又如，考虑强度问题时，各电气设备可简化为具有一定质量的刚体(质心位置、转动惯量等)等。

高速列车的虚拟样机技术主要采用如下一些应用软件：

(1)结构形状设计用的计算机辅助设计软件。

(2)对应力场、温度场、电磁场和流体场进行设计与分析的有限元分析软件。

(3)对各种机构运动行为进行设计与分析的运动仿真软件。

(4)对高速列车系统的动力学性能进行设计与分析的动力学仿真软件。

(5)对高速列车牵引制动性能进行仿真的牵引制动计算软件。

(6)对高速列车运行中的气动特性进行设计与分析的空气动力学仿真软件。

(7)对牵引动力设备的电气性能进行设计与分析的电气分析软件。

(8)对车辆热环境进行设计与分析的热环境分析软件。

(9)对高速列车噪声形态进行设计与分析的噪声分析软件。

(10)运用传统的和现代的控制理论对控制系统进行设计与分析的控制逻辑分析及验证软件。

高速列车的虚拟样机软件还应该是一种开放式的软件，可以与设计师互动，通过编程技术来模拟各种输入，也可以利用试验所得的某些试验结果对某些部件进行建模或优化。

高速列车的虚拟样机软件还应包括一些优化分析软件，运用虚拟样机对系统或子系统或部件进行优化设计和分析；通过优化分析，确定最佳的设计结构和参数值，获得最佳的综合性能。

高速列车的虚拟样机软件还应能再现故障场景，查找故障原因，构建改进方案，提高可靠性。

3. 一种高速列车虚拟样机设计思路

对高速列车应用虚拟样机技术进行细节设计可以按以下思路开展工作：

(1)根据构成结构，建立虚拟样机模型。构成为了实现上述功能所需要的构造，组装成所需的计算机模型。必要时需要开展系统辨识工作，确认系统的组成形态。

(2)建立输入谱。将与所考虑问题相关的输入谱完整收集整理，并以软件所能识别的方法录入计算机。

(3)建立目标输出谱，也就是所需要的功能和性能的目标谱。

(4)参数辨识。对上述虚拟样机模型的参数进行辨识，形成参数阵列。

(5)参数物理量化。将上述辨识出来的参数从结构可实现性角度进行物理实现，获得物理量化的参数值。

(6)重构计算模型。利用已经物理量化的参数重新建立系统模型，构成新的虚拟样机。

(7)校验计算。对重构的虚拟样机施加上述输入谱，进行校验计算，并对输出进行分析，看是否达到系统的各项特性要求，或者是否是最佳状态；若不是，则返回(6)，结构优化后再进行校验计算，直到系统特性满意为止。

在上述过程中，还应设计各种安全风险事件，对所构造的虚拟样机进行评估，检查虚拟样机的安全度。

7.5.3 重量平衡

1. 重量平衡的重要性

重量平衡是高速列车能够安全、高速、舒适、可靠运用的关键。重量配置不均衡，将使车辆的走行性能非常差，即使线路很好，车辆也无法实现安全运行，也不能提供优良的乘坐舒适度。同时，车辆对线路的打击也越大，严重时将无法保持规定的线路不平顺水平，进而对车辆产生较大的激扰，引起车辆和线路的损坏加剧，难以维持安全可靠运行。

如果车轴两侧车轮上的负荷差异较大，对于利用轮重所产生的牵引力和制动力，将出现左右两侧纵向力差异较大的现象，引起该车轴不能形成单纯的平动，而在平动的同时产生一个垂向的转动，用大白话说就是不走直道，由此直接影响车辆的动力学性能。

2. 重量平衡的目标

在第 5 章中已就重量均衡提出了明确的要求。目标是期望车辆的重量完全均衡，但是实际工程中还必然存在一定的公差范围。因此，在细节设计中要通过详细计算使设计目标接近甚至达到完全均衡，并给出严格的公差范围；而施工中要采取严格的措施达到完全均衡的目标，绝对不能超出公差范围。

在计算重量平衡时，需要考虑设备的布置状况有四种状态，分别为空车质量、整备质量、额定质量和最大超载质量。在这四种状态下均能使质心的位置偏移最小，这里所说的质量和质心都是广义的，应该包括转动惯量和回转中心。

3. 重量平衡的实现

重量平衡需要在零部件的重量控制和设备布置上通过调整位置的方式来实现。

在 7.4 节(第四阶段)中已经提出了质量分配表(表 7.4.1)，现在需要在每节车辆上具体落实每一部件在实际细节设计后的重量指标，并将其落实到轴重包括轮重的层面。

每辆车的重量及其分配比例必须控制在规定的轴重、轮重及各轴各轮之间的偏差以内，若超差则重新调整相关部件的重量以及各部件的安装位置，以达到规定的要求。

细节设计中还应考虑运用过程中重量调整、钩高调整时可采取的措施，以提高可用性、可维护性。

7.5.4　参数灵敏度分析

1. 参数灵敏度的概念

参数灵敏度是指系统参数的变化所造成系统性能改变的程度。参数灵敏度越高，参数的变化对系统性能的影响就越大，或者说系统的性能容易不稳定；反之，参数灵敏度越低，参数的变化对系统性能的影响就越小，系统性能就越稳定。

对于一个稳定的系统，希望参数的非主动改变对系统性能的影响越小越好，这里的非主动改变包括系统制造过程中参数出现的偏差，也包括使用过程中出现参数变化，如磨耗、变位等。下面以简单的参数与系统性能的关系图例加以说明。

1）单一参数的情况

图 7.5.1 为参数灵敏度说明示意图。图中曲线显示随参数变化的过程中系统性能的变化情况，参数额定值所处的位置已经在性能下降的区域中，此时参数额定值处所对应的系统性能是合格的。但是由于制造水平，参数必定有一定的公差范围。

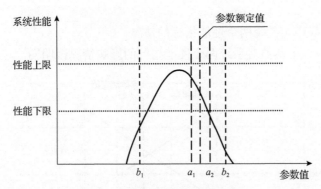

图 7.5.1　参数灵敏度说明示意图

参数公差的确定主要依据制造水平。如果制造水平较低，公差只能取图中所示的$[b_1, b_2]$，此时系统的性能在大部分区域都是不合格的；若制造水平较高，公差取为图中所示的$[a_1, a_2]$，则下差的区域内系统的性能有一部分也要落在不合格区域内。为此，将这种现象称为该参数的灵敏度过高，无法使系统的性能满意。若要系统性能满意，则必须将参数额定值选在灵敏度较低的区域中，如图 7.5.2 所示。

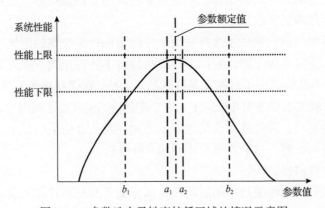

图 7.5.2　参数选在灵敏度较低区域的情况示意图

从图 7.5.2 中可以看出，参数额定值选在系统性能变化范围较小的区域中，此时公差选择为$[a_1, a_2]$，对于合格的产品，其参数就应落在此范围内，系统性能可以满足要求。从这里可以看出，a_1和a_2的范围即使适当加大，也不致引起性能不合格。当然如果制造水平较低，也就是公差只能取为$[b_1, b_2]$时，性能仍不能满足要求。在这种情况下，新造时的零部件需要控制使用，不合要求的就只能作为废品处理，并且参数在使用过程中发生的变化（如磨耗）也会影响系统的性能，所以维修限度也需要加以控制。

因此，提高制造水平对参数来说，可以适当降低对灵敏度的要求；而如果制造水平较低，对参数灵敏度的要求就提高了，需要仔细做好灵敏度分析，谨慎选择参数额定值。

2）一个参数影响系统两个性能指标的情况

图7.5.3为一个参数对系统两个性能指标的影响情况说明图。

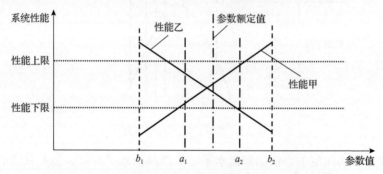

图7.5.3　一个参数对系统两个性能指标的影响情况说明图

图7.5.3仅示意地描述了两个性能在同一参数变化影响下的情况。可以看出，该参数对性能甲呈单调上升的影响情况，而对性能乙呈单调下降的影响情况。此时不能简单地只考虑某一性能指标，而是需要协调两个性能指标，选择该参数使两个性能指标能都满足要求。

可以看出参数额定值必须选择在两个性能指标存在交集的区域之内。如果图上的性能指标下限成为上限，这两个性能指标就不存在交集，也就无法选择参数额定值，此时不是性能甲不合格就是性能乙不合格。在交集中确定参数额定值时，图中的参数灵敏度主要体现在公差上，在图中的$[a_1, a_2]$公差区域内可以兼顾两个性能指标都满足要求；若性能甲合格范围偏上而性能乙合格范围偏下，则参数额定值可以选择偏向右侧，这就需要具体问题具体分析。

3）两个参数耦合的问题

两个参数对某一性能指标的影响存在耦合关系的问题比较复杂，甚至也有多参数耦合的情况，这都需要将这些参数一起分析。耦合问题是指当某一参数额定值的确定不能单看该参数本身对系统性能的影响，而要看两个参数同时起作用时的系统性能变化情况；也就是说，选择某一参数对系统性能实现最优后，加入另一参数时就不一定是最优了，有时会使性能下降，甚至不合格，这种情况下两个参数就出现了耦合现象。

2. 参数灵敏度优化实例

文献[7]中列出了以转向架设计为例说明灵敏度的一种分析方法，这是一个多个参数存在耦合关系的例子。

取转向架的以下参数进行优化选择：

(1)轴箱转臂几何尺寸(长度和节点高度)。

(2)转臂节点定位刚度(横向刚度、扭转刚度、纵向刚度)。

(3)轴箱弹簧垂向刚度、减振器阻尼。

(4)二系横向减振器位置、阻尼。

(5)空气弹簧的垂向刚度、横向刚度和阻尼。

(6)抗蛇行减振器阻尼。

(7)Z 型牵引装置节点的轴向刚度、径向刚度和扭转刚度。

优化中分别针对不同的参数组织多重正交表，通过分析计算找出各参数的灵敏度。

综合上述灵敏度分析手段，可以得出以下几点转向架的细节设计要点：

(1)车辆结构和动力学参数需要整体综合考虑。车辆以及各部件的结构参数和悬挂参数等诸多因素都对车辆动力学性能具有重要影响，应注意这些参数对动力学性能的影响程度各不相同。

(2)必须综合考虑临界速度、平稳性、舒适度、曲线通过性能、轮轨作用力、脱轨系数和减载率等动力学性能指标，适当选择各参数的灵敏度水平。

(3)必须充分解决生产过程中的制造精度、加工工艺、组装条件以及维护检修诸方面的问题，需兼顾制造、维修和运用的经济性，需考虑制造维修水平，对于制造维修精度不好达到的参数，应寻找灵敏度较低的区域。

(4)对于需被优化的参数，必须考虑参数的耦合关系，不宜采用单参数分析优化后再组合的方式。

7.5.5　整体刚度调配优化

1. 问题的提出

高速列车是在多种多样的输入环境下工作的系统。强度问题是车辆所遇到的至关重要的问题。在第 5 章中已经讨论了有关承载能力的问题，其中对应力集中问题也进行了讨论。但是在具体处理中往往采取局部加强的办法来解决车辆上存在的应力集中问题；往往是哪儿应力大就在哪儿加大断面以减小应力；几乎没有从结构整体出发减小应力集中的考虑。本节介绍从整体出发对刚度进行调配，优化结构达到减小应力集中的方法，这就是整体刚度调配优化的方法。

2. 整体刚度调配的作用

在结构力学中，超静定结构构件上分配到的内力不仅与本构件的几何特性有关，还与其他构件的几何特性有关，即整体结构的刚度分配不同会使各局部处的内力分配也有很大差别。因此，构件各几何特性的不同选择会改变各局部处的内力分配及应力应变的状态。

特别是车体的牵枕缓部位的应力集中问题是各类车辆上长期存在的惯性品质问题。在以往的加强过程中，该处的结构越来越复杂、部件越来越多、重量越来越大，但问题却依然存在，大多没有注意到用减少分配在这些结点上的内力的方法来改善该处的应力状况，而简单地用载荷分配法来解决上述问题，这是不合适的。在设计车辆时，特别是在结构设计中研究车辆的总体强度和刚度分配时，以及在解决一些结点处的惯性品质问题时，首先应该从整体出发，协调相关构件的刚度。

3. 整体刚度调配的方法

整体刚度调配的方法也是整体结构优化的方法。

目前一般采用有限元法进行强度计算。计算中在当前计算机容量越来越大的情况下，一般将模型分割得很细，似乎这样可以达到精确计算的目的。然而，由于网格划分得很细，也引导人们关注细节的应力水平，而不去关注那些应力很小的地方。但这些地方恰恰提示我们该处的构件（单元）不是过于强大，就是通过该处的力流过小以至于没有发挥其承载能力。现有的优化软件一般对调整应力较为关注，使其充分发挥作用（即满应力），而对调整力流不是很关心。力流的不均衡问题恰恰说明在整体上存在某些构件过于强大而产生了整体刚度不协调的问题。

为了从整体出发探索整体刚度协调匹配的问题，建议采用较为粗犷的结构模型，即用较少的单元来描述结构，主要用于对结构各构件的力流分配均匀度进行分析，即对结构的整体刚度配置进行优化。此时需要选择一些关键的构件作为研究对象，并需要关注不同载荷工况之间的协调关系。文献[8]中列出了有关这方面的工作实例。在经过这样的优化之后，再采用精细划分的网格进行二次计算，确定各部位的计算应力水平。若结果满意，则该结构的优化工作就完成了，否则需要再重复做一遍。

7.5.6 列车动力学问题

研究单节车辆运行时在车辆及其零部件上所产生的运动行为、振动力学、轮轨关系等动力学问题的学科称为车辆动力学。近几十年来，发现仅研究单节车辆的动力学问题尚不能解释车辆在整个列车队中遇到的一些问题，例如，车辆在列车中的位置不同，其动力学响应会不同；又如，是否可以利用邻车的质量、刚度或阻尼来改变本车的动力学性能等。这些问题都需要将整个列车编组作为一个整体来加以研究，于是引申出列车动力学的问题。由于高速列车采用以密接车钩连挂在一起的动车组方式，运用中长期不解编，因此非常有必要弄清高速列车的列车动力学问题，以及如何利用车辆之间的相互影响改善列车的性能。可以说，列车动力学是在车辆动力学的基础上发展起来的一门科学，研究连挂成列车后各车辆动力学行为的相互影响和耦合关系，现今尚未形成学科。

1. 列车动力学模型

为了讨论列车动力学问题，需要将列车的整个编组组成一个完整的数学模型。其中每节车辆仍然需要沿用车辆动力学研究中所采用的单车模型，再将车辆之间的连接加进去，从而形成一个非常庞大的数学模型。这种数学模型的计算量简直是天文数字，应该说对于现有的计算机条件，无法完成如此庞大的计算任务。过去在研究列车纵向动力学问题时曾经使用过整个列车的数学模型，但是这种模型仅是研究车辆之间的纵向作用关系，因此将与走行性能有关的悬挂部分省略，也因此在研究列车动力学时无法利用这种模型。

为了探讨车辆相互之间在动力学方面的作用，根据计算技术的条件，仿真模型简化成由多辆车组成的一个数学模型。这样，虽然无法观察到整个列车所有车辆的动力学特征，但是已经可以了解到车辆相互之间的动力学影响。在模型中加入车辆的多少则取决于计算机的计算容量及其进步发展情况。

列车的模型采用现代多体动力学理论建立。其中单节车辆的模型可采取 15 个体和 42 个自由度，而在车辆与车辆连接中增加车钩和其他相应的连接体及连接件(如铰类)。计算模型的细节可见参考文献[9]。

在增加车辆时，如果受到计算规模的制约，也可以忽略与垂向动力学相关的部分，而仅探讨横向动力学问题；当然，此时也忽略了垂向振动对横向的影响，在结果分析时需要加以关注。

计算表明，采用多辆车组成的多车模型能够体现出不同于单一车辆的动力学特征。在车辆之间加入一些阻尼可以衰减车辆相互之间具有不同相位的振动；由于这些阻尼的施加不可避免地附加上一些质量或刚度，也将改变车辆的振动频率，起到移频的作用，从而起到改善性能的作用。

2. 列车动力学性能的改善

为改善列车的动力学性能，在车辆之间加设阻尼，如图 7.5.4 所示。

1) 车端减振装置

在一节车辆的端墙上安装如图 7.5.4(a) 所示的减振器以及一套曲拐机构和一连杆，在相邻的那节车辆相对应的异位处也装有一套减振器和曲拐机构，两车辆连挂后将连杆与曲拐相连，即两套车端减振装置共用一根连杆，减振器呈垂直放置状态。

两车辆发生相位相反的下心侧滚时，由于连杆将两曲拐连接，所装的减振器发挥阻尼作用，衰减两车体的相对侧滚振动。两车辆同向摇头时会产生相对横向位移，从而也会使其发挥作用。两车辆反向摇头时没有相对横向位移，从而不发挥作用。两车辆在垂直方向做相对运动时，该装置将不起作用。

该种减振装置在"中华之星"动车组上有应用。试验表明，它对抑制下心滚摆有明显作用，有效改善了车辆的横向运行平稳性。

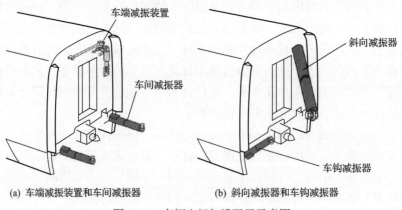

(a) 车端减振装置和车间减振器　　　　　(b) 斜向减振器和车钩减振器

图 7.5.4　车辆之间加设阻尼示意图

2) 车间减振器

在一节车辆的一端安装如图 7.5.4(a) 所示的车间减振器，减振器的另一端在两车辆连挂后连接到相邻车辆的相对端墙上，减振器呈水平放置状态。

当两车辆发生摇头振动时，将使减振器产生阻尼作用以衰减车体的摇头振动，有利于抑制车体的蛇行运动，对车辆发生的侧滚振动和垂向振动则不发挥作用。

CRH380A 动车组上设置了这种减振器。

3) 斜向减振器

斜向减振器可以垂直安装，也可以水平安装。图 7.5.4(b) 中示意了一种垂直斜向减振器的设置情况：将斜向减振器吊挂在车体端墙一侧上方设置的减振器安装座上，该车体端墙另一侧下方另设减振器安装座。与该车体相对的另一拟连挂车辆的端墙对应上方设置减振器安装座一侧的下方设有减振器安装座，而另一侧的上方同样吊挂一斜向减振器。在两车辆连挂后，分别将这两个减振器的下接头连接到另一车辆端墙相应位置的减振器安装座上。减振器在车辆纵向平面内有一倾角，从而使两减振器呈立体交叉状态。

两车辆发生相对点头振动时，减振器可发挥阻尼作用；两车辆发生相对侧滚振动时，减振器也可发挥一定的阻尼作用，有利于抑制这两种振动形态，而对抑制车体的蛇行、摇头振动作用不大。

水平斜向减振器按如下方式设置：在车体端墙一侧上方设置一减振器安装座，而在该车体端墙另一侧的下方另设置一减振器安装座。与该车体相对的另一拟连挂车辆的端墙对应侧的下方和另一侧的上方也设置减振器安装座。在两车辆连挂后，将两个斜向减振器在水平状态下分上下安装在两节车辆端墙相应位置的减振器安装座上。减振器与车辆端墙平面有一夹角，从而使两个减振器呈立体交叉状态。

两车辆发生相对摇头振动时，减振器可发挥阻尼作用；两车辆发生相对侧滚振动时，减振器也可发挥一定的阻尼作用，有利于抑制这两种振动形态，而对抑制车体的点头振动作用不大。

4) 车钩减振器

车钩减振器的一端与车体的底架角部相连，另一端与车钩相连，如图 7.5.4(b) 所示。在没有安装此减振器而车辆发生摇头振动时，车钩与车体之间会产生转角，这种相对运动会在链式效应下将本车的摇头振动向另一节车辆传去，并且逐步放大，直至列尾。车钩减振器可以衰减车体与车钩之间的这种振动，有利于抑制摇头振动的传递，对车辆的下心侧滚振动没有抑制作用。

CRH1 动车组上设置了这种减振器。

7.5.7　本阶段必须实施的计算内容

高速列车细节设计时至少必须实施以下计算：

(1) 限界校核计算。

(2) 车体强度计算。

(3) 转向架构架及弹簧的强度计算。

(4) 各悬挂件的固结强度计算。

(5) 转向架偏移量计算。

(6) 车体、转向架及其组合的重心计算。

(7) 轮轴强度计算。

(8) 车辆及车辆间各连接部件小曲线通过检验计算(包括车钩偏移计算)。

(9) 动车组及车辆动力学特性的检验计算。

(10) 牵引计算。

(11) 驱动机构的强度、性能计算。

(12) 制动能力、功率及其分配的计算。

(13) 电传动系统特性计算。

(14) 空调、采暖计算。

(15) 辅助系统容量计算。

(16) K 值计算。

(17) 用风量计算。

(18) 空气动力学计算。

7.6　采购与生产制造

采购与生产制造是高速列车系统集成第六阶段的工作。

7.6.1　第六阶段的任务

本阶段的任务主要包括如下方面:

(1) 建立全员全过程的品质控制系统,保证系统品质;确定寿命周期、成本要求和 RAMS 目标要求。

(2) 选择能够生产出 RAMS 批准的子系统和部件生产单位,确定分供方资质,开展供应商管理;执行采购程序,实施采购。

(3) 制作过程文件和以 RAMS 为中心的程序;制定子系统、部件和动车组的 RAMS 支持安排;开展试制,包括工艺验证和改进、试生产、加工制造和组装调试;制造和部件装配。

(4) 开展相关试验,包括 RAM 改善测试;评估并保证生产的产品符合系统要求;评估本阶段的方法、工具和技术;评估本阶段承担任务人员的能力;执行产品计划;培训。启动失效报告分析和纠正措施系统。

(5) 执行安全计划,对部件、车辆和子系统实施例行试验和型式试验,验证部件、车辆和子系统的性能与功能是否符合要求;并验证降低外部风险的措施。通过试验和数据评估系统确认部件的安全性能。

(6) 形成动车组的制造生产链。

7.6.2　制造工艺要适应市场需求的变化

随着技术的进步与发展，动力分散的动车组已经成为当今世界轨道交通载客移动设备发展的方向。因此，实现这一转型是历史发展的必然，特别是对于高速列车，更是必须实现这样的转型。

高速动车组作为一种新产品，其制造能力需要另行形成。目前生产高速动车组的主机厂原先都是生产动力集中式列车上用的客车的制造厂，因此这些主机厂需要由生产动力集中的客车向生产动力分散的动车组转变，也要从制造传统的车辆升级到制造高速车辆；工厂已经不能再按照原来的方式干了，不仅原来的工艺设备不能用，工艺路线不能用，原来的技术人员也没法上手；动车组的总体技术、高速技术、牵引动力、系统调试更是工厂原来所缺乏的。因此，需要从产品结构、工艺布局、生产方式、技术装备一直到人员结构等都需要做出改变。

7.6.3　制造工艺要适应产品升级换代的需要

在整个高速动车组上存在大量的升级换代产品，与此同时，对产品的生产制造过程也要根据产品设计要求调整并准备新的工艺装备，主要表现在如下方面：

(1)整个车辆通长的大型铝合金型材的挤压成形。

(2)用上述型材加工、焊接、组装成车体，并进行校正和试验等。

(3)高速列车头型组焊、加工、整形等。

(4)高速转向架构架的焊接、加工、组装、校正等。

(5)高速转向架零部件的加工、组装和调试。

(6)高速无摇枕转向架的落成组装、调试和试验等。

(7)车体与转向架下料、加工、组焊，以及总装调试试验所用主要设备和工装、工具、工位器具、胎具等。

(8)喷砂、涂装、喷漆、烘干台位。

(9)交流电传动系统及各零部件(牵引变压器、牵引变流器及其控制装置、牵引电机)加工、组装、调试和试验。

(10)控制-监测-诊断装置加工、组装、调试和试验。

(11)直通式空气制动装置加工、组装、调试和试验。

(12)基础制动装置加工、组装、调试和试验。

(13)内装材料的加工、组装、调试和试验。

(14)车门、车窗、座椅等车内设备的加工、组装、调试和试验。

(15)辅助供电装置的加工、组装、调试和试验。

(16)高压受流零部件的加工、组装、调试和试验。

(17)钩缓加工、组装、调试和试验。

(18)风挡加工、组装、调试和试验。

(19)齿轮箱及联轴节的加工、组装、调试和试验。

7.6.4　形成高速列车的零部件的例行试验验证能力

例行试验是指为了验证各零部件的功能和性能的试验，验证产品经过一些生产过程后是否达到产品要求，它是为了保证产品一致性的必要措施，也包括需要通过试验结果对产品做一些调整或正定处理的作业。这就需要在生产过程中安排各种试验项目，是生产过程中不可或缺的一道工序，是确保品质、确保高速列车安全舒适平稳运行的必要手段。这些试验项目也都需要相应的试验装备，在形成生产能力时需要准备。

除普通机车车辆上的一些常规例行试验外，高速列车上的零部件还至少必须严格实施绝缘试验、空调试验、转向架滚动试验、电机负荷试验、轮对动平衡试验等例行试验项目。

7.6.5　供应商管理

由于零部件的优劣直接关系到高速列车的整车安全性和可靠性，以及性能和功能的实现，对供应商的管理是整个环节中不可缺失的重要环节，而该环节在以往却不被重视的。

该环节涉及设计研发的延伸、试验验证的延伸，更包括全员全过程品质管理体系的延伸，必须将关口前移到供应商那里。

与此同时，要加强入厂检验的环节，包括一些必要的例行试验，入厂检验成为生产过程中的第一道工序。

对于重要的产品，要延伸到多级供应商中。

7.6.6　零部件、车辆及相应子系统的型式试验

高速列车是一个巨大的零部件集合产品。对于各种零部件以及它们的集合产品——车辆和子系统均需要首先制作样件，并对样件进行型式试验。通过型式试验验证该零部件(或该车辆或该子系统)的设计是否正确、产品是否能实现设计预期的功能，是否能在高速列车所提供的工作环境中发挥设计规定的性能，是否能保证在高速列车所能遇到的各种恶劣工况下正常工作，是否存在安全风险，是否能达到预期的可靠性、可用性和可维护性，是否符合系统 RAMS 要求。只有通过型式试验验证的零部件(或车辆或子系统)，才能最终成为可以在高速列车上使用的产品。

型式试验是作为一种对产品的设计进行验证的试验，也是对整个生产制造过程定型的试验验证，因此型式试验不仅是对某一型号的产品进行验证试验，还是

对制造厂商生产资质的验证。由此可以认识到对一种型号的零部件(车辆、子系统或动车组)在某一生产厂家生产的首台样件上必须实施型式试验,对不同厂家生产的样件则需分别进行型式试验。

　　型式试验中获得的某些数据还要作为生产过程中开展产品检验、调试或正定的要素。例如,在一些例行试验中需要用此数据作为确定例行试验的合格指标,如零部件的质量这一参数,在设计时已经确定了产品的设计质量,但是实际制造后的质量则需要在型式试验中加以确认,甚至不仅只测一个样件,还要连续抽取一定数量或一定批次的产品进行检测,对测得的数据进行统计后提出该产品的额定质量及其公差范围。该额定质量及其公差范围就成为该产品例行试验的检验依据。

　　作为高速列车总体层面上需要确认的车辆级、子系统级和零部件级的型式试验,至少应包含以下项目(如果有)。

　　1)车体

　　(1)车体强度、刚度试验。

　　(2)车体自振频率测试。

　　(3)车体隔热 K 值的试验。

　　(4)空调装置试验。

　　(5)照明系统试验。

　　(6)压力保护装置试验。

　　(7)换气系统试验。

　　2)车内装饰

　　(1)座椅。

　　(2)车窗。

　　(3)行李架。

　　(4)车门(包括门控系统)。

　　3)车辆连接

　　(1)车钩破坏强度试验。

　　(2)缓冲装置能力试验。

　　(3)风挡试验。

　　4)转向架

　　(1)转向架滚动振动台试验。

　　(2)转向架构架及转向架主要受力部件的静强度及疲劳试验。

　　(3)弹簧强度与疲劳试验。

　　(4)车轮强度与疲劳试验。

　　(5)车轴强度与疲劳试验。

(6)各类减振器试验。

(7)车轴轴承试验。

(8)牵引传动齿轮装置试验。

(9)联轴节试验。

5)制动系统

(1)空气制动装置系统试验。

(2)制动缸及夹钳试验。

(3)闸片和制动盘的特性试验。

(4)空气压缩机试验。

(5)制动系统地面试验。

6)牵引系统

(1)司机控制器试验。

(2)牵引变压器试验。

(3)牵引变流器试验。

(4)牵引电机试验。

(5)受电弓试验。

(6)避雷器试验。

(7)真空断路器试验。

(8)电传动系统地面试验。

7)辅助供电系统

(1)辅助变流器试验。

(2)所有辅助机组及其电动机试验。

(3)低压电源试验。

(4)蓄电池试验。

(5)设备风扇试验。

(6)辅助系统地面试验。

8)列车控制-监测-诊断系统

(1)输入输出模块试验。

(2)智能模块试验。

(3)显示模块试验。

(4)网关试验。

(5)列车控制、故障诊断与网络通信系统地面试验。

9)旅客信息系统

旅客信息系统地面试验。

7.7　总成与调试

总成与调试是高速列车系统集成第七阶段的工作。

1. 第七阶段的任务

本阶段的任务主要有：
(1) 安装动车组所需的子系统组件和部件。
(2) 组装并总成动车组。
(3) 编制动车组调试程序；按调试程序调试动车组，完成调试。
(4) 开始系统支持安排；开始维修人员培训；建立备件和工具供应。

2. 车辆级的作业

车辆级的作业即车辆落成作业。

为了验证各车辆的功能和性能，需要在生产过程中安排各种例行试验项目，这些试验项目也都需要相应的试验装备。除常规的例行试验外，高速列车的车辆级还至少必须实施以下例行试验项目：重量平衡试验、气密性试验、淋雨试验、制动静止试验、整车气密性试验等。

3. 子系统级的作业

子系统级的作业为子系统的总成组装和调试。

为了验证各子系统的功能和性能，需要在生产过程中安排各种例行试验项目，这些试验项目也都需要相应的试验装备。除常规的例行试验外，动车组还至少必须实施以下例行试验项目：制动静止试验、网络特性一致性测试、接地试验、动车组供电试验等。

4. 动车组级的作业

动车组级的作业主要包括如下方面。
(1) 动车组的整列组装、总成作业。
(2) 准备静态调试厂房和相应的试验设备。
(3) 整列动车组的静态调试试验和动态调试试验。
(4) 两组连挂运行试验。
(5) 动车组的试运行既作为制造商的例行试验，也作为运营商的验收试验，有关内容请见系统验收相关内容。

7.8　试验验证与系统确认

试验验证与系统确认是高速列车系统集成第八阶段的工作。

7.8.1　第八阶段的任务

本阶段需要建设试验手段，对所用的试验手段开展验证，完成试验标定工作。试验前所用仪器均经验证合格；各传感器在试验前均进行检验及静标定；确保试验数据准确无误，逐步形成并建立对动力分散动车组的试验研究、试验验证和安全评估体系。

该阶段主要任务如下：

(1)建立试验规范。

(2)开展运行培训。

(3)准备特定不安全案例作试验考核。

(4)开展样车试运行，包括子系统、部件组合和动车组，验证降低外部风险的措施。

(5)开展探索性试验和调试性试验，试验验证包括部件试验、系统试验、车辆级试验和动车组级试验。

(6)开展试验验证，完成型式试验。

(7)开展线路运行考验，采集动车组 RAMS 数据，并评估系统，确认动车组是否符合 RAMS 要求。

(8)对试验中出现的故障提出报告，做出评估；处理故障和不相容性的工作；制订故障对策；确定使用动车组的限制条件。如果不满足要求，转入改进与更新阶段，进行改进。

7.8.2　型式试验

型式试验通过试验验证高速列车是否安全可靠，其各项功能是否存在，各项性能指标是否达到，验证产品是否符合设计目标，设计思想是否正确，制造工艺是否能保证产品的各项功能性能达到要求并是否具有一致性，各项例行试验的指标是否合理，是否需要调整，并通过测试获取一些运用维护中需要的参数。

动车组刚制造出厂还不能进行型式试验，需要经过至少 5000km 的简单磨合试运行后才可实施型式试验，初期磨合运行的速度不必是高速度。

1. 按试验线路划分

高速列车的试验需要分别在环行铁道和正线线路进行，和谐号 CRH 型高速动车组均分别在环行铁道试验基地和建成的几条高速铁路上进行各项型式试验。

正线试验又分为高速线试验和既有线试验。对于仅在高速线上运行的动车组，只需进行高速线的正线试验；对于既要在高速线运行又要在既有线运行的动车组，则既要在高速线进行运行试验又要在既有线进行运行试验。

1）环行铁道试验

国家铁道试验中心，于 1958 年建成，拥有亚洲最大的环形铁道试验线，是中国铁路唯一的大型综合性科研试验基地。

基地中设有试验线路，其中正圆曲线一条，半径为 1432m，周长为 9km（俗称大环）；大环中有两条直线与正圆曲线相连而成为大环的正矢，该直线与大环的一大部分也构成了闭环曲线，该闭环曲线上含有不同的半径和坡度，并包含了曲线段和直线段（俗称小环）。正常情况下，$R1000m$ 曲线的超高为 150mm，$R1432m$ 曲线的超高为 105mm，试验速度受此超高的设置限制，由于试验需要，在欠超高不足时也曾经将超高调高，以开展较高速度的试验研究。高速列车试验主要是直线低速阶段的运行试验，是在全长 8.5km 的小环上进行的。小环中间有一段直线，直线的两端是 $R1000m$ 的曲线，$R1000m$ 曲线的另一端再分别与大环上的 $R1432m$ 的圆曲线形成小环。高速动车组试验期间，试验线路上铺设 60kg/m 的钢轨，轨枕数为 1840 根/km。此外，环行铁道中还有站场线、入环线、联络线、展示线、库线等辅助线路。线路总长度约 38km，其中电气化铁道长度约为 26km。

该基地上设有各种专业实验室和检验站，初步形成了轨道交通包括高速铁路多专业的试验能力，成为机车车辆、铁道建筑、铁道电气化、通信信号、客货运输、特种运输、安全等多学科的综合性科研试验基地和产品品质监督检验基地、科技产品开发基地及铁路科技交流展示中心，其中也包括一些高速铁路系统试验国家工程实验室的相关实验室。

新型的高速列车从制造厂出厂后首先需要到环行铁道上进行前期的静态试验和低速运行试验。

凡是尚未定型的铁路产品，特别是机车车辆均需首先在环行铁道的试验场进行试验。在整车验收试验中涉及的静态试验均需在这里通过试验验证、获得基础数据。高速列车的低速动态试验的相关内容也在整车试验规范中有详细的规定，如小曲线通过试验、小号道岔通过试验、启动加速试验、网压波动试验、低速阶段的运行安全性试验等。

动态试验的最高速度可略超过 160km/h。

2）正线试验

验证试验需要选择典型线路进行，对新修建完成的线路，应在线路调整竣工验收后进行。

试验线路应与拟投入运营的线路的条件相当，应包括一些困难条件的线路，至少应包括直线、左右曲线、上下坡道、道岔等线况。如果高速列车需要在不同等级的线路上(如既要在高速铁路上运行又要在既有线上运行)运营,试验线路也应在这些不同的线路上分别进行。

试验线路的选择需依据工务部门提供试验线路的平面图、线路的钢轨型号、轨枕类型、每公里轨枕数、道岔型号、道砟及道床结构;其中需要包括曲线半径、超高、曲线长度、缓和曲线长度及顺坡率、限速区段和限制速度等参数。

试验前后应由轨检车对试验线路进行检查,需确认检测数据符合试验要求。

2. 按试验载重划分

型式试验时动车组上的载重状态一般分为整备载荷状态、额定载荷状态,采用何种载荷状态需根据项目的不同分别进行。例如,动力学试验在整备状态下进行,牵引制动试验在额定载荷状态下进行。

是否需要实施超常载荷工况的型式试验,需要进一步研究确定。

3. 按试验速度等级的划分

运行试验的最高速度应符合相关标准或规范的规定。

高速列车在高速线上的运行试验速度至少从 160km/h 起分若干个速度级,如160km/h、180km/h、200km/h、210km/h、220km/h 等。

速度的提升需要通过对实测数据加以分析后做出抉择。接近安全限度时或预计可能出现不利速度区时的速度间隔需要减小,以便获取充分的数据、找出数据变化的规律。

4. 采样长度的要求

不同的速度级、不同的线路工况均需采样,采样时需要根据针对的指标的特征选择连续采样或分段采样。

每一速度级每一工况采样均需采样数段,每段采样的时间应满足要求,具体需要根据测试数据所针对的指标特征研究确定。

5. 测试内容及指标

测试内容在整车试验的相关规范中有详细规定,一些确定性的相关指标也在其中有规定。

其中线路试验的重点有车辆动力学性能、牵引动力性能、制动性能、列车控制系统功能、故障导向安全和电磁兼容性、动车组供电能力与品质、空调系统性能、空气动力学性能、受流性能和网侧谐波组成与测定等。

6. 有关型式试验的几点要求

1) 型式试验的产品范围

为保证高速动车组技术水平，高速动车组上的整列、整车、子系统和零部件均应通过型式试验进行验证，以验证产品满足相关技术要求（如合同、标准、规定、规范及设计目标等）。

这里要注意的是，型式试验既要验证产品的设计是否正确，也要验证产品的制造过程是否能够保证产品达到规定的要求，并具有可重复性，型式试验取得的数据还要指导产品的制造和使用维护。由于这些原因，一般要求在下述几种情况的高速动车组（列、辆）、子系统及其零（部、组）件上均应实施型式试验：

(1) 新生产的拟定型产品的首台。

(2) 产品发生重大设计变更的首台。

(3) 生产地变更或生产工艺发生重大变更的首台。

(4) 型式试验报告离发布日五年以上的产品。

(5) 停产一年以上后再生产的产品。

2) 高速列车及其零部件的分类

根据产品重要程度，将实施型式试验的高速动车组整机、整辆、子系统及零部件分为三类：

(1) A 类产品，指高速动车组上的整列、整辆、重要子系统和重要零部件。此类产品属于由运营商管控的产品，在运营商处建档，主机厂保留备份。

(2) B 类产品，高速动车组上不属于 A 类的其他重要子系统和重要零部件。此类产品由主机厂管控、建档，并应在运营商处备案。

(3) C 类产品，高速动车组上不属于 A 类和 B 类的产品。此类产品由主机厂管控，在主机厂建档（制造商应作备案），并可由运营商在需要时核查。

3) 产品投入型式试验的条件

(1) 作为新生产的拟定型产品，均应通过设计工艺鉴定。

(2) 产品需在符合规定设计和制造工艺的条件下生产。

(3) 生产出来的产品应经检验（包括例行试验）合格。

(4) 对于非第一次型式试验的产品，需在生产完成后（包括在运输过程中）的产品中随机抽查，以确定产品品质仍能达到规定要求。根据试验方法的需要，可在不同批次生产的产品上抽样。

(5) 投入型式试验的产品数量需符合相关标准或规范规定。若无其他规定则为 1 台份。

(6) 根据产品的特点，安排必要的磨合期，如试运行一定的时间（或里程）。

4)关于试验单位资质

实施型式试验的单位原则上按照第三方检验办法确定。第三方的概念是指无论是免费项目还是收费项目，也无论是何方付费，试验结果或试验结论均不得偏向于涉及采购或供应产品的任何一方。因此，试验单位的独立性、公正性、权威性尤为重要。

型式试验应由具有试验资质的实验室负责实施，优先考虑取得国际通用的实验室认可资质证书的单位实施型式试验。

根据产品特点，在没有具有上述实验室认可资质证书的单位时可选择具有下述资质证书的试验单位：

(1)中国国内的国家计量认证证书资质。

(2)国家实验室。

(3)军工等特种行业资质试验检验证书资质。

(4)铁路行业授予的试验资质。

负责该产品的试验检验人员应是公正、公平、权威的非受检产品研发、设计和生产的当事人或受益者。

5)型式试验大纲

试验单位需在型式试验前编制试验大纲，试验大纲需包括以下内容：

(1)试验项目。

(2)试验对象简介(总体结构、主要参数、主要功能、制造商等)。

(3)测试方法。

(4)试验条件。

(5)试验实施单位。

(6)试验地点。

(7)试验设备。

(8)测试用仪器仪表。

(9)评定方法和标准。

(10)试验数据采集和处理方法。

(11)试验结果的描述形式。

(12)试验报告格式。

(13)时间安排。

6)型式试验报告

试验单位需在型式试验完成后给出型式试验报告，型式试验报告需包括以下内容：

(1)试验项目。

(2)试验对象(包括制造地信息)。

(3)试验依据。

(4)试验大纲批准情况。

(5)试验实施单位。

(6)试验地点。

(7)试验过程。

(8)试验时间。

(9)试验内容。

(10)试验方法。

(11)试验结果与标准的比较评估(包括试验结果与技术条件中规定值的比较)。

(12)试验结论。

(13)原始数据(作为附件,如果数据量大,可仅附电子版)。

(14)必要的说明问题的图表。

(15)必要的误差分析。

7.8.3　试验数据采集与处理系统

1. 试验手段的形成

按照相关的标准要求,建立试验手段,以开展型式试验。下面主要介绍在线路上对高速列车进行试验时采用的有关试验装备。

针对高速试验和动力分散动车组的特点,铁科院集成研究了集散式综合测试系统,采用大量先进测试技术和设备,包括数据采集仪、激光速度传感器、雷达速度传感器等先进测试设备;开发了数据采集和处理软件,以实时处理分析测试数据。

2. 系统原理

图 7.8.1 为集散式信号采集和数据处理系统构成方框图。

该信号采集与数据处理系统为一以数字网络连接了多个测试系统(包括相关辅助设备)而组成的集散式综合测试系统。

该系统的组成如下:试验用仪器仪表分别装于各被测车辆上,并用网络连接在一起。通过网络将在各车上采集的中间数据汇集到测试系统的中心计算机,并用相应的数据处理系统进行处理,及时输出试验结果,及时评估。图中服务器作为测试系统的中心计算机;服务器负责控制其他计算机的工作,包括采集、本地存储、传输至服务器转存,以及本地的数据处理工作;服务器还负责对所采集的数据进行处理、归纳、分析和提出报告等工作。

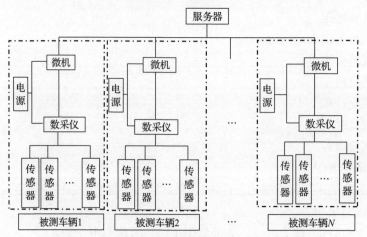

图 7.8.1　集散式信号采集和数据处理系统构成方框图

散是指每个测试系统自成体系，可以单独完成某测试任务，一直可散到为某一辆车上的某个专业的某个测试内容单独构成独立的测试系统。

集是指可用网络将各个各自独立的测试系统连接起来形成一个大的测试系统，集中到中心计算机上。集可以将某辆车上的各测点集成为一个子系统，也可以将某专业的测点集成为一个子系统，即可以以组成动车组测试的各个专业为单位组成多个子系统，并最终并联成一个大系统。

动车组的每个车辆上也可以不必各专业都有；既可以各自独立工作，也可以集中成一个大测试系统，实现同步工作，也因此称为集散式信号采集和数据处理系统。

3. 一次仪表

试验中除使用通用的各种传感器外，还需要专门自制一些专用的传感器，主要有以下几种。

1) 测力轮对

测力轮对是专门用于测量轮轨相互作用力的传感器。测力轮对的车轮腹板上或车轴上粘贴有应变片，所贴的应变片经过组桥、标定后可输出与轮轨作用力相关的电信号。

测力轮对安装在车辆的转向架上，替换原先的轮对。在布置测力轮对上的测点的位置时，要考虑到车轮型式、车轮几何精度、三个方向的力的相互影响、轮轨接触点的变动、离心力，以及车轮温度变化等。通过滑环式集流装置将轮对上的测试信息传输到采集系统中。

2) 位移计

位移计是专门设计的，适用于两个在多个方位都存在相对位移的零部件的单方向位移的检测。

利用可变电阻的电阻随转角线性变化的特性,采用拉线方式将两物体之间在拉线方向上的位移转变成可变电阻的转角进而使电阻产生变化;通过特殊设计的电路将电阻的变化检测出来,以此表述被测零部件之间在拉线方向上的位移。

4. 二次仪表

试验仪器仪表是用于将传感器拾取的信号进行放大、采集、输出、处理的设备,可分为模拟式和数字式两种。

模拟式仪器是将由传感器拾取的信号进行放大后通过模拟示波器、笔录仪等记录设备输出。

数字式仪器是将由传感器拾取的信号进行放大后的模拟量直接转换为数字量,然后将这些数字量传送给计算机,由计算机对其进行相应的数据处理后输出结果。这些设备大都是程序控制的,大都采用数字式的数据采集系统及与其相应的数据处理系统。

以上仪器仪表均需按量值传递过程的国家规定进行检测标定,只有合格的仪器才能使用。

由于测试系统工作中不可避免会有外界干扰,特别是在信号源这一级上需要尽可能减少干扰、提高信噪比,以使测试数据有较高的精度。采用屏蔽方法、选择良好的接地是抗干扰的有效手段。

5. 数据采集

1)采样频率

采样频率的选取直接影响到测试的结果。

选取的采样频率首先必须满足测试精度的要求。一般而言,若只关心频域结果,则采样频率大于实际信号截止频率的两倍即可。当需要关心幅域结果时,采样频率至少应在实际信号截止频率的十倍以上,即相当于对应截止频率的波形至少每 36° 可得到一个时域采样值,此时幅值的精度可达到 95% 以上。精度要求越高,采样频率越要提高。

采样频率的选取还需要满足所关注的频率分辨率的要求。例如,在查找不利速度区时,采样频率如果不能分辨出两个频率之差,就不能发现存在两个不同频率的合成叠加现象,进而不会进一步关注不利速度区的问题。有关不利速度区的问题在第 4 章中已做过介绍。

2)滤波的设置

数据采集系统会受到各种电磁信号的干扰,从而影响系统所采集的数据的准确性。对于动力分散动车组,各车上都存在不同的电气设备,每个电气设备都会是一个干扰源。如果不能很好地去除这些干扰，采集的数据就要受到干扰而不能获得可靠的数据，也给后面的数据预处理带来麻烦。严重时甚至数据不能使用，整个试验就失败了。

为去除对数据采集系统的干扰，最好的办法就是认真选择数据采集系统的设备的接地点，尽可能使对采集系统的干扰降至最小。

6. 数据处理

数据处理是一项专业性很强的工作。除一些需要用专业知识进行的处理外，常规的数据处理工作还包括野点剔除、滤波、波形显示、存储、谱分析、统计、结果输出等。有关试验数据预处理方面的问题请参见第 4 章相关内容。

试验数据采集量随采样频率的提高而提高，形成海量数据群。

同时试验数据又来自在高速列车上实施试验的多个专业群体，数据类别也特别多。

由于整个试验系统为集散式数据采集分析系统，数据分散地存储在不同的计算机中，并且通过网络汇集数据，已经形成了云计算的态势。

接下来的问题是如何准实时地在试验中准确掌握试验对象的状况，以便及时为做出试验是否继续、是否可以提速等的决定提出建议，为把握试验安全的决策提供依据，是高速试验中的关键技术。这就需要数据处理的速度既快又准；除依靠硬件能力外，软件的优化是必需的。

与此同时，通过数据的预处理、剔除野点和杂波干扰，必须保证数据的真实可靠，以便得出可靠的结论。

经过努力，这套集散式信号采集和数据处理系统以上各方面形成的海量（volume）、高速（velocity）、多样（variety）、真实（veracity）的 4V 特点的大数据概念均在高速列车的试验技术中得到充分体现，完全满足了高速列车的试验需要。

7.8.4　开展试验验证手段研究

1. 探索性试验

探索性试验主要探索如下内容。

1）关于速度步长

对于车辆，在高速区段运行的主要问题之一是横向稳定性问题。失稳过程的发育很快，在进入高速区（200km/h 以上）后的试验中提速的速度步长应予以控制，不宜过快过大。但多大合适需根据试验中的实测值判断，一般应不超过 5～10km/h。

根据各测试数据的趋势图，特别是判别失稳用的加速度的频率域中能量凝聚的情况来判断提速的步长，即步长的确定将结合失稳速度的控制一起进行。

为了发现、探索动车组的不利速度区位置，需要适时调整速度步长，以辨识不利速度区的位置及其宽度，为改进车辆参数或避开不利速度区提供数据支持。

2）失稳速度的控制

列车在高速区段运行试验中最为重要的是对失稳速度的控制，前面提到有关提速步长之事，也即出于此考虑。究竟怎样来判别是否失稳、可否提速则是更为重要的问题。国外采用如下方式来控制：对构架（轴箱上方）的横向加速度进行测量，并采用 10Hz 滤波，当该加速度连续出现 6 个以上大于 $8\sim10\text{m/s}^2$ 的峰值时判别为失稳。此方法在实际使用中存在一定问题。首先由于车辆以及转向架的差别，在失稳时发生的加速度值大小不一致；其次是如何判断为连续 6 个。从能量凝聚的角度可以这样认为：在该加速度出现能量向某一频率凝聚时出现了单一振荡波且幅值也已达到一定的量级时考虑停止提速（可否判为失稳尚值得探讨）。有关这种失稳评估的问题也可参见第 4 章利用输出看系统特性的有关内容。

有时候车辆上出现的上述现象与车辆在不利速度区中表现的现象很相似。第 4 章有关不利速度区的介绍中已经提到过，如果是两个同方向的振动，在频率接近时的合成振动也会出现 6 个以上大于 $8\sim10\text{m/s}^2$ 的峰值，容易引起混淆，需要通过调整速度步长、提高频率分辨率来找出差异，进行区分。因此，失稳速度的控制还要不与不利速度区的判别产生混淆，避免将车辆在不利速度区中的表现当成失稳。区分的方法可参见第 4 章中有关不利速度辨识部分的有关内容。

3）曲线欠超高问题

高速列车通过曲线时对曲线超高预设值的适应能力各不相同，必须对该高速列车通过曲线的最高限值加以确定。

当然，对每一需高速通过的曲线确定其最高限速是有价值的，但工作量显然极大，故选取典型曲线（特别是区分非困难地段与困难地段）经试验获得未平衡加速度值。然后，在此基础上加上一定的安全系数后确定各曲线的最高通过限速值。

在列车通过曲线时通过测定加速度值来获取车辆通过曲线的未平衡加速度。将该值与其他运行稳定性和运行平稳性的各测试数据一起判断，从而确定该列车通过曲线时的欠超高限值，并以此限值确定该列车通过各曲线的最高限速值。

用哪一个加速度能较好地反映出未平衡加速度？如何采集、分析、计算等均需要在试验中探索比较。分析认为，效果依次应为轴箱加速度、构架中央加速度、车体加速度。分析中均可采用通过直线区段的测试信号的平均值作为零，而正圆曲线上的测试信号平均值的大小作为未平衡加速度值。

4）升力问题

列车高速运行时车辆受气动载荷作用后会产生一升力，使轮轨之间的垂直载荷减小。该现象将对车辆的动力学性能产生影响，特别是端车靠近端部的转向架尤需给予关注。通常端车的前部有流线型，造成其前端的自重较小，载重又加不上去，因此该转向架的实际轴重会较轻。一般需要在端部转向架及其对应的上方车体上增加一定的重量进行配重。由于升力与列车的头型、横截面的形状有关，其影响需要在试验中加以研究。此外，如何检测到这一现象、从什么信号反映出来、如何计算分析、是前方升力大还是尾部升力大等问题也需要在实际试验中加以探索。

5) 高速列车纵向动力学问题

对于动车组方式的高速列车，列车内部的冲动问题、两列动车组重联时的冲动问题，以及纵向力对安全性和舒适性的影响等，需要进行探索；列车的长度也需进行探讨；救援与回送时的纵向动力学的相关问题也需要加以探索。

6) 试验数据处理方法的研究

在高速区段试验中，信号采集、滤波、分析方法等均会有别于原先相对低速的测试中使用的方法，其中信号的截止频率、干扰信号的来源及其性质等都会有较大变化。这些都需要在试验中摸索、比较后确定，包括应采用的采样频率、滤波频率、分析频率，而处理方法也将根据分析对象的实际情况进行必要的调整。

7) 关于截止频率的确定

宜采用瞎子爬山法在实测试验中根据峰值误差要求来加以确定。

8) 关于采样频率

在测量技术上，现已完全进入计算机作业的数字化时代。但在采样中采样频率选择不当将会造成不可挽回的重大损失。如果采样频率选择较低，将丢失较高频率的信号特征，特别是峰值的精度将会大大降低；而如果采样频率选择过高，将会占用大量的存储介质。一旦存储介质用足后，将可能出现来不及更换介质而丢失需记录的信息的问题，即使来得及更换，也必须准备较多的存储介质而需大量的资金投入。

因此，采样频率的选取需要权衡测试精度和数据量，需要在保证信号截止频率以下波形峰值精度的情况下尽量小。在低速试验的常用速度区，采样频率的选取已有一定的经验，但是高速区段的情况如何，需在试验中探索。

9) 线路不平顺的等级探索

在高速铁路项目启动的一开始就需要规范线路不平顺标准，在此基础上才可以开始设计高速列车。在没有高速铁路时确定不平顺参数主要是基于与我国国情相仿的国外技术规范，即需以与我国国情相仿的国外成熟的不平顺标准来规范我们的高速线路，与我国国情相仿包括中高速线路混跑、最高速度值、最常用速度区、线路平面、纵断面等。在此基础上还有必要用我们自己采用的目标车辆在线路上运行测试的结果来加以验证。一旦被证明线路不平顺与该车辆匹配关系不良，需在两者中择一加以改变，即或改进车辆、更换车种，或调整线路不平顺标准、运行速度等，前者应为首选方案。但是，当这种改进和更换仍不奏效时应考虑后者，其中应考虑包括波峰、波谷、波长等诸多因素。

若线路标准过高，则资金投入、养护水平都必须跟上，经济上可能不合算。而若线路标准过低，则车辆无法适应线路状态而使故障多发，仍然是不合算的。

2. 调试性试验

调试性试验是指样车出来之后需要对样车进行调试，以使功能得到实现、性能得到优化。例如，1992 年、1996 年、1998 年铁道部分别在环行铁道试验基地和郑武线上对我国自行研制的 160km/h、200km/h 速度级的机车车辆转向架做了调试性的线路试验。在试验中对不同的结构方案、不同的悬挂参数进行对比和调整，以达到较好的效果，分别在当时创造了 180km/h、212km/h、240km/h 的最高试验速度。试验后，各试制单位又重新进行了改进和试制，并分别在 1994 年、1998 年完成正式样机。而后铁道部又分别在环行铁道试验基地和广深线上进行线路试验。

调试试验的分析内容一般考虑以下几个方面：

(1) 频率传递过程。

(2) 能量衰减过程。

(3) 不利速度区的移动。

(4) 列车动力学性能及车辆与车辆之间的关系研究。

(5) 谐波协调性调试。

(6) 高速运行气动载荷对运行性能的影响，如受流品质等。

(7) 气象现象(大风、雨、雪等)稳定性试验。

(8) 与列控系统的衔接调试。

(9) 与铁路其他子系统的衔接调试。

通过运行调试试验研究改善高速列车的运行品质以及协调高速列车与铁路其他子系统的关系。

3. 检测评估性试验

1) 内容

安全评估性试验前需要开展下列工作：

(1) 正线试验时试验线路的选择。

(2) 试验速度等级的确定。

(3) 采样区段的种类、采样时间的划分。

(4) 测量内容及指标。

2) 评估方法

对试验数据的评估主要从数据的幅值、频率和相位等方面开展。

关于在频率和相位方面的评估，如限制出现的频率、最低频率限值、谐波的相位调整等，本书多处都有提及，这里不再赘述，也可参照相关专业的有关知识进行评估。

对所采集的幅值数据按照不同速度等级统计出最大值和平均值，然后按以下两种评估方法进行评估。

(1) 外包络评估法。

外包络评估法是指将不同速度下所测得的试验数据的最大值（或最小值）连线形成的指标外包络线作为评定依据。

以评定合格速度值为例，将该外包络线与指标限值线的交点作为该高速列车的最大合格速度，再取一定的安全裕度得出列车对应该指标的评估速度。

应该注意的是，这里的最大值（或最小值）不应该是离群的。

离群是指个别的离开同一速度级数据的群体距离甚远的数据。该离群数据需要对具体问题具体分析，需要对可能产生的原因做出分析。需要排除离群的激扰所带来的影响，也需要关注各种因素的复合作用、可能尚未发现的影响因素，更要关注被试对象是否存在设计缺陷、有必要加以改进的问题。

外包络评估法主要用在对一些安全性指标的评估上，如列车可使用的速度上不应出现不合格指标数据；并且对于所有采用此法评估的指标，所得出的评估速度中取最小速度值作为该列车的可用最大速度。

(2) 中值评估法。

中值评估法是指将试验数据不同速度级的平均值连线（趋势线）作为被试对象的评估依据。

以评定合格速度值为例，将该线与指标限值线的交点处对应的速度作为最大合格速度。根据指标的性质再适当留些裕度即得到对应该速度的评估速度。

采用此种评估法一般是针对一些非安全性指标，如平稳性、噪声等。

7.8.5　高速动车组的运用考核

每种型号的高速动车组在型式试验成功完成或者改进与更新又经过型式试验证明成功并通过初步的安全评估之后，还要经过一定运行里程和时间的运用考核。通过运用考核，验证该动车组的 RAMS 指标，并取得相关技术数据。

运用考核至少应该经过春、夏、秋、冬四个季节，即一年的运行时间，以考核动车组对气候的适应性。

运用考核应在正线上运行，分别采用整备状态运行、模拟装载运行和按图载客运行三种方式，应有适当比例，如 10:30:60。

实施运用考核的线路应能满足对该动车组构造速度的考核要求，至少满足不低于 50% 的里程可按该动车组的构造速度运行。对于有长交路运行需求的动车组，需要求在线路上的连续运行时间达到相关要求。

采用按图载客运行方式进行运用考核时，运行图应满足该动车组的跟踪时分等的要求，并应告知乘客，可采用招募志愿者乘车的方式作为乘客的来源。

运用考核的总里程数至少应达到动车组的年运行里程统计平均数。

达到一定里程时应进行必要的检查检测，并按第 5 章介绍的故障分类方式记录发生的故障事件，取得 RAMS 的相关数据。

在达到运用考核总里程后需对一些会出现重大变化的型式试验项目进行针对性的试验，重点应是动力学性能，以对其性能恶化的情况做出评估；型式试验后还要进行分解检查，并进行测试评定。

运用考核前需对各项 RAMS 指标设定目标。如果运用考核中发现问题，若没有达标，则该动车组还需再经过改进与更新程序，并进行验证后再定型。

运用考核中一个附带的任务应是探索维护保养的规律，建立健全该动车组的维护保养体系、流程、项目、周期等。

7.9　安全评估与系统验收

安全评估与系统验收是高速列车系统集成第九阶段的工作。

7.9.1　第九阶段的任务

本阶段需要分析试验结果，评估动车组满足 RAMS 要求的程度，包括寿命周期成本要求。根据试验结果进行安全评估，评估特定安全应用案例。如果不满足要求，转入改进与更新阶段，进行改进。按照验收标准进行验收，收集验收凭证，确认验收工作按照验收计划执行；实施试运行；评估 RAM。如果动车组通过验收，投入运用。

7.9.2　安全评估

通过上阶段的型式试验和线路运行考核，得到了有关动车组的性能、功能等各种安全性、可靠性、舒适性等各种试验实测数据后，依据这些数据结论对被试的高速动车组进行安全评估。

要对以下问题得出明确的结论：

(1)确定符合限界标准的有关规定。

(2)确定高速列车的故障导向安全的措施有效性。

(3)确定在线路直线区段上运行的最高运营速度。

(4)确定在线路中的曲线上运行的最高限制运营速度，即需要结合实设超高值进行评估，特别是在困难地段的最高运行速度。

(5)确定直向和侧向通过道岔及岔区的最高运行速度。

(6)根据动车组对特殊线路不平顺的适应情况，确定限速还是改线路，特指一些复合不平顺。

(7)确定需要在运行图中避让的不利速度区。

(8)确定通过桥梁时的振动安全性。

(9)确定各隧道内的最高会车速度。

(10)确定过分相的安全性。

(11)确定网压波动及过电压下的安全性。

(12)确定绝缘安全性。

(13)确定接地安全性。

(14)确定维护中的安全保护措施。

(15)确定供电系统与高速列车的谐波相关关系的安全措施有效性。

(16)确定高速列车在大风下运行的限速等级。

(17)确定高速列车在大雨下运行的限速等级。

(18)确定高速列车在大雪下运行的限速等级。

(19)确定高速列车在发生火灾情况下各项措施的有效性。

(20)确定高速列车对外电磁辐射对环境以及信号(电缆)的安全性。

(21)确定高速列车在环境中所产生的噪声和振动对周边的安全性。

(22)确定高速列车运行中与接触网、供电系统、通信信号系统、运营调度系统、客运服务系统、轨道及道床、隧道等的相关关系是否存在安全隐患。

安全评估还需对相关制造商(包括维修部门)的品质管理、生产过程、设备配套、人员培训以及采购售后等方面加以考核，以保证高速动车组批量上线的各项RAMS要求，保证运营商实现规定目标。

7.9.3　投入运营前的试运行

每列动车组制造完成后在投入运营前必须进行试运行，这既作为制造厂的例行试验，也作为运用方的验收试验。在试验验收合格后方能投入运营。此时不需要按照型式试验的方式和内容实施试验，但需要使用简单的试验设备和车上为司乘人员设置的相应设备监测各项试验数据；有些需要有经验的司乘人员根据自己的感受进行判断，一旦判断存在问题时再上必要的设备做进一步检测。

试运行前需要实施一些静态试验和低速运行试验，之后上线试运行，下面分别就这两部分需要关注的试运行项目加以介绍。

1. 试运行前的静态试验和低速运行试验

试运行前至少应进行以下静态试验和低速运行试验。

1) 尺寸检查

检验车辆的外观尺寸，包括与限界的关系。在车辆组装完成并进入运转状态后，车辆均应符合车辆限界规定的要求。

检查整备状态车辆的尺寸，以型式试验已确定的关键尺寸为基准，不得突破其限制。

检查并调整扫石器、排障器、涂油嘴和撒砂管等位置，正确校准。

2) 称重试验

验证车辆的重量和重量分布是否符合规定的限制要求。

对每种类型车辆，该试验通常涵盖下述测量参数：车辆重量；每个轴的轴重；每个轮的轮重。

载荷状态可为空车载荷或整备状态载荷。

应该执行两次连续的称重工作。

3) 密封性能试验

确定车辆的密封性能（包括 IP 等级）满足规定要求。

需进行车体气密试验、淋雨试验和其他喷水试验。

检查空调系统通风管道的气密性。

4) 电气绝缘试验

(1) 绝缘试验。

绝缘试验用于检验高速动车组电气电路的绝缘完整性。

试验在组装完成后的机车车辆上进行，一般可以在制造商的工厂内，在高速动车组完全组装完成后，立即进行各电路的绝缘检查。

电机和其他设备（已通过绝缘试验的），在高速动车组绝缘试验时也可以将其切除。

(2) 耐压试验。

设备通常由几个不同绝缘等级的电路组成，应分别对每个电路进行对地耐压试验，而此时其他所有电路原则上应该接地。

必要时，接触器和开关装置应闭合或者短路，以保证电路的所有部件均连接在内。应当预防由于电容或电感的影响而可能出现异常电压。

在试验过程中易受损伤的一些电子器件，应在试验之前切除或短路。在试验之前，这些设备应通过绝缘试验，达到规定的标准。

在各电缆电路对地之间施加试验电压，时间为 1min。试验电压的大小等于电路中具有最低试验电压的部件所规定的单个装置试验电压的 85%。

(3) 绝缘阻抗试验。

在没有规定值时，试验电压至少 500V，测量的绝缘电阻值不得低于下列数值：

①5MΩ(对于额定电压等于或大于直流 300V 或交流 100V 的电路)。

②1MΩ(对于额定电压小于直流 300V 或交流 100V 的电路)。

应记录上述测试条件和周围环境条件(温度和相对湿度)。

如果在耐压试验前后都进行绝缘电阻试验，那么两次的试验条件应当一样，并且在耐压试验后测得的绝缘电阻值相对耐压试验前的绝缘电阻值的减少量不应超过 10%。

5) 接地保护和回流电路试验

检查高速动车组的接地保护和回流电路是否满足规定要求。

必须保证满足接地保护和回流电路相关标准规定的要求。

为防止产生电击穿，试验前应在车辆上设置若干作防护的电气连接线。

检查所提供的软连接线具有合适的长度以适应连接节点的最大相对位移。

检查接地和回流接线端是否容易接近、方便观察。

6) 空气系统试验

确定所有在高速动车组上安装的气动部件在连接到空气系统后能按规定操作，以及确认气动部件的气密性符合规定的限值。

试验包括采用气动门装置的门操作。

(1) 主风缸和其他空气设备的气密性。在高速动车组正常工作条件下，主风缸应充风至最大工作压力，然后与空气压缩机隔离。

①主风缸及其附属装置。在各种使用压缩空气装置(制动管路、门、悬挂装置、电控气动装置等)关闭且不带压力情况下，检查主风缸的压力在规定时间内的下降量不大于规定值。一般在 5min 后压力下降量应不大于 20kPa(0.2bar)。

②主风缸及其附属装置与其他气压气动设备的组合。在各种使用压缩空气设备充风并保持规定压力(除有意设计成有漏气的设备外)但并不工作的情况下，检查主风缸压力在规定时间内不应降至低于规定值。一般在 20min 之内的压力至少不应降到小于所有气动设备都在正常工作时所适用的最小值。

(2) 制动缸和副风缸的气密性。利用司机制动手柄操纵或其他方法，使制动缸和辅助风缸达到最大工作压力后将切断气源，保持隔离，检查制动缸内的压力在规定时间内的下降量不大于规定值。一般制动缸压力在 3min 后下降量不应超过 10kPa(0.1bar)。

7)液压系统试验

确定液压设备的油密性是否符合规定，确定全部液压器件在安装连接到液压系统后能按规定动作。

在高速动车组正常工作条件下，液压系统在充至最大工作压力后与泵隔离的情况下，检查在规定时间内系统的压力下降量不大于规定值，并且没有可见的液体泄漏的痕迹。

8)冷却润滑系统检查

确定冷却液、润滑剂的注入量符合规定，没有渗漏。

对冷却装置、齿轮箱、轴承之类的可见注入情况的部位进行检查，确认各处已装冷却液、润滑剂，而且剂量符合规定的要求，同时周边没有可见的泄漏痕迹。

9)摩擦制动系统试验

在空车状态下，验证全部制动系统性能与型式试验一致。

检查内容包括紧急制动、常用制动、防滑控制功能、称重功能、与动力制动的衔接情况、制动传动装置的灵活性等。

确认空气制动系统与已通过型式试验的系统是等效的。

10)喷砂系统试验

确认喷砂系统工作正常，符合要求。

使用手动控制功能进行简化的功能测试，以检验送砂速度、方向等。

11)辅助供电电源系统试验

确认辅助供电系统能按规定工作。

应进行在额定电压下的功能性运行试验。在额定电压下，辅助供电电源系统的特性应与规定的要求以及型式试验结果相符。

应进行地面电源接入试验，证明接入电源完好，且保护联锁功能完好。

12)蓄电池充电试验

验证蓄电池及其充电系统符合规定要求。

对蓄电池和充电器的相关参数，如最大充电电流及其限值、最大电压、稳定浮冲电压、稳定浮冲电流，进行测量。

13)控制设备试验

确认安装到动车组上的控制设备系统在连接到对应的辅助供电电源和其他接口负载后，其运行符合规定。

检查每辆车控制系统中装载的软件是否是有效版本。

确认控制设备初始化过程和自检功能完好。

在额定电压下进行功能性运行试验，应包括多次辅机起动和运转。

应对动车组上所有控制设备进行试验，确认软件的控制有效性，并且设备工作正常，包括牵引和制动电路、列车管理、数据传输、分析诊断、司机室及乘务室的显示器显示功能、火警及消防系统、压缩机互锁、辅助电源或电池支援功能的转换、门的功能、用于制动或门控制的安全环路、照明和其他辅助设备的控制、乘客紧急系统、乘客信息系统、车内播音系统、通信系统、无线电、可视设备、电视、供水系统、卫生系统、餐饮服务及设备等。

检查规定的所有正常、应急和默认的运转模式。

检查两列动车组重联时主控列车对被控列车的控制功能。

14）空调通风系统

检查加热设备、空调或压力通风设备，确认它们能在规定的条件下维持所需温度及通风等。

检查压力保护装置的功能。

检查是否存在异常振动和噪声。

15）电传动系统试验

确认牵引系统对其控制信号响应正确，确保可进行线路试验。

所有顺序和内置试验程序应在动车组走行前进行测试。

确认对前进后退的选择、牵引和再生制动功能的初始化，以及动力切除，并应检查其在有效和无效控制输入情况下动作的正确性。

如果牵引系统是强迫冷却的，应当检查冷却系统的操作，包括气流和风速；冷却风扇的正确起动顺序。

16）安全相关系统试验

检查所有安全相关系统，确认其符合要求。

特别地，应对下列设备（如果有）进行详细试验：

（1）自动紧急制动装置。

（2）自动警惕装置。

（3）司机室安全操作器件或装置。

（4）列控系统车载设备。

（5）速度计。

（6）事件或数据记录装置。

（7）火警检测和消防器材。

（8）乘客应急设备。

（9）安全回路中的其他子系统接口（如制动、门）。

（10）铃声、汽笛、喇叭。

17）救援工况

采用中国机车牵引动车组，并试验连挂和制动工况。

2. 运行试验项目

试运行前应完成在动车组的各项静置例行试验和低速运行试验, 这些试验完成后, 在检查验收合格后可上线进行运行试验。运行试验优先在动车组将要运营的线路上进行, 以检验动车组是否满足要求、是否与运营线路相匹配。

试验速度应根据试验需要设置。最高试验速度应达到动车组的型式试验确认的允许的最高运用速度——构造速度, 但不超过线路允许速度。

运行试验项目包括以下几项。

1) 牵引性能 (牵引力/速度特性) 试验

在整备工况下, 高速动车组按启动和加速周期进行试验。

确认启动加速度不低于规定数据, 并与型式试验结果相当。

确认速度从 0 加速到 200km/h 所需的时间与型式试验结果相当。

检验高速动车组能否按规定的运行时刻完成行驶任务, 且运行能耗符合要求。

2) 制动试验

在整备状态下进行线路制动试验。

应从规定的最大速度开始进行制动停车, 制动距离应符合规定, 并检查轮对防滑保护系统性能是否符合规定, 检查制动控制器紧急位时制动系统的性能, 常用制动中的全部级位和手动或自动施加的再生制动的情况。对再生制动中的下述项目进行检查:

(1) 下坡持续电制动时, 制动性能应完全符合规定。

(2) 电机和整流设备端电压不得超过规定值。

(3) 牵引电机电流不得超过规定值。

(4) 当制动或无火时, 牵引电机无异常自励现象。

(5) 在再生制动时, 供电网上的功率因数应在规定范围内。

(6) 在再生制动时, 供电网断电的情况, 如电源有外部短路、受电弓长时离线、电源过载不能容纳、分相点或无电区等, 应能使空气制动系统补充制动力。

(7) 应能在空气制动与再生制动之间平滑转换, 无明显冲击、制动不足或制动过大。

(8) 电制动施加与缓解平稳, 应无明显冲击, 冲击率不得超过规定值。

(9) 停放制动下的起动。

3) 牵引和制动热容量试验

验证牵引和制动设备在按规定运用周期运行中温度符合规定。

确认在持续往返运行中各牵引设备的温升不超过规定值。

4) 速度控制试验

检查速度控制系统的线路运行性能, 包括:

(1) 速度平滑可控, 在制动、惰行与加速之间没有明显的冲击或振荡。

(2)动车组上的牵引与制动设备没有过度或频繁操作。

(3)因指令改变而产生的加速率或制动率应在规定的极限内。

(4)用调速系统控制动车组的速度符合规定，且不超过各级速度的允差。

(5)在站台上以及在其他停车区间(如停车信号)内的准确停车位置符合规定。

5)列控系统试验

高速动车组装有列控系统车载设备，该设备依赖外部(线路侧)的信息(司机室推荐速度的显示、自动施加相应的制动包括紧急制动等)，应检查该设备功能是否正确。超速防护试验应在满负荷工作条件下进行，以检查其动作是否正确，重点检查以下各项：

(1)车载设备在规定速度下的动作，施加直至紧急的相应等级制动或对司机发出必须降低列车运行速度的警告。

(2)对于施加紧急制动的情况，牵引动力应自动中止牵引，并转入再生制动状态，按规定的制动模式曲线(或制动等级)实施制动，此时动车组的制动距离应符合规定。

(3)整个试验过程中不得发生意外动作，如果没有发生超速，防护系统不得无故动作。

6)车辆轮轨相互作用试验

该项试验进行时应注意：

(1)运行中不出现失稳现象。

(2)通过道岔检查。

(3)钢轨不应有永久变形。

(4)轮缘磨耗正常。

(5)轴温检查。

(6)其他安全监测设备工作正常。

7)车辆内部间距(包括悬挂装置间距)试验

动车组以规定的速度通过规定的最小半径曲线，试验中应检查的内容有：高速动车组的运行不应受限制或束缚；跨接电缆、连接风管、电动机连接线和回流连接线都有足够的长度；电动机通风褶皱管等不受损伤。

动车组连挂另一列类似的动车组或规定要求的不同类型的机车，通过包含反向曲线的道岔进行试验。观察它是否工作良好，即车钩缓冲装置和车厢连接处都不存在干涉现象。

应检查通过曲线和道岔时不受束缚，钢轨不应有永久变形。

根据规定的要求，还需在坡度变化最大的直道上重复进行。

应对轮缘磨耗、操作不当或悬挂装置损坏(即空气弹簧无气或弹簧折断)，引起车体在一处或多处与转向架或轮对相碰的后果给予注意。

8）乘坐舒适度检查

动车组在具有代表性的线路上运行，乘坐舒适性与型式试验结果相当。

9）动态限界检查

按规定速度通过站台侧，有足够的间隙。

10）轮缘润滑及喷砂检查

检查轮缘润滑器应按规定提供润滑油，车轮踏面或线路表面没有污染物。检查喷砂装置功能，确认与说明书的一致性。

进行喷砂装置控制功能测试，并检验送砂速度。

11）受流装置检查

检查受流装置是否正常，牵引设备故障状态下的谐波水平是否被控制、调整。

12）噪声试验

符合型式试验给出的标准，主要通过司乘人员听力感觉，声音无异常，与型式试验时相当。

13）两列连挂试验

检验在规定半径的曲线上进行两列动车组连挂，并检验两列连挂动作。

检查连挂后的运行是否符合规定。

14）过分相试验

两列动车组连挂通过相分段时，两个近的弓（小于规定距离，如190m）不得升起。

过分相时各项动作符合规定。

15）其他试验

一些有特殊需要的项目检查。

7.10　运营维护与性能监控

运营维护与性能监控是高速列车系统集成第十阶段的工作。

7.10.1　第十阶段的任务

本阶段的任务主要包括如下方面：

（1）将动车组投入运营；使用规定的备件和工具实施预定的维护和定期检修；开展以可靠性和安全性为中心的维修保障；使系统能够满足RAMS的要求；保持动车组RAMS性能的可信度。

（2）安排其他支持子系统，如培训、洗车、整备等。

（3）实施监控和统计系统故障，包括开展必要的监测，如踏面检测等，采集运行性能和RAMS的统计值；获得性能和RAMS数据，并进行分析和评估；检查安全性能是否合格。

(4)根据情况做出调整，建立新的运行和维护程序，并调整系统的后勤支持。

整合降低部件和外部风险的措施包括：

(1)定期审查和更新运行维护程序。

(2)定期审查和更新培训文件。

(3)定期审查和更新危险日志及安全状况。

(4)有效的后勤支持包括备件、工具、校准和胜任的员工，以及以 RAMS 为中心的维护。

(5)故障报告和恢复措施。

(6)利用远程诊断手段和运用信息数据库，对维护和检修实施技术支持。

如果不满足要求，转入改进与更新阶段，进行改进。

7.10.2　动车组维修对制造商技术支持的要求

制造商除在动车组及其零部件的细节设计中考虑检测诊断和传感器的布置外，还要精心选配或研制检测仪表及其软件，合理选择检测方式，做到检测诊断准确、迅速、简便，以在技术上支持动车组的维修工作。同时应建立远程诊断手段，落实在对动车组维修工作的支持中。方便找出故障原因，以便改进。改进工作见第十一阶段叙述。

7.10.3　开通前的各项准备工作

根据上述需求调研与项目规划的第一阶段和系统概念与运用条件的第二阶段的成果及以后开展的相关工作，在高速铁路开通前完成如下工作：

(1)建立动车组运用维修体系。

(2)完成动车组检修基地和运用所的建设。

(3)制定科学合理的维修标准。

(4)采用先进的维修手段。

(5)采用科学的在线监测体系和信息传输网络。

(6)利用人机结合方式，对列车运行安全实时监控。

(7)对故障进行预测，对维修提出指导。

(8)为动车组的高速、安全运行提供保障，集成综合检测车。

相关要求请见第 6 章。

7.10.4　动车组的性能监控

高速列车投入运营后必须安排对其运行性能进行监控，监测内容应包括故障监控和探索监测两个方面。

1. 故障监控

高速列车上已经设置了安全监测系统，需要从各车上下载故障信息，并实时监测；此外，还要对一些关键的变化要点实施监测，应包括以下几点：

(1) 车轮踏面监控。

(2) 防滑空转监控。

(3) 异常振动监控。

(4) 蛇行状况监控。

(5) 弓网匹配监控。

(6) 异常磨耗监控。

(7) 异常温升监控。

(8) 结构裂纹监控。

(9) 异常噪声监控。

(10) 电空制动衔接监控。

以上内容需要通过监测后对数据做出分析和判断，再对高速列车的运行实施控制，避免酿成较大故障。

2. 探索监测

探索监测主要是为了对新采用的一些结构形式在高速运行中的表现进行跟踪，了解使用情况，以便指导以后的改进工作。这方面的监测主要包括：

(1) 动力学性能监测(包括车轮轮缘踏面形状)。

(2) 结构动应力监测。

(3) 表面压力波监测。

(4) 列车载重状况监测。

(5) 动力传动系统监测。

(6) 特定事件监测。

通过上述监测，可以得到该高速列车上一些技术措施的改进方向，为技术更新提供依据；与此同时，这些监测内容也可为调整修程修制发挥作用。

3. 监测手段

监测实际上是利用系统的输出看系统，有关这方面的内容在第 4 章中做了实例介绍，请参见相关内容。

监测主要是采用一些测量工具，对监测的项目定期进行测量；有些监测内容还有必要采用一些检测设备在线进行测试，采集数据后进行处理分析工作。

例如，定时将车轮的踏面形状拓下来，记录运行里程，将前后的记录进行对比，找出磨耗快的原因；或是发现磨耗慢的踏面形状，以便进一步改进踏面形状。

再例如，某车产生振动异常，则需要对该车的动力学性能进行在线实测，获取异常振动信号，加以分析处理，找出异常振动的原因，反馈到改进与更新阶段，做进一步处理。

又如，现场发现车轮踏面出现擦伤、剥离现象，需要找出产生原因；为此应跟踪该车的制动状况、下载车上牵引系统和制动系统中的记录，查找是否存在制动力过大、防滑器不起作用、电空制动衔接不良等现象。如果这些数据尚不足以得出结论，需要上检测设备，随车在线实施监测，获取出现擦伤时的牵引系统和制动系统的工作信息，进而提出改进措施后对该车的牵引系统或制动系统进行改进与更新。

7.11　改进与更新

改进与更新是高速列车系统集成第十一阶段的工作。

7.11.1　第十一阶段的任务

本阶段的任务主要包括如下方面：

(1) 研究试验数据，探究问题原因，提出改进与更新方案和程序；考虑改进与更新的 RAMS 含义；提交相关部门处理。

(2) 制订计划，执行改进与更新，改进中掌控系统的修正和更新以保持动车组的 RAMS 要求。

(3) 进行变更的 RAMS 影响分析，包括对寿命周期成本的影响；研究建立动车组的 RAMS 性能的修正和更新的确认、批准和验收程序，以及随后的验收。

(4) 记录修改与更新工作。

(5) 更新所有受影响的系统文件。

7.11.2　改进与更新的反馈

在试验验证、系统确认、安全评估、系统验收、运营维护和性能监控的环节中汇集各种故障信息、问题信息、不协调信息等，在经过分析处理之后找出发生问题的原因。

根据问题产生的原因，做如下处置：

(1) 如果是顶层参数和与铁路其他子系统衔接的问题就反馈回上述第三阶段，通过协调处理解决。

(2) 如果是总体性质的问题就反馈回上述第四阶段，进行系统的重新分配，调整相关的关系。

（3）如果是细节设计的问题就反馈回上述第五阶段，调整细节设计相关内容。

（4）如果是制造品质的问题就反馈回上述第六阶段，改进工艺，加强品质管理，更换问题零部件。

（5）如果是总成调试的问题就反馈回上述第七阶段，审查调试程序，更新后重新进行调试。

（6）如果是试验存在问题在试验期间就要找出问题所在，改进试验方法或试验程序或试验装备等。

7.11.3　高速动车组改进与更新的主要概况

我国在高速动车组投入试验、试运行和运营中曾发现一些问题，通过测试得到的试验数据对系统进行优化和完善，提出了改进建议。在此过程中，主要解决（包括一些与铁路其他子系统衔接上存在问题）以下一些问题，具体请参见文献[10]～[12]。

（1）动车组在适应接触线距轨面高度（如 5200～6500mm）的安全运行问题。

（2）接触网的张力值随速度提高的优化问题。

（3）对高速运行速度范围内的受电弓受流品质提高的问题。

（4）动车组重联过分相的适应问题。

（5）不同型号动车组在同一供电网上的协调问题。

（6）谐波治理问题。

（7）纵断面竖曲线变坡点线形对舒适度影响的问题。

（8）轨顶打磨对车辆动力学性能的影响问题。

（9）轨道板、轨道梁、定尺长度钢轨（如 100m）对车辆振动的影响问题。

（10）列车交会对车辆动力学性能的影响问题。

（11）高速运行所引起的升力对车辆运行稳定性的影响问题。

（12）列车交会中车外压力沿纵向变化规律问题。

（13）车外压力随隧道长度的变化规律问题。

（14）动车组车顶空调机组进出风口的压力分布问题。

（15）制动控制的差异对基础制动温升的影响问题。

（16）优化再生制动的控制逻辑，提高再生制动利用率，进而降低制动盘片的磨耗问题。

（17）通过调整防滑控制提高黏着利用问题。

（18）在存在关门车情况下的制动力综合调配问题。

（19）曲线附加阻力问题。

（20）车内噪声频谱特征问题。

（21）车内电磁环境问题。

(22) APT 车载设备端口所受骚扰问题。

(23) 高速运行中车轮运动行为的测试技术问题。

(24) 高速运行中车轮横移量随速度提高的变化规律问题。

(25) 高速运行中车轮冲角随速度提高的变化规律问题。

(26) 高速运行中车轮蛇行频率随速度提高的变化规律问题。

(27) 动车组高速运行中动态偏移量的测试技术问题。

(28) 高速运行中的黏着利用情况测试技术问题。

(29) 车体与转向架构架等零部件的强度问题。

7.12 停用与处置

停用与处置是高速列车系统集成第十二阶段的工作。

1. 建立召回处置程序和停用退出机制

设计过程中应考虑到产品寿命周期终止时的停用和处置问题。按照寿命管理的理念和所规定的周期对动车组上的各零部件、子系统、车辆和整列动车组进行检查确认，进行危险分析和风险评估；执行安全计划，控制整个停用事件和处置工作；需要确定由于系统(零部件、子系统、车辆或整列动车组)的停用和处置而对任何系统与外部设备可能造成的影响；确保停用事件不会对环境、人类的生活和铁路正常的运用产生不良影响；还要对确认不能使用的零部件、子系统、车辆或整列动车组建立召回处置程序和停用退出机制。

2. 停用程序

对系统(零部件、子系统、车辆或整列动车组)实施停用需要遵循一定的程序。对停用应建立相应的程序，至少应包括以下内容：

(1) 系统(零部件、子系统、车辆或整列动车组)和相关外部设备的安全关闭。

(2) 系统(零部件、子系统、车辆或整列动车组)和相关外部设备的安全拆卸。

(3) 保证任何受到系统(零部件、子系统、车辆或整列动车组)停用影响的系统和接口设备能够符合 RAMS 要求。

(4) 停用所产生的环境保护问题处理。

(5) 新型(甚至新一代)替代产品的落实。

3. 召回

高速动车组在正常使用和维修保养的情况下，在品质保证期内不应发生制造品质故障。

对于涉及安全的故障，在高速动车组上不得发生。若不能排除属于技术问题，则应采取停用措施。在从技术上分析原因后，再进行处理。若确实是与原理、设计等有关的技术问题，则必须实施停用召回。

如果动车组运用中发生某部件 15%及以上出现故障，动车组应全部召回，找出问题的原因，停用相关的子系统或零部件。

7.13　集成流程汇总

1. 高速列车系统集成流程小结

高速列车系统集成过程，也就是高速列车的研发过程，该过程实际上也可以划分为概念设计(包括技术方案和可行性论证)、方案设计、技术设计、技术规格书(也即设计任务书)制订、细节设计、试制、试验验证、安全评估、运用考核、试运行、修改定型等。

概念设计中的技术方案和可行性论证阶段包括运输产品的设计、与铁路其他子系统的协调关系设计、技术经济分析论证、高速列车总体构成、确定总体技术条件及为满足动车组安全舒适运行要求研究制定相应的标准。

方案设计中包括高速列车子系统的原理与组成的确定、各子系统技术方案的确定。

技术设计中要确定各子系统和各主要零部件的技术要求，包括指标的分配；还要明确各子系统、各主要零部件之间的相互关系、接口等。

技术规格书(即设计任务书)制订是将上述工作的结果明确规定下来。

细节设计包括施工设计，是将技术规格书中的逐项内容细化、落实成为施工文件，并落实各项工艺措施。

试制则是根据上述施工文件制成样件。

试验验证包括试制过程中的车辆、各子系统、各零部件的型式试验和例行试验，也包括整车落成后的列车级的试验。其中例行试验还要作为品质控制手段落实到工序中。

运用考核包括整备状态运用考核、模拟载荷运用考核和载客运用考核，一些与旅客界面相关的部分要在载客运用考核中确认。

试运行是在产品经运用考核并定型后作为常规生产过程的最后一道工序，成为制造商和运营商的交接验收试验。

修改定型是对上述全过程所暴露出来的问题提出改进方案、修改设计、再试制、再试验，直至达到规定的要求方可定型。

安全评估是通过对线路试验所得出的数据进行分析，以及对研制各过程中的情况加以评估，确认动车组是否满足所制订的各项安全舒适标准、各项性能是否符合运用的要求，并确定在各种线路上、各种气候条件下的限速级别。安全评估还需对相关制造商的品质管理、生产过程、设备配套、人员培训等方面加以考核，以保证高速动车组批量上线的各项 RAMS 要求，保证运营商实现规定目标。

2. 高速列车系统集成的三条主线

由以上流程可以看出，事实上高速列车整个系统集成流程中存在三条主线：第一条可以理解为高速列车的性能功能主线；第二条是可靠性、可用性和可维修性的主线；第三条是安全性主线。这三条主线如果是三个独立的项目组互相合作又相互制约地进行，那么整个项目可出色地完成。一般而言，第一条主线和第二条主线也可以由一个项目组完成，这时在系统集成过程中不仅只关注性能功能，也要关注可靠性、可用性和可维护性。但是往往系统集成过程中会过多地将精力放在性能功能上面，忽略产品的可靠性、可用性和可维护性，这时就需要将两者分开，成为互相评估的两个独立的项目组。第三条主线独立的项目组是必不可少的。对于高速列车，特别是对于高智能化的交通运输工具，确保安全就一定要从项目一开始做起：设计恶劣工况、预测故障模式、研究故障导向安全、设计验证手段、研究试验方法、建立安全评估体系，这些都要进入每一个步骤中。

3. 高速列车系统集成各阶段的责任主体

由于高速列车不是市场上随意采购来就可以使用的，必须经过上述 12 个阶段的系统集成过程。在此过程中，需要有 4 个责任主体：政府、系统集成部门、运营部门和制造部门。在每个阶段中，各责任主体负有各自不同的责任。各责任主体均应各负其责，确保项目成功完成。

由于交通运输工具事关国土开发、环境制约和百姓安全，政府相关部门必然要掌控全局，包括从一开始的立项、方式选择、标准体系一直到安全验证、认证许可特别是上路许可都需要跟进、确认。

运营部门负责运输需求，与维护检修相关事宜，把握方向、落实顶层设计指标，并给予确认。

系统集成部门负责在这些需求和制约下的各项技术责任，协调关系、提出顶层设计指标、标准体系建设、提出高速列车方案、提出技术要求，实施与验证相关的事宜、提出供安全评估用的技术依据。即使在第五、六、七阶段与细节设计和制造相关的阶段系统实施部门，也要通过设计联络把握方向和沟通协调。

制造商也需要全程参与，了解需求、跟进配合、准备更新工艺工装设备等，其中第五、六、七、十二阶段属于细节设计和制造事宜，是制造部门责无旁贷的。

4. 高速列车系统集成流程示意图

上述整个高速列车系统集成流程示意图可以用图 7.13.1 说明。

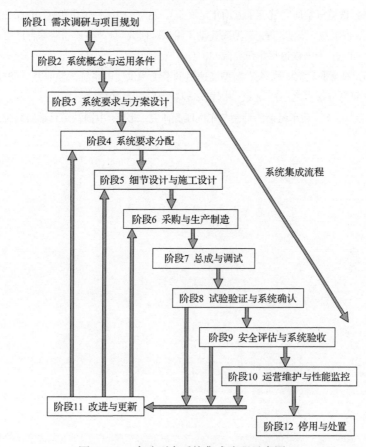

图 7.13.1　高速列车系统集成流程示意图

参 考 文 献

[1] 黄强, 时颢, 徐智勇, 等. 高速铁路车辆与车辆基地专题研究报告. 北京: 铁道科学研究院, 2000.

[2] 严隽耄. 车辆工程. 2 版. 北京: 中国铁道出版社, 1999.

[3] 王福天. 车辆动力学. 北京: 中国铁道出版社, 1981.

[4] 黄强. 中国铁路旅客运输机车车辆装备发展研究. 中国铁路, 2003, (6): 11-17.

[5] 黄强. 高速列车线路试验技术研究. 第十二届中国科协年会, 福州, 2010: 27-31.

[6] 倪纯双, 黄强, 王悦明, 等. 机车车辆动力学试验数据分析处理软件. 中国铁道科学, 2004, 25(1): 28-33.

[7] 黄强, 王悦明. 非动力转向架研究与分析. 铁道机车车辆, 2004, 24(4): 1-6.

[8] 黄强, 陆理斯. 车体结构整体刚度调配优化工作. 铁道车辆, 1984, (10): 27-31.

[9] 文彬, 王悦明, 黄强. 列车横向平稳性与车间阻尼减振研究//铁道科学研究院. 铁道科学技术新进展(铁道科学研究院五十五周年论文集). 北京: 中国铁道出版社, 2005: 297-313.

[10] 王悦明, 倪纯双, 张波, 等. 新型高速动车组试验研究(京沪高速铁路综合试验研究分报告之一). 北京: 中国铁道科学研究院, 2011.

[11] 韩通新, 刘会平, 张继元, 等. 新型高速弓网系统和供变电系统试验研究(京沪高速铁路综合试验研究分报告之三). 北京: 中国铁道科学研究院, 2011.

[12] 黄金, 陆阳, 等. 动车组谐波抑制与车网匹配研究. 北京: 中国铁道科学研究院, 2014.

第8章　高速列车的主要子系统

高速动车组是一个集成高科技的复杂系统，由车体结构与内部设施，司机室，转向架，旅客信息系统，牵引系统，制动系统，供风系统，动车组供电系统，辅助冷却系统，动车组控制与诊断系统，安全监测系统，车端连接，车内环境控制系统，给排水、排污及卫生系统，列控运行控制系统车载设备和通信车载设备16个子系统组成，本章仅对主要子系统和部分零部件的技术进行介绍。

8.1　车体结构与内部设施

8.1.1　车体的作用、设计理念和类型

1. 车体的作用

车体指支承在走行装置之上、用以输送旅客的车辆部件，其上安装有各种设备，也有为旅客旅行时服务的各项设施。因此，车体既是动车组各种设备的承载基础，又是旅客生活旅行时使用的场所。

车体子系统分为两部分：一部分是作承载用的车体结构；另一部分是作御寒、隔热、休息用的各项内部设施。

2. 车体的设计理念

车体的设计理念体现在如下方面：

1）舒适美观

车辆包括所组成的列车的形象设计（包含总体形象、外观形象）及车内结构的形象设计，车内结构的形象设计主要体现在装饰效果和舒适性方面。

2）以人为本

车内结构的人性化设计，满足乘坐舒适性，给予乘客更大的方便性，并对不同群体的乘客体现出更多的关爱，特别是对老弱病残群体。

3）节能环保

节能环保至少包括车体的轻量化设计和环保材料的选择，主要针对承载结构优化设计和内部装饰材料的选择来实现。

4）先进适用

采用先进的设计手段，包括各种仿真计算、虚拟样机、模块化设计等，以提

高设计、制造、检修的效率和产品品质，方便维护，与运用环境相协调，满足运用要求，使旅客、运营方和设备方均满意。

5) 安全可靠

在设计一开始就关注产品的可靠性、可用性、可维护性和安全性（RAMS 设计），一直贯穿产品的整个生命周期。

3. 车体类型

车体类型分类方法有如下四种。

(1) 车体按有无司机室分为：司机室车体（也称端车或头车）和无司机室车体（也称中间车）。

(2) 车体按有无动力分为：动车车体和拖车车体。

(3) 车体按支承方式分为：两点式车体、三点式车体和四点式车体（详见下面 8.2 节中有关转向架的介绍）。

(4) 车体按是否是模块结构分为：一体式车体和模块式车体。

8.1.2　车体承载结构

1. 发展历程

1) 车体使用材料的发展历程

铁道车辆的车体承载结构最早采用木结构，随着运输能力的提高，木结构的车体完全不能适应要求，于是就出现了钢结构车体，也可以说相当长的一段时间中车体大都采用钢结构。由于气候潮湿，钢材不可避免地出现腐蚀，难以持久服务、修复难度也较大，在耐候钢出现后就更换为耐候钢结构。随着运输需求的加大，轴重越来越大，自重系数也加大，运输能力受到制约。因此，必须减轻自重，一方面通过优化车体承载结构来实现，另一方面通过变换材质来实现。

发展过程中间也出现过不锈钢与耐候钢混用的结构形式，现代又出现了使用铝合金制造的车体。

这些材质的主要特点如下：

(1) 普通碳素钢的抗腐蚀性能差、维修工作量大、检修成本高。

(2) 耐候碳素钢减少了腐蚀，也减轻了自重。

(3) 不锈钢的耐腐蚀性优、强度高、更轻量化，一次成本较高、薄板焊接易变形、难修整。

(4) 铝合金的耐腐蚀性较好、易成型、轻量化好、可焊性较差、变形难控制、潮湿或盐雾环境下耐腐蚀性降低，一次成本高，破坏后无法修复。

高速列车的车体承载结构材料主要选用耐候钢和铝合金两种，部分采用不锈钢。

选用轻质高强度材料可使车体轻量化，特别是可选用不锈钢材料或铝合金材料制造的车体，自重较轻。铝的密度约为钢的 1/3，一般而言，铝合金车体的自重比传统碳素钢结构自重降低 1/3。

2) 车体承载方式的发展历程

(1) 杆系承载式，即采用梁柱加蒙皮式结构。

(2) 底架承载式，以底架作为主要承载构件。

(3) 侧墙承载式，以侧墙作为主要承载构件。

(4) 底架侧墙组合承载式，以底架和两个侧墙作为承载构件。

(5) 地板承载式，即采用波纹地板。

(6) 整体承载式，即采用薄壁筒形结构，是主要承载方式。

整体承载式是指由底架、侧墙、车顶和端墙等连接为一个整体，组成一个筒状结构，使整个车体成为薄壁筒型整体承载结构，整体承受各种载荷。这种结构可提高车体材料承载利用率，减轻车体自重。车体各部分结构均参与承受载荷，也充分发挥了蒙皮的承载作用。

2. 车体承载结构的组成

车体承载结构一般由底架、侧墙、车顶、端墙和设备舱五部分组焊或铆接组成。其中，底架，即车体承载结构的下部(地板上平面以下部分)；侧墙，即车体承载结构的两个侧面部分；车顶，即车体承载结构的侧墙上部；端墙，即车体承载结构的两个端面部分；设备舱(如果有)，即车下安装设备的空间。

注意：高速列车上所采用的铝合金型材组焊的结构中，上述组成部分的含义和形式均发生了改变。

1) 底架

底架一般由中梁、枕梁、横梁、端梁、侧梁和地板组成。

底架上将安装车内地板、座椅、隔断、扶手等设施。

底架下将安装各种动力设备、制动设备、卫生设备、空调设备等。

底架分为有心盘和无心盘两种形式，现在都采用无心盘结构。

底架还可分为有中梁和无中梁两种形式，其中无中梁的结构还有牵引梁、缓冲梁等。

地板分为平地板和波纹地板两种。

2) 侧墙

侧墙一般由上下侧梁、立柱、纵向梁、侧墙板组成。

侧墙上将要安装车门、车窗、信息牌和及内侧墙等。

3) 车顶

车顶一般由上边梁、纵向梁、车顶弯梁、车顶蒙皮、空调机组安装平台、车顶电气设备安装平台等组成。

车顶上安装各种车顶电气设备，如受电弓、断路器等，以及空调机组等。

4) 端墙

端墙一般由立柱、角柱、横梁等组成。

端墙上安装车间连接风挡、电气连接件等。

5) 设备舱

设备舱主要起到防护作用，防止砾石打击设备，避免车下吊挂的设备直接受到日晒雨淋，也起到一级滤尘作用。对于高速运行的车辆，还起到导流和减低空气阻力的作用。

设备舱一般由吊梁、侧板(也称为裙板)和底板组成。

3. 不锈钢车体结构

不锈钢车体结构主要采用压制和碾压成型的梁柱作为承载件，铺设不锈钢的蒙皮构成。采用不锈钢制成的车体的各种板材、型材的壁厚可以减薄，免除了采用钢材时需要考虑的腐蚀余量。

一般将不锈钢板压制成经过特别设计的断面的型材再焊接成框架。分别以波纹式地板(波纹式侧板、波纹式车顶板)或平侧板、平顶板铺设在框架上，以点焊方式焊接成底架、侧墙、车顶和端墙等模块。将这些底架、侧墙、车顶和端墙模块拼装组焊成一个筒形结构，从而成为一个整体承载的结构。

由于不锈钢制造工艺尚无法使制成的车体具有较好的密封性，在高速列车的车体上还不具备使用不锈钢材料的条件，以不锈钢材料制成的车体主要在200km/h速度等级以下的列车特别是地铁车上使用。在制造工艺特别是焊接工艺有较大升级以及在结构上采用特殊设计后，不锈钢材料才有可能在高速列车的车体上发挥作用，才可能进一步降低自重和造价，并节约制铝的耗电量。

4. 铝合金车体结构

为使车体轻量化，目前高速列车车体大都选用铝合金材料制造。铝合金车体承载结构的自重由传统钢结构的 14~15t 降为 8~10t。

1) 铝合金车体的演变过程

铝合金车体结构主要经历过四个发展过程，如图 8.1.1 所示。其中，图 8.1.1(a) 为焊接框架车体结构，图 8.1.1(b) 为轧制铝型材车体结构，图 8.1.1(c) 为铝蜂窝型材车体结构，图 8.1.1(d) 为中空双表面铝合金碾压型材车体结构。

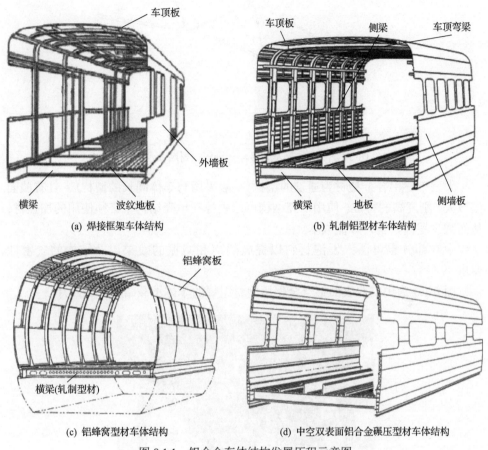

(a) 焊接框架车体结构　　　　　　　　　(b) 轧制铝型材车体结构

(c) 铝蜂窝型材车体结构　　　　　(d) 中空双表面铝合金碾压型材车体结构

图 8.1.1　铝合金车体结构发展历程示意图

2) 现用结构形式

在高速列车上普遍采用中空双表面铝合金碾压型材的车体结构，其车体采用与车体同长的大型中空铝合金型材组焊而成，使车体成为薄壁筒型整体承载结构。该车体承载结构已经成为国际上的主流，其主要关键技术包括车体轻量化设计制造中结构优化设计、车体组焊变形控制技术、车体气密性、结构模态与强度等。

车体的承载结构采用轻量化的铝合金材料组焊而成，既要具有足够的强度和抗疲劳特性，又要具有一定的刚度和较高的自振频率，避免产生振动耦合现象，也需要使采用吊挂安装方式安装在车下设备舱中的设备在方便拆装的情况下安全可靠运用。

中空双表面铝合金碾压型材的两侧表面为薄壁金属材料，两表面金属板之间用筋板连接起来，筋板之间是中空的。该结构又俗称双壳结构，如图 8.1.2 所示。

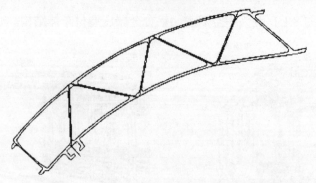

图 8.1.2　中空双表面铝合金碾压型材断面示意图

大型中空铝合金型材为通长的型材(一般采用与车体同长的型材),具有截面模数大、刚度高的特性。使用双壳结构可以去掉在单壳结构中必须使用的加强材,从而减少零件数量,降低成本。

中空部分也可注入发泡材料以提高隔声和减振的效果以及结构的气密性要求。

图 8.1.3 为中空双表面铝合金碾压型材组焊的车体承载结构构成照片。

图 8.1.3　中空双表面铝合金碾压型材组焊的车体承载结构构成照片

高速列车要采用流线型的头型,动车组还要具有优良空气动力特性的外形,以减小阻力、降低噪声、减小微气压波的作用等。

5. 轻量化设计

为了实现动车组的高速运行,动车组必须具有较轻的轴重以降低对钢轨的打击。对于高速列车,减轻自重非常重要,因此车体必须实现轻量化。

车辆的轻量化具有以下优点:

(1)车辆自重轻、轴重小,节省材料和成本。

(2)由于自重轻,由自身产生的载荷就小,对钢轨的打击也降低了。

(3)对钢轨的压力小,车轮与钢轨间的磨耗减少了。

(4)车辆和线路维护保养的工作量和成本降低了。

(5)运行阻力减小了,从而牵引力和制动力降低了。

轻量化的要求是全方位的。

车体自重占车辆重量的比例较大,一般在一半以上,因此实现车体轻量化意义重大,其中中空双表面的铝合金碾压型材组成车体承载结构是高速列车的最佳选择。

车体需要承受旅客的重量和各种设备的重量,以及列车在运行过程中的垂直载荷、纵向载荷、横向载荷和扭转载荷等,应保证在满足结构的强度和刚度要求下尽可能降低车体承载结构的自重。

为实现车体承载结构的轻量化,需要从多方面着手:

(1)车体承载结构的设计方面,需要从构造(包括型材断面结构形式设计)、结构强度计算、优化结构、整体刚度调配等方面,利用有限元分析、试验研究等手段在强度、刚度、结构模态、疲劳等领域开展工作。

(2)车体制造方面,需要从型材挤压成型、焊接、探伤、车体组焊、变形控制、调修与整形、大部件对接、必要的例行试验、车体重量均衡和模块化组装方面精心制造。

8.1.3　车体内部设施

车体内部有地板、侧墙、车顶和端墙等。

设备包括侧门、客室门、端门、走廊门、车窗、座椅等。

1. 外门

现有高速列车上使用的外门有两种:塞拉门和内拉门。

塞拉门关闭后使车外的侧墙成为一个光滑的表面,这样高速列车运行时可以获得较低的空气阻力。内拉门关闭后不能使侧墙外表面光滑,而形成一个门形凹坑,高速列车运行中这一凹坑将会形成局部的紊流,加大表面阻力,也是一个噪声源。

在车门打开的情况下,塞拉门要占用车外空间。特别是列车在站台边停靠时,正是需要开门的地方。由于该门外开而占用的空间不应与站台相碰,只能将车体的宽度缩减,这样不仅在车体与站台之间产生较大间隙,而且限界空间不能被充分利用,车辆为了使用此外开式塞拉门而牺牲旅客的舒适性,显然是得不偿失的。而内拉门打开时车门被塞在车厢夹缝里面,尽管占用车厢内空间,但是仅占能够容纳门的那点基本不属于客室的空间,不必占用客室的空间,不仅不影响旅客的舒适性，反而使车辆的宽度可以尽可能加大，充分利用限界的空间，对加大客室空间有利。

结合两种门的特点，显然可以研发一种内置式塞拉门。关门时车门侧移达到与门框对齐后，让内拉门在关门即将完成时，实施一个塞的动作，使车门塞入门框中，让门的外表面与车体的外表面对齐，形成光滑的外表面，发挥外开式塞拉门的这一优点；在塞入后实现车门的密封性。打开时，从塞入的反向退出门框，退出后侧向移动让出门框的位置，实现车门的打开。

这样的内置式塞拉门将更适合高速列车的要求，关键要处理好车门与门框闭合时保持密封、打开时地板进出口处不能有台阶的难点。

2. 客室门

客室门一般为侧拉式。

客室门的作用是保持客室内的乘坐环境。由于车厢端部存在通过台，一般下部是转向架、上部是空调装置或有受电弓，噪声源较多。客室门可以较好地起到隔断噪声的作用，以保持车厢内的安静，同时也隔开了卫生间等人员流动较大的地方，对保护客室内环境有益。因此，客室门应采用自动开闭门方式，即人员到达时车门自动打开，或人员通过简单的按钮或接近开关打开门，在人员离开后自动关闭该门。当然，需要有遇障碍返回的功能，避免夹伤旅客和司乘人员，造成故障。

因此，该门需要有很好的隔音性能，有较高的动作可靠性。

3. 侧窗

侧窗为固定式车窗。

侧窗采用双层中空安全型，即由两层玻璃组合而成。采用中空双层玻璃的目的是使侧窗具有很好的隔热性能和隔声性能。

外层玻璃采用夹层安全玻璃，需至少能承受规定的压力载荷（如±6kPa），窗安装后应保证气密性要求，应具有光学、隔声、隔热、耐热、耐辐射、抗老化、抗冲击等特性，也应能承受砾石打击。

内层玻璃可采用夹层安全玻璃，也可采用单层钢化玻璃。

客室中还要布置若干应急车窗。

4. 座椅

1）布置

高速列车上主要有三种座椅：高端商务座椅（对应公务舱座椅）、一等座椅（对应商务舱座椅）和二等座椅（对应经济舱座椅）。其中，高端商务座椅有1+1或1+2

布置形式，一等座椅为 2+2 布置形式，二等座椅为 2+3 布置形式。

为了避免旅客反向乘车时产生晕车感，以上座椅均可旋转，使旅客乘车时面向前方。

有关座位 3+3 的布置方式请见第 7 章相关内容。

在列车的适当位置处还设有乘务员专座和沙发等。

2) 公务舱座椅

(1) 公务舱设单人和双人高档可躺式座椅。

(2) 整体可旋转 180°，使乘客始终朝向列车前进方向。

(3) 椅背上设杂志袋。

(4) 公务舱设个人影视设施。

3) 商务舱座椅

(1) 商务舱设高档软座椅。

(2) 整体可旋转 180°，使乘客始终朝向列车前进方向。

(3) 椅背上设衣帽钩、把手、杂志袋、脚蹬等。

4) 经济舱座椅

(1) 经济舱设简约软座椅。

(2) 整体可旋转 180°，使乘客始终朝向列车前进方向。

(3) 椅背上设衣帽钩、折叠式茶桌、把手、杂志袋等。

5) 乘务员专座

(1) 动车组设有乘务员专座，为翻板结构。

(2) 每列至少 4 个。

6) 沙发

(1) 动车组观光区可设固定沙发。

(2) 沙发按人机工程学原理设计，分为单人和双人两种形式。

5. 挡风玻璃

挡风玻璃又称前窗玻璃。挡风玻璃应具有如下特性：

(1) 很好的尺寸符合性、厚度符合性和优良的吻合度等，以保证其安装。

(2) 优良的环境友好型，包括耐热性、耐辐照、耐湿性、抗温度老化、抗气候老化、雾度等性能。

(3) 优良的光学特性，包括外观品质(内部光学缺陷)、可见光透射比、光学畸变、副像偏离、色牢度(颜色识别)、色度、耐磨等性能。

(4) 优良的抗冲击特性，包括抗砾石冲击性能、抗飞弹冲击性能、抗鸟撞性能、抗穿透性性能等。

(5)优良的隔音、隔热性能。

(6)优良的电特性，包括稳定的加温元件电阻值、绝缘电阻和介电强度、加温均匀性能、耐电热冲击性能、耐电热性能等。

(7)优良的对司机的保护性能，包括防飞溅、抗散裂、防火等性能。

(8)优良的黏接性能，应保证足够的气密性和气密强度。

8.1.4　尚待落实的几项优化措施

从我国客流量多、波动系数大的特点看，发展以下技术具有积极意义：

(1)统一的车钩中心线距轨面高度。

(2)双层车厢。

(3)3380mm 的宽车体。

(4)2～3 辆、3～4 辆车厢组成的可重联小编组动车组(包括已有的 8 辆编组动车组)。

(5)可调型平面布置。

(6)适用于高速列车的不锈钢车体承载结构。

(7)以抽屉式车下设备安装结构替代吊挂式安装结构。

(8)研发与新型高支悬转向架相匹配的支承结构的车辆。

(9)可转换成 2+2 座的 3+3 座椅。

(10)内置式塞拉门。

(11)车体外保温，内饰直接安装于金属承载结构上。

(12)表面光滑，与空气的亲和力弱，表面空气阻力小。

(13)利用表面材料吸收太阳能光和热的能量研制车顶太阳能电站。

8.2　转　向　架

8.2.1　转向架的作用、基本要求和技术关键点

1. 转向架的作用

转向架置于车体和轨道之间，是铁道车辆的腿，也称为走行装置，决定了高速列车能否实现高速运行。

转向架主要承担引导车辆沿轨道稳定平稳运行的职能和承载车体及其附挂件的重量，还为车辆提供牵引力和制动力，并承受由线路不平顺激扰产生的各种振动载荷，缓和其动作用力。

作为铁道车辆关键特征之一的蛇行运动必须被抑制，使其不在常用速度区发生失稳。因此，对于高速列车，就要求有很高的临界速度——蛇行失稳速度（在

试验台上的临界速度至少应大于动车组运行速度的 1.3 倍)。

转向架是保证列车运行品质和安全的关键部件，特别是高速运行时转向架性能的优劣直接关系到高速列车的安全和旅客的舒适度。

2. 高速转向架的基本要求

高速转向架应满足以下基本要求：

(1)较高的蛇行运动临界速度。

(2)优良的运行稳定性，在各种运行条件下确保安全。

(3)高速运行下优良的平稳性，满足旅客舒适度要求。

(4)良好的曲线通过性能，轮轨间动作用力小。

(5)尽可能减小簧下质量和簧间质量，结构力求轻量化。

(6)运动部件无磨耗或少磨耗，减少维修量。

(7)采用尽可能简化的结构，保证制造、组装和维修方便。

(8)采用尽可能多的互换件。

(9)尽可能利用成熟的相关高速关键零部件。

3. 高速转向架技术的关键点

1)横向稳定性

车辆高速运行的关键问题是横向稳定性，也就是抗蛇行失稳的能力，可从以下几方面着手。

(1)设计：通过仿真计算对几何参数、悬挂参数和踏面形状进行优化协调实现高的临界速度；并确定相应参数及其公差的控制范围，确保落在钝灵敏度区域内。

(2)试验：通过滚振台试验验证优化临界速度值，并进行必要的改进；线路试验中进一步验证优化。

(3)制造：严格控制加工公差，确保目标参数在钝灵敏度区域内。

(4)运用：保持目标参数在钝灵敏度区域内；并安排必要的修形，尽力保证踏面形状的变化在一定范围内。

(5)监测：转向架上安装蛇行失稳监测装置，对运行过程中相关参数发生变化后的运行情况进行监测，在性能恶化时做出预报和报警，并及时送基地检修。

2)不利速度区

不利速度区是指使车辆振动加剧的某些速度区域。由于车辆运行在这些速度区时振动加剧、某些性能恶化，一些部件超出其正常工作范围而容易产生故障及损坏，应该使车辆的常用速度区避开不利速度区(详见第 4 章)。

通过仿真优化、试验研究、精细制造等措施实现，同时选择钝灵敏度区域，以使运行过程中相关参数发生较小变化时不利速度区不会发生变化。

用监测装置监测，对不利速度区发生偏移的情况进行预报。

3）动车组对线路的适应能力

动车组对线路的适应能力包括低轮轨作用力和对线路不平顺的适应性。其中，低轮轨作用力包括最大垂直力和平均横向力两个方面。对线路不平顺的适应性应保证在3级线路上的运行性能。

通过仿真优化、试验研究、精细制造等措施实现，同时选择钝灵敏度区域，使运行过程中相关参数发生较小变化时不影响对线路的适应能力。

用监测装置对性能恶化进行预报。

4）动车组运行稳定性与曲线通过性能

动车组运行稳定性与曲线通过性能（包括道岔通过能力）是指抗脱轨、抗减载、抗倾覆、抗涨轨，即控制脱轨系数、减载率、倾覆系数和最大横向力在限度之内。

通过仿真计算、试验研究、精细制造等措施进行优化，同时选择钝灵敏度区域，使运行过程中相关参数发生较小变化时的运行稳定性与曲线通过性能也能确保安全。

用监测装置对性能恶化进行预报。

5）动车组运行平稳性

动车组运行平稳性可用舒适度和平稳性指标进行评判，通过仿真计算、试验研究、精细制造等来保证动车组的运行平稳性在2级线路上也能达到优良水平。

用监测装置对运用中的恶化现象进行预报。

6）轻量化转向架结构强度和可靠性技术

轻量化转向架结构强度和可靠性技术应包括转向架整体结构形式以及构架、枕梁、轴箱、牵引拉杆等相关零部件。

要保证这些部件具有足够的强度，包括静应力、动应力都在限度范围内，也要从材质上加以保证，要开展寿命预估分析与试验（材料试验、台架试验和线路试验）。

制造过程中的重点是焊接工艺以及残余应力的消除，控制部件的形状和几何尺寸在规定的范围内，避免承受额外载荷。

7）轮对可靠性

轮对可靠性要作为一个单独的问题处理，包括低应力高抗疲劳性、抗振动冲击能力和耐磨性。列车高速运行中由线路不平顺和车辆本身质量产生的振动作用在轮对（包括车轮、车轴）上。由于速度高，振动频率也较高。轮对受到周期性载荷和随机载荷的作用，对某些不平顺的冲击力也加大了。需要解决提高在相应轴重下的疲劳性能和抗冲击振动性能问题。此外，使踏面外形保持较长时间也是课题之一。为此，应从材质、冷热加工工艺、外形几何、内孔尺寸粗糙度等方面进行优化，定期探伤，尽早发现裂纹，避免出现灾难性的故障。

轮对的动平衡优劣直接关系到轮对和钢轨承受异常载荷，控制轮对动平衡是制造、维修的关键工序。

8) 中速重载轮对轴承可靠性

高速动车组的轮对轴承属于中速重载轴承，其可靠性直接影响动车组的安全。

通过选型、试验、维护、监测保证可靠性，关注转速的影响、润滑材料的选择和定期更新。

9) 制动盘和片的热负荷能力

制动盘和片的热负荷能力是确保制动距离和盘片使用寿命的关键，选用的制动盘和片应满足相应的要求。

10) 动态偏移量

动态偏移量计算是检查车辆是否满足限界标准的要求。

按限界标准进行计算得出不同风速下各速度级的动态偏移量，保证在 160km/h 及以下速度运行时可通过站台侧，并提出更高速度下在不同风速时的动态偏移量，必要时需要调整悬挂参数，甚至车体参数。

11) 机械传动部件可靠性

机械传动部件包括将电机的旋转动力传递至轮对的各零部件，如联轴节与齿轮箱等，其可靠性主要是高转速下的抗振动破坏能力。设计时应选用合适的传动比，使这些部件工作在正常转速下。制造中应保证品质，特别是动平衡特性，关注润滑材料的选择和更换周期，进行疲劳试验和寿命评估，使这些部件满足要求。

12) 悬挂部件可靠性

悬挂部件主要包括空气弹簧装置、螺旋弹簧、减振器、金属橡胶减振元件等，其可靠性直接影响转向架的优劣。选型应保证部件在正常工作范围内，进行疲劳试验和寿命评估，使这些部件满足要求。

13) 耐磨、润滑与防腐性能

转向架上在尽量避免采用摩擦副的同时，要在存在摩擦的地方使用耐磨材料，减少磨耗，保持性能。也可在可以加润滑剂的地方采用适当的润滑措施，以减小磨耗，并在运用中规定检修、润滑的时间间隔。

转向架各部的防腐性能应在设计、制造和运用中给予关注，使各部件能在正常工作范围内工作，避免性能衰退。

8.2.2　客车转向架的分类

1. 按与车厢关系分类

转向架有独立式转向架和铰接式转向架两种主要形式，其中在高速列车领域的铰接式转向架主要是法国铁路使用，其他铁路大都使用独立式转向架。

使用独立式转向架的车辆的每节车厢坐落在两个独立转向架上。

使用铰接式转向架的车辆虽然每节车厢也坐落在两个转向架上，但是每两节车厢需要共用一个转向架。

2. 按转向架功能分类

高速列车转向架分为动力转向架和非动力转向架。

动力转向架装有动轮，可以输出牵引力。图 8.2.1 为一种动力转向架的示意图。非动力转向架没有动轮，仅可输出制动力。

图 8.2.1　动力转向架示意图

3. 按支承方式分类

转向架有单点支承和两点支承两种方式，对应 8.1 节中提到的车体的两点式、三点式和四点式三种支承方式。支承方式是指转向架垂直方向支承车体的方式。

一般一节车辆的车体坐落在两个独立转向架上，每个转向架左右各有一个支承点，因此一个车体就有四个支承点支承。四点支承方式是常规的、传统的转向架普遍采用的方式。在这样的支承方式下，就像一个四脚凳，车体的重心不可能落在四个支承点的包络范围之外，系统的稳定范围较大；但是在线路扭曲的情况下，车体和转向架都将承受一个扭曲载荷。

三点支承的情况是支承车体的两个转向架中有一个转向架仅支承在其中心点处，因此与另一转向架上的两个支承点一起组成对车体的三点支承。三点支承的包络范围就比四点支承小得多，好处就是在线路扭曲的工况下，车体不再承受扭曲载荷，仅转向架承受扭曲载荷，有利于曲线通过。

两点支承的情况下，支承车体的两个转向架都采用中心点支承的方式，此时的车体是不稳定的(因为车体的重心不可能正好通过两个转向架的支承点连线)，此时必须加装抗侧滚扭杆，以此来扶正车体。两点式支承方式也有利于曲线通过。

有关支承方式的实现可参见下面有关空气弹簧装置的介绍。

8.2.3　客车转向架的发展历程

客车转向架大体经历了三种基本结构形式，图 8.2.2 列出了发展过程中的三种基本形式，其中图 8.2.2(a) 为有摇枕有摇动台有心盘转向架，图 8.2.2(b) 为有摇枕无摇动台有心盘转向架，图 8.2.2(c) 为无摇枕无摇动台无心盘转向架。

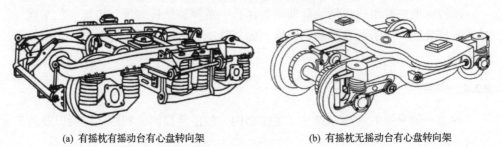

(a) 有摇枕有摇动台有心盘转向架　　　　　　　　(b) 有摇枕无摇动台有心盘转向架

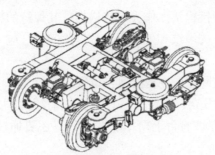

(c) 无摇枕无摇动台无心盘转向架

图 8.2.2　客车转向架发展历程示意图

为了提高旅客的乘坐舒适度，转向架需要很好地适应线路的不平顺状况，并能缓冲由线路不平顺带来的各种冲击和振动。为此，在车辆发展初期的一些简易的转向架基础上发展出来有摇枕有摇动台有心盘的转向架。该转向架通过提高垂向挠度改善垂向性能，依靠摇动台改善车辆的横向性能，依靠心盘传递纵向载荷，同时又与旁承一起起到支承车体的作用，其结构较为复杂，自重较大。随着技术的发展，弹簧的横向刚度得到了有效的改善，依靠弹簧优良的横向性能来替代摇动台的作用就出现了有摇枕无摇动台有心盘的转向架。此种转向架的重量减轻了，部件数量也减少了。为了进一步简化转向架的结构，减轻转向架的重量，又出现了无摇枕无摇动台无心盘的转向架。该转向架利用弹簧直接支承车体而废除了摇枕，利用牵引拉杆代替心盘传递纵向载荷，从而使转向架的自重大大减轻、结构大大简化。自大柔度空气弹簧问世后，该形式转向架结构得到进一步简化，性能又进一步提升，可以提供很好的乘坐舒适度；经过一段时间的使用，这种装用空气弹簧的转向架结构形式越来越简化、越来越成熟，从而成为当今的主流转向架结构形式。此类无摇枕无摇动台无心盘转向架简称无摇枕转向架。

我国自首列先锋号动力分散高速动车组开始使用装用空气弹簧的无摇枕转向架后，此类转向架已经成为我国铁道车辆首选，无论在 160km/h 以下速度等级的车辆上还是在高速列车的转向架上都成为不二的选择。

该转向架主要组成包括轮对轴箱装置、一系弹簧悬挂装置、构架、二系空气弹簧悬挂装置、牵引装置和制动装置。如果是动力转向架，还有牵引电动机及传动装置。

8.2.4　构架

构架一般采用 H 型焊接结构，主体结构一般由两根侧梁和两根横梁以及若干安装座组成。

现代的构架均采用焊接构架。作为焊接构架，其焊缝的特性是关键，包括焊接的影响区问题、焊接区的裂纹和残余应力的消除问题、应力集中的问题和焊缝的检查问题等。

各安装座均是根据实际需要在构架适当位置加设。

构架承受的载荷非常复杂，需要每一工况逐一和各种可能组合加以计算确认。试验时仅选择少量工况在试验台上模拟加载，最终还要通过线路实测试验加以确认。

构架承受的载荷主要有垂直静动载荷、横向静动载荷、纵向静动载荷、斜对称静动载荷、减振器静动载荷、冲击载荷、电机反力矩、夹钳反力矩、旋转不平衡载荷、止挡接触位置变化引起的载荷、转向架回转阻力矩、抗侧滚载荷、气动载荷、压缩空气载荷(作附加气室时)等。

需要考虑的工况主要有运用工况和超常工况，分别需要考虑通过左弯曲线和右弯曲线的数量差，也需要考虑新轮和磨耗到限轮。

8.2.5　轮对

1. 动力轮对与非动力轮对

轮对也按是否能输出动力分为动力轮对和非动力轮对，车轴也按是否能输出动力分为动力轴和非动力轴。其中动力轮对除一根车轴和两个车轮外，还带有齿轮箱的大齿轮，轮对的车轮上可安装轮装式制动盘；非动力轮对除一根车轴和两个车轮外，一般还带有轴装式制动盘和/或轮装式制动盘。

车轮的使用寿命至少为 240 万 km。

采用整体车轮,通过设计的沟槽标记出车轮直径的磨耗限度。

车轮的踏面与轮缘的形状为磨耗形。

应对实物车轴和车轮组成的轮对进行疲劳试验。

2. 实心车轴与空心车轴

传统的车轴是实心车轴,这是通常使用的车轴。由于车轴的完好对车辆的安全至关重要,对车轴的检查保养是日常维护的重点。经常需要将车轴从转向架上取下进行检查,特别是一定时期必须进行探伤检查,包括目视检查、磁粉探伤、荧光探伤和超声探伤。

由车辆动力学理论可知,减轻簧下质量可以降低对钢轨的打击,从而减小线路和车辆的载荷,为此出现了空心车轴。空心车轴是指在车轴的轴向中心位置开一个通长的孔,以此降低车轴的重量,即降低了簧下质量。

随着超声波探伤技术的发展,出现了内孔探伤,于是也可以从空心车轴的内孔对车轴实施探伤。这样,车轴探伤时就不必将车轴从转向架上拆下来,只要打开轴端的封闭部件就可直接在现车上从轴头孔处伸进探头进行探伤,既省工又省力,特别是对于像编组后基本不解编的动车组更加有利。在运行速度提高后,同样时间间隔中的运行里程增加了,相应的检查间隔时间就要缩短;到了高速列车上,该检查间隔周期缩短到一个月左右,在线探伤的意义就更凸显出来。

对于高速列车,采用空心车轴,不仅是降低簧下质量的需要,更是探伤的需要。为此,为保证车轴的安全可靠性,需要对高速运用的车轴经常探伤,有必要采用空心车轴。

3. 车轴的等级管理

我国铁路的车轴标准体系是以等级管理理念来规定的,有关车轴等级管理的问题请见第 3 章。有关标准中规定的轴重应理解为名义轴重,对于我国的既有线铁路可对应于额定轴重;对于最大轴重的负载已经纳入标准体系中,即该车轴可实际承受的最大载荷涵盖了最大轴重(必定大于额定轴重)。有关额定轴重和最大轴重的含义请见第 3 章相关内容。

4. 静动平衡

轮对作为一个旋转部件来讲,一项至关重要的事就是动平衡。对于高速列车来讲,轮对动平衡的水平直接关系到高速列车的运行安全,必须尽力做好轮对动平衡的工作。

做好轮对动平衡,首先要做好车轮、制动盘和齿轮的静动平衡,并在此基础上通过调配使组装的轮对具有优良的静动平衡特性，进而通过去重法使轮对的动平衡指标接近于零。制造时轮对的动平衡指标应以小于 $10g \cdot m$ 为目标，制成品则不宜超过 $30g \cdot m$。

5. 磨耗型踏面

车轮的踏面轮缘形状直接影响到车辆的直线运行性能(特别是横向稳定性)和曲线通过性能。在车辆运行时，轮轨之间的相互接触，使车轮踏面与钢轨的轨廓都不可避免地产生磨耗，因此一个理想的车轮踏面形状不仅要确保车辆具有良好的运行性能，还应能维持较长时间，以减少因保持踏面形状而频繁进行镟轮和磨轨。

铁道车辆发展初期，为了安全，首要的是保证车辆的运行性能，于是设想采用锥形踏面。但是使用锥形踏面的车辆初始运行一段时间后，踏面形状会很快被磨耗而不再是锥形了，这段时间就是车轮的快速磨耗期。在此时期后，车辆的运行性能变得不稳定，于是就需要通过镟轮使车轮的踏面恢复成原先设想的锥形，以保证车辆的运行性能。为了恢复成锥形，在镟修时就要镟掉大量尚未磨耗的部分。镟后的车轮投入运行后又会进入初始的快速磨耗期，开始新一轮的恶性循环。

在铁路长期运用过程中，人们发现：尽管车轮在初始运行一段里程后不再保持锥形，但存在一种车轮踏面外形，在随后的运行中，无论是踏面还是钢轨的轨廓，其磨耗速度变得非常缓慢，即可以维持较长一段时间，进入所谓的"稳定期"。进一步研究发现，处于稳定期的踏面形状不仅有利于车辆的直线运行，还能改善曲线通过性能，只有在稳定期结束后，踏面和钢轨才会出现较快磨耗。因此，人们将这种处于稳定期的踏面形状称为"磨耗型踏面"（当然，这种踏面形状必须与钢轨的轮廓相匹配）。

显然，如果将新制车轮的踏面直接镟成磨耗型踏面，那么该车轮也就不会再有初始的快速磨耗过程而直接进入稳定期。这样的车轮踏面形状既能使车辆具有优良的直线运行稳定性又能具有很好的曲线通过性能，并且还能维持很长一段时间。

20 世纪 80 年代，根据国外对踏面形状的研究和我国对运用中的铁道车辆的车轮踏面外形的调查，四方车辆研究所提出了我国铁道车辆用的磨耗型踏面外形——LM 型踏面。20 世纪 90 年代，他们又提出了高速铁道车辆用的磨耗型踏面外形——LMA 型踏面。经试验和运用的验证，这两种铁道车辆的磨耗型踏面满足既能使车辆具有优良的直线运行稳定性，又能具有很好的曲线通过性能，并且能维持很长一段使用时间的要求。但是由于当时尚没有高速线路，对于高速铁道车辆用的 LMA 型踏面还缺少运用的实践。

20 世纪末和 21 世纪初，我国依据上述试验研究成果，优先采用 LMA 型踏面的设计思想，提出在我国高速铁路开通后经过长期的跟踪试验中找出一种适合我国高速铁路的高速车辆的磨耗型踏面。

CRH 高速动车组上采用的踏面均为磨耗型踏面，但是种类较多，其中有 LMA 型、SP55 型和 S1002CN 型等，并未简统成一种。

为了达到能维持很长一段时间的目的，车轮与钢轨相互之间必须有很好的匹配，特别是外形的匹配。我国高速铁路使用的钢轨的轨廓是一致的，相应的各种基本参数(如材质、硬度、轨距、轨底坡等)也是一致的，因此全国高速车辆的车轮外形可以是统一的。但是要达到既能使车辆具有优良的直线运行稳定性又能具有很好的曲线通过性能的目的，完全依靠车轮踏面外形是不行的。这是由于各种车辆的基本参数是有差异的，需要通过调整一、二系悬挂和匹配参数来达到这一目的，因此即使不同的车辆采用同一种踏面形状，也可以通过调整一、二系悬挂参数来优化车辆的运行性能。

6. 其他特性

轮对(包括车轴和车轮)的其他特性还包括材料的化学成分、机械特性、表面特性参数、形位公差和尺寸公差、保护层试验、抗冲击性能、抗疲劳性能等。

在疲劳试验前后应进行探伤检查和残余应力测量。

作为锻件的车轴和车轮，也要按锻铸件的相关要求对其工艺缺陷进行控制，包括 X 射线探伤和电镜检查等。

8.2.6　一系悬挂

1. 一系悬挂组成

转向架的一系悬挂组成包括轴箱体(或与转臂一体式)、轴箱定位节点、轴箱弹簧、轴箱垂直减振器、橡胶垫、止挡和牵引装置等，主要零部件车轴轴承、齿轮箱与联轴节与一系悬挂组成相关。

一系悬挂的作用主要是为转向架提供较高的临界速度、良好的曲线性能、坚固的抗冲击结构和良好的运行可靠性。

2. 一系悬挂定位结构

一系悬挂定位结构主要有四种形式：轴箱弹簧式，也包括圆筒积层橡胶弹簧；拉板式；上下拉杆式；转臂式。

1)轴箱弹簧式

构架与 Ω 形的轴箱前后两侧之间设有橡胶与弹簧，载荷主要由构架通过钢弹簧传递至轴箱，以钢弹簧的纵横向刚度或者夹层橡胶弹簧的纵横向刚度提供定位刚度。夹层橡胶弹簧可设计成所需的纵向和横向定位刚度，为无磨耗结构，在运用中需保持其定位刚度值稳定。

2)拉板式

用特种弹簧钢材制成的薄型定位拉板，一端与轴箱连接，另一端通过橡胶节点与构架连接。利用拉板在纵、横方向的不同刚度来约束构架与轴箱的相对运动，以实现弹性定位作用。

3)上下拉杆式

拉杆两端分别与构架和轴箱销接，拉杆可以容许轴箱与构架在上下方向有较大的相对位移。

拉杆中的橡胶垫、套分别限制轴箱与构架之间的横向和纵向相对位移，实现弹性定位。

4)转臂式

定位转臂一端与圆筒形的轴箱体固接(或成一体式)，另一端以橡胶弹性节点与焊在构架上的安装座相连接。橡胶弹性节点容许轴箱相对构架有较大的上下方向位移，但它里边的橡胶件使轴箱纵向和横向位移的定位刚度有所不同，以适应纵向和横向两方向的不同弹性定位刚度要求。

3. 轴箱体

轴箱体分为一体式和分体式两种，还有与转臂成一体的形式。

轮对轴箱装置应便于更换。

轴箱体的材料分别有铸钢、球墨铸铁和铸铝。对于铸造的零部件，其材料特性是首要关注的，包括材料的化学成分、金相、抗拉强度、延伸率、冲击韧性(含低温冲击)、硬度等。

铸件的工艺性也是需要关注的问题，包括对轴箱体的内在缺陷检查，可采用探伤和关键断面切面电镜检查方式。特别是对轴箱体的关键部位(包括设计强度的关键部位和铸造工艺关键部位)进行划切断面。对切面的金相组织、材质均匀性、断面收缩率、气泡、杂质等铸造品质在电镜下进行检查。若采用 X 射线探伤可以确认，则可以不再切片后采用电镜检查。

轴箱体的特性主要是外观、关键尺寸、质量、表面防腐、防水性能、静强度和疲劳强度性能。

4. 轴箱轴承

轴箱轴承分为圆锥形和圆柱形，已有的圆柱形轴箱轴承的横向载荷的承载能力尚不能满足要求，因此还是应使用圆锥形轴箱轴承。

轮对轴承为单元式自密封免维护轴承，轴承应保证 120 万 km 内无须检修。

轴箱轴承承受的载荷包括径向载荷、横向载荷和回转载荷。

轴箱轴承承受的径向载荷包括垂直载荷和纵向载荷。垂直载荷包括与轴重有关的静动载荷，也包括垂向冲击载荷；纵向载荷包括牵引制动时受到的稳态载荷和冲击载荷，也包括车轮与钢轨存在冲角时的导向力和冲击力。

轴箱轴承承受的横向载荷包括导向力、离心力、轮轨间的各种动态横向作用力。

各载荷的取值请见第 3 章相关内容。

轴箱轴承的外观包括外观状态、关键尺寸、质量、油脂质量、油脂颜色、油脂特性(基材含量、滴点、闪点、黏度、油膜破坏压力，还应包括锥入度、含水量、氧化物稳定性的改变和铁含量等)、油脂附着力、保持架形态等。

轴箱轴承的内在缺陷应分为内圈、外圈、滚柱、保持架等，采用探伤和电镜检查方式进行检查，包括它们关键部位的表面和断面，对金相组织、材质均匀性、杂质等品质在电镜下进行检查。

还应关注轴箱轴承关键部位试样的有关材料的化学成分、金相、抗拉强度、延伸率、冲击韧性(含低温冲击)、硬度等特性。

轴箱轴承的整体特性包括防水防尘、静强度及疲劳性能(含保持架)、润滑性能、耐久性能、润滑脂耐久性、噪声特性、温升特性等。

一般要求在超过设计速度 1.2 倍的超速情况下还能符合相关要求的轴承方可使用。

应根据我国高速铁路线路条件确定的相关载荷参数进行性能试验。

5. 钢弹簧

轴箱弹簧大都为钢制螺旋弹簧，一般置于轴箱上方。

钢制螺旋弹簧通过适当厚度的橡胶垫(或聚氨酯类)与转向架构架、轴箱隔离，以保证电气绝缘。

在最大超载重量下运行时，钢制螺旋弹簧的各簧圈均不应有压碰现象；用于安全保护的轴箱止挡也不应受到碰撞；用于使刚度产生非线性变化的轴箱止挡应依据载荷的大小确定止挡的允许压缩量。

垂向减振器与钢制螺旋弹簧并联安装，用以衰减振动。

钢制螺旋弹簧需要关注以下指标：

(1) 最大载荷。

(2) 最大载荷下的变形量。

(3) 额定载荷。

(4) 额定载荷下的变形量。

(5) 轴向刚度。

(6) 横向刚度。

(7) 挠度裕量(最大压缩量与最大载荷下的挠度差)。

(8) 尺寸(自由高、外径、间隙均匀性、簧条直径)。

(9) 0.5～1.5 倍额定载荷下的疲劳寿命(疲劳周次)。

为保证在最大载荷时不出现簧条相互碰撞和碰撞固定止挡的现象，可按弹簧的最大压缩量设计成额定挠度的 1.65 倍。

6. 橡胶减振元件

定位节点为金属橡胶减振元件，为轮对提供纵、横向弹性定位，应通过灵敏度分析确定定位节点刚度及公差限值。

鉴于橡胶减振元件的工艺过程的稳定性有待提高，需要对每批次的橡胶减振元件的材料特性和部件特性给予关注。

材料特性应关注如下内容：化学成分、金相、延伸率、冲击韧性(包括低温冲击特性)、硬度、拉伸强度、剪切强度、撕裂强度、热老化、金属与橡胶的黏结强度、压缩永久变形、脆性温度、防火、耐臭氧性能、耐洗涤剂、耐油性、耐候性、耐磨性、压缩蠕变性能等。

部件特性应关注如下内容：尺寸及外观、静态刚度测定(垂向、横向、纵向、扭转)、黏结力测定、静载特性、绝缘性能(常态试验、变形试验)、动刚度-阻尼系数测定、疲劳特性和低温特性等。

其中，疲劳特性还需分别考虑定变形疲劳特性和定载荷疲劳特性。

8.2.7　二系悬挂

1. 二系悬挂组成

二系悬挂组成包括空气弹簧装置(含高度阀)、二系横向减振器、二系垂向减振器(或空气簧的节流阀)、抗蛇行减振器、抗侧滚扭杆、牵引装置、制动基础件和横向止挡等。

二系悬挂还应设防过冲保护，如设防过冲安全阀。

横向止挡一般是为限制车体相对转向架的移动量而设置的，也有为使车体与转向架之间的横向刚度成为非线性而设置的。止挡为金属橡胶元件时，其要求见

8.2.6 节中橡胶减振元件部分。

2. 空气弹簧装置

二系悬挂中采用的空气弹簧装置由空气弹簧、高度调整阀、差压阀和水平调整垫等组成。可以通过加减水平调整垫调整车体地板高度（对应车钩中心线距轨面高度），加垫的厚度应有明确的规定。

其中，空气弹簧由空气弹簧胶囊、紧急橡胶堆、摩擦片等组成。设计时应保证在空气弹簧无气时能够行驶，并在故障工况下也可以通过弯道。应通过灵敏度分析提出空气弹簧的承载能力、刚度及公差限值。橡胶件的要求见 8.2.6 节中橡胶减振元件部分。

其中的高度调整阀能根据载重的变化自动调整空气弹簧的内压，保持车体高度一定，需采取措施保证自动高度调整阀的耐寒、耐雪能力，数量根据设计确定。

空气弹簧装置工作原理图如图 8.2.3 所示。

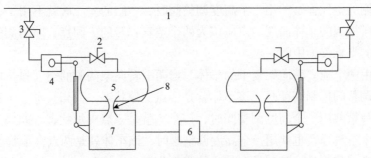

图 8.2.3　空气弹簧装置工作原理图

1-列车总风管；2-排风塞门；3-单向减压阀；4-高度调整阀；5-空气弹簧；6-差压阀；7-附加空气室；8-节流阀

压缩空气由列车总风管 1 提供，经单向减压阀 3 减压后进入空气弹簧系统；单向减压阀的作用是将列车总风管中的压力降低并稳压在空气弹簧系统所需的压力水平上，同时也使压缩空气只能单向输入空气弹簧系统而不能从空气弹簧中回流到列车总风管中，以保持空气弹簧系统相对封闭。当空气弹簧 5 无气时，高度调整阀 4 处于开通状态；压缩空气经过高度调整阀 4 流入空气弹簧 5；空气弹簧 5 与附加空气室 7 是相通的；中间可有节流阀 8，用于衰减振动；空气弹簧充气后其上承台面上升，推动高度调整阀的阀杆，逐步将高度调整阀的阀门开度变小；当空气弹簧上承台面上升到额定高度时，高度调整阀 4 的阀门就关闭了；压缩空气不再进入空气弹簧。如果运行中载荷的作用使空气弹簧上承台面上升超过额定高度，则高度阀的阀杆同时被抬起，就会使高度阀排风，这样承台面的高度就会下降，直至高度阀杆关闭排风功能。如果空气弹簧出现漏气现象，高度调整阀的阀杆就被拉下，从而打开进气阀门，为空气弹簧补气。由此可见，高度调整阀起到控制空气弹簧上承台面高度的作用，也就是起到控制车体高度的作用。此时，两侧各装的高度调整阀分别控制两侧的车体高度。简单的理解就是：高度调整阀所控制的车体高度的点就是车体的一个支承点。

一般在转向架的左右两侧各装有一个空气弹簧，为了避免两侧空气弹簧高度差过大，在两侧的空气弹簧之间连通有差压阀 6，该阀在两侧压力差较大时就使两个空气弹簧连通了。当一侧空气弹簧破裂后，也会造成差压阀动作，以同时排出未破裂一侧空气弹簧中的气压，避免车体往一侧倾斜。

在车辆运行中，车体受到外部激扰后产生振动，依靠空气弹簧所具有的一定柔度减缓振动，使车体平稳。振动过程中空气弹簧产生变位，使空气弹簧的体积发生变化；体积的变化使空气经过节流阀 8 在空气弹簧和附加空气室之间流动，流经节流阀时产生能量消耗，即消耗振动能量；空气弹簧系统所提供的阻尼值与节流阀的孔径大小有关。

当两侧的空气弹簧共用一个高度调整阀时，中间的差压阀就不用了；此时高度调整阀所控制的车体高度的点应该为两个空气弹簧的中间点，即两侧的空气弹簧对车体的支承仅为中间一点。

对于由两个独立转向架支承的车体，当两个转向架两侧的空气弹簧均各自受一个高度调整阀控制高度时，该车体就是四点支撑状态。而当其中一个转向架的两个空气弹簧共用一个高度调整阀时，该车体就是三点支承状态。如果另一个转向架的两个空气弹簧也共用一个高度调整阀时，该车体就是两点支承状态。

由于空气弹簧是橡胶制品，其中的应急弹簧也是橡胶制品，属于上述的橡胶减振元件，需要遵守上述橡胶减振元件的相关要求。此外，作为空气弹簧装置也需要有其特殊的要求，包括外观、在极限变形下的膜板外观、帘线层间黏着力、压力阻力、气密性、抗疲劳、抗破裂、空间包络面、等速轴向刚度、等速径向刚度、等速旋转刚度、正弦运动轴向刚度、正弦运动径向刚度、正弦运动旋转刚度、压力-力特性、轴向等压线，以及各向的最大变位量等。

3. 减振器

减振器用于吸收振动能量，以减缓轨道不平顺等引起的振动和冲击，或抑制蛇行运动。

高速列车上使用的减振器主要有一系垂向减振器、二系垂向减振器、二系横向减振器、抗蛇行减振器、电机横向减振器和车端(或车间)减振器等。

与减振器相关的特性主要有泄漏、使用温度范围、温度极限、存放温度、表面防护、长度和行程、总体尺寸和接口、质量、方向、防火、额定作用力和额定速度、最大作用力和最大速度、作用力速度特性、作用力位移特性、阻尼特性、不对称率、强度、噪声、介质、径向刚度、轴向刚度、抗扭刚度、万向刚度、无故障工作间隔、耐久性，以及特殊气候条件等。

如果有橡胶元件的，还要按橡胶减振元件的要求加以考虑。

CRH380A 上还装有半主动减振器，有关主动半主动减振器的作用请见第 4 章相关内容。

4. 牵引拉杆装置

车体和转向架之间设置牵引拉杆，传递纵向载荷，牵引拉杆装置两端带有弹性节点。

牵引拉杆主要分为单拉杆和双拉杆两种形式，其中双拉杆又称为 Z 形拉杆，可根据转向架的结构特点选择使用。

牵引拉杆超常载荷应考虑转向架质量在 5 倍重力加速度下的纵向冲击载荷。

牵引拉杆模拟运营载荷要考虑牵引电机最大牵引扭矩或制动引起的纵向载荷，并有一定的冗余，至少考虑 1.1 倍的余量。

除牵引拉杆本身外，牵引拉杆装置的其他零部件也需要给予关注，还要考虑牵引拉杆装置的外包络空间是否满足运行要求，以及转向架相对车体的运动产生的变位影响。

如果有橡胶元件的，还要按橡胶减振元件的要求加以考虑。

5. 抗侧滚扭杆装置

对于在采用静态限界的铁路线上运用的车辆，采用四点式支承时不宜加装抗侧滚扭杆装置，采用两点式支撑时需要根据车体质量特性配上适当刚度的抗侧滚扭杆装置。

抗侧滚扭杆要关注的特性包括空间包络特性、抗拉强度、冲击强度、硬度、材料、脱碳深度、晶粒尺寸、锻制纤维、残余应力、表面缺损、表面状态(粗糙度)和表面防护、尺寸检查、扭矩特性/角位移、质量、内部完整性、表面防护、载荷与许用应力、刚度、静态超常载荷下最大抗侧滚角或扭矩、动态(疲劳)下最大抗侧滚角或扭矩、使用寿命和标记等方面。

如果有橡胶元件的，还要按橡胶减振元件的要求加以考虑。

8.2.8　机械传动装置

1. 齿轮箱

齿轮箱是将牵引电机的高转速经所设计的传动比降低后将牵引动力传递给车

轮的部件，以使牵引电机的牵引动力得到更好的发挥。

牵引电机的低速特性改善后，就可以不通过齿轮箱传递牵引力，此时可以取消齿轮箱。

齿轮箱一般根据齿形(斜齿或直齿)分类。

高速列车上一般使用一级变速的齿轮箱，即带有大、小两个齿轮的传动齿轮箱。

齿轮箱的主要特性包括外观、尺寸、质量、防腐特性、密封性能、无负载旋转特性、有负载旋转特性(分为最高油位和最低油位)、温升特性、超速特性、低温启动特性、短路扭矩特性、噪声特性、冲击振动特性、效率等。其中一些特性需要在试验后进行检查，包括泄漏检查、齿面检查、润滑油检测(含铁谱分析)和轴承检测等。

需要关注齿轮箱箱体的强度和平衡杆的强度，还应能够抗砾石打击。

对于减振垫，如果是橡胶制品，还需要关注橡胶减振元件的相关特性。

齿轮箱的箱体大都采用铸件，可参照 8.2.6 节中轴箱铸件的有关内容。

2. 联轴节

由于车辆的运动，牵引电机的输出轴和齿轮箱的输入轴不会在一条轴线上，因此两者之间需要一个既可以传递扭矩又能补偿变位的部件，这个部件就是联轴节，即联轴节用于在电机与齿轮箱之间传递扭矩、协调变位。

联轴节有鼓形齿式联轴节和万向轴式联轴节。

鼓形齿式联轴节由两个半联轴节组成，分别与电机输出轴和齿轮箱输入轴连接，易于拆装。

万向轴式联轴节由花键套叉头、花键轴叉头、法兰、十字头和滚针轴承等组成，分别与牵引电机输出轴和齿轮箱法兰连接，能实现大扭矩传递和大角度变位，便于转向架和牵引电机的分离。

联轴节的特性包括外观、尺寸、质量、防腐性能、静态位移特性(包括径向位移、转角等)、静态转矩负载特性、动平衡性能、极端位移无负载旋转特性、极端位移有负载旋转特性(含负载情况下占空比)、温升性能、超速性能、低温启动性能、短路扭矩性能、噪声性能、效率等。

为了确认性能，在各种特性试验后需要进行检测，包括泄漏检查、齿面检查和润滑油检测(含铁谱分析)。

8.2.9　附属装置

转向架上设安全监测装置的传感器(如加速度计、温度传感器)，监测转向架的稳定性、轴承温度状态。

每轴设接地装置，应拆装方便并且不影响从车轴内孔进行探伤作业。

设速度和加速度传感器的轴箱盖，应拆装方便并且不影响从车轴内孔进行探伤作业。

部分转向架上需安装信号接收(或发送)天线。

在端车的端部转向架的外侧轮对的外部需安装扫石器。

8.2.10　七步设计法

高速转向架的设计可根据下述七个步骤依次推进。

(1)对已使用的高速动车组转向架进行性能分析,研究制定所研制的转向架的整体及各主要零部件的性能指标。结合使用目标转向架的高速铁路的具体情况,确定该转向架的技术条件。

必须综合整体考虑,实现车辆结构和动力学参数的优化。车辆以及各部件的结构参数和悬挂参数等诸多因素都对车辆动力性能具有重要影响,特别是对动力学性能的影响程度各不相同。

(2)研究制订转向架总体方案,提出转向架结构方案。

结构方案应综合兼顾临界速度、平稳性、舒适度、曲线通过性能、轮轨作用力、脱轨系数和减载率等动力学性能指标,并适当选择各参数的灵敏度水平。

(3)在方案的基础上进行动力学仿真计算和有限元结构分析。

其中需要在给定的基本参数(包括既定的磨耗型踏面外形)基础上通过动力学性能仿真重点对如下动力学参数进行优化:

①轴箱转臂几何尺寸(长度和节点高度)。

②转臂节点定位刚度(横向刚度、扭转刚度、纵向刚度)。

③轴箱弹簧垂向刚度、减振器阻尼。

④二系横向减振器位置、阻尼。

⑤空气弹簧的垂向刚度、横向刚度和阻尼。

⑥抗蛇行减振器阻尼。

⑦牵引装置节点的轴向刚度、径向刚度和扭转刚度。

所有上述计算内容均应考虑各种线路工况、典型的线路参数(如超高、欠超高、顺坡率等),以及各种线路不平顺等对车辆动力学及列车动力学方面的影响程度。

(4)完成转向架的技术设计、细节设计和施工设计及试制工艺的研究。

必须充分协调解决生产过程中的制造精度、加工工艺、组装条件,以及维护检修诸多方面的因素。需兼顾制造、维修和运用的经济性;需考虑制造维修水平,对于制造维修精度不好达到的参数，应寻找灵敏度较低的区域。

充分考虑被优化的参数可能存在的耦合关系，不宜采用单参数分析优化后再组合的方式。采用正交设计方法对协调转向架的结构与各种参数的耦合关系有很好的效果，是各种单参数分析不可比拟的。

在细节设计中，变位的计算校核需要加以关注，其中以下几点应作为重点：

①干涉校核。

②容许位移量的校核。

③最大变位(特别是弹簧类)的保证。

(5)关键部件的设计、试制、试验和调试。

(6)构架静强度试验、疲劳试验及模态分析。

(7)转向架的试制、调试、试验；出现不达标问题时，找出问题原因，修改设计后进行改进。

8.2.11 尚待落实的几项优化措施

高速列车使用的无摇枕转向架已是当今最先进的技术，为了进一步提高高速列车的特性，在简统化的同时，转向架的进一步改进可包括如下几点：

(1)进一步减轻自重、简化结构。

(2)在研发永磁牵引电机、提高牵引电机低速特性的同时研发无齿轮箱传动的转向架。

(3)开发新型高支悬转向架。

(4)优化转向架的空气动力性能，减小转向架周边的紊流现象；同时利用导流技术改善轨面和踏面的黏着状态，提高牵引电机冷却效果。

(5)配合径向牵引电机研发，研制新一代的转向架。

(6)以局部冶炼技术、3D打印技术为手段的车轮踏面外形修复工艺。

8.3　牵引电传动系统

牵引电传动系统的作用是将电能转化成机械能用以提供列车的运行动力，并在铁道车辆再生制动时将机械能转化成电能回馈电网。

8.3.1　牵引系统技术发展历程

铁道车辆的牵引动力经历了蒸汽机、内燃机到电动机的多次动力革命，铁道车辆已经成为当今唯一成熟利用绿色能源的交通运输工具。现代高速列车无一例外地使用牵引电传动技术。

　　牵引电传动系统也经历了由交直传动到交直交传动的变迁。由于直流电机的可操控性强，交直传动在轨道交通车辆上受到广泛应用。在高速机车车辆开通初期，采用直流电机作为牵引动力，但是由于直流电机依靠电刷向转子供电，其存在可靠性差、故障率高、电刷寿命短、维修工作量大、电刷火花易产生电磁干扰等缺点。随着新型大功率半导体器件的出现和电传动技术的发展，交直交技术已经充分显示出它的优越性，并在高速列车上得到广泛的应用。现在，无论是动力集中式还是动力分散式电动车组，几乎均采用了交流传动技术，而原先的交直传动技术已淘汰。

　　在交直交电传动系统中又分为使用同步电机和异步电机两种方式，使用异步电机的交直交电传动系统的优点是明显的，有以下几个：

　　(1)由于牵引电机为三相交流异步电机，不需要换向器，取消了整流子和炭刷，消除了环火及换向引起的电气损耗和机械损耗，大大减少了维修工作量，使得电机最大转速大大提高、电机体积小、结构简单、坚固耐用、易于制造、重量轻，相应地，也有利于转向架的重量减轻。三相交流异步电机还具有耐振动、冲击的特点，并适合在风雪、多尘、潮湿等恶劣环境下工作。因此，故障大大减少，故障率低、可靠性高、维修性好。

　　(2)采用调频调压的 PWM 调速技术，使列车具有良好的牵引、制动控制特性；牵引性能好，黏着利用率高；换向容易，牵引/制动工况转换方便。

　　(3)通过采用再生制动技术，将列车的动能转化为电能返送回电网，有效地实现了能源的再利用；总效率高，节能环保。

　　(4)由于再生制动的使用，制动盘(片)的使用率大大降低，磨耗大大减小。

　　(5)再生制动工况与牵引工况之间的转换迅速、连续、无冲击。

　　(6)系统的功率因数接近 1，对电网几乎无谐波污染。

　　在牵引动力方面，直流传动和交流同步传动由于尚未解决滑环电刷的问题，故障率高、寿命短而不再成为一种选择。世界上广泛采用的成熟的先进的大功率交流异步电传动技术成为必然的选择。

　　随着科技的发展、技术的进步，不再采用滑环电刷的永磁直流电机和永磁同步电机也已经出现，这种电机将永磁材料利用到电机中，从而已经开始成为下一代牵引传动的选项。

　　本书所提到的交直交电传动除特别说明外，均指采用异步电动机的交直交电传动方式。

　　CRH 系列动车组均采用交直交牵引传动方式。

　　图 8.3.1 为一个典型的牵引单元的组成原理图。

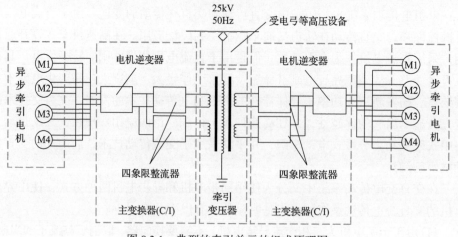

图 8.3.1　典型的牵引单元的组成原理图

8.3.2　交直交电传动系统的基本功能

1. 牵引过程

为适应长距离输电，我国牵引供电网采用单相 25kV 高压输送电能，由受电弓从 25kV/50Hz 的接触网上取电。

牵引变压器将所取得的单相交流电降压后输送给牵引变流器的输入端。

牵引变流器的四象限整流器将输入的交流电整流成稳定的直流电。

牵引变流器中的逆变器将直流电逆变成 PWM 波形的可调频调压的三相交流电。

牵引逆变器的逆变工作由牵引控制装置控制，使输出的 PWM 波形具有特定电压和特定频率。

异步牵引电机在获得具有特定电压和特定频率的 PWM 波形的三相电后将电能转化成旋转机械能。

电机的旋转经过机械传动装置传递到轮对，通过轮轨的黏着输出纵向力——牵引力。

旋转速度和牵引力的大小由牵引控制单元按照指定的输出功率和转速通过调压调频确定，从而实现可控的列车牵引。

2. 制动过程

制动过程正好相反。

牵引控制单元根据指令给异步牵引电机励磁。

牵引电机在励磁作用下变成发电机，将车轮的旋转机械能转化为电能，输出三相交流电。

牵引逆变器接收到三相交流电后将其整流成为直流电输出到直流环节。

直流环节的直流电可以直接经辅助供电系统供列车上使用，也可以输出到制动电阻上转化为热能消耗掉，大部分不能消耗掉的能量仍以直流电方式输出到牵引变流器的整流侧。

牵引变流器的整流侧此时变成逆变器将输入进来的直流电转换为 50Hz 的交流电，传向受电弓。

在电网可以接受的情况下，输出到电网的电能供其他列车使用，或传回大电网。此时列车的动能转化为电能消耗掉，列车实现了降速，即实施了再生制动。

在电网不可接受的情况下，由牵引控制装置控制励磁的水平，限制再生电流的大小，降低再生电的利用，也相当于减小了再生制动力。减少的制动力可由列车上的空气制动装置补充。

8.3.3　牵引电传动系统方案比选

第 7 章已经介绍了动车组的动拖比选择和动力单元的组成问题，并提出了尽可能提高中间电压的等级，以减轻整个牵引系统和冷却系统重量的要求。为了满足这些要求，需要对牵引电传动系统的方案进行论证和比选。

1. 高电压低电流

采用高电压低电流的电传动系统可以有效降低电气设备(包括牵引变压器、牵引变流器、牵引电机及各种开关装置等)和传输电缆的质量与体积，以利于车辆的减重和车下的合理布置。

中间电压的选择是关键。提高中间电压等级可以达到上述要求，但是中间电压的选择又受到开关器件的制约。例如，6.5kV 高压的大功率半导体器件生产商较少、价格较贵，1.8kV 低压的大功率半导体器件生产商较多、价格较便宜，但是由于电压较低电流较大，系统整体质量较大，不符合减重的要求，有可能面临淘汰境遇，由此会给今后维修带来麻烦。为了利用低压器件，也出现了三点式的技术路线，通过器件的串并联组合降低电流水平，达到减重的效果，但是由于此方式对器件的一致性要求较高，很少使用这一技术，CRH2 系列的高速动车组上采用了这种三点式技术(采用的是 3.3kV 的半导体开关器件)。

通过这些比较选择，找出合适的高电压低电流的技术方案。

2. 电气设备适当相对集中的考虑

比选中需对不同的动拖比、不同的单轴功率、不同的动力单元组成、不同的中间电压等级等进行比较。比较这些方案的重量、尺寸、零部件数量、黏着利用情况、零配件供应状况、制造成本、运营费用，以及检修维护条件等，综合多方面的情况比选出在合理利用黏着的前提下可适度相对集中、方便车下布置的有效降低牵引电气设备的体积、重量、造价和运营费用的动力分配方案。

8.3.4　列车牵引系统的主要零部件

1. 高压设备

高压设备由受电弓、主断路器、避雷器、网端检测装置等组成。

1）受电弓

受电弓是从接触网获取电能的装置，它由底架、升降系统、框架、弓头和滑板组成，几何形状可变。受电弓控制系统应具备其他控制系统联锁功能，如车顶接地装置打至接地位时升弓操作无效。受电弓数量设置应具有冗余性，即单弓受流方式时至少应有两台受电弓，双弓受流方式时至少应有四台受电弓。

受电弓的特性需要关注以下内容：外观、尺寸、质量、防腐特性、ADD 功能、标称静态压力、升降系统检查、升降弓气候试验、耐久性试验、升降操作、弓头的横向振动、垂直振动、抗冲击、横向刚度、升降弓气缸气密性和气候特性、弓头自由度、落弓保持力、总平均提升力、总接触力、受流试验，以及静态和运行工况的温升特性等。

尺寸包括弓头高度、弓头宽度、弓头外形、滑板长度、落弓高度、最大升弓高度、电气间隙和两安装座之间的距离等。

为适应我国空气品质的实际情况，支撑绝缘子的高度应取为 400mm。

2）主断路器

主断路器是用来接通和分断接触网电源的高压电器，也是牵引系统故障时的保护器件。主断路器的分断容量和动作时间应能在所有条件下提供相关设备的保护，带有动作计数器。在允许的操作电压和气压范围内及允许的最高和最低周围空气温度的各种极端状况下，操作主断路器应能正确可靠分、合闸。

主断路器可分为车顶和车下两种安装方式，一般应采用真空断路器。

3）避雷器

避雷器是牵引系统为应对由接触网导入的闪电以及操作开关产生的高电涌等过压情况时对牵引变压器等进行保护的设备。主电路上应设计两种避雷器，并安装在车顶上，一种用于保护牵引变压器的初级绕组免受过压电涌的损坏，另一种用于抑制主断路器开闭时产生的高电压。

4）其他高压设备

其他高压设备包括网压网流检测装置、接地装置和高压隔离开关等。

主电路在各车辆间采用高压电缆及相应的高压连接器连接。车顶高压连接都需要满足通流能力强、高绝缘性能、高柔韧性、安全性能，以及低辐射、低电磁干扰、可靠等要求。

下面是一个高压部分连接的例子。高压电缆将动车组两个牵引单元连接起来，通过电缆，一个受电弓和一个主断路器可以同时给两个牵引单元供电。两个隔离开关在列车发生故障时可以将车顶电缆断开，这样一个牵引单元发生故障时，另一个牵引单元可以继续工作。受电弓通过主断路器与车顶电缆连接，在受电弓的后方有一个避雷器防止雷击。设在车顶的电压互感器用于检测接触网网压，网压信号由中央控制单元和牵引控制单元处理。电流互感器用于测量动车组的电流，从电流互感器出来的信号送达中央控制单元进行处理。带有接地绝缘的主断路器将受电弓和该牵引单元的牵引变压器原边绕组连接起来，同时通过车顶电缆将另一个牵引单元的牵引变压器原边绕组也连接起来。

2. 牵引变压器

牵引变压器又称主变压器，用于将电网上取得的单相 25kV/50Hz 的电压制式降压。牵引变压器应采用最小化铁芯损耗和噪声的结构，设计应尽可能减少瞬时冲击电流的影响。牵引变压器的漏抗应对四象限变流器产生的谐波电流具有良好的滤波作用。

一般还可以在该变压器的箱体中安装牵引变流器用的谐振电抗器，以充分利用牵引变压器的冷却能力，此谐振电抗器应为具有磁屏蔽的空心电抗器。

用于动力分散电动车组的牵引变压器采用车下安装结构，具有短路阻抗系统匹配好、次边绕组间全解耦、体积小、重量轻、效率高、环保等优点。

主变压器还分为芯式和壳式两种，可根据系统匹配关系选择。

对于高速列车，冷却装置应考虑在外部空气负压的情况下工作。冷却风道的设置应考虑进出风口的压力差对冷却效果的影响，一般应考虑高速列车在明线上运行时的情况；由于冷却风机的工作特点，可以不考虑会车对冷却效果的影响；在隧道内运行情况下，较短隧道的影响可不考虑，但是对于长大隧道中运行的情况需要做进一步分析和运用实践的经验积累。

在明线运行的情况下，进出风口分别布置在车辆的两侧，可以减小压力波动对冷却效果的影响，但需注意在站台区域时不应将出风口对向站台，以免影响旅客和工作人员。由于站台所在车辆的方位是可改变的，冷却风机的通风方向也应可以控制和调整，以免出现吹向站台的现象。

牵引变压器的特性包括密封性、绕组电阻、电压比、原边空载电流与损耗特性、阻抗电压、负载损耗特性、总损耗特性、温升特性、介电强度、耐受感应电压、耐受外施电压、耐受全波冲击电压、短路条件下的性能、抗冲击和振动特性、噪声特性、短时过载特性及短时功率、电磁兼容特性、湿热特性、冷却特性、滤尘器特性和辅助输入功率等。

3. 牵引变流器

牵引变流器可根据需要用于驱动一台或多台牵引电机。

牵引变流器由网侧变流器、中间直流回路、电机侧逆变器和牵引控制单元组成。

网侧变流器将牵引变压器牵引绕组的单相交流电变为中间回路稳定的直流电。

中间直流回路一般由支撑电容器、二次滤波回路、过压保护装置和接地检测装置组成，为电机侧逆变器提供稳定的直流电源。

电机侧逆变器为牵引电机提供牵引所需要的可调频调压的三相交流电，以发挥动车组的牵引性能，再生制动时则成为整流器反向工作。

牵引变流器中的相构件应是可以互换的，无论是四象限整流侧还是电机逆变侧的相构件都是通用的，并且可以方便地实现互换作业，更换时一般可以一人完成，最多不能超过两人。

牵引变流器的特性包括外观、尺寸、质量、冷却性能（包括负压条件和堵塞工况）、密封性、过滤器有效性、机械和电气保护特性、轻负载特性、保护等级、换流特性、噪声特性、温升特性、功率损耗、供电过电压和瞬时能量特性、负载突变特性、绝缘电阻、介电强度、局部放电、安全要求、冲击振动特性、电磁兼容性、网压变化范围特性、短时供电中断特性、电流分配特性、牵引变流器的负载特性、短时过载特性和短时功率、湿热特性和牵引电机并联输出特性等。

冷却方面参照牵引变压器特性考虑。

4. 牵引电机

牵引电机是实现电能与机械能相互转换的设备，其转矩-转速特性直接反映了动车组的牵引力-速度特性。

在牵引工况下，牵引电机可将牵引变流器输出三相交流电提供的电能转化为机械能，利用牵引电机的转子和定子之间存在的转差率来实现电机的力矩输出或功率输出，从而使动车组获得所需要的牵引力和速度。列车制动时牵引电机还可在发电状态下运行，将动车组的动能转化为电能，经牵引变流器和牵引变压器反馈回电网，既再生电能又达到减速的目的。

三相交流异步牵引电机的悬挂方式可采用架悬式和体悬式，优先采用架悬式。

交流异步电机的基本工作原理如下：

定子绕组通入三相交流电流，产生旋转磁场，切割转子绕组，在转子绕组产生感应电势，从而产生感应电流，转子电流与旋转磁场作用，产生电磁转矩，电机运转。

(1)旋转磁场的方向由相序决定，改变相序就可改变三相异步电机的转向。

(2)旋转磁场的转速 n 与电源频率 f 成正比，与极对数 p 成反比。

(3)异步是指转子旋转的速度与磁场的速度不同,有了定转子的相对切割运动才有了转矩。

在相关的书籍中可以了解到异步电机的工作原理、数学模型等，这里不再赘述。

牵引电机的冷却分为自冷却和强迫冷却，高速列车上主要采用牵引电机送风机对牵引电机做强迫冷却。

牵引电机的特性主要包括外观、尺寸、质量、绝缘电阻、冷状态下定子绕组直流电阻、空载特性曲线、堵转特性曲线、噪声特性、振动特性、超速特性、温升特性、介电强度、湿热性能、特性曲线、效率及功率因数、最大转矩、短时最大功率和冲击振动特性等。

涉及冷却的还包括空气分布、进气量和冷却效果等。

5. 牵引控制装置

牵引控制系统是智能设备，通过软件对牵引变流器实施控制、监测与诊断，是使牵引变流器实现上述功能的控制装置。

牵引控制装置一般与牵引变流器放在同一箱体中，也常将其理解为牵引变流器的一个组成部分。

牵引控制系统根据动车组运行控制指令(如司机操作指令、ATP 指令等)和实际运行状况对牵引变流器进行实时控制，以实现交流传动系统卓越的牵引和再生制动性能。

具体的工作原理已有多种资料介绍，这里不再赘述。

牵引控制装置需根据高速列车(动车组)主控装置的指令，调整相位角使本单元的谐波输出与其他动力单元的谐波输出形成部分抵消的效果，以减小整个高速列车(动车组)的谐波输出。

牵引控制装置负责对整个电传动系统实施保护，具备完善的诊断系统，对各种故障应具有相应的保护措施。

牵引控制装置还负责对空转、滑行的保护。

牵引控制装置也负责对牵引电机故障以及并联电机负荷分配不均匀等实施保护。

8.3.5　尚待落实的几项优化措施

对牵引电传动系统的改进至少有以下几点值得关注：

(1)充分利用永磁材料特性，引入永磁电机。

(2)提高牵引电机的低速牵引特性，以取消降低转速用的齿轮箱装置。

(3)无牵引变压器化，以降低自重。

(4)研发径向电机，直接驱动车辆轮对旋转。

8.4 制 动 系 统

制动装置是调速制停装置，是控制列车按规定速度运行的装备，是保证列车安全运行所必需的装置。

8.4.1 制动种类

铁道车辆的制动有动力制动和摩擦制动，也有黏着制动和非黏着制动，控制方式上有空气制动和电控制动等。

1. 动力制动

动力制动是将动力设备作为耗能设备的一种制动方式，常用的有再生制动、电阻制动等。

再生制动将牵引电动机在制动时转为发电机，再将发出的电反向送往电网，供其他用电设备使用，从而消耗电能，起到制动的作用。但是一旦该段电网上没有用电设备或电网故障不能输电，则不能起到制动的作用。因此，这种制动方式不能作为安全制动使用，不能作为停车的保证手段，只能有条件地作为制动的一种补充。在使用直流传动的年代中，馈网的电特性较差，功率因数较小，必须通过整治才能使用，因此这种再生制动的能量不受欢迎；而交直交技术发展出来之后，功率因数大大提高(已经接近1)，不仅制动能量得到有效利用，而且减少了摩擦制动的使用，提高了制动盘片的寿命，既节能又环保，因此大受欢迎。只要对可能的制动丢失加以保护，就可大大发挥作用。

为了保证再生电能被消耗掉，电阻制动成为一种制动方式。在车辆上安装制动电阻，将其接入再生回路，即可在制动时消耗电能，起到制动的作用。问题是车辆在受轴重限制的情况下究竟可以装多少电阻才能满足制动的需要。

以上动力制动仅消耗能量，而没有对车辆提供制动力，制动力还是依靠轮轨之间的制动黏着建立起来的，因此都属于黏着制动范畴。

2. 空气制动

空气制动有自动式空气制动和直通式空气制动两种，它们都是通过施加空气压力将闸片压到车轮或制动盘上，以摩擦力阻止车轮旋转获得制动力。空气制动属于黏着制动范畴。车辆运动的动能通过摩擦生热消耗掉。

　　自动式空气制动由列车管减压传输制动命令信息，通过三通阀让副风缸向制动缸充风实施制动，并通过三通阀让制动缸排风实施缓解，以及给副风缸充风作再次制动的准备。自动式空气制动也有采用电信号传输制动命令信息的。

　　直通式空气制动采用电信号传输制动命令直接向制动缸充风实施制动，或使制动缸排风实施缓解。

　　随着 ATP 乃至列车自动控制（ATC）技术的发展，对列车的控制采用了更为有效的模式曲线控制的机电一体化的列车运行速度控制系统。列车上原有的制动技术——列车管减压方式已经很难适应这一要求。随着计算机技术、信息技术、网络技术的发展，制动技术也发生了一个革命性的变化，摒弃了使用上百年的列车管减压方式，而代之以根据列车制动力的需要使用计算机对列车中的各车厢进行制动力分配，由车厢计算机根据上一级计算机的指令对该车的制动缸直接实施充排气以使列车按指定的模式曲线调节速度，从而使空气制动技术又回复到采用直通式制动系统上来。当然，这次回归由于采用了计算机技术等一些现代技术而成为一次螺旋形上升的回归，这就是微机控制的直通式空气制动系统。

　　直通式制动装置的可控性大大优于自动式制动装置，至少有以下优点：

　　(1)制动力可根据需要调节，列车的可控性大大提高。

　　(2)不再需要为减压传递信息的列车管，从而列车管不再向大气减压排气；而仅由总风管(包括附设的风缸)直接通过制动控制装置向制动缸充排气，节省了压缩空气，能源消耗大大降低。

　　(3)各车厢可根据各自车上的载重情况由计算机计算给出最合适的制动力。

　　(4)各车厢也可按指定的模式曲线根据各自的速度等参数控制各自的制动力。

　　(5)各车厢的制动率(减速度)基本一致，大大减小了列车中的冲动。

　　(6)能够很好地与再生制动相协调，使制动力可以实现平滑互补。

3. 磁轨制动

　　有关磁轨制动的内容请见第 6 章通信信号部分。磁轨制动属于非黏着制动，我国采用轨道电路确认铁路区间的占用情况，与磁轨制动可能存在电磁兼容问题，也有破坏轨道平顺状态的问题，因此需谨慎对待。

4. 轨涡流制动

　　有关轨涡流制动的内容也请见第 6 章通信信号部分。轨涡流制动属于非黏着制动，我国采用轨道电路确认铁路区间的占用情况，与轨涡流制动可能存在电磁兼容问题，因此也需谨慎对待。

5. 盘涡流制动

　　关于盘涡流制动的内容也在第 6 章通信信号部分提及。盘涡流制动属于黏着制动范畴，国际上已有采用，由于重量加大，特别是加在车轴上的簧下部分的质量将影响轮轨之间的相互作用力，因此极少有使用的。也有研究永磁盘涡流制动的，但是尚未见应用。永磁盘涡流制动应是很有前景的技术，有可能取代摩擦制动，需要进一步创新。

6. 风阻制动

风阻制动在东日本铁路高速试验列车上曾经做过试验，在车体的侧上方对称安装了两块被称为猫耳朵的可以探出的制动板；正常运行时，两块制动板缩在车体里，制动时探出来，以增加迎风面积，加大空气阻力，起到减速的作用。因此，这是一种非黏着制动。但是由于设计的制动板增加的面积太小，作用不大，也就没有投入实际应用。利用风阻减速是很好的设想，特别是高速区段中黏着系数较低而风阻较大，利用好了有利于缩短制动距离，有利于安全。也需要进一步创新，加大可探出的制动板的可利用面积。

7. 空电联合制动

随着动力制动的出现，又发展出空电联合制动。即不只是利用摩擦消耗车辆的动能，还通过电气设备来消耗车辆的动能，形成两种制动方式的结合，而不只是单一的空气制动方式。

我国的高速动车组上均采用空电联合制动。制动系统是再生制动和微机控制的直通电控式摩擦制动复合的制动系统，即动车组的制动包括动力制动(再生制动)和摩擦制动(空气制动)。

采用的动力制动是交直交牵引传动系统的一种功能。受动车组控制系统和牵引控制系统的控制，其所发挥的能力的信息传递给微机控制直通电控制动系统以追加(或不追加)摩擦制动力，尽量发挥再生能源的功能。

直通式摩擦制动采用微机控制、制动缸气压负反馈，以根据需要调节制动力的大小，按照模式曲线控制动车组的减速和停车。制动系统中还配置了防滑装置、盘型制动装置和空重车调整装置。

制动控制系统还可以对各车辆的制动力进行调配和再调配，以在部分设备发生故障时满足安全停车、调速的需要。

8.4.2　制动系统的设计

1. 制动计算原则

现在，制动系统设计还是基于距离平均、平均等理论体系进行的。

制动系统设计要遵循一定的原则，包括以下几个：

(1)满足高速列车的总体技术要求，按确定的顶层指标进行制动计算，如不同初速度下的紧急制动距离、可利用的黏着系数、运行阻力计算式和轴重等。

（2）计算前需初步设定制动盘的摩擦半径和距离平均摩擦系数，并在随后的选型中进一步确认。

（3）不能发生滑行，即不能超过黏着许可。

（4）考虑头车的黏着条件可能较差，对头车的制动率设置稍低于中间车和尾车。

（5）暂不考虑温度上升导致的摩擦系数等的变化。

（6）计算至少需分别按紧急制动和安全制动两种制动工况进行。

2. 制动计算过程

制动计算首先需要计算得出减速度、制动率、换算闸瓦压力等；在此基础上再进行制动盘的热力学校核和黏着校核等；利用这些计算结果选择制动盘的容量、确定制动盘的数量，并组成多种高速列车制动系统的技术方案；之后对不同的制动系统方案再进行设计参数的校核。

1）纯空气制动的紧急制动距离和平均减速度

确认满足紧急制动距离的技术方案，比较不同速度段的平均减速度是否满足总体要求。

2）黏着校核

检查各速度段所需的黏着系数是否超出可利用的黏着系数值。

3）热力学校核

检查制动盘的热负荷是否超出选定的制动盘的热工限值。

4）空重车调整及防滑

确认最大制动率下是否超黏着，并检查全列制动力的分配是否均匀合理。

计算时要对空车整备状态、定员状态和超常状态分别进行计算。

8.4.3　空气制动系统的主要零部件

1. 制动控制装置

制动系统由安装在每车上的制动控制装置（BCU）控制该车的制动。

制动控制装置由微处理器、I/O 板、A/D 板、各类传感器及电源模块等组成。

牵引控制装置（TCU）控制再生制动力设定值的执行，制动控制装置控制空气制动设定值的执行。

司机室显示器可实现对每节车的制动系统状态进行监控和显示。

制动控制装置采集车辆重量载荷信号，以根据车辆重量自动调整制动力；载荷信号来源于空气弹簧压力；由压力传感器监测每辆车 2 个转向架的空气弹簧中的压力平均值。如果载荷信号发生异常，可按定员载荷计算牵引力及制动力。

2. 制动盘与闸片

制动盘与闸片是一对摩擦副，制动时通过闸片压紧制动盘阻止车轴转动，以使车辆的运行能量转化为由闸片与制动盘之间的摩擦生成的热量耗散掉。

制动盘分为安装在车轮轮辐处的轮盘和安装在车轴上的轴盘。

制动盘的技术参数主要有盘内径/外径、盘摩擦半径、盘热容量、盘磨耗限度、最高允许温度等。

我国高速列车采用的闸片主要是粉末冶金的，技术参数主要有厚度、磨耗限度、静态平均摩擦系数等。

3. 制动夹钳

制动夹钳是将压缩空气的作用力转换为闸片对制动盘的压力的装置。

制动夹钳的特性包括外观、尺寸、质量、防腐特性、行程、耐久性、振动冲击特性、摩擦性能、温升特性、磨耗特性、制动距离测试、高低温特性、气密性、水密性(淋水试验)、噪声特性、倍率、延迟时间、效率等。

此外，还包括间隙调整功能和性能，夹钳和吊杆的强度、刚度和寿命特性。橡胶件的特性还需要按橡胶减振元件的要求考虑。

4. 停放制动装置

停放制动装置是一种复合功能的制动夹钳，在制动夹钳上增加一个弹簧储能装置，使该夹钳在列车无气且需要保持车辆停放状态时释放弹簧储能，而闸片在弹簧力作用下压紧制动盘，达到驻车的目的。当列车充风时实现停放制动的缓解，同时又压缩弹簧，存储能量。

技术参数主要有制动倍率、缓解压力、手动缓解力、手动缓解行程等。

8.4.4　尚待落实的几项优化措施

尚待落实的优化措施表现在如下方面：

(1)以舒适度为目标进行优化的速度大闭环的减速模式曲线。

(2)统一的参数协调的制动距离制约体系。

(3)温和的列控系统介入列车制动模式。

(4)基本不用甚至完全不用摩擦制动的永磁涡流制动机。

(5)不受制于接触网供电环境的再生制动能源回收装置。

(6)充分利用空气阻力减速的翼翅式制动装置。

8.5　辅助供电系统

由于高速列车上的用电设备大体可以分为动力设备的辅助设备的用电和客车服务系统设备的用电两种,于是高速列车上也就沿用了机车专业上的习惯用语——辅助供电这一名词。

8.5.1　辅助供电系统用电设备

辅助供电系统用电设备就是辅助供电系统的负载,列车上的低压用电设备均需要由辅助供电系统供电。

辅助供电系统用电设备包括空气压缩机、冷却通风机、油泵/水泵电机、空气调节系统、采暖设备、照明设备、旅客服务设备、应急通风装置、各类控制智能设备、控制诊断监测设备和维修用电等。

上述设备分散布置在各节车厢上。

8.5.2　辅助供电制式的状况

高速列车上需要辅助供电的用电设备较多、分布较广,各用电设备的需求不同,对供电的制式也有不同的要求。

为了满足各用电设备的需求,世界各国高速列车上的辅助供电方式也是多种多样、五花八门的,大体分为交流和直流两大类,电压等级有中压(如 1500V、600V 等)和低压(如 440V、380V 等)多种,交流的相数也有三相和单相两种,交流的频率主要有低频(50Hz)和高频(60Hz)两种。

其中使用较高电压等级的认为在同样的功率下电流较小,线路损耗也就小;而使用较低电压等级的主要考虑设备用电采用民用电器用电制式,有利于供应商的适应性、维修的通用性和产品的可靠性;使用高频的认为有利于车辆的减重;使用低频(工频)的则考虑可与民用接轨。

在我国高速铁路建设初期规划高速动车组顶层指标时,没有对辅助供电系统的制式提出简统的要求,以致在 CRH 系列高速动车组上也出现多种辅助供电制式,如表 8.5.1 所示。

表 8.5.1　CRH 系列高速动车组辅助供电制式一览表

车型	电源制式
	三相 AC380V50Hz
CRH1 系列	单相 AC220V50Hz
	DC110V

续表

车型	电源制式
CRH2 系列	单相 AC400V50Hz
	三相 AC400V50Hz
	单相 AC220V50Hz
	单相 AC100V50Hz
	DC100V
CRH3 系列	三相 AC440V60Hz
	单相 AC230V60Hz
	DC110V
CRH5 系列	三相 AC380V50Hz
	单相 AC220V50Hz
	DC24V

各型动车组上供电制式纷杂，不仅电压不同，频率也不同，带来许多问题，特别是设备的互换性极差，应该简统化，有必要整合成一种统一的制式，以实现互联互通。

8.5.3　列车供电系统

1. 列车供电系统种类

1) 高压输电与低压输电

高速列车的辅助供电系统的供电方式很多，总体上可以分为两类：

(1) 高压输电分散变流方式。这种方式可使用较细的贯通电缆，但是每节车厢上均需设置不同的变流设备以供不同的用电设备使用。显然，变流设备较多，贯通电缆较轻。

(2) 集中变流低压传输方式。这种方式可以直接在受流车附近设置变流设备，变换成各种用电设备所需的电流制式，然后采用低压传输的方式传至各用电设备上。显然，变流设备较少，传输电缆较重。

以上两种方式可根据设备布置的需要和重量分配的情况论证决定。

2) 干线供电与分散供电

对于动力分散动车组，辅助供电系统还可以布置成以下两种方式：

(1) 干线供电方式。由分散布置在若干车厢的各电源设备向干线供电。各用电设备根据各自的使用需求从列车供电干线上取电。

(2) 分散供电方式。由各动力单元负责本单元车辆上的用电设备的供电，同时也负责部分不属于本单元的非动力车上的用电设备的供电。

上述表 8.5.1 中，CRH1 系列采用干线供电方式，其他均没有采用干线供电方式，而是采取分区各自供电，另设故障支援功能的方式。

车上辅助供电电源系统采用冗余设计，当发生故障时，能够进行切换，确保列车正常运行。

对于没有采用干线供电方式而采用分区供电方式的，则在相邻单元辅助供电系统之间应有相互支援功能，此时该两单元可根据需要切除部分次要负载。

2. 辅助供电的几种取流方式

辅助供电有以下几种取流方式：

(1)利用交直交牵引传动系统中的前级经四象限整流后成为直流电的直流环节取电，再经过辅助变流器变换获得不同设备所需要的电流制式，提供给各辅助设备使用。这个方法是现在普遍采用的方式，它将有利于解决由接触网相分段造成的列车上需要反复停电的问题；当网上无电时，动车组可以通过再生制动获得一定量的电能，以维持辅助系统中的设备继续工作而不受停电干扰。有些动车组虽然采用这种方式供电，但是并没有利用再生制动的作用使设备不停电而持续工作。

(2)利用牵引变压器的三次绕组直接将从网上取得的单相高压交流电转变成单相低压交流电，再根据用电设备是稳压型还是非稳压型、用交流电还是直流电的不同特性进行转换后供给多种不同制式的用电设备使用。优点是辅助变换装置可以小型化，缺点是过分相时需要应对设备停止工作以及之后要恢复工作的问题。

(3)组合上述两种的优缺点，构成一种新的方式——复合型取流方式。变压器上设置三次绕组，其容量仅针对非稳定型单相交流用电设备，如通风机之类的设备，这些设备对停电以及上电并不敏感，较短时间内不足以对工作效果产生影响，高速列车上这部分设备的容量还是比较大的。其他设备的用电则采用从直流环节取电、过分相时再生制动供电的方式，这样既可以使辅助变流装置小型化，又在相分段上不会伤害设备，需要权衡重量分配的影响。

8.5.4　尚待落实的几项优化措施

1. 采用统一的电源制式

协调平衡电压、电流、温度和轴重的相关关系，研发以我国民用电的标准制式为目标的统一的电源制式，如考虑成：

(1)设备采用交流电为我国标准的单相 220V50Hz。

(2)设备采用的直流电为 110V。

(3)地面电源统一采用单相 220V50Hz。

2. 采用统一的干线供电方式

根据统一的电源制式在列车上设置供电干线，如考虑以下三条供电主干线：

(1)非稳压型单相 220V50Hz 干线。

(2)辅助变流器供电的直流 110V 干线。

(3)蓄电池供电 110V 干线。

3. 研发复合型取流方式

(1)牵引变压器设三次绕组，直接以变压后的交流电(如单相 220V50Hz)向不要求电压稳定性的设备供电。

(2)从牵引变流器直流环节取电，经辅助变流器转换成直流(如直流 110V)向指定设备供电。

(3)地面电源自三相 380V50Hz(或抽取单相 220V50Hz)上车，维修车间内对库内动车组实施相间平衡。

4. 用电设备简统化、系列化

各用电设备按照确定的供电制式实施简统化和系列化，其中冷却通风的风机考虑可换向旋转，以适应高速列车周边空气压力场的变化，并对滤尘器起到清扫作用。

8.6 控制-监测-诊断系统

列车的控制-监测-诊断系统好比是人的大脑和神经系统，负责对列车的行为实施控制，并监测各部是否按控制命令工作，对可能存在的异常情况做出诊断，以便采取必要的措施。

8.6.1 发展历程

1. 控制系统的发展历程

早先的列车控制分散在各个系统或部件中，如列车对牵引系统的控制就只在机车上，而对车门的控制就只在客车上。随着列车的集成程度越来越高，特别是成为动车组之后，出现了列车的控制-监测-诊断系统。

控制-监测-诊断系统大体经历了继电器逻辑控制、PLC 逻辑电路控制和车载分布式计算机控制三个发展阶段。随着计算机技术、信息技术、网络技术的发展，高速列车上大都采用车载分布式计算机方式实施控制，从而形成了现今的控制-监测-诊断系统。

现在我国高速列车上使用的控制-监测-诊断系统是一个车载分布式计算机系统，主要是以网络连接成树状的分布式车载智能设备组成的动车组控制系统，通过列车总线和车厢总线将分布在各车厢中的各控制、监测的计算机联网，在列车上的主控计算机统领下对列车实施控制、监测与诊断。各种信息还通过司机台上的显示屏让司机知道列车中主要设备的运行状态并做出判断进行必要的处理，无论对于动力集中式列车还是动力分散式列车，都可实现各牵引动力设备的重联控制。

2. 信息传输系统的发展历程

为了实现对各设备的控制，主控设备需要与各分散布置的设备进行互动、需要下达指令、需要采集各车辆各设备的实时状态、需要了解各设备的故障及其诊断的信息，这些信息的传输也经历了硬线模拟量传输、硬线数字量传输、空气管路传输、点对点数字串行传输一直到网络传输等各个阶段。随着信息技术的发展，高速列车上也使用了网络技术。由于现在的高速列车需要控制的对象增多、互动量大大增加，原先的各种传输方式已经不能满足采用计算机后的发展需求，可以说采用网络传输各种信息是最佳的选择。

网络传输还经历了多种网络方式的选择，这里不再赘述。

通过车载网络将分布在高速列车不同位置上的中央控制单元、牵引控制单元、辅助控制单元、制动控制单元、诊断检测单元等多种功能模块连接成一个有机的整体，对高速列车实行有效、可靠的控制。各种控制命令、状态信息和故障信息已经由原先使用硬连线方式传输转成使用网络传输。

高速列车中央控制单元通过网络向指定的智能设备发出指令，同时分布在高速列车各子系统和部件上的智能设备的有关状态信息和故障的信息通过网络传给中央控制单元，从而实现对全列车的统一监控。高速列车上各设备的联锁关系或联动关联关系则由中央控制微机通过软件实施。

由于高速列车的振动环境和高速列车运行的控制多样性及故障导向安全的专有要求，高速列车上的网络具有特殊性，需要绝对可靠。

8.6.2　控制策略与执行

1. 建立控制逻辑表

为保证高速列车的可控性，首先需要列出控制系统的控制逻辑关系表，并以控制逻辑关系表为基础，确定需要采集的信息及其容量，确定需接收控制指令的对象、数量和形式，进而编制软件由控制单元来实施。

在高速列车的总体技术条件中，应对列车的可控性做出明确的规定。例如，

以下几点内容一般都会在总体技术条件中提及,应在编制控制逻辑表时加以考虑:

(1)车门控制逻辑(包括启动动车组时的侧门状态)。

(2)技术条件中有对噪声的规定,如何根据运行工况控制相关的大噪声设备的投入需要列入控制逻辑中。

(3)对运行中某些存在电磁兼容特殊要求的区段,将一些可能发出强磁场的设备列入控制逻辑中。

(4)按火灾控车模式设置相关逻辑(包括烟雾报警)。

(5)各车重量实时情况监测事件与控制逻辑设置。

(6)对高速走行性能的监测事件与控制逻辑。

(7)对轴温、油温等的监测事件与控制逻辑。

(8)对异常振动情况的监测事件与控制逻辑。

(9)对过压过流情况的监测事件与控制逻辑。

(10)对不同网压下各设备故障情况的监测事件与控制逻辑。

(11)对电传动系统的谐波的协调与控制逻辑。

(12)各种故障模式、应急模式的控制逻辑。

(13)各种制动方式的协调与控制(包括乘客紧急制动设施启动和司机警惕装置事件等)逻辑。

(14)制动系统设备事件的协调与控制逻辑。

(15)重联作业的控制逻辑。

(16)故障导向安全的控制逻辑。

(17)与压力保护装置衔接的控制逻辑。

(18)辅助供电的故障供电模式协调与控制逻辑。

(19)车上用电设备状态的事件(断路、短路、绝缘性、三相不平衡度等)的控制逻辑。

(20)供电线路事件(过载、短路、瞬时大电流冲击、过压、欠压、接地等)的控制逻辑。

(21)库用电源接入控制逻辑。

(22)牵引单元投入能力协调与控制逻辑。

(23)对空转、滑行等保护功能的监测与控制逻辑。

(24)对并联供电电机负荷不均匀的保护功能的监测与控制逻辑。

(25)控制、监测与诊断系统各设备的监测与控制转移逻辑。

(26)与列控系统的衔接与控制逻辑。

(27)洗车模式、临修模式、镟轮模式下的控制逻辑。

(28) 救援模式的控制逻辑。

(29) 主要零部件的寿命管理信息。

根据上述控制的需求构建控制、监测与诊断系统拓扑图，分别对零部件、车辆、牵引单元、动车组和列车上的各受控设备设立采集信息和接收指令的物理层，这些物理层可为数模转换口，也可为输入输出口(I/O 口)，建议尽量采用 I/O 口，不得已时才采用数模转换口，这样有利于减少计算工作量，简化控制逻辑的执行。

2. I/O 口的利用

1) 信息的采集

为了提高控制系统的响应、减少计算工作量，有必要充分利用 I/O 口的作用采集信息。由于 I/O 口可以以比特位进行数字分级，高速列车上发出信息的设备应选用分级方式，即不采用模拟量经 A/D 转换提供信息的传感器那样的设备来作为控制系统的信息源，而是将信息提前做出分类。例如，对于采用具有 8 位比特的 I/O 口，可表达的信息分级可为 255 级，因此前级的信息发出设备将模拟信息数字化分级为不超过 255 级的数字，或者直接采用数字化传感器甚至开关量传感器，使信息可以直接传输到管辖各物理量的控制设备的 I/O 口上，再直接传输到与控制设备上对应的内存字节上；若需要采集该物理量的变化速率，则可以根据收到的前后信息用差分方式获取。例如，对某物理量需要采集到至少 3 个信息——正常、预警和报警，若不需要知道变化速率信息，则只需此三点的信息即可；若需要变化速率信息，则可在三个级别间再分别增加几点信息，由采集到的信息和采集的时间即可获取该物理量的变化速率；到 I/O 口上只需要占用几个比特(如 3～4 比特)就可以描述所需关注的物理量的状态。这样由控制设备读取时就非常简单，甚至可以直接进入逻辑运算、做出控制策略、输出控制指令，从而实施控制。

2) 指令的输出

在输出开关量控制信息时只需要 I/O 口的 1 个比特即可实现，如果输出分级较多的指令，也同样需要事先将控制要求按对象分若干级别。以牵引力为例，事先将满牵引力分若干级，如分为 255 级，每级对应的 I/O 口的数字级，牵引力值就可用该 I/O 口向外发布指令；如协调各牵引电机的使用时，可对不同牵引单元发出不同的值，并取某一个比特位作为控制方向位(如增减、正反)。

8.6.3 尚待落实的几项优化措施

即使采用网络传输信息，我国的高速动车组上还是存在不少需要采用硬线传输的信息，车上还需要布置大量的硬线，仍然是个缺憾，需要加以改进。方向是信息完全网络化传输，包括各种传感器上采集的信息。其中传感器信息的无线化传输将是解决此问题的有效途径，期待量子信息传输技术的发展会带来惊喜。

传感器的数字化使高速列车上的信息传输量大大增加，解决用较少的信息量实现对高速列车的有效控制也是未来需要解决的问题。开发控制系统使用的等级化传感器将是解决此问题的有效途径。等级化传感器是指该传感器可以直接将监测对象的物理特性分安全、预警和报警三种级别给出信息，这样需要传输的信息量将大大减少，有利于实时有效地对高速列车实施控制。例如，对温度的监测，在控制过程中并不需要每一时刻的温度值，仅需要对温度是否正常、是否超过预警门限、是否突破报警限值三种状态加以关注，如果需要温度上升速率，也可以增加若干个中间状态的信息点，以使信号采集后可确认上升速率，也就是说，并不需要采用连续式传感器，这样不仅不影响控制逻辑，而且成本也可以大大下降，仅在需要研究温度上升的连续过程时采用连续式传感器对个别列车的特殊信息作采集工作即可。

采用统一的机箱总线，建立以板卡为最小更换单元的智能设备体系。

8.7　车钩缓冲装置与风挡

8.7.1　端部车钩缓冲装置

高速列车两端采用密接式车钩缓冲装置，该车钩带有压缩空气连接器和电气自动连接器。

密接式车钩钩头形式应统型，以实现重联。

电气自动连接器(简称电钩)分别设在密接式车钩钩头两侧，两侧电钩对称布置，以满足换端连接。触点定义需统一并在技术规范书中规定。

密接式车钩上的铸件应按铸件特性在材料和工艺等方面进行要求，参见前述齿轮箱相关内容。

密接式车钩的特性主要包括外观、关键尺寸、质量、防腐特性、防水特性、强度和疲劳特性等，其中强度包括拉伸强度和压缩强度，还要对车钩的动作灵活性提出要求。

缓冲器的特性主要包括最大阻抗力、最大行程、有效行程、容量、吸收率等，容量包括拉伸容量和压缩容量，还有一种是压溃管，也需关注其吸收容量。缓冲器要求方面的问题可参见第3章减小纵向力的相关内容。

8.7.2　中间车钩缓冲装置

采用密接式车钩缓冲装置或半永久车钩。

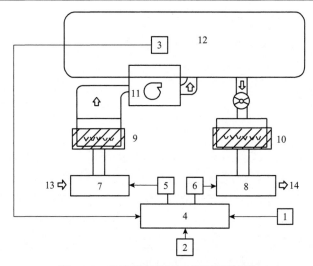

图 8.8.2 连续换气装置工作原理示意图

1-车外压力传感器；2-监测隧道进出及会车信息的传感器；3-车内压力传感器；4-压力控制计算机；5-控制进气的电磁阀；6-控制废排的电磁阀；7-进风口节流装置；8-出风口节流装置；9-进风口进气装置、滤尘及温度交换机；10-出风口排气装置、滤尘及温度交换机；11-空调机组；12-车厢；13-新风；14-废排

小进风量，而排气装置加大排气量，使车内的空气压力少随车外压力的上升而上升；而当监测到车外压力小于车内压力时，压力控制计算机控制进气的电磁阀和废排的电磁阀，使进气装置加大进风量，而排气装置减小排气量，使车内的空气压力少随车外压力的下降而下降，从而将车内的压力及压力变化率控制在规定的限度之内。

当该方式的连续换气装置不足以控制车内压力的波动时，需在连续换气装置上加装气动风门；即当压力增大或减小到一定程度时，采用减少或关闭换气装置的方法，将新鲜空气调整到正常压力，供给空调机组，再由空调机风口进入车内。此即风量控制式换气方式。

从图 8.8.2 中可以看出，在进排风机的进风口处各设一套调节装置，调节装置由调节阀板、驱动风缸、杠杆及电磁阀等组成，即进出风口处设置了两个由电磁阀控制的节流阀。当列车进入隧道时，控制装置计算机将进入隧道的车外压力 P_0 作为基准值存储起来；当列车进入隧道后，计算机监测由压力传感器测得车内压力 P_1 与 P_0 的差值，当该差值超过设定值时，控制装置发出指令通过电磁阀调节节流阀的开度，从而调节新风和废气的进、排风量。若此时 P_1 与 P_0 的差值仍超过设定值，则关闭电磁阀使进、排风量为零。当 P_1 与 P_0 的差值小于设定值时，开启电磁阀，加大节流阀的开度。这样，通过调节节流阀的开度，保持进气口和排气口的平衡，使车内压力变化更小，提高了列车运行舒适度。与此同时，连续换气的方式仍然保持工作状态，保持着连续换气的功能，只有当连续换气不能达到控制目标时才关闭进出风口，实现双保险。

连续换气装置一般设置高低两档运行，车速 160km/h 以下低档运行，车速 160km/h 以上高档运行。

8.8.2　真空集便器

1. 集便概况

直接排放的排污方式既不符合卫生和环保的要求，又会锈蚀轨道、阻塞道床，特别是高速列车由于运行速度高，直接排放，飞溅区域大、影响范围广，更是不可取的，而且高速列车需要具有气密性，因此必须采用密闭式厕所装置，实行污物集中处理。

全封闭式厕所在欧、美、日本等国高速列车上已有很长的使用历史，形式也各有不同，从了解的资料来看有以下几种形式：

(1)循环式厕所，将经过化学剂杀菌、漂白及过滤的污水作为循环冲洗水，并依靠重力排放到便池下方的污物箱中。

(2)真空式厕所，将净水作为冲洗水，并依靠真空将污物吸入污物箱中。

(3)喷射式厕所，利用冲洗水喷射压力将污物冲入污物箱中。

(4)带有生物作用处理的箱式厕所，净水冲洗，处理后的废水连续排放。

2. 几种集便器的工作原理介绍

1)循环式厕所

循环式厕所分为气动循环式厕所和电动循环式厕所两种。

(1)气动循环式厕所。

气动循环式厕所在飞机上得到了广泛的应用，后来又在铁路高速列车上得到了应用。此系统是靠气动膜板泵作为动力进行冲洗和排污循环的。

加水：使用前将含有定量化学剂(分含甲醛和不含甲醛两种)的水溶液从便池口加入，当水达到额定水位时，水位指示器灯亮，显示水已加满。

冲洗过程：按冲水按钮，压缩空气经空气滤清器、空气调压阀，进入气动泵的膜板，使膜板下移，气动泵下部的水受压后沿管路进入便器冲洗管，将污物完全冲入污物槽内。冲洗便器后，气动泵膜板由于弹簧作用而上移，直至恢复原位，过滤器也随之打开；此时，经过滤器过滤后的水又进入气动泵膜板下部，以备下一次冲洗。与此同时，气动泵内压缩空气经放气管排出。

排放过程：当污物槽内的污物需要排放时，用手提拉车内或车外的排放拉索，打开排放阀，同时打开加水管路以清水冲洗污物槽，将污物冲洗干净。关闭排放阀，然后加水及除臭剂。

一般要求除臭剂用原生产厂家产品，否则便器会损坏。

该装置无防冻、解冻系统，低温时需投放防冻剂(乙二醇等)来防冻，此物有毒，加防冻剂后需增加除臭剂分量。这样不仅污染环境，使用价格也高。

隔臭方式：以平衡重量设置的翻板(通过重力开启)隔臭。

(2)电动循环式厕所。

此系统是靠电动泵作为动力进行冲洗循环的。

加水：使用之前，向污物箱内加入一定量的水及杀菌、除臭、漂白化学剂。

冲洗过程：踏上踏板时，控制盘的继电器、接触器动作，泵和过滤器开始转动。污物箱内的污水通过过滤口，泵向便器供压力水。污物及冲洗水通过重力流入污物箱。泵及过滤器在一定时间后停止。

隔臭方式：未采用任何隔臭措施。

此方式已经淘汰。

2)喷射式厕所

冲洗过程：按光电式开关，便器遮挡板打开，电动泵转动，回水用电磁阀开启，将供水管路的积水及空气排空。0.5s 后，回水电磁阀关闭，洗净用电磁阀开启，向便器喷射高压水(每喷射一次的净水量为 0.18L)。污物依靠重力流入污物箱。为了提高洗净效果，设置了两套洗净用喷嘴，反复按光电开关，由两个电磁阀控制的喷嘴交替喷射清洗便器。当达到第 5 次时，排泄管电磁阀开启，向排泄管内部喷射净水，以防排泄管内部有污物滞留。小便器污水通过排泄管直接流入污物箱。

隔臭方式：滑动挡板。

该系统与真空式厕所相比处于劣势，因而使用率较低。

3)带有生物作用处理箱的净水冲刷厕所(半开放)系统

这是一种对粪便污物进行处理、消毒的系统。厕所排出的污物被导入一个由巨杉树皮或红松树皮组成的过滤床，固体滞留在过滤床上，由床上的微生物将粪便分解成 H_2O 和 CO_2。CO_2 通过排风口排出，液体流经一个氯化区，杀菌消毒后从排水口排出。不可分解的污物滞留在过滤床上，必须随时用机械方法清除。

这个系统工作的必备条件是：不存在杀死微生物的物质；足够大的过滤床反应平面；流经氯化物的速度均匀且适当；具有适合微生物成活、繁殖的温度。

便池中的污物传送到处理箱可以采用下列方法：

(1)借助压力空气，在气动翻板打开后，污物落入隔离槽，翻板关闭，利用压力空气将污物送入处理箱。

(2)借助重力直接将污物送入处理箱。

(3)借助重力将污物送入收容器，再通过废水泵将污物送入处理箱。

隔臭方式：便器下部积水及翻板。

该系统尚不成熟，未推广应用。

4) 真空式厕所

真空式厕所分为两种方式。

(1) 污物箱带有部分时间为负压的系统。

①由真空泵产生污物箱负压。

冲洗过程：其全部过程由微机控制。按动冲洗按钮，冲洗电磁阀开启，水箱水进入便器进行冲洗；同时电真空泵启动，使污物箱产生真空；接着便器排出阀在电磁阀作用下开启，将污物吸入污物箱；最后便池底部留少量水。

隔臭方式：水及污物排出阀。

②污物箱负压由压力空气喷射产生。

此系统由电气或气动控制冲洗过程，首先按动冲洗按钮，随后由空气喷射器喷出高压空气，使污物箱产生真空。从水箱来的净水通过水增压器将水加压，使用最少的水达到最洁净的效果，用水量为一次 0.25～0.5L。随后，打开排便阀，将污物吸入污物箱，最后便池底部留有少量水。

这种形式的污物箱可以与几个包房的厕所相连接，也就是说，排污管可以很长。

隔臭方式：水及蝶阀。

(2) 带有部分时间为负压的中间隔离槽系统。

负压/正压隔离槽相结合的排污系统是带有部分时间为负压的中间隔离槽系统，隔离槽与槽内排污设施连接，依靠正压、负压或重力将污物排放到与环境压力相等的污物箱中。

该系统中间加一个隔离腔，当手按光电开关时，喷射器电磁阀动作，将喷射器阀打开，高压空气通过减压阀、喷射器阀、喷射器喷出，使隔离缸产生真空，便器排出阀在电磁阀作用下打开，污物被吸入隔离缸。然后，喷射器阀关闭，压送阀及输送管阀在电磁阀作用下分别打开，高压空气通过限压阀进入隔离缸，将污物通过输送管阀压入污物箱。

隔臭方式：气密性能好的排泄阀。

3. 我国集便方式的选择

从国际铁路集便厕所的发展看，真空式厕所已逐步取代循环式厕所。结合我国国土辽阔、水资源少的实际情况，选择采用真空式厕所。从产品使用性能和先进性以及造价等方面综合考虑，经技术经济比较，采用带中间隔离槽、污物箱不承压的真空式厕所系统为好，其使用性能先进、可靠，结构又相对简单、造价低，符合我国国情。

8.8.3　尚待落实的几项优化措施

尚待落实的优化措施表现在如下方面：

(1)研究列车各通风系统的进风口与出风口的相互关系，既要从改进风口设置位置考虑，又要从风机设备功能着手，以保证进风干净清新，出风口对周围的影响弱小化，滤尘装置方便清洁。

(2)跟踪、研究、开发生物降解处理污物的干式集便装置。

(3)灰水排放的绿色环保的系统解决方案。

(4)以空气为介质的空调系统的应用开发。